한국어 어미의 문법

저자 소개(논문 게재 순)

서정목 서강대학교
이정훈 서강대학교
우창현 대구대학교
정혜선 국립국어원
오승은 서강대학교
박미영 서강대학교
배은나 서강대학교
남미정 서강대학교
박진희 Leiden 대학교
장요한 계명대학교
오경숙 서강대학교

언어와 정보사회 학술 총서 02

한국어 어미의 문법

초판 인쇄 2014년 5월 20일
초판 발행 2014년 5월 30일

저　자 서정목 이정훈 우창현 정혜선 오승은
　　　 박미영 배은나 남미정 박진희 장요한 오경숙
펴낸이 이대현
편　집 이소희

펴낸곳 도서출판 역락
주　소 서울시 서초구 동광로 46길 6-6 문창빌딩 2층
전　화 02-3409-2058, 2060
팩　스 02-3409-2059
등　록 1999년 4월 19일 제303-2002-000014호
이메일 youkrack@hanmail.net

값 37,000원
ISBN 979-11-5686-002-0 94710
　　　 979-11-85530-81-9 (세트)

* 파본은 구입처에서 교환해 드립니다.

이 도서의 국립중앙도서관 출판시도서목록(CIP)은 서지정보유통지원시스템 홈페이지(http://seoji.nl.go.kr)와 국가자료공동목록시스템(http://www.nl.go.kr/kolisnet)에서 이용하실 수 있습니다.(CIP제어번호 : CIP2014014150)

언어와 정보사회 학술 총서 02

한국어 어미의 문법

서정목 · 이정훈 · 우창현 · 정혜선 · 오승은
박미영 · 배은나 · 남미정 · 박진희 · 장요한 · 오경숙

역락

간행사

　언어는 자연물로 존재하는 동시에 역사성과 사회성도 띤다. 따라서 언어의 정체를 온전히 밝히려면 자연물로서의 언어를 탐구하는 과학적 자세와 더불어 역사적, 사회적 존재로서의 언어를 이해하기 위한 인문학적, 사회학적 자세도 필요하다. 이러한 관점에서 서강대학교 언어정보연구소는 다양한 활동을 기획, 실행해 오고 있는바, 이제 새로이 "『언어와 정보사회』 학술 총서"를 선보인다. 이 총서는 학술지 『언어와 정보사회』와 상호보완적이며, 특히 짧은 논문에 담기 어려운 긴 호흡과 깊은 통찰을 필요로 하는 연구에 초점을 둔다. 이 총서를 통해 지금까지의 연구가 노정하고 있는 한계를 넘어선 새로운 이해의 지평이 개척되길 기원한다.

서강대학교 언어정보연구소

머리말

한국어 문법의 본질은 어떻게 파악할 수 있는가? 다양하고도 복잡한 한국어 현상에 내재하고 있는 질서는 어떻게 드러낼 것이며, 무질서로 점철된 듯이 보이는 자료가 존재하게 된 곡절은 어떻게 밝힐 것인가?

위의 의문을 해소하기 위해서는 한국어가 노정하는 여러 현상의 이면에 존재하는 질서를 통찰하여 각 현상을 설명하고, 또 각 현상의 이력을 살펴서 질서를 벗어나거나 벗어난 듯이 보이게 된 사연을 이해해야 한다.

하지만 한국어를 설명하고 이해하는 일은 결코 쉽지 않다. 단번에 성취할 수 있을 만큼 만만한 일이 아닐 뿐더러 어느 한 사람이 감당할 수 있을 만한 일이 아니라는 것도 분명하다. 그러므로 한국어의 신비를 해명하기 위해서는 여럿이 모여서 지속적으로 노력해야 한다.

*

이 책은 위와 같은 인식을 바탕으로 한국어를 설명하고 이해하기 위해 '여럿이 모여서 지속적으로 노력'한 성과의 하나로서, 특히 어미를 대상으로 삼아 그 문법적 성격 및 관련 문법 현상을 설명하고 이해하는 데 초점을 둔다. 특히 형태적·통사적·의미적 접근과 공시적·통시적 접근, 그리고 실용적 차원까지도 고려한바, '한국어 어미의 문법'의 얼개를 어느 정도 세운 것이라 할 수 있다.

얼개를 어느 정도 세웠다는 것은 만족을 나타내는 동시에 부족을 나타
내기도 한다. 부족을 메꾸기 위해서는 다시 한 번, 아니 여러 번 '여럿이
모여서 지속적으로 노력'해야 할 것이다. 그래야 이 책에서 미처 다루지
못한 어미의 문법 현상은 물론이고 어미의 문법과 다른 영역의 문법 사
이의 관계 등도 해명할 수 있고, 언젠가 '한국어 어미의 문법'을 부족함
없이 온전히 드러낼 수 있을 것이다. 그날을 위해 '여럿이 모여서 지속적
으로 노력'할 것을 다짐한다.

*

'한국어 어미의 문법'을 밝히기 위해 여럿이 모이는 계기는 서정목 선
생님이 만들어 주셨다. 저자들은 '서정목 선생 정년 기념'을 목적으로 모
였고, 그 속에서 '한국어 문법'을 해명하기 위한 큰 그림을 공유할 수 있
었으며, 그 첫 성과로서 '한국어 어미의 문법'을 꾸밀 수 있었다. 선생님
께 깊이 감사드리며, 앞으로도 계속 함께 공부하겠다는 약속을 드린다.

지난 2월에 정년을 맞으신 선생님의 은혜에 감사하며
2014년 5월 15일
우창현, 남미정, 오경숙, 오승은, 이정훈
장요한, 박진희, 정혜선, 박미영, 배은나

차례

문말앞 형태소의 통사적 지위에 대하여

서정목

1. 도입

핵 계층 이론(X'-Theory)에 의하여 한국어의[1] 문장 구조를 생성할 때 부 딪히는 어려운 문제 가운데 하나는 문말앞(pre-sentence final) 형태소의 처리 이다.[2] 이 글은 한국어의 문말앞 형태소들의 기능과 통사적 자격을 논의

---

1) 필자는 그동안 '국어'라는 말을 주로 사용해 왔다. 일제 치하에서 우리말을 지키고자 했던 선열들이 '조선어'라는 말 대신에 '국어'라는 말을 얼마나 쓰고 싶었을까를 생각하면서, 독 립 국가의 공식 말을 '국어'로 부르는 것이 당연하다고 생각하였기 때문이다. 그러나 이제 '한국어'라는 말을 쓰는 것이 더욱 귀중한 시대가 되었다. '민족어'니 '조선어'니 '겨레말'이 니 하는 말이 유행하는 이 위중한 시대를 맞아, 나를 키워준 나라, 내가 지킨 나라, 그리고 우리 후손들이 살아갈 나라인 '대한민국'의 언어, 그 언어를 가리키는 '한국어'라는 말을 쓰 는 것이 '국어'라는 말을 쓰는 것보다 더 급하고 중요한 일이 되었다. 우리가 지켜야 할 언 어는 '민족어'도 '겨레말'도 '조선어'도 아닌 바로 '한국어'인 것이다.

2) 형태소는 문제가 있는 술어이다. 언어학의 형태는 '의미를 지니는 최소의 언어 단위'이다. 그러나 '형태'라는 일상어는 이러한 개념을 지니지 못한다. 일상어 '형태'는 '사물의 생김새' 이다. 일상어와 학술어가 차이 나면 날수록 그 학문은 일반인의 삶으로부터 멀어진다. 문법 적 의미이든 어휘적 의미이든 의미를 지니는 최소의 언어 단위는 의미의 최소 단위인 것이 고 그것은 형태소가 아니라 의미소이다. 형태소라는 술어를 가르쳐 본 사람은 이 술어 하나 때문에 언어학에 정이 떨어져 버리는 학생도 있을 수 있다는 경험을 하였을 것이다. 중학생 에게야 얼마나 어려운 말이 되겠는가? 조사, 어미는 문법 의미소인 것이고, 단일어와 파생 접사는 어휘 의미소인 것이다. 문법론은 문법 의미를 연구하는 것이고, 어휘론은 어휘 의미 를 연구하는 것이다. 둘 이상의 어휘 의미소가 합쳐 단어가 만들어지는 것은 조어론이 할

하는 데에 핵 계층 이론이 어떻게 응용될 수 있는지에 대하여 살펴보기로 한다.

한국어에서는 여러 문말앞 형태소들이 미묘한 문법적 의미 차이를 문장의 명제적 의미(어휘적 의미)에 덧붙이는 문법적 기능을 수행한다. 한국어의 문장은 '명제+문말앞 의미+문말 의미(proposition+pre-final meaning+final meaning)'으로 이루어져 있다. 문말 의미는 문말 어미에 의하여 실현되는 것으로 그 문장의 통사적 자격을 나타낸다. 문말 어미는 정동사 어미(=종결 어미), 부동사 어미(=접속 어미), 동명사 어미(=관형형 어미, 명사형 어미)로 나누어진다. 정동사 어미는 문장의 종류[평서, 감탄, 의문, 명령, 청유 등의 통사적 서법]을 결정하고, 부동사 어미는 그 절이 동사구에 내포되거나 또는 문장에 내포되어 접속됨을 나타내며, 동명사 어미는 그 절이 명사구에 내포되는 명사절, 관형절임을 나타낸다. 이들은 생성 통사론의 COMP[문장자]에 해당하는 것으로 CP의 핵(head)이 된다.[3]

문말앞 형태소에 의하여 표시되는 문법적 기능은 크게 경어법, 시제, 인식 양태, 인식 시점, 발화 양태로 나눌 수 있다.[4] 이러한 명제 외적 의미들이 일일이 문법 형태소들에 의하여 표시된다는 점이 한국어를 다른 언어들과 구별 짓는 가장 뚜렷한 문법적 특징이다. 그러므로 이러한 문법적 기능을 담당하는 문말앞 형태소들을 통사 구조에 반영하지 않고서는 한국어의 통사 구조에 대한 기술이 제대로 이루어졌다고 할 수 없다.

일이고 그것은 어휘론의 일부이다. 변이 형태는 의미소의 변이형으로 설명하면 된다. 이때의 '-형'이라는 말은 일상어이다. 그러나 이 글에서는 관례에 따라 아직은 의미소라는 뜻으로 형태소라는 술어를 사용한다. 흔히 의미 자질(semantic feature, sememe)을 의미소라 번역하기도 하는데 잘못된 번역이다. 의미 자질은 언어 단위가 아니므로 '-소'가 될 수 없다. 의미소와 의미 자질의 관계는 음소와 음성 자질(phonetic feature)의 관계와 같다.
3) 문말 어미의 통사적 지위에 관해서는 서정목(1984, 1987, 1998 : 247~261) 등에서 논의하였다.
4) 중세 한국어는 여기에 감탄 표현 '-도-', 의도의 '-오/우-' 등을 더 넣어야 한다. 그러나 현대 한국어에서는 감탄 표현이 문말 어미 '-구나, -구려'에 의하여 표시된다고 볼 수도 있고 의도의 '-오/우-'는 없으므로 이 글에서는 제외하였다.

이 글에서는 한국어의 시제와 양태 표현 문말앞 형태소들이 **XP**의 핵
으로서 **VP**와 **CP** 사이에서 **TP, EMP, ETP** 등의 계층적 구조를 이루고
있음을 보이고, 각 형태소들의 기능이 시제, 인식 양태, 인식 시제로 나
누어짐을 보이고자 한다. 한국어에는 이 밖에도 경어법과 발화 양태를 나
타내는 문말앞 형태소가 있다. 경어법 형태소는 존경(주체 존대)법의 '-(으)
시-', (화자)겸양(객체 존대)법의 '-습-~-ㅂ-', 공손(청자 존대)법의 '-이-'
로 나누어진다. 발화 양태 '-(으)니-', '-(으)리-'는 경어법 형태소와 밀
접한 관련을 맺는다. 이 글에서는 이들을 제외한 시제, 인식 양태, 인식
시점을 표시하는 형태소들의 통사적 처리에 대한 필자의 방안을 제시하
고자 한다.[5]

이 문말앞 형태소들이 용언의 굴절(어형 변화)로 나타난다는 점과 동사
가 기본 문형의 유형을 결정짓는다는 점을 중시하여 한국어 통사 기술이
용언, 혹은 동사를 중심으로 이루어져야 한다는 생각을 할 수도 있다. 옳
은 생각이다. 그러나 이러한 내용을 말하는 논저들이 흔히 '용언, 혹은
동사가 문장의 핵이다.'라고 표현하면서, '그런데 왜 생성 통사론에서는 형
태소가 핵이라고 하는가?'라는 엉뚱한 물음을 제기하는 것을 볼 수 있다.

용언은 문장의 명제적 의미의 중심일 뿐이다. '용언이 문장의 핵이다.'
고 할 때의 '핵'은 핵 계층 이론의 핵과는 다른 모호한 개념이다. 그냥
중심, 그것도 명제적 의미의 중심이라고 생각하면 그만이다. 핵 계층 이
론에서의 '핵'은 엄격히 정의된 것으로 모든 **XP**의 중심이 되는 **X**를 가
리키는 것이다. **NP**에서는 **N**이 핵이고, **ADVP**에서는 **ADV**가 핵이며,

---

5) '확실성'의 발화 양태를 나타내는 '-(으)니-'는 화자 겸양법의 '-습-~-ㅂ-'과 공손법의
'-이-'와 거의 항상 함께 붙어 다닌다. '-(으)리-'는 독립적으로 나타난다. 이들에 대한 논
의는 통시적 변화 과정과 방언형의 차이 등을 고려하여 면밀하게 이루어져야 한다. 이들에
대한 설명 방식은 일단은 서정목(1998 : 262~267)에서 논의한 것으로 대신한다. 물론 이들
도 하나씩의 교점을 차지하여 계층적 구조를 이룬다. 다만 음성 형식부에서 긴밀히 융합되
어 하나의 단위처럼 움직이는 경향이 있다.

COPP에서는 COP가 핵이다. 동사는 VP의 핵일 따름이다. C에 속하는 형태소는 CP의 핵이며, T에 속하는 형태소는 TP의 핵이다. 문장, 즉 과거의 S가 TP로 대체되어 문장이라는 단위가 없어지는 이론 속에 무슨 '문장의 핵'이 있겠는가?

2. 시제(Tense)

시제는 사태가 일어난 시점과 발화 시점의 선후 관계를 나타내는 문법 범주이다. 사태시가 발화시보다 더 앞서면 과거 시제이고, 사태시와 발화시가 동시이거나 사태시가 발화시보다 더 뒤에 일어나면 비과거(현재나 미래) 시제이다. 물론 사태시가 발화시보다 더 뒤에 일어날 사태라면 미래 시제라 할 수 있다. 그러나 중요한 것은 그러한 시간적 선후 관계를 나타내는 형태소가 그 언어에 존재하는가 하는 것이다. 한국어에는 미래 시제를 나타내는 형태소가 따로 없다. 그러므로 시제 범주 속에 미래 시제는 설정될 수 없다. 그냥 과거와 비과거의 대립이 있을 뿐이다.

명제 속에 들어 있는 사태[동작, 상태, 지정]가, 말하는 시점(발화시)보다 더 먼저 일어났다는 것을 표시하는 형태소가 존재할 때 그 언어의 문법 체계에는 과거 시제를 표시하는 장치가 있다고 할 수 있다. 그리고 그와 대립되어 사태가 말하는 시점과 동시에 일어나고 있음을 표시하는 형태소가 존재할 때 현재 시제를 표시하는 장치가 있다고 할 수 있는 것이다. 그러해야 비로소 그 언어 문법 체계에 시제라는 문법 범주가 존재한다고 말할 수 있다.

한국어에는 명백하게 사태시가 발화시보다 앞선다는 것을 나타내는 형태소가 있다. 다음에서 보는 '-었-'이 그러한 형태소이다.

(1) 가. 유곤이가 삼국유사를 읽-었-다.

나. 유곤이가 삼국유사를 다 읽-었-다는 말이냐?

다. 어디까지 읽-었-느-냐?

(1가)에서 '-었-'은 말하는 시점보다 더 앞에 주어의 '읽은 동작'이 있었음을 나타낸다. 이 말하는 시점보다 '동작 시점'이 더 앞서 일어난 것, 그것이 언어학상의 과거 시제이다. 그러므로 시제는 문장의 주어의 동작, 상태 등의 시간적 위치가 발화하는 시점과 비교되는 것이다. 그런데 이 때의 동작이나 상태의 시점이라고 하는 것은 당연히 주어의 동작이나 상태의 시점이다.6)

(1나)에서는 부사 '다'를 넣음으로써 '읽었다'라는 동작이 다 완료되어야 하는 것처럼 보여 '완료'라는 문법 범주를 나타낸다고 말할 수도 있다. 그러나 그렇게 '-었-'을 통하여 완료의 의미가 나타나는 현상은 발화시보다 앞선 동작이라는 설명 속에 포괄된다.7)

(1가, 나)의 '-었-'은 사태시가 발화시보다 더 먼저 일어났다는 것을 나타낸다. 그러므로 과거 시제를 표시한다고 할 수 있다. 그러면 현재, 즉 발화시와 사태시가 동시임을 나타내는 형태소는 존재하는가? 즉, 현재

---

6) 이것이 시제가 양태와 구분되는 핵심 조건이다. 시제는 주어와 관련된다. 그러나 양태는 화자나, 청자의 심리적 태도를 표시하는 것으로 주어와는 아무 관련이 없다. 흔히 주어의 양태로 오인되는, 1인칭 주어 평서문이나 2인칭 주어 의문문에 나타난 '-겠-'의 '의도' 표시 기능은 '우연히 주어로 나타난 화자나 청자의 양태'이지 절대로 주어의 양태가 아니다. '의도'의 '-겠-'을 행위 양태로 설명하는 것은 잘못된 것이다. 한국어에는 행위 양태는 없고 인식 양태만 있을 뿐이다.

7) '상(aspect)'이라는 문법 범주는 사태가 다 끝났는가(완료), 진행 중(비완료)인가를 나타내는 것이다. 다 끝난 것은 과거에 포괄되고 진행 중인 것은 현재에 포괄된다. 문제는 한국어의 '-었-'이 나타내는 시간 표현 현상을, '완료 : 비완료'로 설명하는 것이 더 잘 설명되는가, '과거 : 비과거'로 설명하는 것이 더 잘 설명되는가 하는 것이다. 그러므로 '-었-'이 과거 시제가 아니고 완료를 나타낸다거나, 완료가 아니고 과거 시제를 나타낸다고 하는 논의는 초점이 어긋난 논쟁이다. 이 글은 당연히 '과거 : 비과거'로 설명하는 것이 '완료 : 비완료'로 설명하는 것보다 더 설명력이 크다고 본다.

시제를 표시하는 형태소도 존재하는가? 그것은 그렇지 않다.

> (2) 가. 그 산은 그가 오르기엔 너무 높-았-다.
> 나. 저 산은 그가 오르기엔 너무 높-O-다.
> 다. 저 산은 먼 후일 오르기에도 너무 높-O-다.

> (3) 가. 그는 그때 학생이-었-다.
> 나. 그는 아직 학생이-O-다.

(2가)에서 '-았-'이 나타난 자리에 (2나)에서는 아무 형태소도 나타나 있지 않다. 그런데 (2가)에서는 사태, 즉 '산이 높은 상태'가 말하는 시점보다 더 앞서는 데 반하여, (2나)에서는 발화시와 사태, 즉 '산이 높은 상태'가 동시임을 알 수 있다. 아무 형태소 없이도 비과거 시제가 표시되는 것이다. (2다)에서는 발화시보다 더 뒤지는 시점을 표시한다고 보아도 아무런 형태소 없이 그 의미를 나타낸다. 그러므로 한국어의 시제 체계는 '과거 : 비과거'의 대립 체계를 이루고 있는 것이다. (3가)와 (3나)도 VP의 핵이 지정사['이-']라는 차이만 있을 뿐 형용사가 VP의 핵인 (2)와 동일하다.

이에 대하여 "한국어는 현재 시제를 영 형태소로 나타낸다."라는 설명을 하는 논저들이 있다. 그러나 정상적인 언어 이론에서는 영 형태소는 존재하지 않는다. 미국의 기술 언어학자들도 영 형태소의 설정은 가능한 한 피하는 것이 좋다고 하고 있다(Nida 1949 참고). 만약 복수 '-들'에 대조시켜 단수 '-O' 형태소를 설정하고 존경(주체 존대)법의 '-(으)시-'에 대조시켜 안 높임의 '-O-' 형태소를 설정한다고 해 보자. 그러면 문법 체계의 도처에 영 형태소가 넘쳐날 것이다.[8]

---

8) 현재까지 필자는 한국어 문법 기술에서 영 형태소의 설정이 필요한 경우를 발견하지 못하였

그리고 "어떤 문법적 의미가 있는데 그 의미를 나타내는 형태소는 '-0-'이다."라고 하는 말은, "어떤 문법적 의미가 있는데 그 의미를 나타내는 형태소는 A이고, 그와 대립하는 의미는 A를 선택하지 않는 것과 동가이다."와 같다. 그러므로 우리는 어떤 문법적 의미를 나타내는 형태소가 항상 '-0-'으로 실현된다는 취지의 '영 형태소'를 인정하지 않는다. 항상 0으로 나타내는 형태소는 그냥 없는 것으로 보아야지 거기에 무슨 0을 둘 필요가 있겠는가?

이것은, 일반적으로는 B로 실현되는 형태소가 특정 환경에서 0으로 나타날 때 거기에는 형태소 B의 영 변이 형태가 있다고 설명하는 것과는 전혀 다른 이론이다. 우리는 영 변이 형태는 인정하지만 영 형태소는 인정하지 않는다.

그러면 이 경우는 어떻게 설명할 것인가? 그것은 이 자리에 T라는 명칭을 가진 종단 교점이 있고 그 교점에 '-었-'이 선택[삽입]되면 그 뜻이 나타나고 선택되지 않으면 '-었-'의 뜻이 나타나지 않아 그와 대립되는 비과거 시제의 뜻이 표현된다고 설명하는 것이다. 즉, 비과거 시제를 나타내는 별도의 형태소가 있는 것이 아니라 '-었-'의 부재에 의하여 비과거 시제의 의미가 나타난다고 하면 된다. 이 부재를 뜻하는 표시로 이 글에서는 비어 있는 공(空)을 뜻하는 ○을 사용하기로 한다.

그러므로 '-었-'의 선택과 불선택이 한국어에서는 시제를 나타내는 문법 장치이다. 그리하여 '-었-'이 선택되는 자리, 즉 교점이 시제를 나타내는 것으로 보고 이를 T(ense) 교점으로 설정한다. 그러면 '-었-'은 T 교점에서 처리할 수 있다. 물론 '-었-'이 선택되지 않으면 비과거 시제를 나타낸다. 그러니까 비과거 시제를 나타내는 형태소는 없는 셈이다.

다. 영 변이 형태는 필요한 경우가 있지만 영 형태소의 설정이 필요한 경우는 아무 데도 없었다.

그러면 '-었-'이 TP의 핵이 된다.[9]

여기서 '-었-'이나 '-었-'이 없음에 의하여 나타나는 주어의 동작이나 상태의 시간적 위치를 나타내는 시제적 의미는, 문장의 종류(통사적 서법)가 바뀌어도 변하지 않는다는 사실에 주목할 필요가 있다.

(4가, 나)에서 '-었-'은 주어 '순이'의 동작 시점을 나타낸다. '순이가 책을 읽은' 시점이 발화시보다 앞선다는 것을 나타내는 것이다. 이와는 대조적으로 (4나)의 '-겠-'은 주어 '순이'와 관련되는 것이 아니다. (4나)의 '-겠-'은 이 질문에 응답해야 하는 청자 '정희'에게 '추측하여' 응답할 것을 요구한다. 즉, 의문문에서의 '-겠-'은 '청자의 추측'을 나타내는 것이다. (4나)에 대한 응답인 평서문 (4다)의 '-겠-'은 화자인 정희의 추측을 나타낸 것이다. 이 둘 모두에서 '-겠-'은 주어 '순이'와는 아무런 관련을 맺지 않고, 평서문에서는 화자와 관련을 맺고 의문문에서는 청자와 관련을 맺는 것이다. (4)의 [   ]는 이 관계를 나타낸 것이다.

> (4) 가. 정희가 영수에게 : [순이가 삼국유사를 읽-었]-다.
> 나. 영수가 [정희에게 : 순이가 삼국유사를 읽-었-겠]-느-냐?
> 다. [정희가 영수에게 : 순이가 삼국유사를 읽-었-겠]-다.

이것이 주어의 동작, 상태, 즉 명제의 시간적 위치를 표시하는 시제 형태소의 기능과, 화자나 청자의 인식 방식이나 인식 시점, 발화의 확실성 여부를 나타내는 양태 형태소의 기능 사이의 본질적인 차이이다. 시제는 명제의 시간적 위치를 나타낸다. 그러나 양태는 명제를 떠나서 명제 바깥의 화자나 청자의 인식 방식, 인식 시점, 발화의 확실성 여부를 나타내는

---

9) '-었었-'을 어떻게 처리할지 하는 문제가 남는다. 과거 시제를 표시하는 형태소가 둘 중첩된다는 것은 '먹었다'와 '먹었었다'를 다 사용하는 화자가 있다면 구분해야 할 필요가 있다. '너는 언제 그 책을 읽었었느냐?'와 '너는 언제 그 책을 읽었느냐?'의 차이는 크지 않거나 앞의 것이 이상한 것으로 판단된다.

것이다.10) 양태적 의미는 기본적으로 평서문에서는 화자와 관련되지만 의문문에서는 청자와 관련된다.

이 '-었-'의 선택과 '-었-'의 불선택이 시제(Tense) 범주를 이룬다고 보고 T로 약자화하면, '-었-'이 문장의 통사 구조 속에 들어오는 절차는 (가)처럼 표시할 수 있다.

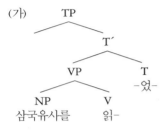

(가)

TP

T´

VP   T
-었-

NP   V
삼국유사를   읽-

3. '추측'의 인식 양태

인식은 화자나 청자가 사태를 알게 되는 과정이다. 인간이 사태를 알게 되는 방식에는 여러 가지가 있을 수 있다. 들어서 알고, 보아서 알고, 맡아서 알고, 맛보아 알고, 만져서 아는 것 등이 그것이다. 그러나 이 여러 가지 앎의 방식도, 그것이 문법 형태소로 표시될 때에만 그러한 방식

---

10) 흔히 양태를 화자의 '심리적 태도'를 나타낸다고 정의하는데 이는 한국어에는 적절하지 않은 정의이다. 첫째는 심리적 태도라는 말이 정확하게 정의되는 말이 아니다. 둘째는 한국어의 양태 관련 문말앞 형태소 가운데 심리적 태도와 관련되지 않는 것도 있다. 양태와 관련지어 논의해야 할 형태소는 '-겠-'과 '-더-', '-느-', '-(으)니-', '-(으)리-'이다. '-겠-'은 추측하여 알았다는 '인식의 방식'을 나타낸 것이고, '-느-', '-더-'는 발화시와 인식시의 선동(先同) 관계를 나타내는 것이며, '-(으)니-', '-(으)리-'는 발화의 확실성 여부를 나타내는 것이다. 이들 가운데 발화의 확실성 여부를 나타내는 '-(으)니-', '-(으)리-'는 어느 정도 화자나 청자의 심리적 태도를 나타내는 것이라 할 수 있지만, 나머지 세 형태소는 심리적 태도라는 말로 표현할 수 없는 고유의 기능을 가진다. 양태를 엄밀하게 화자, 청자의 심리적 태도라고 정의하면 그에 가장 적합한 것은 '-(으)니-'와 '-(으)리-'이다.

을 표시하는 문법 범주가 그 언어에 있다고 말할 수 있다.

형태소에 의하여 표시되지 않고 여러 형태소가 통합되어 인식의 방식을 나타내는 경우가 있다면, 그러한 기능 표시는 문법 범주로서 존재하는 것이 아니고 통사적 구성으로 나타내는 의미가 되는 것이다. 마치 형태소가 통사적 단위가 되고, 형태소의 통합체가 구성으로서 형태소로 나타낼 수 없는 복합적인 뜻을 표현하는 것과 같다. 이른바 우언적 표현이 그러한 것이다.

'-을 것이다'는 '추측'의 의미를 나타내지만 이것이 '추측'을 나타내는 형태소가 아니기 때문에 이를 근거로 해서는 '추측의 양태'가 존재한다고 할 수 없다. '-을 수 있다'는 능력을 나타내지만 이를 근거로 '능력'을 나타내는 문법 범주가 있다고 말할 수도 없다. 이러한 우언적 표현으로 나타내는 의미는 문법 범주로 존재하는 것이 아니다.

하나의 형태소에 의하여 인식의 방식을 나타낼 때 그것이 이른바 문법 범주로서의 '인식 양태'라는 범주를 이룬다. 한국어에서 대표적인 인식 양태의 형태소로는 '추측에 의한 인식'을 나타내는 '-겠-'을 들 수 있다. '추측'은 일에 대하여 알게 되는 한 방식이다. '-겠-'은 이 인식의 방식을 나타내는 문법 장치이다. '추측'은 인간이 사태를 인식하는 한 방식이므로, 인식의 방식을 양태의 일종으로 보고 이를 '인식 양태'라 하기로 한다.

'추측하여 알게 된' 일은 '-겠-'으로 표현한다. 당연히 추측은 알지 못하는 일에 대하여 하는 사고 행위이므로 알지 못하는 미래의 일도 우리는 '추측'으로 표현한다. 아니 추측의 양태로써 미래의 사태에 대한 시간 표시도 가능하다. (5)에서 '-○-'은 '-었-'이 선택되지 않고 그 교점이 공(空)으로 비어 있어서 시제상으로 비과거임을 나타낸다.

(5) 가. 내일쯤 비가 오-○-겠-다.
　　나. 저 산이 더 높-○-겠-다.
　　다. 저 너머가 바다-이-○-겠-다.

(5가, 나, 다)에서 '-겠-'은 추측을 나타낸다. 이 추측은 주어가 3인칭 명사구일 때 가장 분명하게 드러난다. (5)에서 '추측'은 주체인 '비'나 '산', '저 너머'의 추측이 아니다. (5)에서 주어는 추측하는 행위자가 아닌 것이다. (5)에서 추측하는 주체는 '화자'이다. (5)는 평서문이다. 즉, 평서문에서 추측하는 주체는 화자이다. 평서문의 인식의 주체, 즉 추측하여 그 일을 아는 주체는 화자이다.

이에 대당하는 의문문 (6)을 보면 그 추측의 주체가 달라짐을 알 수 있다. (6가, 나, 다)에서 추측해야 하는 주체는 화자가 아니라 청자이다. 청자가 추측하여 물음에 대하여 응답해야 하는 것이다. 그러므로 의문문의 인식의 주체는 청자라 할 수 있다. 언어 화행, 특히 대화의 한 유형이 묻고 답하는 것이라고 보면, 물을 때는 청자의 추측을 묻는 것이고, 이 물음에 답해야 하는 청자는 이번에는 역할을 바꾸어 화자로서 평서문으로 답하는 것이다.

(6) 가. 내일쯤 비가 오-○-겠-느-냐?
　　나. 저 산이 더 높-○-겠-느-냐?
　　다. 저 너머가 바다-이-○-겠-느-냐?

평서문이란 응답이고 의문문이란 물음이다. 평서문인가 의문문인가에 따라 인식 주체가 화자인가 청자인가로 바뀐다. '-겠-'은 항상 화자나 청자와 관련된 것으로 결코 주어와 관련되지 않는다. 즉, '추측'의 '인식 주체'는 항상 화자나 청자이지, 어떤 경우에도 주어나 주체라고 해서는 안 된다.

'-겠-'이 (7가)처럼 1인칭 주어와 동작 동사 서술어, 비과거 시제, 평서문에 나타났을 때 '의도'를 나타내는 경우가 있다. (7나)처럼 2인칭 주어, 동작 동사 서술어, 비과거 시제, 의문문일 때도 '의도'를 나타낸다.

> (7) 가. 내가 그 책을 사-○-겠-다.
> 가´. 내가 그 책을 사-았-²겠-다.
> 나. 너도 비빔밥을 먹-○-겠-느-냐?
> 나´. 너도 비빔밥을 먹-었-*겠-느-냐?

그러나 이 '의도'의 기능은 극히 제한된 용법으로 (7가)를 (7가´)으로, (7나)를 (7나´)으로 시제만 과거 시제로 바꾸어도 '의도'의 뜻은 사라지고 어색한 문장이 되거나 억지로 가능하다고 해도 '추측'의 뜻만 남는다. 물론 (8)처럼 주어의 인칭, 서술어의 종류, 시제, 문장의 종류 4 조건 가운데 어느 하나의 조건만 바꾸어도 '의도'의 뜻은 나타나지 않고 '추측'의 의미로만 해석된다.

> (8) 가. 네가 그 책을 사-○-겠-다.
> 나. 나도 비빔밥을 먹-○-겠-느-냐?
> 다. 너도 속이 상하-였-겠-다.

심지어 경우에 따라 그 4가지 조건을 다 갖춘 문장에서도 '추측'으로만 해석되고 '의도'로는 해석되지 않는 경우가 있다. (9)에서 보듯이 인칭, 서술어의 종류, 비과거 시제, 문장의 종류라는 조건을 모두 충족시켜도 '의도'의 뜻으로는 해석되지 않고 '추측'으로만 해석되는 경우도 있는 것이다.

(9) 가. 나도 두 시쯤 천왕봉에 도착하-○-겠-다.
　　나. 너는 언제쯤 그 일을 끝내-○-겠-느-냐?

　'의도'의 뜻이 드러나는 경우는, 서술어가 동작 동사 중에서도 행동주의 '의도'가 적극적으로 반영될 수 있는 동사에 한한다.[11] 그 밖에 행동주의 의도가 반영되기 어려운 동사나, 형용사, 지정사가 서술어로 사용된 경우에는 '-겠-'이 '추측'을 나타낸다. 그러므로 '의도'의 의미는 '추측'의 의미가 특정한 상황에서 나타내게 되는 부수적 의미이다. '-겠-'의 주된 기능은 어디까지나 '추측'을 나타내는 것이다.

　그런 의미에서 (7가, 나)의 '의도'를 나타내는 것처럼 보이는 '-겠-'도 '추측'을 나타내는 '-겠-'과 같은 형태소로서 '의도'가 '추측'의 하위 집합으로 들어간다고 기술하는 것이 올바르다. '의도'에 의하여 앞으로 행하게 될 행위도 결국은 '추측해서' 표현한 말에 지나지 않는 것이다. '의도'는 가졌지만 실행되지 않으면 그것은 마음의 상태를 '추측'하여 표현한 것에 다름 아니다.

　그렇다면 (7가, 나)의 경우도 '-겠-'의 양태 담지자가 주어가 아니라 화자와 청자라고 해야 한다. (7가)의 경우 1인칭 '나'는 주어이지만, 이 문장이 '추측'으로 해석되는 이유, 그리하여 '의도'를 나타내는 것으로 해석되는 이유는 1인칭 주어 때문이 아니라, 그 1인칭 주어가 화자이기 때문이라고 할 수 있다. 1인칭 주어 문장에서는 '주어=화자'이기 때문에 '화자의 추측=의도'를 나타내는 '-겠-'이 마치 '주어의 의도=추측'을 나타내는 것으로 오해될 수 있는 것이다.

---

11) '의사 선생님은 내가 내일쯤 낫-겠-다고 하네.'와 같은 간접 인용된 문장의 '-겠-'도, 절대로 주어 '나'의 '의도'로는 해석되지 않고, 꼭 인용되기 전의 원래의 직접 화법에서 '당신은 내일쯤 낫겠습니다.'의 '-겠-'이 지녔던 화자(의사 선생님)의 '추측'의 뜻으로만 해석된다. 간접 인용하였지만 양태 담지자, 즉 인식 주체가 바뀌지 않는 것이다.

이 때의 이 '-겠-'에 대하여 그것이 주어의 의도를 나타낸다고 하는 것은 잘못된 문법 기술이다. 주어의 의도처럼 보이지만 사실은 화자의 의도일 따름이다. '추측=의도'의 양태 담지자는 어디까지나 화자나 청자이지 주어일 수는 없다. 만약 이를 주어의 '의도'를 나타낸다고 하면, 3인칭 주어 문장의 경우 화자의 추측을 나타내는 것과 구별하여야 하고 특정 동사에서는 '추측'으로만 해석되는 것을 따로 외어야 하는 등 어려운 문법이 되고 만다. 문법 기술가의 태도에 따라 이 두 경우의 '-겠-'이 별개의 형태소라고 운위할 위험까지 있게 된다. 두 경우 모두 '화자의 의도=추측'이라고 함으로써 통일적인 문법 기술에 도달할 수 있다.

물론 2인칭 '너'가 주어인 의문문 (7나)에서도 '주어=청자'이기 때문에 '청자의 추측=의도'를 나타내는 '-겠-'이 마치 '주어인 너'의 '의도'를 나타내는 것으로 보일 수 있다. 그러나 추측은 어떤 경우에나 화자의 추측이거나 청자의 추측이기 때문에, 주어의 추측은 존재할 수 없다. 일상적인 의미상으로도 '이 사과 맛있겠다.'와 같은 문장을 들으면 누구나 '추측하는 사람이 화자라는 것'을 알 것이다.

즉, 추측의 일부 부분적인 의미가 의도라고 보면 의도를 나타내는 것처럼 보이는 '-겠-'도 주어의 의도가 아니라 1인칭 주어 평서문에서는 '화자의 의도=추측'를 나타내고, 2인칭 주어 의문문에서는 '청자의 의도=추측'을 나타낸다고 해석해야 하는 것이다.

(10)에서는 '-겠-'의 앞에 '-었-'이 선택되었음을 볼 수 있다. '-겠-'은 '-었-'과 공기 가능한 것이다. 이렇게 '-겠-'이 '-었-'과 통합 가능하다는 것은 무조건 '-겠-'이 시제와 관련된 형태소가 아님을 뜻한다. '-었-'이 이미 시제를 나타내는 형태소로서 과거 시제를 표시하고 있는데, 또 다른 시제 표시가 올 수 없는 것이다. '-겠-'이 미래 시제 형태소라면 과거 시제 형태소인 '-었-'과 공기할 수 없다. '-겠-'은 시제를 나

타내는 형태소가 아니라 '추측'을 나타내는 형태소이다.

 (10) 가. 진해에는 벚꽃이 피-었-겠-다.
   나. 설악산에 단풍이 들-었-겠-느-ㄴ가?

 그러면 평서문인 (10가)는, '벛꽃이 피-'라는 명제가 발화시 이전인 과거의 사태임을 '-었-'이 나타내고, 이 과거의 사태에 '-겠-'을 통합시킴으로써 '과거에 이미 일어난 사태'에 대하여 '추측'하여 진술한 것이다. '-겠-'은 인식이 추측에 의하여 이루어진 것임을 나타낸다. 이 때 인식은 당연히 '벛꽃'의 행위가 아니라 화자의 행위이다. 화자는 진해까지는 가 보지도 않고 서울에 앉아서, 이미 '피었을' 진해의 벛꽃 사정을 추측하고 있는 것이다.

 (10나)에서 '-었-'은 문장의 주체 즉, '단풍'이 구성하는 명제 '설악산에 단풍이 들-었-'의 시점이 발화시보다 앞선다는 것을 나타낸다. 명제를 이루는 논항과 관련된 의미는 시제적 의미이다. 이에 비하여 (10나)에서 '-겠-'이 나타내는 '추측'의 의미는 단풍과 관련된 것이 아니다. 명제 밖에 있는 청자와 관련된다. 추측해야 할 주체는 문장의 주체인 단풍이 아니라 청자인 것이다. 이는 전형적인 양태 의미이다.

 이 때 청자가 꼭 설악산에 가 있어야 할 필요는 없다. 화자는 청자가 설악산에 가 있을 것을 요구하지 않는다. 청자는 서울에 앉아서도 추측으로 인식하여 응답하면 되는 것이다. '-겠-'은 평서문에서는 화자, 의문문에서는 청자의 인식이 추측에 의하여 이루어졌음을 나타낸다.[12)]

 '-겠-'이 통합되지 않은 문장은 당연히 그 사태에 대한 인식이 추측에

---

12) 문장 주어의 양태를 나타낸다고 말해져 온 '-(으)리-'도 사실은 평서문에서 화자인 주어, 의문문에서 청자인 주어와 관련된 것일 뿐이다. 이는 주어와 관련된 것이 아니라 화자, 청자와 관련된 것이다.

의한 것이 아니라 눈으로 보거나 귀로 듣거나, 또는 다른 지각 작용에 의하여 인식된 것임을 나타낸다. 이 종단 교점에 '-겠-'이 선택되지 않은 것은, 이 문장에 추측의 뜻이 없고, 이 사태가 추측하여 안 것이 아니라 오관(五官)에 의하여 확신적으로 인식하게 된 사태임을 나타내는 것이다. 이 비어 있음을 또 다른 공(空) ○으로 나타내기로 한다.

> (11) 가. 진해에는 벚꽃이 피-었-○-다.
> 나. 설악산에 단풍이 들-었-○-느-ㄴ가?

(11가)처럼 평서문에 '-겠-'이 통합되지 않은 경우는 '추측하여 인식한' 것이 아니라 '직접 보고(혹은 듣고) 인식한' 것을 진술한 것이다. 화자가 사태를 추측하여 인식한 것이 아니라 직접 진해에 가서 눈으로 보고서 안, 경험으로 인식한 사태를 진술하고 있다.

이에 비하여 의문문에서 (11나)처럼 '-겠-'이 통합되지 않으면 청자는 추측으로 응답하면 안 된다. (11나)를 발화하는 화자는 설악산에 가 있지 않는 것이 일반적이다. 서울에 앉아서 전화로라도 물어 볼 수 있다. 그러나 청자는 꼭 설악산에 가 있어야 한다. '추측이 아니라 직접 보고 확인하여' 설악산에 단풍이 들었음의 여부를 '비추측(확신)으로 인식하여' 응답하여야 한다.

'-겠-'이 통합된 문장과 '-겠-'이 통합되지 않은 문장은 어떤 경우라 하더라도 이러한 원리 위에서 그 차이가 설명되어야 한다. '미래'라는 시제의 개념으로는 전혀 설명할 수 없고, '의도'라는 특수한 조건에서 나오는 부분적인 의미로도 절대로 설명할 수 없다.

'-겠-'의 통합과 그것의 불통합은 '추측하여 인식한다'는 '인식 양태(Epistemic Modality)'라는 문법 범주를 이룬다. 이를 EM으로 약자화하고 이 범주가 통사 구조에서 차지하는 자리를 표시하면 (나)와 같다.13)

(나)

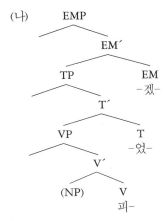

4. 발화시와 인식시의 선동(先同) 관계

'-었-'을 시제로 보아 T 교점에서 처리하고, '-겠-'을 추측의 인식 양태로 보아 EM 교점에서 처리한다 하더라도, '-더-'와 '-느-'를 T 교점이나 EM 교점에서 처리하는 것은 불가능하다.

'-더-'와 '-느-'는 화자나 청자가 사태를 인식한 시점과 발화시의 선동(先同) 관계를 나타내는 것으로, '-었-', '-겠-'과는 전혀 다른 기능을 가진다. 그리고 '-었-', '-겠-'과 함께 한 문장 안에 공기할 수 있기까지

---

13) '-겠-'이 통합된 문장에는 뒤에 다시 '-(으)리-'가 통합되지는 않는다. 이는 '-(으)리-'가 나타내는 '불확실한 발화'라는 의미 속에 이미 그 발화 내용을 '추측하여' 알았다는 뜻이 들어 있어서 '추측'의 뜻이 중복되기 때문이다. '-(으)리-'가 불확실성으로 '-겠-'의 교점 보다 상위 교점에서 '-겠-'이 들어갈 교점을 성분 지휘(c-command)하고 있기 때문에 그 교점에도 불확실한 사태에 대하여 추측하여 안다는 뜻을 부과하는 것이다. 이를 통하여 '정희가 지금쯤 {*도착하였겠으리라, 도착하였○으리라}.'에서 보는 문법성의 차이를 설명할 수 있다. 물론 '도착하였겠○○다'처럼 추측하여 알았다는 '추측 인식'이 표시되는 '-겠-'의 뒤에는 불확실한 발화를 나타내는 '-(으)리-' 없이 바로 '-다'가 와서 문장이 끝난다. 추측하여 알았다는 뜻 자체에 이미 불확실하게 발화할 수밖에 없는 의미가 포함되기 때문이다.

하므로 이들과는 별도의 교점을 차지하는 것으로 보아야 한다.

'-더-'와 '-느-'는 인식 시점과 발화시의 선동 관계를 나타내는 하나의 문법 범주를 이루는 요소이다. 두 형태소가 나타내는 의미도 전혀 대척적이어서 '-더-'는 과거에 인식한 것을 나타내고 '-느-'는 비과거[즉, 현재]에 인식한 것을 나타낸다. '-더-'와 '-느-'는 한 문장 안에서 공기가 불가능하여 어느 하나가 선택되면 다른 것이 선택될 수 없다. 그러므로 이 두 형태소는 하나의 교점에서 처리할 수 있다.

'-더-'는 평서문에서는 발화 내용을 화자가 과거에 알아서 이미 알고 있다는 '과거 인식'을 나타내고, 의문문에서는 청자에게 과거에 인식한 것을 응답해 줄 것을 요구한다. 이에 비하여 '-느-'는 평서문에서는 화자가 발화 내용을 발화하는 순간에 인지한 것으로 이제 알았다는 뜻의 '현재 인식'을 나타내고, 의문문에서는 청자에게 현재의 인식을 응답해 줄 것을 요구한다.

이 두 형태소가 인식이 발화시보다 먼저 이루어진 과거 인식을 나타내는지, 아니면 인식이 발화시와 같은 시점에 이루어지는 현재 인식을 나타내는지를 표시해 주는 인식의 시간 관계를 나타내는 인식 시제(Epistemic Tense)라는 문법 범주를 이룬다.

4.1. 과거 인식의 '-더-'

먼저 현대 한국어에서도 뚜렷이 구분되어 기능하고 있는 '-더-'를 살펴보고 그 다음에 '-느-'를 살펴보기로 한다.

(12) 가. 진해에는 벚꽃이 피-었-겠-더-라.
　　　나. 설악산에는 단풍이 들-었-겠-더-라.

(12가)에서 화자는 과거에 안 사태에 대하여 진술하고 있다. '피-었-겠-더-'를 차례대로 설명하면 다음과 같다. '-었-'은 발화시보다 더 전에 일어난 사태임을 나타낸다. '-겠-'은 그 과거의 사태를 추측하여 인식하였음을 나타낸다. 그리고 '-더-'는 그 과거의 사태에 대한 추측이 발화시보다 더 먼저 이루어졌음을 나타낸다.

화자는 진해까지는 가 보지도 않고, 마산쯤 갔다가 마산의 무학산의 벚꽃이 필동 말동한 것을 보고 서울로 왔다. 그리고 옆 사람에게 마산 꽃 사정만 보고서도 '그 때(발화시보다 더 앞선 과거에)' 진해의 벚꽃 사정을 추측하여 인식한 것을 진술하고 있는 것이다.

(12나)에서도 화자가 양태 담지자가 된다. 과거의 사태에 대하여 발화시보다 더 전에 추측하여 인식한 사람은 화자인 것이다. 이 발화의 화자도 설악산까지는 가 보지도 않고, 원통쯤 갔다가 돌아와서 원통의 산도 불그스럼하니 설악산이야 당연히 '단풍이 들-었-겠-더-'라는 과거의 사태에 대하여 발화시보다 이전에 추측하여 안 인식을 청자에게 진술하는 것이다.

'-더-'의 기능이 '과거 인식'이라는 데에는 이론의 여지가 없다. '회상'(최현배 1937/1961)도 과거에 인식한 것을 돌이켜서 재현하는 것으로 과거 인식의 범주에 속한다. 단절(임홍빈 1982)도 '과거에 안 것을 잊은' 상태에서 다시 인식을 되살려내는 경우에 적용되는 부분적 의미이다. '회상'이든 '단절'이든 '과거의 앎'이든 '이미 앎'(장경희 1985)이든 모든 것을 아우를 수 있는 가장 적절한 의미는 '과거 인식'이다.

위의 두 경우에서 보듯이 평서문에서는 발화시보다 이전에 추측하여 인식하는 주체, 즉 양태 담지자가 화자이다. 그런데 (13)에서 보듯이 의문문에서는 양태 담지자가 화자가 아니라 청자가 된다.

(13) 가. 그러면, 진해에는 벚꽃이 피-었-겠-더-냐?
　　　나. 그럼 원통에서 볼 때, 설악산에는 단풍이 들-었-겠-더-ㄴ가?

(13가)에서 화자는 청자가 마산까지만 갔다 온 것을 알고 있다. 마산의 꽃 사정이 아직 꽃이 피지 않았더라는 보고를 받고, 청자에게 마산 갔을 과거에 인식한 진해의 벚꽃 사정에 대하여 말해 줄 것을 요청하고 있는 것이다. 이 때 '-었-'은 벚꽃이 피는 벚꽃의 시간이고, '-겠-'의 '추측 인식'과 '-더-'의 '과거 인식'은 청자의 것임이 분명하다.

(13나)에서도 화자는 청자가 원통까지만 갔다는 것을 알고, 거기서 멀리 설악산 입구를 바라보며 추측으로 과거 그 때에 인식한 설악산 단풍의 사정을 말해 줄 것을 요구하고 있다. '-더-'가 의문문에서는 청자의 '과거 인식'을 나타냄이 분명한 것이다.

그런데 이 '-더-'와 대립되는 비과거 인식, 즉 '현재 인식'이 논란의 핵심에 놓여 있다. 이 글은 '-느-'가 '현재 인식'을 나타내는 형태소라고 규정하고 이 형태소를 둘러싼 여러 문제를 해명하는 것이 핵심 목표이다.

4.2. 현재 인식의 '-느-'

이제 문말앞 형태소 '-느-'의 설정 여부를 생각해 보기로 한다. (13)에서 '-더-'가 차지하고 있던 자리에 '-더-'가 아닌 다른 형태를 넣어서 현재와 관련된 표현을 하라고 하면 (14가, 나)처럼 하게 될 것이다.

(14) 가. 진해에는 벚꽃이 피-었-겠-느-냐?
　　　가´. 응, 진해에는 벚꽃이 피-었-겠-다.
　　　나. 설악산에 단풍이 들-었-겠-느-ㄴ가?
　　　나´. 응, 설악산에 단풍이 들-었-겠-다.

의문문인 (14가, 나)에서는 (13가, 나)의 '-더-'를 '-느-'로 바꿈으로
써 간단하게 현재적인 표현을 할 수 있다. '-느-'가 들어옴으로써 이제
청자는 '피/들-었-겠-'의 추측을 지금 현장에서 해야 한다. 화자는 청자
에게 자신이 질문을 발화하는 시점에 추측하여 인식한 바로 응답하라고
요구하는 것이다. '-더-'가 과거에 인식한 바로 응답하라고 요구한 것임
에 비하여 '-느-'는 현재에 인식한 바로 답하기를 요구한다.14)

그런데 이에 대한 응답인 (14가′)의 '피-었-겠-다'에는 '-느-'가 없
다. (14나′)의 '들-었-겠-다'에도 '-느-'가 없다. (13)처럼 '-더-'를 포
함하여 물으면 '피-었-겠-더-라', '들-었-겠-더-라'로 과거의 인식을
나타낼 수 있었는데 (14)처럼 '-느-'를 포함하여 물은 데 대한 응답인
(14가′, 나′)에는 '-느-'가 없는 것이다. (13)처럼 되려면 (15가, 나)처럼
되어야 할 것이다.

(15) 가. 진해에는 벚꽃이 피-었-겠-*는-다. (참고 : 피-ㄴ-다)
나. 설악산에 단풍이 들-었-겠-*는-다. (참고 : 읽-는-다)

의문법에서는 '-겠-' 뒤에 '-느-'가 반드시 후행해야 하는데, 왜 평서
법에서는 '-겠-' 뒤에 '-느-'가 절대로 올 수 없는가? 이는 '-었-' 뒤에
서도 마찬가지이다. '-었-느-냐?'는 가능한데 '-었-*는-다'는 안 된다.
그 까닭은 무엇인가? 이제 이 문제에 대한 해답을 찾기로 한다.

핵심은 '-느-'가 포함된 구성에서 '-느-'를 분석하여 하나의 문말앞
형태소로 인정할 것인가, 아니면 '-느-'를 분석하지 말고 후행 형식과

---

14) 한국어 문법 기술에서 인식시의 선시성 '-더-', 인식시의 동시성 '-느-'를 제안하여 인식
시제를 제시한 것은 한동완(1984)이다. 그 논문의 내용과 이 글의 주장 사이에는 비슷한
점도 있고 서로 다른 면도 있다. 특히 본연의 '-느-', 약화된 '-느-'와 같은 설명은 이 글
에서는 도입하지 않았다. 의문문 속의 '-느-'가 평서문 속의 '-느-'와 전혀 다르지 않다는
것이 필자의 생각이다.

묶어서 하나의 단위로 볼 것인가 하는 점이다. 즉, '-ㄴ/는-다', '-느-냐'
로 볼 것인가, '-ㄴ/는다', '-느냐'로 볼 것인가 하는 문제이다.

> (16) '-느-'를 문말앞 형태소로 설정하지 않으면, '-ㄴ/는다', '-는구나',
> '-느냐', '-는가', '-는지', '-는데', '-는' 등을 하나의 단위로 보아
> 야 한다.

현대 한국어를 기술한 많은 문법서가 (16)과 같은 태도를 취하고 있다.
그러나 그들은 (17), (18)과 같은 문제점을 심각하게 고려하여 설명한 적
이 없다.

> (17) '-더-' 뒤에 이들 어미가 오는 '*-더-ㄴ다', '*-더-(는)구나[예 : 가
> (는)구나, 먹(는)구나]', '*-더-느냐', '*-더-는가', '*-더-는지', '*-더
> -는데', '*-더-는' 등이 비문법적임을 설명할 수 없다. 실제로 존재
> 하는 어형은 '-더-라', '-더-구나', '-더-냐', '-더-ㄴ가', '-더-ㄴ
> 지', '-더-ㄴ데', '-더-ㄴ' 등으로 '-더-'가 '-느-'를 대치한 형식이다.

> (18) 형용사, 지정사 뒤에 이들 어미가 오면 '-다', '-구나', '-(으)냐', '-(으)
> ㄴ가', '-(으)ㄴ지', '-(으)ㄴ데', '-(으)ㄴ'으로 바뀌는 것을 설명할 수
> 없다.

이 (17), (18)이 원활하게 설명되지 않는 한, 이들 어미는 '-느-'가 없
는 '-다', '-구나', '-(으)냐', '-(으)ㄴ가', '-(으)ㄴ지', '-(으)ㄴ데', '-(으)
ㄴ'으로 설정해야 된다. 그러면 '-느-'는 '-더-'와 대립되는 문말앞 형
태소로 분석될 수밖에 없다. 그런데 이 문말앞 형태소 '-느-'는 그 변이
형태로 '-느-', '-ㄴ-', '-는-', '-0-'을 가진다. 이 영(零)은 비어 있는
공(空) ○과는 다른 것으로 '-느-'와 같은 뜻을 가지는 '-느-'의 영 변이
형태(zero allomorph)이다. 그 분포를 보이면 다음과 같다.

(19) 가. 동사 : 읽-는-대[가-ㄴ-다], 읽-(는)-구내[가-(는)-구나], 읽-느-
냬[가-느-냐], 읽-느-ㄴ개[가-느-ㄴ가], 읽-느-ㄴ지[가-느-ㄴ
지], 읽-느-(으)ㄴ데[가-느-(으)ㄴ데], 읽-느-(으)니[가-느-(으)니]

나. 형용사(지정사) : 넓-0-대[산-이-0-다], 넓-0-구내[산-이-0-구
나], 넓-0-(으)내[산-이-0-(으)냐], 넓-0-(으)ㄴ개[산-이-0-(으)
ㄴ가], 넓-0-(으)ㄴ지[산-이-0-(으)ㄴ지], 넓-0-(으)ㄴ데[산-이
-0-(으)ㄴ데], 넓-0-(으)니[산-이-0-(으)니]

다. '있-', '없-' : 있-0-대[없-0-다], 있-0-구내[없-0-구나], 있-
느-내[없-느-(으)냐], 있-느-(으)ㄴ개[없-느-(으)ㄴ가], 있-느-
ㄴ지[없-느-(으)ㄴ지], 있-느-ㄴ데[없-느-(으)ㄴ데], 있-느-(으)
니[없-느-(으)니]

라. '-었-' : 넓-었-0-다, 넓-었-0-구나, 넓-었-느-(으)냐, 넓-었-
느-(으)ㄴ가, 넓-었-느-(으)ㄴ지, 넓-었-느-(으)ㄴ데, *넓-었-느
-(으)니

마. '-겠-' : 읽-겠-0-다, 읽-겠-0-구나, 읽-겠-느-(으)냐, 읽-겠-
느-(으)ㄴ가, 읽-겠-느-(으)ㄴ지, 읽-겠-느-(으)ㄴ데, *읽-겠-느
(으)니

    (19)에서 볼 수 있는 '-느-'가 나타나는 상황을 정리하면 표 (20)과 같
다. 대체로 말하여 선행 형태소의 종류와 후행 형태소의 종류에 따라 변
이 형태 실현 양상이 다르게 나타난다.

(20)

후행 선행	-다	-구나	-(으)냐	-(으)ㄴ가	-(으)ㄴ지	-(으)ㄴ데	-(으)ㄴ
동사	-ㄴ/는-다	-(는)-구나	-느-(으)냐	-느-(으)ㄴ가	-느-(으)ㄴ지	-느-(으)ㄴ데	-느-(으)ㄴ
형용, 지정사	-0-다	-0-구나	-0-(으)냐	-0-(으)ㄴ가	-0-(으)ㄴ지	-0-(으)ㄴ데	-0-(으)ㄴ
'있-', '없-'	-0-다	-0-구나	-느-(으)냐	-느-(으)ㄴ가	-느-(으)ㄴ지	-느-(으)ㄴ데	-느-(으)ㄴ
'-었-' '-겠-'	-0-다	-0-구나	-느-(으)냐	-느-(으)ㄴ가	-느-(으)ㄴ지	-느-(으)ㄴ데	*

표 (20)에 나타난 변이 형태 실현 양상을 간략하게 정리하면 다음과 같다. 서술어가 동사인가, 형용사/계사인가에 따라 '-느-'의 변이 형태 가운데 음성 실현형이 선택되는가 아니면 음성 실현형이 없는 '-0-' 변이 형태가 선택되는가 하는 차이를 보인다. 그런데 그 교체가 이렇게 선행 형태소의 종류에 따라서만 결정되는 것이 아니라, 평서법인가 의문법 등인가 하는 후행 형태소의 종류에 따라서도 결정되는 것이 특이하다.

(21) 평서법은 동사의 경우 '-ㄴ/는-'이 선택된다. 형용사, 지정사, '있-', '없-', '-었-', '-겠-'의 경우 '-0-'이 선택된다. 동사의 경우 '-ㄴ-'과 '-는-'이 선행 형태소의 말음이 자음이면 '-는-', 모음이면 '-ㄴ-'으로 나타난다. 이는 음운론적으로 조건된 교체이다. 형용사, 지정사, '있-', '없-', '-었-', '-겠-'이 선행하면 '-느-'의 영 변이 형태 '-0-'이 선택된다. 이는 형태론적으로 조건된 교체이다. '-ㄴ/는-'을 선택하는 동사 대 '-0-'을 선택하는 형용사 및 그 외 형태소로 나누어지는 것이다.

(22) 감탄법은 동사의 경우 '-(는)-'이 선택되는 방언도 있고 선택되지 않는 방언도 있다. '읽-(는)-구나', '가-(는)-구나'처럼 항상 '-는-'을 선택하는 동남 방언과 '-0-'을 선택하는 중부 방언이 있다. 형용사, 지정사, '있-', '없-', '-었-', '-겠-'은 항상 '-0-'을 선택하여 '있-0-구나', '-었-0-구나'처럼 실현된다. 여기서도 '-(는)-'을 선택하는 동사 대 '-0-'을 선택하는 형용사 및 그 외 형태소로 나누어진다.

(23) 의문법(과 연결 어미 '-(으)ㄴ데', 관형형 '-(으)ㄴ'의 앞의 경우, 동사, '있-', '없-', '-었-', '-겠-'은 항상 '-느-'를 후행시킨다. 형용사나 지정사는 항상 '-느-'의 영 변이 형태 '-0-'를 후행시킨다. 그러니까 여기서는 항상 '-0-'를 선택하는 형용사, 지정사 대 항상 '-느-'를 선택하는 동사, '있-', '없-', '-었-', '-겠-'으로 나누어지는 것이다. '있-', '없-', '-었-', '-겠-'이, 의문법 어미, '-(으)ㄴ데', '-(으)ㄴ'의 앞에서는 동사 쪽으로 분류되는 것이다.

(21)~(23)과 같은 결과를 보고 얻을 수 있는 '-느-'의 변이 형태 실현 양상은 (24)~(26)과 같이 정리된다. 이 형태소의 변이 형태 실현 양상은 (24)에서 보는 선행 형태소가 동사인가 형용사, 지정사인가에 따라 구분 되는 것을 대원칙으로 한다.

거기에 (25)에서 볼 수 있는 대로 원래 동사와 형용사 두 가지 기능을 가진 '잇-/이시-'와 '없-'이 역사적으로 변화하면서 어떤 활용형에서는 동사 활용 유형을 따르고, 어떤 활용형에서는 형용사 활용 유형을 따르게 되었다는 것을 부수적 원칙으로 한다. '-었-'과 '-겠-'은 '있-'을 포함 하는 구성으로부터 문법화되어 하나의 형태소로 굳어진 역사적 과정을 반영하여 '있-'과 같은 활용 유형을 보인다.

(24) 동사는 '-느-'의 변이 형태 '-ㄴ/는/느-'를 후행시킨다. 그리고 형용 사, 지정사는 '-느-'의 변이 형태 '-0-'을 후행시킨다.

(25) 원래 중세 한국어에서 동사와 형용사의 두 기능을 가지고 있던 '있-' 과 '없-'은 동사로 사용되었으면 '-느-'를 후행시키고 형용사로 사 용되었으면 '-느-'의 변이 형태 '-0-'을 후행시켰다. 그러나 현대 한국어에 와서는 이것이 단순화되어 '있-', '없-'은 평서법, 감탄법 에서는 형용사처럼 변이 형태 '-0-'을 후행시키고, 의문법, 연결 어 미 '-(으)ㄴ데', 관형형 어미 '-(으)ㄴ' 앞에서는 동사처럼 '-느-'를 후행시킨다.

(26) '-었-'은 '-어 잇-'의 통합형이고 '-겠-'은 '-게 ᄒᆞ야 잇-'의 통합 형이다.[15] 그러므로 '-었-', '-겠-' 뒤에서는 '있-'과 같이 평서법, 감탄법에서는 '-0-'을 후행시키고, 의문법, 연결 어미 '-(으)ㄴ데', 관형형 어미 '-(으)ㄴ' 앞에서는 '있-'과 같이 '-느-'를 후행시킨다.

---

15) '-었-'은 '-어 잇-'의 융합에 의하여 형성되었고 '-겠-'은 '-게 ᄒᆞ야 잇-'의 융합에 의하 여 형성된 것이다. 고광모(2002), 조민진(2006) 등이 참고된다.

이에 따라 '-었-'이나 '-겠-' 뒤에 평서법에서는 '-느-'의 음성적으로 실현되는 변이 형태가 나타나지 않고, 음성 실현형이 없는 영 변이 형태 '-0-'이 나타나는 까닭을 알 수 있게 되었다. 이제 이에 따라 동사의 어형 변화표를 작성하면 (27)과 같이 된다. '-었-다'와 '-겠-다'는 실은 '-었-0-다'와 '-겠-0-다'로서 형용사 뒤에 오는 '-느-'의 영 변이 형태 '-0-'이 통합되어 있는 것으로 '현재 인식'의 의미를 가지는 것이다.

(27) 동사의 어형 변화표16)

가. 물음 : 읽었겠더냐 : 읽-었-겠-더-냐 "영수가 그 책을 읽-었-겠-더-냐?"
　　응답 : 읽었겠더라 : 읽-었-겠-더-라 "영수가 그 책을 읽-었-겠-더-라."
가'. 물음 : 읽었겠느냐 : 읽-었-겠-느-냐 "영수가 그 책을 읽-었-겠-느-냐?"
　　응답 : 읽었겠다 : 읽-었-겠-0-다 "영수가 그 책을 읽-었-겠-0-다."
나. 물음 : 읽었더냐 : 읽-었-O-더-냐
　　응답 : 읽었더라 : 읽-었-O-더-라
나'. 물음 : 읽었느냐 : 읽-었-O-느-냐
　　응답 : 읽었다 : 읽-었-O-0-다
다. 물음 : 읽겠더냐 : 읽-O-겠-더-냐
　　응답 : 읽겠더라 : 읽-O-겠-더-라
다'. 물음 : 읽겠느냐 : 읽-O-겠-느-냐
　　응답 : 읽겠다 : 읽-O-겠-0-다
라. 물음 : 읽더냐 : 읽-O-O-더-냐 (참고 : 있/없-O-O-더-냐)
　　응답 : 읽더라 : 읽-O-O-더-라 (참고 : 있/없-O-O-더-라)
라'. 물음 : 읽느냐 : 읽-O-O-느-냐 (참고 : 있/없-O-O-느-냐)
　　응답 : 읽는다 : 읽-O-O-는-다 (참고 : 있/없-O-O-0-다)

(27가)는 '-었-, -겠-, -더-'가 모두 선택된 경우이다. (27가')은 '-더-' 대신에 '-느-'를 선택한 경우인데 응답에서는 '-느-'에 대한 현재 인식

---

16) 여기서도 공(空) O은 그 교점에 아무런 형태소도 선택되지 않았음을 나타내고 영(零) '-0-' 은 '-더-'와 대립되는 '현재 인식'의 형태소 '-느-'의 영 변이 형태를 나타낸다.

의 응답이 '-0-'으로 주어져 있다. '-겠-' 뒤이기 때문에 '-느-'의 영
변이 형태 '-0-'이 선택된 것이다. (27나)는 '-겠-'만 제외하고 '-었-',
'-더-'가 선택된 경우이다. (27나′)의 응답에서 '-느-'에 대한 응답이 역
시 '-0-'으로 주어졌다. 표면 구조상 직접 선행하는 형태소가 '-었-'이
기 때문이다. (27다)는 '-었-'이 선택되지 않은 경우이다. 표면 구조상
직접 선행하는 형태소가 '-겠-'이기 때문에 (27가)의 경우와 같아진다.

　가장 주목할 것은 (27라)이다. 이는 '-었-', '-겠-'이 모두 선택되지
않고, '-더-', '-느-'만 선택된 경우이다. (27라′)에서 현재 시제는 '-었-'
의 부재를 나타내는 O에 의하여 표시된다. '-느-'나 '-ㄴ/는-'은 절대로
현재 시제를 나타내는 것이 아니다. 그것은 과거 인식의 '-더-'와 대립
되어 현재 인식을 나타내는 것이다.

　흔히 하듯이 '-ㄴ/는다'와 '-느냐'를 하나의 단위로 취급하여 현재 시
제의 평서법, 의문법 어미라 하거나, 이들을 '-ㄴ/는-다', '-느-냐'처럼
분석하더라도 '-느/ㄴ/는-'이 현재 시제를 나타낸다고 하는 현행 학교 문
법식 설명이 얼마나 비체계적이고 한국어의 특성을 무시한 문법 기술인
가를 이 어형 변화표 (27)만 보면 바로 깨달을 수 있을 것이다. '있-'과
'없-'은 의문문에서는 동사처럼 활용하고 평서문에서는 형용사처럼 활용
한다는 것도 (27라′)을 보면 알 수 있는 일이다.

　형용사, 지정사가 서술어의 핵으로 사용된 문장도 동사가 서술어의 핵
으로 사용된 문장과 동일한 원리로 설명해야 한다. 여기서도 가장 중요한
것은 (28가)처럼 형용사가 문장에 들어오면, 통사 구조상으로는 그 형용
사 '넓-다'를 '넓-O-O-0-다'와 같이 이해해야 한다는 점이다. '서울-
이-다'도 '서울-이-O-O-0-다'로 이해해야 한다.

(28) 가. 저 들이 매우 넓다.
　　나. 여기서부터가 서울이다.

　그 까닭은 '넓-다'를 '넓-었-겠-더-라'와 비교해 보면 바로 알 수 있다. '넓-다'는 평서법으로서, 과거 시제가 아니며, 추측 표현이 아니며, 또 과거에 인식한 것이 아니고 현재에 인식하고 있는 것이다. 그러므로 과거 시제 '-었-'이 선택되지 않은 교점이 ○으로 비어 있고, 추측에 의하여 인식됨을 표시하는 '-겠-'이 선택되지 않은 교점이 ○으로 비어 있으며, 과거에 인식한 것이 아니라 현재에 인식한 것임을 나타내는 '-느-'의 영 변이 형태 '-0-'이 선택되어 있는 것이다. 이는 (28나)와 같이 지정사가 서술어의 핵으로 들어온 경우도 마찬가지이다.[17]

　(29)는 이러한 사정을 반영하여 만들어 본 형용사와 지정사의 어형 변화표이다. 당연히 ○는 그 교점이 비어 있음을 나타내고 '-0-'은 현재 인식의 형태소 '-느-'의 영 변이 형태를 나타낸다. 의문문에서는 '-느-'로 음성 실현되던 이 형태소가 평서법에서는 영 변이 형태 '-0-'으로 실현되고 있음을 볼 수 있다.

(29) 형용사(지정사)의 어형 변화표
　가.　물음 : 넓었겠더냐 : 넓-었-겠-더-(으)냐
　　　　응답 : 넓었겠더라 : 넓-었-겠-더-라
　가′.　물음 : 넓었겠느냐 : 넓-었-겠-느-(으)냐　　"그 땅이 얼마나 넓었겠느냐?"
　　　　응답 : 넓었겠다 　: 넓-었-겠-0-다　　　　"그 땅이 매우 넓었겠0다."
　나.　물음 : 넓었더냐 　: 넓-었-○-더-(으)냐
　　　　응답 : 넓었더라 　: 넓-었-○-더-라

---

17) 필자의 문법 체계에서 지정사는 '이-'만을 가리키고 '아니-'는 포함하지 않는다. 통사 구조상으로 '아니-'는 부사 '아니'와 '이-'의 통합형인 '아니 이-'로 처리한다. 하나의 형태소가 아니다. '이-'를 영어의 be 동사처럼 취급하는 것이다. '아니 이-'는 'is not'과 같은 구조를 가진다(서정목 1993, 1998 : 296~303 참고).

나′. 물음 : 넓었느냐 : 넓-었-○-느-(으)냐
　　　응답 : 넓었다 　: 넓-었-○-○-다
다. 물음 : 넓겠더냐 　: 넓-○-겠-더-(으)냐
　　 응답 : 넓겠더라 　: 넓-○-겠-더-라
다′. 물음 : 넓겠느냐 　: 넓-○-겠-느-(으)냐
　　　응답 : 넓겠다 　: 넓-○-겠-○-다
라. 물음 : 넓더냐 　　: 넓-○-○-더-(으)냐
　　 응답 : 넓더라 　　: 넓-○-○-더-라
라′. 물음 : 넓으냐 　　: 넓-○-○-○-으냐
　　　응답 : 넓다 　　: 넓-○-○-○-다

　관형형으로 활용한 경우는 둘로 나누어 보아야 한다. '읽었던 것이다 : *읽었는 것이다', '읽었을 것이다 : *읽었은 것이다'처럼 '-었-'이 오는 것을 허용하는 경우도 있고 허용하지 않는 경우도 있는 것으로 형식명사 '것'과 함께 '----은/을 것-이-' 유형의 서술어를 이루는 경우와 순수하게 NP 앞에서 NP를 수식하는 관형절의 서술어로 사용된 것이 그것이다. 여기서는 후자만 대상으로 하는데 이를 수식적 관형절이라 편의상 부르기로 한다.

　(30) 동사의 수식적 관형형
　　　가.　읽는 　　　: 읽-○-○-느-(으)ㄴ(현재 인식)
　　　가′.　읽던 　　: 읽-○-○-더-(으)ㄴ(과거 인식)
　　　나.　읽은 　　　: 읽-○-○-○-(으)ㄴ(기정)
　　　나′.　읽을 　　: 읽-○-○-○-(으)ㄹ(미정)

　(31) 형용사의 수식적 관형형
　　　가.　*넓는, 넓은 : 넓-○-○-○-(으)ㄴ(현재 인식)
　　　가′.　넓던 　　: 넓-○-○-더-(으)ㄴ(과거 인식)
　　　나.　넓은 　　　: 넓-○-○-○-(으)ㄴ(기정)
　　　나′.　넓을 　　: 넓-○-○-○-(으)ㄹ(미정)

관형형에서 언급할 것은 형용사의 '현재 인식형'과 '기정형'이 '넓은'으로 둘 다 같은 모습을 띠고 있다는 점이다.

동사의 경우에는 (30가)의 '책 읽-느-(으)ㄴ 사람이 누구냐?'라고 했을 때 청자는 현재의 인식으로 책을 지금 읽고 있는 사람의 이름을 응답해야 한다. 그리고 (30나)의 '책 다 읽은 사람이 누구냐?'에서 기정의 '읽은'은 청자의 인식 시점이 문제되는 것이 아니고 행동주의 행위가 기정의 일임을 나타낸다. 이 '읽-느-(으)ㄴ'과 '읽-(으)ㄴ'은 의미상으로 상당한 차이가 있는 것이다.

그러나 형용사에서는 '넓은'이 현재 인식의 '넓-○-○-○-(으)ㄴ'일 수도 있고, 기정의 '넓-○-○-○-(으)ㄴ'일 수도 있다. '뜨거운 물'에서는 현재 인식의 의미를 우선적으로 느끼지만 기정의 사실일 수도 있고, '높은 산'에서는 기정의 의미를 우선적으로 느끼지만 현재에 인식하여 높다는 것을 알았다는 의미도 있는 것이 이 까닭이다. '저 넓은 땅이 누구 땅인가?'에서는 '기정의 의미'가 우선적으로 느껴지지만 '이 넓은 밭이 다 너희 것이냐?'에서는 '현재 인식'의 의미가 더 강하게 느껴지는 것은 그 까닭이다.

이에 대하여 형용사는 '넓은'이 현재 시제이지만 동사는 '읽는'이 현재 시제이기 때문에 동사와 형용사의 활용 유형이 다르다는 식으로 기술할 문제가 아니다. '넓은'은 '읽은'과 같은 경우도 있고 '읽는'과 같은 경우도 있다. '읽은'과 같은 '넓은'은 '넓-○-○-○-(으)ㄴ'이지만 '읽는'과 같은 '넓은'은 '넓-○-○-0-(으)ㄴ'으로 '-느-'의 영 변이 형태를 가진 것이다. 이것을 구분하는 것이야말로 '-느-'의 영 변이 형태 '-0-'과 비어 있는 공(空) ○을 구분하는 요체를 잡는 일이다.

이제 '있-'과 '없-'의 관형형 활용의 특이성을 살펴보기로 한다.

(32) '있-'과 '없-'의 관형형

    가.   있는   : 있-O-O-느-(으)ㄴ(현재 인식)

    가´. 있던   : 있-O-O-더-(으)ㄴ(과거 인식)

    나. ^{?*}있은   : 있-O-O-O-(으)ㄴ(기정)

    나´. 있을   : 있-O-O-O-(으)ㄹ(미정)

    다.   없는   : 없-O-O-느-(으)ㄴ(현재 인식)

    다´. 없던   : 없-O-O-더-(으)ㄴ(과거 인식)

    라. [*]없은   : 없-O-O-O-(으)ㄴ(기정)

    라´. 없을   : 없-O-O-O-(으)ㄹ(미정)

'있-'과 '없-'은 관형형에서 특이한 모습을 보인다. 관형형 활용에서는 (32가, 다)에서 보듯이 둘 다 동사 활용을 택하여 '-느-'를 후행시키는 것을 허용한다. 그런데 기정의 '-(으)ㄴ'과의 통합에서 이상한 현상을 보인다. '^{?*}있은'은 매우 어색하고 '[*]없은'은 아예 허용되지 않는다.

(33) 가. 돈이 {^{?*}있은, 있는, 있던} 사람 손들어 봐.

     나. 돈이 {[*]없은, 없는, 없던} 사람은 이쪽으로 오도록.

중세 한국어에서는 '이신', '업슨'과 '잇는', '업는'이 공존하면서 전자는 형용사로 사용되었고 후자는 동사로 사용되었다. 이 글에서와 같이 생각하면 전자는 '이시-O-(으)ㄴ', '없-O-(으)ㄴ'이고 후자는 '잇-ᄂᆞ-(으)ㄴ', '없-ᄂᆞ-(으)ㄴ'으로 되어 '-ᄂᆞ-'와 그것의 영 변이 형태의 실현으로 설명될 경우이다.

그러나 현대 한국어에서는 '있-O-(으)ㄴ', '없-O-(으)ㄴ' 형이 나타나지 않고 '있-느-(으)ㄴ', '없-느-(으)ㄴ'으로 '-느-'를 포함한 형으로 단일화된 것이다. 방언에 따라 혹은 개인어에 따라 '있-O-(으)ㄴ', '없-O-(으)ㄴ'이 나타나기도 한다. 필자는 '있-O-(으)ㄴ'을 허용하면서 '없-O-

(으)ㄴ'은 허용하지 않는 직관을 가지고 있다. 이는 이 미묘한 변화 과정을 더 섬세하게 살펴보아야 함을 암시한다.

'-더-'와 '-느-'는 인식시와 발화시의 시간적 관계를 표시하는 '인식 시제'라는 문법 범주를 이룬다. 인식시가 발화시보다 선행하는 경우인 '과거 인식'을 표시하는 문법 요소는 '-더-'이고 인식시와 발화시가 동시임을 나타내는 '현재 인식'을 표시하는 문법 요소는 '-느-'이다.

'-더-'는 어떤 경우에나 필요할 때는 나타난다. 그러나 '-느-'는 특정 위치에서는 '-ㄴ/는-'으로 나타나기도 하고 또 어떤 위치에서는 영 변이 형태 '-0-'으로 나타나기도 한다. 이 두 문말앞 형태소가 인식시와 발화시의 선동시(先同時) 여부를 나타내는 '인식 시제(Epistemic Tense)'라는 문법 범주를 이루는 것이다. 이 문법 범주를 ET로 약자화하고 이들이 이루는 최대 투사가 ETP가 되는 것으로 다루기로 한다.

이러한 사정들을 고려하면, 한국어의 IP 구조는 하나의 범주로 나타낼 수 없고 여러 범주로 나누어 나타내어야 한다. 따라서 이들을 핵으로 하는 XP의 구 투영도 여러 단계의 계층적 구조를 가지는 것으로 표시될 수밖에 없다. 앞에서 논의한 (나)에 지금의 '-더-'와 '-느-'가 실현될 교점 ET를 표시하면 (다)처럼 된다.[18]

---

18) '-더-', '-느-'는 '-(으)니-'와는 잘 어울린다. 그러나 '-더-, '-느-'가 '-(으)리-'와 어울리는 것은 불가능하다. 이런 현상도 우리의 설명 방식으로는 모두 쉽게 설명된다. '-(으)리-'는 '불확실한 발화'를 나타고 '-(으)니-'는 '확실한 발화'를 나타낸다. '-더-'는 과거에 알았음을 나타내는 '과거 인식'이고 '-느-'는 현재에 앎을 나타내는 '현재 인식'이다. 이미 인식하여 아는 사태를 '-(으)니-'로 확실하게 발화하는 것은 당연한 일이지만, 불확실하게 '-(으)리-'로써 발화하는 것은 부적절한 것이다. '-겠-'은 인식의 방식을 나타내고, '-더-', '-느-'는 인식과 발화시의 선동 관계를 나타내며, '-(으)니-', '-(으)리-'는 발화의 확실성 여부를 나타내는 서로 다른 문법 범주에 속한다는 것을 이로써도 알 수 있다.

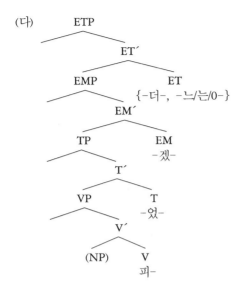

　(다)의 위에 평서법 '-다'나 의문법 '-(으)냐'라는 정동사 어미를 통합시키면 청자가 상위자가 아닐 때 사용하는 '온다체' 문장이 완성된다. 이 정동사 어미들은 핵 계층 이론의 COMP에 해당하는 것으로 문장자라 부를 만한 것이다. 이 COMP가 통합되면 그 COMP를 핵으로 하는 CP가 형성된다. 이 CP가 바로 문장인 것이다. 의문법의 '-(으)냐'['-(으)니-아'로 보아 '-아'만 C에 두어야 하지만 여기서는 간략히 하였다.]를 통합시키면 (라)와 같은 CP가 만들어진다.

　명령법, 청유법은 시제나 양태 범주가 공(空) ○으로 실현되는 통사적 서법이다. 따라서 이 두 문장의 종류는 경어법 문말앞 형태를 제외한 시제, 양태의 문말앞 형태 '-었-', '-겠-', '-더-', '-느-'를 허용하지 않는다. 그러므로 이러한 논의는 평서법, 의문법으로 충분한 것이다.

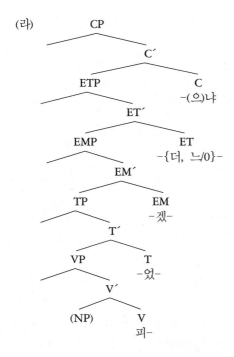

(라)

이러한 분석은 많은 문제를 안고 있다. 하나의 형태소의 있고 없음에 대하여 하나씩의 교점을 부여하게 되고, 또 그 형태소들이 전혀 관여하지 않는 문장에서는 그 교점들을 채우지 않은 채 그대로 남겨 두어야 한다. 하나씩의 형태소마다 교점을 줌으로써 XP의 명시어 자리가 많아지고, 그 명시어들과 핵이 되는 형태소들 사이에 일치 현상을 포착해야 한다.

그렇긴 하지만, 이러한 접근법은 문장에 나타나는 의미가 어휘적 의미와 문법적 의미로 나누어진다는 것을 포착하고, 그 문법적 의미들을 통사 구조상에 표시할 수 있다는 점에서 큰 장점을 가진다. 또 어휘 요소가 차지하는 교점에는 여러 단어들이 자유롭게 선택되는 반면에 문법 요소가 차지하는 교점에는 소수의 관련된 형태소들만이 서로 배타적으로 선택된다는 점도 보여 준다. 이것은 어휘 요소로써 가리키는 이 세상의 대상은

무수히 많은 데 반하여, 문법 요소로써 나타내는 문법 범주는 어떤 문법
적 의미가 '있다' 또는 '없다'로 단순하게 표시된다는 것을 반영하는 것
이다.

각 XP의 명시어 자리에 오는 요소들은 다음과 같다. CP의 명시어 자
리는 이동해 온 wh-어가 차지한다. TP의 명시어 자리는 주어 NP가 차지
한다. 그 밖의 명시어 자리에는 어떤 요소들이 오는지 밝혀져 있지 않다.
이 명시어 자리들은 원래부터 채워져 있지 않은 경우가 대부분이다. 어디
선가 이동해 온 요소들이 들어가는 곳이다. 이 자리는 보충어와는 성격을
달리한다. 명시어 자리는 부가어 자리처럼 필요하면 만들고 불필요하면
안 만들면 되는 수의적 자리로 이해하는 것이 좋다.

여기서 제기되는 가장 큰 문제점은 XP의 성격이다. 어휘 범주의 경우
대체로 XP는 자립 형식이 되는 성분 단위를 이룬다. 그러나 지금까지 살
펴본 TP나 EMP, ETP는 자립 형식이 아니다. 그 의존 형식에 다시 붙는
상위 교점의 핵들도 자립 형식이 아니고 의존 형태소들이다. 마지막에
COMP까지 통합되어야 비로소 자립 형식이 된다. 이는 기능 범주의 투영
이 어휘 범주의 투영과는 본질적으로 차이난다는 것을 보여 주는 것이다.

5. 정리

경어법 형태소들, 그리고 경어법과 밀접한 관련을 맺는 발화 양태를
나타내는 형태소들을 제외한 문말앞 형태소들의 통사 구조상의 지위에
대하여 살펴보았다. 존경법 형태소 '-(으)시-', 화자 겸양법의 '-ㅂ/습-',
청자에 대한 공손법의 '-이/잇-' 등의 경어법 형태소와 발화 양태를 나
타내는 '-(으)니-', '-(으)리-'에 관한 논의와 합쳐져야 완성된 논의가 될

것이다. 다른 글에서 이미 논의한 바들이 있어 그쪽으로 미루면서(서정목 1987, 1988, 1998 등 참고) 여기서 논의를 그치기로 한다. 이 글에서 취급한 형태소들은 '-었-', '-겠-', '-더-', '-느-'이다. 지금까지의 논의를 요약하면 다음과 같다.

A. 한국어의 문말앞 형태소들은 VP와 CP 사이의 굴절(Inflection) 요소들로서 시제, 인식 양태, 인식시와 발화시의 선동 관계, 발화 양태 등을 나타내는 문법 범주들을 이룬다. 이들은 자신이 나타내는 문법 범주를 표시하는 XP의 핵으로서 종단 교점에 형태소 삽입됨으로써 통사 구조 속에 들어오는 것으로 처리하여야 한다.

B. 시제는 과거와 비과거로 나누어진다. 사건시가 발화시보다 선행함을 표시하는 과거 시제는 '-었-'에 의하여 표시된다. 비과거는 '-었-'을 선택하지 않음으로써 표시된다. 이는 영 형태소가 아니라 그 교점이 비어 있는 것으로 보아 공(空) O으로써 나타내었다. 시제는 주어의 동작이나 상태의 시점을 나타낸다.

C. 인식의 방식을 나타내는 인식 양태 형태소로는 추측의 '-겠-'이 있다. '-겠-'이 선택되지 않고 그 교점이 공(空) O으로 비어 있으면 인식이 비추측에 의한 것임을 나타낸다. 확신 인식이라 할 만한 것이다. 추측의 인식 양태는 항상 화자나 청자의 추측을 표시한다. 의문문에서는 청자의 추측을 나타내고 평서문에서는 화자의 추측을 나타낸다. 의도로 해석되는 '-겠-'도 추측의 하위 의미로서 1인칭 주어, 평서문에서는 화자의 의도를 나타내고, 2인칭 주어, 의문문에서는 청자의 의도를 나타낸다. '-겠-'은 어떤 경우도 주어의 인식 양태를 표시하지 않는다. 이는 인식 양태이지 행위 양태가 아닌 것이다.

D. '-더-'와 '-느-'는 인식 시점과 발화 시점의 선동(先同) 관계를 표시한다. '-더-'는 발화 시점보다 인식 시점이 앞서는 '과거 인식'을 나타낸다. '-느-'는 발화 시점과 인식 시점이 같은 '현재 인식'을 나타낸다.

E. '현재 인식'의 형태소 '-느-'의 변이 형태 실현 양상을 정리하면 다음과 같다.

   a. 동사 뒤에서는, 평서법 '-다' 앞의 '-ㄴ/는-', 의문법 어미, '-(으)ㄴ데', '-(으)ㄴ' 앞의 '-느-'라는 변이 형태를 가진다.

   b. 형용사, 계사 뒤에서는 평서법, 의문법 모두 영 변이 형태 '-0-'을 가진다.

   c. '있-', '없-' 뒤에서는, 평서법 '-다' 앞의 영 변이 형태 '-0-', 의문법 어미, '-(으)ㄴ데', '-(으)ㄴ' 앞의 변이 형태 '-느-'를 가진다.

   d. '-었-', '-겠-' 뒤에서는, '있-'과 마찬가지로 평서법에서는 영 변이 형태 '-0-'을 가지고, 의문법 어미, '-(으)ㄴ데' 앞에서는 '-느-'를 가진다.

‖ 참고문헌

고광모(2002), "'-겠-'의 형성 과정과 그 의미의 발달", 국어학 39, 27-47.

고광모(2007), "방언들의 미정법 어미 '-겄-, -갔-'의 형성에 대하여", 언어학 49, 165-180.

고영근(1965), 현대국어의 서법체계에 대한 연구 : 선어말 어미의 것을 중심으로, 국어연구 15, 국어연구회.

고영근(1981/1998), 중세국어의 시상과 서법, 보정판, 탑출판사.

고영근(1986), "서법과 양태의 상관관계", 국어학신연구, 탑출판사, 383-399.

고영근(1999), 국어형태론연구, 증보판, 서울대학교 출판부.

고영근(2004), 한국어의 시제, 서법, 동작상, 태학사.

고은숙(2011), 국어 의문법 어미의 역사적 변천, 한국문화사.

김차균(1981), "「을」과 「겠」의 의미", 한글 173 · 174, 65-114.

나진석(1953), "미래시상 보간 '리'와 '겠'의 교체", 국어국문학 6, 6-8.

남기심(1978), 국어문법의 시제문제에 관한 연구, 탑출판사.

남미정(2011), 근대국어 청자경어법 연구, 태학사.

박재연(1999), "국어 양태 범주의 확립과 어미의 의미 기술 : 인식 양태를 중심으로", 국어학 34, 199-225.

박재연(2003), "국어 양태의 화·청자 지향성과 주어 지향성", 국어학 41, 249-275.

박재연(2005), "인식 양태와 의문문의 상관관계에 대하여", 어학연구 41-1, 101-118.

박재연(2006), 한국어 양태 어미 연구, 태학사.

박재연(2009), "'주어 지향적 양태'와 관련한 몇 문제", 한국어학 44, 1-25.

박진호(2011가), "한국어에서 증거성이나 의외성의 의미성분을 포함하는 문법요소", 언어와 정보사회 15, 1-25.

박진호(2011나), "시제, 상, 양태", 한국어 통사론의 현상과 이론, 태학사, 171-224.

서정목(1984), "의문사와 WH-의문 보문자의 호응", 국어학 13. [서정목(1994 : 134-162에 재수록]

서정목(1987), 경남방언의 의문문에 대한 연구, 박사학위논문, 서울대학교. ['서정목(1987), 국어 의문문 연구, 탑출판사'로 발행].

서정목(1988), "한국어 청자 대우 등급의 형태론적 해석 (1) : '옵니다체'의 해명을 위하여", 국어학 17. [서정목(1994 : 291-343)에 재수록]

서정목(1993), "계사 구문과 그 부정문의 통사 구조에 대하여", 국어사 자료와 국어학의 연구, 문학과 지성사, 488-506.

서정목(1994), 국어 통사 구조 연구 1, 서강대학교 출판부.

서정목(1998), 문법의 모형과 핵 계층 이론, 태학사.

서정수(1978), "'ㄹ 것'에 관하여 : '겠'과의 대비를 중심으로", 국어학 6, 85-110.

서정수(1999), 국어문법, 수정증보판, 한양대학교 출판원.

송재목(1998), "안맺음씨끝 '-더-'의 의미 기능에 대하여 : 유형론적 관점에서", 국어학 32, 135-169.

안병희(1965), "후기중세국어의 의문법에 대하여", 학술지(건국대) 6. [안병희(1992 : 136-167)에 재수록]

안병희(1992), 국어사 연구, 문학과 지성사.

이기갑(1987), "미정의 씨끝 '-으리-'와 '-겠-'의 역사적 교체", 말 12, 161-197.

이기용(1978), "언어와 추정", 국어학 6. [이기용(1998 : 149-189)에 재수록]

이기용(1998), 시제와 양상 : 가능 세계 의미론, 태학사.

이남순(1981), "'겠'과 'ㄹ 것'", 관악어문연구 6, 183-203.

이남순(1998), 시제·상·서법, 월인.

이병기(1997), 미래 시제 형태의 통시적 연구 : '-리-', '-ㄹ 것이-', '-겠-'을 중심으로, 국어연구 146, 국어연구회.

이병기(2006가), "'-겠-'과 '-었-'의 통합에 대하여", 국어학 47, 179-206.

이병기(2006나), 한국어 미래성 표현의 역사적 연구, 박사학위논문, 서울대학교.

이선웅(2001), "국어의 양태 체계 확립을 위한 시론", 관악어문연구 26, 317-339.

이선웅(2012), 한국어 문법론의 개념어 연구, 월인.

이승욱(1973), 국어문법체계의 사적연구, 일조각.

이승욱(1997), 국어 형태사 연구, 태학사.

이정훈(2005), 국어의 문법형식과 통사구조 연구, 박사학위논문, 서강대학교.

이현희(1994), 중세국어 구문연구, 신구문화사.

이효상[Lee, Hyo-Sang](1991), *Tense, Aspect, and Modality : A Discourse-Pragmatic Analysis of Verbal Affixes in Korean from a Typological Perspective*, Ph.D. Dissertation, UCLA.

이효상(1995), "다각적 시각을 통한 국어의 시상체계 분석", 언어 20-3, 207-250.

임동훈(2001), "'-겠-'의 용법과 그 역사적 해석", 국어학 37, 115-147.

임동훈(2003), "국어 양태 체계의 정립을 위하여", 한국어 의미학 12, 127-153.

임동훈(2008), "한국어의 서법과 양태 체계", 한국어 의미학 26, 211-249.

임동훈(2010), "현대국어 어미 '느'의 범주와 변화", 국어학 59, 3-44.

임홍빈(1980), "{-겠-}과 대상성", 한글 170. [임홍빈(1998 : 231-269)에 재수록]

임홍빈(1982), "선어말{-더-}와 단절의 양상", 관악어문연구 7. [임홍빈(1998 : 339-376)에 재수록]

임홍빈(1998), 국어 문법의 심층 1 : 문장 범주와 굴절, 태학사.

장경희(1985), 현대국어의 양태범주 연구, 탑출판사.

장경희(1998), "서법과 양태", 서태룡 외, 문법 연구와 자료 : 이익섭 선생 회갑 기념 논총, 태학사, 261-303.

장윤희(2002), 중세국어 종결어미 연구, 태학사.

정혜선(2012), 국어 인식 양태 형식의 역사적 연구, 박사학위논문, 서강대학교.

조민진(2006), '-겠-'의 문법화 과정 연구, 석사학위논문, 서강대학교.

최동주(1995), 국어 시상체계의 통시적 변화에 관한 연구, 박사학위논문, 서울대학교.

최현배(1937/1961), 우리말본, 정음문화사.

한동완(1984), 현대국어 시제의 체계적 연구, 석사학위논문, 서강대학교.

한동완(1996), 국어의 시제 연구, 태학사.

허 웅(1975), 우리옛말본, 샘문화사.

허 웅(1987), 국어 때매김법의 변천사, 샘문화사.

Chomsky, N.(1986), *Barriers*, The MIT Press.

Nida, E.(1949), *Morphology : The Descriptive Analysis of Word*, 2nd ed., University of Michigan Press.

Palmer, F. R.(1986), *Mood and Modality*, Cambridge University Press.

'-으시-' 일치의 통사론*

이정훈

1. 도입

언어 현상을 해명하는 단 한 가지 방법이 존재하는 것은 아니다. 사회 현상이 다각도로 분석되듯이 언어 현상도 여러 가지 시각과 방법으로 설명될 수 있으며, 또 언어 현상의 요모조모를 보다 풍부하고 깊게 이해하기 위해서는 다양한 방법을 동원해야 한다. 이러한 관점에서 이 글에서는 주로 순수 통사론의 시각으로 주체 경어법 어미 '-으시-'와 관련된 일치 현상을 탐구해 보고자 한다.[1]

주체 경어법 또는 존경법, 주체 대우법 등은 '-으시-'의 통사기능보다는, 다분히 의미적·화용적인 면에 방점을 둔 개념이다. 존대와 통사 절

---

* 이 글은 이정훈(2004, 2008나) 등의 논의를 다듬고 보완한 것이다. 앞선 논의와 다소 다른 내용도 있는데 대개 논의를 보다 선명히 하거나 다른 시각에서 현상을 재조명한 결과이다.

1) '-으시-, -었-, -겠-, -더-, -다' 등은 어미(語尾)인가, 문미(文尾)인가? 통사적 핵이라는 점을 강조하면 문미가 적합하지만 핵 이동으로 어간과 합쳐져서 단어를 형성한다는 점에서는 어미가 적합하다. 어느 한 측면을 강조하면 문미와 어미 중 어느 하나를 선택할 수 있지만 이 글의 초점은 두 측면에 걸친다. 따라서 문미든 어미든 어느 한 쪽을 택하기 어렵다. 그래서 전통적인 용어인 어미를 택한다. 이는 어미가 어간과 직접 결합하기도 하는 점을 고려한 것이기도 하다(이정훈 2007 참고).

차는 구분되어야 하므로(박양규 1975, 임홍빈 1976 등), 통사적인 면을 강조한다면 '일치'(agreement)나 '호응'(concord)이 더 합당한 술어가 된다. 이에 이 글에서는 '일치'를 택하고자 하는데, 일치의 관점에서 '-으시-'는 통사구조의 특정 위치에 온 성분과 서로 일치하는 현상을 보인다.[2)

'-으시-' 일치 현상은 얼마나 다양한 모습을 보이며 또 그 현상들은 어떻게 설명할 수 있는가? 위에서 밝힌 통사적 관점, 즉 일치의 관점에서 '-으시-' 일치의 다양성은 '-으시-'와 일치하는 성분이 보이는 통사적 분포의 다양성과 통한다. 따라서 '-으시-' 일치 현상은 '-으시-'와 일치하는 성분의 통사구조적이고 분포적인 특성을 중심으로 탐구하게 되며, 이러한 점에서 특히 계사 구문의 '-으시-' 일치 현상은 주목을 요한다. 아래에서 보듯이 계사 구문의 '-으시-' 일치 현상은 다른 어떤 경우보다 다양한 양상을 띠기 때문이다.

> (1) 가. 아버님이 그 일에 적임자이시었다.
> 나. 선생님이 아이가 유치원생이시다.
> 다. 선생님은 취미가 그림이시다.
> 라. 선과 교의 근원은 부처님이시고 선과 교의 갈래는 가섭존자와 아난존자이다.
> 마. 그 때는 선생님이 책을 읽는 중이시었다.

언어 현상을 온전히 이해하기 위해서는 실제로 관찰할 수 있는 자료에 더해 자료에 대한 해석, 즉 설명과 이론을 검증하기 위한 인위적·실험적

---

2) 한국어에는 '-으시-' 일치 현상에 더해 의문사-의문어미 일치 현상, 부정극어와 부정소의 일치 현상 등이 존재한다(서정목 1987, 시정곤 1997, 김영희 1998 등 참고). 한편 일치와 호응 중에서 일치를 택한 이유는 다음과 같다. 먼저 호응이 안 쓰이는 것은 아니지만 의문사-의문어미 일치에서 보듯이 통사적 측면에서는 '일치'가 보다 일반적으로 쓰인다. 다음으로 '-으시-'는 활용, 즉 V 범주와 관련되는데 일반 언어학 차원에서 V 범주와 관련해서는 호응보다는 일치가 일반적으로 쓰인다(Baker 2008 : 1 참고).

자료도 필요하다. 이러한 관점에서 이 글에서는 말뭉치나 소설, 신문 등과 일상에서 접하는 자료들을 적극적으로 활용하는 한편으로 이론 검증차원에서 필요한 경우에는 인위적으로 구성한 자료도 활용한다.[3] 그리고 인위적 자료를 이용할 경우에는 그 자료의 신뢰성을 확보하기 위해 기존의 연구들에서 제시한 자료들을 참고한다.

논의 순서는 다음과 같다. 먼저 2절과 3절에서는 계사 구문의 '-으시-' 일치 현상을 본격적으로 다루기에 앞서 일치의 통사 절차와 계사 구문 자체의 통사적 특징을 살핀다. 일치와 계사 구문 자체에 대한 통사적 이해를 바탕으로 4절에서는 계사 구문의 '-으시-' 일치 현상을 본격적으로 탐구하는데, 먼저 주어와 주제어가 '-으시-'와 일치하는 현상을 살피고, 다음으로 보충어와 '-으시-'가 일치하는 현상 및 보충어가 취한 관형절의 주어와 '-으시-'가 일치하는 현상을 논의한다. 끝으로 5절에서는 논의를 요약하고 남은 문제를 제시하며 글을 맺는다.

2. 일치의 통사론

어미 '-으시-'는 통사구조의 특정 위치에 놓인 문장성분과 일치한다. 그리고 (1)에서 확인하였듯이 '-으시-'와 일치하는 문장성분은 주어일 수도 있고, 주제어일 수도 있으며, 경우에 따라서는 보충어일 수도 있다.[4] 그렇다면 이렇게 사뭇 다양한 일치 현상이 어떻게 가능할까? 이 질

---

3) 말뭉치는 21세기 세종계획에서 구축한 말뭉치를 이용하며, 이 말뭉치에서 가져온 자료는 ≪세종≫으로 표시한다. 다른 자료도 필요한 경우 그 출처를 따로 밝힌다.
4) 나아가 초점도 '-으시-'와 일치할 수 있다(이정훈 2008나 : 331-337 참고). 특정한 하나의 문장성분이 아니라 다양한 문장성분이 '-으시-'와 일치하는 것으로 보는 셈인데, 이와는 다른 시각의 논의도 있다. 예를 들어 통사구조보다는 일치의 대상이 지닌 의미적 공통성을 포착함으로써 '-으시-' 일치를 설명하려는 시도가 있으며(임홍빈 1976, 1985, 임동훈 1996

문에 답하기 위해서는 먼저 '-으시-' 일치의 통사적 정체를 분명히 해야한다. 이에 개별적이고 다양한 일치 현상은 4절에서 본격적으로 논의하기로 하고, 이 절에서는 '-으시-' 일치의 통사 기제를 밝히는 데 주력하고자 한다. 특히 '-으시-'가 문장성분과 일치 관계를 맺게 되는 원인과 일치의 조건을 고찰하고 이를 통해 주어와 '-으시-'가 일치하는 현상을 분석함으로써 '-으시-' 일치의 기본적인 통사 절차를 마련한다.

2.1. '-으시-'의 문장성분 지배력과 핵 이동

어미 '-으시-'가 특정 문장성분과 일치한다는 사실은 '-으시-'가 문장성분에 대한 지배력을 지닌다는 것을 의미한다. 그런데 '-으시-'를 포함하여 어미는 일반적으로 문장성분을 요구하지 않는다. 문장성분은 어미가 아니라 용언 어간 즉 VP의 핵 V의 요구에 부응할 뿐이다. 이에 아래와 같은 질문이 제기된다.

> 🔏 문장성분에 대한 지배력이 없는 '-으시-'가 어떻게 문장성분과 관계
> 를 맺고 일치할 수 있는가?

별도의 약정을 상정하지 않는 한 문장성분에 대한 지배력의 근원은 VP의 핵 V에서 구할 수밖에 없다. 그렇다면 '-으시-'의 문장성분에 대한 지배력의 원천도 VP의 핵 V로 파악하는 것이 자연스러우며, 이런 맥락에서 위의 질문에는 아래와 같은 답이 제시된다.[5]

등), '-으시-'의 일치 대상을 주어로 보고 주제어나 초점어 등도 주어로 해석하려는 시도도 있다(성기철 1985, 박석준 2002, 목정수 2013 등).

[5] 앞서 지적했듯이 주제어와 초점어도 '-으시-'와 일치한다. 그렇다면 V는 주제어와 초점어에 대한 지배력도 지니는가? 이에 대해서는 두 가지 입장이 가능하다. 하나는 주제어와 초점어의 담화적 특성을 고려하여 담화 맥락에 의해 지배력이 확보된다고 보는 입장이며, 다

　　🈩 모종의 통사 절차를 통해 V의 문장성분에 대한 지배력이 '-으시-'로
　　확산되어 '-으시-'가 문장성분에 대한 지배력을 보유하게 된다. 이렇
　　게 보유하게 된 문장성분 지배력에 기대어 '-으시-'와 문장성분은 관
　　계를 맺게 되고 나아가 일치를 이루게 된다.

　그렇다면 V의 문장성분에 대한 지배력이 '-으시-'로 확산될 수 있게
끔 하는 '모종의 통사 절차'는 어떤 것인가? V와 어미 E(ending)는 의존형
식으로서 핵 이동(head movement)을 통해 서로 통합하는 점을 적극적으로
고려하면(이정훈 2008나 : 202-243 참고), 핵 이동을 바로 문제의 절차로 파악
할 수 있다. 구체적인 예를 들면 다음과 같다.6)

　(2) 선생님이 부모님을 만나시었다.
　　가.

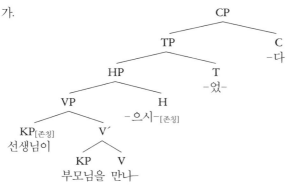

　른 하나는 V가 중추가 되어 형성하는 사건(event)과 주제어, 초점어가 긴밀한 관계를 맺는데
　이 긴밀한 관계를 지배력에 포함시키는 입장이다. 여기서는 후자의 관점에서 V가 주제어와
　초점어에 대한 지배력도 지니는 것으로 본다.
6) 한국어의 통사구조 및 K(Kase), H(honorification), T(tense), M(modality), C(complementizer) 등
　조사와 어미의 통사범주에 대해서는 서정목(1998), 이정훈(2008나, 2012나) 등 참고.

나.

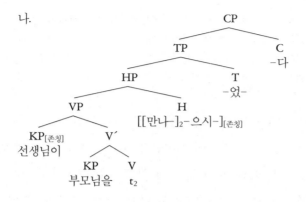

다.

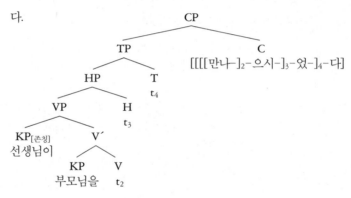

(2가)에서 VP의 핵 V '만나-'는 의존형식으로서 그 형태적 요구를 만족시키기 위해, 즉 어미와 결합하기 위해 H '-으시-'로 핵 이동하게 된다. 그 결과 (2나)의 통사구조가 나타나게 되는데, 이 단계에서 '만나-으시-'는 핵 V '만나-'가 핵 H '-으시-'에 부가된 복합핵 [H[V만나-]-으시-]의 구조를 가지게 된다.

핵 이동을 통해 하나의 복합핵이 형성되면 V '만나-'의 문장성분에 대한 지배력은 H '-으시-'로 확산되고 그 결과 H '-으시-'는 문장성분을 지배할 수 있게 된다. 이렇게 획득한 문장성분에 대한 지배력을 바탕으로 H '-으시-'는 문장성분과 일치 관계를 맺게 된다.

(2다)는 복합핵 [H[V만나-]-으시-]가 다시 형태적 요구를 만족시키기 위해 T '-었-'과 C '-다'로 핵 이동한 것을 나타낸다.

물론 핵 이동만으로는 일치가 보장되지 않는다. H '-으시-'는 본유적으로 [존칭] 자질을 가지고 있으며 이 자질은 문장성분과 일치해야 하는데,7) V의 지배력이 미치는 문장성분에도 [존칭] 자질이 있어야 일치가 가능하다. (2)에서는 V '읽-'이 지배하는 KP '선생님이'에 [존칭] 자질이 있으므로 H '-으시-' 일치에 문제가 없다.

2.2. 일치의 두 조건

그런데 (2)에서 V '만나-'는 주어 KP '선생님이' 뿐만 아니라 목적어 KP '부모님을'도 지배한다. 그러면 H '-으시-'에는 주어 KP '선생님이'는 물론이고 목적어 KP '부모님을'에 대한 지배력도 확산될 것이므로, 주어 KP '선생님이'뿐만 아니라 목적어 KP '부모님을'도 H '-으시-'와 일치하리라는 예측이 가능하다. 특히 목적어 KP '부모님을'도 [존칭] 자질을 지니므로 H '-으시-'와 목적어 KP '부모님을' 사이의 일치는 별다른 부담을 야기하지 않는다. 하지만 이러한 예측은 사실과 달라서 아래에서 보듯이 H '-으시-'는 주어와는 일치하지만 목적어와는 일치하지 않는다. 그렇다면 H '-으시-'는 왜 주어와는 일치하고 목적어와는 일치하지 않는가?8)

---

7) '*영이가 책을 읽으시었다'와 '선생님이 책을 읽(으시)었다'에서 보듯이 어미 H '-으시-'의 [존칭] 자질은 일치할 성분을 필수적으로 요구하지만, 주어와 같은 문장성분이 지닌 [존칭] 자질은 그렇치 않다. 이로 인해 어미 H '-으시-' 출현의 수의성이 나타난다. 물론 '선생님이 책을 읽었다'가 적격하지 않기는 하지만 이는 문법이 아니라 사회적 관습에 의한 것이다. 앞서 서론에서 언급했듯이 존대, 즉 사회적 관습과 통사 절차는 구분해야 한다.

8) 이에 대해 H '-으시-'가 소위 주어 일치소(AGRs)이므로 주어와만 일치한다는 견해가 있었고(한학성 1993 참고), 의미역 위계상 주어와 일치하게 된다는 제안도 있었다(김의수 2006).

(3) 가. <u>선생님이</u>[존칭] 철수를 만나<u>시</u>었다.

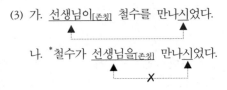

나. *철수가 <u>선생님을</u>[존칭] 만나<u>시</u>었다.

통사적 관점에서 허용되는 것과 그렇지 않은 것 사이의 차이는 규칙 (rule)과 조건(condition) 이 두 가지에서 유래하는바, 규칙과 조건에 부합하는 것은 허용되며, 규칙으로 형성될 수 없거나 조건에 저촉되는 것은 허용되지 않는다.9) 이를 염두에 두고 (3)에서 주어 KP '선생님이'는 H '-으시-'와 일치하지만 목적어 KP '선생님을'은 H '-으시-'와 일치할 수 없는 이유가 규칙과 조건 중에 어느 것일지 생각해 보자. 아마 규칙은 아닐 것이다. V의 논항 지배력, V의 H '-으시-'로의 핵 이동, 그리고 핵 이동에 따른 논항 지배력의 확산 등이 규칙에 해당하는데 이 세 가지 사항으로는 목적어 KP '선생님을'과 H '-으시-' 사이의 일치를 막을 수 없기 때문이다. 따라서 주어 KP '선생님이'와 H '-으시-'의 일치는 보장하고 목적어 KP '선생님을'과 H '-으시-'의 일치를 막기 위해서는 통사적 조건을 설정할 수밖에 없다.

그렇다면 조건을 어떻게 설정해야 하는가? 다시 말해 지금 필요한 조건의 내용은 무엇인가? 이에 주어와 목적어의 통사구조적 차이, 즉 주어는 VP의 명시어(specifier)이지만 목적어는 그렇지 않은 점에 주목해 보자. 그러면 아래와 같은 조건, 특히 (4나)의 조건을 설정할 수 있다.10)

하지만 주어도 아니고 의미역도 지니지 않은 초점어나 주제어도 H '-으시-'와 일치할 수 있으므로 이러한 견해는 재고를 요한다.
9) 규칙도 그렇지만 특히 조건은 언어의 기능적 속성(functional property)과 통한다(Newmeyer 1998, Hawkins 2004 등 참고). 이와 관련하여 이하의 논의에서 설정되는 조건은 존대 대상을 특정하려는 기능적 동기, 즉 존대하려는 대상과 그렇지 않은 대상을 구별하려는 기능적 동기와 통한다. (5)에 대한 논의도 참고. 참고로 여기서 규칙은 원리(principle), 공리(axiom) 등을 아우른 개념이며 조건도 제약(constraint), 여과(filter) 등을 아우른 개념이다.

(4) α와 β는 아래의 두 가지 조건을 준수해야 일치한다.

　가. α는 β에 대한 지배력을 가지고 있어야 한다.

　나. α와 β는 명시어-핵 관계를 맺어야 한다.11)

(4)에서 α는 H '-으시-'이고 β는 H '-으시-'와 일치하는 성분인데, 이렇게 일치에 조건을 두면 (3)에서 주어 KP '선생님이'만 H '-으시-'와 일치하는 것을 아래와 같이 설명할 수 있다.

먼저 (3)에서 V '만나-'는 형태적 요구를 만족시키기 위해 H '-으시-'로 핵 이동하고 이로써 V '만나-'의 문장성분에 대한 지배력은 H '-으시-'로 확산된다. 그 결과 H '-으시-'는 (3가)의 주어 KP '선생님이'뿐만 아니라 (3나)의 목적어 KP '선생님을'도 지배하게 되며, 조건 (4가)를 충족하게 된다.

또한 V '만나-'는 주어 KP '선생님이'와는 명시어-핵 관계를 맺고, 목적어 KP '선생님을'과는 보충어-핵 관계를 맺는데 이 두 관계는 V '만나-'가 H '-으시-'로 핵 이동하면서, 문장성분에 대한 지배력이 확산되듯이, H '-으시-'로 확산된다(이정훈 2008나 : 21-30 참고). 이로 인해 V '만나-'의 명시어인 주어 KP '선생님이'는 H '-으시-'의 명시어로 기능하게 되고, V '만나-'의 보충어인 목적어 KP '선생님을'은 H '-으시-'의 보충어로 기능하게 되며, 이 가운데 H '-으시-'와 일치하는 것은 (4나)에 따라 명시어로 기능하는 주어 KP '선생님이'가 된다.

---

10) 소위 거리의 경제성(economy of distance)과 같은 경제성 조건으로 일치 현상을 포착하려는 시도도 있다(Chomsky 1995, 2000, 2001, 2004, 2008, Boeckx & Niinuma 2004 등). 하지만 이 견해보다는 (4)가 더 타당한 것으로 판단된다. 자세한 사항은 이정훈(2008나 : 40-43) 참고

11) 이후의 논의에서 밝혀지듯이 일치는 '명시어-핵 관계'에 더해 '부가어-핵 관계', '핵-핵 관계'에서도 성립한다. 다만 여기서는 논의의 편의상 '명시어-핵 관계'만을 언급한다.

2.2.1. 명시어-핵 관계 조건

(4)에 포함된 두 가지 조건 가운데 (4나)의 명시어-핵 관계 조건은 여러 언어와 현상을 통해 입증된 사항이다(Kayne 1989, Chomsky 1993, Baker 2008, 2013 등 참고). 보충어가 왜 일치의 대상이 되지 않는가, 보충어도 일치의 대상이 될 수 있지 않은가 등에 대한 분명한 답은 아직 제시되지는 않은 듯한데, 논의 중인 H '-으시-' [존칭] 자질의 일치는 그 대상을 한정해야만 한다는 기능적 측면에서 명시어와 보충어 둘 다가 아니라 하나만 일치의 대상이 되는 것을 이해할 수 있다. 만약 H '-으시-'가 명시어뿐만 아니라 보충어와도 일치하게 되면 아래 예에서 과연 무엇이 H '-으시-'의 일치 대상인가 알기 어렵게 되는바, 이는 화용에 있어서 존대의 대상이 누군가가 불명확해지는 결과를 초래한다.

(5) 김 선생님이 이 선생님을 만나시었다.

효율적인 것은 (5)에서 H '-으시-'와 일치하는 것을 주어 KP '김 선생님이'나 목적어 KP '이 선생님을' 둘 가운데 어느 하나로 한정하는 것이며, H '-으시-'는 조건 (4나)를 통해 명시어로 기능하는 주어를 일치의 대상으로 선정하게 되는 것이다.[12)

2.2.2. 지배력 조건

그러면 (4가)의 조건은 어떠한가? 무엇으로 지배력 조건 (4가)의 정당

---

12) 참고로 Epstein et al.(1998)은, 이동이 개입하는 경우, 보충어가 아니라 명시어가 일치의 대상이 되는 이유를 '도출적 자매 관계(derivational sisterhood)'로 포착하기도 하였다. 예를 들어 βP가 α의 명시어 자리로 이동한 [αP βP₂ [α' [… t₂ …] α]]에서 α는 βP의 이동 전 위치, 즉 t₂를 성분지휘하고 βP는 이동 후 α의 명시어 자리에서 α를 성분지휘하게 되는데, 이러한 경우 α와 βP가 도출적 자매 관계를 맺는다고 하며, Epstein et al.(1998)은 이 도출적 관계 하에서 일치가 가능하다고 보았다.

성을 확보할 수 있는가? 여기서는 H '-으시-' 일치의 절 한계성과 논항
-부가어 비대칭성, 그리고 대등 접속문에서의 H '-으시-' 일치 현상,
이 세 가지를 (4가)에 대한 근거로 제시하고자 한다.[13]

먼저 아래 예를 통해 H '-으시-' 일치의 절 한계성부터 검토해 보자.
아래 예에서 문두의 '선생님에게'는 '생각하시었다'의 H '-으시-'와 일
치할 수 있는가, 일치할 수 없는가?

   (6) *선생님에게 학생들이 책이 많다고 생각하시었다.
      [참고] 선생님에게 책이 많으시다.

별표(*)로 표시해 놓았듯이 '선생님에게'는 '생각하시었다'의 '-으시-'
와 일치하지 못한다. 그렇다면 왜 일치할 수 없는가? 아래 (7)에서 보듯
이 (6)에서 '선생님에게$_{[존칭]2}$'는 내포문에서 모문의 문두로 초점화된 성분
으로서, 일치에 (4가)의 조건이 관여하지 않는다면, 모문의 '생각하시었
다'에 포함된 H '-으시-'와 일치할 가능성이 크다. 모문의 H '-으시-'
와 '선생님에게$_{[존칭]2}$'가 (4나)의 조건을 준수할 가능성이 있기 때문이다.

   (7) *선생님에게$_{[존칭]2}$ 학생들이 [$_{CP}$ 책이 t_2 많다고] 생각하시었다.

반면에 (4가)처럼 H '-으시-'와 문장성분의 일치를 V의 지배력과 관
련지으면 (6)과 (7)에서 H '-으시-'와 '선생님에게$_{[존칭]2}$'가 일치하지 못
하는 것은 당연하다. H '-으시-'와 일치할 수 있는 문장성분은 핵 이동
으로 H '-으시-'와 통합하는 V가 지배하는 것에 한하는데, (6)과 (7)에
서 핵 이동으로 모문의 H '-으시-'와 통합하는 것은 모문의 V '말하-'

---

13) 따로 논의하지는 않지만 (4가)의 통사적 조건에 대응하는 기능적 동기도 찾으려면 찾을 수
    있을 것이다.

로서 이 V '말하-'는 '선생님에게[존칭]2'를 전혀 지배하지 못하기 때문이다. '선생님에게[존칭]2'를 지배하는 V는 모문의 V '말하-'가 아니라 내포문의 V '많-'이다. 따라서 일반적으로 H '-으시-' 일치는 절 즉 CP를 한계로 삼는데, (4가)는 이러한 사항을 포착하므로 그만큼 타당한 조건이라 할 수 있다.

다음으로 H '-으시-' 일치현상에서 나타나는 논항-부가어 비대칭 현상도 (4가)의 조건을 지지한다.

> (8) 가. 선생님에게[존칭] 책이 많으시다.
> 나. *선생님한테서[존칭] 학생들이 국어학을 배우시었다.
> 다. *선생님[존칭], 철수가 논문을 쓰시었습니다.

(8가)의 '선생님에게'와 달리 (8나)의 '선생님한테서'나 (8다)의 '선생님'은 H '-으시-'와 일치할 수 없다. 이러한 차이는 왜 나타나는가? (8가)의 '선생님에게'는 V '많-'에게서 소유주(owner) 또는 처소(location) 의미역을 부여받는 논항이지만, (8나)와 (8다)의 '선생님한테서'와 '선생님'은 부가어이다. 여기서 H '-으시-' 일치가 소위 논항-부가어 비대칭 현상을 드러내는 것을 알 수 있는데, 이러한 비대칭성은 H '-으시-'의 문장성분에 대한 지배력의 원천을 H '-으시-'와 통합하는 V에서 구하는 (4가)에서 예측되는 사항이다. V가 논항을 지배하는 힘은 강하겠지만 부가어에 대한 지배력은 매우 약할 것이기 때문이다.[14]

한편 지금까지의 논의는 다음과 같은 예측을 낳는다. H '-으시-'와 일치하는 성분은 핵 이동으로 H '-으시-'와 통합하는 V가 지배하는 성분에 국한되므로, 내포문 성분과 모문 H '-으시-'가 일치하는 현상은 기

---

14) 부가어라도 초점화나 주제화를 겪게 되면 H '-으시-'와 일치할 가능성이 높아진다. 논항성(argumenthood)과는 별도로 초점, 주제 등의 의미기능이 일치를 강하게 견인할 수 있기 때문이다. 4절 및 이정훈(2004, 2008나) 참고.

대하기 어렵다. 하지만 어떤 특수한 구문이 있어서 내포문의 V와 모문의
V가 마치 하나의 V처럼 기능한다면, 내포문 성분과 모문 H '-으시-' 사
이의 일치가 가능할 것이다. 그리고 이러한 예측은 아래에서 보듯이 사실
과 부합한다.

> (9) 가. 철수가 씩씩하기는 { 하다, *한다}
> 나. 철수가 빨리 뛰기는 {*하다, 한다}
> 다. <u>선생님이</u> 산에 가기는 하<u>시</u>었다.

(9가)와 (9나)에서 보듯이 'V-기는 하-' 구문에서 '하-'의 품사는 V에
의해 결정된다(강명윤 1992 참고). 'V-기는'까지를 내포문으로 보고 V '하-'
를 모문 VP의 핵으로 보면,[15] 내포문 V가 모문 V의 성격을 결정하는 경
우라 할 수 있다. 그렇다면 내포문 V의 논항 지배력도 모문 V '하-'에
확산되리라는 예측이 가능한데 (9다)는 이러한 예측이 올바르다는 것을
잘 보여준다. 모문 V '하-'는 원래 내포문 주어 KP '선생님이'를 지배하
는 힘이 없는데 내포문 V '가-'와 관련됨으로써 내포문 주어 KP '선생
님이'를 지배하는 힘을 얻게 되고 이로 인해 모문 V '하-'에 통합된 H
'-으시-'는 내포문 주어 KP '선생님이'와 일치할 수 있게 되는 것이다.
그리고 이러한 논의는 그대로 보조용언 구문에도 통한다.

> (10) 가. <u>선생님이</u> 그 논문을 읽어 보<u>시</u>었다.
> 나. <u>선생님이</u> 그 논문을 읽지 않<u>으시</u>었다.
> 다. <u>선생님이</u> 그 논문을 읽고 싶<u>으시</u>다.

(10)의 KP '선생님이'는 보조용언 V '보-'나 V '않-', V '싶-' 등이

---

15) 이는 편의상의 조치이다. (9)에 제시한 구문에 대한 자세한 논의는 이정훈(2013) 참고.

아니라 본용언 V '읽-'에서 의미역을 부여받는다. 따라서 KP '선생님이'
에 대한 지배력은 보조용언이 아니라 본용언 V '읽-'이 지닌다고 보아야
한다. 하지만 재구조화(restructuring)가 적용되거나 본용언과 보조용언이 하
나의 복합핵을 형성하여 하나의 핵처럼 기능하게 되면(최현숙 1988, 이정훈
2010 참고), 본용언의 지배력은 보조용언으로 확산되고 나아가 보조용언과
통합한 '-으시-'에도 확산된다. 그 결과 KP '선생님이'와 보조용언에 통
합된 H '-으시-'가 일치하게 된다.

끝으로 아래와 같은 대등 접속문에서의 H '-으시-' 일치 현상도 (4가)
의 조건을 지지한다.16)

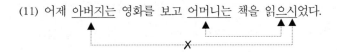

(11) 어제 <u>아버지는</u> 영화를 보고 <u>어머니는</u> 책을 <u>읽으시</u>었다.

위 예에서 '읽으시었다'의 T '-었-'은 후행절은 물론이고 선행절에도
영향을 미친다. 그래서 후행절은 물론이고 선행절도 과거 시제로 해석된
다. 그런데 H '-으시-'는 매우 다른 모습을 보인다. '어머니'는 '-으시-'
존대의 대상이지만 '아버지'는 그렇지 않은바, 이는 '읽으시었다'에 포함
된 H '-으시-'가 '어머니'와는 일치하지만 '아버지'와는 일치하지 않음
을 의미하기 때문이다.

그렇다면 (11)에서 H '-으시-'가 '어머니'와는 일치하지만 '아버지'와
는 일치하지 않는 것은 무엇 때문인가? 바로 (4가)에 제시한 지배력 조건
때문이다. 즉, (11)에서 핵 이동에 의해 H '-으시-'와 통합하는 것은 후
행절의 V '읽-'이고, 이 V '읽-'은 후행절의 '어머니'는 지배하지만 선
행절의 '아버지'는 지배하지 못하는바, H '-으시-'가 후행절의 '어머니'

---

16) 접속문의 통사구조에 대해서는 이정훈(2008가) 참고.

와는 일치하지만 선행절의 '아버지'와는 일치하지 않는 것은 당연한 귀결이 된다.

3. 계사 구문의 통사론

계사 구문에서의 '-으시-' 일치 현상을 통사적으로 해명하기 위해서는 일치의 통사론에 더해 계사 구문 자체의 통사적 특성도 먼저 살필 필요가 있다. 이에 이 절에서는 계사 구문의 통사적 특성을 살피는데, 특히 핵 이동이 계사 구문에도 관여한다는 점을 집중적으로 논의한다.

3.1. 계사 구문에서의 핵 이동

계사는 용언의 일종으로 VP를 이끄는 핵이지만, 의존성을 지녀서 접사(affix)나 접어(clitic)의 자격을 지니며, 때로 어휘부의 재구조화나 어휘적 파생에 참여하기도 한다(양정석 1986, 1996, 엄정호 1989, 오미라 1991, 서정목 1993, 시정곤 1995, 안명철 1995, 양정석 1996, 이정훈 2004 등 참고).

V '-이-'의 의존성은 두 가지로서, 하나는 V '-이-'와 그 선행 성분 즉 보충어가 통합되어 해소되고, 다른 하나는 V '-이-'와 어미가 통합되어 해소된다. 이 가운데 V '-이-'와 어미의 통합은 별다른 문제를 제기하지 않는다. 앞서 2.1절에서 지적하였듯이 핵 이동을 통해 V '-이-'와 어미가 통합하기 때문이다. 그렇다면 V '-이-'와 보충어는 과연 어떻게 통합하는가?

어휘부 재구조화나 어휘적 파생에서는 방금 문제로 제기한 V '-이-'의 의존성이 어휘부에서 해소되므로 통사부에 별다른 문제를 야기하지 않는다. 예를 들어 '열심이다'의 '-이-'가 계사 어간이어도 어휘부에서 이미 '열심'과 '-이-'가 통합해서 통사부의 V 자리에는 '-이-'가 아니라 '열심이-'가 오기 때문이다. 하지만 통사적 핵으로 기능하는 V '-이-'의 경우에는 의존성 해소가 문제로 대두된다. 아래 (12)의 통사구조에서 V '-이-'의 보충어 '학생'과 V '-이-'가 통합하는 절차를 밝혀야 하기 때문이다.[17)]

(12) 철수가 학생이다.

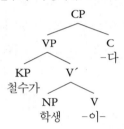

그렇다면 어떠한 절차가 (12)의 '학생'과 V '-이-'의 통합을 보장하는가? 여기서 주목할 것은 (12)에서 '학생'은 V '-이-'와 통합하며 그 통합 결과인 '학생이-'는 다시 어미 C '-다'와 통합되어 '학생이다'가 형성된다는 점이다. N '학생'과 V '-이-'의 통합, 그리고 '학생이-'와 C '-다'의 통합이 V '-이-'와 어미 C '-다'의 형태적 의존성에 의한 것인 만큼 그 통합절차는 서로 유사할 것이다. 그렇다면 (12)에서 '학생'과 '-이-'

---

17) 계사 구문의 두 명사구가 [sc NP₂ NP₃]와 같은 소절(small clause)을 형성한다는 견해가 있다(강명윤 1995, 송복승 2000 참고). 그러한 견해가 옳다 해도 아래 ㉮와 ㉯의 대조를 통해 알 수 있듯이 두 명사구 사이에는 구조적 비대칭성이 존재하므로 소절 구조는 (12)의 통사 구조로 바뀌어야 한다. 한편 논의를 간략히 하기 위해 따로 표시하지는 않았지만 시제 해석을 고려하면 (12)의 VP와 CP 사이에는 현재 또는 비과거의 TP가 존재하며, 이 경우 T는 영 이형태 'Ø'로 실현된다(이정훈 2006가 참고).
　㉮ [철수가]₂ [자기₂ 어머니의 희망]이다.
　㉯ *[자기₂ 어머니의 희망이] [철수]₂이다.

는, V '-이-'와 C '-다'가 핵 이동으로 서로 통합하듯이, 핵 이동에 의해 서로 통합할 가능성이 크다.

(12)에서 '학생'과 '-이-'가 핵 이동에 의해 통합한다고 해 보자. 그러면 이 핵 이동을 지지하는 증거는 존재하는가? 이와 관련해 아래 예는 주목을 요한다.

> (13) 가. 철수는 민수보다 (그리고) 순이는 영이보다 부자이다.
> 나. 철수는 국문과에서 (그리고) 순이는 사학과에서 과대표이다.

(13)은 흔히 아래 (14)에 제시한 과정을 거쳐 형성되는 것으로 논의되어 왔다(김선웅 1998, 김정석 1998 등 참고). 취소선(═)은 생략을 나타낸다.

> (14) 가. 접속
> [[$_{CP}$ 철수는 민수보다 부자이다]
> (그리고) [$_{CP}$ 순이는 영이보다 부자이다]]
> [[$_{CP}$ 철수는 국문과에서 과대표이다]
> (그리고) [$_{CP}$ 순이는 사학과에서 과대표이다]]
> 나. 생략
> [[$_{CP}$ 철수는 민수보다 ~~부자이다~~]
> (그리고) [$_{CP}$ 순이는 영이보다 부자이다]]
> [[$_{CP}$ 철수는 국문과에서 ~~과대표이다~~]
> (그리고) [$_{CP}$ 순이는 사학과에서 과대표이다]]

그런데 (14)는 (13)이 하나가 아니라 두 개의 절, 즉 두 개의 CP로 구성되었다는 것을 전제로 하기 때문에 올바른 분석일 수 없다. (13)을 두 개의 절로 분석하면 아래 (15), (16)에서 확인할 수 있듯이 '-들'과 '각각'의 분포에서 문제가 발생하고 또 생략에서도 문제가 발생하기 때문이다.

(15) 가. 철수는 민수보다 (그리고) 순이는 영이보다 <u>매우들</u> 부자이다.

　　　나. 철수는 국문과에서 (그리고) 순이는 사학과에서 <u>각각</u> 과대표이다.

(16) 가. [[_{CP} 철수는 민수보다 ~~매우들 부자이다~~]

　　　　　(그리고) [_{CP} 순이는 영이보다 <u>매우들</u> 부자이다]]

　　　나. [[_{CP} 철수는 국문과에서 ~~각각 과대표이다~~]

　　　　　(그리고) [_{CP} 순이는 사학과에서 <u>각각</u> 과대표이다]]

　　(15)에서 '매우'에 통합된 접사 '-들'은 그것이 포함된 절의 주어가 복수일 것을 요구하고, '각각'은 그것이 포함된 절의 주어나 목적어 등이 복수일 것을 요구한다. 그러나 (15)를 (14)식으로 분석한 (16)에서는 이러한 요구가 충족될 수 없다. '매우들'을 포함한 절의 주어는 '철수는'이나 '순이는'으로서 단수이며, '각각'을 포함한 절도 마찬가지이기 때문이다. 따라서 (15)는 성립하지 않을 것으로 예측되는데, 이는 사실과 전혀 달라서 (15)에서는 어떠한 이상도 발견하기 어렵다.[18]

　　또한 (16)은 생략에 따르는 방향성 제약(directionality constraint, 김영희 1997)을 위반하는 문제도 지닌다. 방향성 제약에 따르면 좌분지(left branching) 성분은 후행절의 것이 생략되고 우분지(right branching) 성분은 선행절의 것이 생략되어야 한다. 따라서 부가어로서 좌분지 성분에 해당하는 '매우들'과 '각각'은 후행절의 것이 생략되어야 하며 이는 '부자'와 '과대표'도 마찬가지이다. 그런데 (15)를 위해서는 방향성 제약을 무시하고 선행절의

---

18) (15)를 수용 불가능한 것으로 판단하는 직관도 간혹 존재한다. 이에 더해 '철수는 책을 (그리고) 순이는 논문을 {열심히들, 각각, 따로따로} 쓴다'와 같은 구성에 대한 수용성 판단 여부도, (15)만큼은 아니지만, 제보자에 따라서 차이를 드러낸다. 여기서는 (15)와 방금 소개한 예 모두 문법적인 것으로 판단하고 논의를 진행하며, 여기서의 판단과 다른 직관에 대한 구체적인 설명은 유보한다. 방금 제시한 예는 적격하고 (15)는 부적격하다는 직관과 방금 보인 예는 물론이고 (15)도 부적격하다는 직관이 있는 듯한데, 앞의 것은 V '-이-'와 V '쓰-'를 매우 다른 자격으로 판단하기 때문인 듯하고, 뒤의 것은 '-들, 각각, 따로따로'의 출현범위를 하나의 VP로 제한하기 때문인 듯하다.

'매우들', '각각', '부자', '과대표'가 생략되어야 한다. 제약을 위반한 분석을 타당한 것으로 인정할 수 없으므로 (16)의 분석은 그 타당성을 인정하기 어려우며, 이는 (14)의 분석도 타당하지 않다는 것을 의미한다.

위의 논의는 (13)과 (15)가 두 개의 절이 아니라 하나의 절로 구성되어 있다는 것을 암시하는 것이라 할 수 있다. (13), (15)를 두 개의 절이 아니라 하나의 절로 분석하면, 하나의 절에 복수 주어 즉 '철수는'과 '순이는'이 나타나므로 '매우들'과 '각각'이 적절히 해석될 수 있으며, 절과 절 사이에 적용되던 생략은 아예 동원될 필요가 없어서 방향성 제약을 위반하는 문제가 발생하지 않기 때문이다. 또한 (13)에는 종결어미 C '-다'가 한 번만 나타나 있다. 이러한 점을 고려하여 (13) 그대로를 최대한 존중하는 통사분석을 행하면 아래와 같다.

(17) 가. [$_{CP}$ [[$_{XP}$ 철수는 민수보다]

(그리고) [$_{VP}$ 순이는 영이보다 부자 -이-]] -다]

나. [$_{CP}$ [[$_{XP}$ 철수는 국문과에서]

(그리고) [$_{VP}$ 순이는 사학과에서 과대표 -이-]] -다]

'철수는 민수보다'와 '철수는 국문과에서'는 접속의 단위이므로 하나의 성분으로 묶인다. 그렇다면 이들의 범주 XP는 무엇이며, 또 XP와 VP는 어떻게 접속하는가?[19]

접속은 같은 통사범주를 지닌 표현들을 하나의 성분으로 묶는 것이므로(김정대 1997 참고), VP와 접속되는 XP의 통사범주도 VP인 것이 자연스럽다. 그런데 VP로 추정되는 XP에는 V '-이-' 및 보충어 '부자'와 '과

---

19) (17가)에서 '철수는'과 '민수보다'가 성분을 이루고 '순이는'과 '영이보다'가 성분을 이루면 [[철수는 민수보다] (그리고) [순이는 영이보다]]와 같은 접속 구성이 나타난다. 이러한 구조는 가능한가? 이정훈(2012가)에서 논의했듯이 이러한 구조는 논리적·이론적으로 배제할 수 없을 뿐만 아니라 현상을 설명하기 위해서도 필요하다. 하지만 이 구조를 허용해도 계사가 도입되면 이어지는 논의에서 제시하는 구조로 변경된다.

대표'가 포함되어 있지 않다. 혹시 모종의 절차에 의해 V '-이-'와 보충어 '부자', '과대표'가 사라진 것은 아닐까? 그렇다면 이 모종의 절차는 무엇인가? 아래 예는 이 문제에 대한 답을 암시한다.

(18) 가. 철수는 논문을 쓰고, 영이는 논문을 읽었다.
　　　나. 논문을$_2$ [철수는 t$_2$ 쓰고, 영이는 t$_2$ 읽었다]
　　　다. [철수는 t$_2$ 쓰고, 영이는 t$_2$ 읽었다] 논문을$_2$

(18)은 접속된 두 절의 공통 성분이 그 실현 위치를 바꾸면 한 번만 실현될 수 있다는 것을 보여준다.[20] 이 점을 고려하면 (17가)와 (17나)는 각각 (19)와 (20)으로 분석된다.

(19) 가. [$_{CP}$[$_{VP}$[$_{VP}$ 철수는 민수보다 부자 -이-] (그리고)
　　　　　　[$_{VP}$ 순이는 영이보다 부자 -이-]]-다]
　　　나. [$_{CP}$[$_{VP}$[$_{VP}$ 철수는 민수보다 t$_2$ 부자$_2$-이-] (그리고)
　　　　　　[$_{VP}$ 순이는 영이보다 t$_2$ 부자$_2$-이-]]-다]
　　　다. [$_{CP}$[$_{VP}$[$_{VP}$ 철수는 민수보다 t$_2$ t$_3$] (그리고)
　　　　　　[$_{VP}$ 순이는 영이보다 t$_2$ t$_3$]] 부자$_2$-이$_3$-다]

(20) 가. [$_{CP}$[$_{VP}$[$_{VP}$ 철수는 국문과에서 과대표 -이-] (그리고)
　　　　　　[$_{VP}$ 순이는 사학과에서 과대표 -이-]]-다]
　　　나. [$_{CP}$[$_{VP}$[$_{VP}$ 철수는 국문과에서 t$_2$ 과대표$_2$-이-] (그리고)
　　　　　　[$_{VP}$ 순이는 사학과에서 t$_2$ 과대표$_2$-이-]]-다]
　　　다. [$_{CP}$[$_{VP}$[$_{VP}$ 철수는 국문과에서 t$_2$ t$_3$] (그리고)
　　　　　　[$_{VP}$ 순이는 사학과에서 t$_2$ t$_3$]] 과대표$_2$-이$_3$-다]

(19)는 두 개의 VP가 접속된 뒤, 두 VP의 공통 요소인 보충어 '부자'와 V '-이-'가 위치를 바꾸면서 한 번만 실현된 것을 보여준다. 위치를

───────────────
20) 이 현상에 대해서는 Bošković & Franks(2000) 참고.

바꾸는 데에는 핵 이동이 관여한다. (19나)에서는 선후행 VP 각각에서 '부자'가 V '-이-'로 핵 이동했고, (19다)에서는 (19나)의 핵 이동에 의해 형성된 복합핵 [$_V$[$_N$부자]$_2$-이-]가 다시 C '-다'로 핵 이동해서 복합핵 [$_C$[$_V$[$_N$부자]$_2$-이-]$_3$-다]를 형성하고 있다.[21] 마찬가지로 (20)에서도 N '과대표'가 V '-이-'로 핵 이동해서 형성된 복합핵 [$_V$[$_N$과대표]$_2$-이-]는 다시 C '-다'로 핵 이동한다.

지금까지의 논의를 인정하면 앞서 제시한 (12)는 아래와 같은 과정을 거치게 된다.

(21) 철수가 학생이다.
　　가.

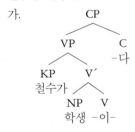

　　나.

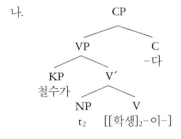

---

21) 아래 ㉮를 문법적인 것으로 판단하는 직관이 있다. (13가)와 달리 ㉮에서는 '부자'가 두 번 실현되는데 이는 ㉯에서 보듯이 선행 VP의 핵 V '-이-'의 의존성이 핵 이동이 아니라 생략에 의해 해소되기 때문이다. ㉯에서 V '-이-'는 우분지 성분이므로 앞서 언급한 방향성 제약에 따라 선행하는 것이 생략된다.
　㉮ 철수는 민수보다 부자 (그리고) 순이는 영이보다 부자이다.
　㉯ [$_{CP}$ [$_{VP}$ [$_{VP}$ 철수는 민수보다 부자 ~~-이-~~] (그리고) [$_{VP}$ 순이는 영이보다 t_2부자$_2$-이-]] -다]

다.

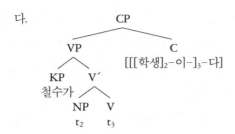

(21가)는 핵 이동이 적용되기 전 구조이고, (21나)는 핵 이동이 적용되어 N '학생'이 V '-이-'로 핵 이동한 구조이다. 핵 이동으로 형성된 복합핵 [v[N학생]2-이-]는 (21다)에서 보듯이 다시 C '-다'로 핵 이동해서 복합핵 [c[v[N학생]2-이-]3-다]를 형성하게 된다.[22]

3.2. 핵 이동의 이점

지금까지 계사 구문의 의존성이 핵 이동으로 해소된다는 점을 밝혀왔다. 그렇다면 계사 구문에서의 핵 이동을 인정하면 어떠한 이점이 있는가? 이와 관련하여 주목하고자 하는 것은 계사 구문의 격조사 통합 문제와 KP 'NP에게' 성분의 해석 문제이다.

첫 번째 문제는 V '-이-'에 선행하는 명사에 격조사가 통합되지 못한다는 점과 계사 구문과 그 부정문의 격조사 통합 양상이 다르다는 점에

---

22) 계사 구문에서의 핵 이동을 지지하는 증거로 또 무엇이 있을까? 시정곤(1995)는 '이것은 논이고 저것은 밭이다[바치다]'와 같은 예에서 볼 수 있는 구개음화를 그 증거로 제시하기도 하였다. 그런데 구개음화 규칙은 최명옥(1993)에 따르면 그 공시성이 문제시되므로 핵 이동의 적극적인 증거가 되기는 어렵다. 하지만 여기서는 다음의 두 가지 사항을 고려하여 구개음화가 핵 이동의 간접적인 증거가 될 수 있다고 본다. 첫째, 언어 습득 등을 염두에 두면 구개음화 규칙의 공시성을 전면적으로 부정하기는 어려우며 공시성이 의심되는 규칙도 공시성을 인정해야 하는 경우가 있다(신승용 2004 참고). 둘째, 비록 현대국어는 아니지만 구개음화 규칙의 공시성이 확실한 시기의 자료를 논거로 삼으면 핵 이동이 정당화될 수 있다. 다만 핵 이동이 과거에 유효했으므로 별다른 이상이 없는 한 현재에도 유효하다는 논리가 인정되어야 한다.

서 큰 관심을 끌어 왔다(엄정호 1989, 서정목 1993 등 참고).

> (22) 가. 철수는 천재(*-가)-이-다.
>   나. 철수는 천재-가 아니-이-다.

(22가)에서 '천재'는 V '-이-'가 핵인 V′에 포함되므로 소위 보격조사가 통합될 수 있어야 한다(이정훈 2005가, 2008나 등 참고). 그런데 '천재'에 보격조사를 통합시킨 표현은 결코 문법적이라 할 수 없다.[23] 그런데 (22가)의 부정문 (22나)에서는 V '-이-'의 보충어 '천재'에 보격조사가 얼마든지 통합될 수 있다. 따라서 계사 구문의 보충어에 무조건 보격조사가 통합될 수 없는 것은 아니며, (22가)처럼 N '천재'가 V '-이-'로 핵 이동하면 N '천재'에 보격조사가 통합될 수 없다고 정리할 수 있다.

그렇다면 V '-이-'로 핵 이동한 N '천재'에는 왜 격조사가 통합되지 못하는가? 그것은 (22가)의 경우 핵 이동의 결과 N '천재'와 V '-이-'가 NP와 핵 V의 관계가 아니라 핵 N과 핵 V의 관계를 맺으며 하나의 복합 핵 [$_v$[$_N$천재]-이-]를 형성하기 때문이다.[24] 이와 달리 (22나)에서는 V '-이-'의 의존성이 '아니'로 해소되어 N '천재'가 V '-이-'로 핵 이동하지 않으므로 '천재'와 V '-이-'는 NP와 핵 V의 관계를 유지하게 되고 NP '천재'에 주격조사 '-가'가 통합될 수 있다. (22나)에서 '천재'가 핵 이동을 겪지 않는 것은 아래 (23)에서 보듯이 '천재'와 '아니다' 사이에 부사어가 개입할 수 있고, '천재가'가 생략되기도 하는 것을 통해 알 수 있다.

---

23) (22가)의 '천재이다'의 '이'를 조사로 볼 수는 없다. 조사라면 '-이'가 아니라 '-가'가 선택되어야 하기 때문이다. 한편 최기용(1993)은 이 경우의 '이'를 주격조사로 가정하기도 하였다.
24) '해돋이, *해가돋이'와 '줄넘기, *줄을넘기'에서 보듯이 일반적으로 핵 즉 X^0 내부에는 격조사가 나타나지 않는다.

(23) 가. 철수는 천재가 정말로 아니다.
　　　[참고] *철수는 천재 정말로이다.
　　나. 철수는 ~~천재가~~ 아니다.
　　　[참고] *철수는 ~~천재~~이다.

　다음으로 KP 'NP에게' 성분의 해석 양상을 살펴보자. 이와 관련하여 살펴볼 것은 후보충 구문(after-thought construction, 이정훈 2009 참고)에서의 의미 해석과 억양 실현이다.

(24) 가. 철수는 순이가 공주라고 말했다. 민수에게.
　　나. 철수는 공주라고 말했다. 순이가 민수에게.

(25) 가. 철수는 민수에게 말했다.
　　나. 순이가 민수에게 공주이다.

　(24가)의 후보충 성분 KP '민수에게'는 (25가)의 '민수에게'로 해석된다. 반면 (24나)의 KP '민수에게'는 중의성(ambiguity)을 띤다. KP '순이가'와 KP '민수에게' 사이에 강한 휴지가 놓여 KP '순이가'와 KP '민수에게'가 서로 다른 억양군(intonation group)에 속하면 (25가)로 해석되지만, KP '순이가'와 KP '민수에게' 사이에 휴지가 놓이지 않아 KP '순이가'와 KP '민수에게'가 같은 억양군에 포함되면 (25나)로 해석된다.[25]

　또한 내포문과 모문의 문장 유형이 다르면 (24나)는 억양에서도 흥미로운 모습을 보인다. 아래에서 '↗'는 의문의 문말 억양을 나타낸다.

(26) 가. 철수는 공주라고 말했니↗ 순이가↗ 민수에게↗
　　나. 철수는 공주라고 말했니↗ 순이가 민수에게↗

---

25) 실제로는 KP '순이가'와 KP '민수에게' 사이에 휴지가 놓여도 (25나)로 해석될 수 있다. 논의의 목적상 해석 양상을 대조하기 위해 자료 해석을 단순화한다.

　(26가)는 (24나)의 KP '민수에게'가 (25가)로 해석되는 경우로 KP '순이가'와 KP '민수에게'가 각각 모문 문말 억양의 지배를 받는다. 그런데 (26나)는 사정이 다르다. 이 경우 KP '민수에게'는 (25나)로 해석되며, KP '민수에게' 뒤에 표시된 억양은 모문의 것을 따르지만 KP '순이가' 뒤에 표시된 억양은 내포문의 것을 따른다.

　결국 (24나)의 KP '민수에게'는 의미와 억양에서 모문 성분으로 기능할 수도 있고 내포문 성분으로 기능할 수도 있다. 그러면 이 두 가지 해석 가능성은 무엇을 의미하는가? 가장 자연스러운 것은 (24나)에 아래의 두 가지 구조를 상정하는 것이다.

　(27) 철수는 공주라고 말했다. 순이가 민수에게. (= 24나)
　　　가. [$_{CP}$ 철수는 [$_{CP}$ t$_2$ 공주라고] t$_3$ 말했다] [$_{KP}$ 순이가]$_2$ [$_{KP}$ 민수에게]$_3$
　　　나. [$_{CP}$ 철수는 [$_{CP}$ t$_2$ 공주라고] 말했다] [$_{XP}$ 순이가 민수에게]$_2$

　(27가)는 내포문의 KP '순이가'와 모문의 KP '민수에게' 각각이 후보충된 구조이고, (27나)는 내포문의 XP '순이가 민수에게'가 모문으로 후보충된 구조이다. (27가)에서 KP '순이가'는 억양에서, 그리고 KP '민수에게'는 억양과 의미 해석에서 모문에 지배되므로 (25가)의 해석과 (26가)의 억양을 보인다. 반면 (27나)에서는 XP '순이가 민수에게' 전체가 의미는 내포문에 지배되고 억양은 모문에 지배되므로 (25나)의 해석과 (26나)의 억양을 보인다.

　그렇다면 (27나)에서 어떻게 내포문의 '순이가 민수에게'가 하나의 성분 XP가 되어 후보충의 대상이 될 수 있는가? 내포문의 구조를 아래 (28가)로만 보는 한 이 문제는 쉽사리 해결되지 않는다.[26] (28가)의 구조에

---

26) 편의상 평서형 어미 '-다'의 이형태 '-라'와 인용의 '-고'로 구성된 '-라고'는 더 이상 분석하지 않고 하나의 핵으로 간주한다.

는 KP '순이가'와 KP '민수에게'를 하나로 묶는 통사적 교점이 없어서 '순이가 민수에게'가 하나의 성분이 될 수 없기 때문이다. 그러나 N '공주'의 V '-이-'로의 핵 이동과 이로 인해 형성된 복합핵 [ᵥ[ₙ공주]₂-이-]의 C '-다'로의 핵 이동을 상정하면 문제의 성분 XP [ₓₚ 순이가 민수에게]는 (28다)의 VP로 해석된다.

> (28) 가. [꜀ₚ [ᵥₚ 순이가 민수에게 공주 -이-] -라고]
> 나. [꜀ₚ [ᵥₚ 순이가 민수에게 t₂ 공주₂-이-] -라고]
> 다. [꜀ₚ [ᵥₚ 순이가 민수에게 t₂ t₃] 공주₂-이₃-라고]

따라서 (24나)가 (25나)의 의미와 (26나)의 억양과 통하는 것은 (28다)의 VP가 모문으로 후보충되었기 때문이라 할 수 있다.

4. 계사 구문에서의 '-으시-' 일치

이 글을 시작하며 (1)에 제시하였듯이 계사 구문에서의 H '-으시-' 일치 현상은 매우 다양하다. 이렇게 다양한 일치 현상은 어떻게 설명할 수 있는가? 또 3절에서 살핀 계사 구문의 통사론적 특성은 일치 현상에 어떤 영향을 미치는가? 지금부터 이 질문들에 대한 답을 모색하고자 하는데 먼저 주어, 주제어가 H '-으시-'와 일치하는 현상을 해명하고 이어서 보충어와 H '-으시-'가 일치하는 현상 및 보충어를 수식하는 관형절의 주어와 H '-으시-'가 일치하는 현상을 해명한다. 이 과정에서 계사 구문의 통사론적 특성이 일치 현상에 지대한 영향을 미친다는 것을 확인하게 된다.

4.1. 논항 주어 및 비논항 주어와 '-으시-'의 일치

2절에서 논의하였듯이 주어와 H '-으시-'는 [존칭] 자질에서 일치하며, 일치에는 VP의 핵 V의 H '-으시-'로의 핵 이동, 핵 이동에 따른 문장성분 지배력의 확산, 그리고 명시어-핵 관계의 확산 등이 관여한다.

위와 평행하게 계사 구문에서도 V '-이-'는 H '-으시-'로 핵 이동하고, 이 핵 이동으로 V '-이-'의 문장성분 지배력은 H '-으시-'로 확산되며,27) 주어와 V '-이-' 사이의 명시어 핵 관계는 주어와 H '-으시-' 사이의 명시어-핵 관계로 확산된다. 그 결과 계사 구문의 주어와 H '-으시-'는 일치하게 된다. 이를 나무그림으로 보이면 아래와 같다.

(29) 아버님이 그 일에 적임자이시었다. (= 1가)
    가.

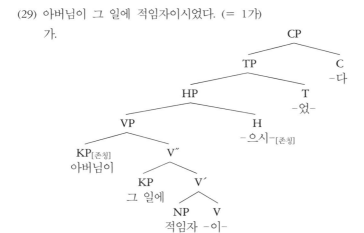

---

27) 계사 구문 'NP₂가 NP₃이다'에서 V '-이-'는 NP₂와 NP₃에 대해 지배력을 발휘하는가? 예를 들어 V '-이-'는 NP₂와 NP₃에 의미역(semantic role)을 부여하는가? 이견이 존재하긴 하지만 여기서는 V '-이-'가 NP₂와 NP₃에 의미역을 부여하는 것으로 본다(양정석 1986, 시정곤 1995, 참고).

나.

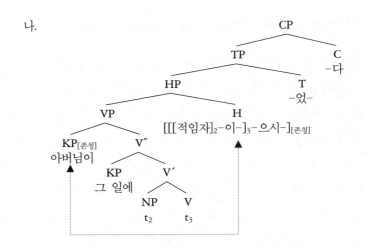

(29가) 단계에서 H '-으시-'는 주어 '아버님이'에 대한 지배력을 결여하며 또한 주어 '아버님이'와 명시어-핵 관계도 맺지 못한다. 하지만 위에서도 언급했듯이 V '-이-'가 H '-으시-'로 핵 이동하면 사정이 전혀 달라진다. (29나)에서처럼 V '-이-'가 H '-으시-'로 핵 이동하면,28) V '-이-'의 주어 '아버님이'에 대한 지배력이 H '-으시-'로 확산되어 그 결과 H '-으시-'는 주어 '아버님이'에 대한 지배력을 갖게 되고, 주어 '아버님이'와 V '-이-' 사이의 명시어 핵 관계가 주어 '아버님이'와 H '-으시-' 사이의 명시어-핵 관계로 확산된다. 이제 H '-으시-'와 주어 '아버님이'는 (4)에 제시한 일치의 두 조건을 충족한다. 따라서 H '-으시-'와 주어 '아버님이'는 일치하게 된다.

주어에 (29)의 '아버님이' 같은 주어만 있는 것은 아니다. 때로 주어이긴 하지만 (29)의 '아버님이'와 다소 다른 성격을 지니는 주어가 나타나

---

28) 이 핵 이동 전에 N '적임자'가 V '-이-'로 핵 이동하며 이로 인해 복합핵 [v[N적임자]-이-]가 형성된다. 실제로는 이 복합핵이 H '-으시-'로 핵 이동하는데, 편의상 핵심을 강조하기 위해 V '-이-'가 H '-으시-'로 핵 이동한다고 표현한다.

기도 한다. 이런 주어가 나타나는 사례의 하나가 바로 주격 중출 구문인데 주격 중출 구문에서의 일치 현상을 제시하면 아래와 같다.

  (30) 가. 철수가 <u>아버님이</u> 학자이<u>시</u>었다.
      가´. 철수의 아버님이 학자이시었다.
      나. <u>선생님이</u> 아이가 유치원생이<u>시</u>다. (= 1나)
      나´. *선생님의 아이가 유치원생이시다.

  계사 구문이 주격 중출 구문을 취하는 경우, (30가)에서처럼 후행 주격 성분이 H '-으시-'와 일치할 수도 있고, (30나)에서처럼 선행 주격 성분이 H '-으시-'와 일치할 수도 있다. 그리고 (30나)와 (30나´)의 대조는 V '-이-'로부터 의미역을 부여받지 못하는 성분이어도 주격 중출 구문에 의해 주격 조사를 동반하게 되어서 주어의 통사적 자격을 획득하면 '-으시-'와 일치할 수 있다는 것을 잘 보여준다.[29]

  의미역을 지니고 주격 조사를 통합한 성분을 논항 주어(argumental subject)라 하고, 의미역을 지니지 않은 채 주격 중출 구문 등을 통해 주격 조사와 통합하여 주어의 문법적 지위를 획득하게 된 성분을 비논항 주어(non-argumental subject)라 하면,[30] (30가)는 논항 주어 '아버님이'와 H '-으시-'가 일치하는 경우에 속하고 (30나)는 비논항 주어 '선생님이'와 H '-으시-'가 일치하는 경우에 속한다. 비논항 주어와 H '-으시-'가 일치하는 사례를 더 보이면 아래와 같다.

---

29) (30나)와 (30나´)에서 V '-이-'의 의미역은 '아이'와 '유치원생'에 부여된다. '선생님'은 V '-이-'의 의미역 부여와는 무관하며, '아이'와 관계를 맺는다. '선생님'과 '아이' 사이의 관계를 의미역 관계로 보기도 하는데(이선웅 2005 참고), 이렇게 보면 N '아이'가 NP '선생님'에 의미역을 부여하는 것이 된다. 한편 화자에 따라서는 (30가)의 수용성과 (30나)의 수용성이 그 정도가 다르다는 직관을 제시하기도 하는데 이에 대해서는 4.3절의 논의 및 각주 43) 참고.

30) 주격 중출 구문의 비논항 주어는 다른 성분과 일정한 의미관계를 맺는다. 바로 앞의 각주 및 김귀화(1994), 임동훈(1997) 등 참고.

(31) 강교수님이 이 외딴섬까지 웬일이십니까. ≪길 2 : 214≫[31]

논항 주어에 더해 비논항 주어가 H '-으시-'와 일치하는 현상이 계사 구문에만 국한된 것은 아니다. 아래 (32)에서 보듯이 계사 구문 이외의 경우에도 비논항 주어와 H '-으시-' 사이의 일치 현상은 나타난다.

(32) 가. 선생님이 제자가 논문을 발표하시었다.
　　　나. 어느 분이 송전탑이 고향에 건설되시나요?

논항 주어는 물론이고 비논항 주어도 H '-으시-'와 일치하는 현상은 어떻게 설명할 수 있는가? 예를 들어 (30나)에서 비논항 주어 '선생님이'는 어떻게 H '-으시-'와 일치하게 되는가? (30나)의 통사구조를 살피는 데서부터 이 문제의 답을 찾아보자.

(33)

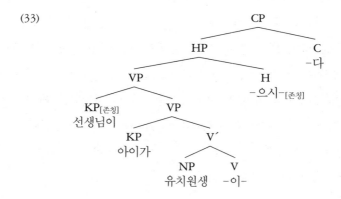

주격 중출 구문에서 논항 주어는 VP의 명시어가 되고 비논항 주어는 VP에 부가된다(이정훈 2005가, 2008나 참고). (30나)에서 보았듯이 비논항 주어 '선생님이'는 H '-으시-'와 일치하는데, 이러한 일치는 (33)에서 비

_____

31) ≪길≫은 소설 ≪길 없는 길≫(최인호, 1993, 샘터)에서 가져온 자료를 가리킨다.

논항 주어 '선생님이'가 V '-이-'와 명시어-핵 관계를 맺으면 지극히 당연한 것이 된다. V '-이-'가 H '-으시-'로 핵 이동하면 방금의 명시어-핵 관계가 비논항 주어 '선생님이'와 H '-으시-' 사이의 명시어-핵 관계로 확산되기 때문이다.

이에 여기서는 논항 주어는 물론이고 비논항 주어도 V와 명시어-핵 관계를 맺는 것으로 보고자 한다. 부가 위치도 명시어로 기능할 수 있다고 보는 셈인데,32) 명시어 위치가 아니라 부가 위치에 나타난 성분이 부가어가 아니라 명시어로 역할하려면 명시어 표지, 즉 주격 중출 구문의 경우 주격조사를 동반해야 한다. 부가 위치에 나타나면서 주격조사까지 갖추지 못하면 아래에서 보듯이 H '-으시-' 일치의 대상이 되지 못한다.

---

32) XP 부가어와 핵 X가 일치하는 현상은 다른 언어에서도 볼 수 있다(Kayne 1989 참고). 이 점을 중시하여 Chomsky(1993)은 핵의 점검 영역(checking domain), 즉 핵과 일치할 수 있는 성분이 자리할 수 있는 곳에 XP 부가 위치를 포함시키기도 하였다. 결국 XP의 부가어와 명시어가 한 부류로 묶이는 셈인데 이와 관련하여 다음의 두 가지 사실에 주목할 필요가 있다. 첫째, 명시어 개념은 매우 모호하다. 이동하는 성분의 착륙지가 명시어로 간주되기도 하고, 주어나 직접 목적어가 명시어에 자리하는 것으로 파악되기도 하였으며, 관사, 조동사, 부사 등이 명시어 자리에 놓이기도 한바(Radford 1981, Chomsky 1986, Larson 1988, Cinque 1999 등 참고), 이는 명시어 개념이 이질적인 것을 대충 한데 모아 놓은 것에 불과함을 의미하며, 또한 그만큼 명시어가 이론적 제약성을 결여하고 있음을 의미한다. 보충어는 의미역 등에 의해 그 출현이 이론적으로 제약되나 명시어는 그렇지 않은 것이다. 따라서 명시어는 합리적인 개념이라 하기 어렵다. 둘째, 명시어의 이와 같은 불분명한 성격은 명시어의 존재 및 나아가 명시어와 부가어의 구분에 대한 의문으로 이어지게 된다. 특히 부가어가 명시어 자리에 올 수 있고, 다중 의문사 구문의 경우 모든 의문사가 이동하는 언어에서는 의문사가 CP의 명시어 위치뿐만 아니라 부가 위치로도 이동하는 사실은 부가어와 명시어의 구분에 의문을 제기한다. 이러한 관점에서 부가어와 명시어 둘 가운데 하나를 제거하거나 둘을 통합하려는 시도가 나타나는 것은 당연한 귀결이라 할 수 있다. 예를 들어 Kayne(1994)는, 논거와 목적은 다르지만, 명시어를 부정하고 부가어만으로 문법을 구성할 것을 제안하였고, 반대로 Chomsky(1995)는 Chomsky(1993)의 태도와 달리 부가어를 부정하고 다중 명시어를 인정하면서 명시어 위치만을 수용하였다. 여기서는 명시어와 부가어를 구분하는 입장을 취한다(박승혁 1997 : 337, 이정훈 2003 : 166 참고).

(34) *선생님한테서 아이들이 산수를 배우셨다.

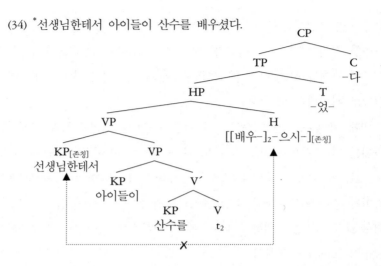

(30나 = 33)이 명시어가 아닌 것이 주격조사를 취함으로써 주어가 되어 H '-으시-'와 일치하는 예라면, 아래 (35)는 주격조사를 동반하지 않은 채 명시어 자리에 위치함으로써 주어가 되어 H '-으시-'와 일치하는 예가 된다.

(35) 아버님한테 이 옷은 크시다.33)

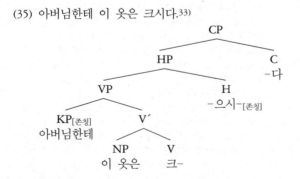

---

33) (35)의 나무그림은 '아버님한테'가 애초부터 주어 자리, 즉 VP의 명시어 자리를 차지하는 것으로 보는 시각을 반영한다. 그런데 '아버님한테'가 보충어 자리에 있다가 문두로 이동한 것으로 파악하는 견해도 있다. 앞서 이정훈(2008나 : 331-337)에서는 후자의 견해를 채택하였었는데, 여기서는 전자의 견해를 채택한다. 어느 견해가 옳은지, 둘 다 성립하는 것은 아닌지에 대한 본격적인 검토는 후고를 기약한다.

앞의 '아버님한테'처럼 여격조사를 동반한 채 주어 자리, 즉 VP의 명시어 자리에 나타난 성분을 흔히 여격 주어라고 한다. 여격 주어는 주격조사를 동반할 수도 있어서 (35)의 '아버님'은, '아버님이 이 옷은 크시다'에서 보듯이, 주격조사와도 어울릴 수 있다.

정리하면 VP의 명시어 위치에 나타나거나(논항 주어), VP의 부가 위치에 나타나도 주격조사를 취하면(비논항 주어), 그 성분은 H '-으시-'와 일치하는 것이 된다. 그러면 아래 현상은 어떻게 이해해야 하는가?

(36) 선생님만 아이가 유치원생이시다.

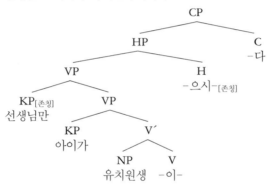

나무그림에서 보듯이 '선생님만'은 명시어가 아니라 부가어이며, 또 주격조사를 동반하고 있지도 않다. 따라서 H '-으시-'와 일치하지 않을 것으로 예측된다. 하지만 사실은 이와 달라서 (36)의 '선생님만'은 H '-으시-'와 일치한다. 이 현상은 어떻게 이해해야 하는가? 이 의문에 답하기 위해 (36)의 '선생님만'이 (30나 = 33)의 '선생님이'와 통한다는 점에 주목해 보자. 그러면 (36)의 '선생님만'은 주격조사를 동반할 수 있지만 동반하지 않은 경우로서 주격조사를 동반할 수 없는 경우, 예를 들어 (34)와 구별된다는 점을 잘 알 수 있다.[34] 이에 (36)의 '선생님만'처럼 주격

조사를 동반해서 비논항 주어가 될 수 있음에도 불구하고 주격조사를 동반하지 않은 성분을 '잠재적 비논항 주어'라고 하자. 그러면 주어와 H '-으시-'의 일치는 논항 주어와 (잠재적) 비논항 주어가 H '-으시-'와 일치하는 것으로 요약된다.

4.2. 주제어와 '-으시-'의 일치

지금까지는 주어와 '-으시-'가 일치하는 경우를 살펴보았다. 이제 살펴볼 것은 비논항이며 주격 조사를 통합하지 않은 성분이 '-으시-'와 일치하는 경우로 소위 주제어(topic)와 '-으시-'가 일치하는 경우이다.[35]

    (37) 가. 선생님은 취미가 그림이시다. (= 1다)
        나. 선생님은 학회 참석이 주요 방미 목적이시다.

주제어는 통사적으로 CP에 부가(adjunction)되는 성분이다(서정목 1999, 이정훈 2003, 2008나 등 참고).[36] 그렇다면 어떻게 CP에 부가된 주제어와 H '-으시-'가 일치할 수 있는가? 이에 대한 해답도 앞서의 경우와 평행하게 베풀어진다. 즉, (37가)에서 N '그림'은 V '-이-'로 핵 이동하며 이로

---

34) (34)의 '선생님한테서'는 '선생님이'가 될 수 없다. 참고로 '선생님이 아이들이 산수를 배우셨다'가 성립하기도 하는데, 이 경우는 '선생님'이 (34)의 '선생님한테서'가 아니라 '선생님의 아이들'의 '선생님'으로 해석되는 경우이다.

35) 전형적인 주제어는 문두(sentence initial)에 위치하며 보조사 '-은/는'을 동반한다. 경우에 따라서는 주제어이면서도 문두에 위치하지 않거나 '-은/는' 이외의 보조사와 어울리기도 하는데 자세한 사항은 이정훈(2008나 : 299-306) 참고.

36) 주제어는 CP 외에 VP에 부가될 수도 있다. VP에 부가되어도 문두라는 분포적 특성이 유지되기 때문이다. 하지만 VP 부가 주제어와 '-으시-'의 일치는 이 절과 앞선 4.1절의 논의로 충분히 설명할 수 있으므로 따로 다루지 않는다. 참고로 주제어가 HP, TP, MP 등 선어말어미가 투사한 구의 명시어 자리에 위치하거나 그러한 구에 부가될 가능성은 고려하지 않는다. 선어말어미가 투사한 구는 명시어도 지니지 않을 뿐더러 부가도 허용하지 않기 때문이다(이정훈 2010/2012나 : 319-322 참고).

인해 형성된 복합핵 [v[N그림]-이-]는 다시 H '-으시-'로 핵 이동해서 복합핵 [H[v[N그림]-이-]-으시-]가 형성되고 이 복합핵은 또 다시 C '-다'로 핵 이동해서 결국 C에는 복합핵 [C[H[v[N그림]-이-]-으시-]-다] 가 오게 되는데, 그 결과 C 자리에 오게 된 H '-으시-'와 CP에 부가되어 있는 주제어가 명시어－핵 관계에 준하는 부가어－핵 관계를 맺게 되어 서로 일치하게 된다.37) 이를 나무그림으로 보이면 아래와 같다.

(38)

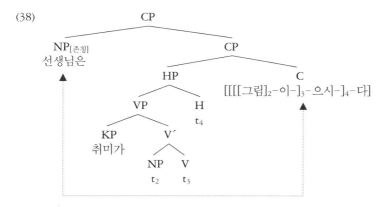

핵 이동과 부가어－핵 관계에 기초한 일치는 (37나)에서도 마찬가지로 나타난다. 다만 핵 이동에 참여하는 N이 (37가)와 다를 뿐이다. 그리고 아래에서 보듯이 주제어가 H '-으시-'와 일치하는 현상은 계사 구문 이외에도 관찰되며, 이 경우에도 일치의 과정은 계사 구문의 경우와 평행하다.

(39) 가. 선생님은 제자가 논문을 발표하시었다.
　　나. 선생님은 날씨가 좋으시었다.
　　　[참고] 선생님은 날씨가 좋으셨지만, 저희는 폭우를 만났습니다.

---

37) 주제어의 위치를 명시어로 보면(임동훈 1991), 지금 논의 중인 현상은 명시어－핵 관계에 의한 일치로 설명된다.

아래 예들도 주제어와 H '-으시-'가 일치하는 현상에 해당한다. 다만 (37), (39)와 달리 주제어가 겉으로 드러나 있지 않을 따름이다.

> (40) 가. 묵고 계신 곳이 <u>어디십니까</u>? ≪길 1 : 50≫
> 나. 아픈 곳이 어느 <u>곳이십니까</u>. ≪길 2 : 218≫
> 다. 우선 여기에 도장을 찍으시고요. 저 쪽 보시면, 큰 건물 하나 <u>있</u>
> <u>으시죠</u>? 거기 2층으로 가시면 돼요.
> 다′. 우선 여기에 도장을 찍으시고요. 선생님, 저 쪽 보시면, 큰 건물
> 하나 있으시죠? 거기 2층으로 가시면 돼요.

(40가), (40나)는 계사 구문으로 '당신은, 선생님은' 정도의 주제어를 상정할 수 있는데, 이러한 주제어가 대화 참여자를 지시하므로 외현되지 않았다. (40다)에서도 청자로 상정되는 어떤 존귀한 인물, 예를 들어 '선생님은' 정도를 주제어로 상정해 볼 수는 있지만, 실제로 이러한 주제어를 외현시키면 상당히 어색하다. 주제어보다는 독립어, 즉 (40다′)의 '선생님'이 H '-으시-'와 일치하는 듯하다. 독립어도 통사적으로는 CP에 부가된 성분이므로, 주제어와 평행하게 다루어진다.[38]

4.3. 논항 주어 대 비논항 주어, 주제어

지금까지 주어와 주제어가 H '-으시-'와 일치하는 현상을 명사어−핵 관계와 부가어−핵 관계로 일관되게 기술해 왔다. 그리고 이러한 기술에

---

38) 그러나 독립어와 H '-으시-'의 일치는 매우 예외적인 현상이다. 아래 ㉮에서 보듯이 독립
   어 자리에 H '-으시-'와 일치할 만한 성분이 나타나더라도 주제어가 개입하면 독립어와
   H '-으시-' 사이의 일치는 어렵기 때문이다. 한편 ㉮에서 '그 논문'이 '선생님'과 관련된
   논문으로 해석되는 경우, 예를 들어 '선생님'이 '그 논문'의 공동저자인 경우에는 ㉯에서
   확인하듯이 수용성이 개선된다. 이에 대해서는 이정훈(2004, 2008나 : 381-386) 참고
   ㉮ *선생님, 그 논문은 철수가 쓰셨습니다.
   ㉯ ʔ선생님, 그 논문은 (선생님뿐만 아니라) 철수도 쓰셨습니다.

는 핵 이동이 긴요하게 활용되었다.

그러나 통사적인 면만 갖춘다고 해서 무조건 일치가 가능한 것은 아니다. 아래 (41)에서 보듯이 비논항 주어나 주제어는 때로 H '-으시-'와 일치하기 어려운 경우도 있기 때문이다.

> (41) 가. 선생님은 얼굴이 크시다.
>   나. 선생님이 아이가 유치원생이시다. (= 1나)
>   다. *선생님은 철수가 만나시었다.
>   라. ^{??}선생님이 강아지가 진돗개이시다.

위에서 (41가)와 (41나)의 '선생님은, 선생님이'와 달리 (41다)의 주제어 '선생님은'이 H '-으시-'와 일치하기는 매우 어렵고, (41라)의 비논항 주어 '선생님이'도 (41다)보다는 다소 나은 듯도 하지만 H '-으시-'와의 일치가 원활치 않기는 마찬가지이다. 그렇다면 이러한 차이는 왜 나타날까?

(41)이 보이는 차이를 이해하기 위해 먼저 H '-으시-' 일치 현상에서 보이는 논항 주어와 비논항 주어 사이의 차이, 그리고 논항 주어와 주제어 사이의 차이에 주목해 보자. 즉, 논항 주어는 의미와 무관하게 항상 H '-으시-'와의 일치가 원활하지만, 비논항 주어와 주제어는 (41)에서도 확인했듯이 그렇지 않다는 사실에 주목해 보자.

논항 주어와 논항 주어가 아닌 것 사이의 차이는 쉽게 이해할 수 있다. 2절에서 논의했듯이 의미역 부여 능력을 지닌 V가 H '-으시-'로 핵 이동해서 V와 H '-으시-'가 복합핵을 형성하고, 이를 바탕으로 H '-으시-'는 일치할 성분을 취한다. 이에 따르면 의미역이 부여되는 논항 주어는 통사적인 면만 갖추면 되지만, 의미역 부여와 거리가 먼 비논항 주어나 주제어는 통사적인 면에 더해 결여된 의미역 부여 효과를 상쇄할 수 있

는 동인이 필요하리라 예측된다. 그리고 이 예측은 아래에서 확인하듯이 사실과 부합한다.[39]

> (42) 가. *좋은 향기가 할머님한테서 나시었다.
> 나. ?할머님한테서는 좋은 향기가 나시었다.
> ?할머님은 좋은 향기가 나시었다.
> 다. ?할머님이 좋은 향기가 나시었다.

(42가)에서 보듯이 논항 주어가 아닐 뿐만 아니라 비논항 주어도 아니며 주제어도 아닌 성분, 즉 일반적인 부가어는 결코 H '-으시-'와 일치할 수 없다. (42나)와 (42다)가 (42가)보다 H '-으시-' 일치에 있어서 수용성이 나은 것은 부가어가 주제화를 통해 주제어가 되었거나 주격 중출 구문을 통해 비논항 주어가 되었기 때문이다.[40] 다시 말해 (42가)와 달리 (42나)와 (42다)는 결여된 의미역 부여 효과를 상쇄할 수 있는 동인, 즉 주제화와 주격 중출 구문이 동원되었기 때문에 H '-으시-' 일치가 가능해진다.

이제 (41)이 제기하는 문제는 다음과 같이 조정된다. (41다)와 (41라)는 주제화와 주격 중출 구문이 동원되었음에도 불구하고 왜 (42나)나 (42다)처럼 그 문법성·수용성이 개선되지 않는가?[41]

H '-으시-' 일치의 통사론을 고려하면, (41라)에서는 H '-으시-' 일

---

39) (42)에 제시한 자료의 문법성 판단, 특히 (42가)의 문법성 판단이 어렵다는 직관이 있다. 이러한 유형의 자료는 출현의 빈도나 자연성으로 문법성 정도를 판단하는 것이 타당하다고 본다. 다시 말해 (42나)와 (42다)는 흔히 접할 수 있지만 (42가)는 좀체 접할 수 없는바, (42)에 제시한 문법성 판단이 성립한다.

40) 어순 재배치, 즉 초점화에 의해서도 '-으시-' 일치가 가능해질 수 있다. 즉 (42가)에 비해 ?'할머님한테서 좋은 향기가 나시었다'가 H '-으시-' 일치에 있어 보다 나은 수용성을 보이는 듯하다. 이 경우 '할머님한테서'는 (42다)에서 보듯이, (34)의 '선생님한테서'와 달리, '할머님이'가 될 수도 있다.

41) 문법성과 수용성의 개념 및 둘 사이의 관계에 대해서는 신승용 외(2013 : 21-24) 참고.

치의 후보가 '선생님'과 '강아지' 이 둘임을 잘 알 수 있다. 핵 이동이 실행되면 '선생님'뿐만 아니라 '강아지'도 H '-으시-'와 일치할 수 있는 통사구조적 요건을 갖추기 때문이다. 그런데 '선생님'과 H '-으시-'의 일치는 아무런 문제를 일으키지 않지만 '강아지'와 H '-으시-'의 일치는 사정이 다르다. '강아지'가 [존칭] 자질을 지니지 않기 때문이다. 따라서 (41라)에 나타나는 두 번의 일치 관계 중 하나는 정상적이고 다른 하나는 비정상적이라 할 수 있으며, 여기서 (41라)의 문법성·수용성이 (41가)보다는 못하고 (41다)보다는 양호한 까닭을 이해할 수 있다.

(41라)에서는 정상적 일치 관계 한 번과 비정상적 일치 관계 한 번, 이렇게 두 번의 일치 관계가 나타나며, 두 번의 일치 관계가 나타나는 것은 (41가)도 마찬가지이다. 그런데 (41라)와 달리 (41가)에 포함된 두 번의 일치 관계는 모두 정상적이다. (41가)에서 H '-으시-'와 일치 관계를 맺는 '선생님'과 '얼굴'은 [존칭] 자질과 충분히 어울리기 때문이다.42) 따라서 (41가)는 (41라)보다 문법성·수용성이 나을 수밖에 없다.

(41가)와 반대로 (41다)는 (41라)보다 훨씬 문법성·수용성이 낮은데 그 원인은 두 가지이다. 첫째, [존칭] 자질과 어울리지 않는 '철수'가 H '-으시-'와 일치 관계를 형성하므로 문법성·수용성이 훼손된다. 둘째, 주제어 '선생님'의 문법 기능이 H '-으시-'와 어울리지 않아서 다시 문법성·수용성이 또 훼손된다. 즉, 주제어 '선생님'은 목적어의 문법 기능을 지니는데, 목적어는 H '-으시-'와 일치 관계를 맺지 못하므로 문법성·수용성에 문제를 일으킨다.

위와 같은 논의를 따르면 (41나)도 쉽게 이해할 수 있다. 먼저 '선생님'은 주제어이자 주어이므로 H '-으시-'에 아무런 문제를 일으키지 않는

---

42) '선생님'은 본유적으로 [존칭] 자질을 지닌다. '얼굴'은 본유적으로는 [존칭] 자질을 지닌다고 보기 어려우나 맥락에서 '선생님'과 연계되어 [존칭] 자질을 지니게 된다.

다. 나아가 H '-으시-' 일치와 어울리는 두 기능, 즉 주제어로서의 기능
과 주어로서의 기능을 겸비하였으므로 H '-으시-'의 모범이 된다. 다음
으로 '아이'는 본유적으로는 [존칭] 자질과 어울리지 않지만 '선생님'과
유관하므로 [존칭] 자질과 아예 무관하다고 보기도 어렵다. 그래서 어느
정도 H '-으시-' 일치와 어울린다. 간혹 (41가)와 비해 (41나)가 조금 기
묘하다는 직관이 보고되곤 하는데, 이는 (41나)의 '아이'가 [존칭] 자질과
어울리기도 하고 그렇지 않기도 하는 애매한 특성을 보이기 때문이다.[43]

4.4. 보충어와 '-으시-'의 일치

주어와 주제어가 H '-으시-'와 일치하는 현상은 계사 구문에 더해 여
러 다른 경우에도 성립한다. 하지만 계사 구문은 H '-으시-' 일치 현상
과 관련하여 다른 경우와는 구별되는 매우 특징적인 현상을 보이는바, V
'-이-'의 보충어(complement)가 H '-으시-'와 일치할 수 있다(임홍빈 1985,
이현희 1994, 유동석 1995, 임동훈 1996 등 참고). 계사 구문 이외의 경우, 보충
어는 주제화 등의 통사 절차를 겪지 않으면, H '-으시-'와 일치할 수 없
다. 이러한 통사 절차가 적용되지 않고는 보충어가 H '-으시-'와 일치할
수 있는 통사 위치에 놓일 수 없기 때문이다. 그러나 아래에서 보듯이 계
사 구문은 주제화와 같은 통사 절차 없이도 보충어와 H '-으시-'가 일
치하는 현상을 보인다.

(43) 가. 선과 교의 근원은 <u>부처님이시고</u> 선과 교의 갈래는 가섭존자와 아
난존자이다. (= 1라) 《길 2 : 42》

---

43) 앞서 각주 29)에서 (30가)와 (30나 = 41나)의 수용성이 다르다는 직관의 존재를 지적하였
다. 이러한 직관까지 고려하면 여기서의 설명은 좀 더 섬세히 다듬어져야 하는데 후일로
미룬다. 어느 쪽의 수용성이 더 높은지에 대한 판단이 뚜렷하지 않기 때문이다.

나. 간월도에는 뭣하러 가시는데. 보아하니 인근 간척지에 노동하러
   온 인부는 아니구. 어리굴젓 사러 온 도매상도 아닐 터이구. 오
   호라, 알겠다. 김양식장을 갖고 있는 <u>어장의 주인이신가</u>. … 그도
   아니면 안경을 쓴 것을 보니 어장을 순시하러 나오신 <u>공무원 나
   으리신가</u>. ≪길 2 : 188≫
다. 삼촌은 스물 네 살 적에 지금 영재의 <u>어머님이신</u> 선희와 결혼을
   하셨다. ≪세종≫
라. 나를 낳은 것은 <u>어머님이셨지만</u>, 기른 것은 할머님이셨다. ≪세종≫
마. 연락을 받는 것은 항상 <u>상무님이셨다</u>. ≪세종≫
바. 열심히 하면 성공한다는 말, 그 말의 증거가 바로 우리 <u>선생님이
   시다</u>. ≪세종≫
사. 그 차 소유주는 엄연히 <u>선생님이시니까요</u>. ≪세종≫

(43)에서 H '-으시-'와 일치를 보이는 '부처님, 어장의 주인, 공무원
나으리, 어머님, 할머님, 상무님, 선생님' 등은 모두 주어가 아니라 V
'-이-'의 보충어 성분이다. 특히 (43나)는 주어가 같은데도 불구하고 보
충어 위치에 어떤 표현이 오느냐에 따라 H '-으시-'가 나타나기도 하고
나타나지 않기도 하는 현상을 보여주고 있다. 주어는 생략되긴 하였으나
청자를 나타내는 표현에 해당하므로 차이가 없고, 다만 보충어가 '인부'
나 '도매상'이면 H '-으시-'가 나타나지 않고, 반면에 '어장의 주인'이나
'공무원 나으리'이면 H '-으시-'가 나타나는 것이다. 나아가 아래와 같
은 경우에는 주어를 상정하기조차 어려워서 보충어 이외에는 H '-으시-'
와 일치할 만한 성분이 존재하지 않는다.[44]

(44) 가. <u>선생님이시고</u> <u>선배님이시고</u> 그동안 저 때문에 애 많이 쓰셨습니
       다. ≪세종≫

---

44) 아래 제시하는 (44)의 '시'는 어미가 아니라 조사의 일부일 가능성도 있다(채완 1993, 최동
   주 1999, 이정훈 2005나 등 참고).

나. 관대하신 <u>법왕이시여</u>! 내부의 절정에 계시는 <u>법왕이시여</u>! ≪세종≫
다. <u>선생님이시라도</u> 그 문제의 답은 쉽게 찾지 못하셨다.

그렇다면 계사 구문에서는 H '-으시-'와 V '-이-'의 보충어가 어떻게 일치할 수 있는가? 이러한 현상이 계사 구문에서 발견된다는 점과 지금까지 논의했듯이 일치가 통사 현상임을 고려하면 이 문제의 답도 계사 구문이 지닌 독특한 통사적 특성, 즉 보충어 핵의 V '-이-'로의 핵 이동에서 구하는 것이 자연스럽다. 이러한 관점에 서면 핵 이동을 통해 형성된 복합핵 내부에서 핵들 사이에 성립하는 핵-핵 관계를 토대로 계사 구문의 보충어와 H '-으시-'가 일치하는 것으로 보게 된다.45) 이를 (43라)의 후행절을 이용하여 구체적으로 나타내면 아래와 같다.

(45) 나를 낳은 것은 어머님이셨지만, 기른 것은 할머님이셨다. (= 43라)
　　가. [CP [TP [HP [VP 기른 것은 할머님 -이-]-으시-]-었-]-다]
　　　　[CP [TP [HP [VP 기른 것은 t₂ 할머님₂-이-]-으시-]-었-]-다]
　　　　[CP [TP [HP [VP 기른 것은 t₂ t₃] 할머님₂-이₃-으시-]-었-]-다]
　　나.

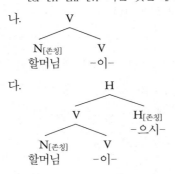

　　다.

---

45) 핵-핵 관계에 기초한 일치는 의문사-의문어미 일치에서도 볼 수 있다(서정목 1987 : 282-288 참고). 또한 여기서의 논의에 따르면 V '-이-'처럼 보충어의 핵 이동을 유발하는 V는 보충어와 H '-으시-'가 일치할 수 있다는 예측이 가능한데 아래 ㉮, ㉯에서 보듯이 '-답-', '-같-' 등이 이에 해당할 가능성이 크다(이정훈 2006나 참고).
　　㉮ 그것은 <u>선생님다우신</u> 행동이 아니었다.
　　㉯ <u>선생님같으신</u> 사람을 다시 만날 수 있을까?

앞에서 (45가)는 V '-이-'의 보충어 핵 N '할머님'이 V '-이-'로 핵 이동하는 과정과 이로 인해 형성된 복합핵 [v[N할머님]₂-이-]가 H '-으시-'로 핵 이동해서 복합핵 [H[v[N할머님]₂-이-]₃-으시-]가 형성되는 과정을 나타낸다. (45나)에서 보듯이 복합핵 [v[N할머님]₂-이-]가 형성되면 보충어 핵 N '할머님'과 V '-이-'가 핵―핵 관계를 맺게 되며, (45다)에서 보듯이 복합핵 [H[v[N할머님]₂-이-]₃-으시-]가 형성되면 복합핵 V [v[N할머님]₂-이-]와 H '-으시-'가 핵―핵 관계를 맺게 된다. 물론 핵 이동이 적용되기 전, 다시 말해 복합핵이 형성되기 전에는 핵과 핵 사이에 NP, VP 등의 구 범주가 개입하므로 핵―핵 관계가 성립하지 않는다.

핵 이동과 이에 따른 복합핵의 출현에 따라 N '할머님'은 V '-이-'와 핵―핵 관계를 맺고 V '-이-'는 H '-으시-'와 핵―핵 관계를 맺게 된다. 그 결과 N '할머님'과 H '-으시-' 사이에도 핵―핵 관계가 성립하게 되며 이를 바탕으로 보충어 '할머님'과 H '-으시-' 사이의 일치가 성립한다.[46)]

4.5. 관형절 주어와 '-으시-'의 일치

계사 구문의 보충어가 H '-으시-'와 일치하는 현상은 V '-이-'로 핵 이동하게 되는 보충어의 핵이 H '-으시-'와 일치할 만한 대상을 지시하는 경우, 즉 보충어 핵이 [존칭] 자질을 지닌 경우 일반적으로 나타난다. 지시대상이 존귀하고 나아가 계사 구문의 특성상 그 존귀한 지시대상을 표현하는 보충어의 핵이 핵 이동에 의해 H '-으시-'와 핵―핵 관계를 형성하므로 사실 이 현상은 그다지 특별한 것이 아니다. 그런데 계사 구

---

46) 정확히 하면 보충어가 아니라 보충어 핵과 핵 H '-으시-'가 일치하는 것이지만 편의상 보충어와 H '-으시-'가 일치하는 것으로 간주한다.

문의 보충어 자리에 의존명사가 나타나면 매우 흥미로운 현상이 나타난다.

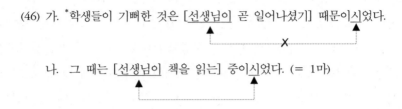

(46) 가. *학생들이 기뻐한 것은 [선생님이 곧 일어나셨기] 때문이신었다.

나. 그 때는 [선생님이 책을 읽는] 중이신었다. (= 1마)

(46가)는 보충어 자리에 의존명사 '때문'이 오고, '때문'이 취한 관형절 주어 자리에 KP '선생님이'가 나타나는 경우, 이 관형절 주어 KP '선생님이'와 모문 H '-으시-' 사이의 일치가 불가능하다는 것을 보여준다. 그리고 관형절 주어 KP '선생님이'와 모문 H '-으시-'가 서로 일치할 수 없음은 지금까지의 논의에 따른 당연한 귀결이다.

2절에서 논의하였듯이 KP '선생님이'가 H '-으시-'와 일치하기 위해서는 H '-으시-'와 핵 이동에 의해 통합하는 V가 의미역 부여 등을 통해 KP '선생님이'에 지배력을 발휘해야 한다. 그런데 (46가)에서 모문 H '-으시-'와 핵 이동에 의해 통합하는 것은 V '-이-'이고, KP '선생님이'는 V '-이-'가 아니라 내포절 V '일어나-'의 논항이다. 따라서 핵 이동이 적용되어도 관형절 주어 KP '선생님이'와 모문 H '-으시-'는 일치할 수 없는 것이 당연하다.

문제는 (46나)에서 발생한다. (46나)에서는 관형절 주어 KP '선생님이'와 모문 H '-으시-' 사이의 일치가 가능하기 때문이다.47) 그렇다면 어

---

47) 이 현상은 남길임(2001 : 173)에서도 지적되었다. 한편 (46나)의 '선생님이'를 모문의 주어로 보려는 시도가 있을 수 있다. 하지만 아래 ㉮와 ㉯ 사이의 대조는 (46나)에서 KP '선생님이'를 모문 성분으로 보기 어렵게 한다. '한 명도'와 같은 부정극어는 자신이 포함된 절에 부정어가 와야 하는데, ㉮와 ㉯의 대조는 '한 명도'가 모문 성분이 아닌 관형절 성분임을 의미하기 때문이다.
　㉮ 그 때는 [한 명도 안 남아있던] 중이었다.
　㉯ *그 때는 [한 명도 남아있던] 중이 아니었다.

떻게 (46나)와 같은 일치가 가능할까? 이와 관련하여 주목할 것은 (46나)에서 V '-이-'의 보충어로 쓰인 '중'이 '관형절이 나타내는 상황이 지속되는 기간'으로 해석된다는 점이다. 이는 '중'이 '-고 있-'과 같은 관점상(viewpoint aspect)의 기능을 하고 있다는 것을 의미하는데,[48] V '-이-'의 보충어가 이러한 기능을 수행하는 경우 (47)에서 보듯이 (46나)와 같은 일치 현상은 일반적이다.[49] 그리고 전형적인 관점상 형식인 '-고 있-'은 (48)에서 보듯이 '-고'가 이끄는 절의 주어가 H '-으시-' 일치에 참여할 수 있다. 이 경우 '있으시-'는 '계시-'로도 실현된다.[50]

(47) 가. 그 며칠 동안은 [선생님이 논문을 끝마치던] 즈음이시었다.
　　나. 그 때는 [선생님이 논문을 끝마치던] 순간이시었다.
　　다. [할아버지가 고향에 내려가던] 길이시었다.
　　라. 마침 그 때는 [선생님이 논문을 막 끝내기] 전이시었다.

(48) 아버님이 신문을 읽고 {있으시었다, 계시었다}

의미적인 측면, 즉 관점상의 기능을 발휘한다는 측면에서 (46나)와 (47), (48)이 보이는 H '-으시-' 일치 현상은 이해할 수 있다. 관점상이라는 것이 어떤 상황을 전제로 하는 범주이고 관점상이 드러내는 시구간(time span)에서는 그 상황에 참여하는 주체의 행위나 상태가 지속되므로, 그 상황의 주체가 언어화된 주어와 관점상을 나타내는 언어 형식에 통합된 H '-으시-'가 일치한다고 볼 수 있기 때문이다.

---

48) 관점상 개념을 포함하여 상(aspect)에 대해서는 우창현(2003), 조민정(2007), Comrie(1976), Smith(1997), Demirdache & Uribe-Etxebarria(2000) 등 참고.
49) (47라)는 의존명사가 관형절이 아니라 명사절을 취한 경우이다. 의존명사는 어휘적 특성에 따라 보충어의 범주를 선택한다. 한편 따로 논의하지는 않지만 (46나)와 (47)에 제시한 예들은 수용성에서 다소간의 차이를 보이기도 한다.
50) (48)은 보조용언 구문으로서 이 구문에서 본용언과 보조용언은 하나의 핵처럼 기능한다. 자세한 사항은 이정훈(2010) 참고.

그리고 통사적인 측면에서는 재구조화(restructuring. 최현숙 1988, 양정석 1991, 임동훈 1991 등 참고)로 인해 '읽는 중이-', '끝마치던 즈음이-', '끝마치던 순간이-', '내려가던 길이-', '끝내기 전이-', 그리고 '읽고 있-' 등이 각각 하나의 V처럼 행동하기 때문에 (46나)와 (47), (48)의 일치현상이 가능한 것으로 볼 수 있다. 예를 들어 (46나)의 경우, 의미론적으로 빈약한 V '-이-' 또는 관점상 기능을 발휘하는 V [v[ɴ 중]-이-]는 재구조화에 기대어 자신의 성분지휘 영역 내에 있으면서 자신과 같은 범주인 V '일어나-'와 연계되는데, 그 결과 V '-이-'에 통합한 H '-으시-'는 V '일어나-'의 주어 KP '아버님이'에 대한 지배력에 편승해 관형절 주어 KP '아버님이'와 일치하게 되는 것이다.

나아가 '의존명사-이-'가 양태(modality)의 문법범주처럼 쓰여도 방금과 같은 일치현상이 나타난다.[51]

> (49) 가. 내 첫 발설에 무척 심사가 상하셨던 모양이시구려. ≪세종≫
> 　　나. 송 선주도 왜인들을 꺼리고 배척하는 편이시오? ≪세종≫
> 　　다. 그것으로 선생님은 제자에게 모든 것을 전한 셈이셨다. ≪세종≫
> 　　라. 선생님은 죽을 지경이셨다.
> 　　마. 왜 편찮으시겠어요? 선생님이 무리 하셨기 때문이시죠.
> 　　바. 그 난리에도 선생님은 책만 읽고 계실 뿐이셨다.
> 　　사. 선생님은 그를 잘 알고 지내던 터이시었다.

(49)는 '모양, 편, 셈, 지경, 때문, 뿐, 터' 등의 의존명사가 V '-이-'의 보충어로 쓰여 추측이나 가능성, 확실성, 판단 등의 명제 양태(propositional modality)를 나타내는 경우이다.[52] (49가)에서는 '당신' 정도의 생략된 주

---

51) 양태에 대해서는 장경희(1986), 김지은(1998), 박재연(2006), Palmer(2001) 등 참고. 한편 남길임(2001 : 39-40)은 "[양태적] 구문은 주어가 존대 대상일 때도 상위문의 서술어에 '-시-'가 결합할 수 없"다고 판단하였다. 하지만 (49)에서 보듯이 이러한 판단은 재고를 요한다.

어, (49나)에서는 '송 선주', 그리고 (49다)~(49사)에서는 '선생님'과 H
'-으시-'가 일치하는 것으로 해석된다.53) 그리고 이러한 현상은 아래에
서 보듯이 V '-이-'의 보충어가 의존명사가 아닌 경우에도 나타난다.

(50) 가. 중국에 갈 {예정, 작정}이시지요?
　　나. 도대체 선생님이 어찌된 영문이실까요?
　　다. 선생님은 잘 해준다는 의도셨겠지만, 학생은 송구스러웠다.
　　라. 정히 시주를 하실 요량이시면 천도재를 지내실 때 하시지요 ≪길
　　　　1 : 245≫

　만약 이러한 일치 현상이 양태를 나타내는 계사 구문 전반에 유효한
것이라면 구체적으로 어떠한 양태를 나타내는가는 일치에 별다른 영향을
미치지 않을 것이다. 하지만 아래에서 보듯이 양태를 나타내는 경우라 하
더라도 방금과 같은 일치가 어려운 경우가 있다.54)

(51) *선생님이 학회에 참석할 것이다.

　(51)은 H '-으시-'가 '선생님'과 일치하는 해석으로는 문법적인 것으

---

52) 양태는 명제 양태와 사건 양태로 나뉜다. 전자는 명제에 대한 화자의 판단 태도를 나타내
　　며, 후자는 의무, 가능, 허용 등 상황의 잠재성을 나타낸다(Palmer 2001 : 8 참고).
53) 이들 예 중 일부는 H '-으시-'와 일치하는 성분이 관형절의 주어가 아니라 문장 전체의
　　주제어일 수도 있다. 양태 구문의 일치 현상을 두루 보이고 논의를 간략히 하기 위해 따로
　　논의하지 않는다. 주제어가 일치에 참여하는 현상은 앞서 4.2절과 4.3절에서 논의하였다.
54) 김지은(1998)에 따르면 양태 용언들도 H '-으시-' 일치에서 서로 차이를 보인다. 한편 (51)
　　과 달리 H '-으시-'가 본용언과 어울린 아래 ㉮는 문법적인데, 이와 관련하여 주목할 만
　　한 것은 '-을 것이-'와 통하는 어미 M '-겠-'과 H '-으시-'의 통합순서이다. 즉, 아래 ㉯
　　에서 보듯이 M '-겠-'은 H '-으시-'에 후행해야 하는데 여기에 이끌려 ㉮와 (51)의 현상
　　이 나타나는 것으로 볼 가능성이 있다. 다시 말해 '-을 것이-'가 양태로 문법범주화하면서
　　기존의 양태 범주에 속하는 M '-겠-'의 형태배열적 특징을 닮게 되어 ㉮와 (51)의 현상이
　　나타나는 것으로 볼 수 있다.
　　㉮ 선생님이 학회에 참석하실 것이다.
　　㉯ 선생님이 학회에 {참석하-으시-겠-다, *참석하-겠-으시-다}.

로 받아들이기 어렵다. '-을 것이-'가 사건 양태(event modality)를 나타내는 것을 중시하면, (49), (50)과 (51)의 차이는 명제 양태와 사건 양태의 차이로 귀결될 듯도 하다. 하지만 이러한 처리는 그다지 믿음직스럽지 못하다. 왜냐하면 전형적인 사건 양태 표현인 '-을 수 있-'은 아래 (52)에서 보듯이 관형절 주어와 모문의 H '-으시-'가 일치할 수 있기 때문이다.[55]

(52) 선생님이 내일 올 수 있으시다.

따라서 (49), (50)과 (51)의 차이는 문법범주적인 차원에서 그 원인을 구하기는 어렵고 어휘적인 제약으로 처리해야 할 것이다.

결국 '의존명사-이-' 구성에서 볼 수 있는 독특한 일치 현상인 관형절 주어와 관형절 밖 H '-으시-'의 일치는 계사 구문의 특징인 핵 이동과 '의존명사―계사' 구성이 지닌 문법범주적인 의미, 그리고 재구조화 때문이라 할 수 있다.

5. 정리

지금까지 이 글에서는 일치의 통사론과 계사 구문의 통사론을 바탕으로 계사 구문의 '-으시-' 일치 현상을 가급적 순수 통사론의 시각에서 살펴왔다. 주요 내용을 항목화하여 간추리면 아래와 같다.

---

55) 흥미로운 점은 (52)의 '있-으시-'는 '계시-'로 실현되지 않는다는 점이다. '-고 있-으시-'의 '있-으시-'는 (48)에서 확인하였듯이 '계시-'로 실현될 수 있었다.

첫째, H '-으시-'는 핵 이동을 통해 V와 복합핵을 형성함으로써 문장 성분에 대한 지배력을 획득하며 이를 바탕으로 특정 성분과 일치하게 된다.

둘째, 계사 구문의 보충어는 계사 V '-이-'로 핵 이동하며, 이를 통해 형성된 복합핵은 다시 어미로 핵 이동한다. 이를 통해 계사 V '-이-'의 의존성 및 어미의 의존성이 해소된다.

셋째, 계사 구문의 H '-으시-'는 논항 주어, (잠재적) 비논항 주어, 주제어뿐만 아니라 보충어와 일치할 수 있다.

넷째, 첫째 사항과 둘째 사항을 바탕으로 하면 위와 같은 다양한 일치 현상을 통사적으로 설명할 수 있다.

다섯째, V '-이-'가 보충어와 더불어 상이나 양태 등의 문법범주로 기능하면, 보충어가 취한 관형절 주어와 H '-으시-' 사이의 일치도 가능하다.

위에서 정리한 내용은 계사 구문의 '-으시-' 일치 현상에 대한 통사적 설명인 동시에 새로운 문제를 제기하는 성격도 지닌다. 여기서는 직접적으로 관련된 문제 두 가지만 짚기로 한다.

먼저, 한국어에는 '-으시-' 일치와 더불어 의문사-의문어미 일치 현상도 존재한다(서정목 1987 참고). 그런데 둘은 사뭇 다른 모습을 보인다. 예를 들어 '-으시-' 일치와 달리 의문사-의문어미 일치에서는 논항-부가어 비대칭성이 나타나지 않으며, 의문사와 의문어미 사이에 절 경계가 와도 일치가 가능하다. 이에 이러한 차이가 왜 나타나는지 해명할 필요가 있으며, '-으시-' 일치와 의문사-의문어미 일치 사이의 차이까지를 반영한 일치의 통사론을 마련할 필요가 있다.

다음으로, 이정훈(2004)에서 논의하였듯이 아래 (53)의 일치 현상을 설명하기 위해서는 (54)의 선호성 조건이 필요하다.

(53) 가. 이것이 아버님의 유품이시다. (임홍빈 1985/1998 : 115)

나. ^{?/*}아버님의 유품이 이것이시다. (유동석 1995 : 229)

다. 아버님은 유품이 이것이시다. (이정훈 2004 : 240)

(54) 선호성 조건 (이정훈 2004 : 240)

가. 주제, 초점, 통제성 등의 의미기능이 통사구조적 조건보다 선호
된다.

나. 핵－핵 관계가 명시어－핵 관계나 부가어－핵 관계보다 선호된다.

그런데 선호성 조건 중에서 (54가)는 의미기능을 언급하는 것에서 알
수 있듯이 통사적 조건이라 보기 어렵다. 따라서 섣불리 의미기능에 기대
기보다는 통사적 관점에서 (54가)를 재조명하는 노력이 필요하다. 이러한
관점에서 (53나)와 (53다)의 차이에 주목하면 일치에 동원된 통사관계의
직접성 여부가 대안이 될 수 있을 듯하다. 즉, (53나)의 '아버님'은 '유품'
을 통해 '－으시－'와 간접적으로 일치의 통사관계를 맺는 반면 (53다)의
'아버님'은 그 자체가 주제어로서 '－으시－'와 직접적으로 일치의 통사관
계를 맺는바, 이러한 차이를 조건화하면 (53나)와 (53다) 사이의 대조를
포착할 수 있게 된다. 여기에 (53가)와 (53나) 사이의 대조까지 염두에 두
면 핵－핵 관계를 기반으로 하는 간접적 일치는 가능하지만 명시어－핵
관계 등을 기반으로 하는 간접적 일치는 어렵다는 조건이 설정된다. 지극
히 소략하게 논의했으나 통사관계의 직접성에 착안한 조건이 (54)와는
매우 다른 모습이라는 것은 거의 확실하다. 이에 보다 통사적인 입장에서
(54)의 조건을 대체할 수 있는 조건을 본격적으로 모색할 필요가 있다.

이 문제들을 포함하여 일치 현상 전반에 대한 보다 선명한 이해는 후
일을 기약하며 이 정도에서 그친다.

‖ 참고문헌

강명윤(1992), 한국어 통사론의 제문제, 한신문화사.

강명윤(1995), "주격 보어에 관한 소고", 생성문법연구 5, 391-417.

김귀화(1994), 국어의 격 연구, 한국문화사.

김선웅(1998), "한국어 동사 인상과 공백화", 생성문법연구 8, 3-24.

김영희(1997), "한국어의 비우기 현상", 국어학 29, 171-197.

김영희(1998), "부정 극성어의 허가 양상", 한글 240·241, 263-297.

김의수(2006), 한국어의 격과 의미역 : 명사구의 문법기능 획득론, 태학사.

김정대(1997), "한국어 접속구(CONJP)의 구조", 최태영 외, 한국어문학논고, 태학사, 159-191.

김정석[Kim, Jeong-Seok](1998), *Syntactic Focus Movement and Ellipsis : A Minimalist Approach*, 태학사.

김지은(1998), 우리말 양태용언 구문 연구, 한국문화사.

남길임(2001), '이다' 구문 연구, 박사학위논문, 연세대학교.

목정수(2013), "선어말어미 '-시-'의 기능과 주어 존대", 국어학 67, 63-105.

박석준(2002), 현대국어 선어말어미 '-시-'에 대한 연구 : 의미·기능, 관련 구문의 구조를 중심으로, 박사학위논문, 연세대학교.

박승혁(1997), 최소주의 문법론, 한국문화사.

박양규(1975), "존칭체언의 통사론적 특징", 진단학보 40, 81-108.

박재연(2006), 한국어 양태 어미 연구, 태학사.

서정목(1987), 국어 의문문 연구, 탑출판사.

서정목(1993), "계사 구문과 그 부정문의 통사 구조에 대하여", 서울대학교 대학원 국어연구회 엮음, 국어사 자료와 국어학의 연구 : 안병희 선생 회갑 기념 논총, 문학과 지성사, 488-506.

서정목(1998), 문법의 모형과 핵 계층 이론, 태학사.

서정목(1999), "국어의 WH-이동과 주제화, 초점화", 이홍배·이상오·권청자 엮음, 오늘의 문법, 우리를 어디로 : 이홍배 교수 화갑 기념 논총, 한신문화사, 255-289.

성기철(1985), 현대 국어 대우법 연구, 개문사.

송복승(2000), "'이다' 구문의 통사구조에 대하여", 한국언어문학 44, 609-626.

시정곤(1995), "핵 이동과 '-이/답/히/같-'의 형태·통사론", 생성문법연구 5, 419-456.

시정곤(1997), "국어의 부정극어에 대한 연구", 국어국문학 119, 49-78.

신승용(2004), "교체의 유무와 규칙의 공시성·통시성", 어문연구 124, 63-91.

안명철(1995), "'이'의 문법적 성격 재고찰", 국어학 25, 29-49.

양정석(1986), "'이다'의 의미와 통사", 연세어문학 19, 5-29.

양정석(1991), "재구조화를 특징으로 하는 문장들", 동방학지 71 · 72, 283-320.

양정석(1996), "'이다' 구문과 재구조화", 한글 232, 99-122.

엄정호(1989), "소위 지정사 구문의 통사구조", 국어학 18, 110-130.

오미라[Oh, Mi-Ra](1991), The Korean Copula and Palatalization, *Language Research* 27, 701-724.

우창현(2003), "문장 차원에서의 상 해석과 상 해석 규칙", 국어학 41, 225-247.

유동석(1995), 국어의 매개변인 문법, 신구문화사.

이선웅(2005), 국어 명사의 논항구조 연구, 월인.

이정훈(2003), "선호성(Preference)에 대한 고찰", 생성문법연구 13, 157-169.

이정훈(2004), "'이다' 구문의 '-으시-' 일치 현상", 국어학 43, 209-246.

이정훈(2005가), "국어 조사의 인허조건과 통합관계", 언어 30, 173-193.

이정훈(2005나), "조사와 활용형의 범주통용 : '이'계 형식을 대상으로", 국어학 45, 145-175.

이정훈(2006가), "어미의 형태 분석에 대하여 : 이형태 규칙과 통사구조 형성을 중심으로", 형태론 8, 65-86.

이정훈(2006나), "파생접사 '-답-'의 통사적 파생", 생성문법연구 16, 491-513.

이정훈(2007), "국어 어미의 통합단위", 한국어학 37, 149-179.

이정훈(2008가), "한국어 접속문의 구조", 생성문법연구 18, 115-135.

이정훈(2008나), 조사와 어미 그리고 통사구조, 태학사.

이정훈(2009), "한국어 후보충 구문의 구조", 어문연구 142, 31-54.

이정훈(2010), "보조용언 구문의 구조와 대용 현상", 한국어학 49, 319-344.

이정훈(2012가), "한국어의 동사구 접속과 접속조사", 생성문법연구 22, 185-201.

이정훈(2012나), 발견을 위한 한국어 문법론, 서강대학교 출판부.

이정훈(2013), "'V-기' 반복 구문의 유형과 그 형성 동기 및 과정", 어문학 122, 155-181.

이현희(1994), 중세국어 구문 연구, 신구문화사.

임동훈(1991), 현대국어 형식명사 연구, 석사학위논문, 서울대학교.

임동훈(1996), 현대 국어 경어법 어미 '-시-'에 대한 연구, 박사학위논문, 서울대학교.

임동훈(1997), "이중 주어문의 통사 구조", 한국문화 19, 31-66.

임홍빈(1976), "존대 · 겸양의 통사 절차에 대하여", 문법연구 3, 237-264.

임홍빈(1985), "{-시-}와 경험주 상정의 시점", 국어학 14, 287-336.

임홍빈(1998), 국어 문법의 심층 1 : 문장 범주와 굴절, 태학사.

장경희(1986), 현대국어의 양태범주 연구, 탑출판사.

조민정(2007), 한국어에서 상의 두 양상에 대한 고찰, 한국문화사.

채　완(1993), "특수조사 목록의 재검토", 국어학 23, 69-92.

최기용[Choi, Ki-Yong](1993), On the so-called Copular Construction in Korean, 언어학 13, 397-414.

최동주(1999), "'이'계 특수조사의 문법화", 형태론 1, 43-60.

최명옥(1993), "어간의 재구조화와 교체형의 단일화 방향", 성곡논총 24, 1599-1642.

최현숙[Choe, Hyon-Sook](1988), *Restructuring Parameters and Complex Predicates : A Transformational Approach*, 한신문화사.

한학성(1993), "한국어의 AgrP와 NegP", 언어 18, 437-461.

Baker, M.(2008). *The Syntax of Agreement and Concord*, Cambridge University Press.

Baker, M.(2013). Agreement and Case, In M. den Dikken ed., *The Cambridge Handbook of Generative Syntax*, Cambridge University Press, 607-654.

Boeckx, C. & F. Niinuma(2004), Conditions on Agreement in Japanese, *Natural Language and Linguistic Theory* 22, 453-480.

Bošković, Ž. & S. Franks(2000), Across-The-Board Movement and LF, *Syntax* 3, 107-128.

Chomksy, N.(1986), *Barriers*, MIT Press.

Chomsky, N.(1993), A Minimalist Program for Linguistic Theory, In K. Hale & S. Keyser eds., *The View from Building 20 : Essays in Linguistics in Honor of Sylbain Bromberger*, MIT Press, 1-52.

Chomksy, N.(1995), *The Minimalist Program*, MIT Press.

Chomsky, N.(2000), Minimalist Inquiries : The Framework, In R. Martin, D. Michaels, & J. Uriagereka, eds., *Step by Step : Essays on Minimalist Syntax in Honor of Howard Lasnik*, MIT Press, 89-155.

Chomsky, N.(2001), Derivation by Phase, In M. Kenstowicz, ed., *Ken Hale : A Life in Language*, MIT Press, 1-52.

Chomsky, N.(2004), Beyond Explanatory Adequacy, In A. Bellitti ed., *Structures and Beyond*, Oxford University Press, 104-131.

Chomsky, N.(2008), On Phases, In R. Freidin, C. P. Otero & M. L. Zubizarreta eds., *Foundational Issues in Linguistic Theory : Essays in Honor of Jean-Roger Vergnaud*, MIT Press, 133-166.

Cinque, G.(1999), *Adverbs and Functional Heads : A Cross-Linguistic Perspective*, Oxford University Press.

Comrie, B.(1976), *Aspect*, Cambridge University Press.

Demirdache, H. & M. Uribe-Etxebarria(2000), The Primitives of Temporal Relations,

In R. Martin, D. Michaels & J. Uriagereka eds., *Step by Step : Essays on Minimalist Syntax in Honor of Howard Lasnik*, MIT Press, 157-186.

Epstein, S., E. Groat, R. Kawashima, & H. Kitahara(1998), *A Derivational Approach to Syntactic Relation*, Oxford University Press.

Hawkins, J.(2004), *Efficiency and Complexity in Grammars*, Oxford University Press.

Kayne(1989), Facets of Romance Past Participle Agreement, In P. Benincà, ed., *Dialect Variation and the Theory of Grammar : Proceedings of the GLOW Workshop in Venice 1987*, Foris, 85-103.

Kayne, R.(1994), *The Antisymmetry of Syntax*, MIT Press.

Larson, R.(1988), On the Double Object Construction, *Linguistic Inquiry* 19, 335-391.

Newmeyer, F.(1998), *Language Form and Language Function*, MIT Press.

Palmer(2001), *Mood and Modality*, 2nd ed., Cambridge University Press.

Radford, A.(1981), *Transformational Syntax*, Cambridge University Press. [서정목·이광호·임홍빈 역(1984), 변형문법이란 무엇인가, 을유문화사]

Smith, C.(1997), *The Parameter of Aspect*, 2nd ed., Kluwer Academic Publishers.

상과 시제[*]

우 창 현

1. 도입

상은 일반적으로 시제와 관련하여 논의되어 온 문법 범주이다. 그러나 상과 시제는 그 문법적 특성이 분명하게 구분된다. 즉 시제가 기준시와 상황시 간의 시간적 선후 관계를 나타내는 문법 범주라면 상은 상황이 가지는 시간 구조를 어떻게 해석할 것인가와 관련된 문법 범주라는 점에서 차이가 있다. 다만 이들 문법 범주가 형태적으로 명확하게 구분되는 것은 아니어서 한국어 '-었-'의 경우 과거의 시제 의미와 현재완료의 상 의미를 모두 나타낼 수 있다. 이처럼 하나의 형태가 두 문법 범주의 문법 의미를 나타낼 수 있는 경우가 있다는 이유로 이들 상과 시제를 문법적으로 명확하게 구분하는 것이 필요한지 아니면 이 둘을 아우르는 문법 범주(TA(M) : Tense-Aspect(-Modality))를 따로 설정하는 것이 필요한지와 관련한 논의들이 존재한다.

---

* 이 글은 우창현(1997, 2003가, 2003나)에서 논의된 내용을 일부 다시 구성하는 방식으로 작성되었다.

　　그러면 상과 시제와 관련한 구체적인 논의에 앞서 먼저 상과 시제의 문법적 정의에 대해 살펴보고 이후 이 두 문법 범주가 가지는 상관성에 대해 논의하기로 한다.

　　먼저 시제에 대한 정의에 대해 살펴보면 그간의 시제에 대한 연구에서는 Lyons(1977, 1995)와 Comrie(1976)의 논의를 따르는 것이 일반적이었다. Lyons(1995 : 318)는 시제를 '(발화시와의 관련성에 의해 결정되는) 한정된 직시적 시간 지시를 문법화한 것'으로 정의하였으며 Comrie(1976)은 '시제는 직시적 범주로서 시간상에서 상황의 위치를 나타내는 문법 범주'라고 정의하였다. 이에 대해 Smith(1991)에서는 시제를 '시제는 직시적 문법 범주로서 기준점에 대한 시간적 관련성을 표현하는 동사 굴절의 집합 혹은 다른 동사적 형태들'로 정의하고 있다.

　　시제에 대한 이상의 논의들을 보면 공통적으로 시제를 직시적, 관계적 문법 범주로 다루고 있음을 확인할 수 있다. 이는 이러한 특성(직시적1), 관계적)이 시제를 정의함에 있어 가장 기본적인 요건이 되기 때문이다. 이러한 시제의 기능을 도식화해 보이면 다음과 같다.

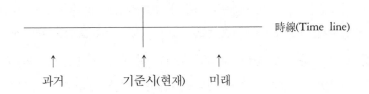

　　위의 도식처럼 시제는 시간선 상에서 기준시(발화시)로부터 양방향으로 뻗어 나간 직선상에 표시된다.

---

1) 직시적(deictic)은 일반적으로 '화자의 시, 공간적 입장이 기준점이 되어 사물을 직접 가리키는 데 쓰이는 낱말이나 그러한 문법적 자질이 포함된 낱말, 혹은 그러한 기능을 나타내는 경우를 의미한다'로 정의된다.

다음은 상에 대한 정의에 대해 살펴보기로 한다. 상에 대해 Comrie
(1976 : 3)에서는 '상은 상황의 내적 시간 구조를 바라보는 상이한 제 방법
들'이라고 정의하였다. 그리고 Lyons(1995 : 322)에서는 상을 '상황의(행위,
사건, 상태) 내적 시간 구성의 문법화의 결과'라고 정의하였다. 이에 대해
Smith(1991)에서는 상을 '상황이 포함하는 내부 시간 구조에 관점상이 결
합함으로써 해석에 필요한 부분을 제한적으로 가시화하는 문법 범주'라
고 정의하였다. 이러한 Smith(1991)의 정의에 따르면 상 의미를 해석하기
위해서는 먼저 상황의 기본적인 내부 시간 구조가 필요하고 이러한 기본
적인 내부 시간 구조에서 상 의미 해석에 필요한 부분을 제한적으로 가
시화하는 관점상도 필요하게 된다.

이러한 상에 대한 정의의 특성을 보면 Comrie(1976 : 3)과 Lyons(1995 :
322)는 상황이 가지는 시간 구조를 어떻게 보느냐 즉 상황을 보는 관점을
중심으로 한 정의라고 할 수 있고 Smith(1991)은 상황을 보는 관점 못지
않게 상황이 가지는 내부 시간 구조도 중요하다고 본다는 점에서 차이가
있다고 할 수 있다. 즉 상황이 가지는 시간 구조를 상 해석에 명시적으로
포함하느냐 그렇지 않느냐 하는 점에서 차이가 있다는 것이다. 다만
Smith(1991)의 정의에 따르면 한국어에서 왜 '-고 있-'이 동사 '가다' 하
고는 결합할 수 있는데 반해 동사 '폭발하다' 하고는 결합할 수 없는지를
설명해줄 수 있다는 점에서 의미가 있다고 판단된다. 즉 한국어에서 '-고
있-'이 결합하기 위해서는 상황의 시간 구조에 '-고 있-'이 가지는 '진
행'의 상 의미를 나타낼 수 있는 내부 시간 구조가 반드시 포함되어 있
어야 한다는 것을 밝힐 수 있는 장점이 있다는 것이다.

이외에 동작상(動作相)으로 보아야 한다는 견해가 있다. 고영근(2004 :
19-29)에 따르면 동작상은 '동작의 양상'으로 정의되는데 이 경우 동작상
은 동작성(aspectuality)과 표리의 관계를 이루는 것으로 볼 수 있다. 즉 동

작성은 동사가 가지는 시간적 자질을 가리키는 것이고 동작상은 이들 동사의 활용형에 의해 나타나는 '상(aspect)'이라고 할 수 있다. 예를 들어 '영수는 도서관에 가고 있다.'의 경우 '가다'가 가지는 [+진행성]과 같은 시간적 자질은 동작성이라고 할 수 있고 '가고 있다'가 가지는 '진행의 양상'이 동작상이라고 할 수 있다.

시제는 상보다는 더 문법화된 범주이다. 이러한 사실은 Smith(1991)에서도 언급되었던 것처럼 '시제를 결여한 언어는 있어도 상을 결여한 언어는 없다'라는 사실을 통해서도 확인된다. Smith(1991)의 이러한 주장은 시제가 상보다는 보다 문법화된 문법 범주라는 것을 의미한다. 그리고 시제가 상보다 더 문법화된 범주라는 사실은 한국어의 예를 통해서도 검증된다.[2]

다음으로 시제와 상의 관계를 어떻게 규정할 것인가에 대해 살펴보면 앞서도 언급하였던 것처럼 이에 대해서는 다음과 같이 크게 두 가지 논의로 구분된다. 하나는 시제와 상을 별개의 문법 범주로 구분해야 한다고 보는 경우이고, 다른 하나는 이 둘을 형태적으로 명확히 구별할 수 없다고 보고 이들을 통합해야 한다고 보는 경우이다.

먼저 시제와 상을 별개의 문법 범주로 구별해야 한다는 논의에 대해 살펴보기로 한다. Comrie(1976)과 Lyons(1995)에서는 시제는 직시적(deictic) 범주이고 상은 그렇지 않다는 것이 중요한 차이점이라고 밝히고 있다. 그리고 Ogihara(1996)에서는 시제와 상을 구별해야 하는 문법적인 증거로 다음과 같은 예를 제시하고 있다.

---

2) 이러한 사실은 한국어의 과거 시제 선어말어미 '-었-'을 통해서 확인할 수 있다. '-었-'은 통시적으로 상 의미가 강했던 '-아/어 있-'으로부터 문법화한 것으로 설명된다. 즉 '-아/어 있-'→'-엣-'→'-엇-'→'-었-'의 변화 과정을 통해 '-었-'이 생성되는 것으로 보는 것이 '-었-'의 생성에 대한 일반적인 견해이다.

(1) 가. John lost his ticket last month.
　　나. John graduated from college two years ago.
　　다. *John has lost his ticket last month.
　　라. *John has graduated from college two years ago.

Ogihara(1996)에서는 영어에서 (과거) 시제가 나타나는 경우는 이들과 과거 시간부사어(구)(yesterday, last month, two years ago)와의 결합이 자연스럽지만 상이 나타나는 경우는 이러한 과거 시간부사어(구)와의 결합이 자연스럽지 않다는 것을 증거로 들어 이 둘을 구분해야 한다고 논의하고 있다. 좀 더 구체적으로 설명하면 (1가)와 (1나)에서처럼 문장이 과거 상황을 나타내는 경우는 과거 시간부사어(구)와의 결합이 자연스럽지만, (1다)와 (1라)에서처럼 문장이 종결(완료)된 상황을 나타내는 경우는 과거 시간부사어(구)와의 결합이 자연스럽지 않다는 것이 이 둘을 구분해야 하는 하나의 이유가 된다는 것이다.

이외에도 명령, 청유문에 나타날 수 있는가 여부 등이 시제와 상을 구분하는 또 하나의 기준이 될 수 있다고 본다. 즉 시제는 명령, 청유문에는 나타날 수 없지만 상은 명령이나 청유문에도 자연스럽게 나타날 수 있어 명령, 청유문을 구성할 수 있는지 여부가 시제와 상을 구분할 수 있는 하나의 근거가 된다.[3]

다음은 시제와 상을 통합해야 한다는 논의에 대해 살펴보기로 한다. 지금까지의 논의와는 달리 Dahl(1985)에서는 일본어, 터키어, 게르만어, 그리스어, 로만스어 등에서 시제와 상, 그리고 양상이 하나의 형태소에

---

[3] (1) 가. *우리 먼저 집에 갔자.
　　나. 우리 먼저 집에 가 있자.
　　(1가)는 시제 선어말어미 '-았-'이 청유문에는 나타날 수 없음을 보여준다. 이에 반해 (1나)에서 상 의미를 나타내는 '-아 있-'의 경우는 청유문에도 자연스럽게 나타날 수 있음을 보여준다. 바로 이러한 차이점이 상과 시제를 구분 짓는 하나의 기준이 될 수 있다는 것이다.

중복되어 나타나는 경우가 있어 이들을 명확하게 구분하기가 어렵다고 논의하고 있다.4) 한국어 역시 이들 언어와 유사한 일면을 보인다는 점에서 이들을 하나의 문법 범주로 묶을 수 있는 개연성이 있다고 하겠다.

이상의 논의를 정리하면 시제와 상을 별도의 문법 범주로 구분해야 하느냐 아니면 이 둘을 통합하는 TA(tense-aspect)와 같은 문법 범주를 인정해야 하느냐 하는 것으로 요약할 수 있다.

앞서 언급했던 것처럼 한국어의 경우 현상적으로는 하나의 형태에 시제와 상, 그리고 양상 의미가 복합된 것처럼 보이는 경우가 있다. 하지만 문법적으로는 무엇이 그 형태소의 본질적 의미인가 하는 것을 밝히고, 그 이외에 나타나는 의미는 그 본질적인 의미에서 파생된 것으로 보는 것이 이론적으로 보다 더 큰 설명력을 갖는다고 본다. 그러므로 이 글에서는 기본적으로 상과 시제를 구분해서 이해해야 한다는 입장에서 논의를 진행하도록 한다.

2. 기존 논의

다음은 이러한 입장에서 상을 중심으로 상 해석에 있어 쟁점이 되어왔던 몇 가지 문제를 중심으로 기존의 상 연구들에 대해 살펴보기로 한다. 먼저 상을 어떻게 해석할 것인가 하는 문제이다. 즉 보조동사와 같은 문법 요소 중심으로 상 해석 문제를 다룰 것인가 아니면 동사가 가지는 시간적 특성까지 고려하여 상 해석 문제를 다룰 것인가 하는 것에 대한 논의들이 있다. 두 번째 입장의 경우 상 해석은 보조동사만의 문제가 아니

---

4) 이 논의에 따르면 한국어의 과거 시제 형태소 '-었-'과 같은 경우도 시제 이외에 상과 양상적 의미가 복합적으로 내재해 있다고 볼 수 있게 된다.

고 보조동사와 결합하는 상황이 가지는 시간 구조 역시 상 해석에 있어 중요한 문제라고 본다는 점에서 차이가 있다.

상에 대한 논의에서 다음으로 문제가 되었던 것은 '-고 있-'이 가지는 중의성 문제와 '-어 있-'이 가지는 결합 제약 등과 같이 상 해석과 관련한 개별적인 주제와 관련한 논의들이다.

먼저 상을 어떻게 볼 것인가 즉 상 해석과 관련한 기존의 연구들을 정리하면 다음과 같다. 상에 대한 기존 논의 중 이남순(1981), 김성화(1991) 등에서는 보조동사 구성에 의해 상 의미가 나타나는 것으로 보는 대표적인 견해라고 할 수 있다. 이외에 동사의 상적 특성을 중심으로 상 해석이 이루어져야 한다고 보는 견해로는 油谷幸利(1978), 정문수(1982), 이지양(1982), 옥태권(1988) 등을 들 수 있다.

다만 이전의 상과 관련된 논의들이 이처럼 주로 보조동사 구성과 동사를 중심으로 한 유형 구분 각각에 초점을 맞추었었다면 최근 몇몇 논의들에서는 이들 간의 상관성을 중심으로 한 상 논의가 필요하다는 주장들이 제기되고 있다. 특히 김종도(1993), 박덕유(1997, 1998), 우창현(1997), 조민정(2000), 이호승(2001), 홍윤기(2002) 등에서 한국어의 보조동사 구성을 중심으로 한 관점상과 동사의 유형을 구분하여 이를 체계화한 상황유형(situation types)과의 관계를 통해 상을 해석하려는 시도가 있었다.

다음은 '-고 있-' 구성의 중의성 및 '-어 있-' 구성이 가지는 결합 제약 등 개별 주제와 관련한 기존 논의에 대해 살펴보기로 한다.

먼저 '-고 있-' 구성이 가지는 중의성의 경우 이러한 중의성이 나타나는 이유와 관련하여 첫째, '-고 있-' 구성이 결합하는 어휘(쓰다, 매다, 입다 등)에 의해 중의성이 나타난다고 보는 견해(옥태권 1988)가 있고 둘째, '-고 있-'에 의해 중의성이 나타난다고 보는 견해가 있다. 이 두 번째 견해는 다시 '-고 있-'의 '-고'를 둘로 구분해야 한다는 논의(서정수 1976,

김홍수 1977, 이남순 1987 등)와 중의성을 모두 포함할 수 있는 또 다른 의미·기능을 '-고 있-'에 부여해야 한다는 논의(이지양 1982)로 구분할 수 있다.

이 주제와 관련해서는 특히 한동완(1999나)를 주목할 수 있다. 한동완(1999나)에서는 '-고 있-' 구성의 중의성을 '-고 있-' 구성의 특성과 '재귀적 상황'으로 설명하고 있다. 먼저 '-고 있-' 구성의 특성에 대해 한동완(1999나)에서는, '-고 있-' 구성이 '진행'을 나타내는 경우와 '결과 지속'을 나타내는 경우의 통사적 지위가 다르다고 보고 있다. 즉 '-고 있-' 구성이 '진행'의 의미를 나타내는 경우는 이를 조동사로 보아 AUX 내지는 INFL 요소에 해당하는 것으로 보아야 하는 반면에 '결과 지속'을 나타내는 경우는 두 상황이 연결된 것으로 보아 문 접속 구성으로 보아야 한다고 논의하고 있다.

그리고 한동완(1999나)에서는 '-고 있-' 구성과 결합하여 중의성을 나타내는 동사들은 동작의 주체가 행한 행동이 동작의 대상에 변화를 가한 다음에 그 동작 변화가 다시 동작 주체에게로 미치는 '재귀적 상황'을 나타낼 수 있는 경우이어야 한다고 논의하고 있다. 이러한 한동완(1999나)는 '-고 있-'의 중의성에 대한 기존 논의가 가지는 문제점을 극복하고 이에 대한 새로운 해석 방법을 제시하였다는 점에서 의의가 있다고 할 수 있다.

'-어 있-' 구성의 결합 제약에 대한 논의 역시 한동완(2000)을 주목할 수 있다. 한동완(2000)에서는 '-어 있-' 구성의 결합 제약에 대한 기존 논의, 특히 임홍빈(1975)의 '역동성 조건'과 정태구(1994)의 '존재 조건'이 가지는 문제점을 비판하면서 '-어 있-' 구성의 결합 제약은 의미론과 통사론 두 층위에서 모듈적으로 논의되어야 한다는 새로운 접근 방법을 제시하고 있다. 한동완(2000)에서 이렇게 보는 이유는 '-어 있-' 구성이 [-결과상태성]의 상황 유형과 결합하지 못하는 것은 의미론적 결합 제약 때문이고, 타동사 구문과 결합하지 못하는 것은 통사론적 결합 제약 때문이라고 보고 있기 때문이다. 이는 기존에 어느 하나의 문법 층위에서만 이 문제를 해결하려고 했던 시도에서 진일보한 시각이라고 할 수 있다.

이러한 한동완(2000)에 따르면 '-어 있-'은 의미론적으로 '현재의 상태에서 추론할 수 있는 [＋결과상태성]'을 가지는 상황과만 결합할 수 있다는 결합 제약을 보이고, 또 통사론적으로는 '-어 있-' 구성에 참여하는 '-어'의 통사적 결합 제약에 따라 결합에 제약을 보이는 것으로 설명될 수 있다. 즉 [[V₁] -어 [V₂]] 접속 구성에서 선·후행 동사의 어휘 의미 및 '-어'가 가지는 통사적 관계 기능의 합성에 작용하는 일반 원리가 있고 이런 일반 원리의 적용에 따라 V₂의 항에 '있-'이 채워진 '-어 있-' 구성의 결합 제약을 산출하고 있다는 것이다. 이에 따르면 [V₁ 어 V₂] 구성에서 후행 V₂는 '-어'의 선행 동작 V₁의 수행 결과 일차적으로 변화를 입은 X와 통사·의미론적인 관계를 가질 것을 요구한다는 것이다. 이러한 한동완(2000) 역시 '-어 있-' 구성의 결합 제약에 대한 기존 논의가 가지는 문제점을 극복하고 새로운 접근 방법을 제시하였다는 점에서 의의가 있다고 판단한다.

이처럼 한국어의 상에 대해서는 그 동안 상을 해석하는 일반론적 방법론에 대한 논의와 개별 주제에 대한 논의 등 다양한 접근이 시도되어 왔다.

다음은 이러한 기존 논의를 바탕으로 상 해석 일반론적 방법론에서 쟁점이 되어 왔던 경우와 상 해석과 관련한 개별 주제에서 쟁점이 되어 왔던 두 경우에 대해 살펴보기로 한다.

다음의 3은 상 해석 일반론적 관점에서 쟁점이 되어왔던 한국어에서의 상 의미를 어떻게 해석할 것인가와 관련한 논의이고 4는 개별 주제에서 쟁점이 되어왔던 상 해석의 중의성 문제와 관련한 논의이다.

3. 문장 차원에서의 상 해석과 상 해석 규칙

3.1. 도입

앞서도 언급했던 것처럼 기존의 상에 대한 논의는 크게 둘로 구분된다. 그 하나는 보조동사 구성에 의해 상 의미가 나타나는 것으로 보는 견해로 이남순(1981), 김성화(1991) 등에서 주로 논의되었다. 다른 하나는 동사의 상적 특성을 중심으로 상 해석이 이루어져야 한다고 보는 견해로, 油谷幸利(1978), 정문수(1982), 이지양(1982), 옥태권(1988) 등에서 주로 논의되었다. 이에 대해 최근 상에 대한 논의들에서는 보조동사와 동사의 상적 특성 간의 상관성을 중심으로 상 해석이 이루어져야 한다고 보고 있다. (김종도(1993), 박덕유(1997, 1998), 우창현(1997), 조민정(2000), 이호승(2001), 홍윤기(2002) 등)

이 절에서는 이러한 기존 논의들을 바탕으로 하여 상 해석에 대한 새로운 접근 방법을 제시하는 것을 목적으로 한다. 특히 상 해석이 문장 차원에서 이루어져야 한다는 사실을 주장하고 이러한 주장이 과연 타당한가하는 것에 대해 중점적으로 논의하도록 한다. 그리고 이에 대한 구체적인 방법론으로 개별 문장에서 상 해석에 의미적으로 관여하는 요소들, 특히 부사어(구)나 논항(argument) 등이 상 해석에 중요한 역할을 한다는 사실에 초점을 맞추어서 논의를 진행하도록 한다.

단편적인 예로 '철수는 한라산을 등산한다'의 경우는 구체적인 보조동사 구성이 나타나지 않아 상 해석에 중립적임에 반해 '철수는 매일 한라산을 등산한다'의 경우는 구체적인 보조동사 구성이 나타나지 않음에도 불구하고 '반복'의 상 의미가 나타난다. 이 경우 '매일'이 결합한 '철수는 매일 한라산을 등산한다'의 경우에만 '반복'의 상 의미가 나타나는 이유를 이해하기 위해서는 문장 차원에서의 상 해석이 필요하다는 것이다. 그리고 이처럼 문장 차원에서의 상 해석에 대해 논의하는 경우, 개별 문장에서 상 의미를 해석해내기 위한 '상 해석 규칙'이 필요하다는 점에 대해서도 논의한다. 특히 '상 해석 규칙'이 문장 차원에서의 다양한 상 현상을 포괄적으로 설명할 수 있도록 정밀화될 필요가 있다는 점에 대해서 구체적으로 논의하도록 한다.

3.2. 문장 차원에서의 상 해석의 필요성

다음은 상 해석이 문장 차원에서 이루어져야 함을 보이는 경우이다.

> (2) 가. 철수는 약을 먹고 있다.
>   나. 철수는 매일 약을 먹고 있다.

(2가)에서는 단순하게 '진행'의 상 의미만이 확인된다. 이에 대해 (2나)에서는 '반복'의 상 의미가 확인된다. 이때 (2나)의 상황을 '반복'의 상 의미로 변화시키는 것은 부사어 '매일'에 따른 것이다. 즉 부사어 '매일'이 결합하여 상황이 반복됨을 나타낸다는 것이다.5) 그러므로 이 경우는 단순하게 동사 '먹다'와 '-고 있-'과의 관계만으로 상 의미를 해석해서는 안 되는 경우이다.

이에 대해 다음 예문도 상 해석이 문장 차원에서 이루어져야 함을 보이는 경우이다.

> (3) 가. 철수는 친구를 만나고 있다.
>   나. 철수는 친구들을 만나고 있다.

---

5) 이러한 결합이 '반복'을 나타내는 이유에 대해서는 3.2에서 자세하게 논의하기로 한다.

(3가)에서는 '진행'의 상 의미만 확인된다. 이에 대해 (3나)에서는 '진행' 이외에 '반복'의 상 의미도 확인된다. 예를 들어 철수가 한 장소에서 여러 명의 친구를 동시에 만나는 경우라면 '진행'의 의미로 해석되겠지만 철수가 친구들을 각각 다른 장소에서 만나는 경우라면 '반복'의 의미로도 해석이 된다는 것이다.6) 이때 확인되는 '반복'의 의미는 목적어 '친구들'이 복수라는 특성에 의해 파생된 것이다. 이처럼 경우에 따라서는 주어나 목적어 논항 등이 상 해석에 영향을 주기도 한다. 그렇기 때문에 이 경우 역시 상 해석이 문장 차원에서 이루어져야 함을 보여주는 하나의 예가 될 수 있다.

이처럼 화자가 처음 의도한 대로 청자가 상 의미를 해석해내기 위해서는 전체 문장 구조를 통해 상 의미를 확인하여야만 한다. 동사와 보조동사 구성은 전체 상 의미를 해석하는 데 중요한 역할을 하는 문법 요소인 것만은 확실하지만 그렇다고 해서 이 두 문법 요소만으로 상 해석이 완전히 이루어지는 것은 아니라는 사실을 위 예들을 통해서 확인할 수 있다.

3.3. 개별 문장에서의 상 해석

3.3.1. 기본 상황에서의 상 해석7)

다음은 구체적으로 개별 문장에서의 상 해석 문제에 대해 살펴보기로 한다. 먼저 다른 문장 성분이 상 해석에 관여하지 않는 경우, 즉 부사어(구)나 논항 등이 상 해석에 관여하지 않는 경우는 단순하게 동사와 보조동사 구성의 결합 관계만으로 상 해석이 이루어지게 된다. 그러므로 이

---

6) 그렇기 때문에 정확한 상 의미를 해석해내기 위해서는 담화 상황까지 고려되어야 할 필요가 있다고 판단한다. 다만 이 글의 성격상 이 글에서는 문장 성분들을 중심으로 한 문장 차원에서의 상 해석 문제로 범위를 제한하여 논의하기로 한다.
7) 기본 상황은 동사와 보조동사 구성의 관계에 의해 상이 해석되는 경우를 말한다.

경우는 동사가 본유적으로 포함하고 있는 시간 구조 중에서 해석에 필요
한 부분을 보조동사 구성이 가시화하는 방법으로 상이 해석된다.8)

    (4) 가. 철수와 영이는 사소한 의견차이 때문에 사이가 <u>벌어졌다</u>.
       나. 철수와 영이는 사소한 의견차이 때문에 사이가 벌어지<u>고 있었다</u>.
       다. 철수와 영이는 사소한 의견차이 때문에 사이가 벌어<u>져 있었다</u>.

    (4)에는 동사와 보조동사 구성 이외에 상 의미에 관여할 수 있는 다른
문장 성분이 포함되어 있지 않다. 그러므로 동사와 보조동사 구성 간의
관계만으로 상 해석이 이루어져야 하는 경우이다. 먼저 (4가)에는 어떠한
보조동사 구성도 결합되어 있지 않다. 다만 시제 선어말어미 '-었-'이
결합하였을 뿐이다. 이에 대해 (4나)와 (4다)에는 각각 보조동사 구성
'-고 있-'과 '-어 있-'이 결합하고 있다. 그런데 이 두 예문에서는 각각
다른 상 의미가 확인된다. 먼저 (4나)에서는 '진행'의 상 의미가 확인되
고, (4다)에서는 '결과 지속'의 상 의미가 확인된다. 이때 두 예문에서 차
이를 보이는 것은 (4나)에는 '-고 있-'이 결합하였고, (4다)에는 '-어 있-'
이 결합하였다는 것뿐이다. 그러므로 이 경우, 이 두 문장과 (4가)의 비교
에서 상에 대한 의미 차이가 확인된다면 그 의미 차이는 결국 이 두 보
조동사 구성에서 비롯되는 것이라고 해야 한다.
    그러면 먼저 아무 보조동사 구성도 결합하지 않은 (4가)와 보조동사
구성 '-고 있-'이 결합한 (4나)를 비교하여 '-고 있-'의 의미 특성을 확
인하고, 다음으로 (4가)와 '-어 있-'이 결합한 (4다)를 비교하여 '-어 있-'
의 의미 특성을 확인하기로 한다.
    우선 아무런 보조동사 구성도 결합하지 않은 (4가)에서는 구체적인 상

---

8) 이 글에서는 '시작하다', '끝내다', '-는 중이다' 등과 같이 어휘적으로 상 의미를 나타내는
   경우는 논의의 대상에서 제외하기로 한다.

의미가 확인되지 않는다.9) 이에 대해 (4나)에서는 '진행'의 상 의미가 확인된다. 이때 (4나)에서 '진행'의 상 의미를 나타내는 것은 '-고 있-'이다. 이렇게 볼 수 있는 이유는 두 문장을 비교하였을 때 두 문장에서 상 의미에 관여할 수 있으면서 두 문장 간 차이를 보이는 문장 성분이 '-고 있-' 이외에는 없는데 '-고 있-'이 결합하고 있는 (4나)에서만 '진행'의 상 의미가 확인되기 때문이다.10)

다음으로 (4가)와 (4다)의 비교를 통해서는 '-어 있-'이 '결과 지속'의 상 의미를 나타낸다는 사실을 확인할 수 있다. 이 경우 역시 (4가)와 (4다)를 비교하였을 때 두 문장에서 상 의미에 관여할 수 있으면서 두 문장 간 차이를 보이는 형태가 '-어 있-' 이외에는 확인되지 않는데 '-어 있-'

---

9) 물론 구체적인 보조동사 구성이 나타나지 않는 경우 간접적으로 시제 선어말어미에 의해서 상 의미가 나타나는 경우가 있다. 예를 들어 '영이가 학교로 갔다'와 같은 경우는 그 상 의미가 '종결'로 해석된다. 그러나 이는 절대적이지 않아서 구체적인 보조동사 구성이 나타나게 되면 언제나 그 보조동사 구성에 의해 상 의미가 결정되게 된다. 따라서 '영이가 학교로 가고 있었다'와 같은 경우는 비록 과거 시제 선어말어미가 나타나 있지만 상 의미는 '종결'로 해석되지 않고 보조동사 구성 '-고 있-'에 의해 '진행'으로 해석된다. 결국 이러한 사실은 시제 선어말어미에 의해 나타나는 상 의미는 단지 시제 의미에 의해 파생적으로 나타나는 상 의미일 뿐이지 그 자체가 상 의미를 결정짓는 하나의 완전한 관점상으로서 기능한다고 할 수는 없다는 것을 의미한다.

10) '-고 있-'은 이외에도 '입다'와 같은 동사와 결합하여 '결과 지속'의 의미를 나타내기도 한다. 이러한 '-고 있-'의 중의성에 대해서는 그 동안 많은 논의가 있었다(이지양 1982, 이남순 1987, 박덕유 1997 · 1998, 옥태권 1988, 한동완 1999나 · 2000 등). 그 중에서도 특히 한동완(1999나)는 그 동안의 연구 업적들을 토대로 새롭게 이 문제의 해결 방안을 고민하려 했던 주목할 만한 연구 결과라고 할 수 있다.

한동완(1999나)에서는 '-고 있-' 구성의 중의성에 대한 기존 논의가 가지는 문제점을 비판하면서 '-고 있-' 구성이 나타내는 중의성 문제를 다음과 같이 설명하고 있다. 먼저 '-고 있-' 구성이 '진행'의 의미를 나타내는 경우는 '-고 있-'을 조동사로 보아 AUX 혹은 INFL과 같은 구조로 보아야 하고, '-고 있-' 구성이 '결과 지속'을 나타내는 경우는 문 접속으로 보아야 한다고 논의하고 있다. 즉 '-고 있-' 구성이 '결과 지속'을 나타내는 경우는 선행 동작과 그 결과가 지속되는 경우가 전혀 별개의 것으로 구분되어야 한다고 보고 있다. 그리고 중의성을 나타내는 동사는 동작의 주체가 행한 행동이 동작의 대상에 변화를 가한 다음에 그 동작 변화가 다시 동작 주체에게로 미치는 '재귀적 상황'을 나타낼 수 있는 동사이어야 한다고 논의하고 있다. 그러나 이 글은 상 논의가 문장 차원에서 이루어져야 한다는 것만을 주장하기 위한 경우이기 때문에 이에 대해서는 더 이상 구체적으로 논의하지 않도록 한다.

이 결합한 (4다)에서만 '결과 지속'의 의미가 확인되기 때문이다.[11]

그러면 다음은 이러한 '-고 있-', '-어 있-'이 나타내는 상 의미가 과연 '-고 있-', '-어 있-'에 의해 부가되는 경우인지 아니면 선행하는 상황 유형이 포함하는 내부 시간 구조 중 '진행' 혹은 '결과 지속'의 상 의미가 '-고 있-', '-어 있-'에 의해 가시화되는 경우인지에 대해 논의하기로 한다.

기존의 상에 관한 이론들은 상을 화자의 입장을 중심으로 해서 해석해야 한다는 논의가 주류를 이루었다. 이는 Comrie(1976)의 상에 대한 정의에서도 확인된다. Comrie(1976)에서는 상을 '상황의 내적 시간 구조를 바라보는 상이한 제 방법들'로 정의하였다. 이는 화자의 관점(viewpoint)을 중시한 해석이다. 그러나 화자가 문장을 발화한다는 것은 독백을 제외하고는 청자를 상정하는 것이 일반적이다. 이는 발화의 목적이 화자와 청자 간의 정보 전달을 비롯한 의사소통에 있다는 것을 통해서도 확인된다. 그러므로 발화를 한다는 것은 화자가 청자에게 필요한 정보를 제공한다는 의미로 이해되어야 하며, 상에 대한 해석 문제도 이와 평행하게 다루어져야 한다. 그리고 이러한 사실은 상 해석을 화자의 시각만으로 설명해서는 안 되며, 화자가 생성하는 상 의미를 청자도 해석할 수 있도록 해야 한다는 것을 의미한다. 이와 같이 화자에 의해 생성된 상 의미를 청자도 정확하게 해석할 수 있도록 하기 위해서는 '상 의미의 가시화(visible)'라는 개념이 필요하다. '가시화'는 '전체 상황이 나타내는 내부 시간 구조에서, 화자가 상 해석에 필요한 부분을 청자도 함께 볼 수 있도록 제한하여 드러내는 것'을 의미한다. 그리고 이처럼 구체적인 상 의미를 가시화하는

---

11) 그러나 '-어 있-'이 모든 동사와 결합하여 '결과 지속'을 나타내는 것은 아니다. 이처럼 '-어 있-'이 동사와의 결합에 제약을 보이는 현상에 대해서는 그 동안 많은 논의가 있었다(임홍빈 1975, 이남순 1987, 정태구 1994, 한동완 2000).

것은 '관점상(viewpoint aspect)'의 기능에 의한 것이다.[12]

그렇지 않고 상 의미를 부가한다고 보는 설명은 '짓다', '보다', '듣다' 등 다른 모든 동사에 '-어 있-'이 결합하여 '결과 지속'의 의미를 나타낼 수 있어야 한다는 문제에 봉착하게 된다. 즉 '-어 있-'이 '결과 지속'의 의미를 부가한다고 보면 이들 '짓다', '보다', '듣다' 등의 동사들과 결합하여 '결과 지속'의 의미를 나타내지 못할 이유가 없기 때문이다.

이 글에서는 이러한 문법적 부담을 최소화하고 또 현상에 대한 올바른 설명을 제공하기 위하여 보조동사 구성을 상 의미를 선행 상황에 부가하는 것이 아니고 선행 상황이 포함하는 상 의미 중 특정 상 의미를 가시화하는 것이 기본 의미라고 본다.[13] 그리고 이렇게 가시화되는 경우에 상 의미가 해석되는 것으로 본다.

다음의 예를 통해 보조동사 구성에 의해 확인되는 '가시화'의 특성에 대해 알아보기로 한다.

(5) 영이는 한참동안 웃고 있었다.

(5)는 영이가 웃는 동작이 진행 중임을 나타낸다. 필자의 입장에 따라 이 예문에서 이러한 상 해석이 가능한 것을 '가시화'로 설명하면 다음과 같다. 먼저 (5)에서 '웃다'는 기본적으로 동작의 '진행'을 내부 시간 구조

---

12) 중앙어에서는 일반적으로 보조동사 구성이 관점상의 기능을 담당한다. 그러나 중앙어의 경우도 '-어 쌓-'과 같은 보조동사 구성의 경우는 '쌓-'의 어휘 의미가 남아 있는 경우이기 때문에 단순하게 상 의미를 가시화한다고 보기 어렵다. 이 경우는 오히려 '쌓-'의 어휘 의미를 상황에 부가하는 것으로 보아야 한다. 요컨대 중앙어에서 문법적으로 상 의미를 가시화할 수 있는 보조동사 구성은 어느 정도 문법화의 과정을 거친 경우로 제한해야 한다는 것이다.

13) 이러한 논의는 비단 한국어에서만의 논의는 아니다. Smith(1991)에서는 다른 언어의 경우에도 이와 같이 관점상(중앙어의 경우 보조동사 구성)이 상 의미를 가시화하는 경우가 있음에 대해 논의하고 있다.

로 포함하고 있다.[14] 이때 웃는 동작의 '진행'은 '웃다'에 결합하고 있는 '-고 있-'에 의해 나타난다. 즉 '-고 있-'이 '웃다'의 내부 시간 구조에서 동작의 '진행' 의미를 가시화한다는 것이다. 좀 더 자세하게 논의하면, 우선 '웃다'의 내부 시간 구조는 다음과 같이 도식화된다.

<표 1>

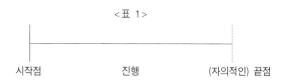

시작점   진행   (자의적인) 끝점

<표 1>에서 확인되는 것처럼 '웃다'의 내부 시간 구조는 '시작점, 진행, (자의적인) 끝점'으로 구성된다.[15] 이때 보조동사 구성 '-고 있-'이 결합하게 되면 '진행'의 상 의미가 가시화되는 것이다.

지금까지 '-고 있-'이 '진행'의 상 의미를 나타내는 것은 상 의미를 부가하기 때문이 아니고 상 의미를 가시화하기 때문이라는 사실에 대해 논의하였다. 그리고 이처럼 '가시화'의 개념으로 보면 다음과 같은 예문이 비문이 되는 것도 쉽게 설명할 수 있게 된다.

    (6) 가. *폭탄이 폭발하고 있다.
        나. *별이 반짝하고 있다.
        다. *철수가 길을 걸어 있다.

---

14) '웃다'와 같은 '행위' 동사들의 시간 구조에 대한 자세한 논의는 우창현(1997)을 참고하기 바란다. 우창현(1997)에서는 이외에도 '달성', '성취', '순간' 동사들의 시간 구조의 특성에 대해서도 자세하게 논의한 바 있다.

15) '완성점'은 상황의 완성(completion)을 의미한다. 이에 반해 '자의적인 끝점(arbitrary final point)'은 단지 상황의 단순한 종료(termination)를 나타낸다. 그렇기 때문에 자의적인 끝점은 어휘가 갖는 본연의 시간 구성이 아니므로 필요에 의해 언제나 나타날 수 있고, 그 의미는 단지 '행위'의 경계(boundary)만을 나타낸다. 또한 자의적인 끝점은 상황에 대한 인위적인 종료를 나타내기 때문에, 완성점이 동작의 완성(completion)을 나타내는 것과는 구별된다.

(6가)는 '폭발하다'의 경우 '-고 있-'이 결합할 수 없음을 보여준다. 그리고 (6나)는 '반짝하다'의 경우 역시 '-고 있-'이 결합할 수 없음을 보여준다. 이 두 예문이 이처럼 비문이 되는 이유는 이 두 예문에 포함되어 있는 동사의 내부 시간 구조에 '진행'이나 '결과 지속'과 같은 시폭이 포함되어 있지 않기 때문이다.

<표 2>

•

시작점
완성점

<표 2>에서 확인되는 것처럼 '폭발하다, 반짝하다'와 같은 동사들은 그 동작의 시작과 끝이 하나의 점으로 이루어져 시폭을 포함할 수 없기 때문에 시폭을 전제로 하는 '-고 있-'이 결합할 수 없게 된다.

이에 대해 (6다)는 '걷다' 동사의 경우 '-어 있-'이 결합할 수 없음을 보여준다. 이처럼 (6다)가 비문이 되는 이유 역시 앞서의 논리로 설명될 수 있다.

<표 3>

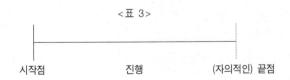

시작점   진행   (자의적인) 끝점

즉 <표 3>과 같이 동사 '걷다'는 그 내부 시간 구조에 '결과 지속'을 시간 구조로 포함하지 못하기 때문에 이에 다시 '-어 있-'이 결합하여 '결과 지속'의 의미를 가시화할 수 없게 된다는 것이다.16)

---

16) 이 글에서는 동사에 따라 '결과 지속'을 상황의 시간 구조로 포함하는 경우가 있다고 본다.

결국 이러한 지금까지의 논의에 따르면 '-고 있-'은 '진행'을, 그리고 '-어 있-'은 '결과 지속'을 가시화한다고 보는 것이 타당하다는 것을 확인할 수 있다.[17]

지금까지 부사어(구)나 논항 등이 상 해석에 관여하지 않는 경우의 문장에서의 상 해석에 대해 살펴보았다. 논의 과정을 통해 이러한 경우는 동사가 본유적으로 포함하고 있는 시간 구조에 보조동사 구성이 결합함으로써 구체적인 상 의미가 가시화되는 경우에만 상 해석이 이루어진다는 것을 확인할 수 있었다. 지금까지의 논의를 정리하여 규칙으로 제시하면 다음과 같다.

(7) 상 해석 규칙(가설 1)
상은 동사의 본유적인 시간 구조에 보조동사 구성이 결합하여 특정 상 의미가 가시화되는 경우 해석된다.

3.3.2. 파생 상황에서의 상 해석[18]

그러나 다음 예는 '(7) 상 해석 규칙'으로 설명이 되지 않는 경우이다.

(8) 가. '철수는 가 있다.[19]

이는 '입다'류 동사의 경우, '영이는 빨간 옷을 5일 동안 입었다./영이는 빨간 옷을 5일 동안 입는다.'에서처럼 '-어 있-'이나 '-고 있-' 없이도 '결과 지속'의 의미가 나타나는데 이러한 예문이 정문이 되는 이유는 '결과 지속'이 '입다'의 시간 구조 속에 포함되어 있기 때문이라고 보기 때문이다.

17) 만일 이러한 보조동사 구성이 상 의미를 부가하는 것이라고 보면 (6)의 예들이 비문이 되는 것을 설명하기 어렵게 된다. 왜냐하면 상 의미를 부가한다는 것은 본유적인 동사의 시간 구조에 포함되어 있지 않은 새로운 상 의미를 부가하는 경우이기 때문에 이들의 결합이 허용되지 못할 이유가 없기 때문이다.

18) 파생 상황은 동사와 보조동사 구성 이외에 시간부사어(구), 부사어, 논항 등이 상 해석에 관여하는 경우를 말한다.

19) 이 경우 화용적 상황이 주어지면 이러한 어색함은 사라진다. 다만 이 글에서는 아무런 화용적 상황이 주어지지 않을 경우, (8가)보다는 (8나)가 상대적으로 더 자연스럽다고 보고 그렇다면 왜 이러한 차이가 나타나는지에 대해 설명하는 것에 초점을 맞추도록 한다.

　　나. 철수는 공원에 가 있다.

　(8)의 예문에서 (8가)가 어색한 표현이 되고 (8나)가 상대적으로 덜 어색한 표현이 되는 것은 지금까지의 논의처럼 '동사'와 '보조동사 구성'의 관계만으로는 설명이 되지 않는다. 이에 대해서는 다른 설명 방법이 필요하다. 그러면 다음은 이 두 예문이 왜 이런 차이를 보이는지 그 이유에 대해 논의하기로 한다.

　먼저 (8가)는 (8나)에 비해 상대적으로 어색한 표현이 된다. 이는 '가다'에는 '결과 지속'의 시간 구조가 포함되어 있지 않은데 '결과 지속'의 시간 구조를 필요로 하는 '-아 있-'이 결합하고 있기 때문이다. 이에 반해 (8나)는 (8가)에 비해 상대적으로 자연스러운 표현이 된다. 그런데 (8가)와 (8나)를 비교하면 (8나)에는 (8가)에 없는 부사어 '공원에'가 더 들어가 있다는 것이 확인된다. 이때 부사어 '공원에'는 '가다' 동사의 동작 '대상'이 된다. 이처럼 문장에 구체적인 동작의 대상이 나타나는 경우, 그 동작의 대상은 동작이 완성되는 목표점을 지시하게 된다. 따라서 이 경우는 동작이 목표점에서 완성될 수 있음을 나타내게 되어 동사의 시간 구조에 '완성점'을 포함할 수 있게 된다. 이외에도 동작의 대상은 동작의 결과가 그 동작의 대상에서 지속되고 있는 것까지 나타낼 수 있어 동사의 시간 구조에 '결과 지속'까지 포함할 수 있게 된다.[20] 이러한 이유로 '공원에 가다'는 '완성점'과 '결과 지속'의 시간 구조를 내부 시간 구조로 포함할 수 있게 된다.

---

20) '공원에 가다'에 '결과 지속'의 의미가 포함되어 있다는 것은 공원에 간 동작의 결과가 지속됨을 부정하는 것이 불가능하다는 사실을 통해 확인된다. 즉 '*철수는 공원에 가 있다. 그런데 다 가지는 못했다'와 같은 경우는 비문이 된다. 이는 '결과 지속'을 포함하지 않는 '행위' 동사와는 구별되는 특성이다. 즉 '행위' 동사 '듣다'인 경우는 '영이는 어제 오랜만에 좋아하는 가수의 음악을 들었다. 그런데 갑자기 정전이 되어서 다 듣지는 못했다'와 같이 선행절에 대한 부정적 추론이 가능하다.

이를 도식화하여 설명하면 다음과 같다. 먼저 '가다'의 시간 구조는 다음과 같이 도식화된다.

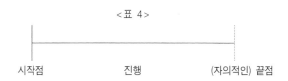

<표 4>

시작점   진행   (자의적인) 끝점

그런데 이러한 '가다'에 '공원에'가 결합하면 사정이 달라진다. '공원에'가 '가다'의 시간 구조를 다음과 같이 파생시키기 때문이다.

<표 5>

시작점   진행   완성점   결과 지속

결국 '공원에 가다'의 내부 시간 구조는 <표 5>에서 확인되는 것처럼 '시작점, 진행, 완성점, 결과 지속'이 된다. 이처럼 동사의 시간 구조는 동사의 시간 구조에 직접적으로 영향을 주는 부사어(구)의 결합에 의해 새로운 시간 구조로 파생되기도 한다.

그런데 이처럼 시간 구조가 새롭게 파생되는 경우 역시 상 해석은 파생된 시간 구조와 보조동사 구성의 결합 관계를 통해 이루어진다. 따라서 '(7) 상 해석 규칙'은 이러한 경우까지, 즉 파생된 시간 구조에서의 상 해석까지를 포함해서 설명할 수 있도록 보다 정밀화되어야 한다. 이러한 요구에 따라 '(7) 상 해석 규칙'을 수정하면 다음과 같다.

(9) 상 해석 규칙(수정 1)

상은 동사의 본유적인 시간 구조 혹은 파생된 시간 구조에 보조동사 구성이 결합하여 상 의미가 가시화되는 경우 해석된다.

다음 예를 통해 '(9) 상 해석 규칙'의 타당성을 검토하도록 한다.

(10) 가. 철수가 서울에 와 있다.
　　　　나. 철수가 집에 가 있다.

(10가)는 철수가 서울에 온 동작의 결과가 지속되고 있음을 나타낸다. 이에 대해 (10나)는 철수가 집에 간 동작의 결과가 지속되고 있음을 나타낸다. 이때 상황의 '결과 지속'의 의미는 '-아 있-'에 의해 가시화된다. 즉 (10가)의 '-에 오다'의 경우를 예를 들어 설명하면 먼저 '-에 오다'의 내부 시간 구조는 다음과 같이 도식화된다.

<표 6>

시작점　　　　진행　　　　완성점　　결과 지속

<표 6>을 통해 '-에 오다'의 내부 시간 구조가 '시작점, 진행, 완성점, 결과 지속'으로 파생되었음을 확인할 수 있다. 이에 '(9) 상 해석 규칙'에 의해 '-아 있-'이 결합하게 되면 '결과 지속'의 상 의미가 가시화되는 것이다. (10나)의 '-에 가다'도 동일한 방법으로 설명할 수 있다. 이는 '-에 가다' 역시 '-에 오다'와 동일한 시간 구조를 가지는 경우이기 때문이다.

그런데 이러한 '(9) 상 해석 규칙'으로도 설명하기 어려운 경우가 있다.

이 경우는 오히려 보조동사 구성이 없이도 상 해석이 가능한 경우이다.

(11) 가. 영이는 한 시간만에야 겨우 웃었다.
    나. 철수는 한 시간만에 장난감 자동차를 만들었다.

(11가)는 '웃다'와 시간부사구 '한 시간만에'가 결합한 경우이다. 이 경우 상 의미는 '기동(起動)'으로 나타난다. 즉 웃는 동작이 시작되었음을 나타낸다. 이에 반해 (11나)의 '만들다'의 경우는 시간부사구 '한 시간만에'와 결합하여 '종결'의 상 의미를 나타낸다. 상 의미에서 이러한 차이가 나타나는 것은 두 동사의 내부 시간 구조가 다르기 때문이다. 즉 '웃다'의 경우는 상황의 완성을 나타내는 '완성점'을 내부 시간 구조로 포함하지 못하고 언제든지 필요에 의해 동작을 끝낼 수도 있고, 다시 시작할 수도 있는 '자의적인 끝점'이 포함되어 있기 때문에 '한 시간만에'와 같이 일반적으로 상황의 완성을 나타내는 시간부사구가 결합하는 경우 동작의 완성을 지시하지 못하고 동작의 시작을 나타내게 되는 것이다. 그러므로 '완성점'을 내부 시간 구조로 포함하고 있지 않은 '행위' 동사(걷다, 보다, 웃다 등)들인 경우 시간부사구 '한 시간만에'와 결합하면 '시작점'만을 나타내어 '기동(起動)'의 상 의미로 해석되게 된다.

이에 반해 '만들다'의 경우는 다음 <표 7>과 같이 상황의 완성을 나타내는 '완성점'을 내부 시간 구조로 포함하고 있기 때문에 상황의 완성을 나타내는 시간부사구가 결합하는 경우 그 시간부사구는 상황의 완성점을 지시하게 된다.

<표 7>

시작점　　　　　진행　　　　　완성점

이처럼 '완성점'을 내부 시간 구조로 포함하고 있는 '달성' 동사(짓다, 만들다 등)들인 경우는 '한 시간만에'와 결합할 경우 '완성점'을 나타내어 '종결'의 상 의미로 해석되게 된다.

다음 예문 역시 '(9) 상 해석 규칙'으로는 설명하기 어려운 경우이다.

> (12) 가. 철수는 매일 체육관에서 운동한다.
> 나. 철수는 아르바이트 때문에 금요일마다 서점에 간다.

(12가)는 반복의 상 의미가 나타나는 경우이다. (12가)에서 '반복'의 상 의미를 나타내는 것은 시간부사어 '매일'이다. 즉 시간부사어 '매일'이 '운동한다'와 결합하여 전체 문장의 상 의미를 '반복'으로 변화시키고 있는 것이다. (12나) 역시 '반복'의 상 의미가 나타나는 경우로, '반복'의 상 의미는 시간부사어 '금요일마다'에 의해 나타난다. 즉 '가다'와 '금요일마다'가 결합하여 전체 문장의 상 의미를 '반복'으로 변화시키고 있는 것이다.

이에 대해 구체적으로 설명하면, (12가)에서 '반복'의 의미가 확인되는 것은 (12가)의 시간부사어 '매일'이 구체적인 관점상은 아니지만 상 해석에 관여적이어서 전체 상 의미를 '반복'으로 파생시키는 특성을 가지기 때문이다. 시간부사어 '매일'이 이처럼 상 해석, 특히 '반복'에 관여적일 수 있는 이유는 '매일'이 '하루, 하루(반복된다)'의 의미 특성을 가지고 있기 때문이다. 즉 '매일'이 '하루 하루 계속해서'의 의미를 나타내서 '반복'의 의미로 해석될 수 있는 가능성을 함의하고 있기 때문이다. 이처럼 부사어가 상 해석에 관여한다는 사실은 (12나)에서도 확인된다. 즉 상 해석에 관여적인 부사어 '금요일마다'가 결합한 (12나)에서 '반복'의 상 의미가 나타나는 것은 '금요일마다'가 '매주 금요일에 반복해서'의 의미를 내포하고 있어 '반복'의 의미로 해석될 수 있는 가능성을 함의하고 있기

때문이다. 그러므로 이 경우 역시 앞서 설정했던 '(9) 상 해석 규칙'으로
는 설명이 어렵게 된다.

다음 예문 역시 '(9) 상 의미 해석 규칙'으로는 설명하기 어려운 경우
가 된다.

  (13) 가. 영이는 책을 읽었다.
       나. 영이는 여러 권의 책을 읽었다.

(13가)는 구체적인 보조동사 구성없이 단순하게 '읽다'에 '책'이 결합
한 경우이다. 이 경우 상 의미는 단순히 영이가 책을 읽었다는 사실만을
진술하는 경우이기 때문에 상 해석에 중립적이게 된다. 이때 상 해석에
중립적이라는 의미는 상 해석에 관해 열려 있다는 뜻이 된다. 즉 구체적
인 보조동사 구성이 나타나면 언제든지 그 보조동사 구성이 나타내는 상
의미로 해석이 된다는 것이다. 그렇기 때문에 '영이는 책을 읽고 있었다'
와 같이 보조동사 구성 '-고 있-'이 나타나는 경우는 '-고 있-'에 의해
'진행'의 상 의미로 해석되게 된다. 그리고 이 경우는 '책'이 문장의 상
의미에 의미적으로 관여하지 못하기 때문에 다른 상 의미로 해석될 여지
는 없다.

이에 대해 (13나)는 (13가)와 마찬가지로 보조동사 구성 없이 '읽다'에
'여러 권의 책'만이 결합한 경우이다. 그렇기 때문에 이 경우 또한 상 해
석에 중립적이어야 한다. 그런데 문제는 (13나)는 (13가)에서는 확인되지
않는 '반복'의 상 의미가 나타난다는 것이다. 이는 '여러 권의 책'처럼 그
대상이 복수인 경우는 문장의 상 의미에 의미적으로 관여할 수 있기 때
문이다. 즉 '읽다'의 경우 그 대상이 복수로 나타나게 되면 책을 읽는 개
별 동작이 여러 번이라는 해석이 가능하게 되어 '반복'의 상 의미로 해석

이 된다는 것이다.

그러므로 이 경우 역시 앞서 설정했던 '(9) 상 해석 규칙'으로는 설명이 어렵게 된다. 이처럼 예외적으로 상 해석이 이루어지는 경우를 고려하면 한국어에서의 '(9) 상 해석 규칙'은 이러한 현상까지를 설명할 수 있도록 보다 정밀화되어야 한다.

> (14) 상 의미 해석 규칙(수정 2)
> ① 상은 동사의 본유적인 시간 구조 혹은 파생된 시간 구조에 보조동사 구성이 결합하여 상 의미가 가시화되는 경우 해석된다.
> ② 상은 상황과 상 의미에 직접적으로 관여할 수 있는 시간부사어(구)나 논항과의 결합에 의해 상황의 시간 구조가 특정 시간으로 제한되면 해석된다.

'(14) 상 의미 해석 규칙'에 의하면 앞서 3.3.1.에서 논의되었던 상 현상은 물론이거니와 (11), (12), (13) 등의 예문에서 나타나는 상 의미에 대해서도 자연스럽게 설명할 수 있게 된다. 즉 (11), (12), (13)의 경우는 '(14) 상 해석 규칙 ②'에 의해 상 의미가 해석되는 경우라고 할 수 있다.

지금까지 개별 문장에서의 상 해석 문제에 대해 논의하였다. 그리고 문장 차원에서 상이 해석되는 경우 '(14) 상 해석 규칙'이 필요하다는 점도 확인하였다. 지금까지 필자가 제기한 주장이 타당하다면 이 글에서 제시한 '(14) 상 해석 규칙'은 개별 문장 차원에서 확인되는 상 의미를 포괄할 수 있는 설명력 있는 규칙이 될 수 있다고 판단한다.

3.4. 소결

이 절에서는 상 해석이 상 의미에 관여적인 부사어나 논항까지를 고려해야 하기 때문에 문장 차원에서 이루어져야 하다는 사실에 대해 논의하였다. 그리고 이처럼 문장 차원에서 상 해석이 이루어지는 경우를 설명하기 위한 구체적인 방법론으로 '(14) 상 해석 규칙'을 제시하였다.

지금까지의 논의를 보다 구체적으로 정리하면 다음과 같다. 먼저 이 절에서는 문장 차원에서의 상 해석이 필요한 예를 제시하고 이러한 예들을 설명하기 위해서는 상 해석이 문장 차원에서 이루어져야 한다고 논의하였다.

다음으로 기본 상황에서 상 해석이 필요한 경우에 대해 논의하였다. 기본 상황에서의 상 해석은 상황이 포함하는 시간 구조에 보조동사 구성이 결합함으로써 구체적인 상 의미가 가시화되어야만 상 의미가 해석되는 것으로 보았다. 다음으로 파생 상황에서의 상 해석은 구체적인 보조동사 구성이 나타나는 경우와 그렇지 않은 경우를 구분하여 논의하였다. 먼저 보조동사 구성이 나타나는 경우는, 먼저 동사에 부사어(구)가 결합하여 동사의 시간 구조를 새로운 시간 구조로 파생시키고 이에 보조동사 구성이 결합하여 상 의미를 가시화하는 것으로 설명하였다. 이에 반해 구체적인 보조동사 구성이 나타나지 않는 경우는 시간부사어(구)나 복수 의미를 포함하는 논항 등이 동사와 결합하여 상 의미가 구체적으로 제한될 때 해석되는 것으로 논의하였다. 그리고 이를 정리하여 '(14) 상 해석 규칙'으로 제시하였다.

이 절에서 필요한 '(14) 상 해석 규칙'은 다음과 같이 크게 둘로 구분된다. ① '상은 동사의 본유적인 시간 구조 혹은 파생된 시간 구조에 보조동사 구성이 결합하여 상 의미가 가시화되는 경우 해석된다.' ② '상은 상황과 상 의미에 직접적으로 관여할 수 있는 시간부사어(구)나 논항과의 결합에 의해 상황의 시간 구조가 특정 시간으로 제한되면 해석된다.' 이러한 구분에서, 특히 '(14) 상 해석 규칙 ①'에서는 '가시화'의 개념을 중시하였다. 즉 보조동사 구성에 의해 상 해석이 되는 경우, 상 의미는 보조동사 구성에 의해 부가되는 것이 아니라 가시화되는 것으로 보는 것이 타당하다고 보았다. 이 논의에서 필요한 '가시화'는 전체 상황이 나타내는 내부 시간 구조에서 '화자가 상 해석에 필요한 부분을 청자도 함께 볼 수 있도록 제한하여 드러내는 것'을 의미한다.

이러한 논의 과정을 통해 그 동안 주장했던 것과 달리, 즉 상 해석을 동사와 보조동사 구성으로 한정해서 해석하려 해왔던 것과 달리 상 해석은 상 해석에 관여적일 수 있는 부사어(구)나 논항까지를 포함하여 전체 문장 차원에서 논의되어야 한다는 점이 보다 분명하게 밝혀지게 되었다.

4. 상 해석에서의 중의성 문제

4.1. 도입

이 절에서는 상에 대한 개별 논의 중 '-고 있-'을 중심으로 한 상 해석의 중의성 문제에 초점을 두고 논의를 진행하기로 한다. '입고 있다'와 같은 구성에서 나타나는 중의성에 대한 문제는 그 동안 상을 논의하는 과정에서 언제나 문제가 되었던 부분이다. 이에 대한 그 동안의 논의는 크게 둘로 구분된다. 첫째는 중의성이 나타나는 것이 어휘(쓰다, 매다, 입다 등)의 문제라고 보는 경우(옥태권 1988)이고 둘째는 '-고 있-'의 문제라고 보는 경우이다. 이 두 번째 견해는 다시 '-고 있-'의 '-고'를 둘로 구분해야 한다는 논의(서정수 1976, 김흥수 1977, 이남순 1987 등)와 중의성을 모두 포함할 수 있는 또 다른 의미·기능을 '-고 있-'에 부여해야 한다는 논의(이지양 1982)로 구분할 수 있다.21)

그런데 이러한 설명 모두 문법적으로 부담을 갖는다는 점에서 문제가 된다. 먼저 중의성이 어휘적인 문제라고 보는 경우 '입다₁, 입다₂', '매다₁, 매다₂' 등으로 동사를 세분해야 하는데 이렇게 세분하는 것이 타당한가 하는 것이 문제가 된다. 만약 이러한 세분이 중의성만을 설명하기 위한 세분이라면 문법적으로 너무나 부담이 크다는 것이다. 그리고 '-고 있-'의 문제라고 보는 경우에도 문제는 남는다. 왜냐하면 '-고 있-'을 둘로 쪼개 설명하는 경우 '-고₁ 있-'과 '-고₂ 있-'이 어떻게 다른지, 혹여 지금 문제가 되고 있는 중의성만을 설명하기 위한 세분은 아닌지 하는 것이 또 다른 문제가 되기 때문이다. 만약에 중의성만을 설명하기 위한 세분이라면 이 역시도 문법적으로 부담이 되지 않을 수 없다.

'-고 있-'에 중의성을 포괄할 수 있는 새로운 의미를 부여하는 방법은 이지양(1982)에서 확인되는데 이지양(1982)에서는 '-고 있-'이 결합하여 나타나는 여러 가지 의미는 동사의 부류에 따라 나타나는 의미에 불과하다고 하고 '-고 있-'이 갖는 기본 의미는 '지속'이라고 하고 있다. 즉 '-고 있-'은 '진행', '완결된 상태의 지속', '상태의 지속'을 보이는데, 이러한 의미들은 모두 '지속'의 하위개념으로서 동사에 따라 결정될 수 있는 것이므로 '-고 있-'의 기본 의미를 '지속'이라 할 수 있다는 것이다. 그러나 과연 '지속'이 '-고 있-'의 본질적인 의미인가 하는 것은 다시 한번 확인할 필요가 있다고 판단된다.[22]

이 절에서는 이러한 그 동안의 논의들을 바탕으로 하여 '입고 있다'류가 갖는 중의성 문제를 문법적 부담 없이 어떻게 설명할 수 있는지에 대

---

[21] '-고 있-'의 중의성에 대한 기존 논의는 한동완(1999나)에서 자세하게 논의하고 있기 때문에 이를 참고하고 이 절에서는 다시 이에 대해 더 이상 자세하게 언급하지 않도록 한다. 다만 논의 전개상 필요하다고 판단되면 필요한 부분에 대해서만 간단하게 언급하도록 한다.

[22] 이 논의가 갖는 문제점에 대해서는 한동완(1999나)에서 자세하게 논의하고 있다. 이를 참고하기 바란다.

해 논의하기로 한다.

4.2. 중의성 관련 동사의 특성

기존 논의에서는 '입다'류를 '짓다' 등과 동일하게 '달성(accomplishment)' 상황 유형으로 구분해왔다. 그러나 '입다'류 동사와 '달성(accomplishment)' 상황 유형에 포함되는 동사들의 내부 시간 구조를 비교해 보면 '결과 지속'을 본질적으로 내부 시간 구조에 포함할 수 있는지 여부에서 두 유형이 차이를 보임을 확인할 수 있다.[23]

> (15) 가. 철수는 한 달 동안 집을 짓고 있다.
> 나. 철수는 한 시간 동안 옷을 입고 있다.

(15가)에서 '한 달 동안'은 '집을 짓는 과정의 시폭'만을 지시한다. 즉 '과정'을 지시하는 의미로만 해석된다. 이에 반해 (15나)에서 '한 시간 동안'은 '옷을 입는 과정의 시폭'을 나타내기도 하고 '옷을 입는 동작이 끝난 이후 그 결과가 지속되는 시폭'을 지시하기도 한다.[24] 만약 이 두 동사가 동일한 상황 유형으로 구분되어야 한다면 이러한 차이를 설명하기

---

23) '달성'은 내부 시간 구조가 시작점과 과정, 그리고 끝점으로 구성되는 유형을 말한다. 예를 들면 '다리를 건설하다', '라디오를 수리하다', '학교로 가다'와 같은 예에서 '건설하다'와 '수리하다', '-로 가다'의 경우가 이에 해당한다. '달성'은 '끝점'을 포함하고 있기 때문에 인위적으로 끝을 맺어야 하는 자의적인 종결점과 구분되는 자연적인 종결점을 갖는다. 그리고 '달성'은 일련의 비균질적인 내적장을 갖는다. 그러나 비균질적인 내적장이 갑작스런 사건의 변화를 의미하는 것은 아니다. 오히려 점차적으로 끝점을 향해 변화하는 것을 말한다. 이러한 '달성'의 시간적 특성을 도식화하면 다음과 같다.

시작점 .... (자연적인) 끝점

24) 물론 '과정'의 의미로 해석하기 위해서는 철수가 손이 아프다는 등의 상황이 전제되어야 한다. 그러나 '과정'의 의미가 나타난다는 것만은 분명하게 확인된다.

힘들게 된다.

그러면 다음은 이러한 차이를 고려하면서 '입다'의 내부 시간 구조의 특성에 대해 알아보기로 한다. '입다'류 동사들은 '달성(accomplishment)' 동사의 시간적 특성을 가지면서 동시에 '달성(accomplishment)' 동사에는 포함되지 않은 '결과 지속'을 그 내부 시간 구조로 가지는 독특한 시간 특성을 보인다. 그러므로 '입다'류 동사들은 다른 '달성(accomplishment)' 동사들과 달리 '시작점', '과정', '끝점' 그리고 '결과 지속'을 내부 시간 구조로 가지는 경우가 된다.25) 이를 도식화해 보이면 다음과 같다.

시작점   과정   끝점   결과 지속

일반적으로 동사가 내부 시간 구조에 시작점을 갖는 것은 자연스러운 현상이다. 이는 모든 동작은 그것이 순간적으로 끝나는 상황이라 해도 항상 시작을 전제로 해야 하기 때문이다. 그렇기 때문에 모든 동작이 시작점을 갖는다는 것은 무표적(unmarked)이라 할 수 있다. 그런데 '과정'이나 '끝점'은 동사에 따라 내부 시간 구조에 포함하는 경우가 있고 그렇지 않는 경우가 있다. 이처럼 '과정'이나 '끝점'은 상황 유형에 따라 포함할 수 있는 경우가 있기도 하고 포함할 수 없는 경우가 있기도 하기 때문에 실제적으로 '입다' 류 동사가 '과정'이나 '끝점'을 내부 시간 구조로 포함하고 있는가 하는 것은 구체적인 논증을 통해 확인되어야만 한다.

일반적으로 '과정'을 내부 시간 구조로 포함하고 있는 동사인 경우는 '한 시간 동안'과 같은 '과정'을 나타내는 시간부사구와의 결합이 자연스

---

25) 이 절에서는 '동작 진행'과 '상태 지속'을 모두 포함하는 개념으로 '과정'을 쓰기로 한다.

러워야 한다.

> (16) 가. 철수는 10분 동안 옷을 입고 있다.
> 나. *한 시간 동안 폭탄 하나가 폭발하고 있다.

(16가)에서 확인되는 바와 같이 '입다'의 경우는 '10분 동안'과의 결합이 자연스럽다. 그리고 이 경우 '10분 동안'은 상황이 계속되는 '과정'의 시폭 혹은 동작의 결과가 지속되는 '결과 지속'의 시폭을 지시한다. 이에 반해 (16나)와 같은 문장은 자연스럽지 못하게 된다. 이처럼 (16나)가 비문이 되는 이유는 '폭발하다'와 같은 동사는 순간동사로 동작이 순간적으로 나타나기 때문에 내부 시간 구조에 '과정'을 포함하지 못하는데, '과정' 혹은 '결과 지속'의 시간 구조를 필요로 하는 '한 시간 동안'과 결합하였기 때문이다.26)

다음은 '입다'의 내부 시간 구조에 '끝점'이 포함되어 있는가 하는 것에 대해 살펴보도록 한다. 일반적으로 동사의 내부 시간 구조에 '끝점'이 포함되어 있는가 하는 것은 '10분만에'와 같은 완성되는 시점을 나타내는 시간부사구와의 결합이 자연스러운가 하는 것을 통해 검증된다.

> (17) 가. 영이는 10분만에 웃었다.
> 나. 영이는 10분만에 옷을 입었다.

(17가, 나)를 보면 두 예문 모두 정문이 됨을 알 수 있다. 그런데 두 예

---

26) 그러나 '폭탄이 폭발하고 있다'와 같은 문장이 성립하는 경우도 있다. 이 경우는 '폭탄'을 복수로 해석해서, 즉 하나의 폭탄에 작은 여러 폭탄들이 들어 있어서 폭탄들이 수차례 터지는 것으로, 즉 계속해서 연달아 터지는 것으로 해석해야만 한다. 그렇지 않고 하나의 폭탄이 폭발하는 것으로 해석하면 비문이 된다. 이처럼 주어, 목적어와 같은 논항이나 혹은 부사어 등이 상황 유형의 시간 구조에 영향을 줄 수도 있게 된다.

문의 의미를 확인해 보면 예문 간 분명한 차이가 있음을 확인할 수 있다.
즉 (17가)의 경우는 '10분만에'가 '웃는 동작의 끝'을 나타내는 것이 아
니고 '웃는 동작이 시작되는 시점'을 나타냄에 반해 (17나)의 경우는 '10
분만에'가 '옷을 입는 동작'을 끝마친 시점을 지시한다는 것이다. 일반적
으로 '웃다, 걷다'와 같은 동사들의 경우 '10분만에'와 같은 완성 시간부
사구가 결합하게 되면 동작의 시작점을 나타내게 되는데 이는 '웃다, 걷
다'와 같은 '행위(activity)'동사의 경우는 그 내부 시간 구조에 '끝점'을 포
함하고 있지 못하기 때문이다.27) 그렇지 않고 '끝점'이 있는 동사들인 경
우는 '10분만에'와 같은 완성 시간부사구가 결합하게 되면 그 완성 시간
부사구는 동작의 끝을 지시하게 된다. 다음 예문은 이러한 설명이 타당함
을 보여주는 경우이다.

(18) 가. 영수는 한 달만에 집을 지었다.
　　　나. 철수는 하루만에 장난감 비행기를 만들었다.

(18가)는 영수가 한 달만에 집짓기를 끝냈음을 나타내고, (18나)는 철
수가 하루만에 장난감 비행기 만들기를 끝냈음을 나타낸다. 이처럼 '짓

---

27) 그러므로 행위 동사가 동작의 끝을 나타내는 경우는 자의적인 동작의 끝으로 나타나야 한
다. 즉 '동작의 완성(completion)'이 아닌 '동작의 종료(termination)'만을 나타내야 한다. 이
를 도식화하면 다음과 같다.

　　　　시작점 .... (자의적인) 끝점

위 도식은 '행위'가 끝점을 갖는 경우는 자의적인 경우로 제한됨을 보여준다. 그리고 이러
한 자의적인 끝점은 어휘가 갖는 본연의 시간 구성이 아니므로 필요에 의해 언제나 나타
날 수 있고, 그 의미는 단지 '행위'의 경계(boundary)만을 나타낼 뿐이다. 또한 자의적인 끝
점은 상황에 대한 인위적인 종료를 나타내기 때문에, 자연적인 끝점이 완성(completion)을
나타내는 것과는 구별된다. 이러한 이유로 '행위' 동사의 경우 필요한 경우에는 선행 동작
을 계속해서 이어갈 수도 있게 된다. 결국 '행위'의 기본적 상황은 '아이가 잠을 잔다'에서
나타나는 '자다'와 같이 비끝점 동사(atelic verb)이면서 비제한적인 지속적 과정을 나타내는
경우라고 할 수 있다.

다', '만들다'와 같은 '달성(accomplishment)' 동사들은 완성 시간부사어와 결합하는 경우 동작의 끝을 나타내게 된다. 이는 '끝점'을 내부 시간 구조로 포함하는 동사들의 특성이라 할 수 있다.

그리고 '입다'류 동사가 '끝점'을 내부 시간 구조로 포함하고 있다는 것은 종결된 사건이 계속될 수 있는가 여부, 그리고 종결된 사건을 포함하고 있는 선행절에 대한 부정적인 추론이 가능한가 여부 등을 통해 재차 확인할 수 있다.[28]

> (19) 가. *영이는 10분만에 그 옷을 입었다. 그리고는 계속해서 입었다.
> 나. *영이는 10분만에 그 옷을 입었다. 그러나 실제는 다 입지 않았다.
> 다. 영이는 어제 한 달만에 좋아하는 가수의 음악을 들었다. 오랜만에 들어서 그런지 조금 듣다 그만두지 않고 계속해서 그 음악을 들었다.
> 라. 영이는 어제 오랜만에 좋아하는 가수의 음악을 들었다. 그런데 갑자기 정전이 되어서 다 듣지는 못했다.[29]

(19가)의 경우 선행절에서는 '영이가 10분만에 옷을 입는 행위'를 끝마쳤음을 나타내고 있는데 후행절에서 다시 선행절의 의미를 부정하는, 즉

---

28) 그리고 이 '선행절에 대한 부정적 추론 가능성'은 개별 상황이 '결과 지속'을 내부 시간 구조로 포함하고 있는지 여부를 판단하는 하나의 기준이 될 수 있다. 왜냐하면 선행절에서 '결과 지속'을 내부 시간 구조에 포함하고 있는 경우 후행절에서 이를 부정하는 것이 불가능하기 때문이다. 예를 들어 '열차가 역을 떠났다'와 같은 경우 다음 문장에서 '그러나 떠나지 않았다' 혹은 '그러나 다 떠나지는 않았다'와 같은 문장을 연결하는 것이 불가능하다. 이는 '떠나다' 동사가 '결과 지속'을 내부 시간 구조로 포함하고 있기 때문이다. 이에 반해 '결과 지속'을 내부 시간 구조로 포함하고 있지 않은 '듣다' 동사와 같은 경우는 '철수가 어제 집에서 좋아하는 가수의 음악을 들었다. 그러나 갑자기 정전이 되는 바람에 다 듣지는 못했다'와 같이 선행절에 대한 상황을 후행절에서 부정하는 것이 가능하다.

29) '듣다' 이외에 '웃다', '걷다' 등도 '끝점'을 내부 시간 구조로 포함하고 있지 않다. 그러나 이 경우는 '영이가 5분만에야 웃었다. 그러나 다 웃지 않았는지 계속해서 웃었다'와 같은 예문에서 확인되는 것처럼 선행절에 대한 부정적 추론이 자연스럽지 못하다. 그러나 이 구성이 자연스럽지 못한 것은 '웃다'에 '끝점'이 포함되어 있기 때문이 아니라 이러한 문장 구성이 우리의 인식에 자연스럽지 못하게 받아들여지기 때문이라고 판단된다.

옷을 입는 동작이 아직 끝나지 않고 계속되고 있음을 나타내고 있기 때문에 선·후행절 간 의미가 충돌하게 되어 비문이 된다. 즉 선행절에서는 이미 동작이 끝났음을 나타내고 있는 데 반해 후행절에서 다시 끝난 동작을 아직 끝나지 않고 계속되는 것으로 보고 있기 때문에 의미가 충돌하게 되어 비문이 되는 것이다.

그리고 (19나)의 경우도 선행절에서는 영이가 10분만에 옷을 입는 행위를 끝냈음을 나타내고 있음에 반해 후행절에서 다시 이러한 선행절의 의미를 부정하고 있어 선·후행절간 의미가 충돌하게 되어 비문이 된다. 이는 (19다, 라)가 정문이 되는 것과 반대되는 특성이라고 할 수 있다. 즉 (19다, 라)는 '끝점'을 가지고 있지 않는 '행위' 동사 '듣다'의 경우는 동작의 끝이 '완성(completion)'을 나타내지 않고 자의적인 '종결(termination)'만을 나타내기 때문에 필요에 의해 언제라도 종결된 동작을 다시 이어갈 수도 있고 선행절에 대한 부정적 추론도 가능하다는 것이다. 결국 (19) 예문을 통해서 확인할 수 있는 것은 '입다'류 동사의 경우는 그 내부 시간 구조에 '끝점'이 본연의 시간 구조로 포함되어 있다는 사실이다.

지금까지의 논의를 통해 '입다'류 동사들은 그 내부 시간 구조에 '시작점, 과정, 끝점' 등을 포함하고 있음을 확인할 수 있다.30)

---

30) 물론 지금까지 논의한 이러한 시간 구조는 다른 상황 유형('달성 accomplishment')에서도 확인되는 경우이기 때문에 이러한 시간 구조가 '입다'류 동사에 포함되어 있다는 것만으로 이 동사들을 별도의 상황 유형으로 구분해야 한다고 할 수는 없다. 다만 논의 전개상 '입다'류 동사들이 이러한 시간 구조를 포함하고 있다는 것만을 확인할 필요가 있어 제시하고 있는 것일 뿐이다. 그러므로 '입다'류 동사만의 특성은 '결과 지속'에 대한 논의까지 이루어진 뒤에야 구체적으로 드러나게 된다.
한국어에서는 일반적으로 상황 유형을 '상태(states), 행위(actives), 달성(accomplishment), 순간(semelfactives), 성취(achievements)' 등 다섯 유형으로 구분한다. 이때 '상태(states)' 상황 유형의 내부 시간 구조는 변화하지 않는 단일한 場(undifferentiated stage)의 특성을 보인다. 즉 변화 없는 지속의 시간 구조만을 가진다. 일반적으로 형용사들이 이 유형에 포함된다. 다음으로 '행위(actives)'의 내부 시간 구조는 과정은 포함하지만, 자연적 종결점(natural final point)은 포함하지 않는 시간 구조적 특성을 보인다. 이러한 시간 구조적 특성 때문에 '행위' 동사인 경우는 동작의 종결을 나타내는 것이 아니고 단지 종료(termination), 즉

그러면 다음은 '입다'의 내부 시간 구조에 '결과 지속'이 포함되어 있는가 하는 것에 대해 알아보기로 한다.

상황의 내부 시간 구조에 '결과 지속'을 포함하고 있는가 여부는 '결과 지속'을 포함하는 문장에 대한 부정적인 추론이 가능한가 하는 것을 통해 확인할 수 있다.

(20) 가. *철수는 아침에 그 옷을 입었다. 그러나 다 입지는 못했다.

나. 철수는 아침에 동생의 옷을 입었다. 저녁에야 그 옷을 벗어 동생에게 돌려주었다.

다. 철수는 그 일로 어머님께 꾸중을 들었다. 그러나 듣다가 화가 났는지 다 듣지 않고 나가버렸다.

(20가)는 '입다'의 경우, 동작이 종결되면 종결된 상황에 대한 부정적 추론이 불가능하다는 것을 보여준다. 이는 '입다'의 경우는 동작이 종결된 이후에도 계속해서 그 동작의 결과가 지속되고 있기 때문이다. 이러한 사실을 통해 '입다' 동사의 내부 시간 구조에 '결과 지속'이 포함되어 있

자의적인 종결점만을 나타낼 수 있을 뿐이다. '웃다, 걷다' 등의 동사들이 이 유형에 포함된다. 다음, '달성(accomplishment)'은 시작과 과정, 그리고 종결로 구성되는 시간적 특성을 갖는다. '짓다, 열다, 묻다(埋)' 등의 동사들이 이 유형에 포함된다. 이에 대해 '순간(semelfactives)'은 시작과 종결이 동시에 나타나는, 즉 사건이 단일장으로 구성된 단일 사건 유형을 말한다. 그리고 '순간'은 '예비장'과 '결과 지속장'을 시간 구조로 포함할 수 없다. 이는 다음에 논의되는 '성취'와 구별되는 특성이다. '터지다, 폭발하다, 반짝하다' 등의 동사들이 이 유형에 포함된다. 마지막으로 '성취(achievements)'의 내부 시간 구조의 특성은 시작과 종결이 동시에 나타나는 일시적 사건이라는 것이다. 그러나 '성취'는 '순간'과는 달리 경우에 따라 '예비장'과 '결과 지속장'을 시간 구조로 가질 수 있다. 그러나 '성취'가 비록 '예비장'을 시간 구조로 포함할 수 있고 그 '예비장'이 '성취'를 완성하는 준비 과정을 의미한다 해도, 이는 '성취'가 갖는 본연의 시간 구조와는 구별된다. 즉 '예비장'은 동작의 내부 시간 구조에 포함되는 것이 아니고 그 밖에 위치하는 시간 구조라는 것이 특징이다. 그러므로 결국 '성취'가 나타내는 본연의 시간 구조는 사건의 시작과 끝이 동일한 장(stage) 내에서 동시에 일어나는 '단일장'으로 구성되어 있다는 것을 확인할 수 있다. '도착하다, 출발하다, 앉다' 등의 동사들이 이 유형에 해당된다.

이들 각각의 상황 유형의 특성과 이들 상황 유형에 포함되는 동사들의 특성에 대해서는 우창현(1997)을 참고하기 바란다.

다는 것을 확인할 수 있다. 따라서 이 경우 선행절을 부정하기 위해서는 (20나)와 같이 반드시 반대되는 표현('벗다')을 통해야만 한다. 이에 반해 (20다)는 '듣다'의 경우, 동작이 종결되었음에도 불구하고 이에 대한 부정적인 추론이 가능하다는 것을 보여준다. 이는 '듣다'는 동작이 종결되어도 그 결과가 지속되지 못하기 때문이다.

이처럼 '입다'류 동사의 내부 시간 구조에 '결과 지속'이 포함되어 있다는 것은 결국 다른 '달성' 동사와 달리 '입다'류 동사가 형용사와 같은 '상태성'도 포함하고 있다는 것으로 이해되어야 한다는 것을 의미한다. 왜냐하면 '결과 지속'은 형용사가 나타내는 '상태 지속'과 유사하게 시작과 끝이 없이 변화 없는 '지속성'만을 나타내기 때문이다.

다음 예문을 통해서 '입다'류 동사의 '결과 지속'과 형용사가 나타내는 '상태 지속' 간의 상관성에 대해 살펴보기로 한다.

(21) 가. 영이는 그 옷을 한 시간 동안 입고 있다. 그러나 다 입지 못했다.
　　　　(영이가 팔을 다친 상황에서 '과정'의 의미로)
　　나. 영이는 그 옷을 한 시간 동안 입고 있다. 그러나 다 입지 못했다.
　　　　('결과 지속'의 의미로)
　　다. *영이는 예뻤다. 그러나 다 예쁘지는 못했다.

(21가)의 선행절은 '입는 동작의 과정'을 나타낸다. 그렇기 때문에 '입는 동작이 끝나지 않았음'을 나타내는 후행절이 연결되어도 어색해지지 않는다. 이에 반해 (21나)의 선행절은 '입는 동작의 결과 지속'을 나타낸다. 이처럼 선행절에서 이미 완료되어 그 결과가 지속되고 있음을 나타내는데 다시 후행절에서 이를 부정하여 동작이 아직 끝나지 않은 것으로 나타내고 있기 때문에 (21나)가 비문이 되는 것이다. 이러한 경우는 형용사가 포함되어 있는 (21다)에서도 동일하게 확인된다. 즉 일반적으로 형

용사는 시작과 끝이 없이 계속해서 지속되는 상황을 지시하기 때문에 이에 대한 부정이 불가능하다. 그럼에도 불구하고 후행절에서 이를 부정하고 있기 때문에 (21다)가 비문이 되는 것이다.

결국 이러한 예들을 통해 '입다'는 '상태성(지속)'을 내부 시간 구조로 포함하고 있다는 것을 확인할 수 있다. 그런데 동사의 경우 '상태성(지속)'은 '동작의 결과 지속'의 의미로 제한되는 것이 일반적이다.

결론적으로 '입다'는 '달성' 상황 유형과 구분해서 '결과 지속'을 별도의 내부 시간 구조로 포함하고 있는 독특한 동사 유형이라는 사실을 확인할 수 있다.[31]

4.3. '-고 있-'의 특성과 중의성 문제

먼저 '-고 있-'의 특성에 대해 살펴보기로 한다.

(22) 가. 나는 그 때 서울로 가고 있었다.
　　　나. 나는 그 때 서울로 갔다.
　　　다. 나 먼저 밥을 먹고 있을게.
　　　라. 나 먼저 밥을 먹을게.

(22가)와 (22나)를 비교하면 (22가)에는 '-고 있-'이 실현되어 있지만 (22나)에는 '-고 있-'이 실현되어 있지 않음을 확인할 수 있다. 이러한 차이를 제외하고 두 문장에서 다른 문장 구성 요소의 차이는 없다. 그러므로 (22가)와 (22나)를 비교해서 확인되는 의미 차는 결국 '-고 있-'에

---

31) 지금까지 논의되었던 '입다'류 동사들의 내부 시간 구조를 자질로 정리하여 '입다'류 동사의 특성으로 구분하면 다음과 같다.
　　※ '입다'류 동사의 내부 시간 구조상의 자질 : [+시작점, +과정, +끝점, +결과 지속].

기인한 것이라고 할 수 있다. 그런데 '-고 있-'이 결합하지 않은 (22나)에서는 단순하게 과거 사실에 대한 진술의 의미만이 확인되는 반면에 '-고 있-'이 결합한 (22가)에서는 과거에 상황이 언제 시작했는지는 알 수 없지만 그 당시 동작이 '진행' 중이었음을 나타낸다는 사실까지를 확인할 수 있다. 결국 '-고 있-'이 결합한 (22가)에서만 확인되는 '진행' 의미가 '-고 있-'의 의미라고 할 수 있다.

다음으로 (22다)와 (22라)를 비교하면 (22다)는 '-고 있-'에 결합된 '-을게'의 의미 때문에 상황이 아직 일어나지 않았음을 나타내게 된다. 그러나 '-을게'와 결합한 '-고 있-'은 앞으로 화자의 의지에 의해 상황이 일어나게 되면 그 상황은 끝을 맺지 못한 상태로 있게 된다는 것을 의미한다. 이에 대해 (22라) 역시 '-을게' 때문에 상황이 아직 일어나지 않았음을 나타내지만 이에는 '-고 있-'이 포함되어 있지 않아 상황의 상 의미가 구체적으로 결정되지 않은 경우가 된다. 이러한 경우, 즉 구체적인 상 의미를 나타내는 관점상이 결합하지 않은 경우는 상 해석에 중립적이게 되어 특정 상 의미로의 해석이 불가능하게 된다. 즉 어떤 상 의미가 나타날 지에 대한 예측이 불가능하게 된다.

이러한 예들을 통해 한국어의 '-고 있-'은 '상황의 진행', 즉 '과정'을 나타내는 것이 기본 의미라는 것을 확인할 수 있다.

그리고 '-고 있-'이 이처럼 '과정'을 나타낸다는 사실은 순간 동사와의 결합 제약을 통해서 확인된다.

> (23) 가. *폭탄 하나가 폭발하고 있다.
>   나. *저 예쁜 별이 반짝하고 있다.

(23가)는 '-고 있-'이 순간 동사 '폭발하다'와 결합할 수 없음을 나타내고, (23나)는 '-고 있-'이 '반짝하다'와도 결합할 수 없음을 나타낸다.

이는 '-고 있-'이 '과정'을 나타낸다는 간접적 증거가 될 수 있다. 왜냐하면 순간적으로 발생하는 상황에 '과정'의 시간 구조를 필요로 하는 '-고 있-'이 결합하면 서로 의미적으로 충돌하게 되기 때문이다.

이에 대해 좀 더 구체적으로 설명하면, '폭발하다'는 순간적으로 발생하는 상황으로 동사의 상황 자체에 시간의 폭을 설정할 수 없기 때문에 의미 해석상 반드시 시폭을 필요로 하는 '-고 있-'과 결합할 수 없다는 것이다. (23나)의 예도 동일한 방법으로 설명할 수 있다. 즉 (23나)의 '반짝하다'는 상황이 순간적으로 이루어지는 경우라서 그 상황 내부에 시간의 폭을 설정할 수 없기 때문에, 해석상 시간의 폭을 필요로 하는 '-고 있-'과 결합할 수 없는 것이다.

'-고 있-'은 이외에도 '동작의 예비 과정'이나 '결과 지속'의 의미가 상황의 내부 시간 구조에 포함되어 있는 경우 이 두 의미를 가시화하기도 한다. '-고 있-'이 결합하여 '결과 지속'이나 '동작의 예비 과정'을 나타내는 경우는 다음과 같다.

> (24) 가. 비행기가 이륙하고 있다.
> 나. 비행기가 착륙하고 있다.
> 다. 배가 항구를 떠나고 있다.
> 라. 기차가 역을 출발하고 있다.

(24가)의 '이륙하다'나 (24나)의 '착륙하다'는 '성취' 동사로 '동작의 예비 과정'을 시간 구조로 가지면서 '과정'은 내부 시간 구조로 포함하지 않는 경우이다. 그러므로 이에 '-고 있-'이 결합하게 되면 '동작의 예비 과정'을 나타내게 된다. 이 논의에 따르면 (24가)는 비행기가 이륙하고 있지만 아직 완전히 이륙하지는 않았다는, 즉 이륙하는 예비 과정에 있음을 보여준다. (24나) 역시도 비행기가 아직 착륙하지는 않았지만 착륙하

는 예비 과정에 있음을 보여준다.

이에 반해 (24다)는 배가 항구를 떠난 이후의 동작이 계속되고 있음을 보여준다. 그리고 (24라)는 '출발하다'의 경우로 이 역시 '결과 지속'을 시간 구조로 포함하고 있어 그 '결과 지속'의 의미, 즉 기차가 역을 출발하고 난 이후의 동작이 계속되고 있음을 보여준다.32) 이러한 경우에 '-고 있-'이 결합하게 되면 떠나고, 출발하는 동작이 계속해서 진행되고 있음을 나타낸다. 즉 '-고 있-'이 '결과 지속'의 의미를 나타내는 경우라 할 수 있다. 이처럼 '-고 있-'은 '동작의 예비 과정'과 '결과 지속' 모두를 나타낼 수 있다.

지금까지 논의를 정리하면 '-고 있-'은 '과정', '동작의 예비 과정', '결과 지속'을 나타내는 관점상(viewpoint)이라고 할 수 있다.

그런데 이러한 의미를 포함하고 있는 '-고 있-'이 결합하여 중의성을 나타내는 경우가 있다. 다음 예문을 통해 이러한 사실을 확인하도록 한다.

    (25) 가. 철수는 옷을 입고 있다.
        나. 철수는 하루종일 같은 옷만 입고 있다.
        다. 철수는 옷 하나를 10분동안 입고 있다.

(25가)에서는 '결과 지속'의 의미와 '과정'의 의미가 모두 확인된다. 이에 대해 (25나)에서는 입는 동작의 '결과 지속'만, 그리고 (25다)에서는 입는 동작의 '과정'만이 확인된다. (25나, 다)에서 확인되는 것처럼 '입고 있다'는 '결과 지속'의 의미만, 혹은 '과정'의 의미만을 나타낼 수도 있다. 그러나 별 달리 통사적으로 덧붙여진 것이 없는 (25가)와 같은 경우

---

32) '이륙하다'와 같은 '성취' 상황 유형이 '결과 지속'을 내부 시간 구조로 포함할 수 있다고 해서 '입다'류 동사들과 동일시할 수는 없다. 왜냐하면 '성취' 상황 유형의 동사들은 '입다'류 동사들과 달리 '과정'을 내부 시간 구조로 포함하지 못하기 때문이다(우창현 1997 참고).

는 두 의미로의 해석이 모두 가능하다. 이는 앞서 논의했던 것처럼 '입다'가 '과정'과 '결과 지속'을 모두 내부 시간 구조로 포함하고 있기 때문이다. 즉 이러한 내부 시간 구조를 포함하고 있는 동사 '입다'에 '-고 있-'이 결합하게 되면 결합한 '-고 있-'에 의해 '과정'과 '결과 지속'의 의미가 자연스럽게 해석될 수 있다는 것이다. 결국 (25가)와 같은 예에서 '입고 있다'가 중의성을 갖는 이유는 '입다'류 동사의 시간 구조 때문이라고 할 수 있다.

그런데 이러한 중의성은 (25나, 다)와 같이 다른 통사적인 장치(논항, 부사어, 재귀대명사 등)에 의해 해소될 수도 있다. 다음은 이에 대해 구체적으로 논의하기로 한다.

(26) 가. 영이는 그 옷을 천천히 입고 있다.
　　　 나. 영이는 그 옷을 계속해서 입고 있다.

(26가)는 '-고 있-'이 '과정'의 의미만을 나타내는 경우이고, (26나)는 '결과 지속'의 의미만을 나타내는 경우이다. 이 두 예문에서 이처럼 의미 차이가 나타나는 것은 부사어 '천천히', '계속해서' 때문이다. 즉 부사어 '천천히'는 상황이 느리게 진행됨을 나타내고 부사어 '계속해서'는 상황이 계속 이어지고 있음을 나타내기 때문에 상 의미가 한 쪽으로 제한되어 나타나게 되는 것이다. 이처럼 상 해석에 의미적으로 관여할 수 있는 부사어가 상황과 결합하게 되면 이러한 부사어들은 상황의 상 의미에 직접적으로 영향을 주게 된다.

이처럼 통사적인 장치(논항, 부사어, 재귀대명사 등)에 의해 상 의미가 영향을 받는 경우는 다음과 같은 동사에서도 확인된다. 이는 '매다' 동사 역시 '과정'과 '결과 지속'을 내부 시간 구조로 포함하고 있는 경우이기 때문에 '-고 있-'이 결합하게 되면 '과정'과 '결과 지속' 모두를 나타낼 수 있어야 하는데 '과정'의 의미로만 해석되는 것처럼 보이기 때문이다.

(27) 철수는 신발 끈을 매고 있다.

일반적으로 '매다'는 '입다'와 동일한 시간 구조를 가진다. 따라서 '신발 끈을 매고 있다'와 같은 경우는 '과정'이나 '결과 지속' 모든 의미 해석이 가능해야 한다. 그런데 매는 대상이 '신발 끈'인 경우는 '과정'의 의미로만 해석되는 것으로 오해하는 경향이 있다. 이는 '끈', '줄' 등과 같이 일반적으로 매는 과정성의 의미를 부각시키는 명사들이 목적어로 나타날 때 나타나는 일반적인 현상이다. 그러나 이 현상은 '끈', '줄'과 '매다'의 의미 관계에서 유추해 내는 의미에 불과하다. 다음과 같은 예문은 '매다'의 경우라 해도 결과 지속의 의미로 얼마든지 해석될 수 있음을 보여준다.

(28) 그 사람은 그 예쁜 신발 끈을 일주일 내내 매고 있다.

그렇기 때문에 '신발 끈을 매다'의 경우 '과정'으로만 해석된다고 이해하는 것은 현상에 대한 우리의 피상적인 관찰의 결과라고 할 수 있다.[33]

---

33) 또한 '철수가 자기 목에 끈을 매고 있다'는 '결과 지속'이 가능한데 '철수가 영수 목에 끈을 매고 있다'는 그렇지 않은 것으로 보아서 일단 '결과 지속'의 의미가 '끈'에 영향을 받는 것은 확실하다. 그것도 그 '끈'이 주어에 재귀적인 상황을 야기할 경우에는 더욱 그렇다. 따라서 '결과 지속'의 의미가 나오느냐 그렇지 않느냐 하는 것은 결국 재귀적인 상황이냐 그렇지 않느냐에 달린 것인데 이 역시도 우창현(1997)에서 제안했던 '결합 규칙'으로 설명이 되어야 할 부분인 것으로 판단된다. 즉 '자기'와 같은 재귀 대명사가 문장에 나타나게 되면 모든 동작이 동작주에게로 행해지기 때문에 '과정'의 해석뿐 아니라 '결과 지속'의 의미도 나오는데 동작이 가해지는 대상이 다른 사람인 경우는 '결과 지속'의 의미가 나오지 않게 된다는 것이다. 이는 앞서 논의했던 것처럼 문장의 통사적인 성분(논항, 부사어, 재귀대명사 등)들이 상 해석에 어느 정도 관여한다는 것을 확인할 수 있게 해 주는 예문이 된다. 이러한 '재귀성'에 대해서는 한동완(1999나)에서 자세하게 논의한 바 있다.

(29) 가. 그 사람은 줄을 나무에 매고 있다.

나. 그 사람은 예쁜 신발 끈을 매고 있다.

다. 그 사람은 하루종일 영이가 선물한 넥타이를 매고 있다.

(29)의 서술어는 '매다'로 모두 동일하다. 다만 (29가)에는 그 대상이 '줄'로 실현되어 있고 (29나)에는 '신발 끈'이, 그리고 (29다)에는 '넥타이'가 그 대상으로 실현되어 있는 것만이 다를 뿐이다. 그런데 상 의미 해석상 (29가)는 '과정'의 성격이 강조되어 나타나고, (29나)는 '과정'과 '결과 지속'이, (29다)는 '결과 지속'의 의미가 강조되어 나타남을 확인할 수 있다.[34] 이는 '매다'의 시간 구조가 (29가, 나, 다)가 각각 달라서가 아니라 매는 대상에 따라 상 의미 해석이 간섭을 받고 있기 때문이다.[35]

이러한 점들을 고려하면 결국 다른 통사적인 장치(논항, 부사어, 재귀대명사 등)를 배제한 경우 '입다'류 동사와 '-고 있-'이 결합해서 나타나는 중의성 문제는 '입다'류 동사가 갖는 내부 시간 구조의 특성이 '과정'과 '결과 지속'을 모두 포함할 수 있기 때문인 것으로 정리될 수 있다. 즉 '입다'류 동사가 본질적으로 '과정'과 '결과 지속'을 내부 시간 구조로 포

---

34) (29다)의 경우는 '넥타이' 이외에도 '하루종일'이 상 해석에 관여하는 경우라고 할 수 있다. 따라서 이 경우는 엄밀히 말하면 단순하게 동작의 대상에 의해서만 '결과 지속'의 상 의미가 나타나는 경우라고는 할 수 없다. 그러나 '결과 지속'의 상 의미가 '대상'에 영향을 받는 것만은 분명하다.

35) 상 해석에는 이처럼 시간부사어(구), 빈도부사어 외에 복수 의미를 포함하는 논항 등이 직접적으로 영향을 줄 수 있다는 점을 유의할 필요가 있다.

(1) 가. 철수가 사과 하나를 먹고 있다.

나. 철수가 사과 다섯 개를 먹고 있다.

다. 나는 자주 사과를 먹는다.

(1가)에서는 '과정'의 의미만 확인된다. 그러나 (1나)의 경우는 그 대상이 복수로 나타나고 있어 단순하게 상황의 상 의미를 '과정'이라고 할 수 없다. (1나)의 경우는 오히려 '반복'의 의미가 강조되는 것으로 판단된다. 이에 대해 (1다)의 경우는 특정한 상 의미를 나타내는 관점상은 결합되어 있지 않지만 빈도부사어 '자주'가 결합됨으로 해서 '반복'의 의미가 나타나는 경우이다. 이처럼 부사어나 논항 등이 전체 문장의 상 의미에 직접적으로 관여하는 경우가 있다.

함하고 있기 때문에 '-고 있-'이 결합하게 되면 '과정'이 나타날 수도 있고, '결과 지속'이 나타날 수도 있게 된다는 것이다.

4.4. 소결

이 절에서는 '입고 있다'류에서 확인되는 중의성 문제를 문법적 부담 없이 설명하는 것을 목적으로 하였다. 이를 위하여 먼저 '입다'류 동사의 내부 시간 구조의 특성을 확인하였고 다음으로 '-고 있-'의 의미 특성에 대하여 논의하였다. 이러한 논의 과정을 통해 '입고 있다'류에서 확인되는 중의성은 결국 '입다'류 동사의 내부 시간 구조의 특성에 기인하는 것임을 확인할 수 있었다. 이러한 지금까지의 논의를 정리하면 다음과 같다.

먼저 '입다'류 동사의 내부 시간 구조의 특성은 '시작점, 과정, 끝점, 결과 지속'으로 이루어져 있음을 확인하였다. 그리고 이러한 시간 구조의 특성이 '입다'류 동사에 내재되어 있다는 것을 구체적인 논증 방법을 통해 확인하였다. '입다'류 동사의 내부 시간 구조에 '과정'이 포함되어 있다는 것은 '한 시간 동안'과 같은 '과정'을 나타내는 시간부사구와의 결합이 자연스럽다는 것을 통해 확인하였다. 다음으로 '입다'류 동사의 내부 시간 구조에 '끝점'이 포함되어 있다는 것은 '10분만에'와 같은 완성되는 시점을 나타내는 시간부사구와의 결합이 자연스럽게 동작의 끝을 나타낸다는 것을 통해 검증하였다. 그리고 상황이 '끝점'을 포함하는 경우 한번 종결된 사건이 다시 이어진다는 것이 불가능하다는 것과, 그리고 '끝점'을 포함하고 있는 선행절에 대한 부정적인 추론이 불가능하다는 것을 통해서 재차 확인하였다. 마지막으로 '입다'류 동사가 포함하고 있는 '결과 지속'의 시간 구조는 '결과 지속'에 대한 부정적인 추론이 불가능하다는 것을 통해 확인하였다. 그리고 형용사의 '상태 지속'과 비교하여 그 특성을 분명히 확인하였다.

다음으로 '-고 있-'은 '과정', '동작의 예비 과정' 그리고 '결과 지속'의 의미를 나타내는 것이 그 특성이라는 사실을 확인하였다. 먼저 '-고 있-'이 '과정'을 나타낸다는 사실은 순간 동사와의 결합 제약을 통해서 확인하였다. 그리고 '-고 있-'이 '동작의 예비 과정'과 '결과 지속'의 의미를 나타낼 수 있다는 것은 '이륙하다', '착륙하다', '떠나다', '출발하다' 등과 같은 동사들과의 결합 관계를 통해서 확인하였다.

결론적으로, 이러한 논의를 통해 '입고 있다'류 구성이 나타내는 중의성 문제는 결국 '입고 있다'류 동사들의 특성상 '과정'과 '결과 지속'을 모두 내부 시간 구조로 포함하고 있기 때문이라는 사실이 확인되었다.

5. 정리

이 글은 시제와 상의 상관성을 중심으로 상에 대한 기존 논의 중 쟁점이 되어 왔던 두 주제에 대해 논의하는 것을 목적으로 하였다. 구체적인 논의에 앞서 시제와 상의 정의에 대해 살펴보았다.

시제에 대해서는 여러 학자들이 정의한 바 있으나 공통적으로 시제를 직시적, 관계적 개념으로 이해하고 있다는 특성을 확인하였다. 다음으로 상에 대해서는 Comrie(1976 : 3)에서 '상은 상황의 내적 시간 구조를 바라보는 상이한 제 방법들'이라고 정의하였고 Lyons(1995 : 322)에서 상을 '상황의(행위, 사건, 상태) 내적 시간 구성의 문법화의 결과'라고 정의하였다. 이에 대해 Smith(1991)에서는 상을 '상황이 포함하는 내부 시간 구조에 관점상이 결합함으로써 해석에 필요한 부분을 제한적으로 가시화하는 문법 범주'라고 정의하였다. 이들 논의를 크게 둘로 구분해보면 Comrie

(1976 : 3)과 Lyons(1995 : 322)는 상황이 가지는 시간 구조를 어떻게 보느냐 즉 상황을 보는 관점을 중심으로 한 정의라고 할 수 있고 Smith(1991)은 상황을 보는 관점 못지 않게 상황이 가지는 내부 시간 구조도 중요하다고 본다는 점에서 차이가 있다고 할 수 있다. 즉 상황의 시간 구조를 상 해석에 포함하느냐 하지 않느냐 하는 점에서 차이가 있다는 것이다.

다음으로 시제와 상의 상관성에 대해 살펴보았다. 주로 시제와 상 범주를 구분할 것인지 아니면 이 두 문법 범주가 형태적으로 구분되지 않는 경우가 있어 이 둘을 구분하지 않고 두 문법 범주를 아우르는 문법 범주(TA(M) : Tense-Aspect(-Modality))를 따로 설정하는 것이 필요한지에 대해 논의하였다.

다만 이글에서는 한국어의 경우 현상적으로는 하나의 형태에 시제와 상, 그리고 양상 의미가 복합된 것처럼 보이는 경우가 있지만 문법적으로는 무엇이 그 형태소의 본질적 의미인가 하는 것을 밝히고, 그 이외에 나타나는 의미는 그 본질적인 의미에서 파생되어진 것으로 보는 것이 문법적으로 더 큰 설명력을 갖는다고 보았다.

다음은 이러한 기존 논의를 바탕으로 상 해석 일반론적 방법론에서 쟁점이 되어 왔던 '상 의미를 어떻게 해석할 것인가'에 대한 문제와 상 해석과 관련한 개별 주제에서 쟁점이 되어 왔던 '상 해석의 중의성 문제'에 대해 살펴보았다.

‖ 참고문헌

강기진(1985), "진행형 '-고 있다'의 의미", 홍익어문 4, 39-59.

고영근(1980), "국어 진행상 형태의 처소론적 해석", 어학연구 16-1, 42-56.

고영근(1981), 중세국어의 시상과 서법, 탑출판사.

고영근(2004), 한국어의 시제 서법 동작상, 태학사.

김석득(1974), "한국어의 시간과 시상", 한불연구 1.

김성화(1991), 국어의 상 연구, 한신문화사.

김종도(1993), "우리말의 상 연구", 한글 219, 33-58.

김종도(1996), "도움 움직씨 '오다/가다'의 상적 의미", 한글 233, 137-160.

김차균(1980), "국어 시제의 기본적 의미", 지헌영 선생 고희 기념 논총, 형설출판사,
　　　59-94.

김차균(1990), 우리말 시제와 상 연구, 태학사.

김흥수(1977), "계기의 '-고'에 대하여", 국어학 5, 113-136.

민현식(1989), 중세국어 시간부사 연구, 박사학위논문, 서울대학교.

박덕유(1992), 현대국어 동사상의 연구 : 완료상과 미완료상을 중심으로, 석사학위논
　　　문, 인하대학교.

박덕유(1997), 현대국어 동사상 연구, 박사학위논문, 인하대학교.

박덕유(1998), 국어의 동사상 연구, 한국문화사.

박덕유(1999), "相의 본질적 의미와 동사의 자질에 대한 재고찰", 국어학 33, 117-212.

박진호(1994), "중세국어의 피동적 '-어 잇-' 구문", 주시경학보 13, 162-167.

서정수(1976), "국어 시상 형태의 의미분석," 문법연구 3.

성광수(1976), "존재(동)사 '있다'에 대한 재고", 강복수 박사 회갑 논문집, 형설출판
　　　사, 109-134.

옥태권(1988), 국어 상 조동사의 의미 연구, 박사학위논문, 부산대학교.

우창현(1997), 제주 방언의 상 연구, 박사학위논문, 서강대학교.

우창현(2003가), "문장 차원에서의 상 해석과 상 해석 규칙," 국어학 41, 225-247.

우창현(2003나), "국어 상 해석에 있어서의 중의성 문제," 국어국문학 133, 145-165.

이기갑(1981), "씨끝 '-아'와 '-고'의 역사적 교체", 어학연구 17-2, 227-236.

이남순(1981), 현대국어의 시제와 상에 대한 연구, 석사학위논문, 서울대학교.

이남순(1987), "'에', '에서'와 '-어 있(다)', '-고 있(다)'", 국어학 16, 567-596.

이승욱(1996), 국어 형태사 연구, 태학사.

이시형(1990), 한국어의 연결 어미 '-어', '-고'에 관한 연구, 박사학위논문, 서강대학교.

이지양(1982), 현대국어의 시상 형태에 대한 연구, 석사학위논문, 서울대학교.

이필영(1989), "상형태와 동사의 상적 특성을 통한 상의 고찰", 주시경학보 3, 127-153.

이호승(1997), 현대국어의 상황 유형 연구, 석사학위논문, 서울대학교.

이호승(2001), "국어의 상체계와 보조 용언의 상적 의미", 국어학 38, 209-240.

이효상(1995), "다각적 시각을 통한 국어의 시상 체계 분석, 언어 20-3, 207-250.

임홍빈(1975), "부정법 {어}와 상태 진술의 {고}", 논문집(국민대) 8, 13-36.

장석진(1973), "시상의 양상 : '계속' '완료'의 생성적 고찰, 어학연구 9-2, 58-72.

정문수(1982), 한국어 풀이씨의 상적 속성에 관한 연구, 석사학위논문, 서울대학교.

정태구(1994), "'-어 있다'의 의미와 논항구조", 국어학 24, 203-230.

조민정(2000), 국어의 상에 대한 연구, 박사학위논문, 연세대학교.

최동주(1995), 국어 시상체계의 통시적 변화에 관한 연구, 박사학위논문, 서울대학교.

한동완(1996), 국어의 시제 연구, 태학사.

한동완(1999가), "국어의 시제 범주와 상 범주의 교차 현상", 서강인문논총 10, 165-192.

한동완(1999나), "'-고 있-' 구성의 중의성에 대하여", 한국어의미학 5, 215-248.

한동완(2000), "'-어 있-' 구성의 결합 제약에 대하여", 형태론 2-2, 257-288.

홍윤기(2002), "상적 의미의 두 요소, 어문연구 30-2, 59-92.

油谷幸利(1978), "현대 한국어의 동사 분류," 조선학보 87.

Binnick, R.(1991), *Time and the Verb*, Oxford University Press.

Comrie, B.(1976), *Aspect*, Cambridge University Press.

Dahl, Ö.(1985), *Tense and Aspect System*, Basil Blackwell.

Klein, W.(1994), *Time in Language*, Routledge.

Lyons, J.(1977), *Semantics* vol. 2, Cambridge University Press.

Lyons, J.(1995), *Linguistic Semantics*, Cambridge University Press.

Ogihara, T.(1996), *Tense, Attituides, and Scope*, Kluer Academic Publishers.

Smith, C. S.(1991), *The Parameter of Aspect*, Kluwer Academic Publishers.

Vendler, Z.(1967), *Linguistics in Philosophy*, Cornell University Press.

양태 어미의 사적 변화 : '-ㄴ지', '-ㄹ지'*

정혜선

1. 도입

국어 양태 연구는 그간 양태의 정의와 체계, 인접 범주와의 관련성 등의 이론적 논의에서부터 개별 문법 형태소의 양태 의미에 이르기까지 심도 있는 논의들이 이어졌다. 현대국어 양태 논의는 1970-80년대에 '-겠-'과 '-ㄹ 것이다'의 의미 차이, 양태 범주의 자리매김 등을 시작으로 최근에는 전통적 양태의 영역이던 인식 양태와 당위 양태를 다루던 것에서 나아가 증거성(evidentiality)이나 새로앎(mirativity)의 영역도 양태에서 다루는 등 논의 대상을 확장해 나가고 있다.

현대국어를 대상으로 한 양태 논의가 활발하게 이루어진 것에 비하면 역사적 측면에서의 양태 연구는 몇 개의 문법 형태나 한정된 문법 범주에 국한되어 있다. '-리-', '-ㄹ 것이다', '-겠-'의 역사적 교체, 의문법 어미의 양태, 시상 체계의 변화와 양태 등이 그것이다. 지금부터라도 중세, 근대국어 문헌 자료에 나타난 양태 형식들에 대한 상세한 기술을 확

---

* 이 글은 정혜선(2013)의 논의를 다듬고 보완한 것이다.

보하고 이를 바탕으로 양태 체계의 사적 변화를 설명해야 한다. 그럼으로써 거시적으로는 중세국어에서 현대국어에 이르는 국어 양태 범주의 전반적 변천 양상을 해석해 낼 수 있고, 미시적으로는 현대국어 양태의 미진한 문제들을 해결할 실마리를 얻을 수 있을 것으로 기대된다.

이 글은 양태의 정의, 관련 범주를 선행 연구를 중심으로 살펴보고 국어의 사적 연구에서 양태 연구가 어떤 방향에서 기술될 수 있을지 인식양태를 중심으로 논의하고자 한다. 그리고 이를 바탕으로 '-ㄴ지'와 '-ㄹ지'가 현대국어에서 양태 의미를 담당하게 된 역사적 과정을 추적하고자 한다.

현대국어에서 연결어미, 종결어미라는 두 가지 범주를 지니는 '-ㄴ지', '-ㄹ지'는 상사적인 모습도, 상이적인 모습도 지닌 채 현대국어에서 양태 의미를 드러낸다. '-ㄴ지'와 '-ㄹ지'에 대한 <표준국어대사전>의 기술을 살펴보면서 이 두 어미에 대해 이 글이 주목하는 사항들을 확인하기로 하자.

> (1) ㄴ지
> 「1」 막연한 의문이 있는 채로 그것을 뒤 절의 사실이나 판단과 관련시키는 데 쓰는 연결 어미.
> ¶ 얼마나 부지런한지 세 사람 몫의 일을 해낸다.
> 「2」 해할 자리나 간접 인용절에 쓰여, 막연한 의문을 나타내는 종결 어미.
> ¶ 아버님, 어머님께서도 안녕하신지.
>
> (2) ㄹ지
> [1] 추측에 대한 막연한 의문이 있는 채로 그것을 뒤 절의 사실이나 판단과 관련시키는 데 쓰는 연결 어미.
> ¶ 무엇부터 해야 할지 덤벙거리다 시간만 보냈어./내일은 얼마나 날씨가 추울지 바람이 굉장히 매섭게 불어./내가 몇 등일지 마

음엔 걱정이 가득했다.

[2] 해할 자리나 간접 인용절에 쓰여, 추측에 대한 막연한 의문을 나타내는 종결 어미. 뒤에 보조사 '요17'가 오기도 한다.

¶ 이 그림이 심사 위원들의 마음에 들지?/도서관은 시원할지?/그분이 혹시 너의 담임 선생님이 아니실지?/그가 뭐라 말할지 궁금하다./네가 몇 시쯤 도착할지를 미리 알려 다오./이렇게 바람이 부니 내일은 얼마나 날씨가 추울지 모르겠어./몇 등일지가 궁금하지?

<표준국어대사전>에서 두 어미에 대한 기술은 다음의 시사점을 준다. 첫째는 두 어미는 연결어미와 종결어미의 두 범주로 사용될 때 '-ㄹ지'에는 '추측에 대한'이라는 기술이 덧붙는다는 것이다. 이는 관형사형 어미 '-ㄴ'과 '-ㄹ'이 현실성 지위(reality status)의 범주를 나타낼 때 비현실의 '-ㄹ'이 추측과 관련됨을 시사한다. 주지하다시피 현실성 지위는 "인식된 현실에 바탕을 둔(grounded in perceived reality)" 사건을 묘사하는 명제와 "개념적 생각이나 사상, 혹은 가상적 사고로 존재하는(existing only as a conceptual idea, thought, or hypothetical notion)" 사건을 묘사하는 명제를 구분한다(Elliott 2000 : 56). 국어에서 전자의 개념은 '-ㄴ'으로 실현되고 후자의 개념은 '-ㄹ'로 실현되는데 '-ㄴ지'와 '-ㄹ지'의 전체 양태 의미에 관형사형 어미의 의미가 영향을 미쳤다고 보는 것이다.

둘째는 앞서의 문제와 관련하여 과연 '-ㄴ지'에는 추측의 의미가 없는가이다. (1)에 나타난 연결어미 '-ㄴ지'의 용법은 감탄의 의미를 드러낼 뿐이다. 그러나 연결어미로 쓰일 때는 아래의 예문에서 확인하듯 추측의 의미가 나타난다.

(3) 가. 비가 왔는지 땅이 젖어 있다.
　　 나. 비가 오는지 사람들이 우산을 쓰고 다닌다.

(3가), (3나)에서 '-ㄴ지'가 결합한 선행절은 각각 '땅이 젖어 있'고 '사람들이 우산을 쓰고 다니'는 사태를 지각한 뒤 그 원인을 추측한 내용인 것이다. 따라서 연결어미 '-ㄴ지'의 추측의 용법이 보다 자세하게 다루어질 필요가 있다.

이상의 문제와 관련하여, 현대국어 사전 기술에서 '-ㄴ지'와 '-ㄹ지'에 대한 보다 정밀한 기술이 이루어져야 할 것이며 그러한 기술은 두 어미의 사적 변화를 고려할 때 타당성을 확보할 수 있다. 한편 '-ㄴ지'는 현대국어에서 종결 범주에서는 양태 의미가 드러나지 않으며 연결 범주에서만 양태 의미를 드러낸다. 반면 '-ㄹ지'는 연결과 종결 범주 모두에서 양태 의미를 드러낸다. 이러한 범주 차이에 따른 양태 유무의 발생 역시 역사적 변화에 대한 설명이 뒷받침될 때 해명될 수 있다.

이 글은 중세국어 '-ㄴ디, -ㄹ디+알다/모르다' 구성에서 출발한 두 어미가 현대국어에서 양태 의미를 드러내게 된 사적 과정을 살펴보고 이 과정에서 두 어미의 구성 요소인 '-ㄴ'과 '-ㄹ'이 어떤 역할을 하였는지 논의할 것이다. '-ㄴ지'는 중세국어에서부터 동사구 내포문 어미와 연결어미로 모두 쓰이고 그 예문도 상당수 확인되는 반면, '-ㄹ디'는 동사구 내포문 어미로 쓰이는 한 예가 <청주간찰>에서 발견될 뿐이다. 이러한 사실은, 두 어미가 현대국어에서의 쓰임을 갖게 되기까지 그 양상이 다양하게 전개되었을 것이라는 추측을 가능케 한다. 국어에서 양태 의미를 담당하는 형식을 구분할 때 현실성 지위의 범주에 속하는 '-ㄴ'과 '-ㄹ' 중 무엇이 기원 요소로 관여하는지가 중요한데 '-ㄴ지'와 '-ㄹ지'의 구분에서도 동일한 논리가 적용된다는 것을 밝힐 것이다.

이 글은 2장에서 양태 범주와 관련한 제 문제들을 살펴보고 '-ㄴ지'와 '-ㄹ지'에 대한 그간의 논의들을 정리하고자 한다. 3장, 4장에서는 '-ㄴ지'와 '-ㄹ지'의 중세, 근대국어에서의 문법 양상과 '-ㄴ지', '-ㄹ지'의 상사적 모습과 상이적 모습을 해석하고자 한다. 두 어미는 동사구 내포문 어미에서 다른 문법 범주로 그 쓰임이 확대되었다는 유사성을 지니지만 기원 요소가 '-ㄴ'과 '-ㄹ'로 다르다는 차별성도 지닌다. 이 두 가지 사실이 '-ㄴ지'와 '-ㄹ지'의 변천에서 어떻게 작용했는지를 설명하고자 한다.

2. 기본 논의

2.1. 양태에 대한 기본 논의

2.1.1. 양태 정의와 관련 범주

이 절에서는 양태의 정의, 양태와 관련 범주를 논의하며 역사적 측면에서 양태의 기술 방향을 살펴보기로 한다.

먼저 양태의 정의와 관련 범주를 살펴보자. 양태는 일반적으로 '문장이 표현하는 명제나 명제가 기술하는 상황에 대해 화자가 의견이나 태도를 표현하는' 범주를 가리킨다고 보았다(Lyons 1977 : 452).[1] 그러나 기존에 여러 차례 언급되었듯이 이러한 양태 정의는 '화자의 태도'가 의미상 모호하다는 점에서 문제가 되었다. 따라서 이러한 모호성을 피하기 위해서는 양태의 정의에는 무엇에 대한 태도인지, 그리고 누구의 태도인지가 분명히 드러나야 한다.

---

1) 국어 논의에서의 양태 정의도 대체로 이와 다르지 않다. 장경희(1985 : 9)에서는 "양태란 사건에 대한 화자의 정신적 태도를 나타내는 것", 이선웅(2001 : 327)에서는 "화자가 명제 내용에 영향을 미치지 않고 한 문장 내에서 표현하는 심리적·정신적 태도", 박재연(2006 : 53)에서는 "명제에 대한 화/청자의 주관적인 한정을 표현하는 문법 범주", 문병열(2007 : 28)에서는 "명제와 사건에 대한 화자의 주관적 판단을 나타내는 문법 형식", 임동훈(2008 : 219)에서는 "명제의 사실성(factuality)과 실현성(actualisation)에 대한 화자의 태도가 표현된 범주"라고 정의하였다.

먼저 태도의 대상을 논의하자. 전통적으로 양태는 양상 논리의 가능성과 필연성과 관련된 의미 영역으로 인식 양태는 명제의 진리치(the truth of propositions)의 가능성과 필연성과 관련되고 당위 양태는 도덕적으로 책임감 있는 행위주에 의해 수행된 행위의 가능성과 필연성과 관련된다(Lyons 1977 : 793, 823). 여기서 명제가 기술하는 내용의 진리치를 대상으로 하는 것은 인식 양태(epistemic modality)이고 명제가 기술하는 행위의 규범성을 대상으로 하는 것은 당위 양태(deontic modality)이다. 인식 양태와 당위 양태에 대한 이러한 차이는 실세계에 대한 이해에서도 드러난다. 인식 양태는 실세계가 존재하는 방식과 관련되고, 당위 양태는 사람들이 실세계에서 어떻게 행동해야 하는가와 관련되며 따라서 모든 종류의 사회적 지식(도덕성과 합법성에 대한 화자의 믿음 체계나 힘이나 권력에 대한 판단)과 결부될 수밖에 없다(Saeed 2003 : 137).

아래 (4)는 인식 양태, (5)는 당위 양태를 영어 조동사를 가져와서 보인 것이다.

(4) 가. Alice may be at home.
　　나. Alice must be at home.

(5) 가. Alice may come in now.
　　나. Alice must come in now.

(4가, 4나)는 모두 'Alice가 집에 있다'는 명제의 진리치에 대한 태도를 나타내는데, (4가)는 명제의 내용이 참일 가능성이 있다고 판단하는 것이고[가능성 판단], (4나)는 명제의 내용이 참일 가능성이 필연적이라고 판단하는 것이다[개연성 판단]. (5)는 사회적 지식에 기대 (5가)는 'Alice가 지금 온다'는 행위의 발생이 가능하다고 판단하는 것이고[허락], (5나)는 'Alice가

지금 온다'는 행위의 발생이 필연적이어야 한다고 판단하는 것이다[당위].

그런데 영어 조동사에서 may, must 외에 will과 can 역시 아래 (6)에서처럼 인식 양태와 당위 양태를 나타낼 수 있다. 그런데 will과 can은 (7)에서처럼 주어의 능력이나 의도를 나타내는 데 쓰이기 때문에 능력이나 의도의 의미를 설명하기 위해서 동적 양태를 도입하게 되었다(Palmer 1979/1990 : 36).

(6) 가. Alice may/must/will be at home.
나. Alice may/must/can come in now.

(7) 가. Alice can speak French.
나. Alice will do it for her.

결국 양상 논리에 따른 양태의 하위 부류에는 인식 양태와 당위 양태가 속하는데, 여기에 사태의 발생 요인이 주어에게 존재한다는 것을 객관적으로 진술하는, 이질적인 성격의 동적 양태가 들어오게 된 것이다. 동적 양태를 양태 체계 안에서 다룰 때, 인식 양태는 명제 내용의 진리치를 대상으로 하지만 당위 양태와 동적 양태는 명제가 기술하는 행위를 대상으로 한다는 점에서 의무 양태와 동적 양태는 한데 묶을 수 있다. 선행 연구들에서도 대체로 동적 양태와 당위 양태를 묶어 인식 양태에 대응시키는 논의가 많았다.

(8) 인식 양태 vs.
(ㄱ) agent oriented modality (Bybee et al. 1994 : 177-181)
(ㄴ) event modality (Palmer 2001 : 8-10), 사건 양태 (문병열 2007 : 23-26)
(ㄷ) 행위 양태 (박재연 2006 : 69-71, 86 각주 47)

(ㄱ)은 태도의 주체와 관련하여 인식 양태와 동작주 지향 양태를 구분
하였다. 이 논의는 당위 양태를 동작주 지향 양태와 화자 지향 양태로 나
누고, 동작주 지향 양태에 동적 양태를 포함시킨 것이다. (ㄴ)은 태도의
대상을 명제와 사건으로 구분하고 당위 양태와 동적 양태는 사건 발생과
관련된다는 점에서 한데 묶었다. (ㄷ)은 태도의 대상인 명제를 정보 내용과
행위 내용으로 구분하고 동적 양태와 당위 양태를 행위 양태로 묶었다.

이상의 논의를 통해 인식 양태는 '정보', '사실성/진리치'가, 당위 양태
와 동적 양태는 '사건/사태', '발생'이 그 핵심 개념임을 알 수 있다.2) 이

---

2) 양태의 의미 속성과 관련하여, 양태가 비단언의 의미를 갖는다고 보기도 한다. Palmer
(2001)에서는 양태를 유형론적으로 직설법/가정법, 현실법/비현실법의 이항적 체계를 가지
는 서법과 양태 동사로 실현되는 양태 체계의 두 유형으로 나누는데, 이 두 유형은 서로 배
타적으로 실현되며(영어의 경우 가정법이 사라지고 양태 체계가 발달했음.) 서로 다른 범주
로 여겨지지 않는다. Palmer(2001)에서는 양태가 크게 현실법(Realis)과 비현실법(Irrealis)의 이
항적 대립을 이룬다고 보고 현실법과 비현실법은 각각 단언과 비단언을 나타낸다고 보았다.
단언과 비단언을 양태의 논의로 가져올 때의 장점은 다음의 두 가지로 설명된다. 첫째, 화
행상 비단언으로 분류되는 공손한 명령법(polite imperative), 부탁(jussive), 기원법(optative),
소망(desiderative), 의문법(interrogative)과 같은 양태 개념을 표현하기 위해 가정법과 비현실
법이 사용되는 것을 설명할 수 있다(Nordström, J. 2010 : 34). 둘째, 단언과 비단언을 도입하
게 된 결정적 이유이기도 한데 전제된 명제가 가정법으로 실현된 예를 설명할 수 있다.

Me alegra   que sepas   la verdad
me it pleases that know+2SG+PRES+SUBJ the truth
'I'm glad that you know the truth'   (Palmer 2001 : 3)

위의 예에서 스페인어의 보문절에 표현된 전제는 가정법으로 나타나고 있다. 그런데 만약
양태가 사실과 비사실의 대립이라면, 전제는 분명하게 사실이기 때문에 가정법으로 나타나
는 것을 설명할 수 없다. 그런데 전제는 화·청자가 수용한 정보라는 점에서 정보 가치가
없고 따라서 단언될 필요가 없다. 따라서 양태가 비단언의 속성을 가진다고 하면 가정법이
쓰인 이유를 설명할 수 있다.

그러나 양태를 화행의 개념인 비단언으로 설명하는 데에는 크게 다음의 두 문제가 있다. 첫
째, Palmer(2001)에서 양태를 단언과 비단언의 대립으로 설명하게 된 주요한 현상은 전제된
보문절이 가정법으로 실현되는 데 있다. 그러나 스페인 가정법의 사용이 비단언의 관점에
서 잘 설명되더라도 이것이 범언어적 범주로서 양태의 정의에 적당하다는 것을 반드시 의
미하지 않는다(Narrog 2005 : 186). 그뿐만 아니라 전제된 보문절에 사용된 가정법을 비단
언이 아닌 다른 방법으로 설명할 가능성도 있다. 전제된 보문절에 가정법이 쓰이는 것은 화
자의 감정적 효과(emotive effect)를 얻기 위한 것으로(Nordström, J. 2010 : 42) 볼 수 있다.
둘째, 기존의 논의들은 단언/비단언이 적용되는 화용론의 층위와, 양태가 적용되는 의미론

를 정리하면 다음과 같다.

> (9) 양태에서의 태도의 대상
> (ㄱ). 인식 양태 : 명제가 기술하는 정보의 진리치, 사실성 판단
> (ㄴ) 당위 양태 : 명제가 기술하는 사태 발생의 규범성 판단
> (ㄷ) 동적 양태 : 명제가 기술하는 사태의 발생 요인이 주어에게 존재
> 한다는 것을 객관적으로 진술

　다음으로 태도의 주체를 논해 보자. 아래 예는 세 가지 양태를 실현시
키는 어미와 우언 구성이다.

> (10) 가. 비가 곧 올걸?
> 나. 윤재는 비가 곧 올 것 같았다.

> (11) 가. 윤재가 공항에 가려고 일찍부터 서둘렀다.
> 나. 지겨운데 그냥 갈까 봐.

> (12) 가. 군자는 덕을 닦을지니 항상 언행을 조심하라.(박진희 2011 : 124)
> 나. 너는 노인에게 자리를 양보해야 한다.

> (13) 가. (유교의 도리를 따르면) 군자는 덕을 닦을지니 항상 언행을 조심
> 하라.
> 나. (한국의 관습상) 너는 노인에게 자리를 양보해야 한다.

　(10)은 인식 양태 형식으로 (10가)는 화자의 태도를 나타내지만 (10나)
는 주어의 태도를 나타낸다. (11)은 동적 양태 형식으로, (11가)는 주어의
태도를, (11나)는 화자의 태도를 나타낸다. (12)는 당위 양태 형식으로 화

의 층위를 구분하지 않은 상태에서 양태가 실현된 문장은 비단언의 의미를 갖는다고 기술
하였다(Narrog 2005 : 186).

자의 태도를 나타낸다. 그러나 (12)에서 의무를 지우는 사람은 화자가 아니라 일반적 규범이나 도덕적 가치로도 볼 수 있다(13). 이 경우, 두 가지 의미 차이를 양태의 범주 차이로 기술할 수도 있고 대표 의미를 상정하고 문맥에 따라 다른 의미를 갖는다고 기술할 수도 있다. 전자의 입장에서 (12)는 화자의 태도를 나타내면 화자 지향 양태, 당위를 주어에게 객관적으로 존재하는 조건으로 파악하면 동작주 지향 양태가 된다(Bybee et al. 1994 : 177-181).3) 반면 후자의 입장에서 국어에서 당위 양태는 주로 우언 구성으로 실현되어 의무가 명제 내의 주어에게 존재한다는 것을 기술하는 것이 기본 의미이고 문맥에 따라 화자의 태도를 나타낸다고 보기도 한다(박재연 2006 : 53-54, 박재연 2009나 : 13).4) 이 글은 후자의 입장을 따라 국어 당위 양태의 태도의 주체는 주어로 파악한다.

이제 양태와 관련 범주를 살펴보기로 하자. 먼저 현실성 지위를 살펴보기로 한다. 현실성 지위는 realis(현실), irrealis(비현실)을 구분하는 논의와 관련된 문법 범주이다. 서법(mood)은 직설법/가정법, 현실/비현실 외에 명령법, 기원법 등으로도 나타나지만 현실성 지위는 현실과 비현실의 이항적 의미 대립만을 문제 삼는다. 현실성 지위는 "인식된 현실에 바탕을 둔 (grounded in perceived reality)" 사건을 묘사하는 명제와 "개념적 생각이나 사상, 혹은 가상적 사고로 존재하는(existing only as a conceptual idea, thought, or hypothetical notion)" 사건을 묘사하는 명제를 구분한다(Elliott 2000 : 56).

---

3) 박진호(2011 : 196 각주 26)에서는 Bybee et al.(1994)의 처리에 대해 이러한 의미 차이는 수행 발화냐 진술 발화냐의 차이로 보면 될 뿐 양태의 하위 범주가 다르다고 보는 것은 지나친 면이 있다고 하였다.

4) 이 논의에서는 한국어 우언 형식의 주어 지향적 의미와 화자 지향적 의미는 화용론적 현상으로 그 의미 범주가 명확히 구별되기 어렵고 이에 따라 문맥에 따른 중의성 해소도 명백하지 않다고 설명한다. 또한 (12나)를 들은 청자는 그 의무 부과의 주체를 궁금해하지 않을 수도 있다는 것이다.

국어에서는 전성어미와 조건·양보절의 의미가 비현실로 기술되었다.5)

(14) 가. 연구실에 있는 윤재 / 나는 윤재가 연구실에 있음을 잊었다.
    나. 연구실에 있을 윤재 / 나는 윤재가 연구실에 있기를 바란다.

(15) 가. 내일 비가 온다면 소풍이 취소된다.
    나. 만일 형님이 들었더라면 뺨을 한대 쳤을 거예요. <세종>
    다. 그 자가 꾸민 짓을 이 여자한테 따져 물은들 무슨 소용이 있겠는
    가 싶었다. <세종>

(14가)에서 '윤재가 연구실에 있는' 사건은 실현된 사건, 실제 세계의
사건인 반면 (14나)에서 '윤재가 연구실에 있는' 사건은 상상 속의 사건,
가상 세계의 사건이다. (15)의 조건과 양보의 연결어미가 쓰인 예문의 선
행절의 사태는 모두 상상 속의 사건, 가상 세계의 사건으로 비현실로 파
악된다.6)7)

비현실과 양태는 분명 접점을 가지고 있다. 이러한 접점은 양태가 비

---

5) 관형사형어미 '-ㄴ/ㄹ'을 현실/비현실의 개념으로 파악한 논의로 이효상(1991 : 77-78), 최동
주(1995 : 271), 박재연(2009가 : 157), 문숙영(2009 : 264), 임동훈(2008 : 241, 2009 : 75) 등
이 있다. 명사형어미 '-음', '-기'를 현실/비현실의 개념으로 파악한 논의로 임동훈(2008 : 241)
이 있다. 조건·양보절의 의미를 현실/비현실로 기술한 논의로는 박재연(2009다 : 129-134)
이 있는데 '-은들', '-었더라면', '-었던들', '-었더라도'가 비현실의 속성을 가진다고 보았
다. 박재연(2009가 : 169-170)에서는 적극적으로 현실성을 양태의 하위 범주로 인정하는데,
이 논의에서는 비현실을 현실성 양태(reality modality)라 명명하여 인식 양태와 행위 양태로
분화되기 이전 양태의 성격을 띠며, 인식 양태, 행위 양태와 함께 양태의 하위 부문을 형성
한다고 보았다.
6) 절 접속의 의미 관계 유형 중에서 양보와 조건은 선행절 명제의 사실성에서 유사한 스펙트
럼을 보이기 때문에 하나의 유형을 이룬다고 하였다(박진희 2011 : 90-91).
7) 유형론적으로 조건절은 현실 조건(real conditional)과 비현실 조건(unreal conditional)으로 구
분되는데 비현실 조건은 비현실(irrelis)의 의미 영역에 해당한다.
조건절의 하위 구분 (Thompson, S., R. Longacre & S. Hwang 2007 : 255-256)
 ─현실 조건절
 ─비현실 조건절 ─상상적 조건절 ─가상적 조건절
                ─반사실적 조건절
      ─예측적 조건절

현실을 함의한다는, 즉 양태가 현실성 지위의 표지로서 고려될 수 있다는 사실에서 찾을 수 있으며, 인식적으로 혹은 의무적으로 양상화된 명제는 비현실로 나타난다는 것과 관련된다(Pietrandrea 2005 : 26).

> (16) 가. That meteorite may be from Mar's moon
> 나. You must stop telling lies!(이상 Pietrandrea 2005 : 27)

(16가)에서 명제 'be from Mar's moon'은 가상적 사고를 묘사한다. 즉 명제의 진리치에 관해 화자가 의견을 표현하는 것은 명제에 묘사된 사건이 비현실이라는 화자의 주장을 함의한다는 것이다. 또한 (16나)에서 'stop telling lies'는 미래의 현실 속에서만 일어날 것이므로 발화 순간에서는 비현실로 고려되어야 한다는 것이다.

이처럼 양태의 개념 영역과 현실성 지위의 개념 영역이 겹친다는 점은 인정하지만 비현실과 양태는 분명 차이가 있다. 첫째, 양태는 비현실을 함의하지만 그 역은 성립하지 않으며 둘째, 두 범주 사이에는 중요한 개념적 차이가 있기 때문이다(Pietrandrea 2005 : 27). 비현실이 가리키는 의미 영역에는 가능, (반사실을 포함한) 비현실 조건 구성, 양태, 명령, 부정, 습관적 구성, 의문법이 들어가므로(Elliott 2000 : 70-80) 양태는 비현실을 함의하지만 비현실은 양태를 함의하지 않는다. 또한 양태는 명제에 대한 화자의 판단을 나타내는 데 반해 현실성 지위는 명제 자체의 성격에 관한 문제이다. 만약 비현실이 양태에 해당한다면 비현실이 관여하는 다른 의미 영역도 양태에서 다루지 못할 이유가 없다. 만약 부정, 명령, 의문법 등을 양태에서 다루게 된다면 양태 개념은 더 모호해질 수밖에 없다.

다음으로 양태와 서법의 관계를 살펴보자. 전통적으로 양태는 의미 범주이고 서법은 이에 대응하는 문법 범주로 다루어진다. 즉, 서법은 양태 기능을 가진 동사의 굴절 패러다임을 가리키는 문법 범주로서 직설법 (indicative), 가정법(subjunctive), 기원법(optative), 명령법(imperative), 조건(conditional) 등으로 구분되며 양태는 부탁(jussive), 소망(desiderative), 의도(intentive), 가상 (hypothetical), 가능(potential), 의무(obligative), 의심(dubitative), 권고(hortatory), 감탄(exclamative) 등을 가리키는 의미 범주이다(Bybee, J. & S. Fleischman 1995 : 2).

그런데 서법을 의미 범주인 양태가 실현되는 수단 가운데 하나로 다루는 논의를 그대로 받아들이기에는 다음의 문제가 있다. 서법은 명령법의 설정에서 알 수 있듯이 화행과 관련되며 화자가 중요한 관련항이 되기 어려우며, 핵심 의미에 있어서 서법이 실제성과 관련된 상황 자체의 성격에 초점을 두는 반면 양태는 상황 자체의 성격보다 상황에 대한 화자의 평가나 태도에 초점이 놓여 있다(임동훈 2008 : 213-214). 따라서 양태와 서법은 별개의 범주로 인정하는 것이 옳을 것이다.[8]

2.1.2. 역사적 측면에서의 양태 기술

이 절에서는 인식 양태를 중심으로 역사적 측면에서 양태 기술이 어떤 방향에서 이루어져야 할지 논의할 것이다. 먼저 국어에서 인식 양태를 나타내는 문법 형식을 살펴보기로 하자. 명제의 사실성 판단을 나타내는 형식뿐 아니라 증거성, 내면화까지 모두 인식 양태에서 다룬다면, 현대국어에서 인식 양태를 담당하는 문법 형식은 더욱 늘어난다.

> (17) 국어 인식 양태 형식
> ㄱ. 어미 : 더, 네, 구나, 지, 겠, 거든, 리, ㄴ지, ㄹ걸, ㄹ까 등
> ㄴ. 우언 구성 : 종결어미+보다/싶다/하다, ㄴ/ㄹ 것 같다, ㄴ/ㄹ 모양
> 이다, ㄹ 것이다, ㄹ 수도 있다, ㄹ 터이다, ㄴ/ㄹ 듯하다 등

---

[8] 박재연(2006 : 20-21)에서는 인구어의 서법과 한국어의 양태 관련 현상이 다르고 용어의 혼란을 피하기 위해 한국어 문법을 기술할 때 서법이라는 용어를 사용하지 않는다고 하였다.

이들을 인식 양태에서 담당하는 영역에 따라 나누면 다음과 같다.

(18) 국어 인식 양태 형식의 분류 1
ㄱ. 명제에 대한 사실성 판단 : 리, 겠, ㄴ지, ㄹ걸, ㄹ까, 우언 구성 등
ㄴ. 증거성 : 더, 네, 구나 등
ㄷ. 내면화 : 더, 네, 구나, 지, 거든 등

(18)은 인식 양태 영역을 넓게 보았을 때, 각각의 개념을 표현하는 양태 형식이다. (18ㄱ)은 선어말어미와 어말어미, 우언 구성으로 이루어져 있다. 어미가 인식 양태의 문법 의미를 나타낸다는 데는 이견이 없다. 그러나 우언 구성은 어휘 요소와 문법 요소의 양면적 성격을 지니므로 우언 구성이 문법 의미로서 양태 의미를 갖는지에 대해서는 이견이 있을 수 있다. 그러나 후술하겠지만 우언 구성의 양태 의미는 부정문에서도 유지되기 때문에 이들 형식 역시 문법 형식으로 간주할 수 있다. (18ㄱ)의 형식 가운데 '-겠-'은 주지하다시피 '-게 ᄒᆞ얏-'에서 문법화해서 19세기에 본격적으로 등장하고, 연결어미 '-ㄴ지'는 중세국어에서 '-ㄴ디 알다/모르다' 구문에 나타나다가 17세기부터 본격적으로 후행절 사태의 원인을 추측하는 연결어미로 쓰이기 시작한다. '-ㄹ까' 의문문은 중세국어에서 주로 상위문동사에 내포되어 간접 의문에 쓰였다. 중세국어의 여타 의문어미가 쇠퇴한 반면 '-ㄹ까'만은 현대국어에서까지 그 쓰임을 유지하는 것이 특징이다. '-ㄹ걸'은 17세기부터 등장하는 '-ㄹ 것을'의 통사적 구성에서 문법화한 어미로 개화기 자료부터 등장한다. 우언적 구성은 중세국어에서 나타나는 '-ㄹ 것이다', '-ㄴ/ㄹ 듯하다'를 제외하고는 주로 19세기부터 쓰인다. (18ㄴ, ㄷ)은 '-더-'를 제외하고는 반말체 어미이다. '-더-'는 중세국어에서 과거 비완망상의 기능을 하다가 '-었-'의 문법화로 인하여 그 시제적 기능을 상실하고 과거 지각의 의미를 가지게

되었다. '-더-'를 제외하면 (18ㄴ, ㄷ)은 대체로 반말체 어미라는 특징을 지닌다.9)

이상의 내용을 통대로 (18)의 형식들을 출현 시기를 중심으로 나누면 다음과 같다.

(19) 국어 인식 양태 형식의 분류 2
　　ㄱ. 명제에 대한 사실성 판단을 나타내는 형식의 출현 시기
　　　－중세국어 : 리, ㄹ 것이다, ㄹ까, ㄹ까 하다, ㄴ/ㄹ 듯하다, ㄴ가/
　　　　ㄹ가 싶다
　　　－근대국어 －17세기 : ㄴ지(연결어미), ㄹ 것을(>ㄹ걸)
　　　　　　　　　　　　－19세기 이후 : 겠, ㄴ/ㄹ 것 같다, ㄴ/ㄹ 모양이다,
　　　　　　　　　　　　　　ㄹ 터이다, ㄴ가/ㄹ가 보다
　　ㄴ. 증거성, 내면화를 나타내는 형식의 등장 시기
　　　－19세기 이후 : 더, 네, 구나, 지, 거든

결국 국어의 인식론과 관련한 형식들을 사적으로 다룰 때, 그 사적 변화는 증거성이나 내면화의 속성을 지닌 형식들보다는 명제의 사실성을 판단하는 형식들에서 크게 나타나므로 명제의 사실성을 판단하는 요소들에 대한 연구가 선행될 필요가 있다.

명제의 사실성을 판단하는 형식 가운데 우언 구성은 그 목록이 다양하고 근대국어 말에 동시 다발적으로 발달한 것이 특징적이다. 그 형식의 다양성으로 국어의 인식 양태는 다양한 양상으로 나타날 수 있게 되었다.

(20) 가. 비가 와서 차가 밀리겠어.

---

9) 증거성과 내면화를 나타내는 형식의 목록에서 '-더-, -네, -구나'가 겹친다. 선행연구에서 지적되었듯이 '-더-', '-네', '-구나'는 각각 과거 지각, 현재 지각, 현재 지각이라는 직접 지식의 증거성을 지니며 내면화의 속성에서 새로 앎의 의미를 지닌다. 직접 증거의 형식이 내면화의 개념에서 새로 앎의 속성을 가지는 것은, 증거를 명세화하여 표현하는 일은 새로 알게 된 정보의 경우에 일어나기 때문이다(박재연 2013 : 96).

　　나. 비가 와서 차가 밀리나 봐.

　　다. 비가 와서 차가 밀리는 것 같아.

(21) 가. ^{???}(내 생각에는) 비가 와서 차가 밀리나 봐.

　　나. 내 생각에는 비가 와서 차가 밀리는 것 같아.

어디까지나 현대국어의 직관을 바탕으로 한 것이기는 하지만 (20)은 각각 의미 차이를 지닌다. (20가)는 화자가 선행절 사태를 인지하고 후행절 사태를 추측할 때에만 가능하지만 (20나, 다)은 선행절 사태를 인지하고 후행절 사태를 추측할 수도(22나), 후행절 사태를 인지하고 선행절 사태를 추측할 수도 있다(22가).

(22) 가. 왜 차가 밀리지?

　　　^{???}비가 와서 차가 밀리겠어. / 비가 와서 차가 밀리나 봐. / 비가 와서 차가 밀리는 것 같아.

　　나. (비가 오는 상황에서) 윤재 왜 안 오지?

　　　비가 와서 차가 밀리겠어. / 비가 와서 차가 밀리나 봐. / 비가 와서 차가 밀리는 것 같아.

또한 (20나), (20다)도 같은 양상으로 추측을 나타내지 않는다. (20다)가 화자의 주체적인 추측을 나타내는 반면, (20나)는 화자가 마치 객체적인 입장에서 추측을 하는 특징을 지닌다(김동욱 2000 : 184). 이는 (21)을 통해서 확인된다. 현대국어에서의 모습을 보면 '-겠-'과 여타의 우언 구성의 성격이 다를 뿐 아니라 우언 구성끼리도 서로 다른 측면에서 추측을 하고 있음을 알 수 있다.

그렇다면 근대국어 말에 우언 구성이 발달하게 된 이유는 무엇일까. 인식 양태의 서로 다른 의미 영역을 담당할 필요에 의해 발달하였거나,

우연히 어휘의 분포 확장 등으로 우언 구성이 등장하였는데 이전의 형식
으로 표현하지 못하던 의미를 담당하면서 문법 형식으로 자리 잡았을 가
능성이 있다. 이 글은 역사적 측면에서는 후자의 가능성이 더 많다고 생
각한다. 가령, '보다', '싶다'는 역사적으로 그 분포를 넓혀간 결과 각각
19세기에 '-ㄴ가/ㄹ가'와, 17세기에 '듯'과 새로 결합하였으며 '같다'도
19세기에 명사형어미 대신 '관형사형어미+것' 보문을 취하는 역사적 변
화로 '것 같다' 구성이 출현했기 때문이다.

한편 우언적 구성이 양태 형식으로서의 문법화 과정에 있는 중이라는
측면에서 형식별로 문법화가 더 진행된 형식과 문법화가 덜 진행된 형식
을 구분하는 문제도 양태의 사적 논의에서 다룰 수 있다.

> (23) ㄱ. 장마가 곧 시작될 거야.
> ㄱ´. *장마가 곧 시작될 것이지 않아.
> ㄴ. 장마가 곧 시작될 터야.
> ㄴ´. *장마가 곧 시작될 터이지 않아.
> ㄷ. 내일부터 장마가 시작되려나 봐.
> ㄷ´. *내일부터 장마가 시작되려나 보지 않아.
> ㄹ. 내일부터 장마가 시작될 모양이야.
> ㄹ´. *내일부터 장마가 시작될 모양이지 않아.
>
> (24) ㄱ. 장마가 곧 시작될 듯해.
> ㄱ´. 장마가 곧 시작될 듯하지 않아.
> ㄴ. 장마가 곧 시작될 것 같아.
> ㄴ´. 장마가 곧 시작될 것 같지 않아.

(23)의 우언 구성은 부정 형식을 취할 수 없는 반면, (24)의 우언 구성
은 부정 형식을 취할 수 있다.[10] 그리고 (24)의 우언 구성은 부정 형식을

---

10) 우언 구성의 의미가 부정의 범위에 드는지에 대한 선행 연구는 김정혜(1997 : 71-74), 박재

취하더라도 추측의 의미는 부정되지 않는다. 이는 국어 우언 구성이 인식 양태를 나타내는 문법 형식의 지위를 갖는다는 사실과 동시에 (23)의 형식들이 문법화가 좀 더 진전된 형식이라는 것을 말해준다.

그런데 (23)과 (24)에서 문법화의 진전도에 따라 우언 구성을 구분하면, 우언 구성을 이루는 요소의 기원상의 분류와 상응하는 부분이 발견된다. (23)에 관여하고 있는 우언 구성의 요소는 '것', '터', '보다', '모양'이고 (24)에 관여하고 있는 우언 구성의 요소는 '듯', '같다'이다. '것'과 '터'는 본래 구체적인 지시물로서 '사물'과 '장소'를 의미하고11) '보다와' '모양'은 '시각'을 공통 의미로 가진다.12) '듯'과 '같다'는 '유사'의 어휘 의미를 가진다. 그런데 이러한 기원상의 분류는 관형사형어미의 결합 여부와도 관련된다. '것'과 '터'는 '-ㄹ'과 결합했을 때만 양태 의미를 드러내지만 '보다'와 '모양', '듯'과 '같다'는 '-ㄴ/ㄹ'과 결합하여 양태 의미를 드러낸다. 기원 어휘 의미가 양태 의미에 관여적일 수록 '-ㄴ/ㄹ' 모두가 결합하는 경향이 높다. 결국 '것', '터'를 구성 요소로 가지는 우언 구성이 문법화의 진전도가 가장 높고 '듯', '같다'를 구성 요소로 가지는 우언 구성이 문법화의 진전도가 가장 낮으며, '보다', '모양'을 구성 요소로 가지는 우언 구성이 그 중간의 위치에 있음을 알 수 있다. 이상 살펴

연(2003), 안주호(2004 : 110-111) 참고.

11) '터'는 본래 '장소[基]'를 뜻하던 자립명사였는데 근대국어 이후 의존명사로 쓰이게 되었다. 의존명사 '터'는 <한중록>에서 많이 발견된다. 아래 예는 각각 '간할 곳이', '용납할 경우', '할 일 없으신 처지이고', '노하게 할 일이 아니라' 등으로 해석된다.

ㄱ. 쇼됴흐시는 일을 딕됴의 츠마 알외디 못홀 거시니 간홀 터히 어이 이시리오 <한중 224>
ㄴ. 모년 일의야 군신상하의 이러타 말을 어이 용납홀 터히 이시리오 <한중 298>
ㄷ. 경모궁 소조도 홀 일 업스오신 터히시고 <한중 544>
ㄹ. 그쩌 션친 쳐지의 셩심을 격노흐오시게 흐올 터히 아니라 <한중 560>

12) 김정혜(1997 : 84)에서는 '모양이다' 구성은 '-ㄴ가/ㄹ가 보다' 구성과 비슷한 통사적 특징을 보인다는 사실을 지적하고, 이는 구성 성분 중 '모양'과 '보다'가 시각을 통한 사물이나 사태의 지각이라는 의미상의 공통 영역을 공유하기 때문이라고 지적하였다.

보았듯이 우언 구성의 양태 의미를 연구할 때는 문법화의 진전도나 관형
사형어미의 결합 여부에서 기원 요소의 의미가 관여하므로 역사적 연구
에서도 이를 고려해야 한다.

마지막으로 사적 측면에서의 양태 기술은 인접 범주인 시상 체계와의
변화와 관련되어 이루어져야 한다. 양태 형식 가운데 기원적으로 '-ㅸ'을
지니는 형식인 중세국어의 '-리-', '-ㄹ 것이다', 의문어미 '-ㄹ가/ㄹ고',
'-려/료' 등은 중세국어에서 미래 시제의 역할을 담당하기도 하였다. 국
어에서 미래 시제를 담당하는 형식이 별도로 존재하지 않는다는 면에서,
국어에서 미래는 추측과 의도 등의 양태 형식을 빌려 나타날 수 있다.[13]
미래 시제를 담당하던 이들 형식의 변화, 즉 '-ㄹ다'의 소멸과 '-려/료',
'-리-'의 쇠퇴 등의 변화는 과거 시제 어미인 '-었-', 양태 어미인 '-겠-'
의 문법화와 맞물리게 되고 그 결과 국어 시제 체계에는 변화가 생긴다.

2.2. '-ㄴ지', '-ㄹ지'에 대한 선행 연구

이 절에서는 '-ㄴ지', '-ㄹ지'에 대한 기존 연구 검토를 통해 지금까지
밝혀진 사항을 정리하고 쟁점을 확인하며 미진한 문제들을 발견하고자
한다. 국어사의 측면에서 '-ㄴ지'에 대한 논의는 크게 동사구 내포문 어
미에서 다른 문법 범주로의 발달을 논의한 것, 간접의문문으로서의 쓰임
을 논의한 것, 양태적 기능을 논의한 것으로 나뉜다.

정재영(1996)에서는 '-ㄴ지'의 중세국어 소급형은 '-ㄴ디'로서 형식명
사 'ᄃᆞ'를 포함한 구성에서 '[[[-ㄴ]#디]+(조사)]>[-ㄴ디]>ㄴ디'의 과

---

13) 국어에는 미래 시제를 담당하는 형식이 별도로 존재하지 않지만 '-겠-', '-리-', '-ㄹ 것이
다'와 같은 문법 형태가 미래를 나타내는 데 쓰였다는 사실은 나진석(1953) 이래 꾸준히
지적되었다.

정을 거쳐 15세기에 하나의 어미로 성립되었다고 설명하였다. 또한 중세국어 '-ㄴ디 알-/모ᄅ-' 구문은 화자가 발화 시점에서 주관적으로 인지하고 있는 명제 내용이나 발화 내용을 동사 '알-' 또는 '아디 몯ᄒ-', '모ᄅ-' 등의 인지 대상으로 나타낼 때 사용한다고 하였다.

김혜영(2006)에서는 간접의문어미 '-ㄴ지'의 후기 근대국어에서의 세력 확장을 논의하였는데, '-ㄴ지'는 18세기에 '알지 못ᄒ-', '모르-'의 보문에 주로 쓰이다가 19세기에는 '니ᄅ-', '말ᄒ-', 'ᄀᄅ치-' 등의 보문에 쓰이는 등 그 분포가 점차 확대되었음을 지적하였다.

이지영(2008)에서는 '-ㄴ지'와 '-ㄹ지'의 통시적 변화 과정을 면밀히 살폈는데, '-ㄴ지', '-ㄹ지'가 다양한 용법으로 확산되어 가는 과정뿐 아니라 그러한 과정을 가능케 한 의미론적 요인까지 설명하였다는 점에서 주목된다. 중세국어 '-ㄴ디'는 동사구 내포문 어미에서 연결어미로 그 용법이 확대되는 모습을 보이는데 이것은 '-ㄴ디'가 드러내는 비확정적 사태를 지시하는 의미가 구현되는 구문에 대한 제약이 해소되어 가는 방향으로의 변화라고 설명하였다. 반면 중세국어 '-ㄹ디'는 동사구 내포문 어미로서 한 예만 보인다는 점에서 단순한 양상을 보임을 지적하였다. 근대국어에서 '-ㄴ지'는 연결어미로서의 용법이 더 다양하게 나타나고 종결어미로서의 용법이 19세기에 확인되는 반면 '-ㄹ지'는 17세기에 종결성이 강한 연결어미의 용법과 문장성분으로 내포되는 종결어미로서의 용법이 나타남을 지적하였다. 그리고 이로부터 연결어미화는 '-ㄴ지'가, 종결어미화는 '-ㄹ지'가 더 빨랐음을 알 수 있다고 하였다.

이지영(2008)의 논의는 '-ㄴ지', '-ㄹ지'의 용법 확대와 범주 변화를 실제 문헌 자료에 나타난 양상을 바탕으로 치밀하게 논증하였다는 점에서 의의가 있다. 그러나 양태에 집중하여 논의가 이루어지지 않았다는 점에서 전체 양태 체계 안에서 '-ㄴ지'의 기능에 대한 설명이나 양태의 측면에서 '-ㄴ지'와 '-ㄹ지'의 차이에 대한 논의가 후속되어야 할 것이다.

정주연(2011)은 통시적으로 '-ㄴ지'의 통사적, 의미적 변화 양상을 면밀히 살핀 역사적 논의로 주목된다. 특히 내포 의문문에서 상위 동사 결합 양상을 각 시기별로 살펴보고 통시적으로 의문문의 성격이 어떻게 변화했는지 논의하였다. 15-18세기에 '-ㄴ디'계 어미는 주로 '알/모르-'와 결합하고 '-ㄴ디'가 표현하는 의문은 지각이나 경험으로 인식되는 대상의 인지 과정상에서 발생되었다고 보았다. 17세기 이후에는 그러한 의미적 제약이 없어지고 18세기 후반부터는 점차 다양한 상위 동사와 결합된 구문이 발견됨을 지적하였다. '-ㄴ지'는 19세기 후반에 들면 '-ㄴ가'계 어미보다 더 활발하게 내포 의문문으로 쓰이면서 다양한 상위 동사와 결합하며 독립 의문문의 용법도 나타난다고 하였다. 양태적 측면에서 '-ㄴ지'의 기능을 본격적으로 논의하지는 않았지만 '-ㄴ지'의 결합 관계와 '-ㄴ지' 의문문의 의미를 세밀하게 살폈다는 의의가 있다.

졸고(2013)에서는 연결어미 '-ㄴ지'가 17세기부터 본격적으로 쓰여 후행절 사태를 지각한 뒤 그 원인에 대한 추측을 선행절에 제시하거나 대동사가 가리키는 내용으로 제시한다고 설명하였다. 또한 '-ㄴ지' 접속문이 18세기 이후 선·후행절이 도치되어 쓰이는 예가 많음을 지적하였다. 그러나 종결어미 '-ㄴ지'는 선·후행절 도치와 상관없이 동사구 내포문 구성에서 상위문 동사의 생략으로 형성되었음을 논의하였다.

현대국어에서 연결어미 '-ㄴ지'의 양태 의미를 본격적으로 드러낸 것은 박진희(2011)이다. 박진희(2011)은 절 접속의 의미 관계 유형에서 나타나는 문법 특성 중 하나로 양태를 다루었다. 양태 연결어미 '-ㄴ지'가 이끄는 절은 후행절에 접속되어 후행절에 대해 원인·이유의 의미관계를 나타내며 추측과 감탄, 즉 인식 양태와 정감 양태의 다의성을 띤다고 설명하였다. 오승신(1987)에서도 '-ㄴ지 부사절'이 화자의 추측이나 의심을 나타낸다고 지적한 바 있으나 양태 범주를 논의에 적극적으로 도입하지는 않았다.

3. '-ㄴ지'의 사적 변화

이 장에서는 '-ㄴ지'의 중세국어에서 현대국어까지의 변화를 기술하기로 한다. 먼저 중세국어 '-ㄴ지'의 예를 보이면 다음과 같다.

(25) 가. 이 相公이 軍인디 아노니 甲 니븐 무론 구루미 답사혓는 둧도다 <두시 7 : 25a>

나. 光目이 對答호디 내 어미 업슨 나래 福을 보타 救ᄒ야 ᄲ혀더 내 어미 아모디 냇논디 몰래이다 <월석 21 : 53a>

다. 太子ㅣ 이실 쩌긔 샹녜 너와 ᄒ디 잇더니 이제 바ᄅ래 드러가 몬 도라왜실씨 주근디 산디 내 一定ᄒ 긔벼를 몰라 ᄒ노니 <월석 22 : 61b>

라. 阿難이 술오디 世間衆生은 일로 갓ᄀ다 컨마론 나는 뉘 正ᄒ디 뉘 갓ᄀ디 아디 몯ᄒ노이다 <능엄 2 : 11a>

마. 네 보라 가라 네 언멋 공부를 머믈우료 게 가 방이 뼘즉ᄒ디 몯 뼘즉ᄒ디 보고ᅀᅡ 내 ᄒ 마를 니ᄅ고져 ᄒ노라 <번노 상 67b>

바. 그 四依옛 ᄒ나힌디 시혹 淨土애 親히 드른디 엇뎨 그 義와 마술 다오미 이 곧거뇨 <원각 서 11a>

사. 사룸이론디 심팀ᄒ고 안정ᄒ며 ᄌ셔ᄒ고 술펴 미양 나들어 殿門에 느릴 제 나ᅀ며 그침이 덛덛ᄒ 곧이 잇더니 <소학 6 : 33b>

아. 내 인싱은 됴히 인는 이리 귀티 아녀 의셔 죽고져 호더 수미 긴디 지그미 사라 이시니 <청주간찰 12>

자. 주글 째니 그런디 누에롤사 몯 치니 <청주간찰 144>

중세국어 '-ㄴ지'의 가장 전형적인 쓰임은 (25가, 나)의 '-ㄴ지 알다/

모ᄅ다' 구문에서 나타난다. '-ㄴ지 알다/모ᄅ다' 구문은 (25다, 라)에서 보듯이 반복 구성으로 쓰이기도 하는데 (25다)에서 '-ㄴ지'와 상위문 동사 사이에 '내 一定흔 긔벼를'에 해당하는 부분이 끼어 들어가 있다. '-ㄴ 지 알다/모ᄅ다' 구문은 이런 예에서부터 점차 긴밀성이 약해진 것으로 파악할 수 있다. (25마)는 상위문 동사로 '알다/모르다' 외에 '보다'가 쓰인 것이다. (25바, 사)는 '-ㄴ지'가 상위문 동사에 내포된 형식이 아니라 절과 절을 연결하는 접속문에 쓰인 예이다. (25아, 자)가 이 글에서 주목하는 양태 의미의 '-ㄴ지'의 예다. 각각 '숨이 긴지 지금 살아 있으니', '죽을 때여서 그런지 누에를 못 치니'의 의미인데 후행절 상태가 발생한 원인에 대해 추측한 내용을 '-ㄴ지'가 결합한 절에서 나타내고 있다.

위의 (25)의 중세국어 예를 통해 알 수 있는 사실은, 중세국어에서 '-ㄴ지'는 상위문 동사 '알다/모르다'의 보문에 결합하여 쓰이거나 연결어미로 쓰이는 예가 다양하게 확인된다는 것이다. '-ㄴ지'가 상위문 동사의 보문에 결합할 때 같은 문맥에서 '-ㄴ동 모ᄅ다'와 평행하게 쓰이는 예를 (26)에서 확인할 수 있다.

> (26) 聖女ㅣ 쏘 무로디 내 어미 죽건 디 아니 오라니 넉시 어느 趣예 <u>간</u>
> <u>동 몰라이다</u> 鬼王이 聖女ᄃ려 무로디 菩薩ㅅ 어마니미 사라 이셔 엇
> 던 行業을 니기더니잇고 聖女ㅣ 對答호디 내 어미 邪見ᄒᆞ야 三寶롤
> 譏弄ᄒᆞ야 헐며 비록 갔간 信ᄒᆞ야도 도로 쏘 恭敬 아니터니 죽건 디
> 비록 아니 여러 나리라도 아모 고대 <u>간디 모ᄅ노이다</u> <월석 21 :
> 27a-27b>

그렇다면 근대국어 '-ㄴ지'의 쓰임을 살펴보자. 먼저 중세국어에서 확인되던 후행절 사태의 원인을 추측하는 데 쓰이는 '-ㄴ지'는 17세기부터 그 쓰임이 더욱 확대되어 나타난다.

(27) 가. 하놀이 므슴 허물을 <u>보오신디</u> 이런 셜운 일을 보게 ᄒ시니 <계
　　　 축 상 37b>

　　나. 그러나 신냥이 도으시고 잔잉이 <u>너기신디</u> 역질을 슌히 ᄒ시다
　　　 <서궁 63b>

　　다. 한셩부 좌긔 어제브터 <u>샹한인디</u> 머리 알파 민망타 <병자 318>

(28) 가. 네 어마님은 […] 어제 밤보터 비롤 알코 명치 알래도 알코 피가
　　　 윤나디 아니ᄒ니 <u>그리ᄒ디</u> 국도 잘 못 먹는 듯ᄒ니 <은진송씨간
　　　 찰_송규렴 121>

　　나. 나토 늙고 본디 병 인는 사롬이옵더니 비예 이치여 오오니 <u>그러
　　　 ᄒ온디</u> 밥도 일절 먹디 몯ᄒ고 <첩해 초 2 : 2b-3a>

　　다. 오늘은 자녀네로 ᄒ여 主人의 도리롤 출혀 권홀 양으로 왓스오니
　　　 <u>그러ᄒ디</u> 술도 내 ᄆᆞᆷ을 바다 그러ᄒᆞᆫ가 너기ᄂᆞ이다 <첩해 초
　　　 3 : 17a-17b>

　　라. 엇디ᄒ디 日本 사롬은 肉食 톄읫 거슬 먹디 아니ᄒ오니 <u>그러ᄒ온
　　　 디</u> 본디 오래 셔기 잘 못ᄒᆞ와 술왓습쩌니 自由히 너기옵신가
　　　 민망ᄒ여이다 <첩해 초 3 : 8b-9b>

　　(27)은 후행절 사태의 원인에 대한 추측이 선행절에 제시되어 있는 반
면, (28)은 후행절 사태의 원인에 대한 추측이 대동사로 나타나며 대동사
는 자신의 선행절 사태를 가리키고 있다. 증거성과 관련하여서는 자신이
나 3인칭 주어와 관련된 후행절 사태를 지각한 뒤에 그 원인이 선행절
사태임을 추측하고 있다. 자신에 관한 추측은 (28다)에서 볼 수 있는데
'함께 술을 마셨지만 주인의 얼굴에 술기운이 업다'는 객의 말을 듣고 자
신의 상태의 원인을 '-ㄴ지'가 결합한 절의 내용으로 추측하고 있다. 17
세기 추측을 나타내는 연결어미 '-ㄴ지'의 이러한 두 유형은 18, 19세기
에도 나타난다.

　　(29) 가. 이 집 主人이 待客ᄒ기룰 죠하ᄒ는 셩졍일너니 개도 손 드러오기

롤 죠하흐눈지 꼬리 치고 아론 체흐니 <인어 1 : 18a>

나. 너는 이 어디로셔 온 나그닌지 이젼에 또 일즉 서로 아지 못흐니
  <중노 샹 44a>

다. 판옥이 소링흐야 좀 자기 어렵도다 역관들 겻티 드러 므숨 말 의
  논인지 새도록 요란흐니 <일동 128>

라. 오눌 일즉이 내 다룬 디 가 아는 이를 보려 흐여 門 앏히 기르마
  지은 흰 물을 미엿더니 아지 못게라 엇지 흐여 드라난지 므춤내
  去向을 아지 못흐니 <박신 3: 53a-53b>

마. 츳보오 손의 들고 쓸의 와 조츰홀 제 밋살이 터저넌지 방귀 조곰
  쒸거고나 <일동 27>

바. 속의 熱이 이셔 이러흐지 믈을 촌소오니 <인어 9 : 12b>

사. 하 권흐시매 그러흐지 フ장 醉흐여소오되 계요 계요 氣向을 출혀
  안잣숩니이다 <개수쳡해 3 : 23b-24a>

(30) 가. 그 둥디에 일본 샹민들의 샹업에 무숨 방히되는 스건이 잇섯눈지
  부산항에 잇는 일본 령스가 부산항 감리의게 죠회 흔 고로 <독
  립 1899/ 6/20 잡보>

나. 김홍륙씨가 통스 갈닌 후로 오리 형젹이 업더니 근일에 무슨 도
  리가 잇는지 종종 궐니에 입시 흔다더라 <매일 1898/6/30 잡보>

다. 무삼 원통흔 일이 잇는지 일젼에 아편을 먹고 즈쳐 흐엿다더라
  <매일 1898/6/30 잡보>

라. 그 모든 녜스것시 엇더케 긔묘흔지 세샹 사롬의 지조가 졈졈 공
  교흔것마는 이것과 ろ치 흐기는 도모지 못흐겟다 닐ㅇ느니라
  <사민 68>

마. 열다섯 쳡을 지다가 먹이고 오지탕을 흐여 싯고 그리흐니 약효
  온지 외인팔에 대단흐던 거시 살아지오니 <의셩김씨간찰 45>

바. 연분 이셔 이러흐지 인연 이셔 이러흐지 너 스라야 나도 술고 나
  술아야 네 술니라 <남원 1 : 25a>

사. 뎨도 더위예 히산을 흐옵고 됴리을 변〃이 못흐와 그러흐온지 다
  리 더 심이 알숩고 <창원황씨간찰 51>

(29), (30)은 18, 19세기에 '-ㄴ지'가 결합한 선행절이 후행절 사태의 원인을 추측한 내용을 나타내거나 후행절 사태의 원인에 대한 추측이 '-ㄴ지'가 결합한 대동사로 나타난 예이다.

근대국어에서 '-ㄴ지'가 추측의 기능을 지니는 연결어미로 쓰일 때는 아래 예에서 보듯이 선·후행절이 도치되어 쓰인 예가 많이 발견된다.

(31) 가. 이곳은 올 겨울은 그젼ㅈ치 한속ㅎ는 증 업시 셩ㅎ오니 ㄱ을의
　　　 먹은 약효온지 <의성김씨간찰 29>
　　 나. 네죄 계슈ㅎ되 뎡종대왕겨오셔 태종대왕을 봉ㅎ샤 셰ㅈ롤 삼ㅈ
　　　 오시니 데왕 가는 계셔로 뼈 듕ㅎ믈 삼고 눈치 도로혀 경ㅎ여 그
　　　 러ㅎ오신디 그 때의 태조대왕이 ㅂ야흐로 샹왕 위예 겨오시니
　　　 지존이 압ㅎ오신 바의 셰ㅈ로 칭ㅎ오미 혐의 업스와 그러ㅎ오신
　　　 디 오늘날 스셰일로 더브러 잠간 다르오니 쏘ㅎ 인거ㅎ여 젼례
　　　 롤 삼기 어려온디라 <천의 1 : 5a-5b>
　　 다. 이번은 八十六七斤 둘닌 거시 잇스오니 요스이 稱子가 샹ㅎ거나
　　　 ㅎ여 그러ㅎ지 路中의셔 閪失ㅎ여 그러ㅎ지 觸處의 ㄱ업순 졍이
　　　 만스와 이 셜은 스연이나 ㅎ고져 ㅎ여 ᄂ려왓ᄂ니 <인어 4 :
　　　 21b>
　　 라. 법부 대신이 이런 일을 모로고 법부에 민인 판스 검스들이 불샹
　　　 ᄒ 죠션 인민을 이러케 악형을 ㅎ야도 모론 테ㅎ고 잇스니 몰나
　　　 그러ㅎ지 알고도 판검스들이 무셔워 죄를 못 주ᄂ지 <독립
　　　 1897/4/27 론셜>

가령 (31가)는 'ㄱ을의 먹은 약효온지 이곳은 올 겨울은 그젼ㅈ치 한속 ㅎ는 증 업시 셩ㅎ오니'와 같은 문장에서 선·후행절 도치로 형성된 것으로 파악된다. 연결어미가 종결어미화하는 기제로는 후행절이나 상위문 동사의 생략 혹은 선·후행절의 도치가 있다. 혹시 종결어미 '-ㄴ지'가 (31)과 같은 경우로 발생한 것이 아닌가 의심할 수 있다. 그렇다면 '-ㄴ 지'가 종결어미로 쓰인 예를 먼저 확인해보자.

(32) 가. 쥬인 디답이 그더가 이전에는 놀고도 잘 살더니 지금은 엇지 못
　　　　<u>사는지요</u> 그 사름 말이 내가 다힝히 샹놈되지 안코 샤부의 주식
　　　　되여 디톄며 인아죡쳑이 남만 못 ᄒ지 안키로 […] <독립 1897/
　　　　1/30 잡보>

　　나. 이 ᄉᄯ 쇼문 드르니 치민션졍 유명ᄒ여 빅셩드리 만셰불망 션졍
　　　　비롤 셰운다 ᄒ니 그러홀시 <u>분명혼지</u> 그 노인 디답ᄒ디 예 이 ᄉ
　　　　ᄯ오 공ᄉᄂᆫ 잘ᄒᄂᆫ지 못ᄒᄂᆫ지 모로거니와 참나무 휘온 듯ᄒ니
　　　　엇더타 홀지오 <남원 5 : 17a>

　　다. 셩국이 제 무슴 심쟝으로 동궁의 그리 흉혼 뜻을 <u>먹엇던지</u> 요악
　　　　간흉혼 놈이 아니리오 <한중 176>

　　(32가, 나)는 상관적 장면에 쓰인, (32다)는 비상관적 장면(독백)에 쓰인
'-ㄴ지' 종결어미의 예인데 모두 추측의 의미는 나오지 않는다. (32가)에
서는 보조사 '-요'가 붙어 반말체 어미로서의 '-ㄴ지'의 지위를 보여준
다. (32다)는 혜경궁 홍씨의 독백으로 '셩국이 제 무슨 마음으로 동궁에
게 그리 흉한 뜻을 먹었던가' 정도의 의미이다.

　　(32)의 종결어미 '-ㄴ지'는 동사구 내포문어미로 쓰이던 '-ㄴ지 알다/
모르다' 구문에서 기원한 것으로 파악된다.[14] '내 모로리로다 너는 어디
로셔 온 나그닌지 <중노 상 43b>'에서처럼 '-ㄴ지'가 결합한 보문과 상
위문 동사가 도치되어 쓰이다가 상위문 동사가 생략되는 과정을 거쳐 종
결어미 '-ㄴ지'가 나타난 것으로 파악하는 것이다. 그 근거는, 첫째 '죽
건 디 비록 아니 여러 나리라도 아모 고대 <u>간디 모르노이다</u> <월석 21 :
27b>'에서 보듯이 '-ㄴ지 알다/모르다' 구성의 '-ㄴ지'는 종결어미 '-ㄴ

---

14) 한편 '-ㄴ지'와 '-ㄹ지'의 종결어미화와 관련하여 이지영(2008 : 134)에서는 '-ㄴ지'가 19
　　세기 말 이후 더욱 분명한 종결어미로서의 쓰임을 보여준다고 하면서 '-ㄴ디'와 '-ㄹ디'는
　　동사구 내포문의 위치에서 주어 성분의 위치로 간접의문문의 어미로서의 용법이 확대되는
　　과정을 거쳐 직접 의문문이나 평서문과 같은 전형적인 종결어미의 기능을 획득해 간 것으
　　로 파악하였다.

지'처럼 추측의 의미를 전달하지 않으며, 둘째, '봉쥰은 쩌나려 급 〃히 인마롤 기드리오나 아니 드러오니 문에 치퓌롤 <u>흐온지</u> 하인이 병이 드러 <u>그런동 모르니</u> <의성김씨간찰 19>'에서처럼 '-ㄴ지'와 모르다' 사이에 다른 내포문이 끼어 있는 예가 많이 나타나는데 이는 '-ㄴ지'가 결합한 보문과 상위문 동사의 결합이 그리 강하지 않다는 것을 보여주기 때문이다.

근대국어에서 '-ㄴ지'가 겪는 변화 중 하나는 선택, 대략적인 추정을 나타내는 데 쓰인다는 것이다.

(33) 가. 그 사롬이 참 농스를 흐랴면 몬져 싸에 거름을 흐야 그 싸이 기름진 후라야 <u>무슴 곡식을 심으던지</u> 곡식이 다 잘아 열미가 성흐게 되는 법이요 <독립 1897/4/20 논설>

나. <u>누구던지</u> 죠션 사롬이 외국 사롬의게 무리흐게 <u>욕을 보던지</u> 곤경을 당흐던지 흐면 <독립 1896/9/3 논설>

다. 신문에 물건 샹관으로 광고흐는 거슨 <u>어느 나라 신문이던지</u> 공젼을 밧거니와 <독립 1897/2/4 광고>

(34) 가. 뉘가 그리흐라드니 글셰올시다 츈향이가 <u>슐잔인지</u> 먹이옵고 쏘 <u>돈 닷 냥인지</u> 쥬면셔 그리흐러오 <남원 3 : 20a>

나. 영감이 훨젹 쒸며 흐는 말이 그런 앙급홀 소리 다시 옮기도 맙소 <u>니도령인지</u> 흐는 녕셕이 츈향을 작쳡흐고 한 번 올ᄂ간 후 신관이 츈향의 향명을 듯고 여츠여츠흐여 엄치엄슈흐되 츈향이 종불 쳥흐고 방지옥즁이어놀 <춘향전_경판 35장본 28a>

다. 비짐은 갓는가 쁠 것 업셔 졀박히 디니는 줄 알고 쏭이 흐여 <u>뿔말인지</u> 흐여 보니시고 부여로셔 뽈 쩌허 보니엿다 흐니 <창원황씨간찰 68>

(33)은 선택을 나타내는 '-ㄴ지'의 예인데 주로 선어말어미 '-더-'와 결합하여 쓰이는 것이 특징적이다. 이지영(2008 : 131)에서는 '-더-'와 '-ㄴ지'의 결합이 과거와 무관한 상황, 즉 가능한 상황 중 하나 혹은 그 이상

을 열거하는 맥락에 쓰이기 시작한 원인을 '-ㄴ지'가 가지는 화자 추정
의 기능과 선어말어미 '-더-'의 상적 기능에 기대어 설명하였다. '-던지'
가 가지는 과거 상황에 대한 화자 추정의 의미가 확대되어 일반적인 추
정적 상황, 즉 가능한 것으로 추정되는 상황들에 대한 열거의 의미로 그
용법이 확대된 것으로 본 것이다. (34)는 '-ㄴ지'가 대략적인 추정을 나
타내는 예문으로 '-ㄴ지'가 가지는 비확정적 속성을 잘 나타내준다. (34)
의 '술잔인가를', '돈 닷 냥인가를', '이 도령인가 하는 녀석이', '쌀 한
말인가를'은 모두 화자의 추정적 태도를 보여준다. 즉 중세국어에서 주로
동사구 내포문 어미로 쓰이던 '-ㄴ지'는 근대국어 들어 더 다양한 환경
에서 쓰이게 되는데, 인식 양태적 쓰임을 유지하는 경우와 선택, 대략적
인 추정이라는 더 특수한 쓰임으로 나타나는 경우로 나뉜다.

 지금까지 중세국어 '-ㄴ지'는 동사구 내포문 어미로도, 연결어미로도
쓰이며 그 예문도 상당수 확인된다는 점을 확인하였다. 그리고 근대국어
에서 추측을 나타내는 연결어미로서의 쓰임이 확대되는 양상과 '-ㄴ지'
가 쓰인 접속문에서 선·후행절이 도치되어 쓰이는 현상을 살펴보았다.
또한 동사구 내포문 어미로 쓰이던 '-ㄴ지'가 상위문 동사의 생략으로
종결어미 기능을 하게 되었음을 논의하였다.

4. '-ㄹ지'의 사적 변화

 중세국어에서 '-ㄴ지'가 주로 동사구 내포문 어미로 쓰이면서 그 예가
많이 나타났던 것과 달리 '-ㄹ지'의 중세국어 예는 한두 예에 그친다.

 (35) 이리 오마 터니 <u>올디</u> 모르리로다 <청주간찰 18>

‘-ㄹ지’는 17세기부터 종결성이 강하게 드러나는 연결어미의 용법과 종결어미로서의 용법이 나타난다(이지영 2008 : 134).

(36) 가. 쏘 뎌 使ㅣ 信使를 위ᄒᆞ야 冠帶를 홀 쟉시면 信使도 冠帶를 ᄒᆞ셔야 됴쏜올디 다만 冠帶ᄒᆞ시미 됴홀가 시프외 <첩해 초 7 : 12a-12b>

나. 즈셰 아옵거이다 ᄒᆞ면 볼쟉시면 그 거조는 엇디홀고 잔이나 내논 일이나 이셔야 됴홀디 자네 아라 됴홀 양으로 ᄒᆞ소 <첩해 초 7 : 10b-11a>

(37) 가. 구월 초팔일 니 돔 조림 죠곰 가오나 샹치 아니ᄒᆞ올지 즙댱도 샹ᄒᆞ여 가실 듯ᄒᆞ오니 답〃ᄒᆞ옵 <의성김씨간찰 24>

나. 반찬도 아모 것도 못 스 보내오니 답〃 구젼 ᄒᆞᆫ 항아리 가오니 잡ᄉᆞ오실지 요ᄉᆞ이는 잡ᄉᆞ오시기 죠곰 낫ᄌᆞ오신가 <의성김씨간찰 35>

다. 여긔 ᄶᅢ개 그릇 어엿부옵기 됴금만 것 그 포 속의 너허 보니오나 무ᄉᆞ히 가올지 ᄶᅢ여진다 ᄒᆞ옵기 셋 너헛다 도로 너고 ᄒᆞ나만 보니옵고 <창원황씨간찰 27>

라. 졔ᄉᆞ를 지너실 졔 축문이 잇것기예 이 ᄉᆞ셜 짓ᄂᆞᆫ 스롬 졔 의ᄉᆞ로 지어시니 공명션싱 알으시면 ᄭᅮ즁이나 안 ᄒᆞ실지 유셰ᄎᆞ 디한 건 안 십이년 십일월 을ᄉᆞᆨ 이십일 甲ᄌᆞ <신재효판소리 젹벽가 474-476>

(38) 가. 대원 리씨가 의론ᄒᆞ되 오ᄂᆞᆯ은 곳 교젼쇼 데 삼회라 오히려 의론 ᄒᆞᆫ 일이 업스니 무슴 일노써 몬져 거론ᄒᆞ올지 지금 가장 요긴ᄒᆞᆫ ᄉᆞ건은 벼술 내고 ᄶᅦᄂᆞᆫ 규칙이라 <독립 1897/5/1 교젼쇼 뎨삼호 회의일긔>

나. 셰월도 원슈〃 이곳도 두로 너 병은 업고 디소가 편하나 언제 마음이 안심될지 일각이 여슴츄라 <순흥안씨간찰 22>

(36)은 17세기 <첩해신어> 자료에서 ‘-ㄹ지’가 종결어미로 쓰인 예이

고 (37)은 19세기에 '-ㄹ지'가 종결어미로 쓰인 예로 모두 추측의 의미를 나타낸다. (36)은 각각 '또 저 사자가 신사를 위하여 관대를 할 것 같으면 신사도 관대를 하셔야 좋을지', '잔이나 내는 일이나 있어야 좋을지'의 의미로 자문에 쓰여 추측의 의미가 파악된다. (37)의 예에서도 '-ㄹ지'는 주로 자문에 쓰였음을 알 수 있다. 이는 19세기 간찰 자료에서 '-ㄹ지'가 많이 쓰인다는 사실에서도 알 수 있다. 그런데 '-ㄹ지'는 자문으로 쓰일 때 결합한 의문문의 종류가 판정의문인지 설명의문인지에 따라 추측 의미의 발생 양상이 다르게 나타난다. (37)은 '-ㄹ지'가 판정의문과, (38)은 설명의문과 쓰인 예인데 전자는 명제의 옳고 그름에 대한 판정의 의미, 즉 추측의 의미가 발생하지만 후자는 추측의 의미가 나오지 않는다. 추측은 미지의 명제에 대해서는 이루어질 수 없기 때문에 설명의문에서는 추측의 의미가 나오지 않는 것이다(박재연 2006 : 212-213). (37가)는 '음식이 상하지 않을지'의 의미이고 (38가)는 '무슨 일을 먼저 거론할지'의 의미이다. (37가)는 음식이 상할 것 같다고, 즉 명제의 옳고 그름에 대해 추측하고 있지만 (38가)는 의문사 '무슨'에 대한 내용이 밝혀져 있지 않기 때문에 명제의 옳고 그름을 판단하는 양태 의미가 애초에 성립할 수 없는 것이다.

　종결어미로 쓰인 '-ㄹ지'는 추측의 의미를 드러내지만 종결어미로 쓰인 '-ㄴ지'는 추측의 의미를 드러내지 않는 것은 관형사형 어미 '-ㄴ'과 '-ㄹ'의 기능 차이에 기인한다. 관형사형 어미 '-ㄴ'과 '-ㄹ'은 현실성 지위의 범주에 속하는데, 현실성 지위는 "인식된 현실에 바탕을 둔 (grounded in perceived reality)" 사건을 묘사하는 명제와 "개념적 생각이나 사상, 혹은 가상적 사고로 존재하는(existing only as a conceptual idea, thought, or hypothetical notion)" 사건을 묘사하는 명제를 구분한다(Elliott 2000 : 56). '-ㄴ'은 현실, '-ㄹ'은 비현실을 나타내는데(최동주 1995 : 271, 박재연 2009

가 : 157, 문숙영 2009 : 264, 임동훈 2008 : 241, 2009 : 75 등) 개념적으로 인식된 현실에 바탕을 둔 '-ㄴ'은 명제의 옳고 그름을 판단해야 하는 인식양태와는 거리가 있는 것이다.

양태 기능의 '-ㄹ지 모르다' 구성은 신소설 자료에서 본격적으로 쓰이기 시작한다. '-ㄹ지 모르다'는 앞서 보인 청주간찰의 예에서도 나타나고 19세기에도 그 예가 확인되지만[예 : 통천군슈가 셧볼니 그 즁들을 건듸리다가 전 간성 군슈로 증역ᄒᆞ는 셔샹대 씨의 모양이 아니 될지 모르깃다고들 ᄒᆞ다더라 <매일 1898/6/14 잡보>] 매우 드물게 나타난다. 그러나 신소설 자료에서는 그 예가 아래 (39)에서 보듯이 많이 확인된다.

> (39) 가. (송련) 그러면 김진보가 지금 나히 몟치나 되엿니 (김순) 지금 슘십여 셰가 되시엿지요 그런데 무슴 일로 가셰요 지금 가시면 <u>뵈올지도 모름니다</u> <추천명월 83-84>
> 나. 김진보가 이갓치 위퇴홀 일를 면ᄒᆞ얏스나 쏘 무슴 일리 <u>잇슬지도 몰나</u> 영산이까지 다리고 서울로 회환을 ᄒᆞ야 안돈ᄒᆞ고 합동집으로 오니 <추천명월 128>
> 다. 청주집이 도로 들어가 불을 켜오자 ᄒᆞ니 그 놈들 눈에 쓰이면 무슨 변이 <u>쏘 잇쓸지 몰나</u> 셩양 만연히그어 권진ᄉᆞ에 몸을 살펴보니 다힝이 즁ᄒᆞ게 상치는 안이 힛스나 <고목화 70>
> 라. 복이 녀왕의 명령도 업시 태군을 맛나 정회를 폣스니 셔약을 위반ᄒᆞ 게나 <u>안일지 몰으겟쇼</u> <비행선 197-198>
> 마. 쟈식된 도리에 민망치 안인 바는 아니지만은 그러타고 지금 릭일모레 <u>도라가실지도 모르는</u> 로영감을 망연히 알아보지 안는 것은 쟈네가 그것이 올흔 줄로 싱각ᄒᆞ나 <금국화 하 100>
> 바. 쏘흔 꿈이라 ᄒᆞ는 것은 허스이라 꼭 밋을 슈는 업지만은 스룸이 죽지 안코 스라잇스면 혹시 조흔 결과가 <u>잇슬지도 모르는</u> 것인즉 <금강문 125>

위의 (39)에서 볼 수 있듯이 '-ㄹ지 모르다' 구성은 추측의 의미를 드러내는데, 가령 (39가), (39나)는 각각 '지금 가면 본다', '무슨 일이 있다' 는 명제의 가부를 판단하는 인식 양태의 쓰임을 보인다.

'-ㄹ지'의 종결어미로서의 쓰임은 신소설 자료에서 여전히 확인된다. (40가)는 대화 장면에 쓰인 '-ㄹ지'의 예이고 (40나, 다)는 독백문에 쓰인 '-ㄹ지'의 예이다.

(40) 가. (신) 아오님이 간다고 흐면 너야 열 일 졔치고라도 갓치 갈 터이
　　　　지마는 아오님이 구경을 나셧다가 령감게셔 박아지나 안이 글그
　　　　실지 (강릉집) 박아지는 무슨 박아지 <산천초목 14>
　　나. 그러코 보면 시는날 옥중쟉별이 아쥬 영별이 될지 쏘다시 만날
　　　　날이 잇슬지 양인의 창결흔 회포는 셔로 눈물만 흘니고 <한월
　　　　115>
　　다. 졈순이 목소리를 듯고 침모가 쌈쫙 놀나면셔 에그머니 죠년이 여
　　　　긔를 엇지 알고 오나 너가 공교롭게 여긔 왓다가 고년의 눈에 쯰
　　　　흐면 쏘 무슨 몹슬 소리를 드를지… <귀의성 상 81>

19세기부터 (41)의 '-ㄹ는지'가 형성되어 쓰이는데, 이 역시 추측의 의미를 드러낸다. '-ㄹ는지'의 형성에 대해서는 두 가지 견해가 존재한다. 첫째, 중세국어의 '-으리런디'가 16세기 이후 형태 변화를 입어 '-을런디'를 거쳐 '-을런지, -을년지, -을는지' 등으로 다양하게 표기되던 것이 현대국어에서 '-는지', '-었는지', '-겠는지'에 유추되어 '-을는지'의 모습으로 정착된 것으로 보는 것이다(이현희1994 : 68). 둘째, 선어말어미 '-으리러-'와 '-은가'의 결합인 '-으리런가'에서 변화된 '-을년가' 혹은 '-을런가'에 유추된 것으로 보기도 한다(이지영 2008 : 137).

(41) 가. 대져 법부 비셔 과장 리규셕 씨는 대신의 명령을 꿈여 허젼흐고
　　　　도 그 장츠 무스흘는지 흐고 말이 만터라 <독립 1897/11/30 잡
　　　　보>

나. 로파가 만일 빅フ지로 그 규슈를 기유ᄒ다가 필경 위협ᄒ고 압제
혼즉 그 규슈가 시집을 <u>갈논지</u> 그러ᄒ여도 아니 <u>갈논지요</u> <독립
독자투고>

다. 또 ᄒ시더 모년 후 누고로 양ᄌ 뎡ᄒ련다 의망ᄒ던 것도 잇더라
ᄒ니 그거시 다 이 흉언으로 조차ᄂ 계교니 그거시 군님일국ᄒ
야 엄더 빅뇨롤 <u>할넌지</u> 아니 흉ᄒ나 ᄒ시고 싱각ᄒᆯ스록 그 놈들
의 역심과 흉언이 몸서리치인다 ᄒ시고 <한중 554>

라. 엇지ᄒ면 셔간을 면젼ᄒ고 텬대를 아니 <u>밧을논지</u> 아마도 머리에
쓰는 벙거지를 달니 변통ᄒᄂ 거시 못당ᄒ다고 <독립 1897/7/3
잡보>

마. 우리 올바임은 언지ᄂ 져을 차자 <u>오실는지</u> 보고 십기 그지업고
만너보기 한니로쇼이ᄃ <순흥안씨간찰 4>

(42) 가. 지금도 집에 나아올 겨를이 업것만은 니가 집에를 다시 <u>와볼지</u>
<u>말논지</u> ᄒ닛가 부인다려도 부탁ᄒᆯ 말이 잇고 내 아오다려도 이
를 일이 잇셔ᄉ 간신히 몸을 쎄쳐 나아왓쇼 <우중행인 9>

나. 종국의 근심과 인뉴의 멸망ᄒᆯ믈 싱각ᄒ야 통곡ᄒ고 시브며 션왕
이 겨실 젹은 효양을 <u>바들지</u> 영화롤 <u>볼넌지</u> ᄒᄂ 디로 두엇거니
와 <한중 486>

(42)는 '-ㄹ지'와 '-ㄹ는지'가 함께 쓰이고 있어 이 두 어미가 형태,
의미상 서로 연관되어 있음을 보여주는 예이다.

지금까지 중세국어와 근대국어 '-ㄹ지'의 쓰임을 살펴보았다. '-ㄹ지'
는 중세국어에서는 한두 예만 나타나는 등 그 쓰임이 제한되다가 17세기
부터 종결어미로서의 쓰임이 확대되어 나타난다. 종결어미 '-ㄹ지'는 주
로 자문으로 쓰이는 예가 많고 자문으로 쓰일 때 판정의문일 때는 추측
의 의미가 드러나지만 설명의문일 때는 추측의 의미가 드러나지 않음을
확인하였다. 또한 현대국어에서 인식 양태 구성으로 빈번하게 쓰이는
'-ㄹ지 모르다' 구성은 신소설 자료에서 본격적으로 나타난다는 사실을

확인하였다. '-ㄹ지'와 형태, 의미상 연관성을 지니는 '-ㄹ는지'는 19세
기부터 나타나 쓰이기 시작한다.

5. 정리

이 글은 양태의 정의와 관련 범주, 역사적 측면에서의 양태 기술의 방
향을 살펴보고 '-ㄴ지'와 '-ㄹ지'가 현대국어에서 양태 의미를 담당하게
된 역사적 과정을 논의하였다. 중세국어에서 '-ㄴ지'는 상위문 동사('알다/
모르다')에 내포되어 동사구 내포문 어미로도 쓰이고 연결어미로도 쓰인
다. 또한 그 예문도 상당수 확인된다. 반면, '-ㄹ지'는 동사구 내포문 어
미로 쓰이는 한 예가 <청주간찰>에서 발견될 뿐이다. 근대국어에서 '-ㄴ
지'는 추측을 나타내는 연결어미로서의 쓰임이 확대되고 '-ㄹ지'는 주로
자문의 종결어미로 쓰여 추측의 의미를 드러낸다. 그리고 '-ㄹ지'는 신소
설자료에서부터 본격적으로 '-ㄹ지 모르다' 구성에서 추측의 의미를 드
러낸다. 이러한 사실은, 두 어미가 현대국어에서의 쓰임을 갖게 되기까지
그 양상이 다양하게 전개되었음을 알게 해준다. 이에 이 글은 이들의 변
천을 특히 양태에 초점을 두고 살펴보았다. 이 과정에서 두 어미의 구성
요소인 '-ㄴ'과 '-ㄹ'이 어떤 역할을 하였는지 논의하였다. 종결어미로
쓰인 '-ㄹ지'는 추측의 의미를 드러낼 수 있지만 종결어미로 쓰인 '-ㄴ
지'는 추측의 의미를 드러낼 수 없는데, 이는 '-ㄴ'과 '-ㄹ'의 기능 차이
때문이다. 인식된 현실에 바탕을 둔 '-ㄴ'은 명제의 옳고 그름을 판단해
야 하는 인식 양태와는 거리를 둘 수밖에 없다.

‖ 참고문헌

고영근(1986), "서법과 양태의 상관관계", 국어학신연구 : 약천김민수교수 회갑기념, 탑출판사, 383-399.

고은숙(2011), 국어 의문법 어미의 역사적 변천, 한국문화사.

김동욱(2000), "한국어 추측표현의 의미차이에 관한 연구 : 'ㄴ 것 같다', 'ㄴ 듯 하다' 와 'ㄴ가 보다', 'ㄴ 모양이다'의 의미차이를 중심으로", 국어학 35, 171-197.

김정아(1985), "15세기 국어의 '-ㄴ가' 의문문에 대하여", 국어국문학 94, 281-302.

김정혜(1997), 양태표현의 '모양이다' 구문 연구, 석사학위논문, 이화여자대학교.

김혜영(2006), "후기 근대국어 의문법의 변천 연구", 홍종선 외, 후기 근대국어 통사 의 연구, 역락, 93-149.

나진석(1953), "미래시상 보간 "리"와 "겠"의 교체", 국어국문학 6, 8-10.

문병열(2007), 한국어의 보문 구성 양태 표현에 대한 연구, 석사학위논문, 서울대학교.

문숙영(2009), 한국어의 시제 범주, 태학사.

박재연(1998), 현대국어 반말체 종결어미 연구, 석사학위논문, 서울대학교.

박재연(2000), "독백과 독백문 종결어미에 대하여", 국어학논집 4, 역락, 25-48.

박재연(2003), "한국어와 영어의 양태 표현에 대한 대조적 고찰 : 부정과 관련한 문법 현상을 중심으로", 이중언어학 22, 199-222.

박재연(2005), "인식 양태와 의문문의 상관관계에 대하여", 어학연구 41-1, 101-118.

박재연(2006), 한국어 양태 어미 연구, 태학사.

박재연(2009가), "한국어 관형사형 어미의 의미 기능과 그 문법 범주", 한국어학 43, 151-177.

박재연(2009나), "'주어 지향적 양태'와 관련한 몇 문제", 한국어학 44, 1-25.

박재연(2009다), "연결어미와 양태 : 이유, 조건, 양보의 연결어미를 중심으로", 한국 어의미학 30, 119-141.

박재연(2013), "한국어의 인식론적 범주와 관련한 몇 문제", 국어학 66, 79-107.

박진호(2011), "시제, 상, 양태", 유현경 외, 한국어 통사론의 현상과 이론, 태학사, 171-224.

박진희(2011), 국어 절 접속의 의미관계 유형에 대한 연구, 박사학위논문, 서강대학교.

서정수(1979), "경남방언의 의문법에 대하여 : '해라체'를 중심으로", 언어 4-2, 115-142.

서정목(1987), 국어 의문문 연구, 탑출판사.

서정목(1991), "내포 의문 보문자 '-(으)ㄴ+가'의 확립", 석정 이승욱 선생 회갑 기념 논총, 원일사, 105-133.

안주호(2004), "한국어 추측 표현의 통사·의미 연구", 새국어교육 68, 97-121.

오승신(1987), "'-ㄴ지'의 통사적 기능과 의미연구", 말 12, 93-118.

이선웅(2001), "국어의 양태 체계 확립을 위한 시론", 관악어문연구 26, 317-339.

이지영(2004), 국어의 용언 부정문에 관한 역사적 연구, 박사학위논문, 서울대학교.

이지영(2008), "'-은지'와 '-을지'의 통시적 변화", 국어학 53, 113-140.

이현희(1982), 국어의 의문법에 대한 통시적 연구, 석사학위논문, 서울대학교.

이현희(1994), 19세기 국어의 문법사적 고찰, 한국문화 15, 57-81.

이효상[Lee, Hyo-sang](1991), Tense, Aspect, and Modality : A Discourse-Pragmatic Analysis of Verbal Affixes in Korean from a Typological Perspective, Doctoral Dissertation, UCLA.

임동훈(2003), "국어 양태 체계의 정립을 위하여", 한국어의미학 12, 127-153.

임동훈(2008), "한국어의 서법과 양태 체계", 한국어의미학 26, 211-249.

임동훈(2009), "'-을'의 문법 범주", 한국어학 44, 55-81.

장경희(1985), 현대국어의 양태범주 연구, 탑출판사.

정재영(1996), 의존명사 '드'의 문법화, 태학사.

정주연(2011), 의문 어미 '-ㄴ가', '-ㄴ지'의 통시적 연구, 석사학위논문, 고려대학교.

정혜선(2010), "종결어미와 통합하는 '보다' 구문에 대하여", 국어학 59, 45-66.

정혜선(2013), 국어 인식 양태 형식의 역사적 연구, 박사학위논문, 서강대학교.

최동주(1995), 국어 시상체계의 통시적 변화에 관한 연구, 박사학위논문, 서울대학교.

Bybee, J. L., Perkins, R. & Pagliuca, W.(1994), *The Evolution of Grammar : Tense, Aspect, and Modality in the Languages of the World*, University of Chicago Press.

Bybee, J. L. & S. Fleischman eds.(1995), *Modality in Grammar and Discourse*, John Benjamins Publishing Company.

de Hann, F.(2012), Irrealis: Fact or Fiction?, *Language Sciences* 34, 107-130.

Elliott, J. R.(2000), Realis and Irrealis : Forms and Concepts of the Grammaticalization of Reality, *Linguistic Typology* 4, 55-90.

Lyons, J.(1977), *Semantics* vol. 2, Cambridge University Press.

Mithun, M.(1995), On the Relativity of Irreality, In Bybee, J. L. & S. Fleischman (eds.), *Modality in Grammar and Discourse*, John Benjamins Publishing Company, 367-388.

Narrog, H.(2005), On Defining Modality Again, *Language Sciences* 27, 165-192.

Nordström, J.(2010), *Modality and Subordinators*, John Benjamins Publishing.

Palmer, F. R.(1979/1990), *Modality and the English Modals*, 2nd ed., Longman.

Palmer, F. R.(1986), *Mood and Modality*, Cambridge University Press.

Palmer, F. R.(2001), *Mood and Modality*, 2nd ed., Cambridge University Press.

Pietrandrea, P.(2005), *Epistemic Modality : Functional Properties and the Italian System*, John Benjamins Publishing Company.

Saeed, J. I.(2003), *Semantics*, 2nd ed., Blackwell Publishing.

Thompson, S., Longacre, R. & Hwang, S.(2007), Adverbial Clauses, In T. Shopen ed., *Language Typology and Syntactic Description, vol 2 : Complex Constructions*, 2nd ed., Cambridge University Press, 237-300.

화자의 시점으로 본 한국어 양태 표현 교육
'-는 것 같다'와 '-나 보다'를 중심으로

오승은

1. 도입

1.1. 연구 목적 및 문제 제기

이 글에서 한국어를 모국어로 하지 않는 제2언어 학습자를 대상으로 한 한국어 교육[1])에서 학습자의 자유로운 언어 사용을 함양하기 위해 추측의 의미를 지닌 양태 표현 '-는 것 같다'와 '-나 보다'의 의미와 기능을 어떻게 교육적으로 이해하고 활용할 수 있는지 살펴보고자 한다. 이를 위해서 먼저, '-는 것 같다'와 '-나 보다'와 같이 추측의 의미를 지니는 양태 표현의 의미 차이를 어떻게 규정할 수 있는지, 통사적 측면에서의

---

1) 언어 교육에서 제2언어로서의 언어 교육은 엄밀히 말해서 외국어로서의 언어 교육과는 교수, 학습 과정과 언어 사용 양상에서 큰 차이를 보인다. 그러나 이 글에서 지시하는 한국어 교육은 모국어 화자가 양태 어미 또는 양태 표현을 문법적으로 학습하지 않고도 자유롭게 사용하는 것과 대립되는 항으로, 한국어를 모국어로 하지 않으며 제2언어 혹은 외국어로서 한국어를 교수, 학습하는 것을 총칭하여 '외국인 학습자를 위한 한국어 교육'이라는 광의의 개념으로 지칭하겠다. 이후로는 한국어 교육이라고 줄여 언급하고자 한다. 또한 모국어 화자와 대립되는 항으로 외국인 학습자라고 줄여 언급하고자 한다.

차이가 의미에 어떤 영향을 미치는지, 그것이 특정 맥락 내에서 어떤 담화적 의미를 갖는지 알아볼 것이다. 이를 바탕으로 현재 한국어 교육에서 주로 사용되는 학습용 사전과 교재에서 양태 표현 '-는 것 같다'와 '-나 보다'의 의미와 기능이 어떻게 기술되고 제시되는지 살펴보고, 학습자의 담화 능력을 향상시키기 위해 어떤 방향으로 교수, 학습하는 것이 필요한지 알아볼 것이다.

한국어의 문법 체계, 특히 활용하며 형태 변화를 보이는 한국어의 어미 체계에 낯선 외국인 학습자가 양태 어미 혹은 양태 표현의 의미를 인지하고 그것의 문법적인 제약을 따르면서 그 의미와 기능을 제대로 활용하여 언어를 사용하기란 쉽지 않은 일이다. 학습 목표인 양태 표현이 외국인 학습자의 모국어에 대당하는 의미가 없는 경우, 또는 외국인 학습자의 모국어에 비슷한 양태 의미가 있더라도 한국어와 같이 다양한 문법 형식으로 있지 않은 경우라면 더욱 그러하다. 한국어 교육에서 초급과 중급 초반에 나오는 추측의 의미를 지닌 다음의 예와 같은 양태 어미 및 양태 표현은, 모국어 화자의 직관이 없는 외국인 학습자에게 언어를 사용하기에 앞서 의미 차이를 이해하는 것조차 쉽지 않음을 보여준다.

(1) 가. 민수가 바빠요.
　　나. 민수가 바쁠 거예요.
　　다. 민수가 바쁘겠어요.
　　라. 민수가 바쁜 것 같아요.
　　마. 민수가 바쁜가 봐요.

'민수가 바쁘다'라는 명제 (1가)에 추측의 의미를 나타내는 양태적 어미가 덧붙여져 활용된 것이 (1나-마)이다. 모국어 화자의 직관이 있는 한국어 모어 화자라면 (1나-마)의 의미 차이를 인지하고 실제로 언어를 사

용할 때 각기 다른 담화 맥락에서 양태 어미 혹은 양태 표현을 적절하게
선택, 활용할 수 있다. 그러나 모국어 화자의 직관이 없는 외국인 학습자
라면 이를 저절로 습득할 수는 없기 때문에 학습 과정에서 각각의 양태
어미나 양태 표현의 의미와 활용형, 다른 문법과의 의미 차이, 문법적 제
약과 사용할 수 있는 담화 상황을 하나씩 따져 익히는 것이 요구된다.

하지만 자연스러운 언어 사용을 목표로 학습하는 외국인 학습자가 학
습 과정에서 양태 어미와 양태 표현이 쓰인 의미와 문법적 제약을 그때
마다 전부 외워야 한다면 이는 학습 부담으로 작용할 수도 있다. 다음은
(1가-마)를 의문법의 형식으로 바꾼 것이다.

(1) 가′. 민수가 바빠요?
　　나′. ?민수가 바쁠 거예요?
　　다′. 민수가 바쁘겠어요?
　　라′. 민수가 바쁜 것 같아요?
　　마′. *민수가 바쁜가 봐요?

평서법으로 쓰인 양태 어미 및 양태 표현이 결합된 (1나-마)를 의문법
(1나′-마′)으로 바꾸기만 해도 (1마′)와 같은 문법적 제약이 있음을 확인할
수 있다. 외국인 학습자가 양태의 의미를 이해하지 못한 채로, 이와 같은
서법 제약에서부터 인칭 제약, 시제 제약, 장형 부정문 형성 제약 등 각
종 통사적 제약을 확인하면서 문법 활용 형태까지 외우고 비슷한 양태
의미를 나타내는 문법형식들 간의 의미 차이를 배우는 것은 너무 큰 학
습 부담이 될 수 있다.

결국, 외국인 학습자가 양태 의미를 나타내는 문법형식의 의미를 이해
하고 적절하게 사용하기 위해서는 문법형식을 무조건 암기하지 말고 양
태적 개념, 즉 '명제를 바라보는 화자의 거리 두기'를 이해할 필요가 있

다. 그래야 명제에 대한 화자의 의도에 따라 각기 다른 양태 어미 혹은 양태 표현이 선택될 수 있고, 양태적 의미에 따라 여러 가지 통사적 제약이 생길 수 있으며, 이런 문법적 제약을 따르거나 위반함으로써 그에 따른 담화적 의미도 달라질 수 있다는 점을 이해할 수 있게 된다. 이와 같은 이해가 바탕이 되어야만 외국인 학습자가 담화 내에서 화자가 되어 자신이 표현하고자 하는 의미에 따라 양태 어미 혹은 양태 표현을 자유롭게 선택할 수 있게 된다.[2]

이런 문제의식을 갖고 시작된 이 글의 논의는 다음 장에서 추측이라는 양태 의미를 나타내는 문법형식 중 생산성이 높은 양태 표현 '-는 것 같다'와 '-나 보다'를 선택하여 각 표현이 보여주는 '화자-명제'와의 관계가 어떻게 다르며 이런 관계 차이가 어떤 문법적 제약을 낳고 담화적 의미에 어떻게 연결될 수 있는지 살펴보겠다. 그 다음에 이렇게 파악된 양태적 의미가 현재 한국어 교육에서 많이 사용되고 있는 사전과 교재에서 적절하게 반영되어 기술되어 있는지, 담화 상황으로 제시되고 있는지 살펴봄으로써 비슷한 의미를 갖고 있는 양태적 의미를 나타내는 문법형식들 간의 교수, 학습의 방향을 보여주고자 한다.

---

2) 언어 교육에서 외국인 학습자가 학습한 것을 이해하고 수용(intake)하는 단계를 거쳐 그것을 사용하기까지 학습자는 중간언어(interlanguage) 체계를 적극적으로 활용한다고 보고 있다. 특히 성인 학습자는 중간언어 체계를 형성하는 과정에서 목표언어 체계(학습하고자 하는 언어의 체계)와 자신의 모국어 체계를 끊임없이 비교, 수정, 재조정하게 된다. 이런 개념적 이해를 내재화하고 연습을 통해 언어 사용을 자유롭게 조정할 수 있을 정도로 자동화되었을 때 비로소 목표언어를 상황에 맞게 적절하게 사용할 수 있게 된다. 이런 관점에서 볼 때 그간 한국어 교육에서 양태 어미를 교수, 학습할 때 문법적인 활용이나 제약에 신경을 쓰지만 의미를 이해하는 데 상대적으로 소홀히 하는 측면이 있다는 점, 이것이 궁극적으로 학습자의 언어 이해 및 사용에 바람직하지 않다는 경험적인 관찰에서 이 논문은 출발하게 되었다.

1.2. 기존 논의

기존 국어학 논의에서 양태와 관련된 논의는 서법과 어떻게 다르게 인식할 수 있는지, 양태를 상이나 시제와 다른 독자적인 문법 범주로 간주할 수 있는지를 논하는 내용이 많았다.3) 한국어의 양태소가 다른 언어와 비교해서 어떠한지, 그와 관련하여 한국어 양태의 특징적인 것이 무엇인지, 양태 범주를 어떻게 규정할 수 있는지, 양태에 관한 용어를 어떻게 지칭할 것인지도 연구되었다.4) 이와 같은 양태에 관련된 많은 논의는 '-겠-, -더-'와 같은 선어말어미, '-어, -지, -네, -구나'와 같은 종결어미처럼 단일한 문법형식이 어떤 양태적 의미를 띠는지 연구되는 경향이 있었다.

'추측'과 같이 하나의 양태적 의미로 묶이는 개별 문법형식들 간의 의미 차이와 기능에 대한 연구는 상대적으로 덜 주목받아 왔는데, 기존 국어학 논의에서 그간 진행된 개별 문법형식들 간의 비교 연구도 '-겠-', '-(으)ㄹ 것', '-(으)ㄹ 걸'과 같이 하나의 어미 형태로 각기 다른 양태적 의미를 띠는 것을 대상으로 하는 경우가 대부분이었다. 그에 비해 '-는 것 같다, -나 보다, -나 싶다'와 같이 여러 문법형식이 통사적 구성으로 묶여 하나의 표현으로 사용되는 구성, 즉 우언적 구성으로 이루어진 표현은, 단일한 형태를 갖는 양태 어미와 문법적 층위가 다르며 구성 자체의 복합성으로 인해 순수히 양태적 의미를 추출하기 어렵다는 이유로 논의 대상에서 제외되는 경우가5) 많았다.

---

3) 이에 관한 논의는 장경희(1985), 임동훈(2003), 박재연(2006), 박진호(2011가)를 참조.
4) 송재목(2007) 논의 참조.
5) 박재연(2006)은 양태 어미 체계에서 우언적 구성으로 이루어진 표현은 양태 본래의 의미를 찾기 어렵다는 이유로 양태 의미를 나타내는 문법형식의 체계 내에서 제외시켰다. 그러나 우언적 구성으로 이루어진 양태 표현 중에서 주어(동작주) 지향적 양태와 같은 개념으로 양태적 의미를 찾을 수 있음을 지적하면서, 우언적 구성으로 이루어진 양태 표현의 지위를 '준-양태'로 상정하기도 하였다.

하지만 실제 한국어 사용자가 '추측'이라는 양태적 의미를 표현할 때 양태적 의미를 나타내는 문법형식의 사용 양상을 살펴보면, 단일한 형태인 어미보다 우언적 구성으로 이루어진 표현을 더 많이 사용하고 있음을 알 수 있다. 한국인 모어 화자의 구어 말뭉치 자료와 외국인 학습자의 구어 말뭉치 자료에서 추측의 의미를 띠며 양태 의미를 나타내는 문법형식의 사용 양상을 분석한 자료(김세령 2010)에6) 따르면 상위 6개의 양태 표현이 약간의 빈도수의 차이는 있지만 동일하게 많이 사용되고 있음을 볼 수 있다. 양태적 의미를 나타낼 때 선택된 양태 표현은 한국어 모어 화자와 외국인 학습자가 비슷하게 나타났는데, 그 중에서 우언적 구성으로 이루어진 양태 표현이 훨씬 더 많이 사용된 것도 일치한다.

의미를 지닌 최소의 문법형식인 문법소 간의 의미 대립을 주로 연구하는 기존의 국어학 논의와는 달리, 실제 언어 사용자가 문법형식을 대할 때에는 문법적 구성이 다른 것에 개의치 않고 의미에 집중하여 하나의 단일한 덩어리7)처럼 인식한다. 우언적 구성으로 이루어진 표현이 언뜻 보이기에는 선어말어미와 용언, 종결어미와 용언, 의존명사 결합 구성과 같이 복잡한 구성으로 보이지만, 언어 사용자의 관점에서는 문법형식의 구성 차이보다는 의미 차이를 익혀 적절하게 문법형식을 운용하는 것이

───────────

6) 김세령(2010)은 추측의 의미를 나타내는 양태 표현(양태 어미를 포괄한 양태적 의미를 띠는 문법형식)의 사용 양상을 분석하기 위해 국립국어원에서 만든 '21세기 세종계획 최종 성과물 균형 말뭉치' 중 약 80만 어절 규모의 순 구어 말뭉치 자료 중에서 대본으로 쓰여졌을 가능성이 큰 자료를 제외한 총 30개의 말뭉치 자료를 분석하여 한국어 모어 화자가 사용하는 추측의 의미를 나타내는 양태 어미 및 양태 표현의 사용 양상을 기술하였다. 외국인 학습자가 추측의 의미를 지닌 양태 어미 및 양태 표현을 사용하는 양상은 구어적 텍스트인 <KBS2 미녀들의 수다2>와 <KBS1 러브인 아시아>에서 추출한 것인데, 한국어 모어 화자의 말뭉치 자료에서 외국인 학습자의 말뭉치 자료와 비슷한 주제에 대해 논한 자료를 뽑아 비교한 것을 다음과 같이 표로 작성하였다. <표 1>은 한국어 모어 화자의 구어 말뭉치에 나타난 추측의 의미를 띠는 양태 의미를 나타내는 문법형식의 사용 빈도이고 <표 2>는 외국인 학습자의 구어 텍스트에서 추측의 의미를 띠는 양태 의미를 나타내는 문법형식의 사용 빈도이다.

더 중요한 과제인 것이다. 양태 어미 혹은 양태 표현이란 것은 어떠해야 한다는 정해진 형식이 있는 것이 아니라 실제 언어 사용에 있어서 어미처럼 기능하는 것 중에서 양태성을 띤 문법형식을 가리킨다는 점을 염두에 둔다면, 적어도 추측의 의미를 나타내는 양태 표현 범주에 우언적 구성으로 이루어진 양태 표현이 큰 비중을 차지함을 알 수 있다.

따라서 이 글에서는 문법형식의 균질성보다는 하나의 양태적 의미로 묶이는 것에 더 집중하여, 한국어 교육에서 초급과 중급 초반에 제시되는 추측의 의미를 지닌 양태 의미를 나타내는 문법형식들 가운데 기존 논의

〈표 1〉

순위	추측표현	빈도	비율
1	-겠-	554	40.59%
2	-(으)ㄴ/는/(으)ㄹ 것 같다	475	34.80%
3	-(으)ㄹ 것(이다)	146	10.70%
4	-나/ㄴ/은가 보다	81	5.93%
5	-(으)ㄴ/는/(으)ㄹ 지(도) 모르다	73	5.35%
6	-(으)ㄹ 걸(요)	21	1.54%
7	-ㄹ/을까 보다	9	0.66%
8	-ㄹ/을까 싶다	2	0.15%
8	-나/는가 하다	2	0.15%
9	-(으)ㄴ/는/(으)ㄹ 듯하다	1	0.07%
9	-(으)ㄴ/는/(으)ㄹ 모양이다	1	0.07%
총계		1365	100.00%

〈표 2〉

순위	추측표현	빈도	비율
1	-(으)ㄴ/는/(으)ㄹ 것 같다	81	45.25%
2	-겠-	47	26.26%
3	-(으)ㄹ 것(이다)	32	17.88%
4	-나/ㄴ/은가 보다	13	7.26%
5	-(으)ㄴ/는/(으)ㄹ 지(도) 모르다	5	2.79%
6	-(으)ㄹ 걸(요)	1	0.56%
총계		179	100/00%

7) 덩어리화된 구는 덩어리(chunk), 문형(grammar pattern)을 뜻하는 것으로, 문법화의 진행 양상은 조금씩 차이를 보이더라도 실제 언어 사용에서 하나의 의미 덩어리로 쓰이는 것을 의미한다. 언어 교육에서 학습자에게 어떤 문법형식이 한국어의 문법형식 체계에서 같은 층위의 것인지, 다른 층위의 것인지는 별로 중요하지 않다. 학습 과정에서 학습자는 우언적 구성으로 이루어진 표현의 구성 요소 하나하나를 분석하지 않고 하나의 덩어리, 즉 하나의 어미처럼 인식한다.

에서 상대적으로 주목 받지 못한 우언적 구성으로 이루어진 양태 표현 '-는 것 같다'와 '-나 보다'를[8] 대상으로 한정해서 논의하겠다. 이 두 양태 표현은 위의 <표 1>과 <표 2>에서 본 것과 같이, 문어와 구어 텍스트 모두에서 높은 생산성을 보여주고 있는 표현인 동시에, 외국인 학습자가 의미 차이를 정확하게 인지하고 사용하는 데 어려움을 겪고 있는 문법형식이기도 하다.[9]

그러나 단순히 사용 빈도가 높고 외국인 학습자가 의미 차이를 인지하지 못하기 때문에 이 두 양태 표현이 선택된 것만은 아니다. 양태에 관한 기존 논의에서 우언적 구성으로 이루어진 표현 '-는 것 같다'와 '-나 보다'는 아직 문법화 과정이 끝나지 않아 통사적 제약에서 다른 양상을 보이고 있다는 이유로 양태 의미를 나타내는 문법형식의 논의 대상에서 제외되었다. 하지만 우언적 구성으로 이루어진 표현은 사건이 행해지는 공간인 명제와 담화가 행해지는 공간인 화자, 이렇게 다른 층위가 겹쳐져 있는 겹구조를 더 잘 보여주어, 명제에 대해 갖는 화자의 태도라는 양태의 의미를 직관적으로 인지할 수 있게 해 주는 데 더 효과적이다. 우언적 구성으로 이루어진 양태 표현에서 화자의 시선이 일관되게 관찰되기 어렵다는 점은 오히려 화자가 명제에 대한 거리 조정을 하고 있다고 생각할 수 있는 단서가 될 수 있으며 양태적 의미를 인지하는 데 효과적이라는 것이다.

이런 의미에서 이 글에서는 추측의 의미를 지닌 양태 의미를 나타내는 문법형식 중 우언적 구성으로 이루어진 표현 '-는 것 같다'와 '-나 보다'

---

8) 이 글에서는 양태 표현의 의미에 초점을 두어 다양한 활용형 '-(으)ㄴ/는/(으)ㄹ 것 같다'의 대표형으로 '-는 것 같다'를, '-(으)ㄴ가/나/었나 보다'의 대표형으로 '-나 보다'를 쓰겠다.

9) 김건희(2011)은 한국어 교육에서 초급과 중급 학습자가 어려워하는 문법 중에서 '-는 것 같다'와 '-나 보다'의 의미 차이가 많이 손꼽히고 있다고 지적하면서, 의미 차이를 분명하게 인지하지 못한 상태에서는 외국인 학습자가 비적격문을 만들 가능성이 상대적으로 높고 그 결과 교사가 피드백을 줘도 오류가 수정되지 않을 경우가 많다고 강조한다.

를 중심으로, 양태적 의미와 통사적 제약, 담화적 의미가 어떻게 다른지 분석하고자 한다.

2. '화자의 시점'에 의한 양태적 의미

2.1. 화자의 주관적 선택

양태의 정의는 논자마다 약간씩 다르지만 기본적으로 명제에 대한 화자의 태도를 나타낸다는 데에 공통 기반을 두고 있다.[10] 그런데 양태의 정의를 살펴보면 양태가 맥락이 배제된 채 문장의 차원에서 파악되기 어렵다는 것을 쉽게 알 수 있다. 양태적 의미를 파악하기 위해서는 사건, 사태가 행해지는 명제뿐만 아니라 명제 바깥의 시점, 즉 명제를 바라보고 있는 화자가 설정되어야 하기 때문이다. 어떤 명제에 대해 화자가 청자와 의사소통을 이루고 있는 담화 상황이라는 또 하나의 바깥 구조가 필요한 것이다. 액자 구조처럼 다층으로 이루어진 구조에서 명제 참여자의 시점과 화자의 시점이 각각 상정될 수 있다.

여기에서 중요한 것은 화자의 시점인데, 이것은 명제를 바라보는 고정된 카메라의 시선이 아니라 화자의 의도에 따라 다른 문법형식을 선택하여 거리를 조정하며 움직이는 카메라 시선과 같다. 양태적 의미는 화자와 청자가 어떤 명제에 대해 의사소통을 하는 과정에서 화자의 의도를 나타내기 위해 문법적인 형식으로 부호화한 것이다. 다시 말해 양태적 의미를

---

10) 양태 범주를 어떻게 묶을지, 양태 범주를 나타내는 용어는 어떻게 명할지, 양태성을 보이는 문법 현상을 양태 범주에 포함시킬지 말지, 양태 어미에는 어떤 어미를 포함시킬 수 있는지에 대한 논의는 논자마다 약간씩 입장을 달리한다. 임동훈(2003), 박재연(2006)의 논의 참조.

밝히려면 부호화된 문법형식으로부터 화자의 의도를 읽어 내서 그것이 담화적으로 어떤 의미를 갖고 있는지 살피는 과정이 필요하다. 이런 의미에서 양태 표현은 명제에 대한 화자의 태도를 표현하는 문법적 활용형식으로 생각할 수 있다.

양태의 핵심적이고 기본적인 속성으로 '주관적 한정'[11)을 꼽는 것도 문법형식을 부호화하는 화자를 연상시킨다. 양태 표현은 화자의 주관적인 판단에 따라 화자가 양태 표현을 사용할지 여부를 임의로 결정할 수 있다는 점에서, 양태적 의미와 담화적 의미 간의 관계는 더 밀접해진다.

2.2. 주관성과 객관성

명제에 대한 화자의 태도라는 양태의 정의를 받아들인다면 양태의 성격은 기본적으로 주관적인 성격을 띨 수밖에 없다. 그러나 양태 내에서 주관성은 정도의 차이를 보이고 있다. '비가 온다'는 명제/사태에 대한 화자의 판단으로 정의되는 인식 양태(2가)와 증거 양태(2나)의 경우는 화자에 의한 주관성이 두드러진다. 반면, 사건 양태는 의무나 허가를 나타내는 의무 양태(2다)와 능력이나 의지를 나타내는 동적 양태(2라)와 같이, 화자의 흔적이 별로 보이지 않고 명제 참여자가 더 눈에 띈다.[12)

---

11) 박재연(2006)에서 양태의 의미 속성으로 '한정'을 들고 있는데, 여기에서 한정은 화자의 의도, 선택에 따른 '덧붙임'을 의미한다. 다른 문법적인 범주와 달리, 양태는 문장 내에서 꼭 나와야 하는 필수적인 요소가 아니라 화자의 선택에 따라 수의적으로 덧붙여질 수 있는 점이 그 근거로 설명되었다. 특히 다른 양태적 의미를 갖고 있는 문법 표지들이 연쇄적으로 쓰이는 경우(예 : 비가 오겠더라고요)를 보면 양태 의미 담지자인 화자의 주관성이 선택적으로 사용되고 있음을 분명히 알 수 있다고 논하고 있다.

12) Palmer(2001)에 따르면, 양태는 다음과 같이 세분화될 수 있다.
　명제 양태(Propositional modality) : 명제의 사태에 대한 화자의 판단을 나타냄.
　　─인식 양태(Epistemic modality) : 명제에 대해 화자가 어느 정도의 확실성을 갖고 판단하는지 정도를 보여줌.
　　─증거 양태(Evidential modality) : 화자가 경험한 감각적인 증거와 관련됨.

(2) 가. 조금 후에 비가 <u>오겠다</u>.

　　나. 아까 보니까 비가 <u>오더라</u>.

　　다. 진수가 아침 일찍 <u>출발해야 해</u>.

　　라. 진수가 아침 일찍 <u>출발하려고 해</u>.

(2가, 나)에서 '비가 온다'는 명제와 분리된 화자를 확인할 수 있는 반면, (2다, 라)에서는 화자보다는 '출발하는' 행위의 동작주인 명제 참여자 진수가 더 부각된다. (2다, 2라)와 같은 예가 있어 양태가 꼭 주관적일 필요는 없다[13]고 지적되기도 했는데, 이런 관점에서 인식 양태와 증거 양태를 합친 명제 양태는 화자 지향적(speaker-oriented) 양태로, 의무 양태와 동적 양태를 합친 사건 양태를 주어/행위자 지향적(agent-oriented) 양태로 구분하기도 한다. 더 세부적으로 사건 양태 내에서도 의무 양태는 화자 지향적 양태로, 동적 양태는 주어/행위자 지향적 양태로 구분하기도 한다.[14] 주어/행위자 지향적 양태가 양태의 주관성을 드러내지 못한 채 객관성을 보이고 있다고 한 논의도 같은 맥락에서 나온 주장이다.

그러나 (2다)와 (2라)에서 양태 표현이 우언적 구성으로 이루어진 표현이라는 점에 주목할 필요가 있다. 우언적 구성에서 더 부각되는 명제의 층위와 화자-청자의 층위를 구분해서 생각해 볼 때, (2다)에서 행위자에

사건 양태(Event modality) : 아직 실현되지 않았으나 잠재적으로 실현 가능성이 있음.

　　－의무 양태(Deontic modality) : 명제 외부의 요소 필요(의무, 허가 등).

　　－동적 양태(Dynamic modality) : 명제 내부의 요소 필요(능력, 의지 등).

13) Palmer(2001)에서도 양태가 꼭 주관적일 필요는 없다고 했다.

14) 이와 같은 용어가 쓰인 것은 양태 의미를 담지하는 화자의 주관성 여부에 대한 문제를 제기하는 가운데 비(非)인식양태 중에서 (2다)와 같은 의무 양태를 화자 지향적 양태(speaker-oriented modality), (2라)와 같은 동적 양태를 주어/행위자 지향적 양태(agent-oriented modality)로 구분하면서 나온 것이다. 화자 지향적 양태는 화자가 행위자에게 어떤 조건을 부과하여 발화수반력을 발휘하는 '명령, 금지, 기원'의 의미를 띠는 것이고, 주어/행위자 지향적 양태는 행위자의 객관적인 조건에 대해 말하는 '의도, 소망, 능력'의 의미를 띠는 것이다. 이런 구분은 화자로 인한 주관성을 양태의 필수적인 요소로 볼 것인지에 따라 달라지는 것으로, 화자 지향적 양태를 주관적 양태로, 주어/행위자 지향적 양태를 객관적 양태로 분류한 것이다.

게 출발해야 한다는 의무를 부과하는 주체는 화자로 읽을 수 있는 가능
성이 있으며, (2라)에서는 출발한다는 명제를 실현시키려는 의지를 보이는
명제 참여자를 명제 밖에서 보고 있는 화자의 흔적으로 읽을 수도 있다.

양태적 의미에서 주관성, 객관성 논의는 (2다)와 같은 의무 양태에서
보여주는 수행성(performativity)과 (2라)와 같은 동적 양태에서 보여주는 기
술성(descriptivity)의 차이로 이해할 수 있다.15) 수행성을 보이는 의무 양태
는 인식 양태나 증거 양태에 비해 화자의 목소리는 약하지만 동적 양태
에 비해서는 비교적 뚜렷하게 화자의 흔적을 확인할 수 있으며, 기술성을
보이는 동적 양태는 동작주와 거리를 둔 채 동작주를 바라보는 화자의
시선만을 확인할 수 있기에 화자가 관련되지 않은 것처럼 보일 수 있는
것이다.16)

결국, 양태적 의미를 띠는 발화라면 담화 내에서 명제를 청자에게 부
호화해서 전달하는 화자를 상정할 수 있다. 다만, 그 발화가 보여주는 수
행성과 기술성의 정도에 따라 화자의 존재가 더 강하게 보이기도 하고
약하게 보이기도 하는 것이다. 각각의 양태 의미를 나타내는 문법형식이

---

15) 우언적 구성으로 이루어진 표현에서 보여주는 화자의 흔적은 한국어의 주어 제약과 같은
공주어에서도 확인할 수 있다. 이런 의미에서 필자는 우언적 구성으로 이루어진 표현이 양
태 의미를 나타내는 문장의 겹구조를 잘 보여주는 문법형식이라고 본다. 실제 언어 사용에
서도 우언적 구성으로 이루어진 표현을 양태적 의미로 인식하는 데 별다른 문제가 없다는
점을 볼 때 양태 표현을 묶는 범주는 실제 언어 사용에서 양태적 의미를 띠는지 아닌지에
따라 구분할 수 있는 것이지 양태소가 지니는 단일한 문법형식만으로 양태 어미를 한정하
기는 어렵다고 판단된다.

16) 임동훈(2008)에서 Lyons(1977)를 인용하면서 "주관성은 양태의 일반적인 속성이긴 하나 모
든 양태가 주관적이진 않다"고 언급하며, 의무 양태도 조건/의무를 부과하는 주관적 의무
양태와 의무적 필연성만을 나타내 주관성을 포함하지 않는 객관적 의무 양태로 구분하고
주관성이 양태적 의미에 필수적이지 않음을 강조한다. 필자 역시 양태 의미에 따라 객관성
혹은 주관성이 더 부각될 수 있다고 여기지만, 이것은 정도의 차이이며 객관적 의무 양태
라고 해서 주관성이 전혀 배제된 것은 아니라고 본다. '명제에 대한 화자의 태도'라는 양
태의 정의에 동의한다면 화자의 태도라는 말이 함의하고 있는 주관성은 어떤 양태적 의미
를 띠는 문법형식에도 내재된 속성이다. 단지, 화자가 명제에 관여하지 않고 거리 두기를
통해 화자의 흔적이 잘 보이지 않아 객관적으로 보일 뿐이다.

드러내는 주관성과 객관성, 수행성과 기술성은 정도의 차이이며 배합의 문제로 볼 수 있다.[17]

2.3. 화자와 명제 참여자 간의 거리 조정

추측의 의미를 나타내는 양태는 명제에 대한 화자의 판단을 담고 있는 인식 양태에 속한다. 명제에 대해 판단을 내리고 있는 화자의 존재를 분명히 알 수 있다는 점에서 추측의 의미를 나타내는 양태는 화자의 주관성을 분명히 드러낸다. 그러나 이런 주관성은 (1나·마)에서 본 것과 같이 추측의 의미를 갖고 있는 양태 표현들에서도 각각의 표현에 따라 다르게 나타난다. 다음은 추측의 의미를 갖고 있는 양태 표현 중에서 우언적 구성으로 이루어진 표현 '-는 것 같다'를 활용한 예이다.

> (3) 가. 철수는 영희가 학교에 안 갈 것 같았지.[18]
> 　　가′. 철수는 영희가 학교에 안 갈 것 같았지?

(3가)에서 '영희가 학교에 안 간다'는 명제에 대한 판단 주체는 화자가 아니라 철수처럼 보인다. 그러나 이 명제를 부호화하여 발화하는 화자는 철수가 아니다. 철수는 '영희가 학교에 안 간다'는 명제에 대해 판단을 내리는 것처럼 보이는 또 하나의 명제 참여자이다. 화자는 마치 철수 마

---

17) Herslund(2005)는 주관적 양태(subjective modality)와 객관적 양태(objective modality)는 주관성과 객관성으로 분리될 수 있는 성질이 아니라 어떤 성격이 더 지배적인지(major) 덜 지배적인지(minor)의 차이라고 지적한다. 그는 양태성이 배타적인 것이 아니라 '주관적(subjective)-간(間)주관적(intersubjective)-객관적(objective)'의 스펙트럼으로 볼 수 있음을 제시한다.

18) 박재연(2003)에서는 '-는 것 같다'를 활용한 예를 들면서 화자의 존재가 거의 보이지 않음을 나타냈다. 그러나 필자는 이 예 안에서도 화자의 존재가 명제 참여자에 가려져 잘 보이지 않을 뿐 화자의 존재 자체가 사라진 것이 아님을 강조하고자 한다. (3가)는 박재연(2003 : 272)의 예를 인용했고, (3가′)는 필자가 (3가)를 변형하여 만든 것이다.

음속을 전부 알고 있는 전지적 작가 시점과 같이 화자가 명제 참여자와의 거리가 가까워져서 화자의 존재가 가려져 보이는 것이다.

(3가)를 의문법으로 전환한 (3가´)를 보면 양태 의미의 담지자는 청자가 된다. 마치 화자가 청자에게 책을 읽어주는 것 같이 명제를 바라보는 상황에서 화자가 청자에게 발화하는 상황을 생각할 수 있다. 만약 (3가)에서 양태 의미를 담지하는 주체를 철수로 본다면, (3가´)에서 청자로 전환될 수 없다.[19] 철수는 양태 의미를 담지하는 주체가 아니라 명제 내의 참여자인 것이다. 양태 표현이 쓰인 발화를 겹구조로 파악했을 때 화자와 명제 참여자와의 거리가 조정되면서 양태의 주관성이나 객관성이 부각되는 경향을 보일 뿐 양태 의미의 담지자는 화자이다.[20]

이런 관점은 추측의 의미를 나타내는 양태 표현인 '-는 것 같다'와 '-나 보다'의 의미 차이를 이해하는 데도 도움을 준다. 화자가 명제 참여자와의 거리를 조정하는 것이 문법적인 제약과 같은 통사적인 제약으로 드러나고 이것은 담화적 의미에도 영향을 준다. 결국, 양태 의미에서 화자는 항상 있으나 그 존재가 가시적인지 아닌지가 다를 뿐이다. 화자가 명제 참여자와의 거리를 좁히면서 명제 내에 있는지 화자가 명제 참여자와 거리를 두면서 명제 밖에 있는지를 파악하는 것은, 다시 말해서 화자가 명제 내 사태에 명제 참여자로서의 시점을 갖는지 명제 밖에서 명제 관찰자로서의 시점을 갖는지를 파악하는 것과 같다. 명제 참여자로서의

---

19) (3가)가 양태 어미 '-지'로 끝나기 때문에 화자의 존재를 느낄 수 있는 것이 아니라는 점을 분명히 해 둔다. 만약 양태 어미 '-지'가 제외된 채로 '철수는 영희가 학교에 안 갈 것 같았다'고 발화했을 때에도 화자는 존재를 느끼기 어려울 정도로 명제 참여자인 철수와 거리가 가깝게 있을 뿐 화자가 발화 맥락에서 사라진 것은 아니다. 다만 '-지'를 씀으로써 무표적이었던 화자의 존재가 더 유표적인 것으로 느껴지게 된다.

20) 양태 어미가 또 다른 양태 어미 뒤에 붙어 양태 의미를 덧붙일 수 있다는 것은 하나의 양태 표현이 붙은 문장 전체를 화자가 명제로 판단하고 거기에 양태소를 덧붙이는 '액자 속의 액자'와 같은 구조로 양태 표현이 쓰인 구문을 설명할 수 있는 가능성을 보여준다.

시점과 명제 관찰자로서의 시점은 화자의 명제 관여도를 보여주면서 발화 내에서 양태 표현을 사용할 때 어떤 통사적 제약을 받을 수 있는지, 그것의 담화적 의미는 무엇인지를 규정한다.

다음 장에서 '추측'이라는 양태 의미를 지닌 양태 표현 '-는 것 같다'와 '-나 보다'에서 보이는 세부적인 의미 차이와 화자의 시점 사이에는 어떤 상관성이 있는지, 이와 같은 시점의 차이는 두 양태 표현이 보이는 통사적 조건의 차이에 어떤 영향을 끼치는지, 양태 표현의 담화적 의미가 어떻게 드러날 수 있는지 살펴보기로 하자.

3. 양태 표현의 통사적·담화적 의미

양태 표현 '-는 것 같다'와 '-나 보다'는 모두 명제 사태에 대한 화자의 판단을 나타내는 인식 양태로 추측의 의미를 갖는 것으로 설명된다. 기존 논의에서는 '-는 것 같다'는 감각적 지각 정보에 의한 추측으로, '-나 보다'는 논리적 추론에 의한 추측으로 설명하고 있다.[21] 그러나 이런 의미 구분은 실제 예에서 '-는 것 같다'와 '-나 보다'의 의미 차이를 분명하게 보여주지 못하는 듯하다.

> (4) 가. 옆집에서 큰 소리가 나요. 싸우는 것 같아요.
>   가′. 옆집에서 큰 소리가 나요. 싸우나 봐요.
>   나. 저 식당 앞에 줄이 길게 서 있어요. 저 식당이 맛있나 봐요.
>   나′. 저 식당 앞에 줄이 길게 서 있어요. 저 식당이 맛있는 것 같아요.

---

21) 전나영(1999), 김동욱(2000), 안주호(2004)에서 '-는 것 같다'와 '-나 보다'에 관련된 기존 논의 분석을 정리한 것을 참조.

(4가)와 같이 '-는 것 같다'를 감각적 지각 정보에 의한 추측으로 설명
하는 것은 문제가 없지만, 감각적 지각 정보에 의한 추측 모두가 '-는 것
같다'로 표현되지 않는다. (4가´)처럼 화자가 직접 어떤 것을 보거나 들은
정보를 토대로 추측할 때에도 '-나 보다'를 쓸 수 있다. 이와 마찬가지로
(4나)와 같이 '-나 보다'를 논리적 추론에 의한 추측으로 설명하는 것은
문제가 없지만, (4나´)처럼 논리적 추론에 의한 추측 모두가 '-나 보다'
로 쓸 수 있는 것은 아니다.

한국어 직관이 없는 외국인 학습자가 이해할 수 있을 만한 '-는 것 같
다'와 '-나 보다'의 의미 차이는 어떻게 설명되어야 하는가? (4가)와 (4가´),
(4나)와 (4나´)가 똑같은 의미라고 말할 수 있는가? 만약 다르다면 어떻게
다르다고 말할 수 있는가? 다음 장에서 '-는 것 같다'와 '-나 보다'의 의
미 차이를 설명하기 위해 필요한 조건에 대해 알아보자.

3.1. 명제 참여자로서의 화자와 명제 관찰자로서의 화자

'-는 것 같다'와 '-나 보다'는 모두 여러 가지 문법형식이 묶여 어떤
의미를 나타내는 우언적 구성으로 이루어진 표현이다. 먼저 '-는 것 같
다'와 '-나 보다'의 구문 구조를 분석해 보자.

(5) 가. [[[[민수가 바쁘]ㄴ] 것] 같]아.
　　나. [[[민수가 바쁘]ㄴ가] 보]아.

(5가)는 '민수가 바쁘다'는 명제 내용을 형식명사 '것'으로 묶어 만들
어진 명사절이 용언 '같다'와 결합하여 앞의 명제 내용과 화자가 인식하
는 것이 같다는 것을 나타내며 추측의 의미를 나타낸다. (5나)는 '민수가

바쁘다'는 명제 내용에 의문형 종결어미 '-ㄴ가'가 붙어 명제 내용에 대한 화자의 의문을 나타내고 용언 '보다'(화자 판단의 의미로 확장된 '보다'의 의미)가 결합하여 명제 내용에 대한 화자의 의심을 나타낸다.22) (5가, 나)의 두 양태 표현 모두 '같다'와 '보다'의 주체는 화자이다. 다음은 화자임을 분명히 나타내는 '나'를 넣었을 때의 예이다.

> (5) 다. [<u>나는</u>[[[민수가 바쁘]ㄴ] 것] <u>같</u>]아.
>   다´. <u>나는</u>[[[[민수가 바쁘]ㄴ] 것] <u>같다</u>]고 <u>판단해</u>.
>   라. *[<u>나는</u>[[민수가 바쁘]ㄴ가] <u>보</u>]아.
>   라´. <u>나는</u>[[[민수가 바쁘]ㄴ가] <u>보다</u>]고 <u>판단해</u>.

(5다)에서 '나'는 '같다'와 호응되면서도 '민수가 바쁘다'는 명제에 대한 판단을 내린 (5다´)의 판단 주체로서의 지위도 갖는다. 반면, (5라)에서 '나'는 '보다'와 호응하지 않으며 '민수가 바쁘다'는 명제에 대한 판단을 내린 (5라´)의 판단 주체로 지위를 갖는다. '-는 것 같다'에서 명제 판단 주체는 (5가)의 구문 안에도 들어갈 수 있는 반면, '-나 보다'에서 명제 판단 주체는 (5나)의 구문 안에는 들어갈 수 없다. '-는 것 같다'에서 화자는 명제와 거리가 가까워지면서 명제 참여자의 시점으로 명제를 볼 수 있는 반면, '-나 보다'에서 화자는 명제와 거리를 두면서 명제 참여자의 시점이 아닌 명제 관찰자의 시점으로만 볼 수 있다. 다음은 명제 참여자를 1인칭으로 바꾼 예를 보자.

> (5) 마. [[[[<u>내가</u> 바쁘]ㄴ] 것] <u>같</u>]아.
>   마´. [<u>나는</u>[[[내가 바쁘]ㄴ] 것] <u>같다</u>]고 <u>판단해</u>.
>   마″. <u>나는</u>[[[[내가 바쁘]ㄴ] 것] <u>같다</u>]고 <u>생각해</u>.

---

22) 차현실(1986), 김지은(1997)의 양태적 의미를 나타내는 용언에 대한 구문 분석 참조.

바. *[[[내가 바쁘]ㄴ가] 보]아.
바′. *[나는[[내가 바쁘]ㄴ가] 보다고 판단해.
바″. *나는[[[내가 바쁘]ㄴ가] 보다고 생각해.

   (5마)의 명제 참여자로서의 '나'와 (5마′)의 명제 판단 주체로서의 '나'는 동일인처럼 보인다. 단지 (5마″)처럼 판단을 생각으로 바꾸고 '나는'의 위치를 이동시켰을 때도 명제 판단 주체는 동일한 것처럼 느껴진다. 반면, (5바)의 명제 참여자로서의 '나'는 '-나 보다'와 쓸 수 없으며 (5바′)와 (5바″)에서도 쓸 수 없게 된다.

   '-는 것 같다'는 명제 내용이 1인칭이든 3인칭이든 상관없이 명제 내용을 판단할 수 있지만, '-나 보다'는 명제 내용이 3인칭일 때에만 명제 내용을 판단할 수 있고 화자가 명제에 참여하는 것을 허용하지 않는다. 이를 그림으로 표현하면 <표 3>과 같다.

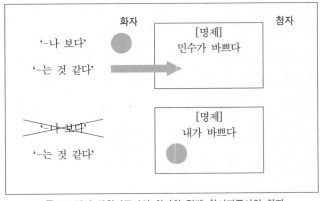

〈표 3〉 명제 관찰자로서의 화자와 명제 참여자로서의 화자

   '-나 보다'는 명제 밖의 위치에서만 명제 내용에 대한 판단이 가능하다. 반면, '-는 것 같다'는 명제 밖에서 명제 안으로의 시점 이동이 가능

하며 명제 내에서 명제 참여자로서 명제 내용에 대한 판단이 가능하다. 다만, 명제 참여자가 1인칭이 아닌 다른 사람일 경우 판단 주체로서의 화자의 시점을 더 분명히 느낄 수 있는 반면, 명제 참여자가 1인칭 '나' 일 경우 판단 주체로서의 화자의 시점은 느끼기 어렵다. '-는 것 같다'는 '-나 보다'에 비해 화자와 명제와의 거리 조정이 자유로우며, 화자가 명제 참여자로서 직접 경험한 것에 대한 판단도 가능하다.

화자와 명제 간의 거리 조정이 된 결과는 명제 내용이 주관적인 평가에 가까운 내용을 포괄할 때 더 큰 차이가 난다. (6가)와 (6나)는 진수와 같은 층위에 속한 명제 참여자로서의 화자가 노래를 직접 들은 경험을 토대로 '진수가 노래를 잘한다'고 판단한 것인데, 이때 (6가)는 가능하지만 (6나)와 같이 명제 관찰자 시점을 갖고 있는 화자가 명제 내용을 경험한 명제 참여자 시점으로 바뀔 수 없다. 반면, (6다)와 (6라)처럼 진수의 노래를 직접 들은 경험 없이 사람들이 진수를 가수라고 말하는 것을 보고 '진수가 노래를 잘한다'고 판단을 내릴 때에는 (6다)처럼 명제 참여자로서 말하는 화자나 (6라)처럼 명제 관찰자로서 말하는 화자 모두 적격문이 된다. 다만 이때 화자와 명제 참여자와의 거리가 다를 뿐이다. 이때 (6나)와 같이 '-나 보다'를 쓰면서 화자의 직접 경험, 즉 화자가 명제에 참여해서 직접 경험한 정보를 근거로 추측한 것은 적격문이 될 수 없다.

(6) 가. 진수 노래를 들어 보니까 진수가 노래를 잘하는 것 같아요

나. *진수 노래를 들어 보니까 진수가 노래를 잘하나 봐요

다. 사람들이 진수를 가수라고 말하는 것을 보니까 진수가 노래를 잘하는 것 같아요

라. 사람들이 진수를 가수라고 말하는 것을 보니까 진수가 노래를 잘하나 봐요

(6가-라)의 의미 차이는 '-는 것 같다'와 '-나 보다'의 접구조에서 화자의 시점 이동의 결과에서 비롯된 것이다. 두 양태 표현 모두 '같다'와 '보다'의 판단 주체는 화자이지만, '-는 것 같다'의 화자의 시점은 명제 내로 가깝게 거리 조정이 가능하며 명제 참여자의 시점과 거의 같은 지위로까지 이동이 자유롭다. 그러나 '-나 보다'의 화자의 시점은 여전히 명제 밖에서 명제 안으로 이동하지 못하며 명제 밖에 머물러 명제 내용을 관찰하고 있다. 그러므로 '-는 것 같다'와 '-나 보다'의 명제 판단의 근거는 화자가 어떤 것을 직접 경험하고 판단을 내린 것인지 아닌지가 더 중요하다. 화자가 명제 참여자가 되어 명제 내용을 직접 경험한 후 판단을 내렸다면 '-는 것 같다'만 쓸 수 있다.

발화 자체에 화자의 경험 여부가 분명하게 제시되지 않더라도 다음과 같이 맥락 정보로 제공된다면 적격문 판단 여부가 달라질 수 있다. 가격 정보를 인지한 상태에서는 '-나 보다'를 쓸 수 없는 반면, '-는 것 같다'는 가격 정보를 인지한 상태에서도 자신의 생각을 단정적이지 않게 완곡하게 말하는 느낌으로 자신의 판단을 말할 수 있다.[23]

(7) [물건의 가격표를 보면서 발화하는 상황]
가. 여기가 물건이 좀 비싼 것 같아요.
나. *여기가 물건이 좀 비싼가 봐요.
다. (제 생각에는/제가 보기에는) 여기가 물건이 좀 비싼 것 같아요.
라. *(제 생각에는/제가 보기에는) 여기가 물건이 좀 비싼가 봐요.

(7가)와 같이 가격 정보를 인지한 주체가 자신의 경험에 비추어서 자신의 주관적인 '느낌' 혹은 '의견'을 낼 때 '-는 것 같다'가 사용되며

---

23) '-겠-'에서와 마찬가지로 '-는 것 같다' 역시 화자 자신의 의견을 완곡하게 말하는 화용적 기능이 발견된다.

'-나 보다'는 사용될 수 없다. (7다)와 같이 자신의 의견임을 밝히는 '제 생각에'나 '제가 보기에'와 같은 부사구를 넣어도 '-는 것 같다'는 적격 문이 될 수 있는 데 반해 '-나 보다'는 적격문이 될 수 없다.

> (7) 마. 이 치마 좀 봐. 너한테 어울리는 것 같아. 입어 봐.
> 　　바. *이 치마 좀 봐. 너한테 어울리나 봐. 입어 봐.24)

(7마)와 (7바)는 화자 바로 눈앞에 있는 치마를 보고 자신이 본 경험을 근거로 청자에게 어울리겠다고 추측하는 상황이다. 여기에서도 (7마)는 적격문이고 (7바)는 비적격문인데, 그 이유는 '치마가 너한테 어울린다' 는 가치 평가가 더해진 추측을 바탕으로 명제 참여자로서 판단 주체가 쓰인 '-는 것 같다'는 적절한데 '-나 보다'는 적절하지 않기 때문이다.

결국, '-는 것 같다'와 '-나 보다'의 의미 차이는 화자-청자의 층위와 명제의 층위와 같이 겹구조로 되어 있는 구조에서 화자가 명제와의 거리 조정을 하면서 명제 관찰자로서의 시점과 명제 참여자로서의 시점 사이 를 이동하는 가운데 생기는 의미 차이이다. 화자가 명제 참여자로서의 시 점을 유지할 때 '-는 것 같다'를 쓰면서 명제 내용에 대한 직접 체험을 말하는 것이 가능하며 자신이 경험한 정보를 바탕으로 가치 평가를 할 수도 있다. 반면, 화자가 명제와의 거리를 둔 채 명제 관찰자로서의 시점 을 유지할 때는 '-나 보다'를 쓰면서 자신이 관찰한 정보, 즉 체험하지 않은 겉으로 드러난 정보에 한해서 명제 내용을 추측한다. '-나 보다'에 비해 '-는 것 같다'에서 화자는 명제와의 거리 차를 탄력적으로 조정하 면서 '-는 것 같다'의 여러 가지 의미를 만들어 내고 있다.

---

24) (7바)는 외국인 학습자가 실제로 만든 예문으로, '-나 보다'의 의미를 '추측'의 의미로만 가
　　르쳤을 때 나왔던 비적격문이다.

3.2. 판단 근거로서 정보의 성격

화자와 명제 사이의 거리 조정이라는 개념으로 '-는 것 같다'와 '-나 보다'의 의미 차이에 대해 알아보았다. 그렇다면 명제 내용에 대해 '-는 것 같다'와 '-나 보다'를 선택해서 쓸 수 있게 하는 판단 근거로서의 정보의 성격은 어떠한가?

(8) 가. 저 남자가 잘못한 것 같아요.
     나. 저 남자가 잘못했나 봐요.

(8가)와 (8나)는 모두 적격문이다. 하지만 (8가)와 (8나)는 같은 맥락에서 교체 가능하다고 말할 수 없다. (8가)와 (8나)를 쓸 수 있는 맥락 정보가 달라질 수 있기 때문이다.

(8) 가′. 학 생 : 저 남자가 (잘못한 것 같아요/ˀ잘못했나 봐요).
         선생님 : 왜 그렇게 생각했어?
         학 생 : 저 남자가 거짓말을 했어요.
     나′. 학 생 : 저 남자가 (ˀ잘못한 것 같아요/잘못했나 봐요).
         선생님 : 왜 그렇게 생각했어?
         학 생 : 모든 사람들이 저 남자를 쳐다봐서요.

(8가′)에서 학생은 저 남자가 잘못했다고 판단한 근거로 그 사람이 거짓말했음을 들고 있다. 반면 (8나′)에서 학생은 저 남자가 잘못했다는 판단 자체에 대해 잘 모른다는 뉘앙스를 준다. (8나′)에서 학생은 (8가′)처럼 자기 생각에 따라 가치 판단을 내리지 못하고 그 남자가 잘못했는지 안 했는지 불충분한 정보만으로 짐작만을 할 뿐 화자 자신의 판단이 분명하지 않아 책임 질 수 없음을 암시한다. 화자가 명제에 대해 잘 모름을 나타내고자 할 때 '-나 보다'를 쓸 수 있는 것이다.

다음의 예는 '수업이 없다'는 명제 내용을 '-는 것 같다'와 '-나 보다'를 사용하여 발화한 것이다.

(9) 가. (저 사람이) 수업이 없는 것 같아요. 한가해 보이네요.
　　나. (저 사람이) 수업이 없나 봐요. 한가해 보이네요.
　　다. ˀ[청자에게] 수업이 없는 것 같아요. 한가해 보이네요.
　　라. [청자에게] 수업이 없나 봐요. 한가해 보이네요.
　　마. (제가) 수업이 없는 것 같아요. 한가해요.
　　바. *(제가) 수업이 없나 봐요. 한가해요.

(9가)와 (9나)와 같이 '저 사람이 수업이 없다'는 명제 내용에 대해 담화를 나누는 화자와 청자에게 특별한 정보가 없을 때에는 두 양태 표현모두 사용 가능하다. 그러나 '수업이 없다'고 판단한 주체인 화자가 청자보다 정보량이 적은 경우에는 (9다)보다는 (9라)를 쓰는 게 더 자연스럽다. 또 '수업이 없'다고 판단한 주체가 자신에 대한 정보는 자신이 잘 알고 있으므로 (9마)는 쓸 수 있지만 (9바)는 쓰임이 어느 정도 제한된다. 다시 말해서 화자가 청자보다 정보량이 더 많거나 정보에 대해 확신이있어 자기 의견을 말하는 경우 '-는 것 같다'를 쓰고, 정보량이 더 적거나 확신할 만한 정보가 없을 경우 '-나 보다'를 쓰는 경향이 있다. 다음예는 섬유탈취제 텔레비전 광고에 나오는 장면이다.

(10) [각종 냄새가 배어 있는 코트를 입은 여자가 아침 출근 시간에 엘리베이터를
　　　탔을 때 옆 사람이 그 여자를 피하면서 발화하는 상황, 옆 사람은 그 여자가
　　　그 전날에 회식했다는 정보를 모른다]
　　가. *어제 회식하신 것 같아요.
　　나. 어제 회식하셨나 봐요.

엘리베이터에서 만난 사람은 여자의 전날 저녁에 회식했는지에 대한

정보가 없다. 단지 안 좋은 냄새를 풍기는 여자의 코트 냄새를 맡고 있을 뿐이다. 이 사람이 여자에게 냄새의 정체에 대해서 확실히 잘 모르겠지만 코트에서 안 좋은 냄새가 나는 것으로 짐작해서 발화한다면 (10가)는 비적격문이 되고 (10나)는 적격문이 된다. 이렇게 화자는 청자, 여기에서는 코트 입은 여자보다 판단 근거에 대한 정보가 부족하다. 다만, 코트에서 안 좋은 냄새가 나니까 회식한 상황을 떠올려 본 것일 뿐이다. (10나)와 같이 발화할 때에는 여자가 전날 저녁에 회식을 했는지 안 했는지 사실 여부는 중요하지 않다. 그 사실 여부에 대해 잘 모른다는 의미로 '-나 보다'를 사용한 것이다.

> (11) 가. 조작을 잘못해서 기계가 고장 난 것 같습니다.
>   나. 조작을 잘못해서 기계가 고장 났나 봅니다.[25]

만약 기계 조작을 잘못해서 기계를 고장 낸 장본인이 한 말이거나 기계 수리 전문가가 기계를 살펴본 후 그 원인에 대한 자신의 생각을 말하는 상황이라면 (11가)와 같이 발화할 것이다. 청자에 비해 화자가 고장 난 원인에 대한 정보를 더 많이 알고 있는 상황이다. 그러나 기계가 왜 고장 났는지 모르는 기계 수리 비전문가가 고장 난 기계를 보고 고장 원인을 청자에게 말하는 상황이라면 (11나)와 같이 발화할 것이다. 고장 난 원인에 대한 정보에 대해 알고 있는 정도가 화자나 청자가 비슷하거나 화자가 청자에 비해 정보가 부족할 때, 또는 고장 원인에 대해 확신할 수

---

25) 이 예는 김동욱(2000)에서 Kamio의 정보 관할권(Territory of Information)의 개념을 차용해서 '-는 것 같다'를 주체 추측(자신의 판단에 주인된 태도를 취함), '-나 보다'를 객체 추측(자신의 판단에 제3자적 태도를 취함)으로 구분하고 '-나 보다'에서 책임 회피의 성격이 있다고 지적할 때 든 예이다. 필자도 주체 추측과 객체 추측의 개념이 맥락 내에서 두 양태 표현의 의미 차이에 도움이 된다고 판단하는데, 특히 (11나)처럼 '-나 보다'를 발화할 때에는 잘못이 자신에게 없음을 함축하는 것으로 책임 회피의 성격이 있다는 데에 동의한다.

없을 경우라면 '-나 보다'를 써서 발화할 것이다. 화자 자신이 정확한 고장 원인에 대해 잘 모른다거나, 자신이 잘못한 것이 아니라는 맥락으로 자기 발화에 대한 책임 없음을 강조할 때 '-나 보다'를 사용하는 것이다.

> (12) 민정 : 그걸 어떻게 알았어?
> 수진 : 여기로 (올 것 같았어/ *오나 봐).26)

(12)는 화자의 느낌, 예감이나 직감과 같이 지극히 주관적이고 명제의 진위를 알기 어려운 정보에 의해 추측한 것이다. 그 사실을 어떻게 알았는지 묻는 민정의 물음에 수진이 자신의 예감을 근거로 들어 말한다면 '-는 것 같다'로 써야 적법하게 된다. 화자가 명제 참여자가 되어 자신의 직감을 체험한 것처럼 말한다면 '-는 것 같다'를 쓰는 것이 자연스럽기 때문이다. 이 역시 청자에 비해 화자가 정보를 더 많이 갖고 있는 경우이다.

결국, '-는 것 같다'와 '-나 보다'는 둘 다 명제 사태에 대한 화자의 판단으로 확실성이 떨어지는 '추측'의 의미를 띠는 양태 표현이다. 그러나 명제와 관계를 맺고 있는 화자의 시점이 어떠한지에 따라, 추측의 판단 근거인 정보의 성격에 따라 양태 표현의 사용 양상이 달라진다. '-는 것 같다'는 명제 참여자의 시점으로 화자가 명제에 대해 거리가 좁혀지면서 명제 내용에 화자가 관여하는 정도가 높은 반면, '-나 보다'는 명제 관찰자의 시점으로 명제에 대한 화자의 거리를 두면서 명제 내용에 화자

---

26) 이혜용(2003)에서 인용한 예이다. 이혜용(2003)은 김동욱(2000)의 논의를 받아들여 화자의 느낌과 같이 객관화시키기 어려운 정보를 내재적인 정보로 분류하면서 내재적 정보를 근거로 짐작, 추측의 의미로 쓰면 화자 자신의 의견을 단정적이지 않게 완곡하게 표현하는 의미가 된다고 지적했다. 필자도 기본적으로 이 의견에 동의하나, '객관화시키기 어려운 정보'를 내재적인 정보로 별도로 구분한 것에 대해서는 동의하지 않는다. 화자의 느낌을 근거로 발화할 때에는 화자가 명제 참여자로서 자신의 느낌을 경험하여 발화하면서 '-는 것 같다'를 사용하는 것이고, 느낌이나 예감과 같은 정보는 당연히 화자가 청자보다 더 많은 정보를 갖고 있다고 볼 수 있으므로 '-는 것 같다'를 쓰는 것이 더 자연스럽다. 굳이 내재적 정보와 같이 또 다른 정보의 성격을 분류하는 작업이 필요하지 않다고 본다.

가 관여하는 정도가 낮다. 명제 관여도가 높을 때, 명제 내용을 직접 경험하면서 화자가 판단을 내리는데, 이때의 판단 근거인 정보량은 화자가 청자보다 더 많은 정보량을 갖고 있어 정보에 대한 주관적인 의견을 말하는 것과 관련될 때 '-는 것 같다'가 선택된다. 반면, 명제 관여도가 낮을 때 명제와의 거리를 유지한 화자가 피상적으로 파악한, 청자보다 불충분한 정보를 바탕으로 확신 없이 판단하는 것과 관련될 때 '-나 보다'가 선택된다. 이를 정리하면 다음과 같다.

	화자와 명제의 관계		판단 근거인 정보의 성격	
	명제에 대한 화자의 시점	명제에 대한 화자의 거리	정보량	정보에 대한 화자의 확신의 정도
'-는 것 같다'	명제 참여자로서의 시점	거리 좁히기	화자 > 청자	강함
'-나 보다'	명제 관찰자로서의 시점	거리 두기	화자 ≤ 청자	약함

3.3. 문법 제약과 제약 해소 효과

문법 제약은 양태의 의미가 미치는 범위를 보여주는 동시에 화자와 명제 참여자의 경계 또는 층위를 보여준다. '-는 것 같다'와 '-나 보다'는 공통적으로 용언 '같다'와 '보다'에 명령법과 청유법의 서법 제약이 있으며 주체 존대 선어말어미 '-시-' 결합 제약이 있다.

> (13) 가. 이번에 우리 팀이 우승하는 것 (*같읍시다/*같으세요).
> 　　나. 이번에 우리 팀이 우승하나 (*봅시다/*보세요).
> 　　다. 할아버지께서 우리 집에 (오시는 것 같아요/*오는 것 같으세요).
> 　　라. 할아버지께서 우리 집에 (오시나 봐요/*오나 보세요).

'-는 것 같다'와 '-나 보다'의 용언 '같다'와 '보다'는 기본적으로 화자와 호응되는 용언이다. 그러므로 (13가)와 (13나)와 같이 다른 사람에게 어떤 행동을 유발하게 하는 청유법과 명령법이 결합되지 않는 것이며, 명제 참여자가 아닌 화자 자신을 높일 수 없기에 용언에 주체 존대 선어말어미 '-시-'도 결합되지 않는 것이다.

그러나 '-는 것 같다'와 '-나 보다'의 문법 제약 양상이 다를 때도 있다. '-나 보다'는 1인칭 주어 제약, 시제 제약, 장형 부정문 형성 제약이 있으며 의문문 형성 제약도 있는 반면, '-는 것 같다'는 이와 같은 문법적 제약에서 자유롭다.

(14) 가. (철수가/내가) 영희를 도와주는 것 같아요.
　　 나. (철수가/*내가) 영희를 도와주나 봐요.
　　 다. 철수가 영희를 (도와준 것 같아요/도와주는 것 같았어요).
　　 라. 철수가 영희를 (도와줬나 봐요/*도와주나 봤어요).
　　 마. 철수가 영희를 (안 도와주는 것 같아요/도와주지 않는 것 같아요/
　　　　 도와주는 것 같지 않아요).
　　 바. 철수가 영희를 (안 도와주나 봐요/도와주지 않나 봐요/*도와주나
　　　　 보지 않아요).
　　 사. 철수가 영희를 도와주는 것 같아요?
　　 아. *철수가 영희를 도와주나 봐요?

앞서 말했듯이 '-나 보다'는 화자의 시점이 명제 밖에서 관찰하는 것에 머물러 있기 때문에 (14나)와 같이 명제 참여자로서 명제 내용의 1인칭 주어가 될 수 없다. 또한 '-나 보다'의 화자의 시점은 명제 밖에서 용언 '보다'에 고정되어 있으므로 (14라)와 같이 명제 내용의 시제가 화자의 시점을 의미하는 '보다'에 결합될 수 없다. 같은 맥락에서 (14바)와 같이 명제 내용의 부정소가 화자의 시점과 호응되는 '보다'에 결합될 수 없

다. 화자의 시점은 명제 밖에 머물러 있으면서 명제 내용에 화자의 의심을 나타내는 의문형 어미 '-나'가 결합된 '-나 보다'의 명제 내용은 (14아)와 같이 의문법으로 쓰여 청자에게 정보를 요구할 수도 없다.

반면, '-는 것 같다'의 화자의 시점은 명제 쪽으로 탄력적으로 이동하는 가운데 명제 참여자로서의 시점과 겹쳐지면서 (14가)와 같이 1인칭 주어와도 결합되고 (14다)와 (14마)와 같이 용언 '같다'에 명제 내용의 시제나 부정소가 결합될 수도 있다. 또한 (14사)와 같이 의문법으로 쓰이면 화자의 판단이 아니라 청자의 판단을 묻는 것이 되므로 적격문이 된다. '-는 것 같다'를 쓰면 화자의 시점이 명제 밖에서 안으로 이동하면서 화자의 층위와 명제의 층위 사이의 경계가 희미해지고 명제 내용의 참여자로서의 행위자성이 강조된다.27)

통사적으로 볼 때 '-나 보다'가 '-는 것 같다'에 비해 문법화가 더 진행되어 하나의 단위처럼 인식되는 것이며, 의미적으로 볼 때 '-나 보다'의 화자 시점이 명제 밖에서 고정적인 시점으로 명제와의 거리 두기를 통해 명제 관찰자적 태도를 견지하는 것으로 볼 수 있다.

그런데 이와 같은 문법 제약은 간혹 위반되기도 하는데, 이때 의도적으로 문법 제약이 해소되면서 화자가 의도한 다른 의미가 생성된다.

  (15) 가. (철수가/내가) 영희를 사랑하는 것 같아.
      나. (철수가/내가) 영희를 사랑하나 봐.

특별한 인칭 제약이 없는 '-는 것 같다'에 비해 '-나 보다'는 1인칭 주어 제약이 있다. 일반적인 의미로는 '-나 보다'의 화자가 명제 내용을 경험하지 않은 상태에서 피상적으로 조합된 불충분한 정보로만 추측하는

---

27) 한정한·정희숙(2011)에서 추측의 의미를 나타내는 양태 표현의 문법 제약의 예가 나열되어 있다. 이 글에서 언급하지 않는 문법 제약은 이 논문을 참조하라.

것이니 화자 자신을 가리키는 1인칭 주어와 결합되지 못한다. 그러나 (15 나)에서 '-나 보다'는 1인칭 주어와도 호응이 된다. (15나)는 화자가 명제 밖에서 명제 내용이 자신의 내용이라고 생각하지 못하다가 나중에 자신의 내용이었음을 깨달은 의미로 쓰였을 때 1인칭 주어와 결합되는 것이다. 바꿔 말하면 1인칭 주어 제약이 해소되면서 '뒤늦은 깨달음'[28]의 의미를 만들어 낸다. (15나)의 뒤늦은 깨달음은 자신이 미처 몰랐음을 스스로 깨닫고 되새김할 때 허용되는 것으로, 이는 (15가)에서 1인칭 주어가 쓰여 자신의 생각을 말하는 '-는 것 같다'와 의미가 다르다. 따라서 화자 자신의 깨달음을 나타내고자 할 때는 '-나 보다'와 1인칭 주어를 함께 사용한다.

3.4. '-는 것 같다'와 '-나 보다'의 담화적 의미

양태 표현이 명제 내용에 대한 화자의 태도를 문법형식으로 나타낸 것이라고 할 때, 이는 바꿔 말해서 언어 사용자인 화자가 청자에게 명제 내용에 대해 어떤 의도를 나타내기 위해 양태 표현을 선택적으로 사용하여 부호화한다고 말할 수 있다.

양태 표현 '-는 것 같다'와 '-나 보다'를 선택한 화자의 의도를 고려하여 특정 문법형식이 선택되는 담화 상황과 담화적 의미를 확인하면 다음과 같다.[29]

---

28) 박재연(2013)에서 1인칭 주어 제약을 갖고 있는 양태 어미 '-더-'가 인칭 제약이 해소되는 경우를 1인칭 효과로 설명하면서 지각과 관련된 의미를 갖는 어미가 1인칭 주어 제약이 해소되면서 나타나는 효과로 '흔적 지각', '뒤늦은 깨달음'의 의미가 있음을 지적하고 있다. 이기갑(2006)도 지각의 의미를 갖는 1인칭 주어 제약을 갖고 있는 양태 어미가 1인칭 주어 제약이 해소될 때 '새로 깨달음'의 의미가 나온다고 지적하였다. 특히, 이기갑(2006)에서는 1인칭 주어 제약의 예로 '-나 보다'를 들면서 1인칭 효과가 나타난다고 덧붙이고 있다.

29) 담화적 의미를 논할 때 말뭉치 자료를 통한 실제 담화 분석을 예로 제시해야 하나, 여기에

'-는 것 같다'	'-나 보다'
1. [추측] : 명제 내용을 경험한 명제 참여자로서의 화자의 추측. 　－청자보다 많은 정보량을 토대로 화자가 추측할 때 　－화자의 직감과 같이 주관적인 느낌이나 화자의 경험을 토대로 추측할 때 　→ 특별한 근거 없이 화자의 개인적인 추측을 나타내는 의미 2. [의견] : 자신이 이전에 했던 경험을 토대로 이미 제공된 정보에 대한 화자의 의견. 　－어떤 것에 대한 자신의 생각을 완곡하게 표현할 때 　→ 주장(동의/반대 등), 감정 표현(사과/칭찬/감사 등), 설명(거절, 변명 등), 비난(질책/따짐 등)의 의미	1. [추측] : 명제 내용을 경험하지 못한 명제 관찰자로서의 화자의 추측. 　－겉으로 관찰 가능한 정보만으로 하는 추측/짐작에 한정될 때 　→ 제한된 정보를 바탕으로 하여 추측하는 의미 　－청자보다 적은 정보량을 내세워 화자의 모름을 강조할 때 　→ 화자의 책임 회피, 모르는 척, 상대방을 비꼬는 의미 2. [깨달음] : 이전에 몰랐던 새로운 것을 뒤늦게 깨달았을 때 　→ 발견, 후회, 자책하는 의미

4. 한국어 학습용 사전과 교재에서의 문법 기술과 담화 상황

타인과의 의사소통을 성공적으로 이뤄내는 것을 목표로 하는 한국어 교육에서는 외국인 학습자의 언어 사용 능력을 향상시키는 데 중점을 두고 있다. 이때 언어 사용 능력과 관련된 대표적인 척도는 문법 활용 능력이다. 문법의 통사적 의미를 정확히 알고 문법적으로 잘 활용할 뿐만 아니라 담화적 의미까지 익혀 담화 상황에서 적절하게 사용하여 성공적인 의사소통을 이루려면 문법 활용 능력이 요구된다. 이는 외국인 학습자에게 교수할 때 외국인 학습자가 보이는 문법 활용형 오류를 수정하는 것

서는 문법형식의 통사적 구조와 의미 관계를 토대로 화자의 의도가 담화 상황에 발현되는 양상을 확인하는 데 초점을 두므로, 말뭉치 자료를 통한 실제 담화 맥락을 살펴보는 것은 다음 과제로 남긴다.

보다 학습자가 목표 문법의 의미를 제대로 이해하고 사용하고 있는지에 더 중점을 두어야 함을 의미한다. 의사소통에 문제가 되는 것은 의미를 잘못 이해하고 사용하는 경우가 더 많기 때문이다.

외국인 학습자에게 '-더-', '-겠-', '-나 보다'와 같은 양태 표현은 이 해하기 어려울 수 있는데, 특히 학습자 자신의 모국어에 이에 대당하는 문법형식이 없을 경우 더욱 그러하다.30) 양태가 화자의 심리적인 태도를 가리킨다고 했을 때 화자가 담화 상황마다 발화 의도에 따라 양태적 의미를 덧붙여 나타내는데, 의미조차 이해되지 않은 상황에서 화자의 발화 의도에 따라 주관적으로 선택되는 양태 표현을 외국인 학습자가 적절하게 활용하는 것은 쉽지 않은 과제이다. 게다가 동일한 범주의 양태적 의미를 지닌 문법형식들 간의 의미 차이를 이해해야 각각의 어미들을 상황에 맞게 활용하게 되는데, 이런 의미 차이가 간과된다면 외국인 학습자가 양태 표현을 제대로 사용하기를 기대하기 어려울 것이다.31)

이 장에서는 외국인 학습자가 양태 표현 '-는 것 같다'와 '-나 보다'를 학습하는 과정에서 참조할 수 있는 한국어 학습용 문법 사전과 한국어 학습용 교재의 문법 기술을 살펴봄으로써 외국인 학습자가 이 어미를 활용하는 것을 목표로 할 때 양태 표현의 의미, 그리고 비슷한 의미를 지닌 다른 양태 표현과의 의미 차이를 이해하는 데 문법 기술이 효과적인

---

30) 이기갑(2006)에서 언어 유형론적 관점에서 한국어의 양태 표현이 영어의 양태 표현과 어떻게 다른지 설명하고 있다. 양태라는 기본적인 개념이 언어마다 있긴 하지만 한국어의 어미나 영어의 조동사에 해당하는 대응체는 쉽게 찾기 어렵다. 각 언어 체계 내에서 양태 표현이 갖고 있는 의미의 폭과 의미 대립쌍에 의해 설명되는 또 다른 의미 등이 다르기 때문이다.

31) 언어 교육에서 학습자의 중간언어는 학습자의 인지적인 측면과 관련되는데, 어떤 새로운 언어 형식을 학습할 때마다 학습자 개별적으로 가설을 설정하고 그것이 자신의 모국어 혹은 이미 알고 있는 다른 언어와의 변별점을 찾으면서 자신의 가설을 수정, 발전시키는 과정을 통해 발달된다. 이와 같은 중간언어를 염두에 둔다면, 양태 의미를 나타내는 문법형식을 교수, 학습하기 위해 해당 목표 문법형식을 어떤 순서로 제시하고 이전의 학습한 요소와의 의미적인 변별점을 어떻게 주어 자연스러운 담화 맥락을 형성할 수 있게 조직할지 세심하게 준비할 필요가 있다.

지 확인하고자 한다. 또한 한국어 학습용 교재에서 제시된 담화 상황을 점검함으로써 목표 문법의 의미와 그것이 사용되는 담화 상황이 적절하게 관련되어 있는지 살펴보고자 한다.

4.1. 한국어 학습용 문법 사전에서의 문법 기술

한국어 교육에서 교사나 학습자 모두 많이 사용하는 한국어 학습용 문법 사전으로 다음과 같이 세 종류를 선별하였다.[32]

> [사전1] 국립국어원(2005), 외국인을 위한 한국어 문법 2(용법 편), 커뮤니케이션북스.
> [사전2] 백봉자(2006), 외국어로서의 한국어 문법 사전, 도서출판 하우.
> [사전3] 이희자·이종희(2010), 한국어 학습 전문가용 어미·조사 사전, 한국문화사.

위 사전은 모두 학습용 문법 사전으로, 문법 표제어는 의미를 중심으로 나와 있고 각 문법의 통사적 층위의 명칭은 전부 다르다. 세 사전 모두 표제어와 더불어 문법 활용형에 대한 기술이 함께 되어 있으며 의미와 용법을 중심으로 문법이 기술되며 그에 해당되는 예문도 제시되어 있다. 또한 비슷한 의미를 지닌 문법형식이 있을 경우 별도로 표기해 놓고 있으며 목표 문법과 비슷한 의미를 지닌 문법형식이 어떤 차이가 있는지 기술되어 있다. 부분적으로 외국인 학습자의 활용형 오류를 표기해 놓기도

---

32) 엄밀히 말해서 제시된 문법 사전은 모두 한국어로 쓰여 있어 목표 문법을 배우는 학습자의 학습 수준에서 제대로 이용하기 어렵다. 대부분 한국어 교사가 수업을 준비하면서 이용할 목적으로 많이 쓰이는 것이 현실이다. 다만, 이 문법 사전은 담화 상황을 보여주는 용법 또는 용례 중심으로 되어 있으며 외국인 학습자가 이 문법을 학습할 때 특히 어려워할 만한 것을 제시해 주고 있어 학습용으로 제작되어 있다고 간주할 수 있겠다.

하였다.

　그러나 각 사전의 문법 기술 방식에는 약간의 차이를 보이고 있는데, 각 사전이 중점을 두고 있는 것에 따라 문법 표제어 제시 방식도 다르고 문법 기술 순서에 약간의 차이를 보이고 있으며 해당 문법 항목의 범주를 표기하는 용어도 각기 다르다. [사전1]과 [사전3]은 의미 중심으로 모든 문법 항목을 가나다순으로 배열한 것과 달리, [사전2]의 경우는 양태 표현 '-는 것 같다'를 '같다'의 하위 범주로, '-나 보다'를 '보다'의 하위 범주로 분류하며, 구체적인 문법 기술에서도 [사전2]에서는 문법 활용형에 따라 문법 기술과 예문을 기술한 것이 특징적이다. [사전3]의 경우, 문법 표제어 바로 옆에 대표 예문을 선정해서 함께 표기한 것이 눈에 띈다.

　다음은 '-는 것 같다'와 '-나 보다'를 각 문법 사전에서 어떻게 기술하였는지 살펴보자. 단, 예문은 문법 활용형만 다를 뿐 비슷한 의미로 제시된 경우, 여러 예문 중에서 한두 가지만을 선별해서 쓰겠다.

4.1.1. '-는 것 같다'의 문법 기술

	[사전1]	[사전2]	[사전3]
표제어	-는 것 같다	-[는/(으)ㄴ/(으)ㄹ] 것 같다	-는 것 같다
범주	표현 [어미 '-는' + 의존명사 '것' + 형용사 '같다']	통어적 구문 [관형사형 어미 + 의존명사 '것' + 상태동사 '같다']	관용 표현
결합 정보	동사 어간이나 '있다', '없다' 어간에 결합. [관련어] -나 보다, -는가 보다, -는 듯하다, -는 모양이다, -은 것 같다	동작동사, 상태동사, '이다' 동사에 결합	동사, '있다/없다'에 결합. [비슷] -는 듯하다

	[사전1]	[사전2]	[사전3]
의미	1. 여러 상황으로 미루어 현재 그런 일이 일어나거나 상태에 있다고 추측함을 나타낸다. 예) 빗소리가 들려요. 밖에 비가 오는 것 같아요. 예) 책 읽는 것을 좋아하는 것 같아서 선물로 책을 샀어요. 2. 상대방에게 말하는 사람 자신의 생각이나 의견을 말할 때 많이 쓰는데, 강하게 주장하거나 단정적으로 말하지 않고 좀더 부드럽게 또는 겸손하게 그리고 소극적으로 말하는 느낌이 있다. 예) 이 식당 음식은 참 맛있는 것 같아요. : 추측의 의미를 담고 있지만 음식이 맛있다고 하는 자신의 느낌을 좀더 부드럽게, 덜 단정적으로 말하는 것이다. 외국인이 자신의 생각을 말할 때 많이 쓰는 표현 중의 하나인데, 지나치게 자주 쓰면 별로 자연스럽지 않으므로 유의해야 한다.	동작이나 상태에 대한 화자의 추측 또는 불확실한 단정을 나타낸다. 1. -는 것 같다 : 화자가 문장 주어의 현재 동작이나 상태를 추측하는 말이다. 예) 집 안에 아무도 없는 것 같다. 2. -(으)ㄴ 것 같다 : 동작동사일 때 주어의 과거 행위를 추측하지만 단정지어서 말할 수 없음을 나타내고 상태동사나 '이다' 동사의 경우에는 화자가 현재의 상태나 사실이 어떠함을 추측하는 것을 나타낸다. 예) 제가 잘못한 것 같습니다. 예) 한국말을 잘 못하는 걸 보니 저 사람은 외국인인 것 같다. 3. -(으)ㄹ 것 같다 : 동작동사일 때는 미래 사실에 대한 추측을 나타내고 상태동사나 '이다' 동사일 때는 현재에 대한 추측도 나타낸다. 예) 하늘을 보니 오후에는 비가 그칠 것 같습니다.	어떤 현재의 사실에 대해 추측함을 나타낸다. 예) 어쩐지 그 소리가 차츰 가까워지는 것 같다. 예) 너는 나를 이해하지 못하는 것 같아. 예) 전화를 안 받는 걸 보니 지금 집에 아무도 없는 것 같네.

	[사전1]	[사전2]	[사전3]
보충 설명	1. 현재 일어나고 있다고 추측되는 일에 대해 '-는 것 같다'(보다 확실하고 직접적인 근거를 바탕으로 한 어느 정도 확신이 있는 생각)와 '-(으)ㄹ 것 같다'(간접적인 근거나 여러 가지 상황으로 미루어 볼 때 추측, 추론할 수 있는 내용)의 비교 2. 과거의 사실에 대한 추측의 의미를 나타낼 때 '-(으)ㄴ 것 같다'(이미 끝나거나 일어났을 거라고 생각되는 사실을 추측하는 경우)와 '-었던 것 같다'(자신의 경험을 다시 떠올려 추측하는 경우)로 써야 한다.		과거사실의 추측은 '-은 것 같다'를 쓴다. 예) 비가 온 것 같다.(O) '-았는 것 같다'는 틀린 말이다. 예) 비가 왔는 것 같다.(X)
다른 문법과 비교	'-는 것 같다/-는 모양이다/-나 보다'는 큰 의미 차이 없이 여러 상황을 종합하여 추측하는 의미를 나타낸다. '-는 것 같다' : 주로 말하는 사람 자신의 주체적이고 주관적인 경험, 지식에 근거하여 추측할 때 쓰임. '-나 보다'와 '-는 모양이다' : 객관적인 사실, 정보 등에 근거하여 추측할 때 쓴다. '제 생각으로는'과 같은 부사구와 '-나 보다/-는 모양이다'는 공기하지 않음.		'-는 것 같다'와 '-나 보다'의 비교 1. '-는 것 같다'와 '-나 보다'는 둘 다 말하는 이의 추측을 나타낸다. 2. '-는 것 같다'는 말하는 사람이 직접 경험한 사실에 대해서도 자신이 없거나 우회적으로 말할 때 사용할 수 있지만, '-나 보다'는 자신이 경험하지 않은 것에 대해서 추측할 때에 사용한다. 예) [존이 한국말 하는 것을 듣고 나서] 한국말을 잘하는 것 같아요.(O) 한국말을 잘하나 봐요.(X)

제시된 문법 항목이 의미로 묶인 것이니만큼 각기 다르게 규정한 범주를 밝히고 구성이 다른 것을 명시하는데, 세 문법 사전 모두 '-는 것 같다'를 어미로 규정하지는 않았다. 용언 '같다'의 하위에 속한 것으로 '-는 것 같다'를 기술한 [사전2]를 제외하고 [사전1]과 [사전3]은 표제어가 다르다.33) [사전1]의 '관련어'와 [사전3]에서는 '비슷'이라는 표기로 유사 의미를 갖는 문법형식을 표기해 주고 있다.

사전별로 제시된 문법 기술을 살펴보면, 세 사전에서 공통적으로 '추측'이라는 용어를 사용하고 있다. 구체적으로 살펴보면, [사전1]은 '추측'과 '생각/의견'으로 의미를 구분해서 제시하고 있고 [사전2]는 의미 차이를 항목으로 구분하지 않았지만 의미 기술에서 '추측'과 '불확실한 단정'이라고 제시하고 있는 반면, [사전3]에서는 '추측'의 의미만 기술되어 있는 것이 다르다.

먼저, 공통적으로 제시한 '추측'의 의미를 어떻게 기술했는지 확인해 보자. '여러 상황으로 미루어 현재 그런 일이 일어나거나 상태에 있다고 추측함'[사전1], '동작이나 상태에 대한 화자의 추측'[사전2], '현재 사실에 대해 추측함'[사전3]이라는 기술은 명제의 확실성에 대한 화자의 판단을 의미하나, 화자와 명제의 관계는 명확하지 않다. 물론 [사전1]과 [사전3]에서 추측하는 주체는 화자임을 당연하게 받아들여 화자라는 명칭 자체를 쓰지 않을 수도 있겠지만, [사전2]와 같이 화자를 명기하고 명

---

33) [사전1]과 [사전3]의 문법 표제어는 여러 활용형 중에 대표형으로 제시되어 있지 않고 각각의 활용형(예를 들어 '-(으)ㄴ 것 같다, -는 것 같다, -(으)ㄹ 것 같다')이 모두 가나다순으로 바뀌어 제시되어 있어 어떤 활용형으로 찾아도 의미를 확인할 수 있게 되어 있다. 이 글에서는 한정된 지면 관계로, 대표형 '-는 것 같다'의 문법 기술만을 비교하기로 한다. 문법 기술에서 동작이나 상태, 현재와 같이 문법 활용형에 영향을 주는 의미 설명은 고려하지 않겠다. 또한 [사전2]에서 '-는 것 같다'에 또 다른 양태소 '-더-'가 결합된 문법 형식 '-던 것 같다'에 대한 문법 기술이 나오는데, '-던 것 같다'와 '-고 있었던 것 같다'의 의미 차이, '-더군요'와 '-었던 것 같다'의 의미 차이는 다른 사전과 동일한 것을 비교해야 하므로 논의 대상에서 제외하겠다.

제에 대한 화자의 태도로서 추측을 밝히는 것이 양태적 의미를 가장 잘 보여주는 것이다.

하지만 여전히 이와 같은 문법 기술은 관련어, 유의어로 제시된 '-나 보다'와의 의미적 차이를 분명하게 보여주지 못하고 있다. 이는 각 사전에서 추측의 의미로 제시되어 있는 예문을 살펴봐도 마찬가지이다. 제시된 예문에서 '-는 것 같다' 대신에 '-나 보다'로 바꿔도 외국인 학습자는 의미 차이를 이해하기 어려울 듯하다.

> (16) 가. 빗소리가 들려요. 밖에 (비가 오는 것 같아요/비가 오나 봐요).
> [사전1]
> 나. 책 읽는 것을 (좋아하는 것 같아서/*좋아하나 봐서) 선물로 책을
> 샀어요. [사전1]
> 다. 이 식당 음식은 참 (맛있는 것 같아요/*맛있나 봐요). [사전1]
> 라. 집 안에 아무도 (없는 것 같아요/없나 봐요). [사전2]
> 마. 제가 (잘못한 것 같습니다/잘못했나 봅니다). [사전2]
> 바. 너는 나를 (이해하지 못하는 것 같아/?이해하지 못하나 봐). [사전3]
> 사. 어쩐지 그 소리가 차츰 (가까워지는 것 같아/*가까워지나 봐).
> [사전3]
> 아. 전화를 안 받는 걸 보니 지금 집에 아무도 (없는 것 같네/없나 보
> 네). [사전3]

위 예문은 세 사전의 '-는 것 같다'의 예문에 '-나 보다'를 병기해서 쓴 것이다. (16나)에서 '-는 것 같다'에서 '-나 보다'로 대체하면 연결어미 제약에 걸려 적격문이 되지 못한다. (16나)에서 어떤 사람이 책을 좋아한다고 인식한 화자('보다'의 주체)와 책을 산 주체(명제 참여자)는 다르기 때문이다. (16다)는 [사전1]의 두 번째 의미로 기술된 '의견'을 보여주는 예로 화자가 먹은 경험을 바탕으로 음식이 맛있다고 평가하는 것이므로, 화자의 경험을 표현하지 못하는 '-나 보다'는 비적격문이 된다. (16사)는

화자의 느낌이나 예감과 같이 지극히 주관적인 추측을 한다는 점에서 '-나 보다'와 함께 쓰지 못한다.[34]

문제는 '-는 것 같다'와 '-나 보다'로 대체할 수 없는 의미가 사전에서 추가로 보충 설명이 되어 있지 않다는 점이다. [사전1]에서만 '추측'과 다른 '의견'을 별도의 의미로 구별했을 뿐, [사전3]은 다양한 담화 상황이 예문으로 제시된 반면 각 상황에 대한 의미 설명이 되어 있지 않고 '-는 것 같다'의 전체적인 의미만이 간단하게 제시되어 있어 학습자가 충분히 이해하는 데 부족하다.

또 하나 주목할 점은 세 사전에서 모두 '-는 것 같다'와 '-나 보다'의 의미가 거의 같다고 기술하고 있는 것이다. (16)의 예에서 확인할 수 있듯이, '-는 것 같다'와 '-나 보다'가 쓰인 예문이 모두 적격문으로 인정될 수 있다고 해서 그 의미가 동일한 것은 아니다. (16가), (16라), (16아)의 경우에도 한국어 모어 화자라면 두 문장의 의미가 똑같다고 말하지는 않을 것이다. 더욱이 (16마)에서 '제가 잘못한 것 같습니다'와 '제가 잘못했나 봅니다'는 의미가 달라진다. 전자는 자신이 잘못했다고 생각하고 있는 화자 자신의 생각을 말하는 것인 반면, 후자는 화자가 자신이 잘못했다고 인정하거나 납득하지 못하더라도 현재 돌아가는 상황으로 미루어 짐작하면 자신이 잘못한 것처럼 보인다는 의미로 말하는 것이다. 그럼에도 (16마)의 예문이 쓰인 [사전2]에서는 '-는 것 같다'의 문법 기술에 '불확실한 단정'이라고 표기하기만 했을 뿐 그 밖의 다른 설명이 덧붙여져 있지 않다. [사전1]의 두 번째로 제시된 의미인 '의견'이 의미로 추가되고 학습자를 위한 더 명시적인 의미 설명이 덧붙여질 필요가 있다.

---

34) (16나), (16다), (16사)에서 '-나 보다'가 적격문이 되지 못하는 것은 이후에 논의될 '-나 보다'의 설명으로 기술되어야 한다. '-는 것 같다'에서는 특별한 문법적 제약이 없는 것이 특징이므로, '같다'에 과거 시제가 온다든지 부정이 온다든지 하는 예문을 보충하여 특별한 문법 제약이 없음을 보여줄 필요가 있다.

세 사전 모두 동일한 명칭으로 마련되지는 않았지만 기본적인 의미 이외의 추가적인 설명으로 의미를 보충하는 자리가 있다. 이런 자리에서는 학습용 사전에서 학습자가 자주 의미 혼동을 일으키는 것을 비교하면서 차이를 밝혀주는데, [사전1]에서도 'A-(으)ㄴ 것 같다'와 'A-(으)ㄹ 것 같다'의 의미 차이, 'V-(으)ㄴ 것 같다'와 'V-었던 것 같다'의 의미 차이를 기술하고 있다. 학습자가 의미적으로 더 상세한 설명을 요구하는 경우가 많으므로, 이에 대한 보충 설명이 되어 있는 것이 외국인 학습자에게 도움이 될 것이다. [사전3]에서는 과거 시제 결합을 'V-었는 것 같다'로 쓰는 외국인 학습자의 오류를 보여줌으로써 활용형을 다시 한번 강조해 주고 있다. 외국인 학습자의 빈번한 오류 중의 하나이므로 명시적으로 예와 함께 기술하는 것은 학습에 도움이 될 것이다.

'-는 것 같다'와 비슷한 의미를 갖는 문법형식을 비교한 설명을 살펴보자. [사전1]에서는 '-는 것 같다'의 관련어로 '-나 보다/는 모양이다'를 들고 있는데, 각각의 의미가 거의 비슷하다고 기술한 부분은 아쉽다. 하지만 이들 사이의 의미 차이를 분명히 하기 위해 공기할 수 있는 부사구를 제시하는 것은 효과적이다. [사전1]에서 '-는 것 같다'의 의미를 화자의 주체적이고 주관적인 경험, 지식에 근거한다고 한정하며, '제 생각으로는'과 같은 부사구가 '-는 것 같다'와는 공기하지만 '-나 보다'와는 공기하지 못한다는 것을 비교하여 명시해 주고 있다. [사전3]에서는 '-는 것 같다'와 '-나 보다'를 비교하면서, '-는 것 같다'가 화자가 직접 경험한 사실에 대해 우회적으로 말할 때 사용하는 반면, '-나 보다'는 경험주 제약을 갖고 있음을 명시하고 있다. 이와 같이 비슷한 의미를 갖는 문법형식들 간의 비교에서 부사구와의 공기 관계를 밝히거나 경험주 제약과 같이 명확하게 의미를 구별할 수 있는 특징을 예문과 함께 보여주는 것은 학습적으로 유용하다.

4.1.2. '-나 보다'의 문법 기술

	[사전1]	[사전2]	[사전3]
표제어	-나 보다	-나 보다/-(으)ㄴ가 보다	-나 보다
범주	표현 [의문을 나타내는 어미 '-나' + 동사 '보다']	보조동사 [의문형 종결어미 '-나/ -(으)ㄴ가' + 동사 '보다']	관용 표현
결합 정보	동사 어간이나 '있다', '없 다', 어미 '-았-' 뒤에 붙 어. [관련어] -는 것 같다, -는 듯하다, -는 모양이다	주어는 2인칭과 3인칭만 쓴다. 1인칭 주어를 쓰는 경우는 자기를 3인칭화 (객관화)해서 말할 때에 한한다.	동사와 '있다/없다' 뒤에 쓰여. [변이형태] -ㄴ가 보다/-은가 보다 예) 아픈가 보다, 많은가 보다
의미	어떤 사실이나 상황으로 미루어 그런 것 같다고 추 측하는 의미를 나타낸다. 예) 사람들이 우산을 쓰고 가 요. 밖에 비가 오나 봐요. 예) 극장 앞에 사람이 많네. 영화가 재미있나 봐.	어떤 사실을 보고 그것으 로 미루어 다른 동작이나 상태를 짐작함을 나타낸다. 예) 조용한 걸 보니 아이 들이 자나 봐요. 예) 저 사람들은 부부가 아닌가 봐요.	어떤 상황이나 사실에 비 추어 볼 때 그런 것 같다고 짐작하여 말함을 나타낸다. 예) 너무나 충격이 심해서 그랬나 보다. 예) 지금 퇴근하나 보죠? 예) 너 오늘 할 일이 없나 보구나.
보충 설명	'-나 보다'는 주변 상황으 로 미루어 그럴 것이라고 짐작하는 경우에 사용한다. 그러므로 말하는 사람이 직접 경험한 사실에 대해 서는 확신이나 자신감 없 이 말하는 경우에라도 사 용하지 않는다. 예) 영화가 아주 재미있나 봅니다. : 영화를 본 사람들의 반 응이나 극장 앞에 몰려 있는 사람들을 보고 영 화가 재미있을 것 같다 고 추측하는 경우에 사 용할 수 있는 문장으로, 자신이 직접 영화를 본 후에 사용할 수 없다.	상태동사에 시상어미가 붙었을 때는 '-는가 보 다', '-나 보다'를 다 쓸 수 있다. 예) 삼촌은 어제 한가했나 보다. 예) 옛날에는 두 사람이 친 했는가 봅니다.	말하는 사람의 추측을 나 타내므로 '나, 우리'와는 쓰이지 않는다. 예) 나는/우리는 학교에 가 나 봐요.(X)

	[사전1]	[사전2]	[사전3]
비슷한 문법과 비교	'-는 것 같다'도 '-나 보다'와 마찬가지로 추측의 의미를 나타내는 표현이다. 그러나 '-는 것 같다'는 말하는 사람이 직접 경험한 사실에 대해서 확신 없이 이야기할 때도 사용되는 반면, '-나 보다'는 자신이 직접 경험한 사실에 대해서는 사용할 수 없고 간접 경험이나 단서를 가지고 추정해 표현할 때만 사용된다는 점에서 차이가 있다. -진수는 테니스를 잘 치는 것 같아요. (진수가 테니스를 잘 치는 것을 본 후 쓸 수 있음) -진수는 테니스를 잘 치나 봐요. (진수가 테니스를 잘 친다는 이야기를 듣거나 그가 상을 많이 받는다는 이야기를 듣거나 하여 테니스를 잘 친다고 추측하는 경우에 사용하는 표현이다.)	'-는 것 같다', '-는 모양이다', '-나 보다'의 비교 : 의미의 차이는 '같다, 모양, 보다'와 같은 단어들의 본래의 의미에서 비롯된다. '-는 것 같다' : 어떤 사물의 동작이나 상태가 다른 사물의 동작이나 상태를 미루어 짐작한다. '-는 모양이다' : 어떤 사물의 모양으로써 동작이나 상태를 미루어 짐작한다. '-나 보다' : 어떤 사물을 보고 동작이나 상태를 짐작한다.	※'-나 보다'와 '-는 것 같다'의 비교는 '-는 것 같다'의 도움말 쪽수 제시

세 사전 모두 '-나 보다'의 범주를 다르게 규정하고 있는데 [사전1]과 [사전2]에서는 동일한 통사적 구성에 각기 다른 범주로 표기하고 있다. 결합 정보란에서는 [사전1]에서 '-나 보다'의 [관련어]로 '-는 것 같다', '-는 듯하다', '-는 모양이다'를 제시하고 있어 학습자의 의미 차이에 대한 관심을 상기시킨다. [사전2]에서는 1인칭 주어 제약을 언급하면서 인칭 제약이 해소되는 경우는 화자가 자기를 객관화하는 경우라고 명시한다. 이는 '-나 보다'가 추측의 의미와는 다른 '깨달음'에 해당하는 의미

도 갖고 있음을 분명히 한 것이다.

하지만 세 사전 모두 결합 정보가 충분하지 못하다는 인상을 준다. 문법적 제약이 많은 '-나 보다'의 경우 외국인 학습자의 비적격문 생성이 많아지는데, [사전1]에서 제시된 것은 결합 정보라기보다는 유사 의미를 지닌 문법형식과의 비교에서 논할 수 있으며, [사전3]에서는 활용형만 제시되어 있어 '-나 보다'가 갖고 있는 많은 문법 제약을 보여주지 못하고 있다. [사전2]에서 제시한 1인칭 주어 제약은 외국인 학습자가 왜 이런 제약이 있는지 설명 받지는 못해도 명시적으로 제약을 밝히고 제약 해소가 될 경우 새로 생성되는 의미를 제시함으로써 '-나 보다'의 의미를 넓혀주는 것이라고 본다. 다만, 앞서 제시되었던 (16나)의 연결어미 제약, (16다)의 경험주 제약뿐만 아니라 시제 제약이나 '보다'에 장형 부정문 형성 제약 등 확인해야 할 문법 제약이 폭넓게 제시되지 못한 것이 아쉽다.

의미 기술을 살펴보면, 세 사전에서 공통적으로 '어떤 상황을 미루어 짐작'하거나 '어떤 사실에 비추어 짐작'한다고 기술하고 있다. '-는 것 같다'와 같은 추측의 의미더라도 '어림잡아 헤아린다'는 짐작의 의미를 덧붙임으로써 근거에 대한 화자의 정보가 충분하지 않다는 점, 근거로 여기는 것이 화자의 직접 경험이 아닌 간접경험임을 보여준다.

> (17) 가. 사람들이 우산을 쓰고 가요. 밖에 (비가 오나 봐요/비가 오는 것
> 같아요). [사전1]
> 나. 극장 앞에 사람이 많네. (영화가 재미있나 봐/영화가 재미있는 것
> 같아). [사전1]
> 다. 조용한 걸 보니 아이들이 (자나 봐요/자나 봐요). [사전2]
> 라. 저 사람들은 부부가 (아닌가 봐요/아닌 것 같아요). [사전2]
> 마. 너무나 충격이 심해서 (그랬나 보다/그런 것 같아요). [사전3]
> 바. 너 오늘 할 일이 (없나 보구나/없는 것 같구나). [사전3]
> 사. 지금 (퇴근하나 보죠/퇴근하는 것 같죠)? [사전3]

'-는 것 같다'에 비해 문법적 제약이 훨씬 많은 '-나 보다'의 예문은 '-는 것 같다'로 대체했을 때 (17가-바)와 같이 비적격문이 나올 가능성이 상대적으로 크게 줄어든다. 하지만 여기에서도 '-는 것 같다'와 '-나 보다'의 의미 차이를 인지할 수 있을 만한 설명이 구체적으로 나와 있지 않다. 특히, 개인적인 의견을 밝히는 '-는 것 같다'와는 달리, '-나 보다'의 의미가 '-는 것 같다'에 비해 겉으로만 보이는 피상적인 근거에 기반하여 짐작한 의미라는 것을 부각하면서 화자가 그것에 대해 잘 모른다는 것을 표현한 것임을 설명해 줄 필요가 있다. 그래야 (17마)와 (17바)가 화자가 잘 모르는 것을 짐작해서 말할 때, 책임성을 회피하면서 발화를 하고자 할 때 '-나 보다'로 표현한 것임을 학습자가 이해할 수 있다. 그런 의미에서 보충 설명에서 '-는 것 같다'와 '-나 보다'를 사용할 때 판단 근거로 사용되는 정보가 경험하지 않은 정보, 짐작에 의한 피상적인 정보임이 추가되는 것이 바람직하다.

(17사)의 경우 다른 예문과 달리 '-는 것 같다'와 '-나 보다'를 결합시켰을 때 의미가 달라지는 것이다. 청자에게 확인하는 의미의 양태 어미 '-지'를 덧붙여 의문문으로 제시한 예로, 두 문장은 서로 의미가 다르다. (17사)의 '지금 퇴근하나 보죠?'는 화자의 짐작을 청자에게 확인하는 의미로 쓰인 반면, (17사)의 '지금 퇴근하는 것 같죠?'는 청자의 생각을 확인하는 의도로 쓰인 것이다. (17사)의 전자는 화자의 짐작이 불명확한 정보에 기초하여 확신할 수 없음을 보여주는 반면, (17사)의 후자는 청자가 명제에 대해 어떻게 생각하고 있는지 청자의 의견을 묻고 있는 것이다. [사전3]은 '-나 보다'에서 자주 쓰이는 예문을 수록하기는 했는데 이에 대한 특별한 의미 기술이 제시되지 않아 외국인 학습자가 정확하게 어떤 의미로 써야 할지 판단하기 어려우므로 별도의 설명이 요구된다.

유사한 의미를 갖는 어미와 비교할 때 [사전1]에서는 '-는 것 같다'에서 언급한 것과 같이 화자의 경험에 기반한 판단 근거를 둘 때 '-나 보다'와 결합되지 않는 것을 강조하고 있다. 반복적인 문법 제시가 학습 과정에서 필요하긴 하지만, '-는 것 같다'와 '-나 보다'의 의미 차이를 만들어내는 여러 기준 중에 화자의 경험에 의한 근거만이 제시되는 것은 수정될 필요가 있다고 본다. '-나 보다'의 판단 근거 자체가 피상적이라서 화자가 확신 없이 틀릴 수 있다고 여기며 짐작할 때 쓴다는 것을 외국인 학습자가 알고 있다면, 자신이 모르고 있음을 내세워 다른 사람의 의도를 떠 보거나 모르는 척하는 확장된 의미까지 이해하는 것이 가능하다. 그런 의미에서 [사전2]에서 '-는 것 같다'와 '-는 모양이다', '-나 보다'를 비교할 때 '같다, 모양, 보다'에 기초한 의미 설명을 예문 없이 제시한 것도 외국인 학습자에게 의미 차이를 이해시키는 데는 충분하지 않다.

4.1.3. 한국어 학습용 사전의 문법 기술 정리

지금까지 한국어 학습용 사전에 나와 있는 '-는 것 같다'와 '-나 보다'의 문법 기술에 대해 살펴본 것을 정리하면 다음과 같다.

첫째, 학습용 문법 사전임에도 불구하고 문법의 의미에 대한 설명이 너무 간단하고 지나치게 추상적인 경향이 있다. 특히 동일한 범주 내 다양한 문법형식으로 양태적 의미를 전달할 경우, 외국인 학습자의 언어 사용을 고려해 볼 때 각 문법형식들 간의 의미 차이에 대한 더 상세한 기술이 요구된다.

둘째, 문법 기술에 사용된 예문이 1차적이고 기본적인 의미에 관련된 것에 한정된 것이 많다. '-는 것 같다'와 '-나 보다'의 1차적인 의미가 추측이라고 할 때 각 사전에 제시된 예문의 80% 이상이 추측의 의미에 해당하는 예문이었다. 부차적인 의미라 해도 그것이 생활에서 많이 쓰이고 있는 담화적 의미가 있다면 사전에서 따로 기술되고 그에 해당하는 예문도 실어야 한다. 말뭉치 분석을 통해 만들어진 학습용 사전이라면 다양한 예문을 제시하는 것 못지않게 그에 대한 의미 설명도 함께 제시할 필요가 있다.

셋째, 학습용 사전이니만큼 외국인 학습자가 쉽게 인지하고 사용할 수 있을 만한 문법적인 표지를 함께 명시하는 방식을 적극적으로 활용하는 것이 필요하다. '-는 것 같다'를 화자의 의견을 밝히는 데 사용할 때에는 '제 생각에'나 '제가 보기에는'과 같은 공기할 수 있는 부사구를 밝혀주는 것, '-나 보다'에서 1인칭 주어와 결합되지 않는 것과 같은 명시적인 설명과 형식적인 표지를 함께 제시해 주면 외국인 학습자가 더 용이하게 문법을 이해하고 자신의 의도를 표현할 수 있게 될 것이다. 문법적인 제약 또한 아무런 설명 없이 나열하지 않고 추가 설명과 함께 제시된다면 더 효과적일 것이다.

4.2. 한국어 학습용 교재에서의 문법 기술 및 담화 상황

한국어 학습용 교재는 학습자의 담화 능력 향상을 목표로 문법과 어휘를 학습하여 그것이 담화 내에서 어떻게 사용될 수 있는지 보여준다.[35] 학습용 문법 사전에 모든 문법 항목이 배열되어 있는 것과 달리, 학습용 교재에는 문법적 난이도가 고려되어 학습자의 학습 수준(초급, 중급, 고급)에 따라 문법이 제시된다. 또한 학습용 문법 사전은 문법 항목의 의미 기술과 예문이 제시되어 있는 것과 달리, 학습용 교재는 목표 문법의 의미

---

35) 대부분의 한국어 학습용 교재는 말하기, 듣기, 읽기, 쓰기와 같은 언어 기능이 별개로 구분되어 있지 않고 각 언어 기능을 통합적으로 학습하게끔 구성되어 있다. 하나의 주제로 어휘와 문법을 학습한 후 그것을 말하기, 듣기, 읽기, 쓰기 과정에서 사용할 수 있도록 한 것이다. 여기에서는 담화 상황을 파악하기 위한 것이므로 각 교재에서 말하기 대화 형태로 제시된 것만 한정해서 대상으로 삼는다.

기술과 예문뿐만 아니라 이것이 사용된 맥락을 교실 수업에서 연습할 수 있도록 담화 상황이 함께 제시되어 있다. 그렇기 때문에 교재에 제시된 담화 상황을 보면 앞서 제시된 문법 기술의 담화적 의미까지 확인할 수 있다.

이 장에서는 양태 표현 '-는 것 같다'와 '-나 보다'가 한국어 학습용 교재에 어떻게 기술되어 있는지, 어떤 담화 상황이 대표적으로 제시되어 있는지 확인하고자 한다. 분석 대상으로 삼은 한국어 학습용 교재는 다음에 나와 있는 5종 교재이다. 교재 옆에 제시된 숫자는 학습 수준을 의미하는 것으로 숫자가 높아질수록 난이도가 어려운 단계에 속한다. 외국인 학습자에게 문법적 의미를 제한된 시간 안에 한국어로 이해시키기 어려우므로, 초급과 중급 교재에서는 한국어가 아닌 영어, 일본어, 중국어로 문법이 기술된다. 여기에서는 영어로 문법 기술이 되어 있는 것을 분석 대상으로 삼았다.[36] 먼저 각 교재에 나와 있는 '-는 것 같다'와 '-나 보다'의 문법 출현 양상을 확인해 보자.

	-는 것 같다	-나 보다
(1) 서강 한국어 (서강대 교재)	2B권 2과 : A-(으)ㄴ 것 같다 / V-는 것 같다 [추측] 최근 달라진 친구에 대해 그 이유를 추측하기 2B권 3과 : A/V-(으)ㄹ 것 같다 [추측] 주말에 사람이 많을 것 같은 상황을 추측하기	3B권 5과 : A-(으)ㄴ가 보다 / V-나 보다 [추측] 떨어져 있는 물건을 보고 누구의 것인지 추측하기

---

36) 한국어 학습용 교재는 교육기관의 교육과정이 반영되어 있다는 점을 고려하여, 현재 한국어 교육기관 중에서 비교적 오랜 역사를 갖고 있고 교재 출판 시기도 다른 교재에 비해 빠른 교재 5종을 선택했다. 제시된 교재 대부분이 개정판이라서 출판 시기가 최근으로 나와 있지만, 초판은 2000년대 초반 전후로 출판된 것이다. 교재명이 길기 때문에 앞으로는 편의상 교육기관명을 붙여 '서강대 교재'와 같이 쓰겠다. 교재 제시 순서는 교재명을 가나다 순으로 배열한 것이다.

	-는 것 같다	-나 보다
(2) 연세 한국어 (연세대 교재)	1권 9과 : A/V-(으)ㄹ 것 같다 [추측] 내일 날씨 추측하기	2권 8과 : A-(으)ㄴ가 보다 / V-나 보다 [추측] 진료 예약하면서 오래 기다려야 하는 것을 보고 환자가 많은 상황 추측하기
(3) 이화 한국어 (이화여대 교재)	2권 7과 : A-(으)ㄴ 것 같다 / V-는 것 같다 [의견] 물건을 보고 자신의 의견을 말하기	3권 9과 : A-(으)ㄴ가 보다 / V-나 보다 [추측] 지갑이 없는 것을 보고 자신이 지갑을 잃어버렸음을 알게 된 상황 말하기
(4) 재미있는 한국어 (고려대 교재)	2권 3과 : V-(으)ㄹ 것 같다 [추측] 내일 날씨 추측하기 2권 4과 : A-(으)ㄴ 것 같다 / V-는 것 같다 [의견] 물건을 보고 자신의 의견 말하기	3권 7과 : A-(으)ㄴ가 보다 / V-나 보다 [추측], [깨달음] : 한국어 공부에 힘들어하는 친구를 보고 친구의 상황 추측하기
(5) 한국어 (서울대 교재)	2권 4과 : N-인 것 같다 [추측] 얼굴을 보고 외국인으로 추측하기 2권 6과 : A-(으)ㄴ 것 같다 / V-는 것 같다 [의견] 책에 대한 자신의 의견 말하기	3권 7과 : A-(으)ㄴ가 보다 / V-나 보다 [추측] 집들이에 사람들이 늦는 것을 보고 늦는 이유를 추측하기

먼저, 각 교육기간의 한국어 학습용 교재 모두 '-는 것 같다'를 초급 중후반에, '-나 보다'를 중급 초중반에 제시하고 있어, 공통적으로 '-는 것 같다'를 '-나 보다'에 앞서 제시하고 있음을 확인할 수 있다. '-나 보다'에 비해 '-는 것 같다'가 통사적 제약이 적고, 말하기와 듣기와 같은 구어 담화에서 빈도수가 높기 때문인 것으로 보인다.[37]

---

[37] 한국어 교육 학위논문(이선영 2006)에서 다양한 자료를 대상으로 말뭉치 분석을 통해 빈도수를 확인한 결과, 구어체와 문어체 모두에서 '-는 것 같다'가 '-나 보다'보다 빈도수가 높은 것으로 나타났다.

교재에서 난이도에 따라 문법 제시 순서가 다른 것은 먼저 나오는 문법을 학습할 때와 나중에 나오는 문법을 학습할 때 문법 기술이 달라질 수 있음을 의미한다. 문법 사전에서는 문법 제시가 난이도에 의한 것이 아니기 때문에 각 문법 항목별로 각각의 문법 기술에서 유사 문법과의 의미 차이를 설명해야 하는 반면, 교재에서는 먼저 제시되는 '-는 것 같다'의 문법 기술에서는 비교 설명이 없지만 나중에 제시되는 '-나 보다'의 문법 기술에서 선수 학습된 것과 어떻게 다른지 확인시켜 주는 작업이 반드시 필요하다.

몇몇 한국어 학습용 교재에서 '-는 것 같다'의 경우 활용형을 나눠 제시하는 경우가 있는데, 별다른 문법 제약이 없어 상대적으로 학습 부담이 적은 '-는 것 같다'는 활용형 연습에 중점을 두는 것으로 보인다. 하지만 '-나 보다'의 경우 활용형을 나눠 제시하지 않는 대신에 '-는 것 같다'와 같은 유사 문법과의 의미 차이를 기술하는 경우가 많다.38) 특히 '-나 보다'와 같은 문법 제약이 많은 문법을 교수, 학습할 때에는 문법 제약에 대한 명시적인 설명과 연습이 뒷받침되어야 학습자의 오류 생성을 줄일 수 있다.

각 교재별로 보이는 눈에 띄는 점을 살펴보면, 서강대 교재는 해당 문법을 적용한 담화 상황이 듣기 지문을 제외하고도 2-3개씩 제시되어 나와 있는 것이 특징적이다. 외국인 학습자가 여러 담화 상황을 접하고 연습하도록 한 것인데, 다른 교재와의 비교를 위해 여러 담화 상황 중에서 하나만 선택하여 분석하기로 한다. 연세대 교재의 경우 '-는 것 같다'와 '-나 보다'의 문법 제시 순서가 다른 교재에 비해 이른 것을 알 수 있다.

---

38) '-는 것 같다'와 '-나 보다'를 학습한 이후 '-더-'나 '-(으)려-'와 같은 양태적 의미를 띠는 선어말어미와 결합한 '-었던 것 같다' 또는 '-(으)려나 보다'가 제시되기도 한다. 하지만 이 글에서는 '-는 것 같다'와 '-나 보다'의 의미 차이에 집중하여 그 밖에 다른 형태가 결합한 것에 대해서는 논하지 않기로 한다.

연세대 교재에서는 '-는 것 같다'는 1권, '-나 보다'는 2권에서 제시되는데, 이는 다른 교재에서 2권과 3권에 걸쳐 나온 것과 대조된다.

그러나 무엇보다 눈에 띄는 점은 이화여대 교재에서 '-나 보다'에 앞서 2권 후반부에 '-는 모양이다'를 먼저 제시하고 있다는 점이다. 학습용 문법 사전에서 '-는 모양이다'는 '-나 보다'와 유사 의미를 갖고 있는 것으로 간주되어 의미 차이를 비교할 때 함께 많이 쓰는데, 대개의 학습용 교재에서는 '-는 모양이다'가 '-나 보다' 이후에 제시되는 경우가 많다. 말뭉치 자료 분석에서도 구어 담화에서 '-나 보다'가 '-는 모양이다'보다 빈도수가 높은데 이화여대 교재의 문법 제시 순서가 다른 교재와 다른 것이 특징적이다.

이 장에서는 각 교재별로 '-는 것 같다'와 '-나 보다'의 문법 기술과 예문, 담화 상황이 어떠한지 살펴보도록 하겠다. 다만 문법 기술에서 문법 활용에 대한 부분은 교재마다 거의 같으므로 이를 제외한 문법의 의미를 기술한 것에 중점을 두어 제시하고자 한다. 문법 기술은 대개 영어로 되어 있는데 그에 해당하는 예문은 1-2개 정도만 선택해서 제시하겠다. 담화 상황은 학습 수준이 높아질수록 제시된 담화 길이가 길어지므로, 여기에서는 목표로 하는 양태 표현이 나와 있는 부분만을 제시한다. 제시된 담화가 학습 수준에 적합한지, 해당 문법을 나타내는 대표적인 상황인지, 생활에 유용한지 따져 보는 것은 이 글의 취지와 맞지 않으므로 여기에서는 논하지 않겠다.

4.2.1. '-는 것 같다'의 문법 기술 및 담화 상황

서강대 교재 2B권 2과 '-(으)ㄴ/는 것 같다'	서강대 교재 2B권 3과 '-(으)ㄹ 것 같다'
• 문법 기술 : '(Adjective)-은 것 같다' and '(Verb)-는 것 같다' are used to express the speaker's presumption about a situation or a person. It has the same meaning as 'It seems that…' 예) 히로미 씨가 오늘 기분이 아주 좋은 것 같아요. 예) 제니 씨가 음악을 듣는 것 같아요. 제니 씨 방에서 음악 소리가 나요.	• 문법 기술 : '-을 것 같다' is used to express the speaker's presumption about a situation or a person in the future. It has the same meaning as 'It seems that (someone/something) will…' 예) 날씨가 안 좋아요. 비가 올 것 같아요.
• 담화 상황 (최근 달라진 친구에 대해 그 이유를 추측하는 상황) 앤디 : 요즘 이리나 씨가 이상하지요? 좀 우울한 것 같아요. 미나 : 네, 그런 것 같아요. 앤디 : 왜 그럴까요? 미나 : 제 생각에는, 집에 문제가 생긴 것 같아요. 앤디 : 그래요?	• 담화 상황 (대학로에 가서 연극 보자고 하는데 자리가 없을 것 같다고 추측하는 상황) (중략) 민수 : (대학로에 가서) 연극 보는 게 어때? 현우 : 지금 가면 자리가 없을 것 같아. 민수 : 괜찮을 거야. 가자.

서강대 교재에서는 '-는 것 같다'의 의미를 '추측'으로 한정해 문법과 예문을 기술하지만 담화 상황에서는 추측에서 자신의 의견을 말하는 것까지 제시하고 있다. 문법 기술과 예문에서 '의견'의 의미가 명시적으로 제시되지 않는다. 그러나 담화 상황에서는 '제 생각에는'과 같은 '-는 것 같다'와 공기할 수 있는 부사구가 함께 제시되어 있다. 실제 언어 사용에서 '의견'의 의미로 '-는 것 같다'가 많이 쓰이는 만큼 문법 기술에서 기본적인 의미로 '추측'을 먼저 제시하고 추가로 '의견'의 의미를 덧붙이는 것이 필요해 보인다.

또한 '-는 것 같다'의 문법 기술에서 이에 대당하는 번역을 함께 제시하는 것도 특징적이다. 영어 번역이 주어졌을 때 학습자가 한국어의 문법 쓰임을 잘못 이해할 가능성이 있으므로 주의해야 하지만, 문법 번역과 예문이 설명과 함께 제시된다면 학습자가 의미를 개념화하는 데에는 도움을 줄 수도 있을 것이다.

연세대 교재 1권 9과 '-(으)ㄹ 것 같다'
• 문법 기술 : It is used with a verb to indicate the assumption of the action or state that will take place in the future. 예) 너무 배가 고파서 많이 먹을 것 같아요. 　　이 음식은 너무 매울 것 같아요.
• 담화 상황 (내일 날씨를 추측하는 상황) 제임스 : 내일은 날씨가 어떨까요? 미　선 : 오늘보다 따뜻할 것 같아요. 　　　　　　　(중략)

　연세대 교재에서는 '-는 것 같다'의 대표적인 문법 표제어를 '-(으)ㄹ 것 같다'로 하고 그에 대한 예문과 담화 상황도 '-(으)ㄹ 것 같다'에 맞춰 제시하고 있다. 그러나 문법 기술 후에 문법 연습에서 '-(으)ㄴ/는 것 같다'를 함께 연습할 수 있게 되어 있는데, 그에 대한 설명이 따로 제시되지 않아 의미와 문법 활용형에 대한 추가 설명과 예문이 요구된다.

　연세대 교재에서도 서강대 교재와 마찬가지로 '-는 것 같다'의 의미를 '추측'으로 한정하여 문법을 기술하고 있는데, 학습자가 '-는 것 같다'를 자신의 주관적인 의견을 말할 때에도 쓰게 하려면 문법 기술에서 이 부분을 추가하는 것이 필요해 보인다.

이화여대 교재 2권 7과 '-(으)ㄴ/는 것 같다'
• 문법 기술 : '-(으)ㄴ/는/(으)ㄹ 것 같다' is used to assume an action in the past, present, or future, or a current situation through various circumstances. '-인 것 같다' is used to assume a current situation.

이화여대 교재 2권 7과 '-(으)ㄴ/는 것 같다'
• 담화 상황 (구두를 사러 간 두 사람이 구두 가게에서 말하고 있는 상황) 　　　　(중략) 장소이 : 이 구두는 어때요? 요즘 유행하는 디자인이에요. 율리아 : 글쎄요. 그건 너무 높아서 불편하지 않을까요? 저는 높은 구두는 잘 안 신어요. 장소이 : 그럼 이 까만색 구두는 어때요? 별로 높지 않고 디자인도 세련된 것 같아요. 율리아 : 정말 예쁘네요. 　　　　(중략)

　　이화여대 교재는 '추측'의 의미로 문법이 기술되어 있는 반면에 담화 상황은 '의견'의 의미로 제시되어 있다. '의견'의 의미로 쓰이는 담화 상황이 생활에서 빈번하게 접할 수 있는 상황이라고 하더라도 문법 기술과 담화 상황이 다른 것은 외국인 학습자가 이해하고 사용하는 데 어려움을 줄 수 있다. 또한 문법 기술 이후에 문법 활용형만 제시되어 있을 뿐 예문이 따로 제시되어 있지 않다. 문법 기술에서 '추측'에 대한 의미 기술 이후에 '의견'의 의미가 추가 설명이 되는 것이 필요하다. 더불어 의미 기술이 세분화되는 만큼 각각의 의미에 해당하는 예문도 추가될 필요가 있다.

고려대 교재 2권 3과 '-(으)ㄹ 것 같다'	고려대 교재 2권 4과 '-(으)ㄴ/는 것 같다'
• 문법 기술 : -(으)ㄹ 것 같다 is attached to a verb, an adjective and 'noun+이다', indicating one's subjective guess or presumption, about the present/future. 　가 : 내일 비가 올까요? 　나 : 제 생각에는 내일 비가 올 것 같아요. When making predictions about the past, '-았/었/였을 것 같아요' can be used. 　가 : 지금 제주도에는 비가 올 것 같아요. 　나 : 어제 제주도에는 비가 왔을 것 같아요.	• 문법 기술 : -는/(으)ㄴ 것 같다 is attached to a verb, an adjective, and 'noun+이다' stem, meaning uncertain judgement or assumption about the present situation. 　예) 치마가 너무 짧은 것 같아요. When -는/(으)ㄴ 것 같다 is used, it weakens the conclusive tone and gives soft and passive tone. Therefore, this form is frequently used for mild expressions of one's feeling. 　예) 가 : 바지가 잘 맞으세요? 　　　나 : 아니요, 좀 큰 것 같아요.

고려대 교재 2권 3과 '-(으)ㄹ 것 같다'	고려대 교재 2권 4과 '-(으)ㄴ/는 것 같다'
• 담화 상황 (현재 비가 오는 상황을 보면서 내일 비가 올지 추측하는 상황) 수미 : 어머! 밖에 비가 와요. 　　　(중략) 　　　토요일에 친구들하고 놀러 갈 거예요. 내일도 비가 올까요? 사토 : 글쎄요. 소나기 같아요. 수미 : 그럴까요? 사토 : 네, 걱정하지 마세요. 곧 그칠 것 같아요.	• 담화 상황 (옷을 쇼핑하고 있는데 어떤 옷을 골라 착용해 본 후 대화하는 상황) 　　　　　　(중략) 점원 : 아주 잘 어울리시네요. 손님 : 저에게 좀 작은 것 같아요. 점원 : 더 큰 사이즈도 있으니까 잠깐 기다리세요.

　고려대 교재에서는 다른 교재에 비해 문법 설명에 많은 지면을 할애하고 있는 것이 눈에 띈다. 더욱이 '-는 것 같다'의 활용형을 두 개과에 걸쳐 '-(으)ㄹ 것 같다'와 '-(으)ㄴ/는 것 같다'로 나눠 제시하면서 의미도 '추측'과 '의견'으로 분리해 제시하고 있다. 담화 상황도 문법에 기술된 의미로 나눠 제시되어 학습자가 의미나 형태를 안정적으로 학습할 수 있을 것으로 기대된다. 특히 '추측' 의미의 문법 기술 이후 나오는 예문에서 '-는 것 같다'와 공기할 수 있는 부사구 '제 생각에는'을 제시해 줌으로써 '추측'과 '의견'의 의미를 동시에 지니는 '-는 것 같다'의 담화적 의미를 잘 보여주고 있다. 다만, '의견'의 의미 기술이나 예문에서도 공기할 수 있는 부사구를 명시적으로 제시하면 더 효과적이 될 것이다.

　다른 교재와 다른 점을 꼽자면, '-(으)ㄹ 것 같다'의 문법 기술에서 '-었을 것 같다'와 같은 활용형을 보여주는 것이다. '-었을 것 같다'의 '-었-'이 외국인 학습자에게 과거 시제와 형태가 같아 의미적으로 혼동할 소지가 있어 보인다. 특히 '-는 것 같다'에 과거 시제가 결합된 '-(으)ㄴ 것 같다'를 학습하기 이전에 '-었을 것 같다'와 같은 과거의 완료된 상황을 현재 추측하는 것은 의미적으로 더 어려울 수 있다.

서울대 교재 2권 4과 'N인 것 같다'	서울대 교재 2권 6과 '-(으)ㄴ/는 것 같다'
• 문법 기술 : N인 것 같다 to seem to be N 예) 저분은 한국 사람인 것 같습니다. 　　이것은 아주 좋은 시계인 것 같군요. 　　저 사람이 철수 씨의 친구인 것 같지요?	• 문법 기술 : A-(으)ㄴ 것 같다 to seem to be A/V 　V-는 것 같다 예) 영숙 씨의 시계는 참 비싼 것 같아요. 　　요즘 아이들은 책을 안 읽는 것 같아요.
• 담화 상황 (외국인이 가판대에서 신문을 사는 상황) 　　　　　　(중략) 앙　리 : 500원이지요? 여기 천 원 있어요. 아저씨 : 외국 사람인 것 같은데, 한글을 읽을 줄 알아요? 앙　리 : 읽을 줄 알지만 뜻을 잘 모르겠어요. 　　　　　　(중략)	• 담화 상황 (읽고 있는 책이 어렵다고 말하는 상황) 수미 : 내가 지난주에 빌려 준 책 다 읽었어요? 윌슨 : 아뇨, 너무 어려워서 아직 다 못 읽었어요. 수미 : 모르는 말이 많이 나와요? 윌슨 : 네. 그 책은 나한테 너무 어려운 것 같아요. 　　　　　　(중략)

　　서울대 교재에서도 고려대 교재에서처럼 활용형을 '-인 것 같다'와 '-(으)ㄴ/는 것 같다'로 나눠 제시하면서 담화 상황도 '추측'과 '의견'으로 분리해 제시하고 있어 외국인 학습자가 '-는 것 같다'의 의미를 잘 이해할 수 있을 것으로 기대된다. 다만, 문법에 대한 기술 없이 문법 번역만이 제시되어 있어 어떤 의미로 이 문법을 기술했는지는 예문으로 확인할 수 있을 뿐이다. 양태적 의미가 번역으로 정확히 대응되지 않는다면 문법 기술이 추가되는 것이 더 이해하기 쉬울 것이다.

4.2.2. '-나 보다'의 문법 기술 및 담화 상황

서강대 교재 3B권 5과 '-은가/나 보다'
• 문법 기술 : '-은가/나 보다' is used when the speaker presumes something from clues which the speaker saw or heard. It is frequently used in speaking. 　　예) (친구 옷이 젖은 것을 보고) 지금 밖에 비가 오나 봐요. 　　　　(친구가 말을 안 하고 가만히 있는 것을 보고) 친구가 피곤한가 봐요. The subject is usually the second or third person. 　　예) 선생님께서 요즘 아주 바쁘신가 봐요.

서강대 교재 3B권 5과 '-은가/나 보다'
This form is not used when asking a question. 　예) 요즘 앤디 씨가 많이 바쁜가 봐요? (X) '안', '못', '-지 않다', or '-지 못하다' can be used in the clause preceding '-은가/나 보다'. They cannot be attached to '보다'. 　예) 비가 안 왔나 봐요. 　　비가 오지 않았나 봐요. Both '-은가/나 보다' and '-은/는 것 같다' can be used when expressing presumptions. '-은가/나 보다' is more frequently used than '-은/는 것 같다' when the speaker is making an assumption based on some kind of evidence or information that the speaker saw or heard. 　예) 식당에 있는 사람들이 불고기를 많이 먹는 것을 보니까 이 식당에서는 불고기가 제일 맛있나 봐요.
• 담화 상황 (도서관에서 바닥에 떨어진 지갑을 보고 누구의 것인지 추측하는 상황) 모니카 : 어! 지갑이 떨어져 있네요. 앤　디 : 혹시 한스 씨 지갑 아니에요? 　　　　(중략) 모니카 : 아니에요. 한스 씨 거는 까만색 가죽 지갑이에요. 누가 떨어뜨렸나 봐요. 　　　　(중략)

　서강대 교재에서는 '-나 보다'를 학습할 때 자세한 통사적, 의미적 차이를 기술하고 있는 점이 특징적이다. 1인칭 주어 제약이나 장형 부정문 형성 제약, 의문문 형성 제약을 문법 기술에 밝힘으로써 외국인 학습자의 오류를 줄이려는 시도가 보인다. 통사적 제약과 함께 각 제약마다 예문이 함께 제시되어 있어 외국인 학습자가 이해하기 쉬울 것이다.

　그러나 '-는 것 같다'와 '-나 보다'의 의미 차이가 제시되지 않은 점은 아쉽다. 특히 '-나 보다'의 문법 기술에서 판단 근거가 화자의 지각 정보라고 강조했지만, '-는 것 같다'도 화자의 지각 정보에 의한 추측으로 사용될 수 있으므로 이와 같은 문법 기술은 충분하지 않다. 예로 제시된 문장을 선수 학습된 '-는 것 같다'로 대체해도 외국인 학습자가 의미적 차이를 인지하기 어렵다. 담화 상황으로 제시된 것은 화자가 판단 근거인 정보가 거의 없을 때 쓰는 '-나 보다'의 의미로 '-나 보다'의 전형

적인 상황으로 보이긴 하나 문법 기술에서 이와 같은 의미 차이에 대한
기술이 추가될 필요가 있다.

또한 앞서 제시된 '-는 것 같다'에서 문법 번역을 제시한 반면 '-나
보다'에서는 제시하지 않았는데, 문법 번역을 제시하는 것이 더 좋은지
여부를 여기에서 논하지는 않겠지만 교재의 통일성을 위해서는 함께 제
시하든지 제외시키든지 일관되게 쓰는 게 필요하다. 만약 문법 번역이 제
시된다면 '-는 것 같다'와 '-나 보다'의 의미 차이에 대한 궁금증이 외국
인 학습자로부터 더 활발하게 제기될 것으로 보인다.

연세대 교재 2권 8과 '-나, 은가/ㄴ가 보다'
• 문법 기술 : It is used with a verb to express prediction. Especially it is used when a speaker makes a supposition from the passive experience or something the speaker interpreted from a fact, without any direct experience. 　예) 아이가 새 선생님이 좋은가 봐요. 집에서 와서 선생님 이야기를 많이 해요. 　　　급하게 먹는 걸 보니까 오랫동안 못 먹었나 봐요. 　　　문을 닫는 걸 보니까 이제 연극을 시작할 건가 봐요.
• 담화 상황 (병원 진료를 받기 위해 예약 전화를 하는 상황) 정희　　　: 김 박사님께 진료를 받으려고 하는데요. 　　　　　　(중략) 병원 직원 : 김 박사님께 진료를 받으시려면 2주일은 기다리셔야 합니다. 정희　　　: 2주일요? 김 박사님 환자가 많은가 봐요. 병원 직원 : 네, 요즘 환절기여서 환자가 얼마나 많은지 몰라요.

연세대 교재에서는 문법 기술에서 '-나 보다'가 어떤 사실, 상황으로
부터 추론된 것임을 밝히고 '-는 것 같다'와 비교하여 언급하지는 않았
지만 화자가 직접 경험한 것이 아님을 명시함으로써 '-는 것 같다'와 의
미적 차이를 자세히 설명하였다. 담화 상황도 화자가 직접 경험하지 않고
화자가 목격한 정보 이외에는 다른 어떤 정보도 없는 불충분한 정보를

갖고 있는 상태에서 추측·추론한 것으로, 이 담화 상황에서는 '-는 것 같다'로 대체 가능하지 않다는 점에서 '-나 보다'를 사용한 전형적인 상황이라고 볼 수 있다.

그러나 문법 기술에서 제시된 예문은 모두 '-는 것 같다'로 대체 가능한 것이므로 외국인 학습자가 '-는 것 같다'와의 의미 차이를 분명히 인지하게 하기 위해서는 의미 차이가 분명한 예문과 그에 대한 설명이 필요하다. 예를 들어 문법 설명에서 화자가 직접 경험한 것을 판단 근거로 쓰지 않는다는 것을 예문으로 보여줄 수 있다. 선수 학습된 '-는 것 같다'와 통사적, 의미적으로 차이가 나는 것도 분명히 할 필요가 있다. 또, '-나 보다'가 통사적으로 많은 제약이 있는 것을 염두에 둔다면 문법 기술에서 이와 같은 설명이 추가되어야 한다고 본다.

이화여대 교재 3권 9과 '-(으)ㄴ가 보다/는가 보다'
• 문법 기술 : '-나 보다'는 어떤 사실이나 상황을 근거로 추측함을 나타낸다.   예) 도서관에서 자주 만나네요. 도서관에 자주 오나 봐요.   　　제이슨 씨는 사무실에 없네요. 퇴근했나 봐요.
• 담화 상황 (지갑이 없어진 것을 보고 어디에서 분실했는지 얘기하는 상황) 　　　　　　　　　　(중략) 유　키 : 어! 이상하다! 지갑이 없어졌네! 하오밍 씨, 저 지갑을 잃어버렸나 봐요. 하오밍 : 한번 잘 찾아봐요. 있겠지요. 　　　　　　　　　　(중략) 유　키 : 서점 말고는 간 곳이 없어요. 서점에서 나와서 바로 학교로 왔거든요. 　　　　아마 책값을 계산하고 서점 계산대에 지갑을 놓고 왔나 봐요. 하오밍 : 그러면 지금 서점에 전화해서 지갑을 보관하고 있는지 물어보세요. 　　　　　　　　　　(중략)

이화여대 교재에서는 3권부터 영어가 아닌 한국어로 문법 기술이 되어 있는 것이 눈에 띈다. 다만, 문법을 '추측'의 의미로 간단히 기술하고 있을 뿐, '-는 것 같다'와의 통사적, 의미적 차이가 설명되어 있지 않다.

'-는 것 같다'와의 통사적 차이를 밝히면서 문법 제약에 대한 설명이 추가될 수 있고, 의미 차이를 밝히면서 '-나 보다'가 갖는 의미를 더 상세화할 수 있을 것이다. 좀 더 상세한 문법 기술이 요구된다.

담화 상황에서는 '-나 보다'가 두 번에 걸쳐 사용되는데, 첫 번째로 쓰인 의미가 1인칭 주어가 쓰인 화자의 지각, 뒤늦은 깨달음을 보여주는 것이고 두 번째로 쓰인 의미가 추측의 의미로 쓰인 것이다. '-나 보다'의 담화적 의미를 하나의 담화 상황에서 다양하게 보여줄 수 있다는 점에서 긍정적이나, 문법 기술에서 1인칭 주어 제약과 그것이 해소되었을 때 생길 수 있는 의미에 대해 추가 설명이 될 필요가 있다. 그렇지 않으면 외국인 학습자는 '-나 보다'를 쓸 때 1인칭 주어를 써서 비적격문을 빈번하게 생성할 가능성이 있다.

고려대 교재 3권 7과 '-나 보다, -(으)ㄴ가 보다'
• 문법 기술 : -나 보다 and -(으)ㄴ가 보다 indicate a conjecture after witnessing a certain situation. While -것 같다 can be used to express passively something that a speaker has experienced, -나 보다 and -(으)ㄴ가 보다 are not used to indicate something that the speaker actually experienced. 　　예) 가 : 이 영화 봤어요? 　　　　나 : 네, 봤어요. 지난주에 봤는데 정말 재미있나 봐요. (X) 　　예) 가 : 이 영화 봤어요? 　　　　나 : 네, 봤어요. 지난주에 봤는데 정말 재미있는 것 같아요. (O)
• 담화 상황 (한국어를 공부하지만 실력이 늘지 않는 것에 대해 걱정하는 상황) 루징 : 나 정말 바보인가 봐. 아무리 공부를 해도 한국어 실력이 늘지를 않아. 위엔 : 안 늘기는. 내가 볼 때는 많이 느는 것 같은데. 　　　(중략) 위엔 : 드디어 너한테도 슬럼프가 왔나 보다. 나도 한국에 온지 반 년쯤 됐을 때 너처럼 그랬어. 집에 돌아가고 싶고 그렇지? 루징 : 응. 맞아. 너도 그랬어? 그럼 그때 어떻게 했어? 　　　(중략) 위엔 : 뭔가 변화를 주는 것도 좋을 것 같아. 모든 것에 너무 익숙해져서 그럴 지도 모르니까. 　　　(중략)

고려대 교재에서는 '-나 보다'의 문법이 간단하게 기술되어 있으나 '-는 것 같다'와 비교해서 의미적 차이를 명시적으로 제시한 것이 돋보인다. 다만 문법 기술에서 '-나 보다'가 갖고 있는 문법 제약인 1인칭 주어 제약, 시제 제약, 의문문 형성 제약, 장형 부정문 형성 제약 등이 기술되어 있지 않아 외국인 학습자의 오류를 막기에는 어려워 보인다. 문법 기술에서 1인칭 주어 제약과 이런 제약이 해소될 때 어떤 의미가 만들어지는지 설명되지 않으면 '-나 보다'가 지닌 의미를 충분히 이해하기 쉽지 않다.

또한, 담화 상황에서 이화여대 교재와 마찬가지로, '-나 보다'가 두 번에 걸쳐 사용되는데 첫 번째 의미는 1인칭 주어와 함께 쓰인 화자의 뒤늦은 깨달음으로, 두 번째 의미는 '-나 보다'의 추측의 의미로 쓰인 것이다. 담화 상황 자체는 적절하지만, 문법 기술에서 '-나 보다'의 의미를 추가적으로 기술하지 않는다면 외국인 학습자가 '-나 보다'를 쓸 때 1인칭 주어를 써서 비적격문을 더 빈번하게 만들어낼 수 있는 가능성이 있으므로 문법 기술에 추가 설명이 필요하다.

서울대 교재의 '-나, 은가/ㄴ가 보다'
• 문법 기술 V-나 보다 A-(으)ㄴ가 보다 N-인가 보다 　예) 엄마가 음식을 하시나 봐요. 맛있는 냄새가 나요. 　　　듣기 시험이 쉬웠나 봐요. 100점 받은 학생이 아주 많네요. 　　　지금이 쉬는 시간인가 봐요. 학생들이 나와 있네요.
• 담화 상황 (집들이에 사람이 안 온 것을 보고 늦는 이유를 추측하는 상황) 다나카 : 지연 씨, 제가 조금 늦었죠? 지　연 : 아니에요. 아직 한 사람도 안 왔어요. 토요일이라서 길이 굉장히 막히나 봐요. 다나카 : 저만 늦는 줄 알고 걱정했어요. 　　　　　　　(중략)

서울대 교재에서 '-는 것 같다'와 마찬가지로, '-나 보다'도 문법 기술
이 되어 있지 않고 문법 활용형과 예문만이 나와 있는데, 외국인 학습자
의 이해를 위해 문법에 대한 상세한 기술이 필요하다. 더욱이 '-나 보다'
가 선수 학습된 '-는 것 같다'와 어떤 통사적, 의미적 차이가 있는지 설
명되지 않아, 외국인 학습자가 각종 문법 제약을 인지하지 못한 채 비적
격문을 생성할 가능성이 많으며 의미적으로도 어떤 상황에서 어떤 문법
이 선택되어 쓰일 수 있는지 인지하기 어려워 보인다.

담화 상황은 집들이에 늦는 사람들에게서 직접 듣지 않은, 화자가 잘
알지 못하는 정보를 미루어 보아 '-나 보다'를 사용한 것으로, '-는 것
같다'로 대체되기 어려운 전형적인 담화 상황이다. 문법 기술에서 화자가
경험하지 않은 것, 정확한 근거 없이 상황만으로 짐작할 때 '-나 보다'가
쓰이는 것을 추가 기술할 필요가 있다.

4.2.3. 한국어 학습용 교재에서의 문법 기술 및 담화 상황 정리

한국어 학습용 교재 5종을 분석한 결과는 다음과 같다.

첫째, 교재 5종 모두 공통적으로 문법 기술이 더 상세화될 필요가 있
다. 너무 간단하게 문법을 기술하면 학습자가 목표 문법의 의미를 개념화
하기도 어렵고 사용하기도 어렵다. 특히 상세한 문법 기술에 예문이 더
많이 보충되어 학습자에게 명시적으로 제시하지 못하는 부분까지도 예문
으로 용례를 보여줄 수 있게 고안되어야 한다. 또한, 외국인 학습자가 두
문법 사이의 차이를 분명하게 인지할 수 있도록 문법적인 표지나 공기할
수 있는 부사구와 같은 형식적인 측면을 교수할 필요도 있다.

둘째, 유사 의미를 갖는 문법과 비교하는 설명이 추가적으로 기술되어
야 한다. 외국인 학습자가 '-는 것 같다'와 '-나 보다'의 의미 차이를 이
해하고 이를 구분해서 실제로 사용하게 하려면, 교재의 문법 기술에서 더

명시적으로 설명이 보충되어야 할 필요가 있다. 특히 제시된 예문 대부분이 '-는 것 같다'와 '-나 보다'가 대체되어 쓰여도 별다른 차이가 없는 예문으로 제시되어 있기 때문에, 외국인 학습자가 '-는 것 같다'와 '-나 보다'의 의미가 동일하다고 간주할 여지가 있다. 외국인 학습자가 한국어 모어 화자와 같은 언어 직관이 없는 상태이므로 의미 차이에 대한 명시적인 상세 설명이 덧붙여져야 각 문법의 개념화가 더 용이해진다. '-는 것 같다'와 '-나 보다'와 같이 비슷한 의미를 지닌 문법을 비교할 때 외국인 학습자의 인지적인 측면이 중요하다는 점을 고려하면 유사 의미를 갖는 문법 형태와의 비교, 설명은 필수적이다.

셋째, 양태 어미 '-는 것 같다'와 '-나 보다'의 차이를 기술하는 가운데 의미적 차이를 보여주는 문법형식들 간의 통사적 차이에 대한 설명도 추가되어야 한다. 대부분의 교재에서 문법 제약에 대한 설명이 빠져 있어 외국인 학습자의 비적격문 생성이 많을 것으로 보인다. 또한 문법 제약에 대해 기술하더라도 유사 의미를 갖는 문법끼리의 의미적 차이에 대한 설명 없이 문법적 제약만을 나열하는 것은 학습자가 문법 제약을 이해하지 못한 채 외워야 하는 부담이 커질 수 있으므로 의미적 차이와 통사적 차이를 함께 관련지어 보여주는 것이 필요하다.

넷째, 학습용 교재에서 문법을 기술할 때 예문이 용례를 기반으로 좀더 다양하게 제시되어야 할 필요가 있다. 대상으로 한 교재 중에서 몇몇 교재에서 담화 상황에 추측 이외의 용례가 쓰인 것을 제시하고 있지만 문법 기술에서는 대부분 추측의 의미로 쓰인 예문만을 제시하고 있어 매우 보수적인 문법 기술 입장을 보이고 있다. 그러나 외국인 학습자의 언어 활용 능력을 높이고자 하는 교육적 목적에 동의한다면, 실제 언어가 쓰이는 용례를 더 적극적으로 교재에 반영해야 한다. 교재 개발 단계에서 용례를 중심으로 자료를 수집하여 문법을 기술하는 것이 요구된다.

마지막으로, 교재에서 문법 기술과 예문, 담화 상황과의 연결성이 더 밀접하게 되어야 한다. 실제 교실 수업에서 교재에 제시되지 않은 문법 설명과 연습이 보충될 수도 있겠지만, 교재 자체만으로도 문법 기술과 그에 맞는 연습, 적절한 담화 상황으로 자연스럽게 연결되어 제시될 필요가 있다. 대부분의 교재에서 제시된 담화 상황이 목표 문법의 의미가 잘 나타난 전형적인 상황이었음에도 불구하고 문법 기술에서 담화적 의미를 명시하지 않아 외국인 학습자가 문법의 의미와 용법을 연결지어 이해하기 어려울 수도 있다.

5. 정리

이 글은 외국인 학습자가 추측의 의미를 띠는 양태 표현 '-는 것 같다'와 '-나 보다'의 의미 차이를 인지하지 못해 생길 수 있는 학습자 오류를 줄이기 위해서 한국어 교육에서 문법형식들 간의 의미 차이에 대한 교육적 고려가 더 필요하다는 문제 인식에서 시작되었다.

먼저, '-는 것 같다'와 '-나 보다'의 양태적 의미를 설명하기 위해 화자가 명제에 대해 갖는 시점의 차이, 즉 명제와의 거리 두기의 개념을 들어 논의를 진행하였다. 화자가 명제에 대해 거리를 두는 명제 관찰자의 시점을 갖고 있을 때에는 '-나 보다'로, 화자가 명제에 대한 거리를 좁히면서 명제 참여자의 시점을 갖게 될 때에는 '-는 것 같다'로 문법형식을 선택할 수 있다.

이와 같은 양태적 의미 차이가 '-는 것 같다'와 '-나 보다'의 통사적인 의미에도 영향을 끼쳐 문법 제약이 다르게 나타남을 확인할 수 있었는데, 화자와 명제 참여자가 시점이 겹쳐질 정도로 거리가 좁혀지는 '-는 것 같다'의 경우 여타의 문법 제약에서 자유로운 반면, 명제와 거리를 두는 '-나 보다'의 경우 시제, 주어, 장형 부정문 형성, 의문문 형성 등의 많은 문법적 제약을 받는다. 또한 화자의 발화 의도와 관련하여 각기 담화적 의미를 살펴볼 수 있었는데, 크게 보아 '-는 것 같다'는 '추측'과 '의견' 으로, '-나 보다'는 '추측(짐작)'과 '깨달음'으로 나뉘어지는 것을 알 수 있 었다.

이와 같은 분석을 바탕으로 한국어 학습용 사전과 교재에서 양태 표현 '-는 것 같다'와 '-나 보다'가 어떻게 설명되어 있고 담화 상황에 쓰이고 있는지 살펴봄으로써 두 양태 표현 간의 의미 차이에 대한 명시적인 문 법 기술이 필요함을 알 수 있었다. 또한 사전과 교재에서 공통적으로 문 법 기술 후 제시되는 예문에서 의미 차이를 분명히 할 수 있도록 용례를 기반으로 한 다양한 예문이 제시되어야 함을 확인할 수 있었다. 외국인 학습자를 위한 교수, 학습에서 의미에 대한 학습자의 인지적인 이해가 선 행되어야 궁극적으로 학습자의 담화 능력, 즉 문법 활용 능력이 향상될 수 있음을 보여줄 수 있다는 전제 아래 한국어 학습용 사전과 교재에서 보충되어야 할 점을 제안할 수 있었다.

그러나 이번 연구에서 하지 못한 부분도 적지 않다. 먼저, 이번 연구에 서 '-는 것 같다'와 '-나 보다'와 유사한 의미와 쓰임을 보이는 '-는 듯 하다'와 '-는 모양이다'와의 의미 차이에 대해서 밝히지 못했다. 이런 양 태 표현의 의미가 서로 똑같지 않다면 그 의미 차이가 무엇이며, 각각의 의미 관계는 어떤 특성을 보이는지, 그런 의미 차이를 교육적으로 어떻게 적용시킬 수 있는지 연구할 필요가 있다. 더 나아가 추측의 의미를 지닌 양태 의미를 나타내는 문법형식 전반에 대한 연구로 확장하여 명제에 대 한 화자의 태도 차이, 판단 정보의 성격 차이, '명제에 대한 화자의 거리 조정'이 일관되게 설명될 수 있는지 밝히는 작업도 필요하다. 이것은 앞으로의 연구 과제로 삼는다.

또한 '-는 것 같다'와 '-나 보다'의 의미 차이가 실제 언어 사용에서 어떻게 다르게 나타날 수 있는지 실제 언어 사용 자료인 말뭉치 자료에 근거한 용례가 뒷받침될 필요가 있다. 각 표현의 용례가 어떻게 나뉘고 어떤 용례가 높은 빈도로 나타나는지 살펴보는 후속 작업이 요구된다. 이와 같은 작업은 학습용 사전과 교재에서 예문을 보충할 수 있을 뿐만 아니라 교육적 목적에서 문법 제시 순서에도 영향을 줄 수 있으므로 더욱 중요하다고 하겠다.

이 연구를 바탕으로 '-는 것 같다'와 '-나 보다'가 보여주는 의미 관계가 실제 한국어 교육 현장에서도 유의미한 결과를 나타낼 수 있는지 실험으로 확인하는 작업도 이후의 과제로 삼는다. 실험을 통해 두 표현 간의 양태적 의미 차이를 교수하기 전과 교수한 후를 비교함으로써 의미 차이에 대한 교수, 학습이 외국인 학습자의 언어 사용에 유의미한 결과를 나타낼 수 있는지 알아보는 작업은 매우 중요하다. 이와 같은 실험을 통해 개별 양태 표현의 문법 기술이 어느 정도 명시적으로 제시될 필요가 있는지, 언어권별로 어떤 문법적 기술이 보충될 필요가 있는지 확인할 수 있을 것이다.

마지막으로, 한국어 모어 화자끼리의 대화 분석, 또는 한국어 모어 화자와 외국인 학습자 간의 대화 분석을 통해 두 집단이 양태적 의미를 다르게 사용하는 양상을 연구함으로써 외국인 학습자에게 양태 어미 및 양태 표현을 교수, 학습할 때 어떤 점이 중요하게 고려되어야 하는지 제시할 수 있을 것이다. 이와 같은 연구를 통해 언어권별, 문화권별로 상이하게 사용되는 양태 표현과 양태 의미를 확인할 수 있는 단서를 제공할 수도 있을 것이다.

‖ 참고문헌

강현주(2010), "추측과 의지의 양태 표현 '-겠-'과 '-(으)ㄹ 것이다'의 교육 방안 연구", 이중언어학 43, 29-53.

김건희(2011), "시간 관련 범주(시제, 상, 양태)의 문법 교육", 한글 294, 161-198.

김동욱(2000), "한국어 추측 표현의 의미차이에 관한 연구 : 'ㄴ 것 같다', 'ㄴ 듯하다' 와 'ㄴ 듯하다', 'ㄴ 모양이다'의 의미차이를 중심으로", 국어학 35, 171-197.

김세령(2010), "한국어 학습자를 위한 추측 표현 교육 방안 연구", 국어교과교육연구 17, 93-118.

김지은(1997), "양태 용언 구문에 대한 통사론적 접근", 한글 236, 161-194.

박재연(2003), "국어 양태의 화·청자 지향성과 주어 지향성", 국어학 41, 249-275.

박재연(2005), "인식 양태와 의문문의 상관관계에 대하여", 어학연구 41-1, 101-118.

박재연(2006), 한국어 양태 어미 연구, 태학사.

박재연(2009), "'주어 지향적 양태'와 관련한 몇 문제", 한국어학 44, 1-25.

박재연(2013), "한국어의 인식론적 범주와 관련한 몇 문제", 국어학 66, 79-107.

박진호(2011가), "시제·상·상태", 국어학 60, 289-322.

박진호(2011나), "한국어에서 증거성이나 의외성의 의미성분을 포함하는 문법요소", 언어와 정보사회 15, 1-25.

서정목(1987), 국어 의문문 연구, 탑출판사.

송재목(2007), "증거성(evidentiality)과 주어 제약의 유형론 : 한국어, 몽골어, 티벳어를 예로 들어", 형태론 9-1, 1-23.

안주호(2004), "한국어 추측 표현의 통사, 의미 연구", 새국어교육 68, 97-121.

이기갑(2006), "한국어의 양태(modality) 표현 : 언어 유형론의 관점에서", 담화·인지 언어학회 학술대회 발표논문집, 67-83.

이선영(2006), 한국어 교육을 위한 [추측] 표현 연구, 석사학위논문. 서울여자대학교.

이윤진·노지니(2003), "한국어교육에서의 양태표현 연구 : '추측'과 '의지'를 중심으로", 한국어교육 14-1, 173-209.

이정훈(2012), 발견을 위한 한국어 문법론, 서강대학교 출판부.

이혜용(2003), [짐작], [추측] 양태 표현의 의미와 화용적 기능, 석사학위논문, 이화여자대학교.

임동훈(2003), "국어 양태 체계의 정립을 위하여", 한국어 의미학 12, 127-153.

임동훈(2008), "한국어의 서법과 양태 체계", 한국어 의미학 26, 211-249.

임채훈(2008), "'감각적 증거' 양태성과 한국어 어미교육―'-네', '-더라', '-더니', '-길래' 등을 중심으로―", 이중언어학 37, 199-234.

장경희(1985), 현대국어의 양태범주 연구, 탑출판사.

장경희(1995), "국어의 양태 범주의 설정과 그 체계", 언어 20-3, 191-205.

장경희(1997), "국어 대화에서의 서법과 양태", 국어교육 93, 255-275.

전나영(1999), "{-나 보다/-ㄹ 모양이다/-ㄹ 것 같다/-ㄹ 것이다/-겠}의 의미 기능", 외국어로서의 한국어교육 23, 169-198.

정유남(2006), 현대 국어 추측의 양태 의미 연구, 석사학위논문, 고려대학교.

조숙환(2009), "국어 인식양태소 구조의 인지언어학적 접근 : 시점 이동과 역동적 심성공간의 융합", 언어 34-1, 113-132.

차현실(1986), "양상 술어의 통사와 의미 : 미확인 양상 술어를 중심으로", 이화어문논집 8, 11-34.

한정한·정희숙(2011), "추측을 나타내는 양태의 문법 제약", 언어 36-4, 1117-1142.

Givón, T.(1993), *English Grammar : A Function-Based Introduction*, John Benjamins Publishing Company. [김은일·박기성·채영희 역(2002), 기능영문법 1, 박이정]

Herslund, M.(2005), Subjective and Objective Modality, In Klinge, A. & Müller, H. ed., *Modality : Studies in Form and Function*, David Brown Book Co., 39-48.

Palmer, F.(2001), *Mood and Modality*, 2nd ed., Cambridge University Press.

[한국어 학습용 사전류]

국립국어원(2005), 외국인을 위한 한국어 문법 2 : 용법 편, 커뮤니케이션북스.

백봉자(2006), 외국어로서의 한국어 문법 사전, 도서출판 하우.

이희자·이종희(2010), 한국어 학습 전문가용 어미·조사 사전, 한국문화사.

[한국어 학습용 교재]

고려대학교 한국어문화교육센터(2009), 재미있는 한국어 2, 교보문고.

고려대학교 한국어문화교육센터(2010), 재미있는 한국어 3, 교보문고.

서강대학교 한국어교육원(2008), 서강 한국어 (New) 2B, 서강대학교 국제문화교육원 출판부.

서강대학교 한국어교육원(2011), 서강 한국어 (New) 3B, 서강대학교 국제문화교육원 출판부.

서울대학교 언어교육원(2005), 한국어 2, 문진미디어.

서울대학교 언어교육원(2005), 한국어 3, 문진미디어.

연세대학교 한국어학당(2007), 연세 한국어 1, 연세대학교 출판부.

연세대학교 한국어학당(2007), 연세 한국어 2, 연세대학교 출판부.

이화여자대학교 언어교육원(2010), 이화 한국어 2, 이화여자대학교 출판부.

이화여자대학교 언어교육원(2011), 이화 한국어 3, 이화여자대학교 출판부.

명령문의 범위와 명령형 어미의 기능 변화

박미영

1. 도입

이 글의 목적은 국어 명령문에 대한 기존의 연구 성과를 바탕으로 명령문의 범위와 명령문 관련 범주들을 재검토한 후 명령형 어미의 변화를 형태적, 통사적, 의미·화용론적 측면에서 고찰해야 할 필요성을 제고하는 데에 있다.

국어의 문장 유형에 대한 연구는 지금까지 상당한 양과 수준의 성과가 축적되어 있으나 명령문을 독자적으로 다룬 연구는 다른 문장 유형에 대한 연구에 비해 많지 않은 편이다. 문장을 종결하고 문장의 유형을 결정한다는 점에서 종결어미 연구의 한 부분으로 다루어지거나, 청자경어법이 실현된다는 점에서 경어법 연구의 일부에 편입되어 다루어진 측면이 없지 않다. 이를 통해 명령형 어미의 여러 특성이 밝혀졌다는 것은 부정할 수 없으나 명령문의 독자적인 특성과 변화 과정에 대해서는 여전히 규명되지 않은 점이 존재하는 듯하다. 이에 이 글에서는 명령문을 논의의 대상으로 한정하여 기존의 논의를 비판적으로 수용하되, 여전히 논의의 쟁점이 되고 있는 사항들과 그간 충분히 고찰되지 못했던 명령문의 특성을 살피고 이에 대한 연구 방향을 제시하고자 하는 것이다.

연구의 대상을 명령문으로 한정하면 지금까지의 명령문 연구는 크게 세 가지 측면에서 이루어졌다고 할 수 있다.

> 형태적 특징에 대한 연구
> 통사적 특징에 대한 연구
> 의미·화용론적 특징에 대한 연구

초기부터 주목을 받아온 것은 형태적 특징에 대한 연구라고 할 수 있다. 명령형 어미의 형태 분석 문제, 각각의 어미가 지닌 문법적 특성을 비롯하여 새로운 명령형 어미의 생성과 기존 어미의 소멸까지, 기존 연구의 가장 많은 부분을 차지하는 것이 형태적 특징에 대한 연구라고 할 수 있을 것이다. 통사적 특징에 대한 연구는 주로 명령문에서 나타나는 제약과 문장 구조상의 특징에 대한 것이다. 주어와 관련된 인칭 제약, 주어와 호격어와의 관련성, 서술어의 제약, '말다'만을 선택하는 부정 명령문에서의 제약을 비롯하여 성분 생략과 다른 선어말어미와의 통합관계 등이 주요 주제로서 다루어져 왔다. 의미·화용론적 연구는 주로 명령문의 범위를 한정하는 한 방편으로도 이용되어 왔다. 명령의 화행을 분석하여 이것이 실현되기 위해 충족해야 할 조건들이 화청자 관계를 중심으로 명시되었고, 조건문, 기원(청원)문, 청유문, 허락문 등 다른 문장 유형이 명령의 의미로 실현된 경우 이것을 명령의 범위 안에서 다루어야 하는지 그렇지 않고 분리하여야 하는지가 거듭 논의되었다.

일견 명령문에 대한 논의는 이미 충분한 것처럼 보인다. 그러나 연구 대상이 되는 자료를 시기별로 구분하여 보면 사정은 전혀 달라진다. 지금까지 명령문의 통사적 특징에 대한 연구는 거의 현대국어를 대상으로 이루어졌다. 현대국어 이전 시기의 자료를 대상으로 다른 선어말어미와의 통합관계 등이 일부 논의에서 다루어진 예가 있으나 이를 제외한 문장 구조상의 특징이나 현대국어의 경우와 같은 각종 제약, 호격어와의 관련성, 생략 현상 등은 거의 언급된 바가 없다. 의미·화용론적 연구 역시 같은 상황이라고 할 수 있다. 반대로 역사 자료를 대상으로 한 연구는 대부분이 형태적 특성에 대한 연구로, 명령형 어미를 나열하고 그들의 쓰임을 예로 제시하는 등 단편적 기술에 그친 감이 없지 않다. 명령형 어미만을 다룬 연구도 존재하나 일부 어미, 특히 새로 생성되거나 소멸한 어미들의 변화 과정을 추적하는 경우가 대다수이다.[1] 이처럼 연구 대상 자료를 시기별로 구분하여 생각하면 현대국어 이전 시기 명령문의 통사적, 의미·화용적 특징은 거의 밝혀진 것이 없다고 하여도 과언이 아닐 것이다.

중세와 근대국어의 명령문의 특징이 현대국어의 특징과 동일하리라 보장할 수 없다는 기초적인 의문은 차치하더라도, 당시 명령문의 특징이 본격적으로 검토된 바 없다는 점은 명령문을 국어사적 관점에서 연구할 필요성을 더해준다. 또한 중세와 근대국어에는 기원, 청원, 원망 등으로 불리는 많은 수의 어미가 있고 화청자 관계를 파악할 수 있는 여지도 존재한다. 이들 어미가 현대국어와 유사하게 명령의 범위 안에 포함될 수 있을지, 당시에 쓰인 어미들의 특징이 현대국어의 특징과 유사한지, 다르다면 어떤 점들에서 차이가 있는지 고찰하는 것은 충분히 의의가 있는 일이라 할 수 있겠다. 이런 이유에서 이 글은 역사적 관점에서 명령문과 명령형 어미의 변화를 살펴야 할 필요성을 제기하고자 하는 것이다.

---

1) 역사자료의 명령문이나 명령형 어미 연구 역시 종결어미와 경어법 연구의 측면에서 이루어진 경우가 대부분이고 이들만을 본격적으로 다룬 논의는 많지 않은 편인데 김충회(1974, 1977), 양택선(1984), 오영두(1984), 현종애(1991), 박영준(1994), 고은숙(2010), 이승희(2012) 등이 이에 해당한다. 이 밖에 특정 어미를 대상으로 한 논의들은 이숭녕(1969), 서정목(1983), 이기종(1990), 고은숙(2005), 김유범(2005), 이승희(2004, 2005) 등을 참고할 수 있다.

이를 위해 2장에서는 먼저 지금까지 진행되어 온 명령문의 범위와 관련 범주에 대한 논의를 검토한다. 기존 연구 중 충분히 타당하다고 판단되는 것은 취하여 논의의 기본 토대로 삼고, 연구자에 따라 견해가 달라지는 경우는 그러한 차이를 유발하는 원인이 무엇인지 파악하여 이에 대한 이 글의 입장을 제시할 것이다. 지금까지 명령문의 범위와 관련된 논의는 대부분 현대국어를 대상으로 하여 이루어졌기 때문에 2.1의 기본적인 논의는 현대국어의 예를 중심으로 진행된다. 그러나 이 글에서 명령문의 범위를 다시 검토하는 것은 결국 중세국어와 근대국어 명령문의 범위를 한정하기 위해서이다. 따라서 역사 자료 연구에 큰 영향을 미치지 않을 것으로 판단되는 점에 대해서는 소략하기로 한다. 2.2에서는 그간의 연구에서 명령문과 관련된 것으로 지적되거나 다루어져 왔던 기원, 청원, 원망, 청유 등의 범주에 속하는 형식들 역시 어떻게 처리하는 것이 옳은지 생각해보도록 한다. 3장에서는 명령형 어미의 대표적인 형식인 '-아/어라, -거라'를 대상으로 중세국어와 현대국어에서의 차이점들을 살펴보도록 한다.[2] 명령형 어미의 쓰임을 찾아 실제 문맥을 살펴보면 명령형 어미가 어떠한 변화를 겪어 현대국어에 이르렀는지 설명할 수 있다는 점에 의의가 있을 것이다. 설령 현대국어의 특징과 별반 다를 것이 없다고 하더라도 지금까지 본격적으로 다루어진 바 없는 특징을 실제 자료를 통해 기술하였다는 점에서 의의를 찾을 수 있을 것이다.

---

2) 아직 본격적인 연구가 이루어지지 않았다면 당연히 모든 명령형 어미들의 특징과 변화에 대해 고찰하는 것이 옳은 일일 것이다. 그러나 이 글에서는 우선 역사 자료의 명령문, 명령형 어미가 현대국어의 것과 차이가 있다는 점을 보이고 다양한 관점에서 변화에 대한 연구가 이루어져야 할 필요성을 제시하는 것이 목적이므로 전체 어미에 대한 본격적인 논의는 추후로 미룬다.

2. 명령문의 범위와 관련 범주

2.1. 명령문의 범위

이 절에서는 명령문의 범위에 대한 지금까지의 연구들을 주요 쟁점을 중심으로 정리하면서 명령문의 범위에 대하여 고찰하기로 한다.

명령문과 관련된 논의에서 가장 기본이 될 것으로 기대되지만 활발한 연구가 이루어지지 못했던 것은 명령문의 범위, 즉 무엇이 명령문이고 어디까지를 명령문이라고 할 수 있는가에 대한 것이다. 문장 유형을 분류하는 방법에 연구자마다 차이가 있을 수 있다는 점은 자연스러운 일이다. 그렇지만 명령의 의미는 유독 여러 가지 어미를 통해 실현될 수 있다는 점에서 명령문의 범위에 대한 논의가 시작되었던 것이다. 이를 본격적으로 다루면서 명령문의 성립 조건을 제시한 논의 중, 견해 차이가 두드러진 것은 채영희(1993), 박영준(1994), 고성환(2003) 등이 대표적이다.

(1) 가. 밖에 나가서 놀아라.
　　나. 바람아, 불어라.
　　다. 자꾸 장난쳐라(계속 장난치면 가만 두지 않을 것이다.).

(2) 가. 위의 사람들은 오늘 내로 과사무실에 들를 것.
　　나. 이곳에는 차를 세울 수 없음.
　　다. 5시까지 모두 모이도록.
　　라. 출발!
　　마. 나는 너에게 문을 열 것을 명령한다.

(3) 가. 모두들 지금 즉시 운동장에 집합한다.
　　나. 창문 좀 닫아 줄래?
　　다. 문 좀 닫자.

라. 가고 싶으면 가려무나.

위의 (1)-(3)은 명령이 지닌 요청의 의미를 나타내는 통사 형식들의 예로, 고성환(2003 : 25-26)에서 제시한 것을 일부 발췌·재배열한 것이다. (1)은 형태적으로는 명령형 어미가 쓰인 것으로 보이는 예이고 (2)는 형식명사 구성이나 전성 어미, 특정 어휘 등이 쓰여서 명령의 의미를 나타내는 예, (3)은 평서문, 의문문, 청유문, 허락문 등 다른 문장 유형의 어미가 쓰인 예이다. (1)-(3)이 지닌 명령의 의미는 세 논의 모두 인정하고 있는 것이나 이들을 명령문에 포함시킬지에 대해서는 견해가 다르다. 채영희(1993)에서는 위의 모든 예를 다룬 것은 아니지만 명령문의 범위를 넓게 보고 대체적으로 위의 예들을 명령문에 포함하여 다루고 있다. 다만 유형을 구분하여 (1가, 3라)와 같은 예를 전형적 시킴월, (3다)처럼 청유의 '-자'가 쓰인 예는 권유 시킴월, (3가, 나)와 같이 평서, 의문의 어미가 쓰였으나 명령의 의미를 나타내는 경우는 조건 시킴월, 의향 시킴월 등으로 구분하였다. 이와 달리 박영준(1994)는 종결어미에 의해 명령의 의미가 실현된 것으로 범위를 제한하고 있으므로 이에 따라 (2)와 같은 예는 명령문에서 제외된다. 단 (2가)의 '-ㄹ것'은 '-ㄹ'과 '것'이 융합되어 하나의 형태소로 화석화된 것으로 보고(박영준 1994 : 41) 종결어미에 포함하고 있다. 이렇게 압축된 예들을 다시 통사적 특징에 따라 판별하여 위의 예들 중에서는 (1가, 나), (2가), (3다, 라)만이 명령문에 포함되게 된다. 고성환(2003)에서는 (1가, 나, 다), (2가, 다), (3라)가 각각 명령문에 포함되었다.

이들 논의에서 명령문에서 제외된 예들이 서로 달리 나타난 것은 각 논의에서 제시한 명령문의 성립 조건이 달랐기 때문이다. 어떠한 이유에서 명령문에 포함되거나 혹은 포함될 수 없었는지를 확인하기 위해 각 논의에서 제시한 명령문의 성립 조건을 제시하면 아래와 같다.

    (4) 채영희(1993)

        가. 들을이는 말할이가 요구하는 행동을 실행에 옮길 수행자이어야
            한다.

        나. 말할이가 요구하는 것은 들을이의 행동이므로 풀이말의 자질은
            [+동작], [+의지 제어] 자질을 가져야 한다.

        다. 시킴 표지는 [-라]로 실현된다.

    (5) 박영준(1994)

        가. '말' 부정이 가능한가?

        나. 간접인용법으로 전환시 '-(으)라, -자'가 출현하는가?

        다. 수행문으로 전환시 '-(으)라, -자'가 출현하는가?

        라. 시제형태소와 호응하는가?

    (6) 고성환(2003)

        가. 의미·화행적 조건

           i) 예비 조건 : 청자가 행위를 수행할 수 있음을 화자가 믿는다. 또
             한 화자는 청자보다 권위가 있어야 한다.

           ii) 진지성 조건 : 청자의 장차 행위를 화자가 원한다.

           iii) 명제내용적 조건 : 청자의 장차 행위를 화자가 예견한다.

           iv) 기본 조건 : 청자가 행위를 하게끔 화자가 시도한다.

        나. 형태적 조건
           명령문은 '-아/어라, -아/어, -지, -(으)렴, -(으)려무나, -게, -오,
           -소, -구려, -ㅂ시오, -소서' 등과 '-라'와 같은 형식에 의해 표
           현된다.

  채영희(1993)에서 제시한 (4)는 전형적인 명령문을 판별하기 위한 기준
일 뿐, 이에 어긋난다고 하여 명령문에서 제외되는 것이 아니다. 현 단계
에서는 특정 예들이 명령문에서 제외된 이유를 찾고자 하는 것이므로 (4)

에 대해서는 잠시 미루어 둔다. (6나)의 형태적 기준은 박영준(1994)에서 처음에 제시하였던 '종결어미에 의해 명령의 의미가 실현된 것만으로 범위를 제한한다'는 점과 일맥상통하는 것으로 보인다. 다른 조건은 (5)는 통사적 측면, (6가)는 의미·화행적 측면에 중점을 두고 있다는 것이 가장 큰 특징인데, 이에 따라 두 논의의 처리가 어떻게 다른지 살펴보기로 하자. 두 논의에서 차이가 나는 점은 (1다)의 기원의 의미로 쓰인 '-아/어라', (2다)의 '-도록', (3다)의 '-자'이다.

박영준(1994)에서는 (1다)와 같이 명령형 어미 '-아/어라'가 쓰였으나 기원으로 해석되는 예에 대해 구체적으로 언급하지 않고 있으므로 고성환(2003)의 처리를 살펴보기로 한다. 그 글에서는 '-아/어라'가 쓰였음에도 불구하고 위의 문장이 명령이 아닌 기원으로 해석되는 이유를 (6가-i)의 예비조건을 들어 설명한다. 명령이 성립하려면 화자가 명령 수행의 대상보다 권위가 있어야 하고, 그러기 위해서는 명령 수행의 대상이 화자의 통제권 안에 있어야 하는데 (1다)의 '바람'은 그렇지 못하다는 것이다. 예비조건에 위배되었기 때문에 (1다)는 '-아/어라'가 쓰였어도 '기원'으로 해석될 뿐, 그 글에서는 이러한 예도 명령문에 포함하여 다룬다. '기원'의 의미를 지니는 이유는 명확히 설명이 되었지만, '명령'의 의미를 나타내지 않는 문장을 '명령문'에 포함하는 처리 방식에 대해서는 이견이 존재할 수 있을 듯하다.

다음으로 '-도록'의 경우를 보자. '-도록'이 쓰인 문장은 고성환(2003)에서는 명령문에 포함되었지만 박영준(1994)에서는 명령문에서 제외되었다.3) 그러나 (5)의 기준만으로는 '-도록'이 쓰인 문장을 명령문에서 제외

---

3) 이에 대한 판단이 갈렸던 것은 이 형식을 종결어미로서의 지위를 가진 것으로 보는지 그렇지 않은지의 차이도 영향을 미쳤던 듯하다. 박영준(1994 : 32)에서는 '자, 출발하도록'의 예를 제시하면서 이는 문장이 완전히 종결되지 않은 것이라 언급한 바 있다. 반면에 고성환(2003 : 140)에서는 '-도록'을 종결어미 범주에 포함시키는 것에 문제가 없을 것으로 판단한

하기 어려울 것으로 보인다.

> (7) 철수는 집에 가도록.
>   가. 철수는 집에 가지 말도록.
>   나. 선생님이 철수는 집에 가라고 말했다.
>   다. 선생님이 철수는 집에 가라고 명령했다.
>   라. 철수는 집에 *갔도록/ *가겠도록.

(7가-라)는 해당 예문에 (5)의 기준을 적용하여 본 것이다. '말-' 부정이 가능하고(7가), 간접 인용문이나 수행문으로 전환했을 때 '-라'가 실현되었으며(7나, 다), 시제, 양태 형태소와도 호응하지 않는다(7라). (5)의 기준으로는 '-도록'이 쓰인 문장을 명령문에서 배제할 수 없는 것이다.

'-도록'의 경우와 반대로 (3다) 청유의 '-자'가 쓰인 문장은 박영준(1994)에서 명령문에 포함되었으나 고성환(2003)에서는 제외되었다. 청자에게 어떤 행위를 요구한다는 측면에서는 명령문과 동일하다고 할 수 있지만, 구조적인 측면에서 완전히 다른 양상을 보이므로 청유문을 독립된 문장 유형으로 설정해왔다는 것이다.4) 그러나 통사적인 공통점을 기준으로 '-자'가 쓰인 문장을 명령문에 포함시킨 박영준(1994)의 처리를 고려하면5) '-자'가 쓰인 문장은 다른 전형적인 명령문과 공통점, 차이점을

다고 하였다.
4) 그 글에서 제시한 명령형 어미와 '-자'의 차이점은 아래와 같다.
  (1) 완전히 다른 형태의 종결어미를 사용하고
  (2) 주어가 항상 2인칭인 명령문과 달리, 주어가 1인칭이거나 2인칭이며
     예) 가. 나도 한곡 부르자.
        나. 조용히 좀 합시다. <이상 고성환(2003 : 39)에서 인용함.>
  (3) 명령문은 주어와 호격어의 지시대상이 동일하지만 청유문은 주어와 호격어의 지시대상이 다르다.
     예) 가. 철수야, 나도 좀 먹자.
        나. 학생, 나 좀 내리자. <이상 고성환(2003 : 41)에서 인용함.>
5) 문 좀 닫자.
  가. 문 좀 닫지 말자.

모두 지니고 있다고 할 수 있다. 공통점에 무게를 둔다면 이는 명령문에 포함되어야 한다. 반대로 차이점을 중요시 여긴다면 명령문에서 제외되어야 한다. 과연 이 문장은 명령문에 포함되어야 하는가 제외되어야 하는가?

　이상의 세 가지 상황만을 보더라도 명령문의 범위에 대한 견해 차이를 느낄 수 있다. 이러한 차이점은 명령의 범위를 한정할 때 어떠한 점을 기준으로 삼았는지에 따라 나타나게 된 것으로 보인다. 채영희(1993)은 의미적 특징에 중점을 두어 명령형 어미가 쓰이지 않았더라도 문장이 '청자에 대한 화자의 요청'을[6] 나타내는 경우에는 명령문의 범위 내에 포함하여 다룬다. 고성환(2003) 역시 의미·화행적 기준을 중심으로 삼고 있으나 '-자'의 경우에서 볼 수 있듯이 필요에 따라 문법적 특징도 고려의 대상이 된다. 반면에 박영준(1994)에서는 어미들이 공유하고 있는 문법적 특징이 가장 중요한 기준으로 작용하고 있다. 그렇다면 '명령문'은 '명령의 의미가 실현된 문장'으로 보아야 하는가 '특정한 문법적 속성을 공유하는 문장'으로 보아야 하는가? 이를 확정하기 위해 위에서 제시한 (3)의 예 일부를 여기에 다시 옮겨 온다.

　　(8) 가. 모두들 지금 즉시 운동장에 집합한다.
　　　　나. 창문 좀 닫아 줄래?

　나. 선생님이 문 좀 닫자고 말했다/선생님이 문 좀 닫으라고 말했다.
　다. 선생님이 문 좀 닫자고 명령했다/선생님이 문 좀 닫으라고 명령했다.
　라. 문 좀 *닫았자/*닫겠자.
6) 명령문에 대한 기존의 정의는 채영희(1993), 고성환(2003) 등을 참고할 수 있다. 해당 부분만을 간략히 제시하면 아래와 같다.
　가. 지위가 높은 이가 자신보다 낮은 위치의 사람에게 어떠한 행동을 하게 하는 것(채영희 1993 : 2).
　나. 요청을 나타내는 통사적 표현으로서 그 고유 의미는 청자에게 어떤 것을 하도록 요청하는 것(Jespersen 1954 : 468, 고성환 2003 : 25에서 재인용).

(8가)의 예는 평서형 종결어미가 쓰였고, (8나)에서는 의문형 종결어미
가 쓰이고 있다. 그러나 (8가, 나)가 전달하는 의미는 '모두들 지금 즉시
운동장에 집합하라'는 명령이며 '창문 좀 닫아 달라'는 명령이다. 그렇다
면 (8)은 평서문·의문문인가 명령문인가? 의미적인 측면을 고려하면 (8)
의 문장은 청자에게 어떠한 행위를 요청하고 있으므로 명령문에 포함되
어야 한다. 그럼에도 불구하고 지금까지 대부분의 논의에서 (8)과 같은
예를 명령문에 포함하지 않았던 이유는, (8)을 명령문에 포함하여 '-다,
-(으)ㄹ래' 등이 어느 때에는 평서형·의문형 어미로, 또 다른 때에는 명
령형 어미로 기능한다고 처리하기보다는 평서문·의문문에 속하는 것으
로 보고 특정 의미·화용적 조건이 충족되는 경우 명령의 의미로 해석될
수 있는 것으로 보는 것이 문장 유형의 체계를 살피는 데 도움이 되기
때문일 것이다.7) 문장 유형은 그 문장이 전달하는 의미보다는 문장에 실
현된 형식에 의해 분류하는 편이 바람직하다. 명령문은 명령형 어미가 실
현된 문장이며 그 밖에 명령의 의미를 전달하는 것들은 '명령 표현' 정도
로 구분하여 부르는 것이 혼란을 막는 데 도움을 줄 수 있을 것이다.

이와 같이 용어를 정리하면 이제 명령문 범위를 한정하기 위해서 가장
먼저 해야 할 일은 국어의 명령 표현들을 찾아내는 것이다. 이때 (6가)와
같은 의미·화용적 조건은 명령의 화행이 성립하는가 그렇지 않은가를
판단하는 데 중요한 역할을 할 것이다. 이렇게 찾아낸 명령 표현들 중 명
령형 어미에 의해 명령의 의미가 실현된 것만이 명령문이 된다. 이를 염
두에 두고 (1)-(3)의 예를 다시 가져와 살펴보기로 한다. 편의상 유사한
부류로 묶일 수 있는 것들끼리 재분류하여 제시한다.

---

7) 수사의문문 역시 청자에게 답을 요구하는 것이 아닌 강한 긍정이나 강한 부정 진술을 나타
  내지만 의문형 어미가 실현되었다는 점에서 특수한 의문문의 일종으로 처리되는 것과 같다
  고 할 수 있다.

(9) 가. 밖에 나가서 놀아라.

　　나. 가고 싶으면 가려무나.

(10) 가. 바람아, 불어라.

　　나. 자꾸 장난쳐라(계속 장난치면 가만 두지 않을 것이다.).

(11) 가. 위의 사람들은 오늘 내로 과사무실에 들를 것.

　　나. 5시까지 모두 모이도록.

　(9)에 대해서는 두 논의 모두 명령문에 포함하였으므로 더 이상 언급하지 않는다. (10)의 예들은 의미·화용적 조건에 위배되어 명령의 의미가 성립되지 않는 것들이다. 그럼에도 불구하고 이들을 명령문에 포함하여 다룰 수 있는 데에는 '-아/어라'라는 명령형 어미와 동일한 형식이 쓰이고 있다는 점이 큰 이유가 된다. 형용사 뒤에 결합한 '-아/어라'의 경우도 마찬가지로 처리할 수 있을 것이다. (10가)와 같이 '기원'으로 해석되는 경우를 명령문에 포함하면 중세국어와 근대국어에 쓰인 '기원', '청원' 등을 의미하는 '-고라, -고려, -과뎌, -지라, -지이다' 등도 명령문의 범주 아래에서 다룰 수 있게 된다.[8] 지속적으로 관련성이 제기되었던 만큼 하나의 범주 아래에 두고 문법적 특성을 살피며, 그러한 의미가 나타나게 된 이유를 찾는 것이 바람직할 것이다.

　(11)의 '-ㄹ 것'과 '-도록'은 다른 명령형 어미가 보이는 문법적 특성을 동일하게 드러내므로 현대국어 단계에서는 명령형 어미로 인정하고 (11)의 예 역시 명령문에 포함하여야 할 것으로 보인다. 그렇지만 '-ㄹ 것'과 '-도록'이 하나의 종결어미처럼 기능하게 된 것은 현대국어에 들어와서의 일이므로 역사 자료 연구에는 별다른 영향을 미치지 않을 것으

---

8) 구체적인 내용은 2.2에서 후술함.

로 보인다.

> (12) 가. 이곳에는 차를 세울 수 없음.
> 　　　나. 모두들 지금 즉시 운동장에 집합한다.
> 　　　다. 창문 좀 닫아 줄래?
> 　　　라. 문 좀 닫자.

> (13) 가. 출발!
> 　　　나. 나는 너에게 문을 열 것을 명령한다.

(12), (13)은 모두 명령 표현이라고 할 수는 있지만 명령문에 포함하기는 어려운 예들이다. (12)는 모두 전성 어미나 다른 문장 유형을 나타내는 어미들이 특정 맥락에서 간접적으로 명령의 의미를 나타내는 것일 뿐, (12)에 쓰인 어미들이 명령형 어미로 기능한다고 보기 어렵다. (13)은 애초에 명령의 의미가 문법 형식인 어미에 의해 실현되는 것이 아니다. (13)의 예가 제외되므로 '請ᄒ-, 願ᄒ-, 命ᄒ-'와 같이 어휘 형식에 의해 명령의 의미가 나타나는 예들 역시 명령문에 포함하여 다룰 수 없다.

　문장 유형을 형식에 따라 분류하게 되면 어떤 문장이 명령문인지 아닌지는 해당 문장에 쓰인 종결어미를 명령형 어미로 볼 수 있는지 그렇지 않은지에 달려 있게 된다. 결국은 어미의 문법적 속성을 검토하여 다른 명령형 어미들과 공통적인 속성을 지니는지를 살펴야 하는 것이다. 현재까지 명령형 어미의 특징으로 알려진 것들을 간략하게 정리하면 아래와 같다.[9]

> (14) 가. 명령문의 주어와, 청자, 호격어가 대부분 명령 수행의 주체로 모
> 　　　　두 일치한다.

---

9) 구체적인 예문들은 박금자(1987), 박영준(1994), 고성환(2003)을 참고.

나. 명령문의 주어는 대체적으로 2인칭이다.

다. 시제, 인식 양태 형태소와의 통합이 불가능하다.

라. 부정 명령의 경우 '말-'을 취한다.

마. 서술어가 '주-'인 경우 보충법적 형식인 '달-'이 쓰일 수 있다.

바. 간접 인용되는 경우 '-아/어라' 대신 '-라'가 쓰인다.

사. 형용사의 사용이 대체적으로 불가능하다.

아. 특정 조건 아래에서 주어 생략이 가능하다.

위의 여덟 가지 중에서 명령형 어미의 가장 원형적 특징이라고 할 만한 것은 (14가, 나, 다)의 세 가지가 될 것이다. 이는 명령의 개념과 관련된 것으로, 화자가 청자에게 어떠한 행위를 수행하도록 요청하는 명령문은 자연히 명령 수행의 주체인 청자가 주어로 실현될 것이고 그 주어는 2인칭이 된다. 또한 명령은 이미 이루어진 행위나 이루어지고 있는 행위에 대해서는 이루어질 수 없고 화자의 인식과도 관련이 없다. (14라, 마)는 명령의 개념과 관련된 것은 아니나 현대국어에서는 물론 역사 자료에서도 변함없이 나타나는 특징 중 하나이므로 주요 기준에 포함할 만하다. (14바)의 특징은 '-라'와 '-아/어라'의 쓰임이 구분되면서 나타나게 된 것이므로 둘의 구분이 존재하지 않았던 시기의 자료에 적용하기는 어렵다. (14사)의 언급과 같이 명령문의 서술어는 동사가 쓰이는 것이 일반적이다. 그러나 형용사의 사용이 전혀 불가능한 것은 아니고, 이때 명령형 어미의 통합 가능 여부는 형용사의 어휘적 특성에 달려 있는 것으로 보인다. (14아)의 특징은 문헌 자료를 대상으로 하는 논의에서는 적절하지 않을 뿐더러 주어의 생략 문제는 명령문만의 특징이라고 할 수 없다. 따라서 결국 중세국어·근대국어에서 명령형 어미를 판별하기 위해 고려할 만한 문법적 특징은 (14가, 나, 다, 라, 마) 정도가 될 것이다.

2.2. 명령과 청원(기원), 소망(원망)

2.1에서 '-아/어라'가 쓰였지만 명령의 의미가 아닌 기원의 의미로 나타나는 예를 명령문에 포함한 것은 형식적 측면을 중요시한 결과였다. 명령형 종결어미인 '-아/어라'가 쓰였지만 '기원'의 의미로 해석되는 점은 그 이유를 의미·화용적 조건의 위반으로 설명할 수 있었기 때문인 것이다. 이와 관련하여 살펴보아야 할 점이 중세국어와 근대국어 시기에 청원, 기원, 원망 등으로 불려온 '-고라, -고려, -과뎌, -지라, -지이다' 등의 처리 방안이다.[10) 이 형식들이 '명령'의 의미를 전달한다는 점은 대부분의 논의에서 인정하고 있으나 이들을 모두 명령형 종결어미에 포함하여 다루는 견해도 존재하고 청원, 기원 등의 의미를 나타내는 별도의 종결어미로 분리하여 다루는 견해도 존재한다. '-고라, -고려, -과뎌, -지라, -지이다' 등을 명령형 어미에 포함하기 위해서는 이들 어미가 다른 명령형 어미와 동일한 문법적 특징을 보여야 할 것이다. 동시에 이들이 전형적인 '명령'의 의미가 아닌 다른 의미를 나타나게 된 이유 역시 설명할 수 있어야 한다. 이 절에서는 각 형식이 쓰인 자료의 예를 실제로 검토하면서 이들 형식에 대한 처리 방안을 모색하기로 한다.

'-고라'와 '-고려'는 15-16세기에 걸쳐 청자에 대한 화자의 청원이나 기원의 의미로 사용되었으나 17세기 이후 그 출현 빈도가 현저하게 낮아

---

10) 안병희·이광호(1990)에서는 명령법 중, 청원을 나타내는 형식으로 '-고려, -고라, -지라, -지이다'를 제시하며 이들을 명령법의 한 변종으로 처리하였다. 이밖에 이들 형식을 명령형 어미에 포함하여 다룬 논의는 김충회(1974), 박영준(1994) 등이 있다. '-고라'에 대해 본격적으로 다룬 이승희(2005)에서는 '청원'과 '명령'이 별개의 것인지 더 논의할 필요가 있으나 '-고라'는 '명령'보다는 '청원', '기원'의 의미에 가깝다는 점을 언급하였다. '-과뎌'의 통시적 변화를 다룬 고은숙(2005)에서는 종결어미로 기능하는 '-과뎌' 중 명령형 종결어미로 쓰이는 예가 있음을 지적하였다. '-과뎌'를 다루면서 '-고져'를 제외한 것은 근대국어 시기에 종결어미로서의 기능을 대체적으로 인정받고 있는 '-과뎌'와 달리 '-고져'는 이를 과연 종결어미로 볼 수 있는지에 대한 논란이 있었기 때문이다. '-고져'를 종결어미로 처리하여 논의의 대상으로 삼는다면 '-과뎌'의 처리 방향과 유사할 것으로 보인다.

졌고, 이들 중 '-고려'가 현대국어의 '-구려'에 이어지는 것으로 알려져
왔다(이승희 2005 : 92-95). 먼저 '-고라'가 쓰인 예를 보이면 아래와 같다.

> (15) 가. 王이 相師ᄃ려 무로ᄃᆡ 뉘 王ㄱ 相 잇ᄂᆞ뇨 相師ㅣ 닐오ᄃᆡ 이 中에
>   好乘 ᄐᆞ니사 王 ᄃᆞ외리로소이다 … 王이 ᄯᅩ 相師ᄃ려 닐오ᄃᆡ 다
>   시 <u>보고라</u> 相師ㅣ 對答ᄒᆞᄃᆡ 이 中에 第一座애 안ᄌᆞ니사 王 ᄃᆞ외
>   리로소이다 <월인석보 25 : 70a>
>   나. 네 밧ᄀᆡ 그려도 버디 잇ᄂᆞ녀 ᄒᆞ나히 짐 보ᄂᆞ니 이셔서 게셔 몰
>   노하 머기ᄂᆞ니 뎌의 머글 밥은 ᄯᅩ 엇디ᄒᆞ려뇨 우리 먹고 뎌 위ᄒᆞ
>   야 져기 가져가져 사발 잇거든 ᄒᆞ나 <u>다고라</u> 이 밥애셔 ᄒᆞᆫ 사발만
>   다마 내여 뎌 버들 주져 제대로 두라 너희 다 머그라 지븨 당시
>   론 바비 잇다 머기 ᄆᆞ차든 가져가라 <번역노걸대 상 42a-b>
>   다. 스숭이 닐오ᄃᆡ 그딋 ᄠᅳ디 놉고 微妙ᄒᆞ야 당다이 몬져 道理 得ᄒᆞ
>   리니 ᄂᆞ외야 ᄇᆞ리디 <u>마오라</u> 太子ㅣ 하덕고 가싫 제 스숭과 五百
>   神仙이 울며 太子 보내ᅀᆞᆸ노며 <월인석보 11 : 6b>

(15가)는 '왕'과 '상사' 사이의 대화로, 왕이 상사에게 '다시 보'는 행
동을 할 것을 요청하는 문맥이다. 명령문의 주어와 청자, 명령을 수행해
야 할 주체는 모두 '상사'로 동일하다. (15나)에서는 밖에 있는 벗에게 밥
을 가져다주기 위해 '사발이 있으면 하나 달라'고 요청하는 장면으로 '주
고라' 대신 '다고라'가 쓰이고 있다. (15다)는 부정 명령문에서 '아니ᄒᆞ-,
못ᄒᆞ-' 등이 아닌 '말-'이 쓰이고 있는 예로, 이는 모두 명령형 어미들이
보이는 특징들이다. '-고라'와 다른 명령형 어미들 사이의 이와 같은 공
통점들을 고려한다면 '-고라' 역시 명령형 어미에 포함할 수 있고, '-고
라'가 쓰인 문장은 명령문으로 분류할 수 있게 된다. 그렇지만 '-고라'가
일반적인 명령형 어미와 다른 특징을 나타내는 예 역시 존재하는 것으로
알려진 바 있어 이에 대한 해석이 필요하다.

(16) 가. 妃子 太子ㅣ 願을 니른시니 아기 셔울 <u>가고라</u> 비골티 <u>말오라</u> 우
　　　리도 섈리 니거지 衆生이 四苦ㅣ <u>업고라</u> 布施를 너펴지라 父母를
　　　나소 보슨뱌지 <월인석보 20 : 53a-b>
　　나. 世尊이 吉祥願ᄒᆞ샤 偈 지서 니른샤티 願ᄒᆞᆫ든 사름도 便安ᄒᆞ며 ᄆᆞ
　　　쇼도 便安ᄒᆞ야 녀는 길헤 거틸 꺼시 <u>업고라</u> <월인석보 4 : 59b>
　　　　　　　　　　　<이상 이승희(2005 : 89-90)에서 인용함.>

(16)은 기존 논의에서 '-고라'가 '기원'의 의미를 나타내는 것으로 처
리된 예이다. (16가)는 이미 떠나간 자식(아기)들을 청자로 상정하여 '서울
에 가'거나 '배를 곯지 말'라는 행위를 요청하는 것이 아니라 '서울에 갔
으면, 배를 곯지 않았으면, 중생들이 사고(四苦)가 없었으면' 하는 기원으
로 해석하는 것이 자연스럽고, (16나) 역시 세존이 상인들에게 '가는 길
에 거칠 것이 없'기를 기원하는 것으로 해석하는 편이 자연스럽다는 것
이다(이승희 2005 : 90). 기존 논의에서 지적한 대로 (16)의 예는 명령의 의
미로 해석하기 어렵고 문법적 특징 또한 전형적인 명령형 어미와는 차이
가 있는 것으로 보인다. (16가)의 '衆生이 四苦ㅣ 업고라'의 경우 문장의
주어는 명령 수행의 주체가 되지 못하고 대화 상황의 청자가 될 수도 없
다. 또한 대체적으로 동작 동사와 결합하여 쓰이는 명령형 어미와 달리
(16)에서는 '-고라'가 '없-'에 통합하여 쓰이고 있다. (16)의 예를 고려하
면 '-고라'는 명령형 어미와 다른 속성을 지닌 것처럼 보인다. 이렇게 공
통점과 차이점을 모두 지닌 것처럼 보이는 '-고라'의 성격은 사실 '-아/
어라'의 경우와 크게 다르지 않다. 이미 이 글의 앞 절에서는 명령형 어
미 '-아/어라'가 쓰였으나 기원으로 해석되는 예들이 존재하며, 명령문이
성립하기 위한 의미·화행적 조건에 위배되는 경우 기원의 의미를 나타
낼 수 있다는 점을 살펴보았다. (16)에서 본 '-고라'의 예도 청자가 어떤
행위를 하게끔 화자가 시도하거나, 청자가 행위를 수행할 수 있다고 화자

가 믿고 있는 상황은 아니며 오히려 애초에 청자 자체를 상정하기 어려운 상황에 가깝다. '없-'에 통합한 '-고라'의 예도 '건강해라, 행복해라'와 같이 형용사에 통합하여 '기원'의 의미를 지니는 예와 유사한 것으로 볼 수 있을 것이다. 즉 '-고라'는 명령형 어미로 사용되었으나 의미·화행적 조건에 위배되는 경우에는 기원의 의미로 해석되는 것으로, '-아/어라'와 평행하게 처리하는 것이 바람직할 것으로 보인다.

> (17) 가. 의원 형님하 네 이 됴훈 법을 날두려 <u>그르치고려</u> 손까라고로다가
> 그 헐므슨 부리 우희 추모로 나져 바며 머므디 말오 브르라 그리
> 면 즉재 스러디리라 <번역박통사 13a-b>
> 나. 오직 훈 가짓 놋가온 은으란 날 주디 말오 됴훈 은을 날 <u>다고려</u>
> 해 놋가온 은이 나도 업다 내해 다 실 그는 구의나깃 은이라
> <번역노걸대 하 14a>
> 다. 내 또 너두려 말소믈 당부후노니 그 드레 믈 줍디 아니후느니 네
> 두의티기웃 모르거든 드레 우희 훈 무쇠 벽을 미라 이는 나도 아
> 노니 네 그르치디 <u>마오려</u> 우리 돌여 니러 브즈러니 믈 머기져
> <번역노걸대 상 32a>

(17)은 '-고려'의 예를 제시한 것이다. (17가)에서 볼 수 있듯이 명령문의 주어와 명령 수행의 주체('네'), 청자, 호격어('의원 형님')이 모두 일치하며, '주-' 대신 '달(다)-'가 쓰이고 있는 것(17나), 부정문에서 '말-'이 쓰이는 것(17다) 모두 명령형 어미로서의 특징이라고 할 수 있다. 즉 '-고려'는 발견되는 예의 수가 많지는 않지만 문헌 자료에 나타난 예들은 대부분 '-고라'와 동일하게 명령형 어미의 특성을 보이는 것으로 처리할 수 있다.

다음으로 살펴볼 것은 '-과뎌'에 대한 예이다. '-과뎌'는 '-고져'와 함께 이들 형식이 지닌 의미 기능이 무엇인지 살피거나 이들의 문법 범주

를 무엇으로 볼 수 있는지 등에 대해 지속적으로 주목을 받아 왔던 형식
이다. 이들 중 '-과뎌'는 근대국어 시기가 되면 명확하게 종결어미로 판
단할 수 있는 예들이 발견되고, 이때 '-과뎌'가 나타내는 의미 기능은
'명령'으로 볼 수 있다고 판단되어 왔다. 이처럼 명령형 종결어미와 관련
이 있는 것으로 알려진 '-과뎌'의 문법적 특징이 다른 명령형 종결어미
와 동일한지 살펴보고, 만약 그렇지 않은 점들이 발견된다면 이를 어떻게
해석해야 하는지 고찰하기로 한다. 종결어미로 쓰인 '-과뎌'의 예를 제시
하면 아래와 같다.

> (18) 가. 자네네 日本말 호시믈 드르면 드러 아든 몯호여도 神妙히 너기옵
> 닌 이리 부러호믈 비홀 디 업스니 일뎡 니기시는 비밀훈 묘리도
> 이실 쩌시니 아모려나 ᄀᄅᆞ치시과쟈 어와 자네는 우은 사룸으로
> 쇠 홀리는 籠具도 업시 사룸을 홀리는 사룸이옵쏘쇠 엇디 이리
> 괴롭호시는고 <첩해신어(초) 9 : 19a>
> 나. 내 죄예 만나믄 관겨티 아니커니와 젼두의 홀시 一 年 二 年은
> 아니오 엇디 부디 홀가 너기시는고 그저 혜아리실 앏피오니 잘
> 혜아려 ᄆᆞᄎᆞ시과댜 그리 니ᄅᆞ시미 그롣든 아니커니와 우리도 호
> 나 둘히셔 되디 못홀 거시니 逢使의 談合호여 아못 됴로나 됴홀
> 양으로 홀 거시니 아직 大廳의 드려 두옵소 <첩해신어(초) 4 :
> 25b-27a>
> 다. 이제야셔 正官의 병이라 니ᄅᆞ시니 正官이 나디 아니면 우리의 그
> ᄅᆞ믄 발명 못 홀 거시니 비록 正官이 병 드르실따라도 茶禮ᄂᆞᆫ 卒
> 度之間이오니 나셔 과연 견듸디 못호거든 몬져 니ᄅᆞ실디라도 내
> 迷惑을 ᄑᆞᄅᆞ시과댜 니ᄅᆞ시는 배 그러호옵거니와 正官 昨晚브터
> 병 드럿스오니 자네게 다시 술올 스이도 업스매 그러ᄂᆞᆫ 호거니와
> 이 양병은 아니오 <첩해신어(초) 1 : 28b-30b>

종결어미로 볼 수 있는 '-과뎌'의 예는 17세기에 들어와서야 발견되고
그 수 자체도 많은 편은 아니다. 적은 수의 예만으로 성급하게 판단해서

는 안 될 일이나 발견되는 예에서 '-과뎌'는 모두 화청자가 대면하고 있는 대화 상황에서 사용되며, 화자가 청자에게 특정 행위를 요청하는 것으로 해석된다. 또한 실제로 그러한 행위를 수행할 주체는 모두 청자가 되므로 대체적으로 명령형 종결어미와 동일한 성격을 지닌 것으로 보아도 무방할 듯하다. (18가)는 화자가 청자에게 일본말을 익히는 묘리를 가르쳐 줄 것을 요청하고 있고 (18나)는 잘 헤아려서 일을 마무리하여 줄 것을 요청한다. (18다)는 '정관(正官)이 견디지 못하거든 먼저 가더라도 내 어려움을 풀어 달라' 정도로 해석할 수 있는 문장이다. 이때 화자가 '미혹(迷惑)'을 풀어줄 것을 '정관(正官)'에게 요청하는 것으로 해석할 수도 있고(고은숙 2005 : 16) 청자가 정관을 설득하여 같이 옴으로써 미혹을 풀어줄 것을 '청자'에게 요청하는 것으로 해석하는 것도 가능해 보인다.

마지막으로 '-지라'와 '-지이다'의 경우를 살펴보기로 한다. 이들 형식은 청자경어법 형태소 '-이-'의 통합 여부에 따라 경어법 체계상의 등급에 차이가 있을 뿐 공통적으로 '원망(願望), 소망'의 의미를 나타내는 것으로 알려져 왔다.

(19) 내 後生애 長常 그뒷 겨지비 드외야 됴혼 이리여 구즌 이리여 갈아
　　　나디 마라지라 ᄒ거늘 <월인석보 20 : 84a>

(20) 가. 太子ㅣ 닐오뎌 願혼둔 衆生이 다 度脫ᄋᆞᆯ 得ᄒ야 ᄂᆞ외야 生老病死
　　　ㅅ 受苦ㅣ 업게 코져 ᄒ노이다 帝釋이 닐오뎌 크실ᄊᆞ 願이여 노
　　　파 우 업스샷다 하ᄂᆞᆯ해 나 희 드리 드외아지라 커시나 世間애 님
　　　그미 드외아지라 커시나 목수미 길아지라 ᄒ시면 내 어로 호려
　　　니와 太子 니르샨 마론 三界예 特別히 尊ᄒ실ᄊᆞ 내 미출 일 아니
　　　로소이다 <월인석보 20 : 85b-86a>
　　나. 雍氏 닐오뎌 내 그듸두고 몬져 죽가지라 ᄒ야ᄂᆞᆯ 卯發이 웃고 말
　　　이니라 <삼강행실도(런던)열 20>

다. <u>음식 프는 뎟 사르마 몬져 흔 사발만 드슨 믈 가져오라 내 늧 시</u>
<u>서지라</u> <번역노걸대 상 61a>

(19)와 (20)은 '-지라'가 쓰인 예를 제시한 것이다. (19)의 예에서 볼
수 있듯이 부정문에서 '말-'을 취하는 것은 다른 명령형 어미들과 '-지
라'의 공통점이다. 그러나 '-지라'는 (19)처럼 '말-'을 취하는 것을 제외
하면 다른 명령형 어미와 다른 특징들을 보인다고 할 수 있다. (20가)에
쓰인 '목숨이 길아지라'의 경우 형용사인 '길-'에 '-지라'가 통합되어 있
는 것이 가장 눈에 띈다. 명령형 어미는 동사와 결합하는 예가 대부분인
점을 생각하면 (20가)의 예는 다른 특성을 보인다고 할 수 있지만, 이미
이 글에서는 명령형 어미가 형용사 뒤에 통합되어 '기원'으로 해석되는
예들을 살펴보았으므로 이 자체만으로는 큰 문제가 되지 않는다. 오히려
다른 명령형 어미와 큰 차이를 보이는 점은 문장의 주어가 누구인가 하
는 것이다. (20가)는 제석(帝釋)이 태자(太子)가 '목숨이 길어지는 것을 원한
다'면 할 수 있었을 것이라 말하는 부문이므로 '목수미 길아지라'고 말을
한 것도, 그러한 일을 소망하는 주체도 모두 태자이다. (20나)의 예도 '옹
씨(雍氏)'가 남편인 '묘발(卯發)'에게 내가 그대보다 먼저 죽겠다고 이야기
하는 장면으로, '-지라'가 쓰인 문장의 주어는 옹씨 자신을 가리키는
'나'이다. 보통 명령문의 주어는 청자인 2인칭이거나 적어도 청자를 포함
해야 한다는 사실과 어긋나는 것이다. (20다)에서 '-라'가 통합한 문장과
'-지라'가 통합한 문장을 비교하면 그 차이는 명확히 드러난다. '-라'가
쓰인 문장은 '믈을 가져오'는 행위를 수행하는 주체, 즉 명령을 수행할
주체는 청자이며 이는 호격어인 '음식 프는 뎟 사룸'과 일치한다. 그러나
'-지라'가 통합한 문장에서 낯을 씻기를 원하는 주체는 화자인 '나'이고
실제로 이를 수행할 사람도 화자이다. 명령의 가장 기본적인 의미는 화자

가 청자에게 어떠한 행위를 수행할 것을 요청하는 것이므로 명령문의 주
어는 언제나 청자인 2인칭이며 간혹 3인칭으로 실현되었더라도 그는 청
자들 중의 일부가 되어야 한다. 따라서 '-지라'가 쓰인 문장과 같이 1인
칭인 화자가 문장의 주어가 되거나 행위를 수행하는 주체가 되는 경우는
명령문에 포함할 수 없다. 이는 '-지이다'의 예에서도 동일하게 나타나는
현상이므로 해당하는 예만을 간략히 제시한다.

(21) 가. 願호든 흔삑 스러 滅ᄒ야 永히 다시 니ᄅ왇디 <u>마라지이다</u> <육조
　　　 법보단경언해 중 24b>

(22) 가. 廣熾 깃거 發願호ᄃᆡ 내 後에 부톄 ᄃᆞ외야 일후미며 眷屬이며 時節
　　　 이며 處所ㅣ며 弟子ㅣ며 다 이젯 世尊 <u>곧가지이다</u> ᄒ니 그 廣熾ᄂᆞᆫ
　　　 우리 世尊이시니라 <월인석보 2: 9b>

　　나. 그ᄢᅴ 두 아ᄃᆞ리 이 ᄠᅳ들 다시 펴려 ᄒᆞ야 偈로 어마님ᄭᅴ 술오ᄃᆡ
　　　 願ᄒᆞᅀᆞ오ᄃᆡ 어마니미 우릴 노ᄒᆞ샤 出家ᄒᆞ야 沙門 ᄃᆞ외에 ᄒᆞ쇼셔
　　　 諸佛이 甚히 맛나ᅀᆞ오미 어려우시니 우리 부텨 좃ᄌᆞ와 <u>빅ᄒᆞᅀᆞ와</u>
　　　 <u>지이다</u> <법화경언해 7 : 136b>

　　다. 一切衆生喜見菩薩이 … 이 偈 다 니르고 아바닚긔 술ᄫᅩᄃᆡ 日月淨
　　　 明德佛이 이제 순지 現在ᄒᆞ시니 내 아래 부텨 供養ᄒᆞᅀᆞᄫᅡ 解一切
　　　 衆生語言陁羅尼ᄅᆞᆯ 得ᄒᆞ고 ᄯᅩ 法華經 八百千萬億那由他 甄迦羅頻婆
　　　 羅 阿閦婆 等 偈ᄅᆞᆯ 듣ᄌᆞᄫᅩ니 大王하 내 이제 이 부텻긔 도로가 供
　　　 <u>養ᄒᆞᅀᆞᄫᅡ지이다</u> <월인석보 18 : 33b-34b>

　애초에 '-지라'와 '-지이다'의 의미를 '소망' 혹은 '원망'으로 파악해
왔던 것은 이러한 특징을 반영했기 때문인 것으로 보인다. '명령'과 '기
원', '청원'은 청자에 대한 화자의 태도가 어떠하냐에 차이는 있을 수 있
지만, 그 태도가 어떠하든 특정 행위를 청자에게 요청하고 그 요청이 받
아들여지는 경우 그 행위를 청자가 수행하게 된다는 점에서는 다르지 않

다. 그렇지만 '소망'이나 '원망'은 모두 화자의 입장에서 화자가 자신의
원하는 일을 이야기하는 것이지 청자에게 구체적으로 어떠한 행위를 요
청하는 것은 아니다. 그러므로 '-지라'와 '-지이다'는 명령형 어미에 포
함될 수 없고 별도의 어미로 다루어져야 할 것이다. '-지라'와 '-지이다'
가 명령의 의미로 해석되는 것처럼 보이더라도 이는 화자가 자신의 소망
을 이야기하면서 청자가 그 소망을 이루는 데에 기여하고 협조할 것이라
믿고 또 청자에게 그럴 수 있는 권위가 있는 경우, 즉 의미·화행상의 조
건을 충족하여 '명령'의 의미로 해석되는 경우일 뿐이다.

3. 명령형 어미의 변화

지금까지는 명령문에 대한 기존 논의를 통해 명령문의 범위 설정과 관
련된 문제를 다루었다. 3장에서는 명령형의 대표적인 어미인 '-아/어라,
-거라'를 대상으로 중세국어와 현대국어의 차이점을 살펴봄으로써 다른
명령형 어미들에 대해서도 이러한 변화에 대한 고찰이 필요함을 제시하
도록 한다.

명령형 어미의 변화에 대한 지금까지의 논의는 대체적으로 형태적 변
화에 초점을 두고, 새롭게 생겨나거나 소멸된 명령형 어미들만이 주된 관
심의 대상이 되었다. 오히려 명령형 어미로 널리 알려져 있는 '-아/어라,
-거라'에 대해서는 현대국어 시기에 이르러 이들이 통합할 수 있는 서술
어에 제한이 없어졌다는 점이 지적되었을 뿐, 그 밖의 사항에 대해서는
깊이 다루어진 바 없다고 하여도 과언이 아니다. 따라서 이 글에서는
'-아/어라', '-거라'를 대상으로 중세국어와 현대국어의 쓰임에 차이가
있는 점들을 찾아보고자 하는 것이다.

여러 가지 어미 중, 우선적으로 '-아/어라'와 '-거라'를 선택한 것은 이들이 가장 전형적인 명령형 어미일 뿐더러 형태적, 통사적, 의미·화용적 변화를 모두 나타내는 어미이기 때문이다. 형태적으로는 선어말어미 '-아/어-, -거-'와 명령형 어미 '-라'의 통합형이었던 것이 현대국어에서는 하나의 명령형 어미로 기능하게 되었다는 점이 가장 큰 변화로 꼽힐 수 있을 것이다.

통사적 기능의 변화로는 '-라'의 사용 범위가 축소되고 그것을 '-아/어라'와 '-거라'가 대체한 것을 들 수 있다. 기존에 쓰이던 형식에 다른 형식이 통합하여 유사한 기능을 지닌 하나의 새로운 어미가 형성되었다면, 이로 인해 기존 형식의 문법 기능을 나누어 담당하게 되었으리라는 것은 충분히 생각해볼 수 있는 가정이다.

(23) 가. 臣下ㅣ 王끠 술보디 엇던 전추로 이어긔 布施供養이 다 알픠셔 더으니잇고 王왕이 닐오디 내 말 드르라 <월인석보 25 : 113a>
　　 나. 이 닐굽 가짓 약을 사ᄒᆞ라 블근 깁 쟐이 녀허 十二月 그믐날 낫만 우믈 가온디 믿ᄒᆞᆰ이 다케 돕갓다가 正月ㅅ 초ᄒᆞ룻날 새배 내여 수우레 녀허 두세소솜 글혀 東녁 문올 向ᄒᆞ야 머고디 몬져 아ᄒᆞᆯㅂ터 얼운 ᄀᆞ지히 머그라 <간이벽온방 9b>
　　 다. 그 夫人이 王이 ᄃᆞ외야 勑書 밍ᄀᆞ라 太子끠 보내야 두 눈ᄌᆞᅀᄋᆞᆯ ᄲᅢ혀 보내라 ᄒᆞ고 다른 사ᄅᆞᄆᆞᆯ 갑새 보내니 <석보상절 24 : 51a>

(24) 가. 그ᄢᅴ 釋提桓人이 欲界諸天 더블오 ᄂᆞ려와 獅子ㅣ며 버미며 일히 ᄃᆞ외야 눈 브르ᄠᅳ고 구세 디르고 어르 ᄢᅥ 므로려커늘 須闍提 ᄀᆞ문 소리로 닐오디 네 나ᄅᆞᆯ 먹고져 ᄒᆞ거든 ᄆᆞᅀᆞᆷ 조초 머거라 므슴 ᄒᆞ려 저히ᄂᆞᆫ다 <월인석보 20 : 115b>
　　 나. 王이 그제ᅀᅡ 太子ㄴ 고돌 아ᄅᆞ시고 긼 ᄀᆞ새 아나 안ᄌᆞ샤 오시 ᄌᆞ믜기 우르시고 니ᄅᆞ샤디 네 어마니미 날 여희오 시르므로 사니다가 이제 ᄯᅩ 너를 여희오 더욱 우니ᄂᆞ니 어서 도라니거라 <월

인석보 8 : 101a>
다. 네 몸 간ᄉᄒ여 됴히 <u>잇거라</u> <순천김씨언간 186 : 13>

중세국어의 '-라'가 쓰인 예인 (23가)는 어째서 여기에는 보시공양을 앞에서 한 것보다 더 하느냐는 신하의 질문에 왕이 답을 하고 있는 상황에서 쓰인 직접 명령문이다. (23나)는 문헌자료 자체가 처방을 안내하는 글로서 약을 먹는 방법에 대하여 안내하고 있는 문맥으로, 구체적인 청자를 상정할 수는 없으나 인용된 문장이 아닌 직접 명령문의 예라고 할 수 있다. (23다)는 '부인(夫人)'의 칙서의 내용을 인용한 것으로 간접인용된 문장에 쓰인 '-라'의 예라고 할 수 있다. 이처럼 '-라'가 직접 명령과 간접 인용된 명령문에 모두 사용되었던 것과는 달리, 선어말어미 '-아/어-, -거-'와 '-라'가 통합된 경우는 (24가, 나)처럼 직접 명령문에서만 쓰인다. 인용동사인 '닐오ᄃᆡ, 니ᄅᆞ샤ᄃᆡ' 등이 쓰여 수도제(須闍提) 태자와 왕의 명령을 직접 인용하여 쓰이고 있는 것이다. 발견되는 예문의 수가 많은 것은 아니나 '-아/어-'와 '-거-'가 '-라'와 통합되어 쓰인 예들은 모두 (24가, 나)와 같이 실제 대화 상황을 묘사한 경우에 쓰이는 직접 명령이고, 실제 대화 상황이 아니라고 하더라도 (24다)처럼 청자를 특정할 수 있는 언간 자료에서 나타난다.

(25) 가. 김요사팟이 … 굿세고 진중ᄒ며 단정ᄒ고 바르며 그 겸손ᄒ 덕은 그 지조와 아울나 쵸월ᄒ니 … 그 부모와 일가 친구들이 요사팟의 비교ᄒᄂᆞᆫ 흔 마ᄃᆡ 말 엇어 듯기 위ᄒ야 모든 계교와 힘쓰는 형샹은 일우 다 측량홀 수 업스나 예수의 용밍흔 군ᄉ가 되어 그 본분을 조츰으로 마ᄎᆷ 나라혜셔 <u>잡으라</u> 하교ᄒ시니 대개 삼월이러라 <경향보감 1 : 360>
나. 시골 엇던 진위더 셜시흔 고을에 예수 밋ᄂᆞᆫ 사ᄅᆞᆷ 흔 분이 잇ᄂᆞᆫᄃᆡ 그 교인의 삼촌이 놈의 돈을 가졋더니 병더쳥 관원이 그 돈을 교

인ᄃ려 갑ᄒ라 ᄒᄂ지라 <신학월보 1 : 202>

(26) 가. 철수가 대답을 해라.
　　 나. 선생님이 철수가 대답을 하라고 하셨다.

　‘-라’의 쓰임이 한정되고 그 자리를 ‘-아/어라, -거라’가 대체해간 것은 비교적 최근의 일로, 19세기와 20세기 초 자료에서는 직접 명령에 쓰인 ‘-라’의 예가 크게 줄고 (25)처럼 인용된 명령문으로 보이는 예의 수가 크게 증가한다. 이러한 변화가 지속된 결과 현대국어에서는 알려진 대로 ‘-라’는 (26나)와 같이 명령형 어미가 쓰인 문장이 간접 인용될 때에만 쓰이고, 직접적인 명령의 상황에서는 쓰이지 않는다.[11]

　형태적, 통사적 특징보다도 ‘-아/어라’와 ‘-거라’의 더 큰 변화는 의미·화용적 측면에서 일어난 것으로 보인다. 실제 예문을 통해 두 명령형 어미가 쓰이는 조건화하여 보기로 한다.[12]

　　(27) 가. 阿難이 나와 大愛道ᄭᅵ 술ᄫᆞᆫ대 大愛道ㅣ 깃거 닐오디 阿難아 내혼

---

11) 직접 명령에 쓰인다고 하더라도 ‘-라’는 구체적인 청자를 상정할 수 없는 특수한 환경에서만 쓰이는 것으로 알려져 있다.

　예) 다음 문제를 읽고 물음에 답하라.

이와 같은 ‘-라’를 고영근(1976)에서는 간접 명령, 임홍빈(1983)에서는 절대 명령이라 불렀다. 간접 인용문에서 ‘-아/어라, -거라’가 중화되어 나타나는 ‘-라’와, 간접 명령 혹은 절대 명령에 쓰이는 ‘-라’를 동일한 것으로 보는지(고영근 1976) 그렇지 않은지(임홍빈 1983)에 대해서는 위의 두 견해에 차이가 있다. 그렇지만 간접 명령 혹은 절대 명령의 ‘-라’가 특정한 청자를 상정할 수 없는 상황에 쓰이는 명령형 어미라는 점에는 이견이 없다. 이와 같은 상황에서 ‘-라’가 쉽게 쓰일 수 있다는 점은 인정하지만 ‘-라’가 쓰이는 보다 근원적인 원인은 화자가 청자를 대우 중립적으로 파악하느냐 그렇지 않느냐에 달려 있다는 견해(고성환 2003)도 존재한다.

12) ‘-아/어라’, ‘-거라’의 의미·화용론적 변화, 특히 현대국어에서 지닌 ‘-아/어라’와 ‘-거라’의 의미·화용론적 제약에 대해서는 졸고(2012)의 논의를 기본으로 삼고 이를 수정·보완한 것이다.

　말 드러라 <월인석보 10 : 21a>

나. 그쁴 釋提桓因이 欲界諸天 더블오 ᄂᆞ려와 獅子ㅣ며 버미며 일히
ᄃᆞ외야 눈 브르ᄠᅳ고 구세 디르고 어르 ᅄᅥ 므르려커늘 須闍提 ᄀ
ᄆᆞᆫᄒᆞᆫ 소리로 닐오ᄃᆡ 네 나ᄅᆞᆯ 먹고져 ᄒᆞ거든 ᄆᆞᄉᆞᆷ 조초 머거라
므슴 ᄒᆞ려 저히ᄂᆞᆫ다 <월인석보 20 : 115b>

다. 難陁ㅣ 부텻긔 절ᄒᆞᆸ고 부텻 바리ᄅᆞᆯ 가져 지븨 드러 밥 다마 나
가 부텻긔 받ᄌᆞᄫᅡᄂᆞᆯ 부톄 아니 바ᄃᆞ신대 阿難이ᄅᆞᆯ 주어늘 阿難이
도 아니 받고 닐오ᄃᆡ 네 바리ᄅᆞᆯ 어듸 가 어든다 도로 다가 두어
라 ᄒᆞ야ᄂᆞᆯ <월인석보 7 : 8a>

(28) 가. 王이 그제ᅀᅡ 太子ㅣ 고ᄃᆞᆯ 아ᄅᆞ시고 긼 ᄀᆞ쇄 아나 안ᄌᆞ샤 오시 ᄌ
ᄆᆞ기 우르시고 니ᄅᆞ샤ᄃᆡ 네 어마니미 날 여희오 시르므로 사니다
가 이제 ᄯᅩ 너를 여희오 더욱 우니ᄂᆞ니 어셔 도라니거라 <월인
석보 8 : 101a>

나. 번둘하 닐어라 둘기 우런 디 세 홰어다 ᄒᆞ마 하ᄂᆞᆯ도 볼ᄀᆞ리로다
<번역노걸대 상 38a>

다. 동뫼야 너ᄂᆞᆫ ᄲᅥ디여셔 됴히 안잣거라 내 뎌긔 가 황호 폴오 즉재
오마 <번역노걸대 하 55b-56a>

(29) ᄒᆞᆫ 벼스레 미여쇼문 眞實로 모몰 갋가라 ᄒᆞᄂᆞᆫ 디라 <杜諺 21 : 29b>
((고영근 1980)에서 인용함.)

(30) 큰 형아 우리 가노소라 네 됴히 잇거라 <번역노걸대 하 72b>

(27)은 '-아/어라'가 쓰인 예이고 (28)은 '-거라'의 예이다. (27)과 (28)
에서 찾을 수 있는 공통점은 우선 화자와 청자를 상정할 수 있는 상황에
서 사용되는 직접 명령문이라는 점이다. 화자와 청자의 관계를 살펴보았
을 때 모두 화자는 청자보다 상위자이거나 적어도 동등한 위계에 있다는
점이 동일하다. 이는 당연한 것으로, 화자보다 청자가 상위자라면 청자경
어법 등급상 애초에 '-아/어라'가 아닌 '-쇼셔'가, 적어도 '-어쎠'가 선

택되었을 것이다. 반대로 (27), (28)의 가장 큰 차이점은 통합한 서술어의
속성이 다르다는 점이 될 것이다. '-아/어라, -거라'의 속성 중 가장 널
리 알려진 것은 '-아/어라'는 타동사에, '-거라'는 자동사에 통합한다는
점이다. (27)의 예에서도 '-아/어라'는 예외 없이 '들-, 먹-, 두-'와 같은
타동사 뒤에 통합하여 쓰이고 있다. (28)의 '-거라' 역시 '도라니-, 닐-,
잇-'의 자동사 뒤에 통합하였다. 그렇지만 예외를 거의 찾을 수 없는
'-아/어라'와는 달리 '-거라'는 소수이지만 (29)처럼 타동사 뒤에 쓰인
예도 존재한다는 점이 지적되었다(고영근 1980). (30)의 예도 눈길을 끄는
예 중의 하나이다. 언뜻 보기에는 청자가 '큰 형'으로 화자보다 상위자인
것처럼 느껴지기도 한다. 그러나 후행하는 문장에서 '큰 형'을 대명사
'네'를 이용하여 가리키고 있는 것을 보면, 문장 내에서 화자가 청자를
상위자로 판단하고 있다고 보기는 어렵다. 이상에서 볼 수 있듯이 중세국
어 '-아/어라, -거라'는 통합 가능한 서술어가 다르다는 점을 제외하면
거의 차이가 없는 것으로 보인다.

　이어서 현대국어의 '-아/어라, -거라'의 상황은 어떠한지 살펴보자. 중
세국어에서 거의 유일한 특징이었던 선행 서술어의 차이는 완전히 사라
져서 두 형식은 선행 서술어가 자동사이든 타동사이든 상관없이 쓰일 수
있게 되었다.

　　(31) 가. 밥을 <u>먹어라</u>. / 밥을 <u>먹거라</u>.
　　　　나. 집에 <u>가라</u>. / 집에 <u>가거라</u>.

　서술어의 차이를 이용하여 둘의 쓰임을 구분하는 것은 불가능해졌다.
이러한 이유에서 '-아/어라'와 '-거라'를 사용 빈도의 차이나 어감의 차
이만을 지닌 형식으로 처리하기도 한다.[13) 그러나 현대국어 '-아/어라'와
'-거라'의 차이는 다른 곳에서 나타나는 것으로 보인다.

(32) 가. 이 가방은 네가 <u>들어라</u>.

　　　나. 바람아 <u>불어라</u>.

　　　나´. (화자의 독백) <u>당첨돼라</u>, <u>당첨돼라</u>!

　　　다. (엄마가 아들에게) 오늘은 일찍 <u>자라</u>.

　　　다´. (친구에게) 오늘은 일찍 <u>자라</u>.

　　　다″. (동생이 언니에게) 오늘은 일찍 <u>자라</u>.

　먼저 (32)의 '-아/어라'의 예를 살펴보자. (32가)는 중세국어와 동일한 양상을 보이는, 화청자를 상정할 수 있고 화자가 청자보다 상위자인 예이다. (32나, 나´)은 중세국어의 '-아/어라'에서는 찾아볼 수 없었던 예로, 2장에서 언급하였던 명령의 의미를 실현하게 하는 의미·화행상 조건에 어긋나는 예이다. (32나)는 화자가 통제할 수 없는 대상인 '바람'이 명령 수행의 주체이자 청자가 되어, 명령형 어미가 쓰였음에도 불구하고 명령이 아닌 기원으로 해석되는 예였다. 이와 비슷하게 (32나´)의 독백은 애초에 청자가 존재하지 않으므로 의미·화행상의 조건에 위배된다. 독백의 상황에서는 화자를 곧 청자로 볼 수도 있다. 그렇더라도 청자가 '당첨되-'는 행위를 수행할 수 있는 것은 아니므로 이 역시도 조건에 위배된다. 중세국어와 다른 점은 이뿐만이 아니다. (32다, 다´)은 화자가 청자보다 상위자이거나 둘의 위계가 동등한 경우로 중세국어와 다른 점이 없지만 (32다´)의 경우는 다르다. (32다″)에서 화자는 청자인 '언니'보다 하위자임에도 불구하고 '해라'체 명령형 어미인 '-아/어라'가 쓰이고 있는 것이다. 이러한 쓰임이 가능하게 하고 또 불가능하게도 하는 원인은 화청자

---

13) 7차 교육과정의 학교 문법서에서는 지금까지 '-거라'를 일부 자동사들에만 통합하는 불규칙형으로 처리해온 것과는 달리, 7차 교육과정의 학교 문법서에서는 현재는 이들 자동사도 '-아/어라'를 취할 수 있게 되었으므로 더 이상 '-거라'를 불규칙 활용으로 보지 않고 불규칙 활용에서 제외하였다. 이와 같은 견해가 민현식(1999)에서도 언급된 바 있는데 그 글에서는 '-거라'를 노년·장년층에서 주로 쓰이는 세대 방언형으로 처리하였다.

사이의 친근감에서 찾을 수 있다. 해라체 어미를 하위자가 상위자에게 사용하는 것은 자연스러운 일이 아니지만 친근감이 전제된 경우에는 명령형 어미뿐만이 아니라 다른 문장 유형의 해라체 어미도 충분히 쓰일 수 있는 것으로 보인다.

지금까지 살펴본 것처럼 현대국어의 '-아/어라'는 중세국어에서 출현하던 환경에서는 물론 의미·화행상의 조건에 위배되어 '기원'의 의미로 해석되는 경우에도, 화청자 사이의 친근감만 전제된다면 화자가 청자보다 하위자일 때에도 쓰일 수 있다. 그렇다면 '-거라'의 경우는 어떠한지, (32)에서 제시한 예들에 '-거라'의 통합도 가능한지 보기로 한다.

> (33) 가. 이 가방은 네가 <u>들거라</u>.
> 　　 나. [#]바람아 <u>불거라</u>.
> 　　 나´. [#](화자의 독백) 당첨<u>되거라</u>, 당첨<u>되거라</u>!
> 　　 다. (엄마가 아들에게) 오늘은 일찍 <u>자거라</u>.
> 　　 다´. (친구에게) [?]오늘은 일찍 <u>자거라</u>.
> 　　 다″. (동생이 언니에게) [#]오늘은 일찍 <u>자거라</u>.

(33)에서 알 수 있듯이 '-거라'는 '-아/어라'에 비해 쓰임이 제한되어 있는 듯하다. '-아/어라'에서는 가능했던 (33나, 나´, 다´, 다″) 모두 '-아/어라'와 동일한 의미로 쓰일 수 없거나 혹시 가능하다고 하더라도 매우 어색하다. '-거라'가 쓰일 수 있는 (33가, 다)는 중세국어에서부터 이어지는 전형적인 명령문의 예이다. 이를 고려한다면 현대국어의 '-거라'가 쓰임이 축소되어 있다고 보기보다는 '-아/어라'의 쓰임이 확장된 것으로 볼 수 있을 것이다.

4. 정리

지금까지 명령문의 범위를 한정하고 명령형 어미 '-아/어라, -거라'를 중심으로 중세국어와 현대국어의 기능 차이를 살펴보았다. 이상의 논의를 정리하고 남은 문제를 제시하는 것으로 결론을 대신한다.

국어에서 명령의 의미는 명령형 어미 외에 여러 가지 다른 형식들을 통해서도 전달되는 것으로 알려져 왔다. 이 때문에 연구자들이 명령형 어미로 처리한 형식들에 저마다 차이가 있었고, 명령문의 하위 부류로 청원, 기원, 소망 등이 설정되기도 하였다. 그러나 문장 유형의 분류는 무엇보다 형식을 기준으로 하여 이루어지는 것이 문법 기술에 도움이 된다. 따라서 명령문의 범위를 한정하기 위해서는 먼저 종결부에 실현된 어미가 명령형 어미에 해당하는지 검토해야 하며, 이때 해당 형식이 명령형 어미인지 아닌지 판단하는 기준은 다른 명령형 어미들과 동질적인 문법 특성을 보이는가 그렇지 않은가가 되어야 한다. 명령형 어미가 쓰이지 않아 명령문에 포함될 수는 없으나 특정한 의미·화행적 조건을 충족하여 명령의 의미를 전달하는 경우는 '명령 표현' 정도로 구분하여 다루어야 할 것이다.

이처럼 형식을 기준으로 명령문의 범위를 결정하게 되면, 기존의 연구에서 명령문과 관련이 있는 것으로 제시되었던 '청원, 기원, 소망, 원망'의 의미를 전달하는 형식들에 대해서도 재검토가 이루어져야 한다. 역사 자료에서 발견되는 '-고라, -고려, -과뎌, -지라, -지이다' 등의 형식들을 검토한 결과, '-고라, -고려, -과뎌'만이 명령형 어미에 포함될 가능성이 있음을 제시하였다.

이어서 명령형 어미의 변화에 대한 연구가 특정 형식의 생성과 소멸 위주로 이루어져 왔던 만큼, '-아/어라', '-거라'와 같이 전형적인 명령형 어미로 여겨졌던 형식들의 변화에 대해서도 그 기능 변화를 섬세하게 검토해야 할 필요성이 있음을 제시하였다. 그리하여 '-아/어라'는 중세국어 시기와 달리 그 사용 범위가 확장되어, 명령이 아닌 기원으로 해석되거나 애초에 청자가 존재하지 않는 화자의 독백에서도 쓰이고 있음을 밝혔다. 또한 상위자인 화자가 하위자인 청자에게 명령하는 경우 외에, 친근감이 전제된 경우 하위자인 화자가 상위자인 화자에게 명령하는 문장에서도 사용되는 것으로 판단하였다. '-아/어라'와 다르게 '-거라'는 중세국어 시기에서부터 나타나던 전형적인 명령의 화맥에서만 사용 가능하였다.

그동안 '당연히' 명령형 어미인 것으로 처리되어 왔으며 큰 기능 변화가 없었던 것으로 알려진 어미들에 대해서도 다시 한 번 검토할 필요가 있다는 점을 제고하고자 '-아/어라'와 '-거라'의 경우를 대표적으로 다루었다. 그러나 결국 그 외의 어미들에 대해서는 전혀 다루지 못하여 여전히 문제는 그대로 남아 있는 셈이다. 이 밖에 본격적으로 다루지 못했으나 명령과 관련된 것으로 알려진 다른 형식들에 대해서도 고찰이 필요할 것으로 판단된다. 또한 이 글에서는 명령문의 범위를 한정하고자 명령형 어미에 의해 명령의 의미가 실현되는 것이 아닌 예들은 모두 제외하였다. 그렇지만 오히려 국어의 '명령'의 특성을 전반적으로 밝히기 위해서는 이러한 명령 표현의 유형은 물론 이들이 어떠한 과정을 거쳐 명령의 의미를 전달하게 되는지 등에 대한 연구도 동반되어야 할 것이다.

‖ 참고문헌

고광모(2002), "명령법 어미 '-게'의 기원과 형성 과정", 한글 257, 129-165.

고성환(1998), "문장의 종류", 문법 연구와 자료, 태학사, 395-434.

고성환(2003), 국어 명령문에 대한 연구, 역락.

고영근(1976), "현대국어 문체법에 대한 연구", 어학연구 12-1, 17-53.

고영근(1980), "중세어의 어미활용에 나타나는 '거/어'의 교체에 대하여", 국어학 9, 55-99.

고영근(1993), 표준 중세국어 문법론, 개정판, 탑출판사.

고영근(1999), 국어 형태론 연구, 서울대학교 출판부.

고은숙(2005), "연결어미 '-과뎌'의 통시적 고찰," 형태론 7-1, 1-21.

고은숙(2010), "국어의 문장 종류에 관한 역사적 고찰 : 평서문, 의문문, 명령문을 중심으로", 한국어학 46, 1-45.

고은숙(2012), "후기 중세국어의 원망 표현에 관한 연구", 한국어학 54, 81-115.

김선호(1988), 한국어의 행위요구월 연구, 박사학위논문, 건국대학교.

김소희(1996), 16세기 국어의 '-거/어-' 연구, 석사학위논문, 서울대학교.

김영욱(1995), 문법형태의 역사적 연구, 박이정.

김유범(2005), "중세국어 '-거지이다', '-거지라'에 대하여", 새얼어문논집 17, 285-298.

김충회(1974), "십오세기 국어 명령법 연구", 한양어문 1, 65-84.

김충회(1977), "십오세기 국어 명령법 재고", 논문집(충북대) 15, 55-69.

김태자(1987), 발화분석의 화행의미론적 연구, 탑출판사.

김한결(2011), {-고져, -과뎌} ᄒ-' 구성에 대한 통시적 연구, 석사학위논문, 서울대학교.

남미정(2000), "'-거-' 통합형어미의 형성 연구 : '-거든, -거늘, -거니'를 중심으로", 어문연구 28-3, 92-113.

민현식(1999), 국어 문법 연구, 역락.

박금자(1987), "국어의 명령표현 연구", 관악어문연구 12, 65-91.

박미영(2012), 명령법 어미 '-아/어라', '-거라'에 대하여, 언어와 정보사회 18, 133-146.

박영순(1992), "국어 요청문의 의미에 대하여", 주시경학보 9, 34-49.

박영준(1987), 현대국어 명령문 연구 : 사회언어학적 접근, 석사학위논문, 고려대학교.

박영준(1992), "부정명령문에 대하여", 홍익어문 10·11, 135-150.

박영준(1994), 명령문의 국어사적 연구, 국학자료원.

서울대학교 국어교육연구소(2002가), 고등학교 문법(교사용 지도서), 교육 인적 자원부.

서울대학교 국어교육연구소(2002나), 고등학교 문법, 교육 인적 자원부.

서정목(1983), "명령법 어미와 공손법의 등급 : 근대 국어와 경상도 방언의 경우", 관악어문연구 8-1, 213-246.

서정목(1987), 국어 의문문 연구, 탑출판사.

서정목(1994), 국어 통사 구조 연구 I, 서강대학교 출판부.

서태룡(1985), "국어의 명령형에 대하여", 국어학 14, 437-461.

안병희 · 이광호(1990), 중세국어 문법론, 학연사.

양택선(1984), 국어의 명령법에 대한 사적 고찰, 석사학위논문, 서울대학교.

오영두(1984), 중세국어 명령법의 신고찰 : 석보상절을 중심으로 하여, 석사학위논문, 국민대학교.

윤석민(1996), 현대국어의 문장종결법에 대한 연구, 박사학위논문, 서울대학교.

이기종(1990), "중세국어 '-고져, -과뎌'의 의미 기능", 한남어문학 16, 153-166.

이숭녕(1969), "어미 '-과뎌여'류 주석 고", 김재원 박사 회갑 기념 논총, 을유문화사, 706-717.

이승희(2004), "명령형 종결어미 '-게'의 형성에 대한 관견", 국어학 44, 109-131.

이승희(2005), "'-고라'의 의미 기능에 대한 고찰", 형태론 7-1, 81-97.

이승희(2012), "명령형 종결어미의 역사적 변화", 국어사연구 14, 7-28.

이영경(1992), 17세기 국어의 종결어미에 대한 연구, 석사학위논문, 서울대학교.

이유기(2001), 중세국어와 근대국어 문장 종결 형식의 연구, 역락.

이정민(1977), "부정명령의 분석", 어학연구 13-2, 105-114.

이창용(1986), "명령문의 발화 조건 : 연결어미의 배합을 중심으로", 미원 우인섭 선생 화갑 기념 논문집, 집문당

이현희(1982), "국어 종결어미의 발달에 대한 관견", 국어학 11, 143-163.

이현희(1988), "중세국어의 청원구문과 관련된 몇 문제", 어학연구 24-3, 349-379.

이현희(1994), 중세국어 구문 연구, 신구문화사.

임홍빈(1983), "국어의 절대문에 대하여", 진단학보 56, 97-136.

임홍빈(1985), "청자대우법상의 해체와 해라체", 소당 천시권 박사 회갑 기념 국어학 논총, 형설출판사.

장경희(1977), 17세기 국어의 종결어미 연구, 석사학위논문, 서울대학교.

장요한(2006), "어미 '-과-'의 의미 기능에 대한 고찰", 한민족어문학 49, 95-118.

장요한(2007), "'문장의 확장'에 대한 소고", 시학과 언어학 14, 191-220.

장윤희(2002), 중세국어 종결어미 연구, 태학사.

정혜선(2010), "'-고져'의 문법 기능 변화와 해석", 형태론 12-1, 75-90.

조성훈(1989), 현대국어의 명령표현 연구, 석사학위논문, 서울대학교.

채영희(1985), 우리말 명령법 연구, 석사학위논문, 부산대학교.

채영희(1993), "시킴월의 유형에 대하여", 우리말연구 3, 153-188.

최경자(1985), 국어 명령문의 화행 분석, 석사학위논문, 서울대학교.

최현배(1937/1971), 우리말본, 정음문화사.

허 웅(1975), 우리옛말본 : 형태론, 샘문화사.

현종애(1991), 근대국어 명령형 어미 연구, 석사학위논문, 서강대학교.

현대국어의 통합형 종결어미*
인용구성과 접속어미의 융합 형식을 대상으로

배은나

1. 도입

1.1. 연구 목적

이 연구는 본래 종결어미가 아닌 문법 형식이 종결어미로 기능하게 되는 과정과 그 통사·의미적 특징을 밝히는 데 목적을 둔다. '-고 하-＋접속어미'의 간접 인용구성을 중심으로 통합형 종결어미가 만들어지는 종결어미화 현상을 확인하고, 현대국어의 통합형 종결어미 목록을 재정립함으로써, 국어의 종결어미를 더 체계화시킬 수 있다.[1] 이를 통해 어미 간의 관계를 유기적으로 설명할 수 있다.

---

* 이 글은 배은나(2011)을 수정, 보완한 것이다. 주술호응이 되지 않는 문장을 수정했으며, 논의의 전개 상 생략할 수 있는 부분은 지면의 한계를 고려해 삭제했다. 그에 대한 참고사항은 주석에 달았다. 참고문헌도 보완하였다.

1) 이 글에서 논의하는 '종결어미화'는 본래 종결어미의 기능을 하지 않던 문법 형식이 어떤 기제에 의해 종결어미로서의 기능을 갖게 되고, 종결어미처럼 사용되는 것을 가리킨다. 현대국어에서 종결어미화 현상을 보이는 문법 형식으로는 접속어미, 명사형 전성어미, 명사구 내포화 어미 등이 있으며, 인용구성도 종결어미화 현상을 보인다.

문장종결부는 다른 언어와는 두드러지게 구별되는 국어의 개별 언어적 특수성을 보여준다.2) 가장 큰 특수성은 문장 종결 과정 속에서 화자와 청자에 대한 정보를 드러낸다는 것이다.3) 그동안 국어 개별 종결어미에 대한 통사 구성과 의미 기능에 초점을 둔 연구는 꾸준히 있어 왔다. 그러나 이들을 모아 체계를 세우고, 이를 바탕으로 국어 종결어미의 문법적 지위를 규명하는 작업은 여전히 계속되어야 할 것으로 보인다. 다시 말하면, 이 글에서 다루는 목록들이 공통적으로 나타내는 의미 범주인 '증거 양태'가 비종결어미의 문법화를 촉진시킨 기제임을 확인함으로써 국어 양태 범주에서 '증거 양태'를 설명하는 데 보탬이 되고, 선행 연구에서 다루어진 '문법화'를 보다 넓은 범위에서 설명함으로써 변화의 과정도 문법화에 포함시킬 수 있다.

인터넷이 발달하면서 사이버 공간에서 쓰이는 특이한 인터넷 언어가 많이 생겨나고 있고, 화용적 상황에서도 단축과 생략, 함축 등으로 인해 종결어미가 아닌 문법 형식이 종결어미로 쓰이는 일이 많지만 이들 모두를 문법 요소로 인정하는 데는 무리가 있다. 그러나 비종결어미가 종결어미로 쓰이는 현상은 언어 변화의 한 양상으로서 점차 확대되는 추세에 있으며 그 지위의 확립을 위해 보다 깊이 있는 연구가 필요하다는 것을 시사한다.4)

---

2) 문장은 생각이나 감정을 완결된 내용으로 표현하는 최소의 언어형식이다. 따라서 문장이 아니고서는 머릿속의 생각이나 감정을 완전히 표현할 수 없다. 문장은 주어와 서술어를 갖추는 것을 기본 원칙으로 한다. "불이야!" 혹은 "정말?"과 같은 표현이 문장으로 여겨지기도 하는 것은, 이들이 상황이나 문맥을 통하여 생략되어 있는 주어나 서술어를 추측할 수 있기 때문이다(서울대학교 국어교육연구소 2002 : 148).

3) 이때 '정보'는 발화를 통해 전해지는 메시지라고 볼 수 있다. 화자가 어떠한 종결어미를 선택하여 문장을 종결하느냐 하는 것은 궁극적으로 화자의 청자에 대한 진술 태도나 목적에 의해 결정된다. 따라서 종결어미에서는 화자의 진술 태도, 곧 서법적인 의미를 발견할 수 있다(안병희 1967, 허웅 1975, 고영근 1976).

4) 인터넷과 모바일 기술의 발달은 '종결어미화 현상'을 더욱 가속화하고 있다. 예를 들어, '-남', '-닭', '-감' 등 본래 종결어미 형식이 아니었던 형식들이 문장 종결부에 사용되고 있다.

이 글에서 진행할 연구의 방향은 크게 두 가지로 나눌 수 있다. 하나는 명확한 통합형 종결어미의 식별 기준을 제시하는 것이고, 다른 하나는 이를 바탕으로 정립한 목록의 의미적 특징을 살펴봄으로써 다양한 문법 범주를 나타내는 국어 어미들의 상관관계를 고찰하는 것이다. 이를 통해 그동안 청자대우법과 문장종결법을 중심으로 이루어졌던 어미 체계에 대한 연구를 보완함으로써 유기적 관점에서 국어의 종결어미 체계가 어떻게 변화하고 있는지 보이고, 나아가 어미 상호간의 체계적인 관련성과 변화의 방향을 밝히는 데에 보탬이 되었으면 한다.

1.2. 연구사

국어의 종결어미는 개별언어로서 국어가 갖는 특수성이다. 때문에 초기 국어학 연구부터 많은 연구자들의 관심 분야였다. 하지만 그만큼 아직 합의되지 못한 부분도 있다. 예컨대, 종결어미가 실현하는 서법과 종결어미 목록이 이에 해당한다. 이 글은 종결어미화 현상을 통해 종결어미 체계의 유기적 변화를 살펴보고자 하므로, 연구자마다 제시한 목록을 검토해 보는 것으로 연구사를 대신하도록 한다.5)

1.2.1. 언어 변화를 겪은 어미 목록에 대한 연구

반말체 어미를 논의했던 연구를 중심으로 목록을 보이겠다.6)7)

---

5) 각 시기별로 언어 변화의 어떠한 관점에서 어미 목록의 변화가 연구되었는지는 배은나(2011)을 참고할 수 있다.

6) 이 목록에는 반말체 어미를 중심으로 한 연구가 아니더라도 해당 어미가 반말체 등급을 갖는다고 제시한 연구를 포함하였다.

7) 최현배(1937/1971), 성기철(1985), 고영근(1974), 한길(1986/2004)는 서법에 따라 분류한 것이고, 박재연(1998)은 기원 형식으로 분류한 것이다.

최현배(1937/1971)	-어, -지, -ㅁ
고영근(1974)	-어, -지 ; -ㄹ께, -다(라)구 ; -냐, -ㄹ까, -게, -다(라)니 ; -라구 ; -자구 ; -(는,로)군, -구먼, -네, -ㄴ걸, -ㄴ데, -거든
노용균(1984)	-는데, -다면서, -느냐면서, -라면서, -자면서
성기철(1985)	-어, -지, -걸, -거든, -께, -게, -데₁, -데₂, -고말고, -게 ; -어, -ㄴ지, -게, -을까, -냐, -는가, -면서 ; -어 ; -지 ; -구먼(-군), -네
서정목(1987)	-아/어, -지
이필영(1995)	-다나, -다면서, -다니까, -다니₁, -다니₂, -단다, -다지
박재연(1998)	-어, -지, -게, -거든, -ㄴ데 ; -다니까, -냐니까, -라니까, -자니까, -다고, -냐고, -라고, -자고, -다면서, -라면서, -자면서, -다나, -냐나, -라나, -자나, -다니, -냐니, -라니, -자니 ; -ㄴ가(-냐), -ㄹ까, -ㄴ지, -ㄹ지 ; -네, -데 ; -ㄴ걸, -ㄹ걸, -ㄹ래, -ㄹ게, -어야지, -군, -구먼
윤석민(1999)	-어/아, -지
유현경(2003)	-고, -어/어서, -고/고서, -(으)면, -(으)ㄴ데, -지만, -(으)니(까), -(으)려고, -(으)러, -든지, -느라고, -거든, -게, -도록
한길(1986/2004)	-어, -지, -게, -네 ; -는군, -데, -거든, -는데, -고 ; -다나, -자나, -으라나, -는다고, -느냐고, -자고, -으라고, -는다니까, -냐니까, -자니까, -으라니까, -을래, -을게, -는걸, -을걸, -고말고, -다마다 ; -는가, -나, -데, -는데 ; -다니, -냐니, -자니, -으라니, -는다고, -느냐고, -자고, -라고, -는다면서, -자면서, -으라면서, -는대, -는다지, -을까, -을래, -는지

1.2.2. 종결어미화 현상에 대한 연구

기존의 연구에서 '종결어미화 현상'이라고 명시적으로 밝히면서 논의를 진행한 연구는 김태엽(1998) 정도이다.[8] 하지만 '종결어미화 현상'과 맥을 같이 하는 연구들은 다수 존재한다.[9]

서정목(1987)에서는 '-어'와 '-지'가 각각 부사형어미, 접속어미, 종결어미의 세 가지 기능을 하는데, 접속어미와 종결어미의 경우는 동일한 형

---

8) 최근 한국어 교육과 관련하여 접속어미의 종결어미적 쓰임을 논의한 연구가 증가하고 있다. 손옥현·김영주(2009)에서는 종결기능 접속어미가 한국어 구어에 나타나는 양상을 담화·화용론적 측면에서 살펴봄으로써 이들의 특징을 고찰하였다.
9) 이에 대한 연구 내용은 배은나(2011)을 참고할 수 있다.

태소이고, 부사형어미는 이들과 다른 형태소라고 보고 있다. 그러나 서정목(1989)에서는 접속어미 '-지'가 수행-억양에 의해 문장 종결의 기능을 갖게 된다고 지적한다.[10]

이현희(1994)에서는 19세기 국어의 어휘·문법 형태와 문장 표현 등을 살펴보았는데, 절단 현상에 의해 '-아, -지, -거든, -고' 등의 어미가 등장했으며, '-은다, -요' 등의 어미도 이 시기에 등장했음을 지적하였다. 그러나 이들의 논의는 15세기 중세국어 이후에 한정된 자료라는 한계가 있다.

김태엽(1998)에서는 비종결어미의 종결어미화 과정을 추적하였다. 이에 따르면, 접속어미의 경우 후행절이 삭제되거나 보조용언이 삭제된 후, 끊어짐의 수행~억양이 얹히게 되고, 해당 어미는 문장 종결 기능을 획득한다. 명사화 내포어미의 경우에는 상위문이 삭제되고, 끊어짐의 수행~억양이 얹힘으로써 문장 종결 기능을 획득하게 된다. 즉, 비종결어미가 문장 구조가 축소되고, 끊어짐의 수행~억양이 얹힌 후 문장 종결 기능을 획득하여 종결어미가 되는 것이다.[11]

이지양(1998)은 국어의 융합 현상에 대한 논의이다. 이 연구에서는 인용구문에서 융합 현상이 일어나 단순 융합형과 진전된 융합형으로 분류 가능하다고 제안하고 있다. '-단다'와 '-다네'의 경우 단순히 형식의 축소만 일어난 단순 융합형과 기능의 변화가 일어난 진전된 융합형으로 나눈다.

---

10) 박재연(1998)에서는 이 점에 대하여, 어미 층위와 형태소 층위를 구분하는 종래의 태도에서 벗어나, 형태소 중심의 문법을 구축하려 하게 된 연구자의 태도 변화와 관련지어 생각하였다.

11) 김태엽(1998 : 37)에서는 문장을 종결시키는 기능을 하는 '문장종결소'의 개념을 상정하였는데, 문장을 끝맺는 기능을 수행하면서도 형태를 갖추지 않은 수행~억양을 음운론적 문장종결소라고 하였다. 김태엽(2001)에서는 종결어미 가운데 그 기능이 전용된 형태가 모두 비종결어미에서 그 문법 기능이 전용된 것이라고 하였다.

박재연(1998)에서는 접속어미, 인용구성 어미, 간접의문문 어미, 선어말어미의 융합형, 통사적 구성의 융합형, '-구-'계열 어미 등이 '반말체 종결어미'의 지위를 형성하고, 이들이 종결어미로서의 기능을 한다는 점을 포착하였다. 이 논의 역시 기원 형식이 종결어미가 아닌 형식들이 종결어미의 기능을 한다는 점에서 종결어미화 현상에 대한 논의의 일환으로 볼수 있다. 여기에서 제안한 반말의 1차적 기준은 '일반적인 종결어미 이외의 요소에 의해 종결된 문장'이며 2차적 기준은 '종결된 문장으로서 '요'의 통합이 가능한 문장'이다.

박진완(2000)에서는 종결어미의 변천과정을 통시적으로 살피면서 비종결어미의 종결어미화를 형태적 변천의 두드러진 현상으로 제시하였다. 비종결어미가 종결어미와 기본적인 특성을 공유하면서 분포적 차이를 갖는 경우를 분포적 종결화라고 하고, 분포의 변화로 인하여 완전히 종결어미화 하여 본래 가지고 있던 의미와 유사성을 발견하기 어려울 정도로 차이를 나타내는 경우를 문법적 종결화라고 한다.

정연희(2001)에서는 문법화의 시각으로 접속어미 '-니까', '-거든', '-면서'의 종결어미화 현상에 대해 살펴보고 있다. 이 연구에서도 형태적 변화와 의미적 변화를 겪었다고 보는데, 이러한 문법화 현상이 일어나는 것은 언어 사용자들이 후행절의 내용을 생략함으로써 후행절의 의미를 상대방이 스스로 추정하고 화자의 의도를 해석해 주기를 바라는 언어 사용자의 심리가 투영된 것에서 기인한 것으로 본다.

유현경(2003)에서는 생략과 도치라는 기제에 의해 접속어미가 종결어미처럼 사용되는 현상에 대하여 살펴보았다. 이 과정을 문법화의 원리로 설명하였는데, 이 때 적용된 원리는 '덜 문법적인 것에서 문법적인 것으로' 변화를 겪는 것이다.

종결어미화 현상에 대한 최근 한국어 교육 연구자들의 이목이 집중되면서, 한국어 교육학적 관점에서 다루어진 논의들도 있다. '-니까, -거든, -면서'(정연희 2003), '-거든, -는데, -다고, -다구, -라고, -라구, -다면서, -자면서, -냐면서, -라면서, -냐고, -자고, -더라고, -더라구, -다니까, -자니까, -냐니까, -라니까 ; -려고, -는지, -면서'(하지선 2006) 정도가 있다. 그러나 한국어 교육학의 관점에서 이루어진 논의는 담화·화용론적 측면에 다소 치우쳐 연구된 경향이 보인다.12)

1.3. 연구 대상

이 연구는 현대국어의 공시적인 문법화 양상을 살펴본다. 이 연구에서 밝히고자 하는 통합형 종결어미는 문법화의 과정을 보여준다.13) 최근 현대국어 연구에서 문법화와 관련된 연구는, 국어 문법 연구에 새로운 시야를 제공해 주고 있다. 언어가 시간의 흐름에 따라 변화한다는 것은 당연한 사실인데, 현대국어 역시 이러한 변화의 흐름 속에 놓여있다고 할 수 있다. 따라서 문법화의 측면에서 현대국어를 바라보는 것은 현대국어의 유동적인 모습을 포착하는 데에 훨씬 효과적이다.14) 실제 종결어미처럼 쓰이는 비종결어미는 접속어미, 명사형 전성어미, 명사구 보문 구성, 인용구성이 있다.15) 이 글에서는 인용구성이 접속어미와 융합한 형식을 대

---

12) 지나치게 담화·화용적 현상에 치우진 연구의 경향은 자칫하면 국어 종결어미의 목록 수의 비효율적 증가로 이어질 수 있다.

13) 이에 대해서는 2.4에서 후술.

14) 이지양(1998)에서는 '문법화'에 대한 다양한 개념을 제시하면서, 그 대상은 다양한 구성이 될 수 있음을 보여주고 있다. 즉, 문법화가 일어나는 대상을 단일 형태, 형태적 구성, 통사적 구성으로 나누어 생각한다면, 이것은 문법화가 형태론의 범위뿐 아니라 통사론의 범위에 이르는 것이라고 생각해 볼 수 있다. 이 연구에서 적용하는 '문법화'의 개념은 2.4에서 자세히 기술하겠다.

15) 전성어미의 경우 종결어미화한 것은 명사형 전성어미에 한정된다. 관형사형 전성어미는 후행하는 요소가 반드시 필요하지만, 명사형 전성어미는 통합되어 그 절을 완결시키며 이는 또 하나의 명사적 기능을 수행한다. 원칙적으로는 이것이 상위문에 내포되어 사용되어야

상으로 한다.16)

> (1) 가. 밥을 먹고 왔<u>다고 하니까</u> 어머니께서 섭섭해 하시더라.
> 나. 밥을 먹고 왔<u>다니까</u> 어머니께서 섭섭해 하시더라.

> (2) 저 사람은 술만 마시면 저렇<u>다니까</u>.

(1)은 인용구성 '-다고 하니까'의 예이다. 이 '-다고 하니까'는 모문에 내포되어 인용구성으로 사용되거나, (1나)처럼 접속어미 '-다니까'로 사용되기도 한다. 그런데 현대국어에서 (2)처럼 종결어미로 사용되기도 하는 현상을 포착할 수 있다. 즉, (2)의 '-다니까'는 후행절을 상정하지 않거나, 모문에 내포되지 않고 단독으로 사용되며 종결어미로서의 기능을 수행한다.

이를 통해 간접 인용절은 다른 동사구 내포절들에 비해서 내포절로서의 지위가 굳지 않았다는 것을 알 수 있다. 그러나 이 형식은 융합하여 통합형 어미가 된 후 접속어미로 기능하다가 후행절 생략에 의해 문장종결부에 위치하게 되었다. 그리고 간접 인용절에 사용되는 형식과 통사적·의미적 차이를 보인다. 간접 인용절은 발화상황에 따라 내포절의 지시어나 시제가 조정된다. 따라서 간접 인용절은 독립된 문장이라기보다

하지만, 단독으로 내포절만 실현될 수 있다.
　가. *숙제 해온.
　나. 숙제 해오기.
(가)는 관형사형 전성어미 뒤에 아무 요소가 오지 않고 그대로 종결되면서 비문이 되는 것을 보여준다. 반면, (나)는 명사형 전성어미가 문장종결부에서 문장을 종결하는 기능을 수행하고 있음을 보여준다.
16) 배은나(2011)에서는 현대국어 '인용' 형식에서 융합한 통합형 종결어미의 목록을 객관적인 식별 기준에 따라 재정립하였다. 통합형 종결어미를 식별하는 기준은 크게 의미적으로 독자성을 갖는지 여부와 원형식의 통사적 구성으로 환원 가능한지 여부이다. 이 글에서 다루는 통합형 종결어미 목록은 배은나(2011)을 바탕으로 했다.

는 상위문에 내포된 하나의 절이며, 상위문 구성요소와 밀접한 통사론적 관계를 맺고 있다. 반면, 이 융합 형식이 종결어미화하여 통합형 어미가 되면 단독적으로 하나의 문장을 이끌 수 있으며, 독자적으로 통사적 기능을 수행한다. 이 연구에서는 간접 인용절을 이끄는 인용구성과 접속어미의 융합 형식을 중심으로 통합형 종결어미에 대하여 살펴볼 것이다.

이 글에서 대상으로 하는 통합형 종결어미는 주로 구어에서 많이 나타난다. 발화 상에서의 잦은 생략과 도치 현상 때문이다. 따라서 현대국어 '인용'의 통합형 종결어미에 대하여 살펴보기 위해서는 연구의 대상이 되는 언어를 구어에 한정하는 것이 바람직하다고 생각된다.17)

자료는 <21세기 세종계획>의 최종 성과물에 수록된 1,000만 어절 형태 분석 말뭉치를 이용하였다.

2. 통합형 종결어미 연구를 위한 기본 논의

2.1. 도입

이 장에서는 통합형 종결어미를 논의하기 위한 기본 개념에 대해 살펴볼 것이다. 먼저 통합형 종결어미의 개념을 정의하고 선행연구의 통합형 어미에 대한 정의와 이 글의 정의가 어떠한 차이를 갖는지 논의할 것이다. 이를 통하여 여전히 종결어미 목록에 대한 합의점을 찾지 못하는 원인을 살펴볼 것이다. 선행 연구에서는 통시적으로 둘 이상의 형태소가 확

---

17) 모든 어미 형식이 현대국어 시기에 종결어미화 현상이 시작된 것이 아니며, 예를 들어 '-거든', '-아/어', '-지' 등은 이미 현대국어 이전 시기부터 종결어미로서의 쓰임을 보이는 것을 확인할 수 있다. 즉, 이 글에서는 종결어미화한 형식의 통시적 기원을 추적하는 것이 아닌, 공시태 상에서의 종결어미화 현상에 초점을 맞추어 실현 양상을 살펴볼 것이다.

인되는 경우에 통합형 어미로 간주하였던 것과 달리, 이 글에서는 공시태에서 보이는 어떤 어미 형식에 대하여 그 형식이 통합형 종결어미인지 식별하는 기준을 마련할 것이다. 이렇게 마련한 기준을 적용하는 과정을 도식화하여 이것이 진행되는 문법화에 대하여 논의할 것이다. 끝으로 통합형 종결어미의 문법적 지위를 고찰할 것이다.

2.2. 문제 제기

인용 형식에서 기원한 종결어미 목록을 제시한 선행 연구와 그 연구에서 제시한 목록을 정리해보면 다음과 같다. <표 1> 표준국어대사전의 목록은 연구자들의 목록에 따라 포함시킨 것이다.[18]

〈표 1〉

표준국어 대사전	고영근 (1974)	김홍범 (1987)	이필영 (1995)	박재연 (1998)	한길 (1986/2004)
-다고	-다구	-다고	-다고	-다고	-는다고
-냐고	–	-냐고	–	-냐고	-느냐고
-라고	-라구	-라고	–	-라고	-으라고
-자고	-자구	-자고	–	-자고	-자고
-다나	–	–	-다나	-다나	-다나
-냐나	–	–	-냐나	-냐나	–

---

18) 표준국어대사전에 제시된 문법 정보는 대체로 다음과 같은 정보를 제시하고 있다.
① 문형정보 제공 ② 굳어진 형식 제시 ③ 문장 성분이 갖는 통사·의미론적 제약 제시 ④ 음운이나 형태 결합상의 제약이나 통사 환경 제시 ⑤ 의미 선택 제한 ⑥ 활용상의 제약 제시 ⑦ 제한된 환경 제시
따라서, '-느-'와 '-ㄴ'이 결합한 형태가 표제어로 등재되어 있다.
한길(1986, 2004)를 제외한 다른 연구에서는 '-느-'와 '-ㄴ'이 결합한 형태, '-으-'가 결합한 형태를 따로 설정하지 않았으므로 이 글도 이를 따른다. 그리고 표준국어대사전의 어미 목록은 '종결어미'라고 명시된 목록만 포함하였다.

표준국어 대사전	고영근 (1974)	김홍범 (1987)	이필영 (1995)	박재연 (1998)	한길 (1986/2004)
-라나	-	-	-라나	-라나	-으라나
-자나	-	-	-자나	-자나	-자나
-다니	-다니	-	-다니	-다니	-다니
*	-	-	-냐니 *	-냐니	-냐니
-라니	-라니	-	-라니 *	-라니	-으라니
-자니	-	-	-자니 *	-자니	-자니
-다니까	-	-다니까	-다니까	-다니까	-는다니까
-냐니까	-	-냐니까	-냐니까	-냐니까	-냐니까
-라니까	-	-라니까	-라니까	-라니까	-으라니까
-자니까	-	-자니까	-자니까	-자니까	-자니까
-다면서	-	-다면서	-다면서	-다면서	-는다면서
*	-	-냐면서	*	*	-
-라면서	-	-라면서	-라면서	-라면서	-으라면서
-자면서	-	-자면서	-자면서	-자면서	-자면서
-다지	-	-	-다지	-	-는다지
*	-	-	-	-	-
-ㄴ대	-	-	-	-	-
-는대	-	-	-	-	-는대
-ㄹ래	-	-	-	-ㄹ래	-을래
-단다	-	-	-단다	-	-

<표 1>에서 볼 수 있듯이, 인용 형식에서 기원한 종결어미 목록은 연구자마다 조금씩 차이를 보이고 있다.[19] 이것은 그동안 '비종결어미의 종결어미화'를 중심으로 한 체계적인 연구가 다소 미흡하였다는 사실을 말해준다. 개별 어미들의 통사·의미 기능에 초점을 맞춘 연구가 대다수였던 것이다. 선행 연구에서 제기할 수 있는 가능한 연구는 두 가지 측면에서 제안할 수 있다. 하나는 종결어미화하여 통합형 종결어미가 된 언어

---

19) '-' 는 아예 대상이 되지 않은 것이고, '*'는 해당 연구자의 판단에 의해 목록에 포함되지 않은 것이다.

형식 목록과 관련한 것이고, 다른 하나는 이러한 현상을 언어 변화의 어떠한 측면에서 살펴볼 것인가와 관련한 것이다.

먼저, 통합형 종결어미 목록과 관련하여, 선행 연구에서 종결어미 목록에 합의를 보지 못한 이유는 형식적 측면과 의미적 측면에서 생각해 볼 수 있다.

형식적 측면에서 살펴보면, 인용형식에 대한 선행 연구는 해당 형식의 분석에서 합의를 도출하지 못하였다. 다시 말해 어미의 형태 분석이 합의되지 않았다. 예를 들어, 고영근(1976)에서는 '-다니'류를 더 이상 분석이 허용되지 않는 단일한 형태소의 종결어미로 보려고 하지만, 한길(2004 : 184)에서는 '-다고 하니'가 축약되어 '-다니'가 된 다음, '-다고 하니'와는 달리 뜻과 쓰임에서 전이되어 쓰이다가 마침내 인연을 끊고 새로운 마침씨끝으로 자리 잡았다고 본다. 김홍범(1987)에서는 '-다면서, -다고, -다니'에 대하여 이들의 형태를 분석하면서 기존의 논의를 '-고 하'가 생략된 축약 형태로 보는 견해와 각 서법의 종결어미 '-다, -냐, -자, -라'에 접속어미 '-면서', '-고', '-니'가 통합된 것으로 보는 견해를 살펴보았지만, 결론을 내지 못한 채 '-고 하'의 축약은 아니지만 서법 형태와 관련이 있으므로 단일 형태는 아니라고 하였다. 이것은 '-다면서, -다고, -다니'의 형태 분석의 시도에 그친 정도이다. '-고 하'의 임의적 생략이 가능하지 못하다는 점과, 서법 종결어미와 긴밀한 관계가 있다는 점은 해당 형식의 중요한 형태론적 특성이다. 따라서 이에 대한 심도 있는 논의가 필요하다.

다음 의미적 측면에서 살펴보면, 종결어미화한 형식의 선행 연구는 해당 형식이 간접 인용절을 이끄는 내포문 어미로서 상위문(혹은 주절)이 발화에서 빈번히 생략됨으로써 종결어미적 쓰임을 보인다고 제시하는 정도였다. 즉, 접속어미의 의미 범주 안에서 다루었던 것이다. 서정목(1987 :

192-193)에서는 다음과 같은 예문을 제시한다.[20]

> (3) 가. (니가) 순이가 서울에 갓다(고 하)ㅁ서 (와 순이가 서울에 갓다고
>   말하지 않은 척 하노)?
> 나. (니가) 이거는 영이 저거 논이라(고 하)ㅁ서 (와 이거는 영이 저거
>   논이라고 말하지 않은 척 하노)?
> 다. (니가) 이분에는 영이한테 주라(고 하)ㅁ서 (와 이분에는 영이한테
>   주라고 말하지 않은 척 하노)?
> 라. (니가) 내하고 같이 가자(고 하)ㅁ서, (와 내하고 같이 가자고 말하
>   지 않은 척 하노)?

(3)은 종속 접속문의 구조이다. 서정목(1987)에서는 이 구조에서 주절
전체가 생략되고 '-다고 하면서'가 '-다면서'로 축약된 후 종속절의 2인
칭 주어가 생략되면 다음과 같은 구조가 된다고 한다.

> (4) 가. 순이가 서울에 갔담서(=갔다면서)?
> 나. 이거는 영이 저거 논이람서(=논이라면서)?
> 다. 이분에는 영이한테 주람서(=주라면서)?
> 라. 내하고 같이 가잠서(=가자면서)?

서정목(1987)에서는 (4)에서 보이는 축약 현상을 통사적 변형이 아닌 담
화구조상의 생략 현상으로 설명한다. (4)가 의문문으로 해석되는 것은
'-면서'에 얹히는 올림의 절종결과 주절의 의문 종결어미 때문이라고 한
다. 그래서 접속어미는 접속어미의 기능만을 가질 뿐 의문의 서법과는 무
관하다는 것이다. (4)의 '-다면서', '-라면서', '-자면서'는 상위문 주어
와 동사 '하-'의 복원이 가능하고 접속어미 '-면서'의 의미 기능이 그대

---

20) 이 때 제시하는 형태는 평서법 어미 '-다'에 '-면서'가 통합된 복합문 구성으로 '-다면서'
   가 아닌 '-면서'의 처리에 대해 논의한 것이다.

로 유지되고 있다. 그러므로 여전히 접속어미의 범주에서 논의되어야 한다. 이를 바탕으로 다음의 예는 보다 구체적인 논의가 필요하다.

(5) 가. 그 집 형편이 요새 퍽 좋다면서?
　　나. *그 집 형편이 요새 퍽 좋다고 하면서?

(5)의 '-다면서'에 대해서는 상위문 주어를 상정할 수도 없고, 동사 '하-'의 복원도 이루어지지 않는다.[21] 즉, '-다면서' 자체가 해당 문장의 서술어의 일부로서 문장을 종결하고 종결어미의 기능을 실현한다. 따라서 이 글에서는 인용구성을 이루는 어미형식이 생략과 융합이라는 과정을 통해 통합형 어미가 되었는데, 이 어미가 인용구성의 문법·의미 기능을 그대로 유지하면서 접속어미의 쓰임을 보이기도 하고, 종결어미의 문법·의미 기능을 실현하게 되면서 종결어미화한 형식이 되기도 한다고 본다. 기존의 연구는 접속어미의 문법·의미 기능을 논의하면서 종결어미적 쓰임을 보이는 현상만을 지적해 왔기 때문에 좀 더 포괄적이고 총체적인 연구의 필요성이 제기된다.

한편, 종결어미화 현상은 언어의 변화에 의한 것인데, 현상이 지적됨에도 불구하고 선행 연구에서는 언어 변화의 측면에서 심층적으로 다루어지지 않았다. 김태엽(2000/2001)에서는 종속 접속어미 '-거든, -ㄴ데, -니까' 등의 형태와 보조적 접속어미 '-어, -지, -게, -고', 명사화 내포어미 '-(으)ㅁ, -기'가 문법화 되어 종결어미가 되었다고 설명한다. 이 연구에서는 문법화를 Hopper & Traugott(1993)을 따라 '분기화'로 보았는데, 여기에서 분기화는 덜 문법적인 형태가 두 개로 분리되는 현상이다. 유현경(2003)에서도 접속어미의 종결어미적 쓰임을 문법화로 설명하는데, 이

---

21) (5나)가 가능한 경우는 (5가)와 같은 화맥이 아닌 경우이다. 이 글에서는 같은 화맥에서 성립되지 않는 경우에도 *처리를 하도록 할 것이다.

것은 종결어미가 접속어미보다 더 문법적인 것으로 판단하였기 때문이다. 그렇지만 이에 대한 직접적인 근거를 제시하지 않았고, 다만 반대 방향의 변화가 일어나지 않기 때문에 그러할 것으로 추정하였을 뿐이다. 따라서 이 글에서는 이러한 논의를 바탕으로 종결어미화 현상을 언어 변화의 측면에서 살펴볼 것이다.

2.3. 통합형 종결어미의 개념과 식별 기준

2.3.1. 통합형 종결어미의 개념

국어 문법에서 종결어미는 다음과 같이 설명할 수 있다.

> (6) 종결어미 : 어말 어미의 한 부류로 하나의 문장을 마무리하며, 평서문, 의문문, 명령문, 청유문 등의 문형과 해라체, 반말체(해체), 하게체, 하오체, 해요체, 합쇼체 등의 상대경어법을 결정해 준다(임홍빈 외 2001 : 177).

'종결어미'는 국어의 문장이 끝나는 부분에서 그 문장을 형식적·의미적으로 완결시킨다. 형식적으로 완결시킨다는 것은 더 이상 다른 성분이 결합하지 않는다는 것이고, 의미적으로 완결시킨다는 것은 그 문장의 의미를 보다 구체적이고 정확하게 확립시킨다는 것이다.[22]

한편, 선행 연구의 통합형 어미에 대한 연구를 종합하여 다음과 같이 정리할 수 있다.[23][24]

---

22) 이익섭(2005 : 137-138)에서는 어말어미가 그 어미로써 한 문장이 끝나느냐 않느냐에 따라 다시 나뉘는데, 예를 들어 '뛴다, 뛰어라, 뛰게, 뛰세, 뛰자, 뜁니다'의 '-ㄴ다, -어라, -게, -세, -자, -ㅂ니다'처럼 그것으로 한 문장이 끝나는 어미들을 종결어미(終結語尾)라고 하고, '뛰면, 뛰는'처럼 그렇지 않은 어미들은 비종결어미(非終結語尾)라고 하였다. 그러므로 종결어미는 어말어미이면서 동시에 문말어미(文末語尾 sentence final ending)라고도 할 수 있다고 하였다.

(7) 통합형 어미 : 형태소 둘 이상으로 이루어진 언어 형식이 재구조화를
   겪어 어미로 굳어진 경우를 통합형 어미라고 한다. 통합형 어미는 공
   시적으로 형태 분석이 불가능하고 재분석의 방법으로 그 구성 요소를
   확인할 수 있다.

(7)의 개념에 따르면 통합형 어미는 서로 다른 두 형태소로 이루어진
복합 어미라고 볼 수 있다. 그런데 이 복합 어미는 통시적으로 그 구성
성분 분석이 가능한 경우와, 공시적으로 구성 성분 분석이 가능한 경우로
나누어 생각할 수 있다. 통시적으로 구성 성분 분석이 가능한 경우에는
선행 연구에 따라 통합형 어미의 범주에 넣을 수 있지만, 공시적으로 구
성 성분 분석이 가능한 경우에는 일괄적으로 처리할 수 없다.[25] 그러나
이 글에서는 공시적으로 구성 성분 분석이 가능한 경우도 특정한 정보를
요구하는 복합 어미의 경우 통합형 어미로 간주한다.

이렇게 살펴본 통합형 어미 중에는 접속어미로 사용되는 경우도 있고,

---

23) 많은 연구들이 통합형 어미에 대하여 논의를 하였다.
   서태룡(1988 : 10-11) 통합형어미 : 재구조화된 형태로, 재분석의 방법으로 그 구성 요소를
      확인할 수 있는 복합어미
   장윤희(1991 : 6 각주7) 통합형태소 또는 통합형 : 형태소 둘 이상이 통합한 어형이 재구조
      화하여 더 이상 분석될 수 없는 하나의 단위가 된 형태소
   정재영(1996 : 43, 48) 통합형어미 : 통사적 구성이 특정한 환경에서 인접한 통사적 구성요
      소 간의 통합 관계의 긴밀성 등으로 인하여 통합구조체로 인식되고 이 통합구조체
      에서 존재했던 단어 및 형태소 경계가 소멸함으로써 하나의 어미로 굳어진 것. 통합
      형어미는 공시적으로는 더 이상 분석할 수 없지만 통시적인 또는 역사적인 재분석
      방법을 통하여 기원적인 형태 구성을 밝혀 볼 수 있음.
   정혜선(2005 : 11) 통합형 어미 : 통시적으로 구성 성분이 분석되는 복합 어미와 공시적으
      로 구성 성분이 분석되더라도 분포 제약성 등의 특정한 정보를 요구하는 복합 어미
24) 정혜선(2005 : 9-12)에서는 통합형 접속어미를 논의하기 위한 기본 개념으로 통합형 어미에
   대하여 다루었다. 이 글에서는 선행 연구를 토대로 통합형 어미의 개념을 종합한 정혜선
   (2005)에 따라 통합형 어미의 기본 개념을 설정하겠다.
25) 정혜선(2005)는 현대국어 '-데'와 '-습니다'를 비교했다. 이 연구에서는 '-데'는 통합형 어
   미로 보지 않지만 '-습니다'는 통합형 어미로 간주한다. 현대국어의 합쇼체 문말어미 '-습
   니다'의 경우 계열 관계에 의해 '-습-', '-니-', '-다'의 세 구성 성분으로 분석하는데,
   '-습니-'가 갖는 분포 제약성을 근거로 별도의 처리를 요구하기 때문에 '-습니다'를 통합
   형 어미로 간주한다.

종결어미로 사용되는 경우도 있다. 통시적인 변화 과정 속에서 통합형 어미는 기원 형식과 같은 문법 기능을 하기도 하고, 그 기능이 전용되어 다른 문법 기능을 하기도 한다. 이 글에서는 이러한 과정을 '종결어미화' 현상으로 설명하고자 한다.

    (8) 종결어미화(化) : 기원적으로 종결어미가 아닌 언어 형식이 종결어미가
        되는 현상.

  (8)의 정의는 '종결어미화'에 대하여 일반적으로 내릴 수 있는 정의이다. 그런데 엄밀히 말하면, '종결어미화'라는 용어에서는 이미 종결어미로서의 지위가 확립되었다는 의미가 나타난다. 그래서 이 글에서는 (8)의 정의에 대하여 종결어미화에서의 '-화(化)'의 의미와 범위를 생각해보고자 한다. '-화(化)'는 '어떤 현상이나 상태로 바뀌다' 혹은 '어떤 일에 아주 익숙하게 되다'라는 뜻이다. 다시 말해, 종결어미화한 형식에 대해서는 다음 경우에 대한 고려가 필요하다.26)27)

    (9) 가. 원형식으로서의 문법 기능과 의미 기능이 완전히 사라지고, 종결
          어미의 기능만 하는 경우
      나. 원형식으로서의 문법 기능과 의미 기능을 하고, 종결어미의 문법
          기능과 의미 기능도 하는 경우

---

26) 유현경(2003 : 141)에서도 접속어미의 종결어미적 용법을 다루면서 다음과 같은 세 가지 견해에 대하여 논의하였다. ① 종결어미로 쓰이는 경우를 접속어미의 일반적인 용법으로 보고 접속어미의 기능 안에서 처리 ② 종결어미로 쓰이는 접속어미를 동형어로 분리 ③ 경우에 따라 접속어미의 하위 의미 항목으로 보기도 하고 독립된 종결어미로 분리시키기도 함.

27) (9)에서 원형식이라고 하는 것은 이 글의 연구 내용과 관련이 있다. '기원'이라 하면 'origin' 의 의미가 부각되는 경향이 있는데, 이 글에서는 통시적 과정을 중심으로 논의하는 것이 아니므로 혼동될 소지가 다소 있어 '원형식'이라고 하겠다.

(8)의 정의는 (9)의 두 가지로 구분할 수 있다. (9가)는 완전히 새로운 문법 형식이 된 경우이다. 국어사에서 이러한 현상은 아직 발견되지 않는다. 하지만, 원형식의 문법·의미 기능을 수행하면서 종결어미의 문법·의미 기능을 하는 (9나)의 경우에 해당하는 문법 형식은 다양하다.

(10) 가. 그분을 만나거든 꼭 제 인사 말씀을 전해 주세요.
　　 나. 철이 : 너는 왜 안 가?
　　　　영이 : 나는 병원에 가거든.

(11) 가. 선생님께서 내일까지 숙제 해올 것을 강조하셨다.
　　 나. 내일까지 숙제 해올 것.

(10가)의 경우 접속어미 '-거든'을 확인할 수 있고, (10나)에서는 종결어미 '-거든'을 확인할 수 있다. 형태는 똑같지만 (10가)에서는 접속어미로서 선행절과 후행절을 연결하는 기능을 하며, 후행절을 수행하기 위한 '조건'을 의미하고, (10나)에서는 종결어미로서 문장을 종결함과 동시에 문장 유형을 평서문으로 결정짓고, 나아가 '양태' 의미를 실현한다. 다시 말해, 접속어미 '-거든'이 종결어미로도 사용되는 현상을 포착할 수 있다.[28] (11)는 명사구 보문 구성 '-ㄹ 것'이다. (11가)는 '-ㄹ 것'이 명사구로 사용된 것을 확인할 수 있는데, (11나)는 종결어미로 사용된 경우이다.

그런데 (9나)의 경우, 한 가지 더 생각해 볼 문제가 있다. 다음과 같은 경우이다.

---

[28] 남미정(1998 : 19)에서는 향찰표기와 석독구결, 고려시대 이두표기를 바탕으로 '-거든'이 형태·통사적으로 어떠한 통시적 변화 과정을 거쳤는지 고찰하고 있다. 이 연구에서는 '-거든'을 '-르든'에서 'ㄹ'이 탈락한 후, '-든'이 '-거-'와 결합하면서 형성된 접속어미로 보고 있다.

(12) 가. 철수는 어디 가고, 너만 온 거야?

　　　나. 철수는 어디 가고?

　　　다. 너만 온 거야? 철수는 어디 가고?

(12나, 다)는 종결어미처럼 사용된 접속어미 '-고'이다. 원래대로라면 (12가)의 쓰임을 보이지만, 각각 생략(12나)과 도치(12다)에 의해 종결어미의 위치에서 실현되었고, 실제로 종결어미로서의 기능을 하고 있다. 하지만 (12나, 다)는 후행절의 복원이 가능하기 때문에 명백하게 말하면 종결어미라고 볼 수 없다. 이는 발화의 과정에서 흔히 나타나는 현상이라고 볼 수 있다.[29][30] 언어의 경제성을 생각할 때, 담화 내에서 혹은 문맥 안에서 화자와 청자가 이미 알고 있는 정보에 대해서 반복 언급을 하지 않는 경우가 종종 있기 때문이다.

(13) 철수 : 눈 오면 안 갈래.

　　　영이 : 비 오면?

---

[29] 화자와 청자는 발화 가운데, 이미 알고 있는 정보에 대해서는 생략해 버리는 경향이 있다. 다시 말해, 화자의 발화 의도에 따라 문장 요소를 임의적으로 언표화시키지 않는 현상이다. 정희자(2009)에서는 '생략'을 "문장의 표면 구조에서 누락된 요소가 언어적 또는 비언어적 맥락으로부터 의미 변화를 초래하지 않고 복원되는 경우"라고 정의하였다. 한국어는 담화 가운데 이러한 생략 현상이 빈번히 발생한다.

[30] 유현경(2003)에서는 도치와 생략의 과정을 통해 접속어미가 종결어미처럼 쓰이는 현상에 대해 고찰하였다. 이때의 접속어미의 의미는 주로 이유, 나열, 대조 등의 의미를 가질 때로 보았다. 그러나 사실 발화에서 나타나는 도치와 생략은 종결어미화 현상의 기준이 될 수 없다. 대부분의 접속어미는 발화 상에서 선·후행절 도치 혹은 후행절 생략이 가능하기 때문이다. 가령 예를 들어, '문이 닫혔다. 철수가 들어오고.'와 같은 문장은 우리의 발화 상에서 흔히 나타나는 현상이다. 유현경(2003)에서는 다음의 예를 보였다.

가. 오늘 월급을 받았으니까 점심은 내가 살게.

가′. 점심은 내가 살게, 오늘 월급을 받았으니까.

나. 철수는 착하고, 인내심이 강하다.

나′. *인내심이 강하다. 철수는 착하고.

나″. 인내심이 강하다. 철수는 (마음이) 착하고.

(가′)는 '후보충' 구문으로 보는 것이 더 합리적일 것 같다(이정훈 2009 참고). (나′)가 비문인 것은 이 예문의 주어가 '철수'이기 때문이다. 즉, 주격 중출문이 접속을 하고 후행절의 앞주어가 도치된 것이다(철수는 마음이 착하고, 철수는 인내심이 강하다.).

(14) 철이 : 배가 아파서 못 가겠어.
　　　영수 : 배가 아파서?

　(13)과 (14)에서 접속어미 '-(으)면'과 '-(아/어)서'가 담화 상에서 종결형식으로 나타났다. 하지만, 이 경우에는 접속어미의 문법·의미 기능을 그대로 수행하고 있다. 그러나 이들이 단순히 종결위치에 있다고 해서 종결어미라고 할 수는 없다.31) 즉, 이들처럼 원형식의 통사적·의미적 기능을 수행하면서 종결어미의 위치에 있게 되는 경우에, 해당 형식은 후행절 혹은 후행 성분의 생략이나 도치 등에 의해 종결어미화한 형식으로 보일 수도 있다. 이때, 원형식과 종결어미화한 형식 사이의 문법 지위에 대한 문제가 발생한다. (13)과 (14)의 경우는 엄밀히 말해 원형식의 문법·의미 범주에서 다루어져야 한다. 종결어미로서 온전하게 기능을 하지 않기 때문에, 종결어미의 지위를 부여할 수 없는 것이다.32)

　이를 통해 종결어미화 현상은 비종결어미가 후행절의 생략, 선·후행절의 도치, 상위문 동사 생략 등으로 인하여 문장 종결부에 위치하게 되면서, 종결어미로서의 문법기능을 수행하는 현상이라고 볼 수 있다. 지금까지의 내용을 정리하여, 이 글에서는 '종결어미화'의 정의를 다음과 같이 수정한다.

---

31) 종결어미는 하나의 문법 범주로서 수행해야 할 문법 기능이 있기 때문에, 단지 후행 성분이 없다고 해서 모두 종결어미로 간주할 수 없다.

32) 장윤희(2002 : 35-37)에 따르면, 문장의 종결은 궁극적으로 화자의 진술 태도, 목적에 의하여 결정되는 것이고 종결어미에 의해 표시되는데, 화자의 진술 태도를 지나치게 강조했을 경우, 동일한 형식의 종결어미가 각각 다른 종결법에 속하게 되는 결과를 초래할 수도 있게 된다고 지적한다. 하지만, 국어와 같이 문장 종결이 특정한 형태소에 의해 이루어질 때에는, 종결 형식을 중시하여 문장 종결법의 유형을 결정할 필요가 있다고 밝히고 있다. 국어의 첨가어적 성격을 고려할 때 다양한 종결어미가 존재한다는 것은 기본적으로 그 종결어미들이 각각 독립적인 의미나 기능을 가지고 있다는 것이다. 따라서 이 글에서는 각 형식의 의미와 기능을 존중하는 입장을 택한다. 예외적인 몇몇의 경우를 제외하고는, 언어 현상이란 충분한 근거를 바탕으로 이루어지기 때문이다.

(15) 종결어미화 : 기원적인 문법·의미 기능을 하지만, 공시적으로 후행
    절의 생략, 선·후행절의 도치, 상위문 동사 생략 등으로 인하여 문
    장종결부에 위치하게 되면서 종결어미의 문법·의미 기능을 보이는
    현상

통시적으로 두 형태소가 종결어미화의 과정을 거쳐 통합형 어미를 형
성하고, 이 통합형 어미가 종결어미의 기능을 하면, 우리의 가정에 따라
통합형 종결어미를 다음과 같이 설명할 수 있다.

(16) 통합형 종결어미 : 비종결어미였던 통합형 어미가 종결어미화의 과정
    을 거쳐 종결어미의 문법·의미 기능을 하는 어미

종결어미화 과정에서 해당 통합형 어미가 접속어미로 사용되는 경우도
있고, 접속어미로도 기능하고 종결어미로도 기능하는 경우가 있다. 접속
어미로 사용되면서, 생략이나 도치 등 발화 환경에 의하여 문장 종결부에
위치하게 되는 분포의 특성을 보이는 형식에 준종결어미 정도의 지위를
부여하여 다음과 같이 분류하고자 한다.

(17) 통합형 종결어미의 유형
    -통합형 준종결어미
    -통합형 종결어미

이 글에서는 (16)의 설명에 따라 현대 국어 인용 형식에서 융합한 통
합형 어미의 종결어미로서의 쓰임을 살펴볼 것이다.

2.3.2. 통합형 종결어미의 식별 기준
그동안 통합형 종결어미의 문장 종결부 쓰임을 보이는 현상에 대한 연

구가 있어왔지만, 그 논의들은 일부 어미들의 현상을 설명하는 데에 그쳤고, 왜 이러한 현상이 나타나는지 규명하는 데는 다소 소홀하였다.[33] 이 글에서는 이러한 관점에서 종결어미화한 형식의 식별 기준을 제시한다. 종결어미화한 형식은 다양한 기제에 의해 문장종결부에 위치하게 되면서 종결어미의 통사적·의미적 기능을 실현하는 현상이므로 식별 기준에 따라 원형식의 통사적·의미적 기능과의 차이가 발생한다.

종결어미화한 형식을 식별하는 기준은 크게 통사적 기준과 의미적 기준으로 나눌 수 있다. 통사적 기준은 '상위문 복원 여부'이고, 의미적 기준은 '의미의 차이'이다.[34] 여기서는 기준의 자세한 내용을 살펴보고, 이 기준을 적용하여 식별하는 작업은 3장에서 하겠다.

2.3.2.1. 의미 차원의 독자성

한 언어 형식이 통사적 구성일 때 가지지 않던 새로운 의미를 획득했다면, 그 언어 형식은 통합형 종결어미로 처리된다. 인용구성에 접속어미가 통합된 구성이 종결어미화한 형식은 양태 의미를 획득한다.

앞서 언급했듯이, '의미'의 변화는 언어 '형식'의 변화와 함께 언어의 변화를 주도한다. 때문에 '의미'는 '형식'과 더불어 언어 현상을 연구할 때 중요한 자료가 된다.[35]

내포문의 종결어미가 모문의 접속어미와 통합한 어미 형식의 의미가 단순히 두 형태의 의미의 합으로만 나타난다고 볼 수는 없다. 종결어미화한 형식을 구성하는 '-고, -니, -니까' 등은 실제로 종결어미화한 형식

---

33) 김태엽(2000), 유현경(2003)에서 비종결어미의 종결어미화, 접속어미의 종결어미적 쓰임을 다루면서 이들을 문법화의 관점에서 설명하려고 하였다. 그러나 이 논문에서 언급하는 문법화의 과정 혹은 관점은 이 글과 차이가 있다.
34) 사실 의미론 연구는 역사—비교언어학이나 구조주의 언어학에서는 음운론, 형태론과 달리 체계화하지 못하였다. 이는 의미의 객관화와 과학화가 어렵기 때문이다.
35) 이에 대한 자세한 내용은 배은나(2011)을 참고할 수 있다.

자체의 의미에 큰 영향을 미치지 않는다. 이들은 종결어미화한 형식으로 사용되면서 실제로 접속어미로서 지니고 있던 의미 기능을 실현하지 않는다.36)

간접 인용절은 내포문이기 때문에 화·청자의 관계, 혹은 화자의 명제에 대한 태도가 드러나지 않는다. 이는 원발화자가 발화한 문장을 인용 화자가 간접 인용문의 내포절로 다시 나타낼 때, 이를 객관화하기 때문이다. 즉, 원발화자의 발화문에는 화자의 심리적 태도가 반영되지만, 간접 인용문에는 인용 화자의 심리적 태도가 반영되지 못한다. 그런데 내포문이 독립된 문장으로 사용되고, 인용형식과 접속어미의 통합형 어미가 종결어미화한 형식으로 사용되면, 이 때 양태 의미를 실현한다.

다시 말해 국어의 문장 종결부에서는 양태 의미가 드러나는데, 국어에서 양태 범주를 구현하는 대표적인 문법형식인 선어말어미와 종결어미 외에 접속어미나 명사형어미, 명사구 보문 형식, 인용구성이 문장 종결에 관여하게 됨으로써 양태 범주를 실현하게 되는 것이다.

화행을 수행하는 서법 어미는 언어를 다른 행위와 관련짓고 언어를 삶과 연결하는 언어적 장치의 역할을 한다.37) 한편, 초기 언어학의 연구에서부터 양태(樣態, modality)는 서법과의 개념 혼동으로 다양한 논의가 진행되었다. 연구자들은 서법과 양태가 각기 다른 문법 범주로서 인정되어야 한다는 공통된 맥락의 주장을 갖고 있지만, 그 세부 논의는 여전히 합의점을 찾고 있지 못하다.38) Lyons(1977 : 452)이 양태를 '문장이 표현하는

---

36) 김흥범(1987)에서 '-다면서', '-다고', '-다니'를 중심으로 이들의 구조와 의미를 살펴보면서 이들 형식과 접속어미의 상관관계를 살펴본 바 있다. 그러나 이 연구에서는 의문의 서법을 나타내는 '-다면서', '-다고', '-다니'의 의미 차이에 집중하였고, 그래서 나타날 수 있는 상관관계의 가능성을 제시하였다.

37) 이에 대한 근거는 배은나(2011) 2.3 참조.

38) 그러나 서법은 형태·통사론적 범주로서 인칭, 수, 시제, 태와 긴밀히 통합되어 있어서 개별 범주로서 독자적으로 실현되지 않는다(Palmer 2001 : 185-186[임동훈(2008 : 216)에서

명제나 명제가 기술하는 상황에 대해서 화자가 자신의 의견이나 태도 (opinion or attitude)를 표현하는 범주'라고 정의한 이후, 연구자들은 '화자 의 의견이나 태도'에 대한 연구에 초점을 맞추었다.[39]

양태가 서법과 차이를 보이는 것은 명제 내용에 대한 인지적 태도를 나타내는 기능을 통해 정보처리나 의사소통의 차원에서 또 다른 역할을 수행한다는 것이다.[40] 화자의 의견이나 태도는 화자의 판단에 의한 것이 고, 이는 화자의 인지과정을 통한 주관성이 반영된 것이다. 인지는 기억 속에 있는 정보의 종류와 그러한 정보를 획득하고, 파지(把持)하고, 활용하 는 과정으로서 지각하고, 알고, 기억하며, 추리하고 사유하는 모든 활동 이 인지를 통해 이루어진다. 인지심리학에서는 인간의 두뇌를 정보 처리 과정(information processing)으로 설명한다.[41] 정보는 인간의 사고활동을 유 발시키는 요인이 되며, 인간의 두뇌활동은 정보처리의 활동인 것이다. 따 라서 양태는 인간의 인지와 직접적으로 관련 있다고 할 수 있다.[42] 장경

재인용]).

39) 임동훈(2008 : 217)에서도 그동안의 양태 연구의 쟁점이 화자로 인한 주관성을 양태의 필 수 요소로 볼 것인가 하는 문제와 의견이나 태도의 범위를 어떻게 한정할 것인가 하는 문 제에 있어왔다고 지적하였다.

40) 장경희(1997)에 따르면 서법 어미가 화행의 실행과 관련되어 각 화행을 성립시키는 명제내 용, 예비 조건, 본질 조건, 성실성 조건이 만족된 상황에서 사용되며, 양태 어미는 화자의 인지적 조건이 충족되어 인지적 활동과 그 활동의 결과 얻은 정보를 지니고 있어야 사용된 다. 즉, 양태 사용을 결정하는 화자의 인지적 조건, 주관적 관점의 선택 등은 인간이 관여 할 수 없는 화자의 정보 체계이자 정보 활동인 것이다. 따라서 언어 산출 과정이나 표현 과정에 작용하는 요인이고, 인간의 의지 혹은 의식적인 조작으로 결정되지 않는다. 즉, 서 법 어미가 다른 행위와 직접적인 관계를 지니는 것과 반대로 양태는 인간의 다른 행위와 직접적인 관계를 맺지 않고, 그렇기 때문에 인간이 인지 활동 후에 반드시 인지한 정보를 발화하지 않을 수 있다.

41) 장경희(1985)에서는 정보를 다음의 네 가지로 설명하는데, 이때 정보를 발신하고 수신하고 판단하고 제어하는 중추사령원은 인간의 두뇌라고 한다.
① 지식
② 인간이나 생물체에게 주는 impulse(자극)
③ 인간과 인간 사이에 전달되는 일체의 기호체계
④ 불확실성을 소멸

42) 그러므로 '양태'가 현대국어에만 존재하는 것은 아니다. 고영근(1981)에서는 중세국어의 양

희(1997)에서는 인지의 방법과 인지의 시점에 따라 국어의 양태의 체계를 세웠다. 이 연구에서는 양태 어미가 사용된 발화의 명제 내용이 화자 또는 청자의 지각정보와 사유정보, 신정보와 구정보 등으로 특성화된다고 지적하며, 국어는 인지 양태로 특성화 된다고 본다. 그러나 Palmer(1986/2001)은 양태를 화자의 명제에 대한 '인식'의 태도와 '행위'의 태도의 대립 관계로 파악한다. 양태가 화행을 수반하지는 않더라도, 발화 자체가 '정보'에 관련된 것과 '행위'에 관련된 것으로 구별되기 때문에 인지 양태로만 이루어진 장경희(1997)의 양태 체계는 보완될 필요가 있다.[43)

  인지는 명제 내용이 정보에 대한 것이지만, 화자가 의사소통을 함에

태성에 대하여 언급하였다. 사실상 '화자의 태도'가 현대국어에서 불현듯 등장하기 시작한 것은 아니므로 이 연구는 중요한 의의를 갖는다. 고영근(1981)에서 설정한 양태체계는 원칙법 '-으(니)-', 확인법 '-거/어/나-', 감동법 '-돗-/-옷-, -ㅅ-' 등이 해당한다. 이와 관련하여 허웅(1975 : 882-91)는 설명법, 의문법의 '니', 의문법어미, 관형사어미 '-(으)ㄴ', 1인칭 표시 선어말어미 '-과-'를 확정법(기정법)으로 처리하였고, 서법의 요소로 파악(어간에 직접 통합될 때)하였다. 그러나 '-(으)ㄴ', '-(으)니-'가 다른 선어말어미 '-ㄴ-, -더-, -리-' 아래 쓰일 때는 기능의 변화 가져오는 것으로 해석하였다.
  고영근(1981)에서 다루는 양태를 나타내는 형태소는 부차 서법 형태소로서, 기본 서법 형태소에 후행하며 일방적 통보기능이 강한 텍스트에서 나타나며 화자의 사태에 대한 양태적 및 정감적 태도를 나타낸다고 본다. 그리고 원칙법이 객관적 경험을 토대로 하여 상대방에게 그것을 인식시키려는 데 의도가 가해진다면, 확인법은 화자의 주관적 경험에 의지하여 사태를 결정적으로 판단한다. 화자의 지식은 새로운 경험을 통해 변할 수 있는데, 그때 확인법이 결여된 어형을 씀으로써 자신의 믿음을 취소하는 것이다. 이는 인식 양태에 해당한다(Wunderlich 1974 : 176, Lyons 1977 : 791-792).
  가. 비가 오렸다. / 비가 오리라.
  원칙법과 확인법에는 양태성이 파악되는데 원칙법은 객관적 믿음, 확인법에는 주관적 믿음이 나타난다. 이는 화용상의 차이로 나타난다. 한편, 중세국어에서는 화자의 정감성이 드러나는데, 감동법으로 표현된다. 이것은 Palmer(1986/2001)의 양태 체계 중 감정 양태로 파악할 수 있다.
  다시 말해, 고영근(1981)에서는 양태성을 표시하는 원칙법, 확인법과 정감성을 표시하는 감동법이 있는데, 이들을 합쳐서 강조법이라고 한다. 현대국어에는 원칙/확인만 있지만, 중세국어에서는 정감성까지 있다는 점이 주목할 만하다.
43) Halliday(1985/1994 : 68)에서는 인간의 발화가 '교환(exchange)'의 관점에서 '정보'와 '재화와 용역(good and service)'이 그 대상이 된다고 하였다. 박재연(2006 : 70)은 이를 바탕으로 인간의 발화가 '정보를 제공하는 발화', '정보를 요구하는 발화', '행위를 제공하는 발화', '행위를 요구하는 발화'로 나누어질 수 있다면서, 양태를 인식 양태와 행위 양태로 구분한다.

있어 초점을 두는 것이 정보가 아니라 그 정보를 확인한다거나 추측한다
거나 하는 두뇌 활동의 결과물이 종결어미로 반영되는 것이다.

(18) 국어의 양태 체계
　　　　정보 인식의 태도　　　인식 양태 (정보의 확실성의 정도)
　　　　　　　　　　　　　　　증거 양태 (정보의 확실성에 대한 판단 근거)
　　　　　감각기관→ 경험→ 지각→ 인지
　　　　　　　　　−인지 시점−[처음 앎]
　　　　　　　　　　　　　　　−[이미 앎]
　　　　　　　　　−인지 과정−[사유]
　　　　　　　　　　　　　−[인식]([인지])　　　　인식 양태
　　　　　　　　　　　　　−[판단]−[목격] [추론]
　　　　　　　　　　　　　　　　　[보고] [인용]
　　　　　　　　　　　　　　　　　[강조] [확인]　　증거 양태
　　　　　　　　　　　　　−[믿음]
　　　　행위의 태도　　　　　　[의무], [허가]　　　의무 양태
　　　　　　　　　　　　　　　[의도]−[의지] [결정]
　　　　　　　　　　　　　　　[능력] [소망]
　　　　사건에 대한 평가　　　　　　　　　　　평가 양태
　　　　정보 내용(논리적 사고) −[확실]
　　　　　　　　　　　　　−[불확실]→ 불확실한 정보 [추측]
　　　　　　　　　　　　　　　　　　　　→ [추단/추정]
　　　　　　　　　　　　　　　어림치의 정보 [짐작]

　　국어의 간접 인용절은 내포문이기 때문에 발화자의 태도가 직접적으로
드러나지 않지만, 간접 인용절이 명제의 증거가 될 수 있다. 정보는 화자
가 해당 정보를 다른 누군가에게 들어서 획득하는 것인데, 화자의 직접적
인 지각에 의해 얻어지면 [목격], 다른 누군가에게 들은 것은 [인용], 추
론에 의한 것은 [추론]의 영역에 해당한다. 즉, 이렇게 화자가 갖고 있는

정보의 출처를 표현하는 것이 증거성(evidentiality)이며, 이때 정보의 출처
는 양태의 하위 부문에 속하게 된다.44)

간접 인용절의 내포문 어미는 모문에 안겨 사용되면서 화자의 태도를
반영하지 못하고, 따라서 양태 범주를 구현하지 못한다. 그러나 문장 종
결부에 위치하고 종결어미처럼 사용되면서 양태 의미를 획득하여 증거성
을 드러낸다. 국어 양태 체계에서 증거성을 포착할 수 있는 중요한 문법
형식인 것이다.

증거성은 인식 양태의 의미를 보이는 것처럼 보일 때가 있다. 그래서
인식양태의 하위 범주에 증거성을 두는 경우, 증거성과 인식 양태를 각각
별개의 양태 범주로 인식하는 경우, 증거성과 인식 양태가 비슷한 경우
이렇게 세 경우를 생각할 수 있다. 인식 양태와 증거성의 차이는 명제에
대한 무엇을 문법적으로 표현하느냐에 있다. 다시 말하면, 인식 양태는
명제에 대한 화자의 확신의 정도(degree of commitment)를 문법적으로 표현
하는 것이고, 증거성은 명제에 대한 정보의 원천(information source)을 문법
적으로 표현하는 것이다(송재목 2009). 그래서 지금까지의 논의에서는 인
식 양태의 중심 개념으로는 가능성(possibility), 개연성(probability), 확실성
(certainty)이 있고, 증거성의 중심 개념으로는 직접 지식(direct/firsthand
knowledge), 간접 지식(indirect/non-firsthand knowledge), 추론(infered), 보고
(reported)가 있다.

따라서 이 글에서는 증거 양태 의미의 획득을 통합형 종결어미 식별
기준의 의미적 기준으로 마련한다.

---

44) Bybee (1985 : 184)와 Palmer(1986 : 51, 66)에서는 증거성이 인식 양태의 하위 범주에 속한
   다고 하였지만, 이 글에서는 인식 양태와 별개의 범주에서 다룰 것이다. 이에 대한 자세한
   논의는 3장에서 후술.

2.3.2.2. 환원 가능성

일반적으로 통합은 축약에 의해 형성된다.[45] 그런데 통사적 구성에서의 축약 과정은 단어 내부에서의 축약과 달리 조건이 까다로우며 기능의 변화를 초래하기도 한다.[46] 이 때 기능은 문법 기능과 의미 기능인데, 원형식이 사용되는 환경과 차이가 있기 때문이다. 따라서 원형식의 통사적 구성으로 환원이 가능한지 여부는 통합형 어미의 중요한 식별 기준이 된다.[47] 특히 이 글에서 다루고자 하는 통합형 종결어미는 원형식의 통사적 구성에서 접속어미로 확인되는 형태소가 되면서 종결어미로 쓰임을 보이는 것들이 다수이다. 이들 중에서는 원형식으로 환원 가능한 형식도 존재하고, 가능하지 않은 형식도 존재한다.

    (19) 가. 내일 학교에 간다더라/간다고 하더라.
        나. 내일 학교에 간다면/간다고 하면, 철수에게 이것 좀 전해줘.

    (20) 내일 학교에 간단다/ ?간다고 한다.

  (19가)와 (19나)는 의미의 변화 없이 원형식의 통사적 구성으로 환원 가능하다. 그러나 (20)의 경우 '내일 학교에 간다고 한다.'는 자체로 의미가 통하는 문법적인 예문이지만 '내일 학교에 간단다'와는 의미적으로 차이를 보인다. 따라서 환원되지 않는 경우라고 볼 수 있다.

---

45) 이 글에서는 축약을 탈락을 포함하는 포괄적인 의미로 사용한다. 융합은 일시에 완성되는 것이 아니고 오랜 기간 동안 계속적으로 진행되어 왔으며 지금도 진행되고 있다. 따라서 융합 형식은 융합의 정도에 따라 다양한 형식들이 존재한다. 아주 융합된 형태로 굳어져서 더 이상 융합 이전의 형식과 통사·의미적 특징이 다른 것이 있는가 하면 형태상으로 융합 형식이지만 이전의 기능을 그대로 갖고 있을 수 있다. 융합에 대해서는 이필영(1995), 이지양(1998가)에서 자세히 다루고 있다.
46) 이필영(1995 : 114)에서는 통사론적 구성에서의 축약이 갖는 조건에 대하여, '의존형식을 포함하고 있는 구성 안에서 축약이 잘 이루어진다'고 설명한다.
47) 이 글에서 '환원'은 융합형을 원형식으로 바꿀 수 있을 때 사용한다.

게다가 인용구성과 접속어미의 융합 형식은 내포절의 간접인용으로 나타날 때와 종결어미로 사용될 때 나타나는 문법 환경이 다르다. 특히 현대국어 '인용'의 통합형 어미가 종결어미화하여 통합형 종결어미로 사용되면서 종결어미의 문법 기능을 수행한다.

2.4. 통합형 종결어미의 유형

앞에서 마련한 식별 기준은 이미 언급한 바와 같이 통합형 종결어미 형성 과정과 관련시켜 생각해야 한다. 식별 기준에 따르면 통합형 종결어미에 대하여 의미적 차원의 독자성과 통사적 구성으로의 환원 가능성에 따라 다음과 같이 분류할 수 있다.

(21)	의미 차원의 독자성	통사적 구성으로의 환원 가능성
A	X	O
B	O	O
C	O	X
D	X	X

(21)은 의미 차원의 독자성과 통사적 구성으로의 환원 가능성에 따라 분류한 네 가지 경우이다.

통합형 종결어미는 통시적으로 그 기원을 살펴보면, 먼저 통사적 구성에서 시작한다. 이 통사적 구성은 탈락과 축약의 과정을 거쳐 융합을 하게 된다. 이 때, 그 기능은 원형식과 동일한 경우도 있고, 다른 문법 기능으로 전용되는 경우도 있다.

(21A)는 의미 차원의 독자성이 없고 통사적 구성으로 환원 가능한 경우이다.

(22) 그래서 아저씨가 안 먹겠다고 그랬<u>다는데</u>, 아줌마두, 그걸 굳이 말리
　　 지를 않는 거야.

　(22)의 '-다는데'는 '-다고 하는데'의 융합 결과 만들어진 통합형 어미
이다. 이 때 '-다는데'는 단순 축약으로 '-는데'의 접속어미 문법 기능을
갖고 있으며, 의미도 변함이 없다.
　(21B)는 원형식의 통사적 구성으로 환원 가능하지만 통합형 어미가 사
용되는 환경에서 의미 차원의 독자성을 갖게 되면 이 경우는 통합형 준
종결어미에 해당한다.

　(23) 가. 내일까지 숙제 다 해 <u>올 것</u>.
　　　 나. 이렇게 짬뽕이 돼 있기 때문에 언어 연구 하시는 분께는 정말 좋
　　　　 은 자료가 <u>될 것</u>입니다.

　(23가)의 '-ㄹ 것'은 명사구 보문 구성의 '-ㄹ 것'이 문장 종결부에서
종결어미의 기능을 하는 것이다. 이렇게 사용되는 '-ㄹ 것'은 (23나)와
다른 의미를 보여준다. (23가)에서는 (23나)에서 나타나지 않는 '명령'의
의미가 나타난다. '-ㄹ 것'이 문장 종결부에서 새로운 의미를 획득하여
나타내는 것이다. 의미 차원에서 서로 다른 독자성을 갖는 동시에 서로
환원 가능하다.
　(21C)는 원형식과 의미적 독자성을 가지면서, 원래의 통사적 구성으로
환원되지 않는 경우이다. 이 경우에 해당하는 어미 형식들을 통합형 종결
어미 목록에 포함한다. 이들은 본래의 문법 형식과 통사적·의미적으로
차이를 보이기 때문이다.

　(24) 가. 나도 슬프<u>단다</u>.
　　　 나. 철수도 우리와 함께 가겠<u>단다</u>.

(25) 철수도 우리와 함께 가<u>겠다고 한다</u>.

(24)의 '-단다'는 '-다고 한다'가 융합하여 형성된 형식이다. 그러나 (24나)와 같이 화자가 이미 알고 있는 정보에 대하여 이를 객관화하고 청자에게 일러주는 의미로 쓰일 때는 '-다고 한다'의 구성으로 환원할 수 없다. 따라서 (24나)의 '-단다'와 (25)의 '-다고 한다'는 구별될 필요가 있다.

한편, 통합형 종결어미는 통합된 어미 형식의 기능이 그대로 사용되는 경우도 있고, 종결어미의 기능으로 전용되는 경우도 있다. 그리고 이 과정에서 변화의 단계에 있기 때문에 두 기능을 모두 수행하는 중간 단계가 존재한다. 예를 들어 '-다면서'의 경우에는 접속어미 '-면서'의 기능을 그대로 수행하는 경우와 '-다면서'가 통합형으로 종결어미의 기능을 하는 경우가 존재한다. B가 바로 이러한 경우이다.

문법화가 더욱 진행되면서 의미차원의 독자성을 갖는 동시에 통사적 구성으로 환원되지 않는 경우가 C이다. 의미 차원의 독자성을 갖게 된 통합형 어미가 원형식의 통사적 구성으로 환원되지 않는 경우에는 새로운 문법 형태소로서의 지위를 부여해 주어야 한다.

이를 통하여 의미 차원에서 독자성을 갖게 된 언어 형식은 통사적으로도 독자성을 가지려고 하며, 그 결과 원형식의 통사적 구성으로 환원되지 않으려는 경향을 확인할 수 있다.

인용구성이 융합한 어미는 접속어미로 기능하지만, 통합형 종결어미로 기능하기도 한다. 종결어미화 현상이란 변화의 과정 중에 있는 것이므로, 해당 형식의 문법적 지위를 논의할 필요가 있다.

서정목(1987 : 109)에서는 동음이의어적인 형태소의 수를 줄여서 문법 기술상의 경제성을 확보하려는 노력이 올바른 것인가의 문제를 지적하였다. 형태소의 수를 줄인다면 어휘부의 어휘 항목 하나는 줄어들 것이나, 두 형태소를 하나로 묶어 놓으면 그 하나의 어휘 항목의 내항은 다시 복잡한 통사, 의미적 정보를 담게 되므로 문법 기술이 오히려 복잡하게 된다는 것이다. 문법 기술의 경제성을 생각할 때 이는 분명 지양해야 할 사항이다. 그런데, 통합형 어미가 문장 종결부에서 사용되는 것은 접속어미와 분명 다른 형태로 인식된다.

최현배(1971 : 265)에서는 문말 서법의 체계를 세우면서, 각 서법을 실현하는 종결어미의 형태가 간접 인용절에서는 청자 대우 등급까지 중화되어 하나의 형태로만 선택되는 것으로 해석하였다. 즉, 종결어미가 간접 인용절을 이끄는 내포문 어미로 기능하면, 그 형태가 중화되고, 그래서 종결어미의 기능을 하지 않는다는 것이다. 그러므로 문법화를 거쳐 원래의 구성으로 복원되지 않는 종결어미화한 형식들에 대하여, 이 글에서는 종결어미의 지위를 부여하고자 한다. 왜냐하면, 이들이 종결어미화 현상을 겪음으로써 본래의 구성과 명확하게 다른 문법·의미 기능을 구현하기 때문이다.

이 글에서 논의하는 종결어미화한 형식은 후행절이 생략되고 '-고 하-' 구성이 생략된 후, 내포문의 종결어미와 모문의 접속어미가 융합하면서 통합형 어미가 된 것이다.[48] 본래 인용 구문은 내포문과 모문으로 이루어진 형식이고, 인용절을 이끄는 종결어미는 '-고 하-'의 결합을 통해 모문과 연결된다. '-고 하-'와 결합한 접속어미는 여전히 통합형 접속어

---

[48] 축약은 일반적으로 단어 내부에서 일어난다. 그런데 통사적 구성에서도 축약의 과정이 일어난다. '-다고 한다→-단다, 가야하겠다→가야겠다' 이때 의미 변화가 일어나는 경우가 있기 때문에 '융합'이라는 개념이 도입된다(이지양 1993, 이필영 1995). '융합'은 축약과 달리 음소의 감소나 음절의 감소 이후에 벌어진 통사적, 의미적 변화를 반영하게 된다(안명철 1991). 즉, '융합'은 '다른 종류의 것이 녹아서 서로 구별이 없게 하나로 합하여지거나 그렇게 만든다'는 것이므로 형태의 변화뿐 아니라 내용의 변화까지 반영하는 개념이라고 볼 수 있다. 대부분의 융합 현상은 탈락과 축약 현상 이후에 일어난다.

미로 기능하면서 해당 형식은 선행절과 후행절의 관계를 나타내는 접속
어미의 문법 기능을 유지한다. 그런데, 이들 언어 형식의 후행절(혹은 모
문)이 생략됨으로써 문장 종결위치에 놓이게 되었고, 이러한 현상은 담화
상에서 빈번하게 나타날 수 있다. 생략은 언어활동에서 경제성을 추구하
는 담화자 간의 자유로운 언어 행위이기 때문이다. 근래에 이러한 양상을
과연 문법 기술에 적용해야 하는가에 대한 논의가 활발하다. 이 글에서는
담화 상에서 나타나는 몇몇 형태소의 의미 변화까지 모두 문법적으로 설
명하는 것에 동의하지 않는다. 하지만, 담화 상에서 반복적으로 점차 빈
번하게 일어나는 다양한 변화들이 모여 언어를 변화 시키고, 그 결과 대
다수의 형태에 그 변화가 적용된다면, 이는 문법적 차원에서 논의할 필요
가 있다고 보인다.

언어는 본질적으로 '소리(언어형식)'의 차원과 '의미'의 차원이 밀접한
관련을 맺는다. 그러나 의미는 객관적으로 기술하기 어려워서 언어 형식
의 변화와 의미의 변화가 어떤 관련이 있는지 살피는 데는 다소 무리가
따를 수밖에 없었다. '문법화'는 이러한 측면에서 의미 변화를 설명하고
자 발달한 이론이다. 의미 변화와 문법화를 같은 맥락에서 파악할 수 있
다는 점은 의미 변화의 원리를 고찰하는 과정에서 주목할 만하다.

선행 연구에서는 문법화에 대하여 대게 좁은 범위에서 의미나 문법 기
능의 축소(분포의 축소)가 일어나는 경우를 다루는 경향이 있었다.[49] 그래
서, 보통 문법화는 한 언어 형식이 문법적인 지위가 증가하는 정도, 즉
어휘적인 것에서 문법적인 것이 되거나 문법적인 형식도 더 문법적인 형
식이 되는 현상으로 정의되었다(Kuryłowicz 1968, [Brian, D. Joseph(2003)에서
재인용]). 하지만 넓은 의미에서 보면 새로운 기능을 획득한 형태가 왜 그

---

49) 고영진(1997), 최형용(1997)

런 기능을 가지게 되었는지 추적하는 과정 역시 문법화로 볼 수 있다. 그 기원적인 형식이 어휘적인 것이든, 문법적인 것이든 간에 새로운 기능을 획득했을 때 결과의 산물에만 초점을 두지 않고 변화의 과정 전체에 이르는 개념으로서 말이다. 다시 말해 문법화는 유기적으로 조직화되는 언어 변화 과정 그 자체를 일컫는다고 할 수 있다.50)

Hopper & Traugott(1993 : 2)에 의하면 문법화는 통시적 문법화(grammaticalization)와 공시적 문법화(grammaticization)의 두 관점에서 연구가 가능한데, 역사적 관점에서의 통시적 문법화는 문법 형식들의 원천과 그들이 겪는 변화의 전형적인 단계들을 조사하는 것이고, 공시적 문법화는 담화·화용적인 현상을 살펴보는 것이다. 이 글에서 논의하는 '종결어미화 현상'은 담화·화용상의 맥락에서 어떤 문법 형식이 종결어미의 기능을 획득함으로써 범주에 변화를 겪은 것이고, 그러므로 이 과정을 추적하는 것을 문법화의 맥락에서 설명할 수 있다.51) 이것은 덜 문법적인 기능을 하던 것이 더 문법적인 기능을 하는 것으로 바뀌는 것이라고 본 Hopper & Traugott(1993)의 개념을 전제로 하지만, 사실 종결어미가 종결어미화를 겪기 이전의 형식에 비해 더 문법적이라고 할 수 있는 직접적인 증거는 제시하기 어렵다.

한편, 이승욱(2001)에서 문법화의 과정은 음운, 형태, 통사, 의미면의 기존 규칙들이 상호 작용하면서 초래되는 점진적인 과도기의 단계가 필수적이라고 하였고, 문법화는 입력(원형식)과 출력(결과물)은 분명하지만, 제2의 중간 단계는 偶有的 속성을 本有的으로 하여 이루어진다고 하였다. 그

---

50) 이승욱(2001)에서도 문법화는 어느 때 일시에 일어나서 완결되는 현상이 아니라고 하였다.

51) 김태엽(2000)에서는 Hopper(1991)의 문법화 원리 다섯 가지 중 '분화의 원리'에 따라 종결어미화 현상을 설명하려고 했다. 그러나 분화의 원리는 하나의 문법 형태가 둘로 갈라져 한 변이형은 이전의 특성을 유지하고, 다른 한 변이형은 더 문법적으로 되는 현상을 말하는 것으로 국어의 대표적인 예는 '-어 있-'이 완결의 '-었-'과 상태의 '-어 있-'으로 문법화된 것이 있다. 이 예는 종결어미화 현상과는 조금 차이가 있다.

리하여 문법화의 1, 2, 3단계는 각각 원형식의 단계, 중간 단계, 결과 단계로 구성되며, 문법화 과정의 핵심은 바로 2단계(중간 단계)임을 지적하였다. 또한 의미면에서의 의미의 탈색(脫色, bleaching)과 추상화, 형식면에서의 음운, 형태, 통사론적 형식의 변화를 경험하는 것이 문법화인 만큼, "계기적(연쇄적) 점진성"이 문법화의 한 특성임이 일찍이 파악되고 있었다고 하였다(정언학 2006에서 재인용). 종결어미화 현상이 변화의 한 양상을 보여준다는 측면에서는 문법화로 설명이 가능할지도 모른다. 그러나 단순히 문법화의 한 양상으로 설명하기에는 기존의 '문법화'와 관련된 개념과 조금 거리감이 있다. 모든 언어 변화를 '문법화'로 설명할 수 없기 때문이다.

문법화는 변화에 대한 현상을 기술하는 것만이 아니라, 변화 이론들이 외면했던 언어변화의 '동기', 즉 누구의 무슨 의도가 그런 변화를 하도록 하는지 그 '동기'에 대한 설명도 가능하게 한다(이승욱 2001 : 266). 이는 언어변화의 주체가 사람이기 때문이다. 문법화는 동기가 있을 때 비로소 그와 대응하는 형태변화가 뒤따르지, 형태변화의 결과가 문법화로 이어진 것이 아니라는 말이다.

따라서, 이 연구에서는 어떤 문법 형식이 새로운 통사적 구성을 형성하고, 이에 따라 의미기능과 문법 기능이 형성되는 경우를 문법화로 간주한다. 내포문을 이끄는 종결어미와 '-고 하-'의 결합, 그리고 모문 접속어미의 융합으로 인하여 형성되는 통합형 어미는 '문법화'를 겪은 형식이다. 이 통합형 어미가 접속어미로 실현되기도 하고 문법 기능과 의미기능이 전용되어 종결어미로 사용되는 것도 분명한 언어 변화이다.

3. 통합형 종결어미의 증거 양태적 특징

국어의 양태 체계를 다루는 논의 가운데, 양태의 증거성에 대한 논의
가 최근 활발해지고 있다. 증거성(evidentiality)은 화자가 전달하고자 하는
발화 내용에 대한 정보의 출처(source of information)를 문법적으로 표현하는
것이다(Boas 1938 : 133[송재목(2009 : 32)에서 재인용-]). 증거성의 문법 범주에
대한 선행 연구에서는 양태의 어떤 범주에 포함시킬 것인지, 혹은 양태의
범주에 포함시키는 것이 타당한지의 연구가 있었다.52) Palmer(2001)에서
는 기존에 인식 양태의 하위 범주로 다루어지고 있던 증거 양태를 별개
의 범주로 분리시킨다.53) 인식 양태는 명제 내용에 대하여 화자가 어느
정도의 확신을 갖고 전달하는지 문법적으로 표현하는 것이다.54) 즉, 인식
양태는 화자가 명제의 사실적인 상태에 대한 판단을 나타내는 것이며 증
거 양태는 명제의 사실적인 상태에 대하여 화자가 가지고 있는 증거를
나타내는 것이다.55) 증거성은 화자의 진술에 대하여 화자가 갖는 정보의

---

52) 증거성의 문법 범주에 대한 그간의 논의는 송재목(2009)에서 확인할 수 있다.
53) Palmer(1986)의 양태 체계
          −epistemic : judgements, evidentials
          −deontic
   Palmer(2001)의 양태 체계
          −prepositional   −epistemic
                         −evidentials
          −event   −deontic
                       −dynamic
54) Palmer(1986 : 51) "··· the term 'epistemic' should apply ··· to modal system that indicates
the degree of commitment by the speaker to what he says."
Bybee & Fleischman(1995 : 4) "Accordingly, most linguists understand epistemic modality as
expressing the degree of commitment to the truth of the proposition contained in an
utterance."
55) Palmer(2001 : 8) "··· with epistemic modality speakers express their judgements about the
factual status of the proposition, whereas with evidential modality they indicate the evidence
they have for its factual status."

성격에 따라 직접 지식과 간접 지식으로 나눌 수 있는데, 직접 지식은 화자가 직접 목격하거나 획득한 정보이고, 간접 지식은 화자가 관련된 사건 혹은 상황에 대한 간접적 획득을 의미한다. 간접 지식은 보고(reported), 전언(hearsay), 추론(inference)으로 나눌 수 있다.

국어의 간접 인용절은 모문에 내포되어 사용될 때와 달리, 문장 종결부에 위치하게 되면, 명제의 증거성을 나타낸다. 간접 인용절의 통사적 구성이 통합형 종결어미가 되어 문장 종결부에 사용되면서 간접적으로 누군가로부터 들어서 알게 된 것(hearsay) 혹은 어떠한 증거를 토대로 화자 자신의 추론을 통해 얻은 정보(inference)를 전달하게 되면서, [목격], [인용], [추론], [보고], [확인], [강조] 등의 의미를 나타내고, 이는 현대 국어에 증거 양태 범주를 설명하는 근거가 될 수 있다.

3.1. '-다고'

통합형 종결어미 '-다고'류는 문장 종결부에서 [인용], [확인] 그리고 [강조]의 의미기능을 한다.

(26) 가. 안 가냐고 하던데.

(27) 가. 아, 학원을 안 다녔다고.
　　　나. 내가 다 먹었다고?
　　　나´. 내가 다 먹었냐고?
　　　다. 자 이제 그만 마음 풀라고.
　　　라. 먹었으니 이제 시작하자고.

(26)은 '-다고 하고' 구성이고, (27)은 통합형 종결어미 '-다고'이다. 인용구성 '-다고 하고'는 동사 '하-'의 기능으로 인해 [보고]의 의미가

강하다. 상위문 동사 '하-'의 의미 기능은 실질 동사와 형식 동사로 나뉘어져 논의되어왔다.[56] 종결어미화한 형식들 중에서는 '하-'가 복원되지 않아도 그 기능이 남아있는 경우가 있는데, 이는 문법화의 정도성 차이로 인식된다.

통합형 종결어미 '-다고'는 상관적 장면에서 사용되며, 제3자 혹은 청자(앞선 발화자)의 발화에 대한 [확인]의 의미기능을 한다. '-다고'는 수행 억양에 의해 전달되는 의미 기능이 달라지는데, 이는 '-다고'가 평서문과 의문문으로 실현되는 것을 반영한다.[57] 올림의 수행억양을 수반하게 되면 (27나)와 (27나´)처럼 앞선 발화에 대하여 반복해서 [확인]하는 기능이 강하다. (27가)의 경우에는 평서문인데, 이때 '-다고'는 (27나)와 의미 기능이 다르다. 즉, (27가)는 상대방이 [확인]을 위한 의문에 대하여 자신이 앞서 행한 발화를 되풀이하는 것이고, (27나)는 발화의 반복을 요청하거나 발화를 확인해 줄 것을 요청하는 것이다. 따라서 둘은 각기 다른 서법을 실현한다고 보아야 한다.

(28) 난, 난 이렇게는 못 하겠다고.[58]

(29) 그럼 결국 똑같다고.

---

56) 이필영(1995 : 116-117)에서는 '하-'가 포괄동사의 성격을 갖는데, 포괄하는 구체적인 내용은 전후 환경을 통해 알 수 있다고 하였다. 즉, 선행하는 인용절 종결형에 따라 진술, 질문, 명령, 제안 등의 구체적 발화행위를 나타내며, 후행하는 어미에 따라 전언, 가정 등의 의미를 나타내기도 한다고 주장한다.

57) 김흥범(1987)에서는 '-다면서', '-다고', '-다니'가 서법을 실현하지 않고, 단지 절종결에 억양이 얹힌다고 보고 억양에 따라 분류하였다.
 -다면서₁, -다면서₂ / -다고₁, -다고₂, -다고₃ / -다니₁, -다니₂

58) 어떤 기자가 … 그래서 그때도 그런 얘기를 했어요.
 기자들이.
 난 난 이렇게는 못 하겠다고.
 아니?
 도대체 누가 우리가 시민 단체들을 욕할 수 있고 비판할 수 있겠느냐?

3.2. '-다나', '-다니'

(30) 가. 무슨 살이 꼈<u>다나</u> 하면서 고모는 늘 그랬어요.[59]
　　나. 무슨 살이 꼈<u>댔나</u> 하면서 고모는 늘 그랬어요.

(31) 가. 봄보다 체중이 사 킬로나 빠졌<u>다나</u>.
　　나. *봄보다 체중이 사 킬로나 빠졌<u>댔나</u>.

(30)은 '-다나'가 간접 인용절을 이끌면서 인용되는 내용에 대하여 불만을 토로하는 것이다. (31)은 남에게 들은 말을 무관심한 태도로 확신성 없이 전달하고 있다. 간접 인용절에서는 단순한 불만을 보이지만, 종결어미화한 형식 '-다나'는 화자가 이미 갖고 있는 정보를 [인용]함으로써 무관심의 태도까지 보이고 있다.

(32) 자신에게 잘해 주었던 이 모든 한국남자들이 보고 싶<u>다나</u>.

(33) 웃는 얼굴이 귀엽<u>다나</u>.

(34) 오늘 오후에 집 근처 아파트 앞에서 연행되었<u>다나</u> 봐요.

'-다니'류는 내포문 종결어미에 따라 주어 통합 관계와 서술어 통합 관계가 달라진다. '-다니'와 '-냐니'는 동사, 형용사, 계사와 통합 가능하지만, '-라니'와 '-자니'는 동사와만 가능하다. 이는 '-라'와 '-자'가 각각 명령형 어미와 청유형 어미의 속성을 유지하고 있기 때문으로 추측된다. 그래서 '-라니'와 '-자니'는 주어 통합 관계에도 제약이 생기는데, 1인칭만이 가능하다.

---

59) 고모를 좋아했던 남자도 있었겠지요 언뜻 들은 얘기로는, 혼담까지 오가다가도 왠지 막상 결혼은 못하곤 했대요. 무슨 살이 꼈다나 하면서 고모는 늘 그랬어요. 난 혼자 살 팔자란다.

(35) 애들한테 잽히다니?

(36) 그렇게 수입을 하다니.

(37) 저 높은 곳에 어떻게 올라갔다니?

(38) 아니, 이 판에 내기라니?

'-다니'류 역시 (35)의 예와 같이 정보의 출처가 [인용]으로 나타나며, 화자는 동시에 [확인]을 하고 있다. (36)의 '-다니'는 혼잣말에 사용된 '-다니'인데, 화자의 인지 시점이 [처음 앎]이라는 것을 보여준다. (37)와 (38)의 예도 [확인]을 나타내면서 동시에 화자의 [놀람]을 보인다.

3.3. '-다니까', '-다면서', '-다며'

(39) 철이 : 뭐해?
영이 : ⋯⋯
철이 : 뭐하냐구!
영이 : ⋯⋯
철이 : 뭐하냐니까?

(39)의 '-냐니까'는 원발화자 '철이'가 본인이 한 발화를 반복할 경우에 사용한다. '-다니까' 어미 역시 다른 종결어미화한 형식과 마찬가지로 상관적 장면에서 사용되며, 자신의 발화를 반복함으로써 청자가 아무런 화행을 하지 않음에 대하여 불만을 [강조]한다. 그래서 화자가 '-다니까' 어미를 사용하는 것은 청자의 화행을 원한다는 의미이다. 한편, 접속어미 '-니까'는 선행절이 후행절의 원인이나 근거, 전제가 됨을 나타내는데,

'-다니까'가 본래의 '-고 하-' 구성으로 복원되지 않아도, 접속어미 '-니까'의 의미 기능을 유지하는 예를 찾을 수 있다.

(40) 저 사람은 술만 마시면 저렇다니까.

(40)은 어떤 사람이 술을 마시고 행패를 부리는 장면을 본 화자가 청자에게 '행패를 부리는 행위'에 대하여 [강조]하는 화맥이다. 화자는 장면을 경험한 뒤 이를 부정적으로 [인지]하였고, 이에 대하여 청자에게 불만스럽게 표현한다. 이때, [술만 마시면 저렇다]는 상황이 명제의 전제가 되는데, 이는 '-니까'의 의미 기능에서 비롯된 것이 아닌가 한다.

한편, '-다면서'는 어간의 내용에도 제약이 따르는데, '-다면서'는 제3자의 발화 내용을 수반해야 한다. 다시 말하면, 제3자의 발화를 [인용]하고, 청자에게 [확인]하여 묻거나 불만을 나타낼 때 사용한다.

(41) 영이도 아들놈이 있다면서?

종결어미화 현상이 언어 변화의 중간 단계를 가리키기 때문에, 각 어미 형식마다 변화의 정도가 조금씩 다른 것이다.

3.4. '-다지'

일찌감치 반말 어미로서 지위를 굳힌 '-지'는 국어의 양태 의미를 구현하는 대표적인 어미이다. '-지'를 통하여 확인할 수 있는 양태 범주는 주로 인식 양태였다. 그런데 간접 인용절 '-다고 하지' 구성에서 융합한 '-다지'는 [인용]과 이에 대한 [확인]의 의미를 나타낸다.

(42) 별일 없지?

(43) 별일 없<u>다지</u>?

(42)의 '-지'는 기존의 양태 연구에서 다루어진 인식 양태의 의미를 나타내지만, (43)의 '-다지'는 증거 양태의 범주에서 다룰 수 있다. 제3의 화자의 발화 혹은 화자의 판단으로 이루어진 추론에 대하여 [인용]과 [확인]을 하는 것이다

4. 정리

이상에서 살펴본 바와 같이 통합형 종결어미는 국어 양태 범주의 증거 양태를 뒷받침하는 근거가 될 수 있다. 이들은 종결어미화 하기 이전의 통사적 구성에서 보이지 않던 증거성을 문장 종결부에서 실현하면서 전언(hearsay)을 통한 [인용], [강조], [확인] 등의 의미를 나타내게 되었다.

그러나 이 글에서 제안한 통합형 종결어미의 식별 기준 중 통사적 기준이 다른 비종결어미에도 그대로 적용되지는 않는다. 이는 해당 형식의 형식적 특징을 바탕으로 한 것이기 때문이다. 예를 들어 접속어미의 경우에는 객관적인 통사적 기준보다는 의미적 기준만이 적용될 수 있다. 이 글이 다른 비종결어미를 연구 대상으로 하지 못했기 때문에 발생한 문제이다. 다른 비종결어미의 형태·통사·의미적 특징을 바탕으로 종결어미화 현상을 살펴본다면, 이는 국어 종결어미 체계 전반의 유기적 변화 과정을 더 명확하게 보여줄 것이라 기대된다. 이에 대해서는 후고를 기약한다.

‖ 참고문헌

고광모(2001), "반말체의 등급과 반말체 어미의 발달에 대하여", 언어학 30, 3-27.

고광모(2002), "'-겠-'의 형성 과정과 그 의미의 발달," 국어학 39, 27-47.

고영근(1974가), "현대국어의 종결어미에 대한 구조적 연구", 어학연구 10-1. [고영근 (1989 : 246-299)에 재수록]

고영근(1974나), "현대국어의 존비법에 대한 연구", 어학연구 10-2. [고영근(1989 : 359-397)에 재수록]

고영근(1976), "현대국어의 문체법에 대한 연구", 어학연구 12-1. [고영근(1989 : 302-354)에 재수록]

고영근(1981), 중세국어의 시상과 서법, 탑출판사.

고영근(1986), "서법과 양태의 상관관계", 국어학신연구, 탑출판사, [고영근(1995 : 257-263)에 재수록]

고영근(1989), 국어 형태론 연구, 서울대학교 출판부.

고영근(1995), 단어·문장·텍스트, 한국문화사.

고영근(2004), 한국어의 시제 서법 동작상, 태학사.

고영진(1997), 한국어의 문법화 과정, 국학자료원.

구현정·이성하(2001), "조건 표지에서 문장종결 표지로의 문법화", 담화와 인지 8-1, 1-19.

권재일(2003), "구어 한국어에서 서술문 실현방법의 공시태와 통시태", 언어학 37, 25-46.

김태엽(1997), "국어 종결어미의 형태론적 유형", 어문학 60, 61-82.

김태엽(1998), "국어 비종결어미의 종결어미화", 언어학 22, 171-189.

김태엽(2000), "국어 종결어미화의 문법화 양상", 어문연구 33, 47-68.

김태엽(2001), 국어 종결어미의 문법, 국학자료원.

김흥범(1987), "'-다면서', '-다니', '-다고'의 구조와 의미", 외국어로서의 한국어교육 12, 71-91.

남기심(1982), "국어의 공시적 기술과 형태소 분석", 배달말 7. [이병근·채완·김창섭 편(1993 : 45-58)에 재수록]

남기심·고영근(1985), 표준 국어 문법론, 탑출판사.

남미정(1998), 종결어미 '-거든'의 통시적 연구, 석사학위논문, 서강대학교.

노용균(1984), 국어 의문문의 통사와 의미, 석사학위논문, 서울대학교.

박재연(1998), 현대국어 반말체 종결어미 연구, 석사학위논문, 서울대학교.

박재연(1999), "국어 양태 범주의 확립과 어미의 의미 기술 : 인식 양태를 중심으로",

국어학 34, 199-225.

박재연(2000), "'-다고'류 어미에 대한 화용론적 접근", 애산학보 24, 171-194.

박재연(2006), 한국어 양태 어미 연구, 태학사.

박재연(2009가), "한국어 관형사형 어미의 의미 기능과 그 문법 범주", 한국어학 43, 151-177.

박재연(2009나), "연결 어미와 양태", 한국어 의미학 30, 119-141.

박진완(2000), "현대 국어 종결 어미의 변천", 현대 국어의 형성과 변천 1, 박이정, 237-308.

배은나(2011), 현대국어 통합형 종결어미 연구 : 인용구성과 접속어미의 융합 형식을 대상으로, 석사학위논문, 서강대학교.

서울대학교 국어교육연구소(2002), 고등학교 문법, 교육 인적 자원부.

서정수(1977), "'겠'에 관하여", 외국어로서의 한국어교육 2, 63-87.

서정목(1983), "명령법 어미와 공손법의 등급", 관악어문연구 8. [서정목(1994 : 376-406)에 재수록]

서정목(1987), 국어 의문문 연구, 탑출판사.

서정목(1988), "한국어 청자 대우 등급의 형태론적 해석(1)", 국어학 17. [서정목(1994 : 291-343)에 재수록]

서정목(1989가), "'반말체'형태 '-지'의 형태소 확인", 이혜숙 교수 정년 기념 논문집. [서정목(1994 : 407-434)에 재수록]

서정목(1989나), "중부 방언의 '-(으)려(고)'와 남부 방언의 '-(으)ㄹ라(고)'", 이정 정연찬 선생 회갑 기념 논총. [서정목(1994 : 95-110)에 재수록]

서정목(1991), "내포 의문 보문자 '(으)ㄴ가'의 확립", 석정 이승욱 선생 회갑 기념 논총. [서정목(1994 : 208-237)에 재수록]

서정목(1994), 국어 통사구조 연구 I, 서강대학교 출판부.

서태룡(1988), 국어활용어미의 형태와 의미, 탑출판사.

성기철(1985), 현대 국어 대우법 연구, 개문사.

성기철(1990), "공손법", 국어연구 어디까지 왔나, 동아출판사, 401-408.

손옥현·김영주(2009), "한국어 구어에 나타난 종결어미화된 접속어미 양상 연구", 한국어 의미학 28, 49-71.

송재목(2009), "인식양태와 증거성", 한국어학 44, 27-53.

송창선(2003), "현대국어 '-었-'의 기능 연구 : '-었겠-, -었더-, -었었-'을 중심으로", 언어과학연구 27, 181-196.

심재기(1979), "관형화의 의미 기능", 어학연구 15-2. [심재기(1982 : 333-350)에 재수록]

심재기(1982), 국어어휘론, 집문당.

유현경(2003), "접속어미의 종결어미적 쓰임에 대하여", 한글 261, 123-148.

윤석민(1999), 현대국어의 문장 종결법 연구, 집문당.

이기동(1979), "접속어미 '-는데'의 화용상의 기능", 인문과학 40, 117-144.

이기용(1998), 시제와 양상-가능 세계 의미론, 태학사.

이병근·채완·김창섭 편(1993), 형태, 태학사.

이병기(1997), 미래 시제 형태의 통시적 연구 : '-ㄹ-리-', '-ㄹ 것이-', '-겠-'을 중심
　　으로, 석사학위논문, 서울대학교.

이병기(2006), "'-겠-'과 '-었-'의 통합에 대하여", 국어학 47, 179-206.

이선웅(2001), "국어의 양태 체계 확립을 위한 시론", 관악어문연구 26, 317-339.

이승욱(2001), "문법화의 단계와 형태소 생성", 국어학 37, 263-283.

이원표(1999), "인용조사 '-고'의 담화분석 : 간접인용의 주관화와 문법화를 중심으
　　로", 사회언어학 7-1, 179-220.

이은경(1999), "구어체 텍스트에서 한국어 연결어미의 기능", 국어학 34, 167-198.

이은경(2000), 국어의 연결 어미 연구, 태학사.

이익섭(2005), 국어학개설, 학연사.

이정훈(2007), "국어 어미의 통합단위", 한국어학 37. [이정훈(2008 : 554-589)에 재수록]

이정훈(2008), 조사와 어미 그리고 통사구조, 태학사.

이정훈(2009), "한국어 후보충 구문의 구조", 어문연구 37-2, 31-54.

이창호(2010), "발화 중 휴지시간이 갖는 의미", 한국어학 46, 353-386.

이지양(1993), 국어의 융합현상과 융합 형식, 박사학위논문, 서울대학교.

이지양(1998가), 국어의 융합현상, 태학사.

이지양(1998나), "문법화", 서태룡 외, 문법 연구와 자료 : 이익섭선생 회갑기념논총,
　　태학사, 801-818.

이태영(1988), 국어 동사의 문법화 연구, 한신문화사.

이필영(1995), 국어의 인용구문 연구, 탑출판사.

이호영(1996), 국어음성학, 태학사.

이현희(1982가), 국어의 의문법에 대한 통시적 연구, 국어연구 52.

이현희(1982나), "국어 종결어미의 발달에 대한 관견", 국어학 11, 143-163.

이현희(1994), "19세기 국어의 문법사적 고찰", 한국문화 15, 57-81.

임규홍(1997), "쉼의 언어기능에 대한 연구", 한글 235, 93-126.

임동훈(2001), "'-겠-'의 용법과 역사적 해석", 국어학 37, 115-147.

임동훈(2003), "국어 양태 체계의 정립을 위하여", 한국어 의미학 12, 127-153.

임동훈(2008), "한국어의 서법과 양태 체계", 한국어 의미학 26, 211-249.

임동훈(2009), "'-을'의 문법 범주", 한국어학 44, 55-81.

임홍빈(1980), "{-겠-}과 대상성", 한글 170. [임홍빈(1998 : 231-270)에 재수록]

임홍빈(1984), "문종결의 논리와 수행-억양", 말 9. [임홍빈(1998 : 59-96)에 재수록]

임홍빈(1998), 국어 문법의 심층 1 : 문장 범주와 굴절, 태학사.

장경희(1985), 현대국어의 양태범주 연구, 탑출판사.

장경희(1995), "국어의 양태 범주의 설정과 그 체계", 언어 20-3, 191-205.

장경희(1997), "국어 대화에서의 서법과 양태", 국어교육 93, 255-275.

장경희(1998), "서법과 양태", 서태룡 외, 문법연구와 자료 : 이익섭 선생 회갑 기념 논총, 태학사, 261-303.

장요한(2008), 15세기 국어 접속문 연구, 박사학위논문, 서강대학교.

장윤희(2002), 중세국어 종결어미 연구, 태학사.

장소원(1986), 문법 기술에서의 문어체 연구, 석사학위논문, 서울대학교.

전혜영(1996), "'-다고' 반복 질문의 화용적 기능", 언어 21-3, 889-911.

정언학(2006), 상 이론과 보조 용언의 역사적 연구, 태학사.

정연희(2001), 한국어 연결어미의 문법화, 박사학위논문, 한국외국어대학교.

정재영(1996), 의존명사 'ᄃ'의 문법화. 태학사.

정혜선(2005), 19세기 국어의 '원인' 통합형 접속어미 연구, 석사학위논문, 서강대학교.

정희자(2009), 담화와 문법 그리고 의미, 한국문화사.

차현실(1991), "반말체의 구성과 반말체 어미의 문법적 기능에 대하여", 이화어문논집 13, 5-26.

최동주(1995), 국어 시상체계의 통시적 변화에 대한 연구, 박사학위논문, 서울대학교.

최현배(1937/1971), 우리말본, 정음사.

최형용(1997), "문법화의 한 양상에 대하여", 관악어문연구 22, 469-489.

하지선(2006), 한국어 교육을 위한 종결기능 연결어미 연구, 석사학위논문, 한양대학교.

한　길(1982), "반말 종결접미사 '아'와 '지'에 관하여", 외국어로서의 한국어교육 7, 99-121.

한　길(1984), "종결접미사 {-게}에 관하여", 국어국문학 92, 441-458.

한　길(2004), 현대 우리말의 마침씨끝 연구, 역락.

한동완(1988), "청자경어법의 형태 원리－선어말어미 {-이-}의 정립을 통해", 외국어로서의 한국어교육 13, 219-250.

한동완(1996), 국어의 시제 연구, 태학사.

한동완(2006), "한국어의 時相法에 관한 비판적 고찰 : 고영근(2004)를 중심으로", 형태론 8-1, 179-198.

한명주(2006), 현대국어 형식명사 구성의 양태성 연구, 석사학위논문, 서강대학교.

허　웅(1975), 우리 옛말본, 샘문화사.

허　웅(1989), 16세기 우리 옛말본, 샘문화사.

허　웅(1995), 20세기 우리말의 형태론, 샘문화사.

Boas, F.(1938), *General Anthropology*, D. C. Heath & Company.

Bybee, J., R. Perkins & W. Pagliuca(1994), *The Evolution of Grammar*, University of Chicago Press.

Bybee, J. & S. Fleischman eds.(1995), *Modality in Grammar and Discourse*, John Benjamins.

Hopper, P. J. & E. Traugott(1993), *Grammaticalization*, Cambridge University Press.

Hopper, P. J.(1991), On Some Principles of Grammaticalization, In E. Traugott & B. Heine eds., *Approaches to Grammaticalization 1 : Theoretical and Methodological Issues*, John Benjamins Publishing Company, 17-36.

Langacker, R.(1987), *Foundation of Cognitive Grammar*, Standford University Press.

Lyons, J.(1977), *Semantics* vol. 2, Cambridge University Press.

Palmer, F. R.(1986/2001), *Mood and Modality*, 2nd ed., Cambridge University Press.

Searle, J. R.(1969), *Speech Acts : An Essay in the Philosophy of Language*, Cambridge University Press.

Song, Jae-Mog(1997), Tense, Aspect and Modality in Khalkha Mongolian, Doctoral Dissertation, SOAS, University of London.

청자경어법의 형태원리와 체계*
근대국어와 개화기국어를 대상으로
남미정

1. 도입

경어법이란 존비, 상하, 친소와 같이 사람들 사이에서 발생할 수 있는 특정한 관계를 언어화하는 장치를 말한다. 경어법은 다시 주체경어, 객체경어, 청자경어로 세분되며 여기서 청자에 대한 경어를 표현하는 장치인 청자경어법은 화자가 청자와 자신과의 관계를 따져 그에 적합한 대접을 표명하는 언어적 표현 방식이라고 할 수 있다. 그런데 주체경어법이나 객체경어법은 관련 형태소의 결합 유무에 따라 의미가 결정되는 이원적 체계로 구성되는 데 비해 청자경어법은 화자가 청자를 어느 정도로 대우하느냐에 따라 그 존대의 정도성이 단계적으로 구분되는 다원적 체계로 이루어진다는 점에서 두 경어법과는 다소 구별되는 특징을 지니고 있다.[1]

---

* 본 논문은 남미정(2008, 2009)의 논의를 다듬고 수정한 것이다.
[1] 현대국어의 객체경어법은 '뵙다, 여쭙다'와 같이 객체를 존대하는 특정 어휘를 사용하는 것이 일반적이지만 중세국어의 객체경어법은 '-숩-'이라는 선어말어미의 결합 여부에 따라 존대의 유무가 결정되었으므로 객체경어법 역시 기원적으로는 이원적 체계를 따랐다고 할 수 있다.

그런데 현대국어 청자경어법의 다원적 체계와 달리 중세국어의 청자경어법은 주체경어, 객체경어와 동일하게 이원적 체계를 기본으로 한다는 점에서 현대국어에서 확인되는 다원적 체계는 통시적 변화의 결과라 할 수 있다. 잘 알려져 있다시피 중세국어에서는 청자경어법 형태소 '-이-'의 결합 유무에 따라 존대와 비존대가 결정되는 이원적 체계였다.[2]

다른 경어법과 달리 청자경어법에서 세밀한 등급의 분화가 진행된 데에는 청자경어법의 사용을 결정하는 두 가지 요인이 작용한 때문으로 여겨진다. 경어법의 사용은 기본적으로 문법적인 절차와 화용론적인 절차가 동시에 적용되는 현상이다. 그런데 주체경어나 객체경어는 문장 내적인 요소인 주체나 객체에 대한 존대 유무를 화자가 결정하는 방식이라면 청자경어는 문장 외적인 요소인 청자를 대상으로 존대 유무를 결정하는 방식이므로 주체경어나 객체경어보다 발화상황에 더 민감하게 영향을 받게 된다. 주체경어 '-시-'나 객체경어 '-습-'은 통사구조 내의 성분이 갖고 있는 존대자질에 호응하여 서술어에 실현되는 것임에 비해 청자경어의 청자는 통사성분으로 실현되지 않으며 따라서 존대자질이 부여될 대상이 없다. 청자경어는 존대자질에 호응하여 실현되는 것이 아니라 화용론적 판단이 바로 문장에 반영되어 실현되는 범주이다(윤용선 2006 : 327). 그리고 이러한 화용론적 판단에는 사회적 상황의 유동적 변화나 사회구조의 복잡성 등이 반영될 수밖에 없으며 화용론적으로 대우 영역이 확장됨에 따라 확장된 영역을 포괄하는 등급의 분화 및 재조정 과정이 자연스럽게 수반된 것으로 보인다.

---

2) 일반적으로 중세국어의 청자경어법은 'ᄒᆞ라체, ᄒᆞ야쎠체, ᄒᆞ쇼셔체'의 3등급 체계로 상정된 다는 점에서 중세국어 역시 다등급 체계로 볼 수도 있다. 그러나 중세국어 역시 기본적으로 는 '-이-'의 결합 유무에 따라 'ᄒᆞ라체'와 'ᄒᆞ쇼셔체'로 구분되었고 중간등급으로 나타나는 'ᄒᆞ닝다'형은 'ᄒᆞᄂᆞ이다'의 축약형으로, 축약에 따라 존대효과가 감소한 것으로 설명할 수 있다.

한편 청자경어법의 사용과 관련된 화용론적 상황의 다변화와 이를 반영하는 대우 등급의 분화나 재조정이 가능하게 된 데에는 축약이나 절단과 같은 문법적 절차도 관여하고 있다. 청자경어법은 화자가 청자와 자신과의 상하관계를 따져 그에 적합한 대접을 표현하는 문법범주인데 화·청자 간의 상하관계가 불분명한 경우도 있고 발화 상황에 따라 그러한 상하관계를 명시적으로 표현하기 어려운 경우도 있다. 이렇게 청자에 대한 대우 표현을 불분명하게 전달하려는 화자의 의도는 말끝을 흐리거나 종결형식을 분명하게 선택하지 않거나 하는 방식으로 나타날 수 있는데 이러한 상황에서 종결형식의 절단이나 접속문 후행절의 절단 같은 절차가 개입될 수 있다. 그리고 절단된 형식은 화자의 의도를 분명하게 드러내지 않는 것이므로 화자의 대우 의도를 분명히 드러내는 온전한 형식에 비해 존대의 정도성이 떨어지는 것이 당연하다.

절단과 더불어 축약의 과정이나 음운의 소실 등 음운론적 과정 역시 존대의 정도성에 영향을 미칠 수 있다. 중세국어에서 청자경어법을 담당하던 형태소 '-이-'는 'ㅇ'의 소실로 선행 음절의 모음과 축약되면서 그 기능이 약화되는 과정을 겪는다. 중세국어 객체경어의 '-ᅀᆞᆸ-' 역시 근대국어에서 '화자겸양'으로 의미변화를 겪으면서 청자경어법에 관여하게 되는데 'ㅸ'이나 'ㅿ'의 소실로 '-소, -오'와 같은 형식의 생성이 가능해졌다.

청자경어법 관련 형태소 '-이-', '-ᅀᆞᆸ-'이 겪은 음운론적 변화는 경어 표현의 방식에도 영향을 미친다. 교착어에 속하는 한국어의 특성상 어떤 의미범주를 나타내고자 할 때 그에 해당하는 형태소를 결합하여 의미를 표현하는 것이 일차적인 방식이다. 중세국어에서는 청자경어법도 이러한 방식에 따라 청자에 대한 경어를 표현하기 위해서는 관련 형태소 '-이-'를 결합하고 그렇지 않으면 결합하지 않는 유무대립의 체계를 보였다. 그

러나 '-이-'와 '-습-'이 음운론적인 변화를 겪은 이후에는 '-이-'는 후
행하는 종결어미와 융합하여 새로운 종결어미를 형성하고 '-습-' 역시
'-오/소'나 '-습'과 같이 종결어미화하게 된다. 이러한 변화로 인해 현대
국어에서는 관련 형태소의 유무에 따라 의미를 표현하는 방식이 아니라
종결어미를 통해 청자경어의 의미를 나타나는 방식으로 변화하게 된다.

이상과 같이 국어의 청자경어법은 다른 경어법과 달리 문장 외부의 요
소와 관계한다는 특성으로 인해 화용론적 상황의 유동성에 쉽게 노출되
는 한편 그러한 유동성이 관련 형태소들의 형태·음운론적인 변화와 맞
물리면서 현대국어와 같은 다양한 대우 등급으로 귀결된 것이라 하겠다.
그러나 또 한편으로는 청자경어법이 다른 경어법과는 구별되는 특징을
가지고 있기는 하나 청자경어를 표현하는 방식이 국어의 일반적인 문법
절차를 벗어난다고는 할 수 없다. 청자경어법 역시 주체경어나 객체경어
와 같이 기본적으로는 관련 형태소의 결합 유무에 따라 존대와 비존대가
결정되는 유무대립의 이분체계로 봐야 한다. 다만 앞서 검토한 바와 같이
이분체계 내에서 존대의 정도성에 따라 존대의 등급이 세분화되는 방식
을 취한다고 할 수 있다. 등급이 세분화되는 방식 역시 관련 형태소가 어
느 정도 관여하는가에 따라 결정되는 형태론적 절차를 포함하고 있다.[3]

청자경어법의 또 다른 특징으로 지적될 수 있는 것은 청자경어법에 속
하는 각각의 등급형들이 화·청자 간의 관계에 따라 어느 정도 고정적인
쓰임을 갖고 있기는 하나 또 한편으로는 각 등급형들이 혼용되는 유동적
인 쓰임도 보인다는 점이다. 청자경어법에서 나타나는 이러한 현상에 대

---

3) 현대국어처럼 종결어미에 의해 청자경어법이 표현되는 경우도 이러한 형태론적 절차가 포
   함되어 있다고 할 수 있다. 현대국어의 '합니다'는 '-습-'과 '-이-'가 결합된 형식이며 '하
   오/소'는 '-습-'을, '하네'는 '-이-'를 포함한 형식이다. 이들은 모두 청자경어법과 관련된
   형태소들이며 이들의 결합 방식, 절단의 유무 등에 따라 존대의 등급이 구분된다고 할 수
   있다.

해 기존의 논의에서는 '종결형 간의 호응', '화계 간의 호응', 또는 '교체 사용', '말단계 변동 현상' 등으로 지칭해 왔다. 그리고 이러한 혼용이 일어나는 원인에 대해서는 격식체와 비격식체 간에 작용하는 등급의 이동이나(성기철 1985) 대화참여자들 간에 작용하는 '힘'과 '유대'의 상호 작용에 의한 것으로 보고 있다(유송영 1996, 이정복 2002). 그러나 청자경어법의 혼용 내지 교체사용이 반드시 격식체와 비격식체 간에만 이루어지는 것이 아니라 격식체와 격식체, 비격식체와 비격식체 사이에서도 일어난다는 점에서 성기철(1985)의 설명은 다소 한계가 있다. 청자경어법의 교체사용이 힘과 유대의 상호 작용에 따라 이루어지는 측면이 있으나 또 한편으로는 화용론적 상황, 화자의 의도에 따라 교체사용을 가능하게 하는 형태론적 토대에 대한 논의도 포함될 필요가 있다.

이상과 같이 본 논의는 청자경어법을 관련 형태소의 결합 유무에 따라 청자에 대한 존대를 표시하는 유무대립의 체계로 보되 일정한 형태론적 절차에 따라 존대성이 세분화되는 방식으로 이해하고자 한다. 청자에 대한 존대를 표시하는 방식은 일차적으로는 청자경어법 관련 형태소를 결합하는 것이다. 국어의 대표적인 청자경어법 관련 형태소는 '-이-'(중세국어 -이-)이다. '-이-'는 중세국어부터 개화기국어까지 청자에 대한 존대를 표시하는 선어말어미로 기능해왔다. 현대국어에서는 융합형 '-습니다'에서 그 존재를 확인할 수 있다. '-이-'와 더불어 청자경어를 담당한 형태소로는 '-습-'이 있다. '-습-'은 근대국어 시기에 화자겸양의 기능을 담당하게 되면서 부차적으로 청자에 대한 존대를 표시하게 되었다. 따라서 청자에 대한 존대 표시는 일차적으로 이 두 형태소의 결합에 따라 이루어지며 이외에 절단이나 축약과 같은 절차가 개입하면서 존대 표시의 등급화가 이루어지게 된다. 본 연구는 이러한 과정을 청자경어법의 형태원리를 통해 설명해보고자 하며 또한 형태원리에 따라 청자경어법의 체계를 구성해보고자 한다.

본 연구는 근대부터 개화기까지의 국어를 대상으로 한다. 현대국어는 재분석의 방법을 통해 '-이-'와 '-습-'을 분석해 낼 수 있는 반면 이 시기는 청자경어법 관련 형태소 '-이-'와 '-습-'이 온전히 제 기능을 하고 있어 형태소의 결합 여부에 따라 존대성이 달라지는 양상을 살피기 쉽다는 이점이 있다. 또한 중세국어에 비해 축약과 절단이 활발히 일어나고 청자경어법과 관련된 새로운 형식들이 출현하면서 현대국어의 다분화된 체계가 형성되는 것도 이 시기이기 때문에 국어 청자경어법의 역사에서 중요한 의미가 있다고 할 수 있겠다. 이 글은 근대·개화기국어를 포괄적으로 살펴 이 시기를 포괄할 수 있는 형태원리를 상정하고 이를 토대로 청자경어법의 체계 변화를 살펴보기로 한다.

2. 청자경어법의 형태원리

청자경어법의 형태원리란 청자에 대한 적절한 대우를 표명하는 데 있어서 그 존대의 정도성을 결정하는 형태적인 근거를 말한다. 지금까지 청자경어법을 형태원리적으로 분석한 논의에는 한동완(1988), 서태룡(1992), 황문환(2002) 등이 있다. 여기서 한동완(1988), 서태룡(1992)는 현대국어의 청자경어법에 대한 연구이고, 황문환(2002)는 한글간찰 자료에 나타난 청자경어법에 대한 연구이다.

한동완(1988)과 서태룡(1992)는 현대국어에서 통합형으로 나타나는 종결어미를 재분석의 방법을 통해 각각의 구성 성분으로 분석하고 여기서 청자경어법의 형태원리를 이끌어 내고 있다. 즉 선어말어미 '-이-'와 '-습-'을 청자경어법 관련 형태소로 분석하고 이들의 결합에 따라 청자경어법

등급이 결정되는 것으로 보았다. 한동완(1988)에서는 원리적 측면에서 청
자경어법을 분석하여 '-이-'의 결합으로 1차적으로 청자경어법 등급이
한 단계 높아지고, '-습-'의 결합으로 청자경어법 등급이 한 단계 더 높
아지는 것으로 형태원리를 상정하였다. 그리고 문종결어미가 음성적으로
실현되지 않을 경우 청자경어법 등급이 떨어진다는 원리도 포함하고 있
다. 서태룡(1992)에서는 '-이-'와 '-습-'의 결합 유형에 따라 각 등급의
성격을 규정짓고 있는데, '합쇼'체는 '-습-'과 '-이-'가 함께 나타나는
등급, '하오'체는 어말의 '-오'에 의한 등급, '하게'체는 어말의 '-이'에
의한 등급, '해라'체는 '-습-'이나 '-이-'가 모두 나타나지 않는 등급으
로 규정하고 있다. 또한 선어말어미 '-이-'와 어말의 '-이'는 '청자존대'
의 의미를, 선어말어미 '-습-'과 어말의 '-오'는 '화자겸양'의 의미를 갖
는다고 하였다. 이들 두 논의는 현대국어에서 '-이-'와 '-습-'이 청자경
어법의 존대성을 표시하는 데 어떻게 관여하는지를 밝혔다는 점에서 의
의를 찾을 수 있다.

한편 황문환(2002)에서는 한글간찰 자료에 대한 분석을 통해 청자에 대
한 존대와 형태 요소 사이의 상관관계를 밝히고자 하였다. 즉 청자경어법
은 '-이-'에 의한 유무대립으로 청자경어법의 골간을 이루는 기본적인
등급인 'ㅎ쇼셔'체와 'ㅎ여라'체가 구분되고, 여기서 다시 '생략'이나 '축
약'의 절차를 통해 중간 등급이 형성되는 것으로 설명하고 있다. 한글간
찰 자료에 나타나는 'ㅎ니', 'ㅎ소'류를 비롯하여 'ㅎ니, ㅎ리', 'ㅎ옵'류
들의 개별 형태들이 '축약'과 '생략'이라는 절차를 통해 형성되었고, 그
형성의 절차가 곧 이들 형태의 형태원리가 된다고 보고 있다. 황문환
(2002)의 논의는 개별 종결 형태들의 형성 과정이라는 통시적인 정보를
이용하여 그 자체를 형태원리로 상정하였다는 점에서 의의가 있다.

청자경어법의 형태원리와 관련하여 앞서 살펴본 논의들은 청자경어법

과 관련된 기본 형태소를 중심으로 그것의 결합 유무에 따라 청자경어법의 등급을 구분하고 있다는 점에서 공통된 입장을 보이고 있다. 이러한 방법론은 근대·개화기국어를 대상으로 하는 이 글의 논의에도 유용한 것이며 이 글 역시 청자경어법을 표시하는 형태소를 중심으로 형태원리와 체계를 구성하고자 한다는 점에서는 동일하다고 할 수 있다. 그러나 앞선 논의와 달리 이 글을 청자경어법을 다분화된 등급 체계가 아니라 존대와 비존대로 구성되는 이분 체계로 보고자 한다. 이러한 체계에서의 형태원리는 등급 구분을 위한 원리로 작용하는 것이 아니라 존대의 정도성을 표시하는 척도로 작용하게 된다.

청자경어법의 형태원리는 크게 세 가지 차원에서 살펴볼 수 있다. 첫째는 관련 형태소의 결합에 따라 존대성이 어떻게 달라지는가이며 둘째는 종결형식의 절단이나 관련 형태소의 축약이 청자경어법의 존대성에 어떤 영향을 미치는가이다. 셋째는 청자경어법에 중립적인 성격을 갖는 형식이 청자경어법을 담당하게 되었을 때 여기서 산출되는 효과는 무엇인가에 대한 것이다. 이에 대해 별도의 절에서 살펴보기로 한다.

2.1. 관련 형태소의 결합에 따른 형태원리

근대국어에서 청자경어법을 표시하는 형태소는 '-이-'와 '-습-'이다. 중세국어에서 청자경어법을 표시하던 형태소 '-이-'는 근대국어 시기 '-이-'로 형태상의 변화를 겪었지만 그 기능은 완전히 동일하여 근대국어 시기에도 청자경어법을 표시하는 독자적인 형태소로 존재한다. 그런데 중세국어에서 주체-객체 관계에서 존대를 표시하던 형태소 '-습-'이 근대국어 시기 기능상의 변화를 겪으면서 근대국어의 청자경어법에도 변화가 초래된다.

근대국어 '-습-'의 의미변화에 대해서는 '청자경어'로 보는 입장과 '화자겸양'으로 보는 입장으로 구분된다. '청자경어'로 보는 입장은 김정수(1984), 이현규(1985), 주경미(1990) 등이 있는데, 이들 논의에서는 근대국어 '-이-'의 기능이 약화되면서 '-습-'이 새롭게 청자경어의 기능을 담당하게 된 것으로 보고 있다. 반면, 이현희(1985), 박양규(1991), 이영경(1992), 서정목(1993) 등에서는 근대국어의 '-습-'을 '화자겸양'으로 보고 있다. 중세국어에서 '주체-객체'의 관계에서 주체의 겸양을 나타내던 '-습-'의 기능이 근대국어 시기에는 '화자-청자'의 관계에서 화자의 겸양을 나타내는 형태소로 기능상의 변화를 겪었다는 것이다.

이 글은 근대국어의 '-습-'이 '화자겸양'의 기능을 담당하는 것으로 보고자 한다. 청자경어를 담당하는 '-이-'가 여전히 쓰이고 있고, 또한 '-습-'이 종결 위치에 나타나는 경우는 항상 '-이-'의 존재를 전제로 한다는 점에서 '-습-'이 단독으로 청자경어의 기능을 수행하지 못했음을 알 수 있다. 그리고 '-습-'은 연결어미와도 결합할 수 있다는 점을 고려하면 근대국어의 '-습-'은 청자를 직접 존대하는 형태소라기보다는 청자에 대한 화자의 겸양을 나타내는 형태소로 보는 것이 더 타당하다. 그런데 근대국어의 '-습-'을 '화자겸양'으로 보더라도 '화자겸양'과 '청자경어'가 완전히 분리된 기능이 아니므로 '-습-'이 청자경어법에 부분적으로 관여한다고 할 수 있다. 따라서 근대국어 시기에는 '-이-'와 '-습-'이 청자경어법을 결정짓는 주요 형태소라 할 수 있다.

이와 같이 청자경어법에 관여하는 형태소로 '-이-'와 '-습-'을 설정할 때 청자경어법을 표시하는 데 있어 이들이 동등한 가치로 결합되는지에 대한 문제가 제기될 수 있다. '-이-'는 중세국어부터 청자경어법을 표시하는 고유의 형태소이며 '-이-'의 결합 유무에 따라 청자에 대한 존대냐 비존대냐가 결정되기 때문에 청자경어법에 관여하는 일차적이고 절대적인 형태소는 '-이-'가 된다. 이에 비해 '-습-'은 청자에 대한 화자의 겸양을 표시하는 형태소이며 '-습-'의 결합으로 청자에 대한 존대가 표시되기는 하나 이는 '화자겸양'의 의미기능에 따라 부차적으로 산출되는 의미이지 '-습-'이 가진 의미의 핵심은 아니다. 또한 '-습-'은 '-이-'의 존재를 전제로 한다는 결합상의 제약을 갖고 있다. 즉 '-이-'가 결합된 상태에서만 '-습-'이 출현할 수 있는 것이다.4) 물론 '-이-'의 결합이 원천적으로 배제되는 내포절이나 접속문의 선행절과 같은 환경에서는 이러한 제약이 성립하지 않는다. 이러한 '-습-'의 결합 제약은 '-이-'가 청자를 존대하는 일차적인 형태소임에 비해 '-습-'은 '-이-'의 기능을 보충하는 부차적인 형태소임을 말해주는 것이다.

근대국어에서 '-이-'와 '-습-'이 결합되어 존대를 표시하는 경우는 아래와 같다.

(1) 가. 뎍스오시니 보옵고 친히 뵈옵는 듯 든〃 반갑스와 ᄒᆞ오며 […] 요스이는 퍽 낫ᄌᆞ오신가 시브오니 깃브와 ᄒᆞ옵ᄂᆞ이다 […] 나는 요스이 한지 극ᄒᆞ오니 일야 죠젼으로 디내옵ᄂᆞ이다 […] 새로이 참측ᄒᆞ오미 ᄀᆞ이 업ᄉᆞ더이다 […] 지졍을 관억ᄒᆞ옵셔 과히 이샹티 마옵쇼셔 [조카(숙종) → 고모(숙휘공주)] <한글간찰 141>

나. 젼의논 격기엣 거시 이러티 못ᄒᆞ옵더니 數度논 膳敷器皿 以下 ┃ 조촐ᄒᆞ고 과즐과 건믈과 머글 거슬 다 머검즉이 쟝만ᄒᆞ엿ᄉᆞ오니 깃거ᄒᆞ옵ᄂᆞ이다 [객(도선주) → 쥬(훈도, 별차)] <원간첩해 2 : 8a>

---

4) '-습-'의 이러한 결합 제약에 대해 한동완(1988 : 231)에서는 "선어말어미 '-습-'은 '-이-'의 실현을 전제하여야 실현될 수 있다. 그 역의 관계는 성립하지 않는다. 단, 원천적으로 '-이-'와 배타적인 어미는 이 제약에 면제된다."라고 설명하였다. 한동완(1988)은 현대국어 '-습-'의 결합 제약을 밝힌 것이지만 이러한 제약은 근대국어 시기 '-습-'의 의미기능이 화자겸양으로 변화하면서 발생한 것으로 볼 수 있다. 그런데 근대국어 시기에도 "進本 엿ᄌᆞᆸ논 글월 드리ᄋᆞᆸ다"<역어유해 상 : 10b>, "享獻 孟 밧ᄌᆞᆸ다"<역어유해 상 : 13b>와 같이 '-습-'이 중세국어의 용법으로 쓰인 경우가 있다. 이와 같이 객체에 대한 존대를 나타내는 '-습-'은 '-이-'와 무관한 범주이므로 이러한 결합 제약이 적용되지 않는다.

(2) 가. (내 쏘 굴오디) 이 일을 엇지 쳐치ᄒ리오

　　(겸ᄉ셰 굴오디) […] 이ᄂ 말ᄒ 쟈와 젼ᄒ 재 잇ᄉ오니 포쳥의 맛

　　져 엄히 구문ᄒ야 그 믹낙을 슬피미 죠ᄒ니이다 <명의록 상 :

　　3b>

　　나. 선생 : 老夫人의 見識이 世人에 超出ᄒ시니 진실로 니론 밧 <u>女中君</u>

　　　　<u>子ㅣ로소이다</u>

　　부인 : 請컨대 先生은 안ᄌ쇼셔 老身이 <u>下拜ᄒ리이다</u>

　　선생 : 老夫ㅣ 敢히 당티 못ᄒ리로소이다 <오륜전 1 : 19b>

　(1)은 '-이-'와 '-ᄉᆸ-'이 동시에 결합된 예이고 (2)는 '-이-'만 결합된
예이다. 두 경우 모두 하위자인 화자가 상위자인 청자에게, 또는 화·청자
상호 존대 관계에서 화자가 청자를 존대하고 있다는 점에서는 공통된다.

　그런데 근대국어에서 '-ᄉᆸ-'과 '-이-'가 동시에 결합된 경우에 대해
기존의 논의들은 대부분 등급이 구분되지 않는 것으로 보고 있다. '-ᄉᆸ-'
의 등급 분화 가능성을 부정한 이기갑(1978 : 36)에서는 청자 존대의 '-이-'
가 여전히 강한 세력을 유지하고 있고 '-ᄉᆸ-'은 등급의 변화 없이 약간
높이는 정도의 기능을 지닐 뿐 등급 자체가 높아질 정도는 아니라고 하
였다. 그리고 이영경(1992 : 11-14)에서도 '-ᄉᆸ-'은 '-시-' 만큼이나 생산
성이 있는 선어말어미로서 종결형과 접속형에 모두 나타나며 17세기에도
여전히 '-ᄉᆸ시-'의 통합예가 자주 발견되고, 또 '-ᄉᆸ-'이 대단히 임의적
인 용법을 보인다는 점을 들어 '-ᄉᆸ-' 결합형을 독자적인 등급으로 설정
할 수 없다고 하였다.

　이에 비해 김정수(1984)는 'ᄒᆞᆸᄂ이다'류를 별도의 등급으로 설정한
거의 유일한 논의라 할 수 있다. 김정수(1984 : 28)에서는 "높임의 구실을
제 나름으로 지니고 있는 형태소가 어떤 등급의 어형에 보태어질 때, 그
등급에 아무런 보탬도 없는 것처럼 다루는 데는 동의할 수 없다. 다만 그
보탬의 정도가 그다지 큰 것은 아니라는 점을 인정하고, 그 조금 올라가

는 등급을 "덧높임"으로 불러 보려 하는 것이다."라고 하며 'ᄒᆞᇛᄂᆞ이다'
류를 '들을이 아주 덧높임'이라는 등급으로 설정하고 있다.

이상과 같이 '-습-' 결합형에 대한 논의가 일치를 보이지 않는 것은
앞서 살펴본 바와 같이 근대국어 시기 '-습-'의 용법에 대한 견해에 차
이가 있기 때문이다. (1)과 (2)를 등급의 차이로 보게 되면 '-이-'와 '-습-'
이 청자경어법에서 동일한 기능을 갖는 것으로 봐야 하고 등급의 차이가
없는 것으로 보면 특정 의미를 갖는 형태소가 결합되었음에도 불구하고
그 의미 차이를 설명하지 못한다는 문제가 발생한다. '-습-'이 '화자겸
양'의 의미를 담당한다고 할 때 화자가 자신을 겸양함으로써 청자에 대
한 존대 효과를 더 극대화할 수 있게 된다. 그렇다면 이러한 차이를 문법
적으로 설명해 줄 수 있어야 하는데 (1)과 (2)를 하나의 등급으로 설정하
면 '-습-'의 기능을 무시해 버리게 되는 결과가 된다.

이 글은 앞서 밝힌 바와 같이 '-이-'만 결합된 경우와 '-습-'과 '-이-'
가 동시에 결합된 경우를 등급의 차이가 아니라 존대성의 차이로 구분하
고자 한다. 하위자인 화자가 상위자인 청자를 상대로 '-이-'가 결합된
형식이나 '-이-'와 '-습-'이 동시에 결합된 형식을 사용하여 청자를 높
인다는 점에서는 공통되지만 '-이-'와 '-습-'이 동시에 결합된 경우는
'-이-'만 결합된 경우보다 존대성이 더 크다고 할 수 있다. '-습-+-이-'
결합형은 청자에 대한 존대를 표시하는 '-이-'에 화자겸양의 의미가 더
해졌다는 점에서 당연한 결과라 하겠다. '-이-' 결합형과 '-습-+-이-'
결합형의 이러한 차이는 'ᄒᆞᇛ니'류와의 교체사용을 통해서도 드러난다.
'ᄒᆞᇛ니'류가 활발하게 사용되는 전기 근대국어 시기에 'ᄒᆞᄂᆞ이다', 'ᄒᆞᇛ
ᄂᆞ이다'와 교체사용되는 비율을 보면 'ᄒᆞᄂᆞ이다'와의 교체사용이 훨씬 더
높은 빈도로 나타난다. 이러한 현상은 'ᄒᆞᄂᆞ이다'와 'ᄒᆞᇛᄂᆞ이다'의 존대
성이 일정 정도 구분되었음을 말해주는 것이다. 뒤에서 살펴보겠지만 'ᄒᆞ

읍니'는 'ᄒᆞ옵ᄂᆞ이다'에서 종결형 '-다'가 절단된 형식이며 따라서 'ᄒᆞ옵ᄂᆞ이다'보다 존대성이 떨어진다. 결국 'ᄒᆞ옵ᄂᆞ이다'보다 존대성이 낮은 'ᄒᆞ옵니'와 'ᄒᆞᄂᆞ이다'의 교체사용 비율이 높게 나타나는 것이다.

이상의 논의를 토대로 관련 형태소의 결합에 따른 청자경어법의 형태원리를 정리하면 아래와 같다.

> (3) 청자경어법의 형태원리(Ⅰ)
> 　1. 청자경어법은 '-이-'의 결합으로 존대성이 한 단계 상승한다.
> 　2. 청자경어법은 '-습-'의 결합으로 존대성이 한 단계 더 상승한다.
> 　　(단, '-습-'은 '-이-'의 존재를 전제로 한다.)

2.2. 절단과 축약에 따른 형태원리

다음은 근대국어 시기에 등장하는 절단형과 관련된 형태원리에 대해 살펴보도록 하겠다. 근대국어에서는 아래 (3)과 (4)처럼 'ᄒᆞ니', 'ᄒᆞ옵니' 류의 쓰임이 매우 활발한데 이들은 종결형의 절단이라는 절차를 거쳐 형성된 부류로, 앞서 (1), (2)와 같이 온전하게 종결어미가 결합된 유형과는 존대성에 차이를 보인다.

> (4) 가. 올스외 날이 노파셔 브틀 거슬 ᄇᆞ롬의 이치여 이제야 왓습니 […]
> 　　惡風을 만나 큰 비예 격군도 적고 비예 연장도 브딜ᄒᆞ여 ᄲᅥ뎟스오
> 　　니 글로 ᄒᆞ여 근심ᄒᆞ옵니 [객(도선주)→주(문정관)] <원간첩해
> 　　1:12b-13b>
> 　나. 술 고기 주어ᄂᆞᆯ 아니 먹으니 어이 아니 먹는다 슬희여 아니 먹습
> 　　니 […] 긔우로 고기 아니 먹던 거시라 아니 먹습니 [나인→상궁]
> 　　<계축 하:32b>
>
> (5) 가. 년ᄒᆞ여 유무 보니 반겨ᄒᆞ더 편치 아니ᄒᆞᆫ 일 잇다 ᄒᆞ니 넘녀ᄒᆞᄂᆡ

나는 어제 매바회 가 돈녀오니 분묘애 브리 다 븟고 나몬 거시 업
스니 아무려 운둘 쇽졀이 이실가 겸그도록 우다가 밤 들게야 도
라오매 긔운이 편치 아녀 누워 <u>잇뇌</u> [남편→아내] <달성간찰
16>

나. 극한의 뫼오셔 평안ᄒ오신 일 아ᅀᆸ고 <u>든든회</u> 드러오션 디 날포 되
나 즉시 볼 길 업스니 섭섭 <u>굼굼회</u> 사롬 오와날 덕으니 보고 든든
반갑기 측량 업ᄂ 스연 남으나 총총 이만 <u>그치뇌</u> 년ᄒ여 뫼오셔
평안홈 <u>바라뇌</u> [규영부인(김씨)→질부] <한글간찰 190>

  (4)와 (5)는 'ᄒ뇌', 'ᄒᆞᆸ뇌'류가 종결형으로 사용된 예인데 이들은 서
로 대등한 위계의 화·청자 사이에, 또는 하위자인 화자가 상위자인 청자
에게 존대를 표시하는 경우에 주로 쓰인다. 'ᄒ뇌'류는 상위자인 화자가
하위자인 청자를 상대로 할 때도 쓰인다.

  이와 같이 근대국어 시기에 활발히 쓰이는 'ᄒ뇌'류 종결형은 'ᄒᄂ이
다'에서 '-다'가 절단되면서 형성된 것으로 이와 같이 종결 요소가 절단
되는 경우는 온전한 형식에 비해 존대성이 떨어지는 것으로 나타난다.5)

───────────

5) 'ᄒ뇌'류의 형성 과정에 대한 기존의 논의를 대략적으로 제시하면 아래와 같다.(장윤희 1997 :
   130 참조).
     허 웅(1975), ᄒᄂ이다>ᄒ뇌이다>ᄒ뇌
     이기갑(1978), ᄒᄂ이다>ᄒᄂ뇌이다>ᄒ뇌이다>ᄒ뇌다>ᄒ뇌
     이현희(1982), ᄒᄂ이다>ᄒᄂ뇌이다>ᄒ닝이다>ᄒ뇌
     이영경(1992), ᄒᄂ이다>ᄒᄂ뇌이다>ᄒ뇌이다>ᄒ뇌
     황문환(2002), ᄒᄂ이다>ᄒ닝다>ᄒ뇌다>ᄒ뇌
   이 외에 서정목(1993/1994 : 285)에서는 'ᄒᄂ이다'에서 '-다'가 절단되고 '-이-'가 융합되
   어 'ᄒ뇌'가 형성된 것으로 추정했다. 위의 논의들은 크게 '-이다'가 절단되었다고 본 견해
   와 '-다'만 절단되었다고 본 견해로 구분해 볼 수 있는데 이 글은 '-다'만 절단되었다고 보
   는 견해에 동의한다. 황문환(2002)에서 지적되었듯이 '-이다'가 생략되었다고 보면 'ᄒ뇌'류
   가 존대계열로 쓰이는 현상을 설명할 수 없다. 즉 '-이-'가 선행하는 요소의 형태를 변화시
   키는(i-역행동화) 동화주로만 작용하고 절단된 것이라면 'ᄒ뇌'류와 'ᄒᄂ다'류의 존대의 정
   도가 다르게 나타나는 것을 설명할 수 없다는 것이다. 또한 황문환(2002 : 220)에서 지적한
   바와 같이 '-이다'의 절단이 'i-역행동화'가 적용된 형태에 대해서만 일어나고 'i-역행동화'
   가 적용되지 않은 'ᄒᄂ이다'형에서는 왜 일어나지 않는지에 대해서도 설명할 수 없다. 따라
   서 'ᄒ뇌'형은 'ᄒᄂ이다'에서 '-다'가 절단되고 '-이-'가 축약된 형태를 표기한 것으로 봐
   야 한다.

결핍된 형식이 온전한 형식에 비해 존대 효과가 떨어진다는 것은 매우 무표적인 원리라 할 수 있다.6) 그런데 위의 경우는 청자경어법을 담당하는 형태소 '-이-'는 그대로 남아 있고 단지 종결형만 절단되었으므로 존대 효과가 떨어지기는 하나 '-이-'의 존재로 인해 존대계열을 형성할 수 있다.7) 그리고 (4)의 'ᄒᆞ옵ᄂᆡ'류는 'ᄒᆞᄂᆡ'류에 '-습-'이 더 결합된 형식이므로 'ᄒᆞᄂᆡ'류보다 더 높은 존대성을 표시한다. 실제 쓰임에서도 'ᄒᆞᄂᆡ'류는 서로 대등한 화·청자 사이에도 쓰이나 'ᄒᆞ옵ᄂᆡ'류는 하위자인 화자가 상위자인 청자를 상대로 할 때 주로 쓰인다는 점에서 차이를 보인다. 또한 교체사용의 측면에서도 'ᄒᆞ옵ᄂᆡ'류는 'ᄒᆞᄂᆞ이다'류와 혼용되는 비율이 높게 나타나는데 비해 'ᄒᆞᄂᆡ'류는 'ᄒᆞᄂᆞ이다'와 혼용되는 비율이 낮다는 점은 'ᄒᆞ옵ᄂᆡ'류의 존대성이 'ᄒᆞᄂᆡ'류보다 더 높다는 것을 말해준다.

다음은 'ᄒᆞᄂᆡ', 'ᄒᆞ옵ᄂᆡ'류와 동일한 절단형에 속하지만 '-이'가 아닌 '-오'나 '-습'으로 종결되는 유형의 존대성에 대해 살펴보기로 한다.

> (6) 가. 토교롤 익셕ᄒᆞ야 셔긔롤 쳔딕ᄒᆞ다 인심이 분울ᄒᆞ야 저마다 분긔ᄒᆞ
> 니 […] 그 욕이 <u>오죽ᄒᆞ오</u> […] 스신ᄂᆡ 가오실 적 선두의 비별ᄒᆞ고
> 연회 투비 ᄒᆞ려 ᄒᆞ오 [김인겸 → 종사상] <일동 1 : 78-9>

---

6) 종결어미의 절단으로 청자경어법 등급이 낮아진다는 논의는 한동완(1988), 김태엽(1995), 서정목(1993/1994) 등에서도 찾아볼 수 있다. 한동완(1988 : 236)에서는 청자경어법의 등급 결정에 있어서 형식 실현이 완형이 아니라는 것은 등급 단계를 낮추는 효과를 자연스럽게 가져 올 것이라 하였고, 서정목(1993/1994 : 283)에서도 결핍된 형식은 원래의 형태소가 가졌던 공손의 의미가 줄어들어 그보다 낮은 등급으로 내려오는 특징을 보여준다고 하였다. 김태엽(1995 : 36)에서는 선어말어미 '-이-'가 종결어미 '-이'로 기능변동을 겪으면서 종결어미 '-이'가 수행하는 청자높임의 기능이 선어말어미인 '-이-'에 비해 그 등급이 낮아지게 되는데 이는 하나의 문법형태소가 실현하는 기능부담량의 한계성이 그 원인이라고 하였다.
7) 근대국어에 나타나는 'ᄒᆞᄂᆡ'류에 대해 '-ᄂᆡ, -데, -새' 등을 하나의 어미로 볼 것인지, 이들을 형태소 분석하여 '-이'만 어미로 볼 것인지의 문제가 제기된다. 이 글은 '-ᄂᆡ, -데, -새' 등이 하나의 계열을 이루고 있기는 하나 형용사와 통합할 때는 선행하는 선어말어미 없이 '-이'만으로도 나타나고 있으므로 종결어미 '-이'를 설정하고 '-ᄂᆞ-, -더-, -사-' 등이 선접된 것으로 분석한다. 즉 근대국어 시기에 선어말어미 '-이-'가 후행 어미의 절단으로 인해 종결어미 '-이'로 전용된 것으로 본다.

　　나. 과연 <u>다힝ᄒ오</u> 우리 집의셔 식인 일노 죄명이 지듕ᄒ기 그 집의셔
　　　　날을 원망을 오쪽히 <u>홀가 보오</u> ᄆ음의 불안ᄒ기 측냥 업더니 복관
　　　　작ᄒ야시다 ᄒ니 실노 <u>다힝ᄒ오</u> [혜경궁→정조] <한중록 408>

　(6)은 후기 근대국어 시기에 새롭게 등장하는 '-오/소' 종결형의 예이
다. 이는 이전 시기의 명령형에 쓰이던 '-오/소'형과는 구별되는 것으로,
평서형과 의문형에 두루 쓰이며 'ᄒ오'류를 형성하게 된다. 'ᄒ오'류 역
시 청자에 대한 존대를 표시하는 부류로 하위자인 화자가 상위자인 청자
를 존대하는 경우에 쓰인다. 그런데 'ᄒ오'류는 앞서 살펴본 다른 부류들
과 달리 '-이-'의 존재가 외현적으로 드러나지 않는다는 점에서 이 부류
가 존대성을 표시하게 되는 형태내적 근거가 무엇인지에 대해 살펴볼 필
요가 있다.

　'ᄒ오'류의 형성에 대해서는 세부적인 논의에서 약간씩의 차이는 있지
만 대체로 선어말어미 '-습-'에서 기원한 것으로 보고 있다(최명옥 1976,
임홍빈 1985, 서정목 1993/1994 등).[8) '-오/소'는 음운론적인 환경에 따라 모
음 뒤에서는 '-오', 자음 뒤에서는 '-소'로 교체하는데 이러한 음운론적
인 교체는 선어말어미 '-습-'의 교체와 동일한 것이다.[9) 그리고 '-오/소'
가 음절 말음이 'ㄹ'인 동사와 결합할 때는 '-오'가 선택되고 'ㄹ'이 탈
락하는 양상을 보이는데 이 역시 중세국어 '-습-~-ᅀᆞᆸ-'의 교체와 동일
한 것이다. 중세국어에서 음절 말음이 'ㄹ'인 동사는 '아ᅀᆞᆸ게<월석 10 :

8) 임홍빈(1985)에서는 'ᄒ오'류의 '-오'는 '-습-'으로부터 변화한 형태로 본 반면, '-소'에 대
　해서는 중세국어에서 간접화의 기능을 가진 '-소-'나 '-수-'에 기원을 둔 것이라 하여 '-오'
　와 '-소'를 구별하고 있다.
9) 중세국어의 '-습-'은 어간 말음의 음운 조건에 따라 선행 형태의 말음이 모음 혹은 유성자
　음 'ㄴ, ㅁ, ㄹ'이면 '-ᅀᆞᆸ-'으로, 'ㄷ, ㅈ, ㅊ'이면 '-ᄌᆞᆸ-'으로, 나머지 환경에서는 '-습-'으로
　나타나며, 후행하는 어미의 첫소리가 모음이면 '-ᅀᆞᇦ-, -ᅀᆞᇦ-, -ᄌᆞᇦ-'으로 교체된다. 이러한
　교체 조건은 근대국어 시기에는 선행 형태의 말음이 자음이면 '-습-', 모음이면 '-ᅀᆞᆸ-' 계
　열로 통일되어 가는 경향을 보인다.

85>, 드숩거나<석상 13 : 53>'와 같이 '-숩-'이 결합하고 '르'이 탈락하는 현상을 관찰할 수 있다.[10]

'ᄒᆞ오'류가 선어말어미 '-숩-'으로부터 형성되었다는 것은 대체로 수용되는 견해인데 그 세부적인 논의에서는 다소 차이가 있다. 'ᄒᆞ오'류가 'ᄒᆞᄂᆞ이다'로부터 형성된 것인지 'ᄒᆞ니'로부터 형성된 것인지에 대해 견해차가 있다. 'ᄒᆞ오'를 'ᄒᆞ니'로부터 형성되었다고 본 논의는 최명옥(1976), 이기갑(1978)이 있다. 최명옥(1976 : 166)에서는 '-오이다/스오이다'에서 어미 '-다'가 탈락되고 '-외/스외'로 축약된 다음 이 형태가 다시 간소화 과정을 거쳐 '-오/소'가 된 것으로 추정하였다. 최명옥(1976)의 논의를 따르면 '-오/소'에는 '-숩-'과 '-이-'가 모두 결합된 것이 되는데, '-외/쇠'가 '-오/소'로 간소화되는 음운론적 과정을 설명하는 데에 어려움이 있다. 이기갑(1978 : 66)에서는 18세기의 'ᄒᆞ오'류에 대해 이전 시기에 명령형으로 쓰이던 '-오/소'형이 다른 서법으로까지 확대되어 독자적인 등급으로 확립된 것이라 하였다. 그러나 명령형으로 쓰이던 형태가 어떻게 평서, 의문형에까지 쓰일 수 있는지 그 원인을 밝히기가 어려워 보인다. 한편, 'ᄒᆞ오'류가 'ᄒᆞ오이다'류의 절단을 통해 형성되었다고 보는 견해로는 서정목(1993/1994), 이승희(2008) 등이 있다. 서정목(1993/1994 : 284)에서는 평서, 의문형의 '-오/소'는 '-오/소이다', '-오/소잇가'와 같은 형식에서 후행 형식들이 절단되어 형성된 것이라 하였다.

이 글은 18세기부터 등장하는 평서, 의문형의 '-오/소'에 대해 서정목(1993/1994)의 논의와 같이 선어말어미 '-숩-'에 후행하는 요소가 절단되면서 결과적으로 '-숩-'이 종결형으로 쓰이게 된 것으로 추정한다. '-숩-'

---

10) 이외에 이승희(2008)에서는 '-오/소'에 선어말어미 '-시-'만 선접될 수 있고, '-ᄂᆞ-, -더-, -리-, -숩-' 등은 결합하지 않는 점 역시 '-오/소'가 선어말어미 '-숩-'과 관련된 형태임을 보여주는 증거로 들고 있다. 선어말어미 결합 순서에서 '-숩-'은 '-ᄂᆞ-, -더-, -리-' 등보다 앞서는 형태들이기 때문에 '-오/소'에 선접할 수 없다는 것이다.

이 종결형에 쓰이는 경우 그 형태는 '-습, -옵, -오, -소, -스오' 등과 같이 다양하게 나타난다.

> (6)´ 가. 자반 넉 단만 슌개 주쇼셔 아무리나 수이 견훌<u>옵</u>샴을 하ᄂ님끠
>   비<u>옵</u>노이다 이후의 긔별 알 이리 어려우이다 이 사ᄅᆞᆷ이 올라 ᄒ
>   니 답장 즈시 ᄒ<u>옵</u> [딸→어머니] <달성간찰 99>
>   나. 툐 별이 하늘의 죵죵 허엿스니 맛치 ᄭᆫ 끈어진 진쥬 <u>ᄌ스오</u> <교
>   린(부산도서관본) 1 : 1b>

(6)´의 (가)는 '-옵'으로 문장이 종결된 경우이고 (나)는 '-스오'형이 쓰이고 있다. 이들은 '-습-'의 이형태들로 (6)의 '-오/소'와 같이 '-습-'의 후행 요소가 절단되면서 형성된 부류들이다. 다만 '-스오'형이 종결형으로 쓰인 예는 매우 드물게 나타나고 '-습' 종결형은 (가)와 같은 편지글이나 신문의 광고 형식의 글에서만 쓰일 뿐 상관적인 대화 장면에서 쓰인 예는 발견되지 않는다는 점에서 '-오/소'와 차이가 있다.

이상과 같이 선어말어미 '-습-'이 종결형식으로까지 쓰이는 현상은 근대국어 시기 '-습-'의 의미기능의 변화와 밀접히 관련된 것으로 여겨진다. 앞서 언급했듯이 '-습-'은 근대국어 시기에 '화자-청자' 관계에서 청자에 대한 화자의 겸양을 표시하는 형태소로 기능의 변화를 겪게 된다. 이와 같이 선어말어미 가운데 특히 청자와 관련된 기능을 담당하는 어미들은 문종결 형식으로 기능할 수 있는 어떤 기제를 갖고 있었던 것으로 추정된다. 전형적인 청자경어법 표시 형태소 '-이-'는 '-다'의 절단으로 종결어미화한 대표적인 예이고 현대국어의 '-십사'형 역시 청자에 대한 청유를 표시하는 '-사-' 뒤의 요소가 절단됨으로써 종결형으로 쓰이게 된 예이다. 근대국어의 'ᄒ오', 'ᄒ옵'류 역시 '-습-'이 '화자겸양'의 의미를 획득하여 간접적으로 청자를 존대할 수 있게 되면서 후행요소가 절

단되고 종결형으로 쓰일 수 있게 된 것으로 볼 수 있다.

그렇다면 '흐오'류가 존대성을 표시하게 되는 형태적 기제는 무엇인가. '흐오'는 '-습-'의 후행요소가 모두 절단된 상태이므로 결과적으로 '흐오'류의 청자경어법을 담당하는 형태소는 '-습-'이 된다. 그런데 근대국어에서 '화자겸양'의 의미를 갖는 '-습-'은 항상 '-이-'의 존재를 전제로 하는 결합 제약이 있음을 앞서 지적한 바 있다. 즉 '-습-'이 단독으로 청자경어의 기능을 담당하는 것이 아니라 '-이-'가 결합된 상태에 부가되어 그 기능을 수행할 수 있다는 것이다. 따라서 '흐오'류가 '-습-‥‥-이-+X'에서 '-이-'를 포함한 '-습-'의 후행요소가 절단되어 형성된 것이라 할 때, 외현적으로는 '-이-'의 존재를 확인할 수 없지만 이 부류의 형태내적 구성으로는 '-이-'를 상정할 수 있다.11) 이렇게 보면 '흐오'류는 '흐옵니'류와 마찬가지로 '-이-'와 '-습-'이 동시에 결합된 상태에서 종결형이 절단되었으므로 그와 동일한 존대성을 표시하게 된다. 후기 근대국어에서 '흐오'류가 등장하면서 '흐옵니'류는 그 쓰임이 축소되고 결국 소실되는 것을 확인할 수 있는데, 이러한 현상은 이 두 부류가 동일하게 종결형의 절단이라는 절차를 거치면서 유사한 존대성을 표시했기 때문인 것으로 설명할 수 있다.

한편 '축약'은 절단만큼 두드러지게 존대성의 변화를 초래하는 것으로 나타나지는 않는다. 그러나 개화기 시기의 '흡니다'류나 '흐니'류의 존대

---

11) 서정목(1990/1994 : 346)에서는 현대국어의 '하오'류에 청자 대우 형태 '-이-'나 '-잇-'이 들어 있지 않기 때문에 손윗사람에 대하여 대우하여 말하지 않는 경우에 쓰인다고 하였다. 이 형식은 화자겸양의 형태 '-습-'의 후계이거나 높임의 명령법 형태 '-쇼셔'에서 유래하는 것이기 때문에 청자인 손윗사람을 대우해 주지 않으면서도 손윗사람에게 사용될 수 있는 것으로 보았다. 그러나 근대국어 시기의 '흐오'류는 '흐ᄂ이다'류와 혼용되면서 청자에 대한 존대성을 분명히 드러내고 있는 것으로 관찰된다. 이러한 쓰임은 '-이-'가 형태상으로 인식되는 것은 아니지만 화자의 의식 속에는 '-이-'에 대한 인식이 작용하고 있기 때문인 것으로 해석할 수 있다.

성 변화를 보면 축약 역시 존대성에 일정한 영향을 미치는 것을 알 수 있다. 특히 전형적인 청자경어법 형태소 '-이-'의 축약에서 '-이-'가 온전히 실현되었을 때에 비해 그 의미가 축소되는 것은 자연스러운 현상이다. 그런데 절단이 공시적인 현상이라면 축약은 통시적인 현상으로 축약된 형식이 새로운 지위를 획득하는 데에는 일정한 시간성이 개입되는 것으로 보인다. 근대국어 초기에 나타나는 축약형은 청자경어법의 변화에 큰 영향을 미치지 않으며 표기법상의 단순 축약형으로 볼 수 있지만 근대국어 후반에 나타나는 축약형은 이와는 다른 양상을 보인다.

(7) 가. 우리ᄂᆞᆫ ᄋᆡᆨ 업ᄉᆞ온 저기 업ᄉᆞ와 밧ᄭᅴ셔ᄅᆞᆯ ᄋᆡᆨ 즁ᄒᆞ와 동셧ᄯᆞᆯ로 ᄂᆞ리무거 ᄯᅩ ᄌᆞ식 주그로다 ᄒᆞ니 다ᄆᆞᆫ 두 ᄌᆞ식으로사 ᄯᅩ 주글라라 ᄒᆞ오니 민망ᄒᆞ여이다 […] ᄌᆞᆫ ᄃᆡ나 신ᄉᆞ오실가 ᄒᆞᄋᆞᆸ노이다 가ᄂᆞᆫ 무명이 내 장옷 ᄀᆞ암이러니 동ᄉᆡᆼ님내 ᄆᆞᆯ 드리ᄂᆞᆫ 보라 드렷ᄉᆞᆸ다가 시월의 보내ᄋᆞᆸ쇼셔 ᄆᆡ일 젓ᄉᆞ오ᄃᆡ 내 내디 몯ᄒᆞ여ᄉᆞ오니 보내뇌다 […] 반히레 고기 바ᄃᆞ라 ᄒᆞ시ᄃᆡ 이적 바회 가셔 몯 바다 와시니 후의 바다 보내오링다 광어 ᄒᆞ나란 아래 할마님ᄭᅴ 보내쇼셔 [딸→어머니] <달성간찰 47>

나. 문뎨 샤뎨 삼장ᄃᆞ려 무로되 이 엇던 샹셔오 ᄃᆡ답ᄒᆞ야 ᄀᆞᆯ오ᄃᆡ 셔방의 부톄 겨샤ᄃᆡ 일후미 아미태시니 황휘 업이 노ᄑᆞ샤 신령이 뎌나라희 나미로쇠다 ᄒᆞ물며 셩인 ᄀᆞᄅᆞ치샤미 분명ᄒᆞ니 의심을 닐위미 업스니다 <권념 : 22b-23a>

(7)은 '-이-'가 축약된 표기를 보여주는데 (7가)는 딸이 어머니에게 보낸 편지의 일부로 축약되지 않은 'ᄒᆞᄂᆞ이다'형과 의미적인 차이보다는 단지 표기상의 차이를 갖는 것으로 보인다. (7나) 역시 축약된 표기의 예로 방언형의 반영일 수 있으나 ≪권념요록≫에는 이와 같이 'ᄒᆞᄂᆞ이다'형이 축약된 형태로만 나타난다는 점에서 이 자료의 축약형 표기는 'ᄒᆞᄂᆞ이다'의 단순 이표기인 것으로 추정된다.

이렇게 근대국어 초기에 나타나는 '-이-' 축약형 표기는 청자경어법에
큰 변화를 초래하지 않지만 개화기국어 자료에 나타나는 축약형은 다소
차이가 있다.

(8) 박참봉 : 너 엇지ᄒᆞ야 여긔 왓느냐
    졈　순 : 딕에는 못 올 데이오닛가
    박참봉 : 너 언제 니 집에 와셔 보앗느냐
    졈　순 : 젼에는 못 왓습니다마는 이제는 ᄌᆕᄌᆕ <u>오깃습니다</u>
    박참봉 : 오냐 긔특ᄒᆞ다 이담에는 나제 오지 말고 밤에 오너라 기다리
　　　　　고 잇스마 (…)
    졈　순 : 누가 나리딕 마〃님 뵈우러 <u>왓습닛가</u> 우리딕 마〃님 뵈우러지
    박참봉 : 이이 너의 댁 령감게셔 쳡 두셧단 쇼문이 잇스니 참말니냐
    졈　순 : 령강마님 심부름ᄒᆞ러 온 졈슌이는 병신으로 ᄋᆞ르시네 어셔
　　　　　마〃님 뵙고 <u>가깃습니다</u> 어느 방에 <u>게심닛가</u> <귀의셩 504-
　　　　　514>

(9) 노인 : 여보 말 좀 무러 <u>봅시다</u> 저집이 김관일 김초시 집이오
    이웃사람 : 네 그집이오 그러느 그집에 아무도 업나 보오 <혈의루 22>

(8), (9)는 근대국어 후반부터 나타나기 시작하는 'ᄒᆞᆸᄂᆞ이다'의 축약
형 사례이다. 개화기국어 시기에는 이미 '홉니다/홉늬다/홉니다/홉니다'
등 다양한 이표기로 나타나는데 표기상의 변이가 다양할 뿐만 아니라 기
능상으로도 축약 이전의 'ᄒᆞᆸᄂᆞ이다'와는 다소 차이가 있다. 근대국어
시기부터 'ᄒᆞᆸᄂᆞ이다'와 'ᄒᆞᄂᆞ이다'는 청자에 대한 존대를 표현하는 서
로 다른 형식이었는데 19세기 말엽부터 'ᄒᆞᆸᄂᆞ이다'형이 축약의 과정을
거치는 한편 'ᄒᆞᄂᆞ이다'형은 소실의 단계에 접어드는 변화를 겪게 된다.
결과적으로 축약형 '홉니다'형이 청자경어법상 최상위 존대를 담당하는
것에는 변화가 없으나 '홉니다'형은 축약 이전의 'ᄒᆞᆸᄂᆞ이다'와 동일한

존대성을 표현한다고 보기 어렵다. 'ᄒᆞ옵ᄂᆞ이다'는 'ᄒᆞᄂᆞ이다'와의 대립 관계를 통해 그 상대적 존대성이 부여되던 형식인데 축약형 'ᄒᆞᆸ니다'형 은 'ᄒᆞ옵ᄂᆞ이다'와 'ᄒᆞᄂᆞ이다'의 대립관계가 무너지고 이 두 형식을 아우 르는 용법을 획득하게 된 것이다.

이상의 논의를 통해 청자경어법의 두 번째 형태원리를 정리하면 아래 와 같다.

> (10) 청자경어법의 형태원리(Ⅱ)
> 절단이나 축약의 과정을 거친 형식은 온전한 형식에 비해 그 존대성 이 하락한다.

2.3. 문종결형식의 독자성에 따른 형태원리

마지막으로 살펴볼 청자경어법의 형태원리는 '-이-'나 '-습-'의 결합 관계에 따른 존대성의 상승이나 축약, 절단으로 인한 존대성의 하락으로 는 설명할 수 없는 현상들에 대한 것이다. 아래의 예를 검토하고 추가되 는 원리를 밝혀보도록 하겠다.

> (11) 가. 나도 당시 편히 잇뇌 졍녜는 됴히 <u>잇ᄂᆞᆫ가</u> 후에 올 사룸 ᄒᆞ여 긔 별ᄒᆞ소 [남편→아내] <달성간찰 19>
> 나. 今日 비록 내올 쩌시니 그 返書롤 수이 가지여 오옵소 싱각 밧긔 수이 오니 大守도 일뎡 깃비 너기시울쇠 […] 셔울은 어너 끠 쩌 나셔 여긔는 어너 끠 브트시리라 <u>니르옵ᄂᆞᆫ고</u> […] 닉일은 信使 빅 토실 놀日이라 니ᄅᆞ니 일뎡 <u>그러ᄒᆞ온가</u> [객(대마도주가 보낸 사자)→주(훈도, 별차)] <원간첩해 5 : 10b-12b>
> 다. 자닉네 딕답이 볼셔 겁ᄒᆞ는 양이로디 엇디 혼 편만 <u>싱각ᄒᆞ시ᄂᆞᆫ고</u> […] 힝여 批判홀 적이면 슈괴 허일이 될가 이러틋시 구옵닉 [객 (대마도주가 보낸 사자)→주(통신사)] <원간첩해 5 : 26b-28a>

라. 혹자 : 엇디 친히 드러가 엿줍디 아니 ᄒᆞᆸ시ᄂᆞᆫ고
    영창대군 : 날을 그리워 셜워 미양 웁시니 내 드러가면 더옥
    　　　　　셜워ᄒᆞᆸ실 거시니 아니 드러 가노라 <계축 하 : 16b>

(12) 가. 우리 오늘 이바디에 언멋 술을 <u>먹거뇨</u>
    　　　두 냥 은엣 술을 머거다 <노걸대 하 : 35b>
    나. 뎡셔방은 초시롤 ᄒᆞ온가 시브오니 어느만 <u>깃ᄉ오시거뇨</u> 깃브오
    　　　미 아ᄆᆞ라타 업ᄉ와 ᄒᆞᆸ노이다 [질부(인현왕후) → 시고모(숙휘
    　　　공주)] <언간 147>

(11)은 '-ㄴ가'형 의문어미의 예이고 (12)는 '-거뇨'형 의문어미의 예이다. '-ㄴ가'와 '-거뇨'는 중세국어에서 간접의문을 형성하던 부류인데 근대국어 시기에는 직접의문문 어미로도 쓰이게 되면서 용법의 확장을 경험한다. 그런데 이들이 직접의문문 어미로 쓰이는 경우 어느 하나의 부류에 속해 고정적으로 쓰이는 것이 아니라 (11), (12)에서와 같이 청자경어법을 표시하는 데 있어 다소 유동적인 모습을 보여준다. '-ㄴ가'형 의문어미는 (11가)와 같이 주로 'ᄒᆞ니'류와 혼용되는 경우가 많지만 'ᄒᆞ다'류와 함께 쓰인 예도 종종 발견할 수 있다.[12] '-거뇨'형 의문어미 역시 (12가)와 같이 'ᄒᆞ다'류와 공존하는 예를 확인할 수 있다. 그런데 (11나, 라)나 (12나)처럼 이들 어미에 '-시-'나 '-ᆸ-', 또는 '-ᆸ시-'가 결합되면 존대의 정도성이 상승하는 것을 볼 수 있다. (11나, 다)에서는 '-ㄴ가'형 의문어미에 '-시-'와 '-ᆸ-'이 결합하여 'ᄒᆞᆸ니'류와 함께 쓰이고 있으며 '-ᆸ시-'가 결합된 (11라)의 경우 역시 신하가 대군을 상

---

12) '-ㄴ가'가 'ᄒᆞ다'류와 혼용되는 경우는 아래와 같은 예에서 확인할 수 있다.
　　가. 덕동이ᄂᆞᆫ <u>보낸가</u> 부듸 ᄎᆞᆺᄃᆞ록 ᄒᆞ여라 [아버지(박동선) → 아들]
　　　　<한글간찰 34>
　　나. 명디ᄂᆞᆫ <u>방곤가</u> 엇딘고 장의골 그 초록 든 것 […] 최소니 쉬 보내라
　　　　[어머니 → 딸] <청주간찰 128>

대로 하여 사용하였으므로 'ᄒᆞᆸᄂᆡ'나 그 이상의 존대성을 표시하는 것으로 볼 수 있다. (12나)의 '-거뇨'형 의문어미는 '-습시-'가 결합하여 'ᄒᆞᆸᄂᆡ다'류와 혼용되고 있다.

이와 같이 '-ㄴ가'나 '-거뇨'형 의문어미의 존대성이 유동적으로 나타나는 것은 이들 어미의 기원적인 성격과 관련된다. '-ㄴ가'와 '-거뇨'형 의문어미는 중세국어에서 간접의문문에 쓰였고 간접의문문 어미는 청자경어법이 중화된 상태로 표시되는 형태이기 때문에 이들이 직접의문문 어미로 쓰이는 경우에도 존대계열과 비존대계열에 아울러 쓰일 수 있었던 것으로 보인다. 그리고 이들이 존대성을 표시하기 위해 '-시-'나 '-습-', 또는 '-습시-'를 결합시키는 것도 이들의 기원적인 성격으로부터 비롯된 것이다. 청자경어법을 표시하기 위해서는 '-이-'를 결합시키는 것이 일차적인 방법이나 '-ㄴ가'와 '-거뇨'형 의문어미는 간접의문문에 쓰였고 간접의문문은 '-이-'의 결합이 배제되는 환경이므로 다른 방법이 필요하다. 이러한 제약을 극복하는 방안으로 '-이-' 대신 '-시-'나 '-습-', 또는 '-습시-'가 결합하게 된 것으로 해석된다.

결론적으로 '-ㄴ가'와 '-거뇨'형 의문어미를 통해 기원적으로 '-이-'의 결합이 배제되는 환경에 쓰였던 어미들은 '-이-' 대신 '-시-'나 '-습-', 또는 '-습시-'가 결합하여 경어도가 상승한다는 원리를 상정해 볼 수 있다.13)

---

13) 중세국어의 선어말어미 배열 순서를 따르고 있는 '-습시-'형이 근대국어에서도 많이 나타나는데 이렇게 '-습-'이 '-시-'에 선접하는 경우는 '-시-' 뒤로 자리를 이동한 '-습-'과는 다른 의미로 해석된다. 근대국어의 '-습-'이 청자에 대한 화자의 겸양을 표시하는 형태임에 비해 '-습시-'형은 거의 하나의 단위로서 단일한 기능을 수행하는 것처럼 보인다. 주경미(1990 : 58-61)에서는 근대국어에 나타나는 '-습시-'형을 극존칭으로 파악하고 이 형태는 대부분 임금이나 왕세자를 존대하는 경우에, 그리고 상위자인 상대가 담화상황에 존재하는 경우에 쓰인다고 하였다. 이승희(2008)에서는 '-시-'에 앞서는 '-습-'에 대해 '주체에 대한 화자의 공손함을 표시하는 기능'을 갖는다고 하였다. 그리고 주체에 대한 화자의 공손함이라는 의미는 '-습-'의 본질적인 의미인 '겸양'에서 발전한 것으로 보았다. 즉, '-습-'

근대국어에서 청자경어법을 표시하는 유형 중 마지막으로 아래 (13)과
같이 청자경어의 기능과 문장종결의 기능이 하나의 형태로 융합되어 나
타나는 경우를 들 수 있다.

(13) 가. 춘날의 오래 안자 계셔 언머 슈고ᄒᆞᆸ셔뇨 연향ᄒᆞ실더 날도 져믈
　　　　써시니 수이 출혀 **나쇼셔** [객(도선주) → 주(부산검사)] <원간첩해
　　　　2 : 17a-19a>
　　나. 월매 : 셔방님 어듸로 가랴 **ᄒᆞ오**
　　　　이도령 : 집으로 **가지** <남원고사 4 : 17a>
　　다. ᄉᆞ쏘게셔 **딕동출방** 갓실 졔 관비 ᄒᆞᆫ 년 다리고 ᄌᆞ고 그 년의 빈
　　　　혀가지 **쎄앗고** 돈 ᄒᆞᆫ픈 아니 **쥬엇지오** ᄯᅩ 운산현감 갓실 졔 […]
　　　　은가락지 **취식ᄒᆞ여** 쥬마ᄒᆞ고 서울 **보늬엿지오** [이낭청→사쏘]
　　　　<남원고사 3 : 29a>

(13가)의 '-쇼셔'는 그 기원에 대해 명확히 밝혀진 바는 없지만 '-시-'
를 포함한 어떤 경어법적 요소가 융합되어 있는 것으로 추정되며 그로
인해 이 형태의 존대성이 결정되었다고 할 수 있다.14) (13나, 다)는 이른

이 '-시-'에 선접하는 경우는 '주체-화자'의 관계에서 주체의 동작에 대한 경어를 좀 더
강화하는 특성을 보이는 것이다. 그런데 '-ᅌᅳᆸ시-'형 역시 중세국어에서 일반적인 어형은
아니었다. '-시-'가 매개모음을 취하는 어미이므로 '-ᄉᆞᄫᆞ시-' 또는 '-ᄉᆞ오시-'로 나타나
는 것이 일반적이다. 근대국어 '-ᅌᅳᆸ시-'형의 선대형으로 보이는 예가 중세국어에서 발견되
는데, 《訓民正音解例》의 "내 ᄒᆞᅌᅳᆸ시논 뜨디시니라 <2b>"와 《改刊法華經諺解》의 "안해 眞
金像이 現ᄒᆞ신 듯 ᄒᆞᅌᅳᆸ신 世尊 <1 : 34>"의 두 용례가 그것이다. 이때의 '-ᅌᅳᆸ-'은 중세국어
에서 '객체에 대한 주체의 겸양'을 표시하던 '-ᅀᆞᆸ-'과는 기능상의 차이가 있는 것으로 보
인다. 이현희(1985 : 15)에서는 이 경우의 '-ᅌᅳᆸ-'에 대해 '화자의 주체에 대한 겸양'으로 해
석될 가능성을 제시한 바 있다. 이 형태가 근대국어의 '-ᅌᅳᆸ시-'에 이어진 것으로 추정된다.
근대국어에서 '-ᅌᅳᆸ-'이 '-시-'에 선접하는 경우는 청자에 대한 화자의 겸양으로 해석할
수 없고 주체에 대한 화자의 겸양을 표시함으로써 결과적으로 주체에 대한 존대를 더 극
대화하는 장치로 해석할 수 있다.
14) 중세국어에서 '-쇼셔'에 '-시-'가 통합된 예가 한 번도 나타나지 않는다는 사실은 '-쇼셔'
에 이미 '-시-'가 포함되어 있음을 말해주는 것이다. 한편 정재영(1996)과 장윤희(1997가)
에서는 중세국어 이전 시기, 즉 향가 자료와 구결 자료에서 명령형 어미로 '-ᅘᅭ', '-ᅘᅭ'가
쓰였음을 확인하고 이 형태는 중세국어 '-쇼셔', '-어쎠'의 '-셔'로 이어지는 것이라 하였
다. 박진호(1998 : 161)에서는 석독구결에 나타나는 '-ㅁ ハ ᅘᅭ(고기시셔)'를 중세국어의

바 '반말체' 어미에 해당하는 것으로 '반말체'는 고영근(1974 : 82)에서 "높이지 않고 낮추지도 않는 말씨"라고 언급한 것과 같이 그 성격이 다소 유동적이다. 반말계열의 이러한 특성은 그 형성의 배경과 무관하지 않다. (13나)의 '-지'를 포함한 '-어, -거든, -는데' 등의 종결어미들은 기원적으로는 연결어미였으나 후행절의 절단으로 종결어미화한 것들이다. 즉 근대국어 후기에 나타나는 반말계열 어미들은 기원적으로 청자경어법과는 무관한 범주에 속했기 때문에 청자경어법에 있어서도 무표적인 특성을 보인다.[15) (13다)는 반말 어미에 '-요'가 결합된 예인데 반말계열 어미의 경우 이와 같이 '-요'가 결합함으로써 청자경어를 표시할 마땅한 방법이 없는 이 어미들의 존대성을 표시하게 된다. '-요'는 '흐오'류의 '-오'로부터 형성된 것으로 보는 견해가 일반적이다.[16) 이러한 견해를 수용하면 '-요'의 존대성은 '-오'로부터 계승된 것이라 할 수 있다.

이상과 같이 '-쇼셔'나 '-요'처럼 종결어미 자체에 청자경어법 요소가 포함되어 있거나 반말계열 어미들처럼 청자경어법상 무표적인 특성을 갖

'-쇼셔'에 대응하는 형태로 보았다. 석독구결 자료에서 'ᄉ(기)'의 정체가 무엇인지 아직 확실히 밝혀지지 않았지만 한 가지 특징적인 현상은 어미구조체에 '기'가 개재하여 선어말어미의 배열 순서가 뒤집어지는 현상이 있다는 것이다. '기'의 개재 없이 '-고-'와 '-시-'가 통합할 때는 '-시-'가 앞에 오지만 '기'가 개재하면 '-고기시-'와 같이 되는 것이다. '-고기시셔'에서 '기'가 빠지면 '-시-'와 '-고-'의 통합 순서가 바뀌게 되어 '-시고셔'가 되고 '-고-'의 /ㄱ/이 약화되면 '-시오셔'의 단계를 거쳐서 중세국어의 '-쇼셔'가 된다는 것이다.

15) 이른바 반말체의 청자경어법 등급에 대해 한길(1986 : 553)에서는 '안높임'으로 파악하고 있다. 그리고 반말에 '-요'를 통합하여 '높임'이 된다고 하였다. 반면 서정목(1989/1994 : 433)에서는 반말은 청자 대우상으로 '낮춤말'이라 하고, 여기에 '-요'를 통합하여 대우 표현이 된다고 하였다. 박재연(1998 : 25)에서는 반말은 청자대우법이 무표적으로 실현되었으며 이러한 특성으로 인해 청자 대우 요소 '요'가 붙을 수 있다고 하였다. 이 글 역시 연결어미로부터 형성된 반말계열은 '높임'이나 '낮춤'으로 파악하기보다 그 자체는 청자 대우에 있어서 중립적이라는 입장이다.

16) '-요'가 '흐오'의 '-오'로부터 변화한 것이라고 본 견해는 최전승(1990), 이기갑(1997)이 있고, 계사와 '-오'가 결합된 '-이오'로부터 유래했다고 본 견해로는 김종택(1981), 민현식(1984), 고광모(2000나)가 있다. 이에 대해 서정목(1993/1994 : 288)에서는 '-요'가 동남 방언에서는 '-예', 서남 방언에서는 '-라우', 중부 방언(충청)에서는 '-유'로 나타나는 점을 고려하여 '흐오'의 '-오'에 기원을 둔다는 종래의 견해에 대해 유보적인 입장을 취하고 있다.

고 있는 어미들에 대해서는 형태소의 결합에 따른 특정한 존대성을 산정할 수 없고 이들 나름의 형태원리를 상정해야 한다. 종결어미의 특성 자체가 청자경어법을 표시하는 효과적인 요인으로 작용한다는 내용의 원리화가 필요하다.

이상의 내용을 정리하여 청자경어법의 형태원리를 상정하면 아래와 같다.

> (14) 청자경어법의 형태원리(Ⅲ)
>   1. '-이-'의 결합이 원천적으로 배제되는 환경에서는 '-시-/-습-/-습시-'가 결합하여 존대성이 상승한다.
>   2. 청자경어와 문장종결의 기능이 하나의 형태로 융합된 경우 종결어미의 의미 특성은 청자경어법의 존대성을 표시하는 효과적 요인이다.

(14-1)에서 "'-이-'의 결합이 원천적으로 배제되는 환경"이란 종결 위치임에도 '-이-'의 결합이 불가능한 경우를 말하는 것으로 앞서 살펴본 '-ㄴ가', '-거뇨'형 의문어미나, 중세국어에서는 연결어미였는데 근대국어에서 명령형 어미로 쓰이는 '-과댜'처럼 기원적으로는 종결어미가 아닌데 종결어미로 쓰이게 된 형태가 포함된다. 이들 어미들은 특정 청자경어법과 무관하며 청자경어법상 중립적인 성격을 띤다는 공통점을 갖고 있다. 또한 이들 어미들에 '-시-/-습-/-습시-'가 결합하여 존대성이 상승하는 경우는 대개 주체와 청자가 일치하는 2인칭 의문문이나 명령문에 한정된다. 주체 존대의 '-시-'나 '-습시-'가 청자를 존대하게 되는 경우는 당연히 주체와 청자가 일치하는 2인칭 의문문이나 명령문이어야 하며 이러한 경우 주체에 대한 존대가 청자에 대한 존대로 이어지는 존대 파급 효과를 얻을 수 있다. 그런데 '화자겸양'의 '-습-' 역시 '-ㄴ가'형 의문어미와 결합하여 존대성이 상승하는 경우는 대개 2인칭 의문문인 것으

로 나타난다. 결론적으로 (14-1)의 형태원리는 청자경어법에 있어 중립적인 어미 부류들이 2인칭 의문문이나 명령문에 쓰이는 경우로 국한된다는 조건을 포함한 내용이다.

앞서 제시한 청자경어법의 형태원리(Ⅰ), (Ⅱ), (Ⅲ)을 종합하여 다시 제시하면 아래와 같다.

> (15) 청자경어법의 형태원리
> 1. 청자경어법은 '-이-'의 결합으로 존대성이 한 단계 상승한다.
> 2. 청자경어법은 '-습-'의 결합으로 존대성이 한 단계 더 상승한다. (단, '-습-'은 '-이-'의 존재를 전제로 한다.)
> 3. 절단이나 축약의 과정을 거친 형식은 온전한 형식에 비해 그 존대성이 하락한다.
> 4. '-이-'의 결합이 원천적으로 배제되는 환경에서는 '-시-/-습-/-습시-'가 결합하여 존대성이 상승한다.
> 5. 청자경어와 문장종결의 기능이 하나의 형태로 융합된 경우 종결어미의 의미 특성은 청자경어법의 존대성을 표시하는 효과적 요인이다.

3. 청자경어법의 체계

근대국어의 청자경어법은 'ᄒᆞ오'류가 등장하기 이전과 이후로 구분되며 개화기국어는 'ᄒᆞᆸᄂᆞ이다'와 'ᄒᆞᆫ이다'가 'ᄒᆞᆸ니다'류로 합류한다는 점에서 근대국어와 다시 구분된다. 전기 근대국어에서 후기 근대국어로 넘어가는 과정에서 나타난 변화, 그리고 개화기국어에서 새롭게 정착된 청자경어법 체계를 중심으로 근대·개화기국어의 청자경어법을 검토해 보도록 한다.

청자경어법의 특징에 대해 검토한 바 있듯이 청자경어법도 여타 경어법과 마찬가지로 기본적으로는 존대와 비존대의 이분체계를 기본으로 한다.17) 즉 청자경어법의 체계를 '존대계열'과 '비존대계열'로 구성되는 것으로 보고자 한다. 여기서 존대계열은 다시 청자경어법의 형태원리에 따라 각각의 존대성으로 구분된다. 비존대계열에는 'ᄒᆞ다'류와 후기 근대국어에 형성되는 반말의 '히'류 등이 포함된다. 이들은 특정 존대 표시 형태소가 결합되지 않기 때문에 [-존대성]이라 할 수 있다. 비존대계열의 'ᄒᆞ다'와 '히'류는 청자에 대한 비존대라는 점에서는 공통적이나 'ᄒᆞ다'류가 적극적인 비존대에 속한다면 '히'류는 존대에 대한 적극적인 의사 표현이 없기 때문에 무표적으로 비존대에 속한다는 차이가 있다.

한편 청자경어법 체계가 존대계열과 비존대계열로 구성된다고 할 때, 이들은 각각 '반말'과 '온말'로 다시 구분해 볼 수 있다. '半말'은 문자 그대로 완전한 문장에서 어미의 일부가 절단되어 형성된 말을 지칭하는 것이며 형태상으로 완전하지 못한 어형을 가리키는 말이다(김영욱 1997 : 183). 이러한 '반말'의 정의에 비춰볼 때 근대국어에 나타나는 'ᄒᆞ니', 'ᄒᆞ옵니', 'ᄒᆞ오' 등의 형태는 종결어미 '-다' 또는 '-이다'가 절단되어 형성된 것이므로 형태상으로 온전하지 못한 '반말'에 포함된다.18) 현대국어의

---

17) 이러한 견해는 강창석(1987)에서 이미 제시된 바 있다. 국어 경어법의 등급 설정에 있어서 등급수의 설정에 이론이 분분하고 모두가 쉽게 납득할 수 있는 결론이 제시되지 않는 이유는 몇 등급이 옳으냐 이전에 등급 설정 자체가 성립될 수 없는 허구의 논제이기 때문임을 지적하고 있다. 따라서 청자경어법의 경우도 기본 등급은 '상위자/비상위자'의 이분 체계로 보아야 한다는 것이다.

18) 김영욱(1997 : 184-8)에서는 중세국어에 나타나는 '-니, -리, -뇌'형에 대해 종결어미의 '생략'에 의해 형성된 '반말'로 규정한 바 있다. 반면 최명옥(1997 : 20)에서는 16세기 자료에 나타나는 '-니, -데, -새, -소' 등의 형태에 대해 '반말'로 규정한 기존의 논의를 비판하면서 현대 한국어에 존재하는 '반말'이란 '종결어미나 조사 같은 것을 줄이거나 또는 분명히 달지 아니하여, 청자와 화자와의 관계를 분명히 하지 않거나 존대나 하대의 뜻이 없이 어름어름 넘기는 말'이라 하겠는데 16세기 문헌자료에서 발견되는 '반말'은 화자와 청자 사이의 관계가 분명할 뿐만 아니라 거기에는 존대나 하대의 뜻이 명확하게 표시되기 때문에 '반말'로 볼 수 없다고 하였다. 그러나 '반말'이라는 용어는 형태적으로 온전한가 그렇지

'반말'은 주로 접속문 구성의 후행절이 절단되면서 형성된 부류들이고 또 이들은 기원적으로 청자경어법과는 무관한 범주이기 때문에 청자에 대한 존대를 표시하기 위해서는 '-요'를 결합시켜야 한다. 이러한 점에서 '흐니', '흐오'류의 '반말'은 현대국어의 '반말'과는 다소 차이가 있다. 그러나 현대국어의 '반말'이나 근대국어의 '반말'이 모두 후행 요소의 절단에 의해 형성되어 형태적으로는 불완전한 형식이지만 그 자체로 문장 종결의 기능을 수행한다는 점에서는 공통된다.

이 글은 근대국어의 '흐니, 흐요니, 흐오'류를 그 당시의 '반말'로 보고자 한다. 현대국어의 '반말'이 청자 존대와 관련된 기능이 없는 반면 근대국어의 '반말'은 청자 존대의 기능도 포함하고 있다는 점에서는 차이가 있다. 이는 상황이나 시대에 따라 사용되는 '반말'의 의미에 차이가 있을 수 있음을 말해주는 것이다(김영욱 1997 : 183). 즉 특정 시기에 '반말'로 쓰이던 형태가 시간이 지나면서 그것의 형성에 대한 인식이 희박해지고 하나의 종결어미로만 인식되면서 단지 의고적인 쓰임으로만 남을 수 있는 통시적 변화 과정이 내포되어 있다는 것이다. 또한 '반말'에 대비되는 개념으로 종결어미를 온전하게 갖춘 형식을 '온말'이라 지칭할 수 있는데 여기에는 '흐요ㄴ이다, 흐ㄴ이다' 등의 형식들이 포함된다. 근대국어의 '반말'은 청자 존대의 기능을 포함하고 있기 때문에 '온말'과 동일한 존대성을 표현하기도 한다. '온말'인 '흐ㄴ이다'와 '반말'인 '흐요니'가 서로 혼용되어 쓰이는 현상을 통해 이를 확인할 수 있다. 현대국어에서 '합니다'류와 '해요'류가 동일하게 존대성을 표시하면서 혼용되는 것과 유사한 경우라 할 수 있겠다.

이상의 논의를 종합하여 근대·개화기국어의 청자경어법 체계를 도식

않은가를 일차적인 기준으로 명명된 것이며, '반말'에 존대 표시의 기능이 있느냐 없느냐와 같은 구체적인 용법은 시대에 따라 차이가 있을 수 있다.

화하면 아래와 같다.

〈표 1〉 근대국어의 청자경어법

	존 대 계 열			비존대계열
	高 ← [+존대성] → 低			[−존대성]
온말	ᄒᆞᅌᅥᆸᄂ이다	ᄒᆞᄂ이다		ᄒᆞᆫ다
반말	(ᄒᆡ요)	ᄒᆞᅌᅥᆸ닉, ᄒᆞᅌᅥᆸ, (ᄒᆞᅌᅩ)	ᄒᆞ닉	ᄒᆞ닉, (ᄒᆡ)

〈표 2〉 개화기국어의 청자경어법

	존 대 계 열			비존대계열
	高 ← [+존대성] → 低			[−존대성]
온말	ᄒᆞᆸ니다			ᄒᆞᆫ다
반말	ᄒᆡ요	ᄒᆞᅌᅩ	ᄒᆞ닉	ᄒᆡ

    <표 1>은 전기 근대국어의 청자경어법 체계를 기본으로 하고 후기 근대국어에 새롭게 추가되는 부류는 ( )로 표시하여 근대국어 전반의 청자경어법 체계를 제시한 것이고 <표 2>는 개화기국어의 청자경어법 체계를 보인 것이다. 위 표에서 존대성이 동일한 부류가 각각 온말과 반말로 나타나는 경우가 있는데 이는 문체상의 차이를 나타내는 것으로 볼 수 있다. 체계상으로 보면 'ᄒᆞᅌᅥᆸᄂ이다'와 'ᄒᆡ요', 또는 'ᄒᆞᆸ니다'와 'ᄒᆡ요', 'ᄒᆞᄂ이다'와 'ᄒᆞᅌᅥᆸ닉/ᄒᆞᅌᅩ', 'ᄒᆞᆫ다'와 'ᄒᆡ'류가 각각 존대의 정도는 동일하면서 온말과 반말로 차이를 보이는데, 이들 각각의 부류는 서로 '문체적 변이형(stylistic variation)'의 관계에 있는 것으로 파악할 수 있다. 화·청자 간의 의사소통에 있어 대화의 주제, 청자의 성격, 담화 상황, 화·청자 간에 공유되는 경험, 대화의 목적 등에 따라 각기 다른 '문체(style)'를 사용하게 되는데, 이러한 문체는 격식성(formality)에 따라 '연설조의 문체, 상담조의 문체, 신중한 문체, 일상적 문체, 친근한 문체' 등으로 구분된

다. 또한 문체의 차이는 통사적 측면에서 축약이나 생략에 의해 나타나기
도 하고 떠듬거리는 발음이나 음운론적 생략에 의해 나타나기도 한다
(Brown 2000 : 260-1). '호읍ᄂ이다'와 '히요', '호ᄂ이다'와 '호읍니/호오',
'혼다'와 '히'류는 청자에 대한 존대나 비존대를 표시하는 데 있어서는
각기 동일한 값을 갖지만 대화 상황이나 화·청자의 성격, 또는 대화의
목적 등에 따라 반말계열을 선택하기도 하고 온말계열을 선택하기도 하
는 것으로 볼 수 있다.19)

　이상의 체계를 바탕으로 근대국어와 개화기국어 청자경어법의 변화 과
정에서 나타나는 특징적인 현상 몇 가지를 검토해 보기로 한다. 근대국어
청자경어법에서 가장 두드러지는 현상은 '호오'류와 '히/히요'류 반말계
열의 형성을 들 수 있다. 먼저 '호오'류는 ≪일동장유가≫(1764)를 시작으
로 그 본격적인 쓰임을 살펴볼 수 있는데,20) 동사 어간의 말음에 따라
'-오'와 '-소'가 음운론적인 교체를 보이며 평서, 의문, 명령형에 두루
쓰여 '호오'류가 독자적인 하나의 부류로 자리 잡았음을 확인할 수 있다.
이러한 '호오'류의 등장은 청자경어법 체계상의 공백을 메우기 위한 것
이라기보다 체계상에 존재하는 기존의 형태로부터 그 특성을 그대로 이
어받아 기존의 형태를 대체한 것으로 추정된다. '호오'류의 등장으로 야
기되는 커다란 변화 중 하나로 '호읍니'류의 소멸을 들 수 있는데 '호오'

---

19) 이러한 해석은 청자경어법 체계를 '격식체'와 '비격식체'로 구분하는 논의와 동일한 것으
로 보일 수도 있다. 그러나 이 글은 언어적 표현 자체가 '격식체'와 '비격식체'로 구분되는
것은 아니라고 본다. 반말계열이 비격식적인 상황에 쓰이는 빈도가 높게 나타날 수는 있지
만 그것은 반말계열의 의미적 특성에 기인한 것이지 반말계열이 '비격식체'이기 때문은 아
니며 '반말계열'을 획일적으로 '비격식체'에 포함시킬 수도 없다. 대화 상황은 '격식적인
상황'과 '비격식적인 상황'이 있을 수 있으며 각각의 상황과 화자의 의도에 따라 선택이
달라질 수 있다.
20) '호오'류의 최초 출현 시기는 이기갑(1978)에서 확인된 바 있다. 이기갑(1978 : 66-7)에서는
17세기까지 명령형에서만 쓰이던 형태가 다른 서법에까지 두루 쓰여 독자적인 등급으로
확립된 것은 18세기 중기 문헌인 ≪일동장유가≫에서부터라고 하여 '호오'체의 성립을 18
세기 중엽 이전으로 보고 있다.

류는 '흐옵닉'류와 동일한 형태원리의 지배를 받고 있으며, 두 부류가 반말계열에 속하면서 동일한 존대성을 표현하기 때문에 기능상 중복되는 면이 있다. 이러한 이유로 18세기 중반에 '흐오'류가 등장하면서 '흐옵닉'류는 그 기능이 축소되고 결국 소멸하게 된다. 즉 후기 근대국어의 청자경어법 체계에서 '흐오'류는 '흐옵닉'류를 대체하게 되며, 18세기는 이 두 부류가 공존하는 과도기적인 시기였다고 할 수 있다.

'흐오'류의 등장으로 '흐옵닉'류가 소실되는 한편, 명령형 어미의 체계가 재편되는 변화가 일어난다. 전기 근대국어의 명령형 어미 '-소'는 '흐닉'류에 속하면서 선행하는 동사 어간의 말음에 상관없이 대부분 '-소'로 나타나는 특징을 보였다. '-소'는 그 형성의 초기에는 '자쇼, 받조' <번노 상 : 63b>와 같이 선행하는 동사의 어간 말음에 따라 규칙적인 교체를 보이다가 17세기 무렵부터 '-소'로 통일되어 자음과 모음의 구별 없이 대부분 '-소'로만 나타난다. 그런데 후기 근대국어 시기에 '흐오'류가 형성되면서 평서, 의문형에 쓰이는 '-오/소'와 명령형의 '-소'가 외현적으로 동일한 형태를 갖게 되었다. 명령형 어미 '-소'는 '흐오'류가 형성된 이후 '흐오'류와 '흐닉'류를 포괄하는 명령형 어미로 쓰이다가 19세기에 새로운 명령형 어미 '-게'가 형성되면서 '흐오'류에 정착하게 된다.

다음으로 후기 근대국어는 비존대계열의 반말계열이 체계상에 자리를 잡는 시기이기도 하다. 후기 근대국어 시기에 등장하는 비존대계열의 반말 어미들은 대부분 연결어미에서 종결어미로 전용된 부류들로, 18세기 말부터 간혹 쓰이긴 하나 19세기에 가서야 본격적인 쓰임을 확인할 수 있다. 이렇게 후기 근대국어에 새롭게 형성되는 반말계열은 기존의 반말계열과는 다소 차이가 있다. 전기 근대국어에 형성된 존대계열의 반말 어미들은 '-이-'이나 '-습-'을 포함하고 있으며, 따라서 그 자체로 청자경어법의 기능까지 담당할 수 있었던 반면, 후기 근대국어에 형성되는 비존

대계열의 반말 어미들은 접속문에서 후행절이 절단되면서 연결어미가 종
결어미화한 것으로 그 자체가 청자경어법과 어떤 관련을 갖고 있는 것은
아니다. 다만 청자경어법 관련 형태소가 결합하여 청자를 높인다는 적극
적인 의사표현이 없는 상태이므로 자동적으로 [-존대]로 해석될 수 있다.

비존대계열의 반말 어미의 등장과 함께 주목되는 것이 '히요'류의 형
성이다. 후기 근대국어에 형성된 반말 어미들은 모두 비존대 표현으로 존
대성을 갖지 않기 때문에 이들이 존대성을 표시하기 위해서는 '-요'가
결합해야만 한다. 비존대계열의 반말 어미들은 기원적으로 연결어미였기
때문에 청자경어법 형태소 '-이-'의 결합이 불가능하다. 따라서 이들이
존대성을 표현하기 위해서는 다른 장치를 필요로 하게 되는데, 이러한 요
구를 충족시켜 주는 형태가 '-요'인 것이다.[21] 즉 '-요'는 비존대계열의
반말 어미들과 결합하여 청자경어법의 존대성을 표시하는 요소로, 비존
대 표현을 존대 표현으로 만들어주는 기능을 담당한다고 할 수 있다.

이러한 '-요'의 기능은 그 형성 과정을 통해 어느 정도 짐작할 수 있
다. '-요'의 형성에 대해서는 '흐오'의 '-오'가 변한 것이라고 보는 견해
(최전승 1990 : 174-175, 이기갑 1997 : 210)와 계사 '이-'와 '흐오'의 '-오'가
결합된 구성인 '-이오'로부터 유래했다고 보는 견해(김종택 1981 : 26, 민현
식 1984 : 141, 고광모 2000나 : 263)가 있다.[22] 약간씩의 견해차는 있지만 '-요'

---

21) 비존대계열의 반말 어미의 경우 '-이-'의 결합은 불가능하나 '-습-'은 결합할 수 있다.
'-습-'은 연결어미와의 결합에 제약을 받지 않기 때문이다. 실제 후기 근대국어의 자료에
서 '-옵지요'와 같이 '-지'에 '-습-'이 선접된 예를 확인할 수 있다. 그러나 '-습-'은 화자
의 겸양을 표시하는 형태소로 '-이-' 없이 단독으로 청자경어법을 담당하지는 못했다. 이
러한 이유로 '-요'가 결합되어 존대성을 표시하게 된다.

22) '-요'가 '-이오'의 결합체로부터 형성된 것이라는 추정에 대해 아래의 예를 참조할 수 있
다(고광모 2000나 : 262).
  가. 져 당훈 것과 <u>어지간흔걸이오</u> <빈상설 102>
  나. 잠시 지톄도 읍시 되집어 써낫는걸이오 <쌍옥적 9>
  또한 현대국어 '-요'의 분포 환경을 검토한 노마 히데키(2006)에서는 기존의 연구에서 '-요'
  만을 형태소로 인정하고 정서법에서도 '-요'로 표기해야 한다는 주장에 의문을 제기하며,

가 '-오'와 관련된 형식이라는 점에서는 일치한다. 그리고 '-요'의 존대
성도 '-오'로부터 물려받은 것이라 할 수 있다. '-요'는 주로 비존대계열
의 반말 어미들과 결합하여 '히요'류를 형성하게 되는데, '-요'가 '-오'
로부터 발달한 것이라고는 하나 '-오'와 동일한 형태원리의 지배를 받는
것은 아니다. '-요'는 이미 그 자체의 독자적인 기능을 갖고 '-오'와는
독립된 별개의 형태소로 굳어졌기 때문이다. 따라서 '-요'와 관련해서는
'-이-'나 '-습-'의 결합에 따른 존대성을 표시할 수 없고 그 자체가 존
대 표시의 형태소가 되는 것이다. 후기 근대국어에서 '히요'는 'ᄒᆞᆸᄂᆞ이
다'나 'ᄒᆞᄂᆞ이다'에 근접한 경어도로 쓰이므로 '히요'의 체계상의 위치도
이들과 동등한 것으로 처리한 것이다.

한편 후기 근대국어에서 개화기국어로 넘어가는 과정에서 나타난 가장
큰 변화는 'ᄒᆸ니다'류의 형성이다. 기존의 논의에서는 후기 근대국어의
'ᄒᆞᆸᄂᆞ이다'류를 독자적인 등급으로 인정하지 않고 'ᄒᆞᄂᆞ이다'류와 동일
한 등급으로 처리하고 있다. 그러나 현대국어에서 '하나이다'는 의고적인
쓰임으로만 남아 있고 '합니다'류가 청자경어법의 한 부류로 정착한 현
실을 고려하면 후기 근대국어 시기는 오히려 'ᄒᆞᆸᄂᆞ이다'류의 쓰임이
더 부각될 것으로 추정된다.

19세기 후반부터 'ᄒᆞᆸᄂᆞ이다'류는 형태적 축약을 겪기 시작하는데,
이러한 축약형이 하나의 단위로 굳어져 현대국어의 '합니다'류로 정착하
게 된다.

실제 언어 사용에 있어 '-요'와 '-이요'가 이형태 관계로 설정되어야 함을 주장한 바 있다.
이러한 견해 역시 '-요'가 계사와 'ᄒᆞ오'류의 '-오'가 결합된 '-이오'로부터 형성되었다는
논의를 지지하는 견해로 볼 수 있다.
한편 정승철(2002 : 214)에서는 청자경어법 형태소 '-이-'와 'ᄒᆞ오'의 '-오'가 결합된 형태
가 첨사화한 데에서 '-요'가 기원한 것으로 보고 있다. 그러나 '-오'는 선어말어미 '-습-'
이 종결어미화한 것이므로 '-이-'와의 결합에는 제약이 따른다. '-이-'는 항상 '-습-'에
후행하는 형태소이기 때문이다. 따라서 이러한 견해는 성립할 수 없다.

(16) 가. 원호는 거시 여호와끠 붓텃스매 쥬의 복이 쥬의 빅셩들의게 잇기
롤 <u>원호옵ᄂ이다</u> <시편 제삼편>

가'. 쏘 구전으로 두 번 알외되 신등이 의관을 거나려 입시홈을 천만
<u>옹츅호옵ᄂ이다</u> <매일신문 제일권 86호>

나. 니뫼두 알외디 아니올시다 급히 단녀 드러오옵노라고 등의 쌈이
나셔 가렵습기의 긁노라 호오니 팔노 그놈을 <u>근더려습니다</u> <남
원고사 3 : 20a>

다. 자연히 사름을 좀 사귀려고 남의게 비위 맛츄워 아첨호는 졸업을
<u>호엿습늬다</u> <매일신문 제일권 77호>

라. 日暈 희가 귀역쏠 <u>드랏습네다</u> <교린(부산도서관본) 1 : 2b>

(16)은 19세기 후반의 자료에서 '호옵ᄂ이다'형의 다양한 이표기를 보
여주는 예이다. (16가, 가')처럼 축약이 되지 않은 온전한 형태로 쓰인 경
우도 있고, (16나, 다, 라)처럼 '-습니다, -습늬다, -습네다'의 축약형이
쓰인 경우도 있어 동일한 시기에 각각의 표기들이 공존하고 있었음을 알
수 있다.[23]

19세기 후반에 나타나는 이러한 축약형들은 여전히 '호옵ᄂ이다'나
'호ᄂ이다'와 공존하는 상태로 나타나므로 축약형 자체의 존대성이 하락
했다고 보기는 다소 어려움이 있다. 아래의 예들은 축약형과 비축약형이
경어도의 차이 없이 수의적으로 교체하는 것으로 나타난다.

(17) 방   자 : 쇼인이 십여 디롤 그곳의셔 싱장호온지라 […] 모르는 일이
<u>업스외다</u>

변사또 : 어허 쇠훤호다 […] 네 구실이 일 년의 언마나 먹고 단니ᄂ니

---

23) 정언학(2006 : 322)에서는 19세기의 자료들에서 '-습니다', '-습늬다', '-습네다' 표기가 공
존하지만 '-습니다' 표기가 절대적으로 우세하다고 하였다. '-습네다'형은 19세기의 판소
리 자료 및 개화기 신문 자료 등에 집중적으로 나타나고, '-습늬다'는 19세기 중반에도 소
수 확인되나 19-20세기의 교체기에 주로 나타난다고 하였다. 그리고 20세기의 10년대 자
료에서는 '-습니다'가 정착된 것으로 보고 있다. 이러한 자료상의 분포 차이를 반영하여
정언학(2006)에서는 '-습ᄂ이다>-습네다>-습늬다>-습니다'의 과정을 상정하고 있다.

방　자 : 알외옵기 황숑ᄒ오디 쇼인의 구실 원응식이라 ᄒ옵ᄂ 거시
　　　　일년의 황됴 넉 셤 분이올시다 […] 환샹도 미양 밧칠 길 업
　　　　스와 볼기롤 흰쩍 맛듯 **ᄒ옵ᄂ다**
변사또 : 불샹ᄒ다 네 고을에 관속듕 졔일 먹는 방임이 언마나 **쓰ᄂ니**
방　자 : 슈삼쳔금 쓰ᄂ 방임이 셔너 ᄌ리나 되옵ᄂ이다
변사또 : 니가 도임ᄒ거든 그 방임 셔너 ᄌ리롤 모도 다 너롤 시기리라
방　자 : 무어시온지 모양만 하문ᄒ옵시면 아라 밧치오리이다
변사또 : 무슨 양이라 ᄒ더고나 므슨 양이 이ᄂ냐 […]
방　자 : 양이라 ᄒ옵시니 무슨 <u>양이오닛가</u> <남원고사 3 : 2b-3b>

(18) 가. 비둘기가 부엉이의 移居ᄒ랴는 貌樣을 보고 […] 비둘기 우서 갈
　　　오디 ᄌ네 우는 쇼리를 곳치지 안코 거쳐만 옴기면 如舊히 ᄯ 미
　　　워홈을 免치 못ᄒ리라 ᄒ얏소 이 이익기는 춤 滋味 잇ᄉᄂ이다
　　　여러분 즁에도 自家의 악ᄒ 일은 곳치지 안코 다른 ᄃ로만 가랴
　　　고 ᄒᄂ니 잇스면 이는 亦是 이 비들기의게 우슴을 <u>보오리다</u>
　　　<심샹 1 : 11b-12a>
　나. 여호는 그 形狀이 기와 비스름ᄒ고 ᄯ 狡ᄒ 才操가 잇는 <u>즘승이</u>
　　　<u>올시다</u> 그러므로 간교ᄒ 재조 잇는 스롬을 여호 갓다 **ᄒ옵ᄂ다**
　　　여호의 귀와 코는 쌰족ᄒ고 […] 밤에는 먹을 거슬 ᄎ지라 <u>나옵</u>
　　　<u>ᄂ다</u> 여호는 닭이며 기구리며 쥐롤 잘 먹으며 ᄯ 집오리며 木實
　　　을 <u>먹습ᄂ다</u> <심샹 2 : 6a-7a>

　　(17)은 동일한 화자와 동일한 청자 사이의 대화에서 화자가 축약형과
비축약형을 혼용하는 경우이고, (18)은 동일한 청자, 즉 이 교과서를 읽
는 독자를 대상으로 한 경우인데 축약형과 비축약형이 혼용되고 있으며,
축약형이 우세한 쓰임을 보이고 있다.
　　이상과 같이 후기 근대국어 'ᄒ옵ᄂ이다'류에 나타나는 축약은 청자경
어법의 존대성에 큰 영향을 미치지 않은 것으로 확인된다. 그런데 현대국
어는 근대국어와 다소 다른 양상을 보인다. 현대국어에 나타나는 '합디

다'나 '합디까', '합시다'는 동일한 유형의 축약형임에도 '합니다'류에 속하지 않고 '하오'류로 쓰인다.[24] 이러한 현상을 고려하면 'ᄒᆞᆸᄂᆞ이다'류의 축약은 동일한 차원에서 일괄적으로 이루어진 것이 아니라 축약의 진행 속도에 다소 차이가 있었음을 알 수 있다.

4. 정리

본 논의는 청자경어법을 형태원리적으로 분석하고 체계화하려는 목적으로 근대·개화기국어를 대상으로 청자경어법을 살펴보았다. 이를 위해 먼저 근대국어에서 청자경어법을 담당하는 형태소를 추출하고, 이들 형태소의 결합관계에 따라 존대의 정도성이 어떻게 달라지는지를 살폈다. 그리고 이를 바탕으로 청자경어법의 형태원리를 상정하고 청자경어법 체계를 구성해 보았다. 청자경어법 체계는 기존의 논의와 같은 다분화된 등급 체계가 아니라 존대와 비존대의 이분 체계로 보았다. 이 글은 근대국어의 청자경어법 체계를 형태원리적으로 고찰하는 데 있어 형태소의 결합 유무와 종결형의 절단과 같은 언어 내적인 요인을 일차적인 기준으로 삼고, 화·청자의 상하 관계와 같은 언어 외적인 요인이나 교체사용의 유무 등은 이차적인 기준으로 삼았다.

기존의 연구에서는 청자경어법을 고정적인 등급 체계로 보면서 국어의 청자경어법이 몇 등급으로 구분되는지, 각 등급에는 어떠한 형태들이 소속되는지를 중심적으로 다루었다면, 이 글에서는 고정적이고 제한된 청자경어법의 쓰임이 아니라 청자경어법의 역동적이고 유동적인 특성을 중

---

24) 현대국어에서 '합디다, 합디까, 합시다'가 '하오'류로 쓰이는 것은 중앙어에서 그러하다는 것이다.

심으로 살피고자 하였다. 이 글은 근대국어를 중심으로 청자경어법을 살핀 연구이므로 다양한 화·청자 간의 관계에서 청자경어법의 실제 쓰임이 어떻게 나타나는지를 살피는 데 있어서는 한계를 가질 수밖에 없었다. 이러한 제약 때문에 청자경어법에 관여하는 화용론적인 요인은 되도록 배제하고자 하였다. 그러나 청자경어법이 일차적으로는 형태론적인 요인을 기준으로 구분되기는 하지만 실제 사용에 있어서는 화·청자의 다양한 사회적 관계 및 심리적 상황을 포함한 화용론적 요인도 개입하는 것이 사실이다. 형태소의 결합 관계에 따른 언어 내적인 요인을 일차적인 기준으로 하여 분석된 근대국어의 청자경어법이 다양한 사회적 관계와 담화 상황에서 어떻게 쓰이는지에 대한 구체적인 연구가 보완되어야 할 것이다.

‖ 참고문헌

姜圭善(1989), 20世紀 初期 國語의 敬語法 研究 :「新小說」을 중심으로, 박사학위논문, 성균관대학교.

강창석(1987), "국어 경어법의 본질적 의미", 울산어문논집 3, 31-54.

고광모(2000가), "16세기 국어의 명령법 어미 '-소/쇼/조'의 기원에 대하여", 언어학 27, 3-20.

고광모(2000나), "상대 높임의 조사 '-요'와 '-(이)ㅂ쇼'의 기원과 형성 과정", 국어학 36, 259-282.

고광모(2001가), "중부 방언과 남부 방언의 '-소/오'계 어미들의 역사 : 명령법을 중심으로", 한글 253, 135-167.

고광모(2001나), "반말체의 등급과 반말체 어미의 발달에 대하여", 언어학 30, 3-27.

고광모(2003), "상대 높임의 조사 '-요'의 형성에 대한 재론", 형태론 5-2, 379-387.

高永根(1974), "現代國語의 終結語尾에 대한 構造的 研究", 語學研究 10-1, 118-157.

高永根(1987), 표준 중세국어문법론, 塔出版社.

高永根(1989), 國語形態論研究, 서울大學校 出版部.

곽충구(1998), "동북·서북방언", 문법연구와 자료, 태학사, 985-1028.

金永旭(1989), 中世國語의 尊卑法에 대한 研究, 석사학위논문, 서울대학교.

김영욱(1997), 문법형태의 연구 방법, 박이정.

김영욱(2001), "16세기 반말 'X+이'에 관한 형태론적 연구", 국어연구의 이론과 실제 : 이광호교수 회갑기념논총, 태학사, 405-419.

김영희(1996), "문법론에서 본 상대 높임법의 문제", 한글 233, 161-185.

김용경(1998), "상대높임법에서의 형태 변화와 의미 등급 실현의 상관성 연구 : 특히 높임의 표지 '-이-'를 중심으로", 언어학 23, 21-45.

김용경(1999), "상대높임법에서 [+높임]의 분화 과정에 대한 연구 : 19, 20세기를 중심으로", 겨레어문학 23, 317-339.

김일근(1986/1988), 增訂 諺簡의 研究, 건국대학교 출판부.

김정대(1983), "{요} 청자 존대법(聽者尊待法)에 대하여", 가라문화(경남대) 2, 129-167.

김정수(1984), 17세기 한국말의 높임법과 그 15세기로부터의 변천, 정음사.

김정수(1996), "높임법의 등분", 말 21, 1-13.

김종택(1981), "국어 대우법 체계를 재론함 : 청자대우를 중심으로", 한글 172, 3-28.

김태엽(1995), "청자높임법체계 재검토", 語文學 56, 29-50.

남미정(2008), 근대국어 청자경어법 연구, 박사학위논문, 서강대학교.

남미정(2009), "청자경어법의 체계와 교체사용", 형태론 11-1, 79-98.

노마 히데키(2006), "現代朝鮮語の丁寧化のマーカー"-yo/-iyo" について", 조선학보 199·200, 37-81.

閔賢植(1984), "開化期 國語의 敬語法에 대하여", 冠岳語文硏究 9, 125-149.

박양규(1991), "국어 경어법의 변천", 새국어생활 1-3, 338-351.

박양규(1993), "존대와 겸양", 國語史 資料와 國語學의 硏究, 文學과 知性社, 338-351.

박재연(1998), 현대국어 반말체 종결어미 연구, 석사학위논문, 서울대학교.

박진완(2000가), "捷解新語의 장면성과 상대경어법 : 격식성과의 관련을 중심으로", 21세기 국어학의 과제 : 솔미 정광 선생 화갑기념 논문집, 월인, 99-122.

박진완(2000나), "捷解新語 경어법의 대조언어학적 고찰 : 원간본을 대상으로", 한국어학 12, 119-146.

박진호(1998), "고대국어 문법", 국어의 시대별 변천 연구 3, 국립국어연구원, 121-205.

서정목(1983), "명령법 어미와 공손법의 등급", 관악어문연구 8. [서정목(1994), 국어 통사 구조 연구Ⅰ, 376-406에 재수록]

서정목(1987), 국어 의문문 연구, 탑출판사.

서정목(1988), "한국어 청자 대우 등급의 형태론적 해석(1) : '옵니다체'의 해명을 위하여", 國語學 17. [서정목(1994), 국어 통사 구조 연구Ⅰ, 291-343에 재수록]

서정목(1989), "'반말체' 형태 '-지'의 형태소 확인", 이혜숙 교수 정년 기념 논문집. [서정목(1994), 국어 통사 구조 연구Ⅰ, 407-434에 재수록]

서정목(1990), "韓國語 聽者 待遇 等級의 形態論的 解釋(2) : '오오체'에 대한 記述과 說明", 姜信沆敎授 回甲紀念 國語學論文集. [서정목(1994), 국어 통사 구조 연구Ⅰ, 344-375에 재수록]

서정목(1993), "國語 敬語法의 變遷", 한국어문 2. [서정목(1994), 국어 통사 구조 연구Ⅰ, 253-290에 재수록]

서정목(1994), 국어 통사 구조 연구Ⅰ, 서강대학교 출판부.

서정목(2001), "현대국어 '오오체' 어미의 형태론적 해석", 형태론 3-2, 285-311.

서정수(1984), 존대법 연구, 한신문화사.

서태룡(1992), "국어 청자존대법의 형태소", 東岳語文論集 27, 21-42.

서태룡(1995), "국어 담화의 話者나 聽者를 위한 어미", 東岳語文論集 30, 21-42.

성기철(1985), 현대국어 대우법 연구, 개문사.

성기철(1991), "국어 敬語法의 일반적 특징", 새국어생활 1-3, 2-21.

성기철(2000), "19세기 국어의 청자 대우법 : 화계를 중심으로", 한글 249, 173-195.

안병희(1982가), "中世國語 敬語法의 한두 問題", 國語學硏究 : 白影 鄭炳昱先生 還甲紀念論叢, 新丘文化史, 32-41.

안병희(1982나), "中世國語 謙讓法 硏究에 대한 反省", 國語學 11, 1-23.

야스다(安田章)(1985), "已然形終止", 國語國文 53, 30-50.

왕문용(1996), "국어의 통시적 연구에서의 형태 분석", 國語學 27, 135-154.

왕문용(2008), "소설에 나타난 상대높임법의 전환", 선청어문 36, 843-860.

왕한석(1987), "국어 청자 존대어 체계의 기술을 위한 방법론적 검토", 國語學硏究 22-3, 351-373.

禹昌炫(1992), 濟州 方言의 敬語法에 對한 硏究, 석사학위논문, 서강대학교.

유송영(1996), 국어 청자 대우 어미의 교체 사용과 청자대우법 체계, 박사학위논문, 고려대학교.

유 연(2011), 현대 한국어 경어법 전환의 화용론적 연구 : 공손성을 중심으로, 석사학위논문, 서울대학교.

윤용선(2006), "국어 대우법의 통시적 이해", 國語學 47, 321-541.

이경우(1998), 최근세국어 경어법 연구, 태학사.

이기갑(1978), 우리말 상대높임 등급체계의 변천 연구, 석사학위논문, 서울대학교.

이기갑(1997), "한국어 방언들 사이의 상대높임법 비교 연구", 언어학 21, 185-217.

이승희(2008), 국어의 청자높임법에 대한 통시적 연구, 태학사.

이영경(1992), 17세기 국어의 종결어미에 대한 연구, 석사학위논문, 서울대학교.

李翊燮(1974), "國語 敬語法의 體系化 問題", 國語學 2, 39-64.

이정복(2002), 국어 경어법과 사회언어학, 월인.

이태영(1999), "근대국어 '-니'형 종결어미의 변화과정과 '-이-'의 상관성", 한국언어문학 43, 653-670.

이현규(1985), "객체존대 '-ᄉᆞᆸ-'의 변화", 배달말 10, 55-86.

이현희(1982가), 국어의 의문법에 대한 통시적 연구, 석사학위논문, 서울대학교.

이현희(1982나), "國語 終結語尾의 發達에 대한 管見", 國語學 11, 143-163.

이현희(1985), "근대국어 경어법의 몇 문제", 한신어문연구 1, 7-28.

이현희(1994), "19세기 국어의 문법사적 고찰", 韓國文化 15, 57-81.

임동훈(2006), "현대국어 경어법의 체계", 국어학 47, 287-320.

任洪彬(1976), "尊待·謙讓의 統辭節次에 대하여", 문법연구 3, 237-264.

임홍빈(1985), "현대의 {-ᄉᆞᆸ-}과 예사높임의 '-오-'에 대하여 : '형태소핵'의 개념정립을 위하여", 羨烏堂金炯基先生八耋記念 國語學論叢, 創學社, 403-457.

임홍빈(1986), "청자 대우 등급의 명명법에 대하여", 國語學新硏究, 若泉 金敏洙敎授 華甲紀念, 塔出版社, 534-546.

장요한(2004), "문장 종결형 '-ᄉᆞᆸ'에 대하여", 국어국문학 136, 135-161.

장윤희(1997가), "석독구결 자료의 명령문 고찰", 口訣硏究 2, 97-129.

장윤희(1997나), "중세국어 종결어미 '-(으)이'의 분석과 그 문법사적 의의", 國語學 30, 103-140.

정승철(2002), "국어 활용어미의 방언 분화 : '-(으)이-'계 설명·의문 종결어미를 중심으로", 國語學 39, 210-222.

정언학(2006), "통합형 어미 '-습니다'류의 통시적 형성과 형태 분석", 국어교육 121, 317-356.

鄭在永(1996), "終結語尾 '-立'에 대하여", 진단학보 81, 195-214.

정준영(1995), 조선후기의 신분변동과 청자존대법 체계의 변화, 박사학위논문, 서울대학교.

주경미(1990), 近代 國語의 先語末語尾에 대한 硏究 : 18世紀 國語를 中心으로, 석사학위논문, 단국대학교.

崔起鎬(1981), "청자존대법 체계의 변천양상", 紫霞語文論集 1, 25-51.

崔明玉(1976), "現代國語의 疑問法硏究", 학술원 논문집 15, 145-174.

최명옥(1997), "16世紀 韓國語의 尊卑法 硏究 :≪淸州北一面順天金氏墓出土簡札≫ 資料를 중심으로", 朝鮮學報 164, 1-32.

최전승(1990), "판소리 사설에 반영된 19세기 후기 전라 방언의 특질 : 경어법 체계를 중심으로", 한글 210, 123-177.

한 길(1986), "들일이높임법에서의 반말의 위치에 관하여", 國語學新硏究, 탑출판사, 547-559.

한 길(2002), 현대 우리말의 높임법 연구, 역락.

한동완(1988), "청자경어법의 형태 원리 : 선어말어미 {-이-}의 형태소 정립을 통해", 말 13, 219-250.

韓在永(1998), "16世紀 國語의 待遇 體系 硏究", 國語學 31, 121-164.

허 웅(1961), "서기 15세기 국어의 「존대법」과 그 변천", 한글 128, 133-190.

허 웅(1975), 우리 옛말본, 샘 문화사.

허 웅(1989), 16세기 우리 옛말본, 샘 문화사.

허철구(2003), "청자경어법의 '-이-' 형태소 분석 재고찰", 인문학논총 3, 65-82.

홍고 테루오(2002), 이두자료의 경어법에 관한 통시적 연구, 박사학위논문, 고려대학교.

황문환(1998), "'ᄒᆞ니·ᄒᆞ리'류 종결형의 대우 성격에 대한 통시적 고찰", 國語學 32, 77-106.

황문환(1999), "근대국어 문헌 자료의 'ᄒᆞ옵'류 종결형에 대하여", 배달말 25, 113-129.

황문환(2002), 16, 17世紀 諺簡의 相對敬語法, 太學社.

Brown, H. D.(2000), *Principles of Language Learning and Teaching*, 4th edition, Pearson Education.

절 접속의 의미와 통사

박진희

1. 도입

이 글은 국어의 절 접속을 대상으로 첫째, 절 접속의 통사적 지위와 둘째, 선행절과 후행절의 의미관계 그리고 셋째, 절 접속의 문법적 특성에 대해 살펴보는 것을 목적으로 한다.

(1) 가. <u>빈방 많으니까</u> 형 집으로 오너라.
　　나. <u>눈을 감으니</u> 그동안의 피로가 산사태처럼 덮쳐왔다.
　　다. *<u>빈방 많아서</u> 형 집으로 오너라.

(1가)에는 '빈방 많-'과 '형 집으로 오-'의 두 개의 절이 있다. 절 접속은 이와 같이 둘 이상의 절이 하나의 문장을 이루는 것을 가리키는데, 이렇게 정의할 때, 선행절과 후행절이 어떠한 통사적 관계를 맺고 있느냐의 문제가 절 접속과 관련하여 우선적으로 제기된다. 선·후행절의 통사적 관계에 대해서는 그동안의 연구에서 치열하게 그 논의가 전개되어 온바, 접속의 통사적 지위와 이와 직접적으로 관련되어 있는 용어 및 개념

의 문제에 대해 2절에서 선행연구를 중심으로 검토하기로 한다.

다음으로 우리는 절 접속과 관련하여 선행절과 후행절의 의미관계에 주목할 필요가 있다. (1가)에서는 선행절의 핵인 접속어미 '-으니(까)'를 통해서 알 수 있듯이 선행절이 후행절의 행위 내용에 대한 이유를 나타내는데, 이와 같이 절 접속은 접속어미가 이끄는 절이 후행절과 특정한 의미관계를 맺고 있음을 특징으로 한다. 선후행절의 의미관계와 더불어, '-으니(까)'가 (1나)에서는 배경의 의미관계를 나타내는 것 즉, 절 접속의 표지인 접속어미 중 상당수가 다의성을 띠는 것도 검토할 필요가 있다. 이에 대해서 3절에서 논의하겠다.

(1가)의 '-으니(까)'를 '-아/어서'로 대치한 (1다)는 비문법성을 띠는데, 이와 같이 절 접속의 선행절이나 후행절에서 발견되는 문법 제약도 국어 절 접속과 관련하여 중요한 논의 주제이다. 이에 이 글은 4절에서 절 접속과 명령, 약속 등의 언표 내적 효력 그리고 양태 및 증거성에 대해 논의한다.

2. 절 접속의 통사적 지위

둘 이상의 절이 하나의 문장을 이루고 있는 복문의 상당수는 주절과 종속절의 주종관계로 이루어져 있다. 아래의 예문 (2)에서 내포절은 주절 서술어의 보충어가 되어 종속적이다.

(2) 가. 농부들은 [비가 오기]를 기다린다.
　　　나. 우리는 [인간은 누구나 존귀하다고] 믿는다.

(2가)의 종속절은 명사형 어미 '-기'가 핵인 명사절이며, 주절의 서술어 '기다리-'에 대해서는 보충어로 주절의 문장 성분 중 하나이다. (2나)의 종속절은 인용의 '-고'가 이끄는 인용절이며, 주절의 서술어 '믿-'에 대해서 보충어로 기능하는 주절의 한 성분이다.

종속절은 주절의 한 성분에 부가되기도 한다. 아래에 그 예를 제시한다.

(3) 가. [내가 태어난] 1960년에 6·25가 발발하였다.
　　나. 그러나 그 남자는 [버스가 지나가듯이] 그녀의 곁을 스쳐가 버렸다.

(3가)에서 종속절은 관형사형 어미 '-은'이 핵인 관형사절로 주절의 명사구 '1960년'에 대해서는 부가어로 기능한다. (3나)의 종속절은 부사형 어미 '-듯이'가 핵인 부사절로서 주절의 동사구 '그녀의 곁을 스쳐가 버리-'에 부가된다.

절 접속의 선후행절은 지금까지의 예문과 같은 성격 즉, 종속절과 주절로 이루어진 복문일까. 이 글은 이에 대한 그동안의 연구를 첫째, 절 접속을 보충이나 부가의 주종관계와는 다른 것으로 보는 논의 둘째, 절 접속 중 종속 접속은 예문 (3)과 비슷하여 접속어미가 이끄는 내포절이 주절에 부가된 것으로 볼 수 있으나 대등 접속은 접속된 절 사이에 주종관계가 성립하지 않는다고 보는 논의와 셋째, 종속 접속과 대등 접속 모두 선행절이 후행절에 부가되어 선후행절 사이에 주종관계가 성립한다고 보는 논의로 나누어 살펴보고자 한다. 이들을 각각 분리론, 부분적 분리론과 통합론으로 부르겠다.[1]

---

1) 절 접속에 대한 선행 연구 검토는 이은경(1998), 이익섭(2003)과 유현경(2011)을, 학교 문법에 대한 검토는 이은경(2010)을 참고할 수 있다.

2.1. 분리론

이 글에서 분리론은 절 접속이 핵과 보충어, 핵과 부가어의 관계로 이루어지는 복문과는 다르다고 보는 연구들을 가리킨다. 최현배(1937/1971)을 비롯한 남기심·고영근(1985/1993), 임홍빈·장소원(1995)의 문법서와 권재일(1985), 이은경(2000),[2] 장요한(2010) 그리고 학교 문법이 대표적인 논의인데, 이 논의들에서는 접속을 내포와 대척되는 것으로 보아 어미를 분류하고 문장의 종류를 구분한다.

학교 문법에서는 절 접속을 주절과 종속절이 아닌 선행절과 후행절의 관계로 파악한다.[3] 즉, 내포가 아닌 접속이라는 통사적 작용이 존재한다고 보는 것이다.

(4) 가. 낮말은 새가 듣고 밤말은 쥐가 듣는다.
나. 기업이 없으면, 근로자도 없다.

분리론에서는 (4)의 복문이 선행절과 후행절이 연결되어 이루어지는 것으로 본다. (4)의 두 문장은 의미의 측면에서 선·후행절의 지위가 달라서 (4가)는 선·후행절이 대등하게 연결되었고 (4나)는 선행절이 후행절에 종속적으로 연결된 것으로 파악된다.

분리론에서 접속어미는 명사형 어미, 관형사형 어미, 부사형 어미와는 다른 부류에 속하고 접속어미가 이끄는 접속절은 명사절, 관형사절, 부사절 등의 종속절과는 다른 통사적 지위를 갖는다. 또한 내포를 통해 이루

---

2) 임홍빈·장소원(1995)와 이은경(2000)은 접속절을 문장부사절로 본다는 점에서 2.3의 통합론과 유사하나 절 접속이 내포문과는 다른 접속문을 이루는 것으로 보고 있으므로 분리론에 포함시켰다.
3) 학교 문법에서 종속절은 안긴 문장, 주절은 안은 문장이며 절 접속은 이어진 문장으로 구분되어 있다.

어지는 복문과 접속으로 이루어지는 복문이 구분된다.

(5) 분리론에서의 절 접속 관련 문법 범주

통사 작용	접속
어미의 분류	접속법 어미,[4] 접속어미, 연결어미
문장의 종류	병렬문과 연합문,[5] 접속문, 이어진 문장

분리론에서 내포절은 접속절과는 달리 절의 문법적 성격이 명사, 관형사, 부사로 바뀌어 주절의 한 성분으로 기능하지만, 접속절은 후행절에 이어진 것으로 주절의 한 성분이 아니며 그 문법적 성격에도 변화가 없는 것으로 본다.

(6) 가. [어제 나에게 우산을 빌려준] 사람 이름도 모른다.
　　가′. [그] 사람 이름도 모른다.
　　나. 그 사람이 어제 나에게 우산을 빌려줬지만 이름도 모른다.
　　나′. 그 사람이 어제 나에게 우산을 빌려줬는데 이름도 모른다.

(6가)의 관형사절은 (6가′)와 같이 관형사로 대치가 될 수 있지만, (6나, 나′)의 접속절은 단어로의 대치가 불가능하다. 또한 (6가)의 관형사절은 주절의 한 성분이 '사람'과 연관 해석되므로 종속적이지만, (6나, 나′)의 접속절은 후행절 전체와 연관 해석된다는 점에서 독립적이다.

---

4) 각 용어를 사용하는 분리론의 대표적 연구를 나열하면 다음과 같다. 접속법 어미(최현배 1937/1971), 접속어미(이익섭·임홍빈 1983), 연결어미(남기심·고영근 1985/1993), 병렬문과 연합문(최현배 1937/1971), 접속문(임홍빈·장소원 1995, 권재일 1985), 이어진 문장(남기심·고영근 1985/1993).

5) 최현배(1937/1971)은 접속절과 후행절이 이어져 형성된 복문을 선·후행절의 대등성의 정도에 따라 다시 병렬문과 연합문으로 나눈다. 결과적으로는 삼분체계이나, 주종성을 띠는 포유문과 대등성을 띠는 병렬문 및 연합문을 우선적으로 구분하고 있다.

2.2. 부분적 분리론

분리론에서 가장 모호한 부분은 내포문을 형성하는 부사절과 접속절의 관계에 있다. 부사절을 거의 인정하지 않고 접속어미가 이끄는 절을 모두 접속절로 보게 되면 부사절은 유명무실해지는 체계의 파탄을 맞게 되고, 접속어미가 이끄는 절을 동사구 부가의 부사절과 접속절로 구분한다고 해도 접속절의 상당수가 내포절과 동일한 문법적 특성을 보이는 이유를 설명해야 하기 때문이다. 이와 같은 이유로 절 접속 중 종속적인 것과 대등한 것을 분리해야 한다고 보는 논의가 대두되었는데, 이를 부분적 분리론이라고 부를 수 있다. 남기심(1985), 유현경(1986), 김영희(1988, 1998), 서정수(1996), 이익섭·채완(1999), 이익섭(2000, 2003)은 절 접속 중 선행절과 후행절이 대등하지 않은 종속 접속절이 부사절임을 주장하는 연구들이고, 허철구(2005, 2006), 임동훈(2009)는 대등 접속이 내포절일 수 없음을 주장한 연구이다. 이에 대해서 차례대로 살펴보기로 한다.

남기심(1985)를 비롯한 일련의 연구에서 주목한 것은 종속 접속과 대등 접속이 보이는 통사적 차이이다.

    (7) 어순재배치
       가. 모두가 [비가 오기]를 기다린다.
       나. <u>비가 와서</u> 길이 질다. (남기심 1985)
       나′. 길이, <u>비가 와서</u>, 질다.
       다. <u>산은 높고</u> 물은 깊다.
       다′. *물은, <u>산은 높고</u>, 깊다. (이은경 2000)

(7가)는 명사절이 주절 성분 사이에 위치해 있는데, (7나′)에서도 접속절이 후행절 성분 사이에 위치해 있음을 볼 수 있다. 그러나 (7다′)의 접속절에는 이러한 어순이 허용되지 않는데, 이는 (7다′)의 접속절은 선행

절과 후행절이 대등하게 연결되어 있기 때문이다. 마찬가지로 (8가, 나)의 내포절과 종속 접속절 안에 있는 성분은 주제화될 수 없으나, (8다)의 대등 접속절은 가능하다는 사실은 종속 접속과 대등 접속의 문법적 성격이 다름을 암시한다.

(8) 주제화
　　가. 모두가 비{가, *는} 오기를 기다린다.
　　나. 비{가, *는} 와서 길이 질다.
　　다. 산{이, 은} 높고 물은 깊다.

　재귀화와 생략에서 동지시되어 있는 선행사와 재귀사 그리고 선행 명사구와 생략된 명사구 사이에는 일정한 통사 구조적 조건이 전제되는데, 아래의 현상은 종속 접속절이 내포절과 같이 이러한 조건을 만족시키나 대등 접속절은 그렇지 않음을 보여준다.

(9) 재귀화
　　가. 자기$_i$ 동생이 수석 입학을 했다는 소식에 김 씨$_i$가 기분이 좋더라.
　　나. 자기$_i$ 아들이 수석 입학을 해서 김 씨$_i$가 기분이 좋더라. (남기심 1985)
　　다. *자기$_i$ 동생은 열심히 일했고 철수는 놀기만 했다. (이필영 1994)

(10) 동일 명사구 생략
　　가. 내가 어제 (내가) 좋아했던 사람과 마주쳤다.
　　가´. (내가) 어제 내가 좋아했던 사람과 마주쳤다.
　　나. 내가 너무 피곤해서 (내가) 집에만 있었다.
　　나´. (내가) 너무 피곤해서 내가 집에만 있었다.
　　다. 영희가 예쁘고 (영희가) 슬기롭다. (남기심 1985)
　　다´. *(영희가) 예쁘고 영희가 슬기롭다.

종속 접속절이 명사절, 관형사절과 동일한 문법적 특성을 보이는 위와 같은 현상은 종속 접속이 대등 접속과는 다른 통사 구조를 가지며, 종속 접속의 선·후행절이 주종관계에 있는 내포절의 하나라는 주장으로 이어 졌다.

(11) 가. <u>비가 와서</u> 길이 질다.

나.

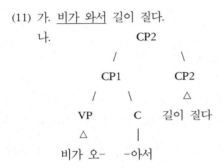

(11나)에 제시된 통사 구조를 보면 종속 접속의 접속절이 주절에 부가 되어 있다.6) 여기에서 주목할 것은 종속 접속절이 접속어미가 핵인 내심 구조이고 후행절에 부가되어 있으니 내포절이라는 것이다. 분리론에서는 접속절이 내포와는 다른 통사 작용인 접속에 의해 선행절과 후행절이 연 결된 것으로 보지만, 부분적 분리론에서는 이를 오직 대등 접속으로만 한 정하였다. 이러한 시각에서 접속이라는 용어는 한편으로는 내포절(종속 접 속절)을 가리키고 다른 한편으로는 접속절(대등 접속절)을 가리키게 되는데, 종속 접속절은 부사절로 주절에 내포 혹은 종속된 것으로 보고 대등 접속 은 선·후행절이 병렬된 것으로 본다(이익섭 2003, 임동훈 2009). 그러면 부 분적 분리론에서의 대등 접속 혹은 병렬문은 어떠한 구조를 갖고 있을까.

---

6) 유현경(1986 : 25), 최재희(1989 : 12-3), 이관규(1992 : 51), 서정수(1996 : 1019)를 참고하였다.

(12) 가. 산은 높고 물은 깊다.

　　나.　　　　　　CP3

　　　　　　　　／　　　＼

　　　　　CP1　　　　CP2

　　　　　　△　　　　　△

　　　　산은 높고　　물은 깊다

　대등 접속이 종속 접속과는 다른 통사 구조를 갖고 있다고 보는 부분적 분리론에서 대등 접속은 핵이 없는 외심 구조를 갖고 있다(허철구 2006 : 204, 임동훈 2009 : 124). (12나)에서 최상위 CP의 지표가 선행절이나 후행절 CP의 지표를 공유하지 않는데, 이는 대등 접속이 선행절이나 후행절의 핵이 투사되지 않음을 의미한다.[7] (12가)의 통사 구조는 대등 접속이 후행절과는 독립적인 시제 해석과 언표 내적 효력을 가질 수 있다는 데에 그 근거를 두고 있으며 위에서 살펴본 어순재배치, 주제화, 재귀화와 동일 명사구 생략 등의 문법적 현상이 통사구조에 반영되어 있다.

　　(13) 가. 딸들은 어제 갔고 우리는 내일 가. (임동훈 2009)
　　　　나. 여기야 늘 춥지만, 거기는 어떠니? (임동훈 2009)

　(13가)에서 선행절은 과거이나 후행절은 미래의 사건을 가리키고 (13나)의 전체 문장은 의문의 언표수반력을 가지나, 질문의 초점은 후행절에만 놓인다. 부분적 분리론에서는 이와 같이 대등 접속이 보이는 선·후행

---

7) 유현경(1986 : 25), 최재희(1989 : 12-3), 이관규(1992 : 51)에서는 대등 접속의 선행절이 접속 어미와 우선적으로 결합하는 것을 통사 구조에 반영하지 않아, 본론에서는 허철구(2006)와 임동훈(2009)를 중심으로 논의하였다. 이들 연구에서 제시한 대등 접속의 통사 구조는 대체로 아래와 같은 형상이다.

　(i)　　　　S

　　　　／　｜　＼

　　　S_1　conj　S_2

절의 독립성에 주목할 뿐 아니라, 범언어적으로 발견되는 병렬(분리론에서의 접속)이 문장을 확장하는 통사 작용으로 국어에도 존재한다고 보는 편이 합리적이라는 입장이다.

(14) 부분적 분리론에서의 절 접속 관련 문법 범주

통사 작용	내포	병렬
어미의 분류	내포 어미 ⊃ 부사형 어미	병렬 어미
문장의 종류	내포문	병렬문

(14)는 부분적 분리론 중 어미의 분류와 문장의 종류를 전면적으로 논의한 이익섭(2003)의 체계에서 절 접속과 관련된 부분만을 제시한 것이다. 위의 표에서 '접속'이라는 용어를 찾아볼 수 없는데, 부분적 분리론에서 접속은 더 이상 절과 절을 연결한다는 의미로 사용하기 어렵기 때문이다.

2.3. 통합론

종속 접속과 대등 접속이 내포와 병렬의 각기 다른 통사적 작용으로 복문을 형성한다고 보는 부분적 분리론에서는 다음과 같이 동일한 접속 어미가 내포와 병렬에 모두 관여하는 것을 어떻게 문법론에 반영할 것인가 하는 문제가 제기될 수 있다.

(15) 가. 나는 아침 식사를 하며 남편은 신문을 본다.
　　가´. 나는 아침 식사를 하고 남편은 신문을 본다.
　　나. 나는 아침 식사를 하며 신문을 본다.
　　나´. 나는 아침 식사를 하고 신문을 본다.

(15가, 가´)는 그 의미에 별 차이가 없다. 하지만 선행절과 후행절이

주어를 공유하는 (15나)는 선·후행절의 사태가 동시에 일어나는 것으로
만 해석되는 반면 (15나′)는 계기적 해석이 우선한다는 차이를 보인다.
부분적 분리론에서는 (15가, 가′)는 선·후행절의 순서를 바꾸어도 그 의
미가 동일한 대등 접속/병렬문이나 (15나′)는 순서를 바꾸면 그 의미가
달라지는 종속 접속/내포문이 된다. 이와 같이 부분적 분리론에서는 하나
의 접속어미가 보이는 다의성을 내포문과 병렬문의 통사 구조의 차이로
담아내야 하는 부담이 있다.

다른 한편으로 부분적 분리론에서 초점을 두었던 대등 접속과 종속 접
속의 통사적 차이가 과연 둘의 통사적 구조 혹은 통사 작용이 다름을 증
명하는 것인지에 대해서도 의문이 남아있다. 이와 관련하여 대등 접속과
종속 접속의 선·후행절이 독립성과 의존성의 척도에 정도의 차이를 두
고 분포해 있다고 보는 분리론의 연구들을 역으로 참고할 수 있다.

이은경(2000 : 198)은 절 접속의 독립성이 어순재배치, 주제화, 재귀화와
동일 명사구 생략, 대칭성, 시제 해석의 독립성, 언표 내적 효력의 공유
현상 등을 기준으로 할 때 정도의 차이를 보이는 경향이 있다고 지적하
였고, 장요한(2010 : 208) 역시 대등 접속과 종속 접속이 이분법적인 것이
아니라 정도성의 측면에서 검토되어야 한다고 보고 있다.

(16) 어순재배치
　가. 영희는, 철수가 잡았지만, 떠났다. (이은경 2000 : 111)
　나. ^{??}풍년이, 소쩍새가 울면, 든다. (임동훈 2009 : 97)

(16가)는 대조의 대등 접속절이 후행절 성분 사이에 위치할 수 있음을
보여주며, (16나)는 조건의 종속 접속절이 후행절 성분 사이에 위치할 수
없음을 보여준다. 부분적 분리론에서 주목했던 대등 접속과 종속 접속의
통사적 차이에 대한 반례인 것이다. 마찬가지로 (17가)는 선택의 대등 접

속이 선후행절에 주제의 '-은/는'을 허용하지 않음을, (17나)는 양보의 '-어도'가 주제화를 허용함을 보여준다.

(17) 주제화
    가. *<u>철수는 가거나</u> 영희는 간다. (이은경 2000 : 121)
    나. <u>철수는 커도</u> 영희는 작다. (이은경 2000 : 122)

(18가)는 대등 접속에서 역행 재귀화가 성립 가능한 것을 보여주는 예이며, (18나)는 조건의 종속 접속에서 역행 재귀화가 성립하지 않는 예이다. 그리고 (19)는 시간 관계의 종속 접속에서 동일 명사구 생략에 제약이 있음을 보여준다.

(18) 재귀화
    가. 자기ᵢ 동생은 대학교에 다니고 철수는 정작 공장에 다니고 있다.
      (고광주 1999 : 63)
    나. ??자기ᵢ 동생이 교도소에 있을망정 김 씨ᵢ가 조용히 있을 리가 없다.

(19) 동일 명사구 생략
    가. <u>그때 젊은 남자가 지나가다가</u> (젊은 남자가) 할아버지를 구해냈다.
    나. *<u>그때 (젊은 남자가) 지나가다가</u> 젊은 남자가 할아버지를 구해냈다.

(20가)는 선택의 대등 접속 중에는 비대칭적인 절 접속이 있음을 보여주며 (20나)는 시간 관계의 종속 접속에도 동시의 의미를 나타낼 때는 대칭적일 수 있음을 보여준다.

(20) 대칭성
    가. <u>달걀을 파느니</u> 그걸 먹어 끼니를 때우겠다.
    가′. <u>달걀을 먹어 끼니를 때우느니</u> 그걸 팔겠다.
    나. 철수는 <u>노래를 부르면서</u> 춤을 추었다. (박진호 2009 : 175)

　나′. 철수는 <u>춤을 추면서</u> 노래를 불렀다.

　(21가)는 대등 접속의 선행절이 후행절의 시제 요소에 의존 해석되는 반면 (21나)는 이유의 종속 접속절이 주절과는 독립적으로 시제 해석되는 것을 보여주고, (22가)는 질문의 언표 내적 효력이 대등 접속절의 선행절에 미치지 못할 수 있으나 (22나)와 같이 종속 접속절에는 미칠 수 있음을 보여준다.

　(21) 시제 해석
　　가. <u>철수가 가든지</u> 영희가 오겠다. (이은경 2000 : 130)
　　나. 걔는 <u>아침 일찍 출발했으니까</u> 지금 서울에 있을걸?

　(22) 언표 내적 효력
　　가. <u>여기야 늘 춥지만</u>, 거기는 어떠니? (임동훈 2009 : 119)
　　나. <u>철수가 가자마자</u> 동생이 왔니? (이은경 2000 : 127)

　지금까지 살펴본 바와 같이 대등 접속과 종속 접속이 보이는 문법적 현상은 이 둘을 깔끔하게 양분하는 데에 기여하지 않고 오히려 대등 접속과 종속 접속의 구분이 의미론적인 차이일 수 있다는 애초의 분리론적 시각으로 문제를 환원시킨다. 이것은 특히 대등 접속과 관련하여 절 접속의 통사 구조와 의미의 대응 문제로 귀결됨을 의미한다(고광주 1999 : 56). 달리 말하면 대등 접속과 종속 접속이 보이는 통사 현상의 경향성을 통사 작용의 차이로 해석할 것인가(부분적 분리론) 아니면 이것을 의미의 문제로 볼 것이냐(분리론과 통합론)의 문제이다.
　분리론에는 내포와 대척적인 접속이라는 통사 작용을 전제하는 전통 문법을 계승하는 연구와 절 부가 부사절이 절과 절이라는 대등한 성분 사이의 관계를 나타내는 것이라서 내포와는 다른 것이라고 보는 임홍빈·장소원(1995)와 이은경(2000)의 논의가 섞여 있지만, 절 접속이 접속문을 형성한다고 보는 점에서는 같다. 반면 서태룡(1979), 김진수(1987), 왕문용·민현식(1993), 고광주(1999), 유현경(2002), 이정훈(2008)의 통합론에서는 절 접속이 관형사절의 부가나 부사절의 부가와 동일한 부가 구조를 갖는다고 본다. 다만 대등 접속과 종속 접속의 통사적 차이를 반영하기 위해 부가 위치를 다르게 보기를 주장하기도 한다(고광주 1999, 이정훈 2008). 통합론에서의 절 접속은 다음과 같은 통사 구조를 갖는다.

(23) 가. <u>철수가 가고</u> 영이가 온다.
　　 나. 영이가 <u>철수가 가면</u> 온다.

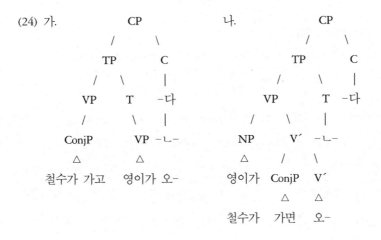

통합론은 첫째, 국어는 형태론적으로 접속어미가 선행절과 우선적으로 통합하고 둘째, 대등적 의미 해석을 통사 구조에 반영하려고 하면 계층성과 이분지의 문법 원리에 예외가 되며 셋째, 영어의 대등 접속과는 달리 국어의 경우 전역 규칙이 적용되지 않는다는 점에서 대등성을 의미의 문제로 남겨두고[8] 모든 절 접속은 선행절이 후행절에 부가된 것으로 볼 것

을 제안한다.

통합론은 내포와 대척적인 접속이나 병렬의 통사 작용을 인정하지 않는다는 데서 분리론 및 부분적 분리론과 큰 차이를 보인다. 그러면 이 논의에서 대칭적이고 다항적인 절 접속은 어떻게 설명될 수 있을까?

(25) 가. 넘어질까 봐 [벼 이삭을 보다가 땅을 보다가 앞을 보다가] 했다.
　　　 나. [반장 뽑으랴 회장 뽑으랴] 유권자와 출마자인 아이들은 바쁘다.
　　　 다. [우리는 움직이기 싫으니까, 짐을 싸는 것도 싫으니까, 차 타는
　　　　　 것도 싫으니까] 여행을 잘 안 간다. (이은경 2000 : 135)
　　　 라. 커피 드시겠어요, 차 드시겠어요? (Sohn 2009 : 292)

(25가)에서 표시된 부분은 포괄동사 '하-'의 보충어인 내포절인데, 그 내부를 들여다보면 '-다가'가 이끄는 절들이 대등하게 접속되어 있다는 것을 알 수 있다. (25나)에서 절 접속 구성은 후행절에 부가되어 있으나, 그 내부는 역시 '-으랴'가 이끄는 절이 대등한 의미관계에 있다. (25다)도 후행절에 부가된 이유의 종속절들이 서로 나열되어 있으며, (25라)는 두 개의 의문문이 나열되어 있는 선택 의문문이다. (25가, 나)는 접속어미에 의해 중첩형 접속 구성이 이루어지는 것으로 볼 수 있지만, (25다, 라)는 휴지를 포함한 억양으로써 각 절이 연결되어 있음이 표시되는 병치(juxtaposition)의 예이다. (25)를 통해서 우리는 절 접속에 대한 앞으로의 연구가 전형적인 대등 접속을 비롯하여 (25)에 제시되어 있는 중첩형 접속 구성, 병치까지 대칭적이고 다항적인 의미 해석의 절 접속을 아우를 수 있도록 논의가 확대되어야 함을 알 수 있다.

통합론 중 졸고(2011나)를 바탕으로 절 접속 관련 문법 범주에 대해 살

---

8) 고광주(1999 : 66-71)에서는 영어의 대등 접속문에서 문법 규칙이 선행절과 후행절에 모두 걸쳐 적용되어야 한다는 전역규칙이 한국어에는 적용되지 않음을 보이며 문법에서의 통사와 의미의 불일치(nonmatching)을 인정할 것을 제안하고 있다.

펴보는 것으로 이 절의 논의를 마무리하고자 한다.

(26) 통합론에서의 절 접속 관련 문법 범주

통사 작용	내포	병치
어미의 분류	내포 어미 ⊃ 부사형 어미 ⊃ 접속어미	휴지, 억양
문장의 종류	복문	복문

분리론의 이은경(2000 : 99)은 접속을 절과 절의 관계로 정의하였는데, 졸고(2011나 : 1)는 절과 절의 관계를 의미의 영역에 속하는 것이라고 보았다. 국어 문법에서 접속 부사가 부사의 한 의미 부류이고 접속 조사가 조사의 한 의미 부류이듯이 접속어미 역시 부사형 어미의 한 의미 부류를 가리키는 것으로 보아야 한다는 것이며, 접속이란 의미 해석 차원에서 선행절과 후행절이 연관 해석되는 것 즉, 절 접속의 의미관계를 가리키는 것으로 보자는 것이다.

3. 절 접속의 의미관계

절 접속에서 선행절이 가리키는 사태와 후행절이 가리키는 사태가 연관 해석되는 것을 의미관계로 부르기로 하자. 절 접속의 의미관계란 접속어미를 중심에 놓는다면 접속어미의 의미 기능이 될 것이다. 절 접속의 의미관계를 논의함에 있어 가장 큰 어려움은 그 의미관계를 논증하기가 쉽지 않다는 것이다.

(27) <u>논문을 투고하시되</u> 영어로 써 주세요.

(27)에서 선행절이 후행절에 대해 배경이 되는 것을 증명하기란 쉽지 않은 일이다. 이에 우리는 절 접속에 대한 유형론 연구와 그동안의 국어 연구를 검토하여 귀납적으로 국어 절 접속에서 발견되는 의미관계의 총체에 접근하기로 한다.

3.1. 대등한 의미관계와 종속적 의미관계

절 접속을 둘러싸고 치열하게 전개되었던 그동안의 연구에서도 대등 접속과 종속 접속이 그 의미에 있어서 대척적이라는 것은 기본 전제로 받아들여졌다. 그 대척점은 대칭성에 있다고 볼 수 있는데, 대칭성이란 선행절과 후행절이 서로 바뀌어도 전체 문장의 진리치는 바뀌지 않는 것을 의미한다.

(28) 가. <u>철수는 키가 크나</u> 영희는 키가 작다. (신지연 2004 : 85)
　　 나. <u>영희는 키가 작으나</u> 철수는 키가 크다.

(28가)와 (28나)는 그 진리치는 같으나 발화의 초점은 후행절에 놓이는 해석이 자연스러워서 (28가)가 함의하는 것과 (28나)가 함의하는 것은 다르다. 이와 같이 진리치에 있어서는 대칭적인 절 접속도 해당 문장이 놓이는 맥락과 세계에 대한 지식과 같은 화용론적 요소를 고려할 때는 비대칭적일 수 있다.9)

대등 접속은 그 의미관계가 대칭적이기 때문에 다항성을 허용한다고 볼 수도 있지만, (28)과 같은 대조의 의미관계에 있어서는 다항성을 허용

---

9) 후행절에 초점이 놓이는 경우는 선행절에 의해 기대되는 것을 후행절이 부정하는 기대 부정의 의미가 있어 양보의 의미관계를 나타내는 것으로 볼 수 있다. 이에 대해서는 3.2에서 논의한다.

하지 않으며, '-을뿐더러'와 같은 일부 나열의 절 접속 역시 다항적 해석이 가능하지 않다.

(29) 가. *[철수는 키가 크나] [영희는 키가 작으나] [민수는 키가 어중간하]다.
　　 나. *그는 [재산이 많을뿐더러] [재능도 남에게 뒤지지 않을뿐더러] [노력파이]다.

　종속 접속은 선행절이 후행절에 부가된 구조가 그 의미해석과 합치하여 후행절이 전체 문장에서 중심 사태를 나타내나, 대등 접속 중에는 선행절이 중심 사태를 나타낼 때도 있다.[10)]

(30) 가. 콩을 심으면 콩이 나지, 팥이 나지 않는다. (최상진·임채훈 2009 : 305)
　　 가'. 콩을 심으면 콩이 나지.
　　 나. 불을 좀 줄였으면 좋으련만 지왓골댁은 미처 그런 생각을 못 했다.
　　 나'. 불을 좀 줄였으면 좋으련만.

　(30가, 나)는 선행절이 중심 사태를 나타내고 후행절은 선행절을 부연할 뿐이라서, (30가', 나')와 같이 후행절이 생략되어도 중심 사태가 표현된다. 지금까지 살펴본 바에 따르면, 대칭성과 다항성으로는 대등 접속의 의미관계를 정의할 수 없다. 이에 대등 접속을 계층성을 기본 원리로 하는 통사 구조와 합치되지 않는 의미관계를 가리키는 것으로 볼 것을 제안한다.

---

10) 의미 해석의 차원에서 주변 사태와 중심 사태는 종속절과 주절이 통사적 위계의 차이를 반영하는 것과 평행한 개념이다. 이와 관련하여 Dixon & Aikhenvald(2009 : 3)의 focal clause/supporting clause와 국어에서 절 접속을 정보 구조로 설명한 박진호(2009)를 참고할 수 있다.

(31) 대등 접속의 의미관계

　가. 대등 접속은 통사 구조와 그 의미가 불일치하는 의미관계 유형이다.

　나. 대등 접속의 의미관계에는 대칭적인 것과 비대칭적인 것이 있다.

(32) 종속 접속의 의미관계

　가. 종속 접속은 통사 구조와 그 의미가 일치하는 의미관계 유형이다.

　나. 종속 접속에는 비대칭적인 의미관계만이 존재한다.

(31가)는 대등 접속이 대칭적이거나 다항적으로 해석되는 경우, 그리고 선행절이 중심 사태가 되는 절 접속을 모두 포함함을 명시한 것이고,[11] (31나)는 대칭적 혹은 다항적인 것과 후행절이 주변 사태가 되는 절 접속을 구분하고 있다. (31가)는 2절에서 논의된 바와 같고, (31나)의 구분은 대등 접속의 의미관계인 나열, 대조, 선택에서 모두 발견되어 대등 접속의 의미관계를 한 단계 더 세분하는 데 이용된다.

(33) 대등 접속의 의미관계

1차 분류	2차 분류	
	대칭	비대칭
나열	순접	첨가
대조	역접	첨가
선택	이접	선호

(33)은 대등 접속의 의미관계인데 1차 분류에서는 나열, 대조, 선택으로 분류되고 이것들은 다시 대칭적인 순접, 역접, 이접과 비대칭적인 첨가, 선호로 분류된다. 각 의미관계에 대해서는 3.3에서 논의한다.

---

11) (31)에 제시된 대등 접속의 정의에서 하나의 예외가 있는데, 후행절이 중심 사태가 되는 '-느니' 절 접속이다.

3.2. 접속어미의 다의성

접속어미 중에는 둘 이상의 의미관계를 나타낼 수 있는 것들이 있다. 졸고(2011나)에서는 모두 105개의 접속어미 중 27개가 다의적이라고 보았는데, 이들은 다음의 경향성을 보인다. 첫째, 다의성을 띠는 접속어미 중 상당수(15개)는 배경의 의미관계를 나타낼 수 있다. 다음으로, 대등한 의미관계인 나열과 종속적 의미관계인 시간 관계를 나타내는 접속어미들이 있다. '-다가, -으며, -으면서, -자'가 그것이다. 마지막으로, '-으나, -지마는(지만)'은 대조와 양보를 모두 표시할 수 있다.

(34)는 졸고(2011나)를 바탕으로 다의성을 띠는 접속어미를 정리한 것이다. 아래에서 접속어미는 가나다 순으로 제시되어 있고 어미가 표시하는 의미관계 중 어느 것이 주된 것인지는 표시되지 않았다.

(34) 다의적인 접속어미

	나열	대조	선택	시간 관계	배경	양보	조건	원인·이유	목적
-거늘					✓			✓	
-거니와		✓			✓				
-거든					✓		✓		
-나니					✓			✓	
-노니					✓			✓	
-느라(고)								✓	✓
-다가	✓			✓					
-도록				✓					✓
-로되					✓	✓			
-어(서)				✓				✓	
-어야						✓	✓		
-어야지	✓						✓		
-으나		✓	✓				✓		

	나열	대조	선택	시간 관계	배경	양보	조건	원인 · 이유	목적
-으니(까)					✓			✓	
-으되					✓	✓			
-려(고)				✓					✓
-으려니와		✓			✓				
-으리니					✓			✓	
-으매					✓			✓	
-으며	✓			✓					
-으면서	✓			✓		✓			
-은데/는데		✓			✓				
-은즉					✓			✓	
-은즉슨					✓			✓	
-을진대					✓		✓		
-자	✓			✓					
-지마는 (-지만)		✓				✓			

먼저 위의 표에서 배경의 의미관계를 나타낼 수 있는 접속어미를 살펴보면, 현대 국어 구어체에서는 잘 발견되지 않는 어미가 대부분이며, 형태론적으로도 '-거-, -으니, -으되, -은즉' 등을 공유하고 있어 이에 대한 통시적 설명이 필요한 것으로 보인다.[12]

나열과 시간 관계를 나타내는 어미들 중에는 구문 제약을 갖는 것이 많다. '-으며, -으면서'는 동사 구문을 취할 때는 나열과 동시적 시간 관계를 모두 표시할 수 있지만, 형용사 구문을 취할 때는 시간 관계를 나타낼 수 없다.

---

12) 배경의 접속어미 중에는 '-거-'를 포함하는 '-거늘, -거니와, -거든'과 '-으니'를 포함하고 있는 '-나니, -노니, -으니(까), -으려니와, -으리니'가 있으며 '-으되'와 '-로되' 그리고 '-은즉'과 '-은즉슨'이 각각 유사한 형태를 갖고 있다.

(35) 가. 그는 **TV를 보면서** 밥을 먹는다. (박진호 2009 : 184)

　　가′. 그는 밥을 먹으면서 TV를 본다.

　　나. **철수가 가세하면서** 우리 팀의 전력이 대폭 강화되었다. (박진호
　　　　2009 : 175)

　　다. 그 옷은 **거무스름하면서** 보랏빛을 띤다.

　(35가)는 동사 구문을 취한 '-으면서' 절 접속인데 (35나)와 비교해 보면 (35가′)와 같이 대칭적이라서 나열의 의미관계를 나타낼 수도 있고 동시의 시간 관계를 표시할 수도 있음이 드러난다. 한편, 선행절에 형용사 구문이 나타나 있는 (35다)는 상태를 나타내는 구문의 특성상 시간 관계의 의미관계가 성립할 수 없다. 마찬가지로 '-자'의 경우, 나열의 의미관계를 나타낼 때는 계사 구문이나 '아니-' 형용사 구문만을 허용하고 시간 관계를 나타낼 때는 동사 구문만 가능하다.

(36) 가. 그는 **나의 스승이자** 아버지이다.

　　나. **금리가 계속 떨어지자** 주로 채권에 몰렸던 보험사들의 자산운용
　　　　이 담보대출로 집중되었다.

　'-다가'는 나열의 의미관계를 나타낼 때는 구문의 제약을 보이지 않으나 시간 관계는 동사 구문일 때만 가능하다.

(37) 가. 고 녀석이 **예쁘다가** 밉다가 한다.

　　나. **아빠가 운전하다가** 엄마가 운전한다.

　(37가)는 '-다가'의 중첩형 절 접속이 포괄동사 '하-'를 보충하는 예인데, 여기에서 선행절과 후행절에는 시간 관계가 성립하지 않으나, (37나)는 선행절이 후행절에 선행하는 선시적 시간 관계를 나타낸다. '-다가'가

표시하는 나열과 시간 관계는 구문뿐 아니라 접속의 형식에 있어서도 중
첩형과 단순형으로 구분되는 특징이 있다.

나열과 시간 관계의 의미관계를 모두 나타내는 접속어미의 경우 그 구
문적 특성을 이용하여 둘을 구분할 수 있지만, 대조와 양보의 경우에는
화자의 기대라는 화용론적 의미의 문제가 걸려있어 대등과 종속의 통사
적 차이를 논의에 포함시키지 않으면 둘을 구분하기가 어렵다.

> (38) 가. 철수는 키가 {크나, 크지만} 목이 짧다. (신지연 2004 : 76)
> 　　　나. 비가 {오나, 오지만} 우리는 소풍을 간다.

여기에서 문제가 되는 것은 (38나)와 같이 선행절에 의해서 화용론적
으로 기대되는 것이 후행절에서 부정되어 있는 경우를 대조의 한 유형으
로 볼 것인지 아니면 양보를 나타내는 것으로 볼 것인지 하는 것이다. 이
와 관련하여 우리는 다음의 현상에 주목할 필요가 있다.

> (39) 가. 포유류는 새끼를 {낳으나, 낳지만} 어류는 알을 낳는다.
> 　　　가′. *어류는, 포유류는 새끼를 {낳으나, 낳지만}, 알을 낳는다.
> 　　　나. 등록금은 {비싸나, 비싸지만} 철수는 아르바이트를 하지 않는다.
> 　　　나′. 철수는, 등록금은 {비싸나, 비싸지만}, 아르바이트를 하지 않는다.

(39가′)와 같이 대조의 의미관계를 나타내는 경우 후행절의 성분 사이
에 위치할 수 없지만 기대의 부정이 나타나 있는 양보의 경우 (39나′)에
서 보이는 바와 같이 가능하다. 또한 '-으나, -지마는(-지만)'의 절 접속
에 진술이 아닌 의문, 명령, 약속 등의 언표 내적 효력이 놓일 때는 기대
부정의 의미해석만이 가능하다는 사실도 대조와 양보의 의미관계를 구분
하는 기준이 될 수 있다.

(40) 가. 비가 {오나, 오지만} 소풍을 {가라, 갈게}.
   나. 형은 운동에 {열중하나, 열중하지마는} 너는 공부를 열심히 하
      지 않니?
   나′. 형은 운동에 {열중하나, 열중하지마는} 너는 공부를 열심히 할
      것!

(40나)는 기대의 부정을 의미 해석에서 배제할 수 있으나, (40나′)에서
는 '형이 운동에 열중하므로 동생인 너도 본받아야 할 것이 기대되지마
는 그것이 아니라 공부를 열심히 한다'와 같은 기대의 부정이 의미 해석
에 포함되어야만 한다.

지금까지 우리는 다의적인 접속어미가 보이는 세 가지 경향성을 살펴
보았는데 첫째, 배경의 의미관계를 표시하는 어미들은 통시적으로 문제
를 살펴보아야 한다고 보았고 둘째, 나열과 시간 관계는 구문 제약을 공
통적으로 갖고 있음을 확인하였으며, 마지막으로 대조와 양보에 대해서
는 기대의 부정이라는 화용론적 요소와 함께 대등 접속과 종속 접속의
문법적 차이를 참고할 때 서로 구분될 수 있음을 지적하였다.

3.3. 대등 접속의 의미관계[13)]

3.3.1. 나열 : 순접과 첨가

나열의 의미관계는 대등 접속의 의미관계 중 가장 무표적이라고 할 수
있다. 형태 표지 없이 휴지나 특유의 억양으로 의미관계가 표시되는 병치
가 주로 나열의 의미관계를 표시하는 것이나 선택의 의미관계가 선택항
이 벌여 제시하는 것을 전제한다는 점에서 그러하다.

---

13) 3.3과 3.4의 논의는 졸고(2011나)를 바탕으로 수정한 것임을 밝힌다.

(41) 가. 사실 [교육, 도로, 대중교통, 쓰레기 수거] 등 공공서비스는 주민
　　　의 일상생활에 적지 않은 영향을 미친다.
　　나. 음성도서 콘텐츠 녹음은 [많은 인력이 필요한, 시간이 많이 드는]
　　　작업임에 틀림없다.
　　다. [먹고 사는 일이 바빠서, 타지로 흩어져서] 그동안 만나지 못했
　　　던 어릴 적 동무들이었다.
　　라. [누구는 집에 간다, 누구는 배고프다, 누구는 더 놀자] 하면서 만
　　　들도 많다.

　(41가)는 명사구가, (41나-라)에는 절이 병치되어 있다. (41나)의 관형
사절, (41다)의 원인·이유의 접속절, (41라)와 같이 문장도 모두 병치될
수 있는데, 이들에서 모두 나열의 의미관계를 발견할 수 있다.
　나열의 의미관계에는 다항적인 것과 이항적인 것이 있는데, 이를 각각
순접과 첨가로 부를 수 있다.

(42) 가. [여름에는 비가 내리고] [가을에는 낙엽이 지고] [겨울에는 눈이
　　　내리-]-ㄴ다.
　　나. 그는 재산이 많을뿐더러 재능도 남에게 뒤질 것 없는 사람이다.
　　나′. *그는 재산이 많을뿐더러 재능도 남에게 뒤지지 않을뿐더러 노
　　　력파이다.
　　다. 북한 핵 문제는 건설적인 협의와 협상을 통해서 해결해야지 압력
　　　과 제재를 가해서는 안 된다.
　　다′. *북한 핵 문제는 건설적인 협의와 협상을 통해서 해결해야지 중
　　　국 등의 주변 국가를 통해 접근해야지 압력과 제재를 가해서는
　　　안 된다.

　(42가)는 다항적인 순접의 예이나 (42나, 다)는 (42나′, 다′)를 통해서
볼 수 있듯이 다항적 의미 해석을 허용하지 않는다. 나열의 접속어미 중
이와 같이 다항성을 허용하지 않는 첨가의 접속어미에는 '-을뿐더러, -지,

-어야지'가 있다.

(43) 나열의 의미관계

의미관계	접속어미
순접	-고, -다가, -다거니/라거니, -다느니/라느니, -요, -으니/느니, -으라거니, -으라느니, -으랴, -으며, -으면서, -을지며, -자, -자거니, -자느니
첨가	-을뿐더러, -지, -어야지

(43)에 제시된 접속어미 중 순접의 의미관계를 나타내는 '-으니/느니, -다거니/라거니, -다느니/라느니, -으라거니, -으라느니, -자거니, -자느니'는 중첩형으로만 존재하고 인용절의 성격을 갖는 것이 특징이다.[14]

(44) 가. 항간의 소문은 [전 씨 부부가 속초로 사우나를 갔느니 고기 먹으러 갔느니] 말들이 많지 않았습니까.
나. [1백여명이 사망 실종 됐다느니 2백여 명이 사망 실종 됐다느니] 신문마다 그 숫자가 다르다.

(44가)는 접속절이 항간의 소문을 (44나)는 신문 기사를 인용하고 있다. 한편, 위의 예문에서 주목해야 하는 것은 순접의 의미관계는 중첩되는 접속절 사이에서 발견되는 의미관계라는 것이다. 중첩형 절 접속의 전체 구성과 그것이 부가된 주절이 어떠한 의미관계에 놓여 있는지에 대해서는 논의가 필요하다.

---

14) 남기심 엮음(1994)는 인용 나열이라고 본다. 이와 관련하여 다음의 구성이 흥미롭다. '-네'가 중첩되어 나타나고 인용절의 성격을 띠고 있는데, 이 어미는 사전에 등재되어 있지 않다. 졸고(2011나 : 44)에는 이 외에도 수사 의문문을 포함한 여러 문장이 병치된 예가 제시되어 있다.
(i) 육군 병력이 뭐 있더라구 [부족하네 얼마네] 이런 얘기하잖아.

3.3.2. 대조 : 역접과 첨가

대조의 의미관계는 선행절과 후행절의 명제가 대립되는 것에 한정되지 않고 선·후행절의 상이(相異)를 드러내는 것으로 이해할 수 있다(신지연 2004 : 91-92).

> (45) 가. <u>처음에는 구상화를 그렸으나</u> 1940년경부터는 기호와 형체를 결합시킨 추상화를 그렸다.
> 나. 필구는 <u>과거 석이와는 처남 매부 지간이었지만</u> 친구이기도 했다.
> 나′. 필구는 <u>과거 석이와는 처남 매부 지간이었을뿐더러</u> 친구이기도 했다.

(45가)는 선·후행절의 명제가 대립된다고 볼 수 있지만, (45나)는 후행절의 보조사 '-도'를 통해서 볼 수 있듯이 선행절 명제와는 다른 내용의 후행절이 첨가되는 것으로 해석된다. 이를 반영하면 대조의 의미관계를 역접과 첨가로 구분할 수 있다. 이렇게 하면 (45나)와 (45나′)의 의미관계가 유사함을 포착할 수 있다.

(46) 대조의 의미관계

의미관계	접속어미
역접·첨가	-으나, -은데/는데, -지마는(-지만)
첨가	-거니와, -으려니와, -으련마는(-으련만)

(46)은 대조의 접속어미 중에는 역접과 첨가를 모두 나타낼 수 있는 것과 첨가만을 나타낼 수 있는 것이 있음을 보여준다. 그 중에서 '-으련마는(-으련만)'은 나열의 '-지, -어야지'와 같이 선행절이 중심 사태를 나타내고 후행절이 주변 사태를 나타낸다.

(47) 가. <u>내가 좀 나으면 풀빵장사라도 하련만</u> 이놈의 몸이 영 성치 않으
　　　니 그럴 수도 없고.
　　나. <u>정상회담이 필요한 것은 그쪽이지</u> 우리 쪽이 아니다.

(47)에 제시된 절 접속은 후행절이 선행절을 부연, 한정하여 선행절이
중심 사태가 되는 매우 유표적인 의미관계를 보여준다.

3.3.3. 선택 : 이접과 선호

선택의 의미관계는 선·후행절 중 어느 하나도 단언되지 않는다는 특
징이 있다.[15] 즉 선택의 절 접속은 선·후행절이 가리키는 사태를 비현
실적인 것으로 표현한다고 할 수 있는데, 이를 선택의 의미관계에 양태적
속성이 포함되어 있다고 이해할 수도 있다.

(48) 가. 이제 아이들은 <u>과외 공부를 하러 가거나</u> 입시 학원으로 자리를
　　　옮긴다.
　　나. 수영 실력을 보니까, <u>어렸을 때부터 배웠든지</u> 좋은 코치 밑에서
　　　배웠음에 틀림없다.

(48가)는 선행절이나 후행절 중 어느 하나가 참의 값을 갖지 못하고
그렇다고 거짓의 값도 갖지 않는데, 이는 (48나)와 같은 과거 시제의 명
제도 마찬가지이다.

지금까지 살펴보았던 나열과 대조의 의미관계와 같이 선택의 의미관계
에도 비대칭적인 것이 있다.

---

15) 선행절이나 후행절이 모두 참이 될 수 없고 둘 중 하나만이 참이 된다고 보는 논리학적 접
　근으로는 선행절과 후행절 모두가 반사실적 사태를 가리키는 다음의 예문을 설명하기 어
　렵다.
　　(i) [영어를 어렸을 때부터 배웠든지 외국에서 공부했든지] 하면 좋았을 텐데.

    (49) 가. <u>달걀을 파느니</u> 그걸 먹어 끼니를 때우겠다.
        나. <u>달걀을 먹어 끼니를 때우느니</u> 그걸 팔겠다.

  (49가)와 선·후행절의 순서가 역전된 (49나)는 진리치가 서로 다르다.
'-느니'는 선행절과 후행절 중 후행절을 선호함을 나타내는데, 이를 선호
로, (48)과 같이 대칭적인 것을 이접으로 부르기로 한다.

    (50) 선택의 의미관계

의미관계	접속어미
이접	-거나(-건), -든가, -든(지), -으나
첨가	-느니

3.4. 종속 접속의 의미관계

3.4.1. 시간 관계와 배경

  시간 관계와 배경의 의미관계는 후행절이 중심 사태가 되고 선행절이
보조적이거나 배경이 되는 주변 사태를 나타낸다는 점에서 종속 접속의
의미관계이지만, 선·후행절 사이에 필연적인 인과관계나 개연적인 추론
관계가 요구되지 않으므로 다른 종속 접속에 비해서 선행절과 후행절이
긴밀하게 관련되어 있지는 않다.

    (51) 가. 나는 <u>인사를 하고서</u> 다시 책으로 눈을 돌렸다.
        나. <u>이거 떡인데</u> 선생님 갖다 드려라.

  (51가)는 시간 관계의 예이고 (51나)는 배경의 절 접속인데 모두 선행
절과 후행절 사이에 어떠한 논리적 관계를 찾기 어렵다.
  시간 관계의 절 접속은 후행절을 기준으로 할 때 선행절의 시간적 위

치에 따라서 선시적 시간 관계, 동시적 시간 관계, 후시적 시간 관계로 나누어 볼 수 있다.

> (52) 가. <u>마지막 차가 떠나고</u> 그분이 역에 도착했다. (남기심 1978가 : 861)
> 　　 나. <u>여행을 하며</u> 우리 민족이 우수한 민족이라는 걸 느꼈다.
> 　　 다. <u>한낮에 얼마나 더우려고</u> 아침부터 푹푹 찌나?

(52가)는 선행절의 사태가 일어난 후 후행절의 사태가 발생한 선시적 시간 관계의 예이고, (52나)는 선행절의 사태가 일어나고 있을 때 후행절의 사태가 발생하는 동시적 시간 관계, (52다)는 선행절의 사태가 후행절의 시점 이후에 일어날 것으로 기대되는 후시적 시간 관계의 예이다.

여기에서 (52)의 예를 좀 더 들여다보면, 단순히 두 사태의 시간적 선후관계를 나타내는 것이라기보다는 선행절이 후행절의 사태가 일어나는 시간적 배경을 나타낸다고 보는 것이 더 자연스러운 해석이라는 것을 알 수 있다. 이와 같이 시간 관계의 절 접속 중에는 시간적 선후관계와 함께 시간적 배경의 의미관계를 나타낼 수 있는 것들이 많다.

> (53) <u>대학교를 졸업하고</u> 모피 전문업체의 디자이너로 취직했던 선생이었다.

위의 예문이 취직한 시점에 대한 대답이라면 접속절은 시간적 배경을 제시하는 해석이 자연스럽고, 선생의 이력에 대한 대답이라면 접속절은 후행절에 대해 시간적 선후관계를 표시하는 것으로 볼 수 있다.

> (54) 시간 관계의 의미관계

접속어미	선시	동시	후시
-고(서), -어(서), -다가, -자, -자마자	✓		
-도록, -으려(고)			✓
-으며, -으면서	✓	✓	

(54)는 시간 관계를 나타내는 접속어미를 정리한 표이다. '-으며, -으면서'가 선시적 시간 관계와 동시적 시간 관계를 모두 표시하는 것을 볼 수 있는데, 이들 어미가 선시적 시간 관계를 나타낼 때는 시간적 배경으로 해석된다.

> (55) 가. 그러나 [주] 삼미는 <u>이날도 29만주가 거래되며</u> 하한가를 기록했다.
> 나. 그는 <u>PB 업무를 오래 맡으면서</u> 부자들에 대한 고정관념이 많이 깨졌다고 했다.

위에서 접속절이 가리키는 사태는 후행절의 사태가 일어나기 전에 발생하는 선시적 시간 관계인데, 단순히 시간적 선후관계를 나타내지 않고 후행절에 대해 선행절이 시간적 배경이 되는 것으로 보는 편이 자연스럽다.

배경의 의미관계는 선·후행절의 사태가 배경과 전경의 관계에 놓이면서 선행절이 후행절에 대해 문맥적 환경을 조성하는 역할을 하는 것으로 정의할 수 있다(서정수 1996 : 1192). 배경의 접속어미가 나타내는 문맥적 환경은 후행절에서 설명할 개념이나 후행절 관련 상황을 제시하는 것과 후행절에 나타난 행위 내용이나 판단의 토대가 되는 전제로 구분할 수 있다.

> (56) 가. 정세운은 <u>임진왜란 때에 침산동으로 피난와서</u> 살았는데, 동네 어구에 느티나무 여덟 그루를 심고 구수정이라고 불렀다.
> 나. <u>넉넉한 처가살이도 하기 어렵다 하거늘</u> 하물며 가난한 처가살이야 말할 것도 없다.

(56가)와 (56나)를 비교하면 (56가)의 접속절은 후행절 관련 상황을 제시하는 반면, (56나)의 선행절은 후행절 명제를 추론하기 위한 전제가 되는 것을 볼 수 있다.

(57) 배경의 의미관계

접속어미	전제와 제시
-거늘, -거니, -거니와, -거든, -나니, -노니, -노라니(까), -더니, -었더니, -던데, -던바, -은데/는데, -으니(까), -으되, -로되, -으려니와, -으리니, -으매, -은은바/는바, -은즉, -은즉슨, -을진대, -자	✓

(57)을 보면 배경의 접속어미가 제시와 전제의 의미관계를 모두 나타냄을 알 수 있다. 이 중에서 '-거늘, -거니, -거니와, -나니, -노니, -던바, -은바/는바, -으려니와, -으매, -은즉, -은즉슨, -을진대'는 주로 전제의 의미관계를 나타내며 현대 국어에서는 잘 쓰이지 않는다.

3.4.2. 양보와 조건

양보와 조건의 의미관계는 양보가 조건을 함축하는, 개념적으로 매우 가까운 의미관계이다.

(58) 가. <u>비가 와도</u> 소풍을 간다. (이하 박승윤 2007 : 73)
　　　가′. <u>비가 오면</u>, 일반적으로 소풍을 안 간다.
　　　나. <u>날씨가 개도</u> 소풍을 안 간다.
　　　나′. <u>날씨가 개면</u>, 일반적으로 소풍을 간다.

(58가)의 양보의 절 접속은 (58가′)의 조건문을 함축한다. (58가′)가 일반적으로 기대되는 것인데, (58가)에서는 그러한 기대의 부정이 표현되어 있는 것이다.

또한 양보와 조건은 선행절 명제의 사실성에 있어 사실, 비사실, 반사실의 동일한 스펙트럼을 보인다.

(59) 가. <u>나한테 말만 하고 떠났더라도</u> 내가 이렇게 오지 않았을 거야.

가´. <u>내가 남자로 태어났더라면</u> 큰오빠처럼 벌써 가출을 해서 혼자
　　신나게 살 텐데.

나. <u>열심히 설명해야</u> 이해하지 못한다.

나´. <u>김을 듬뿍 넣어야</u> 맛있어요.

(59가, 가´)는 양보절과 조건절이 반사실성을 띠는 예이며, (59나, 나´)
는 '-어야'가 비사실 명제와 통합하여 양보와 조건의 의미관계를 모두
표시할 수 있음을 보여준다.16)

양보는 선행절에 의해 기대되는 것을 부정하는 내용이 후행절에 오는
기대의 부정으로 정의할 수 있는데(서정섭 1991 : 31), 기대 부정의 의미 해
석과 대등·종속의 통사적 차이를 통해 양보와 대조의 의미관계를 구분
할 수 있음은 앞서 논의된 바와 같다.

(60) 양보의 의미관계

접속어미	사실	비사실	반사실
-어도, -더라도	✓	✓	✓
-을망정, -을지라도, -을지언정	✓	✓	
-은들		✓	✓
-기로(니), -기로서(니), -지마는(-지만), -은데(도)/는데(도), -으나, -거마는(-건만), -으면서, -고도, -음에도, -으되, -로되	✓		
-어야		✓	

위의 표에서 첫째, 상당수의 접속어미들이 사실 명제만을 취하는 것을
볼 수 있는데, 조건의 접속어미 중에는 이러한 부류가 존재하지 않기에
비교하여 논의해 볼 만하다. 둘째, 양보의 접속어미 중에 반사실 명제만

16) 양보가 조건문을 함축하는 것을 근거로 양보를 조건의 한 의미 유형으로 보기도 한다(장경
　　희 1995, 박승윤 2007, 박재연 2011).

을 취하는 형태가 없는데, 이는 양보의 의미관계에서는 과거 시제 형식과
일부 접속어미의 결합이 반사실성을 나타내기 때문이다.

> (61) 가. 너희들이 하룻밤이라도 이 동네에 있는 것이 부질없는 일이니,
> <u>날이 저물었더라도</u> 지금 떠나라.
> 나. 쌀수입 개방만은 <u>외국과 약속했더라도</u> 취소해야 한다.
> 다. <u>넉넉히 착수금을 치르고 변호사에게 맡길 만한 돈지갑만 있었더</u>
> <u>라도</u> 이곳에 나타날 필요는 없었을 것이다.

(61)은 '-었더라도'가 사실, 비사실, 반사실의 명제와 결합할 수 있음
을 보여준다. 한편, '-었던들'은 반사실만을 나타내는데, '-은들'에 '-었
더-'가 결합한 것으로 분석하면 '-었더라도, -었어도'와 함께 양보의 의
미관계에서 반사실이 과거 시제 형식과 양보 어미의 결합으로 표시된다
고 볼 수 있다.

조건은 선행절에 후행절 성립의 전제가 나타나 있으면서, 사건시가 한
정되지 않는 특성을 갖고 있다(졸고 2011나 : 103).

> (62) 가. (비가 와서 옷이 푹 젖은 경우) *<u>이렇게 비가 퍼부으면</u> 옷이 푹
> 젖었구나. (박승윤 1988 : 2)
> 나. 우리 동네는 <u>비가 많이 오면</u> 매번 하수구가 넘쳤다. (최상진·임
> 채훈 2008 : 132)
> 다. 내일 <u>비가 퍼부으면</u> 옷이 푹 젖을 텐데.

(62가)의 비문법성에 대해서는 조건이 개별 사건이 아니라 개별 사건
들을 통해 인지되는 유형 사건과 유형 사건의 상례적이고 총칭적인 관계
를 나타낸다고 본 최상진·임채훈(2008 : 130-133)의 논의를 참고할 수 있
다. 즉 (62가)의 선·후행절은 지금 비가 온 개별 사건과 지금 옷이 젖은

개별 사건을 가리키기 때문에 조건의 접속어미 '-으면'과 양립할 수 없
다는 것이다. (62나)는 '-었-'을 통해 사건시가 과거로 한정되어 있지만
과거의 어느 개별 사건을 가리키지 않고 상례성을 띠고 있기에 이러한
논의를 뒷받침한다. 그러나 조건문이 모두 상례적이고 총칭적인 것을 표
현하는 데 그치는 것은 아니라서, (62다)와 같이 미래의 일이라 사건시가
아직 한정되지 않은 경우에는 '보통 비가 퍼부으면 옷이 푹 젖는다'와 같
은 일반화는 함축되어 있을 뿐이고 (62다)는 내일 일어날 것으로 기대되
는 개별 사건을 가리킨다.

(63) 조건의 의미관계

접속어미	사실	비사실	반사실
-으면	✓	✓	✓
-을라치면, -을작시면, -노라면, -느라면, -자면, -고(는), -어서는, -다가는, -을수록	✓	✓	
-거든, -거들랑, -걸랑, -으려거든, -으려면, -어야, -어야지, -을진대		✓	
-다면/라면		✓	✓
-었던들			✓

(63)은 조건의 접속어미가 사실성의 스펙트럼에서 어떻게 분포해 있는
지를 보여준다. 우선, 사실 명제를 취할 수 있는 '-으면'과 비사실이나
반사실 명제만을 취할 수 있는 '-다면/라면'을 비교하면 다음과 같다.

(64) 가. (차도 가운데 서 있는 노인에게) <u>거기 서 계시면</u> 위험합니다. (이
하 박승윤 1988 : 9)
나. *(차도 가운데 서 있는 노인에게) <u>거기 서 계신다면</u> 위험합니다.

(64)는 현재 벌어지고 있는 사태 즉 사실 명제가 '-다면/라면'과는 양

립할 수 없음을 보여준다. 한편, '-으면, -다면/라면'은 '-었-'과 결합했을 때 반사실 명제를 취할 수 있고, '-었던들, 었더라면'은17) 반사실 명제만을 취한다는 차이가 있다.

(65) 가. <u>설리반 선생님이 없었으면</u> 헬렌켈러도 없었을 것이다.
　　나. 기업의 악덕행위는 <u>정부의 단속이 철저했다면</u> 훨씬 개선되었을 것이다.
　　다. 사건 당시 위협 무기는 칼 몇 자루와 노리개 권총인지라 <u>승객이 대들었던들</u> 실패했을 것이라고도 했다.
　　라. <u>어머니가 살아계셨더라면</u> 저의 결혼 문제는 해결되었을지 모르지요.

(65)에서 조건절은 모두 반사실 명제를 취하고 있는데, 이렇게 반사실 명제가 조건절일 때는 후행절 역시 반사실성을 띠어야 한다.

3.4.3. 원인 · 이유와 목적

원인 · 이유와 목적의 의미관계는 목적절이 후행절 사태의 동기를 나타낸다는 점에서 개념적으로 유사하다.

(66) 가. <u>공부를 열심히 해서</u> 1등을 했다.
　　나. <u>1등을 하려고</u> 공부를 열심히 했다.

(66)은 '공부를 열심히 하'는 것과 '일등을 하'는 것의 인과관계가 원인 · 이유의 절 접속과 목적의 절 접속에 역전적으로 나타날 수 있음을

---

17) '-었던들'은 '-었더-'와 '-은들'로 분석될 수 있으나, 이때의 '-은들'은 양보만을 표시하므로 반사실 조건절을 이끄는 '-었던들'은 그 형태를 분석하지 않았다. 이와는 달리 '-었더라면'은 '-었더-'와 '-다면/라면'이 결합한 것으로 볼 수 있고, '-다면/라면'이 조건의 접속어미이므로 '-었더라면'을 하나의 접속어미 형태로 보지 않는다.

보여준다.

원인·이유의 의미관계는 결과와 필연적 관계를 가진 시공간 안에 위치하는 개체나 사태인 원인(cause)과 주장이나 추론, 추측 등의 근거로 시공간을 떠난 명제와 명제 사이의 관계적 개념인 이유(reason)를 모두 포함한다. 원인·이유의 절 접속 중에는 후행절에 나타난 추론 혹은 판단의 근거가 선행절에 나타날 수도 없고 또, 후행절의 행위 내용을 현실화시키고자 하는 발화 목적과 양립할 수도 없는 유형이 존재한다.

(67) 가. <u>길이 지니까</u> 어제 비가 왔음에 틀림없다. (남기심·루코프 1983 : 4)
　　가′. <u>*길이 질어서</u> 어제 비가 왔음에 틀림없다.
　　나. <u>기생충이 있는 것 같으니</u> 병원에 가 보자.
　　나′. <u>*기생충이 있는 것 같아서</u> 병원에 가 보자.

(67가, 가′)는 선행절이 후행절에 나타난 화자의 판단을 뒷받침하는 근거가 될 때, '-어(서)'는 비문법적임을 보여주고 (67나, 나′)는 청유문에도 마찬가지의 현상이 발생함을 보인다. 이와 관련하여 이원표(1999 : 129)에서는 접속사 'because'를 대상으로 인과관계의 의미 영역을 삼분한 Sweetser(1990)의 논의를 참고하였는데, '-으니(까)'의 절 접속은 화자의 판단을 뒷받침하는 근거를 나타내는 인식 영역(epidemic domain)이나 후행절로 나타난 화행의 이유를 제시하는 화행 영역(speech act domain)을 표현하고, '-어(서)'의 절 접속은 사태와 사태 사이의 논리적·필연적 귀결에 바탕을 둔 내용영역(content domain)을 표현한다는 것이다.

(68) 원인·이유의 의미관계

접속어미	내용영역	인식영역과 화행영역
-관데, -기로, -기에, -길래, -느라(고), -다고/라고, -답시고/랍시고, -던지, -던지라, -라서, -어(서), -은지/는지, -은지라, -을세라	✓	
-거늘, -나니, -노니, -으니(까), -으니만치/느니만치, -으니만큼/느니만큼, -으리니, -으리니, -으매, -으므로, -은즉, -은즉슨, -을지니	✓	✓

(68)에 제시된 접속어미 중에는 '-은지/는지'와 '-답시고/랍시고, -다고/라고'가 포함되어 있는데, 이들이 이끄는 원인·이유의 절 접속을 제시하면 다음과 같다.

(69) 가. <u>어린 아이가 어머니를 찾는지</u> 울면서 길거리를 헤매고 있었다.
　　나. <u>얼굴 예쁘다고</u> 남자들을 우습게 보는구먼.
　　다. 문제는 <u>공부한답시고</u> 집을 나와 고시원서 먹고 자고 하면서부터였다.

(69)의 예문을 자세히 들여다보면, 이들 접속어미가 원인·이유의 의미관계뿐 아니라 화자의 태도 즉, 양태 의미까지 표시하고 있음을 알 수 있는데, 이에 대해서는 4절에서 논의하기로 한다.

　목적의 의미관계는 지금까지는 주로 의도로 불려왔는데(서태룡 1982, 이기갑 1987, 서정수 1996 : 1156, 손세모돌 1997 : 103, 이금영 2011), 의도는 의도의 주체가 필요한 양태 의미를 가리키는 데 주로 쓰이므로 선·후행절의 의미관계를 가리키는 술어로는 목적을 사용하기로 한다.

　목적의 절 접속을 사태와 사태의 의미관계를 나타내는 것이 아니라 후행절이 가리키는 사태를 수식하거나 한정하는 수식 부사절로 보기도 하는데(임홍빈·장소원 1995 : 308, 이은경 2000 : 57-59), 이와 관련하여 목적절이 문장에 놓이는 언표 내적 효력에 관여적이라는 사실을 주목할 필요가 있다.

> (70) 가. 첫째, 출발 시 먼저 나가려고 밀치지 않는다.
> 가´. *첫째, 출발 시 먼저 나가려고 밀치지 마.
> 나. 마지막 장면에서 <u>눈물이 흐르게</u> 눈에 안약을 넣었다.
> 나´. 마지막 장면에서 <u>눈물이 흐르게</u> 눈에 안약을 넣어라.

(70가´)는 '-으려(고)'의 목적절이 명령문과 양립할 수 없음을 보여주는데, 이는 이접을 제외한 모든 절 접속의 의미관계에서 발견되는 현상이다. 이와 더불어 원인·이유의 의미관계와 목적이 개념적으로도 유사하다는 것을 고려하면 목적을 사태와 사태의 의미관계를 나타내는 것으로 볼 수 있다.

> (71) 목적의 의미관계

접속어미	주어의 의도
-고자, -느라(고), -으려(고), -으러, -자고, -잡시고	✓
-게, -게끔, -도록, -으라고	

(71)은 목적의 접속어미 중 절반 이상이 주어의 의도를 표현하는 양태적 의미를 표시함을 보여주는데, 이 양태 의미로 말미암아 이들 접속어미는 선행절과 후행절의 주어가 동일해야 하는 제약을 보인다.

> (72) 가. 그녀는 <u>돈을 모으고자</u> 고향에 있는 아들 자식을 불러들였다.
> 나. *<u>그녀가 돈을 모으고자</u> 고향에 있는 아들 자식이 서울에 올라왔다.
> 다. <u>그녀가 돈을 모으게</u> 고향에 있는 아들 자식이 서울에 올라왔다.

(72나)는 '-고자' 절 접속의 선행절 주어와 후행절 주어가 같아야 함을 보여주는 예문이다. 의도의 양태 의미가 본질적으로 그 주체가 통제할 수

있는 대상에 놓인다고 볼 때, '-고자'가 나타내는 주어의 의도가 놓이는 선행절이 후행절의 목적이 되기 위해서는 의도라는 심리적 태도의 주체가 후행절의 주체가 되어야 하기 때문에 이러한 제약이 발생하게 된다. 반면 '-게'는 (72다)에서 볼 수 있듯이 의도의 양태 의미를 나타내지 않으므로 선행절과 후행절의 주어가 다를 수 있다.

4. 절 접속의 문법적 특성

우리는 절 접속의 통사적 지위에 대한 2절의 논의에서 대등 접속과 종속 접속이 보이는 문법적 차이를 살펴보았다. 이 논의는 절 접속을 크게 양분한다는 점에서 거시적인데, 절 접속의 의미관계 유형에 따라 대등성과 종속성에서 정도의 차이를 보인다고 보는 일부 분리론의 연구들은(이은경 2000, 장요한 2010) 그보다는 좀 더 가까운 거리에서 절 접속의 문법적 특성에 대해 고찰한 것이라고 할 수 있다. 한편, 절 접속이 보이는 문법적 특성이 절 접속 전체를 관통하고 있어서 각 의미관계 유형 내의 접속어미들을 구분하는 변별적 기능을 한다고 보는 졸고(2011나)와 같은 접근도 있으니 본 절은 절 접속의 문법적 특성을 담고 있는 문법 단위에 대한 것으로 논의를 시작하고자 한다.

4.1. 문법적 특성의 문법 단위

절 접속과 관련한 문법적 특성에 대한 연구는 첫째, 선행절과 후행절의 의미관계가 얼마나 긴밀한가의 문제와 둘째, 절 접속 전체를 관통하는 문법적 특성에는 어떠한 것이 있느냐의 문제로 나누어 검토해 볼 수 있다.

절 접속이 내포문이 아닌 접속문을 구성한다고 보는 분리론은 이은경 (2000)과 장요한(2007, 2010)에 이르러 시제의 해석, 언표 내적 효력의 영향력과 선어말어미 통합관계, 부정의 범위 등을 관찰하여 절 접속이 독립성의 척도에 정도의 차이를 보이며 분포하고 있는 것으로 보고 있다.

(73) 선행절의 대등성 및 종속성[18]

	선후행절의 대칭성	선행절의 이동제약	후행절의 대용제약	선행절의 대조성	선행절의 언표 내적 효력	선행절의 시제해석
선택	●	●	●	—	●	◑
나열	◑	◑	◑	●	●	●
대조	◑	◑	◑	●	◑	●
배경	◐	◐	◐	◐	○	○
양보	— (어도 ◑)	— (어도, 은들 ◑)	— (어도 ◑)	○	◐	○
선행	—	—	—	○	◐	—
원인	—	—	—	—	◐	◑
조건	—	—	—	—	—	◑
결과	—	—	—	○	—	—

(73)은 이은경(2000 : 137)에 제시된 절 접속의 대등성 및 종속성 표인데, 선·후행절의 대칭성, 이동제약, 대용제약, 대조성, 언표 내적 효력, 시제 해석에 있어 대등성 및 종속성의 정도를 표시하고 있다. 대부분은 2절에서 논의된 것이니 여기에서는 시제 해석에 대해 살펴보겠다.

(74) 가. [철수가 {가고, 가지만, 가거나, 가자, 가는데, 가도, 가면, 가니까, 가도록} 영희가 오]겠다.

　　가′. [철수가 {가고, 가지만, *가거나, *가자, 가는데, 가도, 가면, 가

---

18) '●'는 언제나 대등성을 보인다는 의미이고 '◑'는 주로 대등성을 '◐'는 주로 종속성을 나타낸다는 의미, '○'는 약간의 대등성을 보인다는 의미이고 '—'는 종속성만을 보인다는 의미이다(이은경 2000 : 137).

니까, *가도록} 영희가 오겠다.

나. [철수가 {가고, 가지만, 가거나, 가자, 가는데, 가도, 가면, 가니
까, 가도록} 영희가 오]았다.

나′. [철수가 {가고, 가지만, *가거나, *가자, 가는데, *가도, *가면, *가
니까, *가도록} 영희가 왔]다.

(74가, 나)는 후행절의 미래 시제와 과거 시제 요소가 선행절에도 영향
을 미치는 의존적 시제 해석의 예이고 (74가′, 나′)는 선행절의 시제는
현재, 후행절은 각각 과거와 미래인 독립적 시제 해석의 예이다. 위에서
볼 수 있듯이 선택과 시간 관계, 목적의 의미관계는 항상 의존적 시제 해
석을 허용하므로 종속적이고, 양보, 조건과 원인·이유는 미래 시제일 때
는 독립적 시제 해석을 허용하나 과거시제일 때는 의존적이기만 하므로
나열, 역접의 대등한 절 접속에 비해서는 의존적이지만 선택과 시간 관
계, 목적에 비해서는 독립적이라고 볼 수 있다.

지금까지 절 접속의 의미관계 유형을 대상으로 그 대등성 및 종속성에
대한 연구를 살펴보았는데, 각 의미관계 유형을 구성하고 있는 접속어미
를 대상으로 하여 절 접속을 더 가까이 들여다보면, 절 접속 전체를 관통
하는 문법적 특성을 발견할 수 있다.

(75) 가. *순희는 커피를 마시며 철수는 맥주를 마셔라. (나열)
나. *준영이 다가가자 싸움을 멈추고 서로를 노려보자. (시간 관계)
다. *문을 열었더니 아이들이 공부를 하고 있어라. (배경)
라. *비가 오건마는 소풍을 가자. (양보)
마. *책을 많이 읽어야지 좋은 글을 씁시다. (조건)
바. 요즘 흑맥주가 인기라서 대학로에 흑맥주집을 열자. (원인·이유)
사. *건강관리하고자 운동을 시작하라. (목적)

(75)는 대조와 선택을 제외한 의미관계에서 명령이나 청유의 언표 내적 효력과 공기할 수 없는 접속어미들이 포함되어 있음을 보여준다.[19] (75)의 현상은 절 접속의 서법 제약으로 불려왔던 것인데, 하나의 접속어미가 어떠한 의미관계를 표시하느냐에 따라 다르게 나타나기도 한다.

(76) 가. <u>비료가 너무 진하면 도리어 해가 되니까</u>, 이 점에 주의하라.
　　가´. <u>비료를 많이 뿌리니까</u> 도리어 해가 되었다.
　　가″. *<u>비료를 많이 뿌리니까</u> 해를 입히자.
　　나. 이 장면에서는 <u>기차에 부딪치면서</u> 튕겨나가라.
　　나´. 신부는 <u>한자리에 앉아 있으면서</u> 못 본 체하였다.
　　나″. *신부는 <u>한자리에 앉아 있으면서</u> 못 본 체하라.

(76가)를 통해 원인·이유의 의미관계를 나타내는 '-으니(까)'가 명령의 언표 내적 효력을 허용하는 것을 알 수 있는데, (76가″)는 동일한 어미가 배경의 의미를 나타낼 때의 예로 이때는 후행절에 명령이나 청유의 언표 내적 효력을 허용하지 않는다. 마찬가지로 '-으면서'는 (76나)와 같이 시간 관계를 나타낼 때는 제약을 보이지 않으나 (76나″)와 같이 양보의 의미관계를 나타낼 때는 명령이나 청유의 언표 내적 효력과 양립할 수 없다.

다음으로, 많은 유형의 의미관계에서 양태 의미를 갖는 접속어미를 발견할 수 있다.

(77) 가. <u>소망을 품는 이에게 행복이 있을지며</u>, 신념을 가지고 노력하는 이에게 영광이 있을지어다. (나열)
　　나. 선비는 <u>전 같으면 이런 것들이 무서우련만</u> 이 순간 그에게 있어

---

19) 앞서 논의한 바와 같이 대조의 의미관계는 이들 언표 내적 효력뿐 아니라 의문의 언표 내적 효력이 놓일 때에도 어색하므로 본론의 논의에서는 제외하였다.

서는 아무것도 두려울 것이 없었다. (대조)
다. 내가 이번 일을 맡으려니와 지난 일은 자네가 마무리해 주게.
(배경)
라. 이 말 눈을 볼작시면 왕방울같이도 생겼구나. (조건)
마. 소파는 고급 취향을 낸답시고 숫제 번들번들한 가죽제품이었다.
(원인·이유)
바. 대승은 선거에 나가고자 지역모임에 얼굴을 내밀기 시작했다.
(목적)

(77)은 선택, 시간 관계와 양보를 제외한 의미관계에서 인식 양태, 의무 양태, 정감 양태를 표시하는 접속어미가 발견됨을 보여준다. 이들 중에는 (77가-다)처럼 '-을, -리-'의 양태소를 포함하고 있는 것들이 많으나 (77라-바)와 같이 형태 분석으로는 그 의미를 설명하기 어려운 것들도 있다.

다음으로 배경과 원인·이유의 일부 접속어미에서 증거성의 문법적 특성이 발견된다. 관련 예문을 아래와 같이 제시한다.

(78) 가. *내가 열심히 공부하더니 일등을 했다.
가´. 우리 딸이 열심히 공부하더니 일등을 했다.
나. 산길을 접어드니까 김 씨가 지도를 폈다.
나´. *산길을 접어드니까 내가 지도를 폈다.

(78)은 배경의 절 접속인데 화자의 직접 경험과 화자의 지각이라는 증거성이 선·후행절에 표시되어 있다. (78가)의 선·후행절과 (78나)의 후행절에는 화자가 지각한 내용이 나타나야 하나, (78나)의 선행절은 화자의 직접 경험을 요구한다.

한편, 원인·이유의 '-던지'는 추측과 감탄의 양태 의미를 표시하는데, 추측의 의미일 때는 후행절 주어 과거 지각의 증거성을 요구하고 감탄을 나타낼 때는 화자 과거 지각의 증거성을 요구한다. 그리고 '-길래'는 평서문인 경우에 선행절에 화자가 지각한 내용이 와야 한다.

(79) 가. *내가 밥을 어찌나 빨리 먹던지 소화가 잘 안 된다.
　　 가´. 내가 얼마나 밥을 빨리 먹었던지 소화가 잘 안 된다.
　　 나. *나는 매일 운동을 하길래 몸이 튼튼하다.
　　 나´. 내가 네게 무슨 일을 했길래 이리 화를 내느냐?

(79가)의 '-던지'는 감탄의 정감 양태를 나타낼 때 선행절에 화자의 과거 지각 내용이 와야 하고, (79나)의 '-길래'는 평서문에 한해 선행절에 화자의 지각을 요구한다.

4.2. 본래적 특성과 관계적 특성

절 접속을 대상으로 서법 제약이나 양태 또는 증거성의 문법적 특성을 논의할 때, 선행절이나 후행절이 논의가 되는 문법 범주의 영역이 되기도 하고, 절 접속 전체가 그 영역이 되기도 한다.

(80) 가. 이런 일이 터지리라고 나는 예측했기에 자존심이 상해도 참아왔던 것이다.
　　 가´. *이런 일이 터지리라고 나는 예측했길래 자존심이 상해도 참아왔던 것이다.
　　 나. 문을 여니까 이상한 소리가 들렸다.
　　 나´. *문을 여니까 내가 공부하고 있었다.

(80가, 가´)는 원인·이유의 의미관계를 나타내는 '-길래'가 선행절에 화자 지각의 증거성을 요구하는 예이고 (80나, 나´)는 배경의 '-으니(까)'

가 후행절에 화자 지각의 증거성을 요구하는 것을 보여준다. 이와 같이 어미에 따라 화자 지각의 증거성이라는 동일한 문법적 특성을 나타내면서도 그 영역에 있어서는 각각 차이를 보이는 현상을 포착하기 위해 절 접속의 문법적 특성을 본래적인 것과 관계적인 것으로 구분할 필요가 있다(졸고 2011나 : 29).

> (81) 가. 본래적 특성 : 선행절을 영역으로 하는 문법 특성
>   나. 관계적 특성 : 후행절이나 절 접속 전체를 영역으로 하는 문법 특성

위에서 살펴본 문법적 특성에 (81)에 제시된 도구적 개념을 적용하면 접속어미가 나타내는 양태 의미는 본래적 특성에 해당하고 서법 제약은 후행절에 종결어미가 위치하므로 관계적 특성에 속하는 것으로 볼 수 있다.

4.3. 서법 제약과 언표 내적 효력

지금까지 절 접속의 문법적 특성에 대해 살펴보았는데, 이를 서법 제약에 대한 논의로 마무리하려고 한다. 서법 제약은 절 접속에 대한 연구에서 가장 많이 다루어진 문법 특성이다. 그런데 여기에서 서법이란 무엇인지 고민해 볼 필요가 있다. 서법의 개념은 서법을 표시하는 형태와 밀접한 관련을 맺고 있는데, 종결어미가 나타내는 문장의 종류가 절 접속에 관여적인 서법이라고 보면(최재희 1991 : 196, 윤평현 2005, 이은경 2000 : 265-269, 장요한 2010 : 188), 다음과 같이 종결어미가 없는 문장이나 문장 유형으로는 의문문이나 청유의 언표 내적 효력을 갖는 경우의 비문법성은 설명하기 쉽지 않다.

(82) 가. 시간이 {*촉박해서, 촉박하니까} 3시까지 도착하도록!
　　 나. 새 옷을 {*사야, 사면} 같이 외출을 할까?

(82)와 같은 현상을 설명하기 위해서는 문제의 문법 범주가 주로 종결어미에 의해서 표시되나, 그것에 의해서만 표현되는 것은 아니라는 관찰에서 논의를 시작해야 한다. 종결어미는 문장의 종류를 표시하는데, 문장의 종류는 화자의 태도를 나타낸다는 점에서 화행론에서의 언표 내적 효력과 밀접하게 관련된다(임홍빈·장소원 1995 : 353-355, 윤석민 2000 : 51). 게다가 문장의 종류를 표시하지 못하는 반말체 종결어미에서는 수행 억양을 통해서 언표 내적 효력이 표시된다는 것을 고려하면, 문제의 문법 범주는 문장의 종류가 아니라 언표 내적 효력임을 알 수 있다.

(83) 가. 무의지 언표 내적 효력 : 진술, 질문, 감탄, 경계
　　 나. 의지 언표 내적 효력 : 명령, 청유, 약속

(83)은 언표 내적 효력에 Jesperson(1924 : 320-321)의 의지적 요소와 무의지적 요소의 구분을 적용한 것이다. 무의지 언표 내적 효력이 실린 발화는 문장에 담긴 정보의 소통이 문제가 되지만(윤석민 2000 : 93), 의지 언표 내적 효력이 실린 발화는 행위 내용으로서의 명제와 그것을 현실화시키고자 하는 화자의 의지가 나타난다.

5. 정리

지금까지 절 접속의 통사 구조와 의미관계, 그리고 절 접속의 문법적 특성에 대해서 차례대로 살펴보았다.

이 글은 절 접속의 통사 구조에 대한 그동안의 논의를 접속과 내포의 관계를 어떻게 파악하느냐에 따라 분리론, 부분적 분리론 그리고 통합론으로 나누어 검토하였다. 전통적인 입장의 분리론에서 종속 접속과 대등 접속은 통사적으로 구분된다는 부분적 분리론에 이어, 통합론에 이르러서는 종속 접속과 대등 접속이 깔끔하게 양분되는 것이 아니라 오히려 대등 접속과 종속 접속의 구분이 의미론적인 차이일 수 있다는 애초의 분리론으로 문제가 환원되는 것을 볼 수 있었다. 앞으로 절 접속의 통사 구조에 대한 논의는 접속어미 각각에 대한 세밀한 기술과 더불어 대칭적이고 다항적인 병치를 아우르는 것으로 심화되고 또 확대되어야 할 것이다.

이 글은 절 접속의 의미관계를 접속의 개념적 속성이라고 보았다. 통사 구조와 합치하지 않는 고광주(1999)적 의미관계에 놓인 절 접속을 대등 접속의 의미관계로 보고 이를 다시 대칭적인 의미관계와 비대칭적 의미관계로 나누었다. 종속적 의미관계는 후행절이 중심 사태가 되는 비대칭적 관계로 선행절이 후행절에 부가된 통사 구조가 그 의미관계와 합치하는 것이었다.

(84) 가. 대등 접속의 의미관계 : 나열(순접, 첨가), 대조(역접, 첨가), 선택
　　　　　　　　　　　　　(이접, 선호)
　　　나. 종속 접속의 의미관계 : 시간 관계, 배경, 양보, 조건, 원인·이유,
　　　　　　　　　　　　　목적

(84)에 제시된 의미관계는 그것이 논증되지 않았다는 점에서 근본적인 한계가 있으며, 의미관계 간의 의미의 멀고 가까움을 가늠할 수 있는 이론적 바탕 및 과학적 도구를 제시하는 것도 연구과제로 남아있다. 한편, 일부 접속어미는 (84)에 제시된 의미관계를 둘 이상 표시할 수도 있는데, 그 중에는 배경의 의미관계를 나타내는 것들이 가장 많았다. 이러한 어미

들은 현대국어 구어체에서는 잘 쓰이지 않는 것들로 통시적인 논의가 필요한 연구 주제라고 볼 수 있다.

마지막으로 그동안 접속어미의 제약이라고 불려왔던 절 접속의 문법적 특성에 대한 논의에서 절 접속의 문법적 특성이 선행절에 나타나는지 후행절에 나타나는지 아니면 절 접속 구성 전체를 그 영역으로 하는 것인지를 구분할 필요가 있음을 보았다. 이 글은 선행절에만 국한되는 문법적 특성을 본래적인 것으로, 후행절이나 절 접속 구성 전체를 대상으로 하는 문법적 특성을 관계적인 것으로 보고 이들을 각각 본래적 특성과 관계적 특성으로 부를 것을 제안했다.

‖ 참고문헌

고광주(1999), "대등 접속문에 대한 재검토", 한국어학 9, 49-80.

권재일(1985), 국어의 복합문 구성 연구, 집문당.

김영희(1988), "등위 접속문의 통사 특성", 한글 201·202, 83-117.

김영희(1998), 한국어 통사론을 위한 논의, 한국문화사.

김정대(1999), "한국어 접속문에서의 시제구 구조", 언어학 24, 75-107.

김진수(1987), 국어 접속조사와 어미 연구, 탑출판사.

남기심·루코프(1983), "논리적 형식으로서의 '-니까'의 구문과 '-아서'의 구문", 고영근·남기심 편, 국어의 통사 의미론, 탑출판사, 2-27.

남기심·고영근(1985/1993), 표준국어문법론, 탑출판사.

남기심(1985), "접속어미와 부사형어미", 말 10, 69-77.

남기심 편(1994), 국어 연결어미의 쓰임, 서광학술자료사.

박소영(2002), "한국어 부사절과 접속문 체계 다시 보기", 언어학 34, 49-73.

박승윤(1988), "국어의 조건문에 관하여", 언어학 13, 1-14.

박승윤(2007), "양보와 조건", 담화와 인지 14-1, 63-83.

박재연(2007가), "문법 형식의 전경 의미와 배경 의미 : '-으면서, -느라고, -고서, -자마자'의 의미 기술을 위하여", 한국어 의미학 22, 73-94.

박재연(2007나), "문법 형식의 의미 기술과 통사론·의미론·화용론", 한국어학 37, 181-206.

박재연(2009), "연결어미와 양태 : 이유, 조건, 양보의 연결어미를 중심으로", 한국어 의미학 30, 119-141.

박재연(2011), "한국어 연결어미 의미 기술의 메타언어 연구 : '양보, 설명, 발견'의 연결어미를 중심으로", 국어학 62, 167-197.

박진호(2009), "동시성을 나타내는 연결어미 '-면서'의 비대칭적 용법", 한국언어문화 38, 173-187.

박진호(2013), "의미지도를 이용한 한국어 어휘요소와 문법요소의 의미 기술", 국어학 63, 459-519.

박진호(2011), "한국어에서 증거성이나 의외성의 의미성분을 포함하는 문법요소", 언어와 정보사회 15, 1-25.

박진희(2011가), "국어 목적절의 네 가지 유형", 국어학 61, 181-206.

박진희(2011나), 국어 절 접속의 의미관계 유형에 대한 연구, 박사학위논문, 서강대학교

서정목(1985), "접속문의 의문사와 의문 보문자", 국어학 14, 383-416.

서정목(1998), 문법의 모형과 핵 계층 이론, 태학사.

서정섭(1991), 국어 양보문 연구, 한신문화사.

서정수(1996), 국어문법, 한양대학교 출판원.

서태룡(1979), "내포와 접속", 국어학 8, 109-135.

서태룡(1982), "국어의 의도·목적형에 대하여", 관악어문연구 7, 143-173.

손세모돌(1997), "연결어미 "-고자"와 "-려고"에 대하여", 관악어문연구 7, 143-173.

신지연(2004), "대립과 양보 접속어미의 범주화", 어문학 84, 75-98.

왕문용·민현식(1993), 국어 문법론의 이해, 개문사.

유현경(1986), "국어 접속문의 통사적 특질에 대하여", 한글 191, 77-104.

유현경(2002), "부사형 어미와 접속어미", 한국어학 16, 333-352.

유현경(2011), "접속과 내포", 국어학 60, 389-426.

윤석민(2000), 현대국어의 문장종결법 연구, 집문당.

윤평현(2005), 현대국어 접속어미 연구, 박이정.

이관규(1992), 국어 대등 구성 연구, 서광학술자료사.

이금영(2011), "근대국어 의도 관계 연결어미 연구", 한국언어문학 76, 37-62.

이기갑(1987), "의도구문의 인칭 연구", 한글 196, 295-307.

이원표(1999), "인과관계 접속표현 : 세 가지 의미영역과 일관성의 성취", 언어 24-1,
　　　123-158.

이은경(1998), "접속어미의 통사", 문법 연구와 자료 : 이익섭 선생 회갑 기념 논총,
　　　태학사, 465-489.

이은경(2000), 국어의 연결 어미 연구, 태학사.

이은경(2010), "역대 학교 문법의 연결 어미와 부사형 어미 : 이어진 문장, 부사절과
　　　의 관련성을 중심으로", 한국어학 46, 285-315.

이익섭·임홍빈(1983), 국어문법론, 학연사.

이익섭·채완(1999), 국어문법론강의, 학연사.

이익섭(2000), 개정판 국어학개설, 학연사.

이익섭(2003), 국어 부사절의 성립, 태학사.

이정훈(2008), "한국어 접속문의 구조", 생성문법연구 18, 115-135.

이필영(1994), "대등절과 종속절에 관하여", 선청어문 22, 645-669.

임동훈(2009), "한국어 병렬문의 문법적 위상", 국어학 56, 87-130.

임채훈(2008), "'감각적 증거' 양태성과 한국어 어미 교육 : '-네', '-더라', '-더니',
　　　'-길래' 등을 중심으로", 이중언어학 37, 199-234.

임홍빈·장소원(1995), 국어문법론 I, 한국방송대학교 출판부.

장경희(1995), "국어 접속 어미의 의미 구조", 한글 227, 151-174.

장요한(2007), "'문장의 확장'에 대한 소고", 시학과 언어학 4, 191-220.

장요한(2009), "中世國語 接續 構成에서의 事實性", 語文研究 37-1, 161-181.

장요한(2010), 15세기 국어 접속문의 통사와 의미, 태학사.

최동주(1994), "국어 접속문에서의 시제 현상", 국어학 52, 127-152.

최상진·임채훈(2008), "인과관계 형성의 인지과정과 연결어미의 상관성 : '-어서', '-니까', '-면' 등을 중심으로", 국어학 52, 127-152.

최상진·임채훈(2009), "부연의 연결어미 '-지'의 의미와 용법", 한국어학 42, 291-316.

최재희(1989), 국어 접속문의 구성에 관한 연구, 박사학위논문, 성균관대학교.

최재희(1991), 국어의 접속문 구성 연구, 탑출판사.

최현배(1937/1965), 우리말본, 정음문화사.

허철구(2005), "대등접속문의 통사 구조", 배달말 36, 55-87.

허철구(2010), "국어의 '-고' 접속문의 구조와 해석", 한국어학 47, 262-293.

Jesperson, O.(1924), *The Philosophy of Grammar*, Allen and Unisin LTD.

Lyons, J.(1977), *Semantics* vol. 2, Cambridge University Press.

Sohn, Ho-Min(2009), The Semantics of Clause Linking in Korean, In Dixon R. M. W. & Aikhenvald A. Y. eds., *The Semantics of Clause Linking : A Cross-linguistic Typology*, Oxford University Press, 285-317.

Sweetser, E.(1990), *From Etymology to Pragmatics*, Cambridge University Press.

Enç, M.(1986), Anchoring Conditions for Tense, *Linguistic Inquiry* 18, 633-657.

접속문의 성립과 '더해감' 접속문*

장요한

1. 도입

이 글에서는 우선 접속문의 성격과 의미 관계를 검토하고 '더해감' 접속문의 성립에 대하여 살펴본다. 이어서 '더해감' 접속어미가 다양하게 실현되는 중세국어를 중심으로 더해감 접속어미의 형태와 의미 특성에 대해서 살펴보기로 한다.[1]

접속문은 선행절과 후행절이 접속되면서 일정한 의미 관계를 가지기 때문에 접속문 연구에서 의미 관계를 제한하여 체계를 세우는 것은 매우 중요한 일이다. 무엇보다 선행절과 후행절을 잇는 접속어미의 수효가 매우 많고 의미 기능 또한 다양하게 나타나기 때문에 접속문 연구를 체계화하기 위해서는 우선적으로 접속문의 의미 관계를 설정하는 일이 필요

* 이 글은 장요한(2007, 2011)에 실렸던 논문을 일부 수정하여 보완한 것이다.

[1] '더해감'의 의미 관계 용어에 대해서는 본문에서도 언급하겠지만 고영근(1987), 안병희·이광호(1990/2001)를 따른 것이다. 그런데 '더해감'은 최현배(1937)에서 제시한 '더해감꼴'에서 비롯된 것으로 보인다. 한편, 허웅(1975)나 김송원(1988), 리의도(1991) 등에서는 '비례' 접속문으로 명명하고 있다.

한 것이다. 그런데 접속되는 절과 절의 의미 관계를 문맥적 해석에 의존하다보니 연구자들마다 의미 관계를 바라보는 관점이 다르기도 하고, 의미 관계를 규정하는 용어도 매우 다양하게 표현하기 때문에 의미 관계를 체계화하여 합의점을 이끌어내기는 쉬운 일이 아니다.

이 글에서 다루고자 하는 '더해감' 의미 관계는 연구자마다 논의를 달리하는 대표적인 경우이다. 대부분은 '더해감'을 종속 접속문으로 설정하여 다루고 있기는 하지만 연구자들에 따라서 용어를 달리 설정하고 있는가 하면 '더해감' 접속문의 비중을 그리 크게 두지 않고 제외하기도 하며, 어떤 경우에는 접속문 연구에서 '더해감'을 아예 언급조차 하지 않아서 '더해감'의 의미 관계를 설정하지 않는 것으로 보이는 논의도 있다.

'더해감'의 의미 관계는 '비례' 접속문으로 불리기도 하는데, 선행절의 사태가 더해질수록 후행절의 사태가 더해지거나 덜해지는 의미 관계로 해석되는 접속문이다. 현대국어에서는 '-을수록'이 대표적인 접속어미로 사용된다. 그런데 다른 접속문을 염두에 둘 때 해당 범주에 접속어미가 하나인 것이 특징적이고 선행절과 후행절이 [조건-결과] 구성을 취하고 있는 것도 특징적이다. 이 때문에 간혹 조건 접속문으로 오인받기도 한다.

한편, 중세국어에서 '더해감' 접속문에는 접속어미 '-디옷', '-을ㅅ록', '-드록'이 사용된다. 이 세 어미의 사용 빈도에는 차이가 있지만 현대국어를 비추어 볼 때 세 어미가 사용되는 것은 중세국어의 특징이라고 할 수 있다. 또한 '더해감' 접속문의 전형적인 예라고 할 수 있는 경우가 주로 나타나는 것도 특징적이다. 이러한 특징은 '더해감' 접속문이 조건 접속문과 구별되는 의미 관계로서 이해하는 데에 매우 용이하다고 할 수 있다.

그런데 중세국어에서는 '더해감' 접속문에 접속어미 '-디옷'이 주로 사용되기 때문에 '-디옷'의 분포와 통사·의미적 특성을 정밀하게 검토하는 것이 필요하다. 현대국어 '-을수록'에 해당되는 '-을ᄉ록'은 근대국어에 와서 점차 빈도가 높아진다. 중세국어에서는 한 두 예만 확인된다. '-ᄃ록'도 예가 많지는 않아서 '-을ᄉ록'과 '-ᄃ록'으로 '더해감' 접속문의 특성을 파악하는 데에는 어려움이 있다. 그러나 '-디옷'과 그 특성을 비교하여 각각 접속어미의 특성도 살펴보도록 하겠다.

이에 우선 2장에서는 접속문의 성격과 의미 관계를 검토하여 접속문의 이해를 도모한다. 이어서 3장에서는 '더해감' 접속문의 성립 문제에 대해서 살펴보도록 한다. 이 장에서는 '더해감' 접속문의 의미 특성을 검토하면서 '더해감'의 의미 범주 성립 문제를 다루게 될 것이다. 이어서 4장에서는 '-디옷'을 중심으로 중세국어 '더해감' 접속문의 특성을 검토하도록 한다. 이와 함께 '-을ᄉ록'과 '-ᄃ록'도 함께 살펴보도록 하겠다.

2. 접속문의 성격과 의미 관계

2.1. 접속문의 성격

국어 연구에서 복합문은 일반적으로 내포문과 접속문으로 구분된다. 이 내포문과 접속문은 복합문을 형성하는 방식인 내포와 접속에서 비롯된 용어이다. 여기에서 내포가 절이 문장의 성분으로 기능하는 방식이라면 접속은 절과 절을 연결하는 방식을 말한다. 즉, 접속은 통사적으로 내포 구성이 아니면서 의미적으로 대등하거나 종속적인 연결 구성 방식인 것이다.[2] 이러한 접속 방식에 의하여서 형성된 문장이 바로 접속문이다.

---

2) 접속에 대한 기존 입장을 정리하면 아래와 같다.
　(가) 서태룡(1978) : 두 문장이 지배관계가 아니라, 횡적관계를 맺고 결합하면 그 전체 문장을 접속문으로 정의할 수 있다. 즉 한 문장이 다른 한 문장의 구성성분이 아니라 그 문

그러므로 접속문은 선행절이 후행절에 부가적, 혹은 필수적 성분으로 기능하는 것이 아니라 선행절과 후행절이 연결되어 새롭게 형성된 문장을 말한다.

선행절과 후행절이 연결된 접속문은 두 가지로 구분되는데, 하나는 두 절이 대등한 관계를 가지는 대등 접속문이고 다른 하나는 한 절이 다른 한 절에 종속적인 관계를 가지는 종속 접속문이다.

    (1) 가. 산은 높고 바다는 넓다.
       나. 산이 높아서 오르기가 힘들다.

(1가)는 대등적 나열 관계를 가지는 대등 접속문의 예이고, (1나)는 종속적 원인 관계를 가지는 종속 접속문의 예이다. 최현배(1937/1971)에 따르면 대등 접속문은 각각 독립적인 문장이 발화의 편의상 절을 단위로 하여 접속된 구성이고, 종속 접속문은 독립적인 문장이 서로 접속되어 더 큰 덩이의 생각을 나타내는 구성이다. 그는 대등 접속문과 종속 접속문의 차이를 대등성의 차이라고 지적하면서 종속 접속문의 선행절이 덜 독립적이라고 제시하였다. 이러한 지적은 언어학사적으로 매우 의미 있는 지적이라 할 수 있다. 최근에 지적되고 있는 접속문의 정도성 문제가 이와 관련되기 때문이다.[3]

    장 전체와 관계를 맺고 결합한 문장으로 정의한다.
(나) 권재일(1985) : 상위문이 하위문을 직접 관할하는 복합문 구성
(다) 최재희(1991) : 두 개 혹은 그 이상의 독립된 문장이 서로의 논리적 관계에 따라, 접속 어미에 의하여 복합문을 구성하는 현상을 지칭한다. 그리고 이러한 절차에 의하여 만들어진 문장을 접속문이라고 한다.
(라) 임홍빈·장소원(1995) : 문장과 문장이 대등적으로나 종속적으로 이어지는 경우만을 '접속'에 포함시키고……
(마) 이익섭·채완(2006) : 두 문장이 대등한 자격으로 결합하는 방식(대등접속)
3) 접속문의 정도성의 문제는 Kuno(1973)에서, 통사적 현상을 통하여, 논의를 시도하였는데 국어 접속문 연구에서 정도성의 문제를 적극적으로 적용한 것은 이은경(2000)이다. 이 논문은

주지하는 바와 같이 국어 종속 접속문의 선행절과 후행절은 의존적 관
계를 가진다. 이러한 의존적 관계는 내포문의 주절과 내포절의 관계와도
유사하다. 때문에 몇몇 연구자들에 의해서 종속 접속문을 내포문의 부사
절로 포함시켜야 한다는 논의가 있어 왔다. 부사절 논의를 받아들여 종속
접속문과 부사절을 동일한 구조로 처리할 수도 있겠으나 종속 접속문의
선행절을 내포문의 부사절처럼 수식절로서 기능한다고 보기는 어렵다.4)

이는 종속 접속문의 선행절과 일반적 부사절의 의미적 특성을 보면 알
수 있다. 일반적으로 부사나 부사절은 서술어나 구, 문장의 뜻을 분명히
하는 기능을 하면서, 정도나 양태, 수량, 시간의 의미적 수식관계를 가진
다. 그러나 종속 접속문의 선행절은 선행절과 후행절의 의미적 관계에 따
라서 이유나 원인, 조건, 계기 등의 의미적 특성을 가진다. 가령, "철수가
집에 가고 영이가 갔다."는 경우에 따라서 나열로 해석될 수도 있고, 계
기로 해석될 수도 있다. 또한 "얼굴은 멀쩡해도, 속은 텅 비었어", "비가
오면 소풍은 가지 않는다"에서 선행절의 내용과 후행절의 내용이 서로
밀접하게 관련되어 있기는 하지만 선행절의 내용이 후행절의 내용을 수
식한다고는 볼 수 없다. 이는 선행절을 생략했을 때와 그렇지 않을 때 보
이는 명제의 차이가 큰 것에서 알 수 있다.

그래서 이 글에서는 종속 접속문의 선행절도 내포절과 같이 후행절에
의미적으로 의존적이긴 하지만 두 담화 혹은 사태가 접속되어 새로운 담
화 혹은 사태를 만든다는 점에 주목하여 화제적 의존성이라 지시하기로
한다. 이러한 점에서 종속 접속문과 내포문의 구조를 동일하게 다루더라
도 의미적 측면에서는 구분해야 하는 입장을 취하기로 한다.5)

대등성과 독립성을 통사와 의미적 현상을 통하여 접속문의 성격을 파악하고, 이를 통하여
접속문의 정도성을 제시하였다.

4) 이러한 생각은 통사와 의미의 불일치를 의미하는데, 통사와 의미의 불일치는 이미 고광주
(1999)에서 제기된 바 있다.

접속문의 이해를 돕기 위해서 접속문의 언표 내적 효력 현상을 살펴보도록 하자. 접속문의 언표 내적 효력은 접속문의 성격을 파악하는 데에 매우 중요한 통사적 현상으로 지적되어 왔다.

(2) 가. 철수가 가고 영희가 왔니?
　　나. 철수가 가거나 영희가 갔니?
　　다. 눈이 오면 집에 가니?
　　라. 비가 와도 소풍에 갈 거니?

(2가, 나)는 나열 및 선택의 대등 접속문이고 (2다, 라)는 종속 접속문으로서 각각 조건과 계기의 의미관계를 가지는 구성이다. 대등 접속문인 (2가, 나)는 이미 알고 있듯이 후행절의 의문법이 선행절의 내용까지 미친다. 선행절과 후행절이 대등적인 성격을 말해주는 것이다. 그런데 종속 접속문인 (2다, 라)는 후행절의 의문법이 선행절의 내용까지 미치지 못하고 후행절만 의문문으로 해석된다. 언표 내적 효력이 선행절과 후행절이 다른 경우인데 이러한 특성은 대등 접속문과 대조되어 두 접속문의 차이로 기술되어 왔다. 그런데 이은경(2000), 장요한(2010)에 따르면 종속 접속문 중에서도 선행절에까지 언표 내적 효력이 미치는 경우도 있는가 하면 문체법에 따라서도 차이를 보이기 때문에 이에 대해서는 보다 면밀한 검토가 요구된다. 하지만 대등 접속문의 경우에는 후행절의 문체법이 선행절에까지 미치는 것에는 이견이 없으므로 대등 접속문과 종속 접속문의 차이를 이해하는 데에 중요한 현상이 아닐 수 없다.

이처럼 접속문의 이해를 도모하기 위해서는 의미적 특성뿐 아니라 통사적 현상에도 주목하여 보다 활발한 연구가 이루어져야 할 것이다. 지금까지 살펴본 내용을 토대로 접속문의 특성을 정리해 보기로 한다.

---

5) 접속문과 내포문의 차이는 장요한(2007)를 참고하기 바란다.

(3) 접속문(conjoining)의 특성

　가. 접속문은 절을 연결 대상으로 한다.

　나. 접속문은 절과 절이 연결되는 구성이다.

　다. 접속문은 대등문과 종속문으로 구분된다.

　라. 종속 접속문은 선행절은 후행절에 화제적 의존성을 갖는다.

　마. 접속문은 접속 구성의 특성에 따라서 통사·의미적 특성이 달리 나타나기도 한다.

2.2. 접속문의 의미 관계

　국어 접속문의 의미 관계를 체계적으로 풀어내는 일은 쉬운 일이 아니다. 아마도 접속문 연구에서 가장 어려운 분야가 아닐까 한다. 접속문의 의미 범주 설정부터 각 의미 범주의 용어 문제, 개별 접속어미의 의미 특성까지 이 모든 특성을 염두에 둔 접속문의 의미 관계를 체계적으로 설정하는 일은 거의 불가능한 것처럼 여겨진다.

　그래서 최근에는 접속문의 의미 관계를 보다 작은 의미 특성을 통하여 재분류하는 연구가 시도되고 있다. 가령, 이은경(2000), 장요한(2010)은 선행절과 후행절의 관계를 시간이나 양태적 특성을 통하여 재분류하여 접속문의 의미 특성을 파악하려는 연구가 이루어졌다. 이 외에도 개별 접속문을 보다 구체적인 의미 특성으로 나타내려는 연구도 이루어지고 있다. 하지만 다양한 연구가 시되고 있음에도 불구하고 여전히 만족하지 못하는 것은 접속문의 의미 범주를 어떻게, 어디까지 허용할 수 있는가의 문제가 아직도 난항 중이기 때문일 것이다.

　우선, 아래에 의미 범주를 제시한 대표적 논의를 제시하기로 한다.

(4) 가. 현대국어를 대상으로 한 논의

　　　최현배(1971) : 매는꼴, 놓는꼴, 벌림꼴, 풀이꼴, 견줌꼴, 가림꼴,

잇달음꼴, 그침꼴, 더보탬꼴, 더해감꼴, 뜻함꼴, 목
적꼴, 미침꼴, 되풀이꼴

권재일(1985) : 연결, 상대, 선택, 연결, 인과, 조건, 결과, 첨의

최재희(1991) : 병렬, 대립, 선택, 설명, 인과, 조건, 의도, 대조, 양
보, 순차, 설명, 전환, 비례, 비유, 결과

임홍빈·장소원(1995) : 나열, 반의, 선택, 제시, 인과, 조건, 양보,
결과, 시간, 계기, 강화, 비유

윤평현(2005) : 나열, 선택, 대립, 조건, 양보, 인과, 시간, 상황, 부
가, 전환, 목적, 결과

   나. 15세기 국어를 대상으로 한 논의

허 웅(1975) : 나열, 가림, 설명, 제약, 불구, 미침, 의도, 전환, 비
례, 비교, 동시, 흡사, 힘줌, 가치, 되풀이, 연결

고영근(1987) : 나열, 상반(양보), 조건(가정), 설명, 이유, 원인, 인
용, 비교, 더해감, 비유, 희망, 의도, 목적, 전환, 선
택, 반복

김송원(1988) : 연결, 선택, 인과, 조건, 상대, 결과, 의도, 전환, 비
례, 비교, 평가, 목적, 반복, 동시, 흡사, 강조, 가치

안병희·이광호(1990, 2001) : 병행, 양태, 원인, 조건, 양보, 목적,
의향, 원망, 한도, 더해감, 연속, 도달, 부정 대상,
긍정 대상

위에 제시한 선행 연구만 보더라도 접속문의 의미 관계가 매우 복잡하
고 다양한 사실을 짐작할 수 있다. 동일한 현상에 대해서 논자마다 다른
의미 범주로 설정하기로 하고 용어를 달리 표현하고 있는 것을 보면 의
미 관계의 문제가 쉽지 않다는 것을 알 수 있다. 이러한 문제는 이 글에
서 본격적으로 다루고자 하는 '더해감' 접속문에도 나타난다. 다음 장에
서 확인하겠지만 '더해감'의 의미 범주 선정과 용어는 논자마다 다르게
기술되고 있다.

그렇다면 일정하게 나타나는 의미 관계를 접속문의 의미 범주로 선정하는 근거는 무엇인가? 이 문제는 접속문의 의미 관계를 체계적으로 기술하는 데에 매우 중요한 문제가 아닐까 한다. 그런데 이 문제를 여기에서 모두 풀어내기에는 지면뿐 아니라 아직은 필자의 역량이 부족하기 때문에 어려움이 있다. 그래서 접속문의 의미 범주 설정을 위한 가설을 세우는 것에 만족하기로 하겠다.

접속문은 앞서 검토했듯이 절과 절의 연결이다. 즉 사태와 사태가 연결될 때 두 절이 일정한 의미 관계를 가지는데, 두 절의 사태가 독립된 사태로 해석되기도 하고 두 사태가 매우 밀접한 관계를 가지면서 어느 한 사태에 의존적이기도 한다. 이때 일정한 의미 관계는 기왕의 논의에서 지적한 바와 같이 나열, 선택, 대조, 조건, 원인과 같은 의미 관계로 나타난다. 이러한 의미 관계는 통사적인 측면에서도 차이를 보인다. 가령, 장요한(2010)에서 지적한 바와 같이, 접속문의 초점 현상에서 확인할 수 있다. 접속문이 설명 의문문을 취할 때 두 절의 사태가 독립된 경우는 의문사가 선행절과 후행절에 모두 나타나는 것이 자연스러운데 의존적인 경우는 의문사가 어느 한 절(초점이 놓이는 절)에만 나타나는 것이 자연스럽다. 요컨대, 접속문은 두 절이 의미적으로 유기적 관계를 가지면서 고유한 통사적 특성을 보일 때 하나의 의미 범주로 선정할 수 있을 것이다. 이를 정리하여 의미 범주의 선정 조건을 아래와 같이 제안해 보기로 한다.

> (5) 선정 조건 1 : 접속문의 의미 범주는 선행절과 후행절이 변별된 의미 관계를 가지고 변별된 통사적 특성을 나타낼 때 선정할 할 수 있다.

위 (5)에서 선행절과 후행절이 변별된 의미 관계를 가져야 한다는 것은 다른 의미 관계와 의미적으로 변별되어야 한다는 것을 말한다. 최근 박재연(2011)의 연구에서 의미 변별의 문제를 고려해 볼 수 있는데, "집에

가니까 동생이 울었다."와 같은 예문에서 '-(으)니까'가 발견 혹은 지각
으로 분류된 경우에 발견이나 지각은 이유의 의미와 그 거리가 매우 가
깝기 때문에 굳이 두 범주로 처리할 필요가 없다는 것이다. 나아가 발견
이나 지각으로 해석되는 '-(으)니까'는 인식 영역의 이유로도 해석될 수
있다고 지적하고 있다. 이 관점을 받아들인다면 발견 혹은 지각은 의미적
으로 원인 접속문과 큰 차이를 보이지 않기 때문에 의미적으로 변별되지
않는 것으로 판단할 수 있다.

한편, '-(으)러'와 '-려고' 접속문을 구분하여 목적 접속문과 의도 접
속문을 구분하는 일도 있는데 이 접속문은 의미도 유사할 뿐 아니라 장
요한(2010)에서 지적한 바와 같이 두 접속문의 통사적 변별을 찾아볼 수
없다. 그러므로 목적과 의도 접속문에 대해서는 각각의 의미 범주를 선정
하여 다룰 필요가 없다. 이와 달리 대조와 양보를 접속문이 선행절과 후
행절이 반대로 해석되는 일을 두고 하나의 의미 범주로 선정하려는 경우
도 있지만 대조와 양보 접속문은 주제표시 '-는'의 통합 양상 및 의문사
통합, 부정범위 등 다양한 통사적 차이를 보이기 때문에 각각의 의미 범
주로 선정하는 것이 바람직해 보인다.

위의 선정 조건과 함께 다음과 같은 선정 조건을 추가해 볼 수 있다.

  (6) 선정 조건 2 : 접속문의 의미 범주는 고유한 접속어미를 가지고 있어
      야 한다.

앞서 검토한 바와 같이 선행절과 후행절이 연결될 때 의미 관계에 따
라 일정한 접속어미가 통합한다. 아래 예를 살펴보자.

  (7) 가. 비가 오면 밖에 나가지 않겠다.
      가′. *비가 오고 밖에 나가지 않겠다.

　　나. 철수도 왔고 영이도 왔다.

　　나′. *철수도 왔으면 영이도 왔다.

　위 (7가)는 조건 접속문으로 '-(으)면'이 통합한 예이다. 그런데 이때 (7가′)과 같이 나열의 '-고'를 통합하면 비문이 된다. (7나)는 나열의 '-고'가 통합한 나열 접속문이다. 그런데 이때 (7나′)과 같이 조건의 '-(으)면'을 통합하면 비문이 된다. 이러한 현상을 통해서 각 접속문마다 일정한 접속어미를 지니고 있다는 사실을 확인할 수 있다. 그런데 하나의 접속어미가 상이한 의미 범주에 나타나는 경우가 있는데 이때는 동음이의어로 처리할 수 있다.

　이상으로, 접속문의 의미 관계를 선정할 때 체계적이고 합리적인 방안을 위해서 몇 가지 선정 조건을 제안하였다. 그런데 선정 조건 1의 경우에는 의미 관계의 변별과 통사적 변별을 통해서 '의미관계의 변별은 가능하지만 통사적 변별이 불가능한 경우', '의미관계의 변별은 불가능하지만 통사적 변별은 가능한 경우' 등과 같은 몇 가지 가능성을 타진해 봐야 하겠지만 이 글에서는 남은 과제로 남기기로 하고 의미 관계의 체계적인 선정이 접속문 연구에 시급한 과제임을 지적하는 데에 만족하기로 한다.

3. 의미 범주로서 '더해감'의 성립

3.1. '더해감'의 접속문과 용어 정리

　'더해감'은 선행절의 사태가 더해질수록 후행절의 사태가 더해지거나 덜해지는 의미 관계를 말한다.

(8) 가. 배가 가까이 올수록 점점 커 보인다.
　　나. 고도가 높아질수록 기온이 떨어진다.

위 (8)에서처럼 선행절의 사태가 더해짐에 따라서 후행절의 사태가 더해지거나 덜해지는 의미 관계는 현대국어에서 접속어미 '-을수록'에 의해서 실현된다. 간혹 선행절을 강조할 때는 '-(으)면 -을수록'으로 실현되기도 하는데 이는 선행절이 조건의 의미를 함의하고 있기 때문에 가능한 구성이라고 판단된다.[6]

'더해감'은 선행절 사태가 더해짐에 따라서 후행절의 사태가 결정되기 때문에 선행절과 후행절이 [조건-결과]의 의미 관계를 함의한다고 볼 수 있다. 하지만 더해짐에 따른 후행절 사태의 증감이 부여된다는 점에서 조건 접속문과 차이를 보인다. 아래 예를 살펴보자.

(9) 가. 먼저 웃으면 게임에 진 것이다.
　　가´. *먼저 웃을수록 게임에 진 것이다.
　　나. 나무를 도끼로 세 번 찍으면 넘어질 것이다.
　　나´. *나무를 도끼로 세 번 찍을수록 넘어질 것이다.

위 (9가, 나)는 조건 접속문으로서 선행절의 사태와 후행절의 사태가 [조건-결과] 구성을 가진다. 그런데 (9가´, 나´)와 같이 '-(으)면'을 '-을수록'으로 교체하면 비문이 된다. (9가, 나)의 경우에 선행절 사태의 수효가 정해져 있어서 증감의 의미는 나타나지 않기 때문에 비문이 된 것이

---

6) 이상태(1986)에서 '더해감'을 '비례적 조건'이라고 한 것과 관련된다. 즉, 선행절의 사태가 조건으로 해석되지만 후행절과 비례 관계를 가지기 때문에 조건의 하위 범주로 지적한 것이다. 본문에서도 언급한 바 있지만 '더해감'이 [조건-결과]의 의미 관계를 가지는 것은 사실이나 조건 접속문과 '더해감'의 차이를 가진다는 점에서는 일반적인 접속문과는 구별된다. 이상태(1986)의 논의를 따라가면 양보 접속문도 조건 접속문의 하위 범주로 볼 수 있는데, 이에 대해서는 장경희(1995), 박승윤(2007), 박재연(2011)에서 지적한 바 있다. 이에 대해서는(더해감 접속문, 조건 접속문, 양보 접속문의 분류) 후고에서 다루도록 하겠다.

다. 즉, 선행절과 후행절의 사태가 [조건－결과] 구성을 가지지만 증감의
의미가 나타나지 않을 때는 '-을수록'이 통합할 수 없는 것이다.

조건과 '더해감'의 의미 차이는 '도착하다'와 같은 동사에서도 드러난
다. 아래 예를 살펴보자.

(10) 가. 밥을 먹으면 잠이 온다.
　　 가′. 밥을 먹을수록 잠이 온다.
　　 나. 버스가 도착하면 우리는 떠날 것이다.
　　 나′. *버스가 도착할수록 우리는 떠날 것이다.

위 (10나′)과 같이 행위성의 의미보다는 완결성의 의미가 두드러진 '도
착하다'의 경우는 '더해감'의 의미와 어울리지 않는다. 행위의 반복은 자
연스럽지만 완결의 반복은 자연스럽지 않기 때문이다. 물론 도착하다의
주체가 복수인 경우는 도착의 수가 더해지는 의미로서 문장이 자연스럽
게 이루어진다. '도착하다'의 주체가 복수인 경우는 도착하는 주체의 수
가 더해지는 것으로 해석되는 것이다.

조건과 '더해감' 접속문은 의미뿐 아니라 통사적으로도 차이를 보이는
데 아래 예를 보자.

(11) 가. 영이가 밥을 먹으면 밖에 나가자.
　　 가′. *영이가 밥을 먹을수록 밖에 나가자.
　　 나. 영이가 밥을 먹으면 밖에 나가라.
　　 나′. *영이가 밥을 먹을수록 밖에 나가라.

위 (11가′, 나′)은 '-을수록'이 청유법과 명령법 종결어미와 호응을 이
루지 못하는 것을 보여준다. 이 현상은 위 (10)과도 관련된다. 후행절이
청유법과 명령법일 경우에는 선행절의 어간 '먹다'가 완결성 의미로 해

석되기 때문에 '-을수록'과 어울리지 않는 것이다.

이상에서 검토한 바와 같이 '더해감'은 선행절과 후행절이 [조건-결과]의 의미 관계를 취하고 있지만 선행절 사태가 더해감의 의미가 덧붙여지는 의미 범주로서 더해감의 의미가 나타나지 않으면 비문으로 해석되는 접속 구성이다. '더해감'의 의미 특성에 대해서는 다음 절에서 보다 자세히 살펴보도록 하겠다.

아래는 현대국어와 중세국어 연구 성과에서 '더해감' 관련 의미 범주를 제시한 연구 내용을 정리한 것이다.

> (12) 기존의 의미 범주 설정
> 　　가. 현대국어를 대상으로 한 논의
> 　　　　최현배(1971) : 더해감꼴
> 　　　　권재일(1985) : 첨의
> 　　　　최재희(1991) : 비례
> 　　　　임홍빈·장소원(1995) : 강화
>
> 　　나. 15세기 국어를 대상으로 한 논의
> 　　　　허　웅(1975) : 비례
> 　　　　고영근(1987) : 더해감
> 　　　　김송원(1988) : 비례
> 　　　　안병희·이광호(1990, 2001) : 더해감

위 (12)에서 보는 바와 같이 '-을수록'의 의미 범주는 대부분의 논자가 설정하고 있으나 의미 범주의 용어는 '더해감'이나 '비례' 정도로 나뉘고 있다. '비례' 혹은 '비례법'은 허웅(1975), 김송원(1988), 리의도(1991) 등에서 주로 사용하는 용어로서 '앞 일의 되어 가는 정도에 비례해서 뒷 일도 되어 가는' 정도의 의미를 담고 있으며 후행절의 사태 내용에 초점을 둔 명칭이라 할 수 있다. 한편, '더해감'은 안병희·이광호(1990/2001), 고

영근(2005) 등에서 제시한 용어로서 선행절의 사태 내용에 초점을 둔 명칭이라 할 수 있다.

이와 같이 접속문의 의미 범주를 명명하는 방식은 두 가지 논지가 있는데 어떤 경우에는 이를 혼합하여 사용하는 일도 있기 때문에 이를 전공하는 연구자들이 합의점을 찾아서 용어를 일관성 있게 제안할 필요가 있다. 이에 대해서 최근 이은경(2000)에서는 선행절과 후행절의 기능을 아우르는 명칭을 부여하는 것이 바람직하지만 현실적으로 어려우므로 편의상 선행절의 의미를 기준으로 명칭을 부여하는 것이 바람직하다고 제시한 바 있다. 이와 함께 박재연(2011)에서도 종속 접속문은 선행절의 의미 기능을 중심으로 선정하는 것이 의미 관계를 염두에 둘 때 더 적절하다고 제안하기도 하였다.

이 글에서도 이와 유사한 생각을 하고 있다. 대등 접속문의 경우는 선행절과 후행절의 관계가 대등하기 때문에 대등한 절이 어떤 의미 관계를 취하는가가 중요하다. 주지하는 바와 같이 대등 접속문에서 선행절과 후행절은 독립적 성격을 지니기 때문에 두 절의 의미 관계를 나타낼 수 있는 명칭이 필요한 것이다. 그런데 종속 접속문은 '조건-결과', '원인-결과', '양보-결과'에서처럼 선행절과 후행절이 서로 다른 의미 특성을 가지고 있다. 이때 후행절의 사건을 중심으로 의미 범주 명칭을 정한다면 접속문이 분별되지 않는 문제가 발생하므로 선행절을 바탕으로 명칭을 선정하는 것이 더 바람직해 보인다. 이를 고려하면 이 글에서 다루고자 하는 접속문도 '더해감'의 명칭을 부여하는 것이 보다 합리적이라 생각한다.

3.2. '더해감'의 의미 특성

앞서서 '더해감' 접속문이 선행절의 사태가 더해질수록 후행절의 사태
가 더해지거나 덜해지는 의미 관계를 가진다고 언급한 바 있다. 그런데
'더해감'의 의미 특성은 선행하는 어간의 특성에 따라서 의미가 차이를
가진다. 아래 예를 보자.

(13) 가. 나이가 들수록 아버지를 닮아 간다.
　　　나. 영이는 문을 두드릴수록 나오지 않을 것이다.
　　　다. 교육수준이 높을수록 결혼 시기가 늦어진다.
　　　라. 별은 푸를수록 온도가 높다.

위 (13가, 나)는 선행절에 동사가 실현된 예인데, 이때는 선행절의 사
태가 계속해서 진행되거나 반복적으로 이루어지는 사태를 나타낸다. (13
다, 라)는 선행절에 형용사가 실현된 예이다. 이 경우에는 서술어 상태의
정도나 수준이 한층 심화되는 의미로 해석된다. 즉, '더해감'은 선행절
어간의 종류에 따라서 계속 내지 반복, 그리고 정도나 수준이 한층 심화
됨의 의미를 담고 있는 것이다.

그런데 아래는 계사가 선행절에 통합한 예인데 그 해석이 흥미롭다.

(14) 가. 사람 관계는 <u>친한 사이일수록</u> 더 조심해야 한다.
　　　나. <u>살이 빠진 남자일수록</u> 살찐 여자를 선호한다.
　　　다. <u>회사가 어려운 때일수록</u> 구성원들이 서로 단결해야 한다.

위 (14)의 예들은 선행절이 형용사가 통합한 경우와 같이 정도나 수준
이 한층 심화됨의 의미로 해석되는데, 위 (14)에 밑줄 친 바와 같이 수식
구성을 포함한 의미가 도출되는 점이 특징적이다. 즉, (14가)는 '사이가

친할수록', (14나)는 '남자가 살이 빠질수록', (14다)는 '회사가 어려울수
록' 정도로 해석된다.

이와 관련해서 아래 예문은 '더해감'이 일반 접속문과 다른 의미 특성
을 가지고 있음을 보여준다.

> (15) 가. 남자가 친한 여자일수록 성격이 대범하다.
> 　　　 나. ^{??}철수가 친한 여자일수록 성격이 대범하다.

(15가, 나)는 친한 상대가 '남자'이거나 '철수'일 때의 의미로서 (15가)
는 매우 자연스럽게 느껴지지만 (15나)는 매우 어색하거나 비문에 가깝
게 느껴진다. (15가)와 (15나)의 차이는 여자가 친한 대상이 남자냐 철수
냐의 차이인데 문장 성립의 차이를 보이고 있는 것이다. 이를 통해 볼 때
선행절이 계사일 때는 총칭성 내지 일반성의 의미를 나타내는 것으로 판
단된다. 다음 예는 이를 확연하게 보여준다.

> (16) 가. 사람들은 학생일수록 머리를 단정하게 한다.
> 　　　 가′. [*]철수는 학생일수록 머리를 단정하게 한다.
> 　　　 나. 직업이 선생님일수록 행동에 조심해야 한다.
> 　　　 나′. [*]영이는 선생님일수록 행동에 조심해야 한다.

위 (16)은 (15)와 달리 수식 표현이 없는 구성이다. 이때 일반적 의미
를 가진 (16가, 나)는 아주 자연스럽게 문장이 성립되는 것을 알 수 있으
나 (16가′, 나′)과 같이 선행절의 주어가 구체적인 대상으로서 '철수',
'영이'가 실현될 때는 문장 성립이 이루어지지 않는 것을 알 수 있다. 모
두 그러한 것은 아니지만 위 (14)의 경우에도 선행절의 어간이 형용사일
때는 대체로 일반성을 띠는 경향이 있다. 다음 장에서 살펴보겠지만 전형
적인 예가 주로 나타나는 중세국어에서는 대부분 일반성을 띠고 있다.

'더해감' 접속문은 의미적으로 정도의 의미도 가지고 있기 때문에 정도 부사와 주로 호응하면 나타난다.

> (17) 가. 민지는 학년이 올라갈수록 공부를 <u>더</u> 잘 한다.
> 나. 밤이 될수록 비가 <u>더욱</u> 세차게 내렸다.
> 다. 자주 웃을수록 <u>더</u> 오래 산다네요.
> 라. 시간이 흐를수록 질문은 <u>점점</u> 줄어들고 있었다.

위 (17)과 같이 '더해감' 접속문이 정도 부사와 호응 관계를 이루는 것은 '더해감' 접속문이 더해지는 정도에 따라서 더해지거나 덜해지는 의미 특성을 가지기 때문이다. 아래 예가 이를 보여준다.

> (18) 가. 쇠는 여러 번 때릴수록 단단해지는 법이다.
> 가′. *쇠는 열 번 때릴수록 단단해지는 법이다.
> 나. 오래 살수록 보험금을 더 수령할 수 있다.
> 나′. *90세 살수록 보험금을 더 수령할 수 있다.

위 (18가, 나)는 선행절의 사태가 더해지는 의미가 나타나기 때문에 문장 성립에 전혀 문제가 없지만 (18가′, 나′)은 선행절의 사태가 한정적 의미가 나타나기 때문에 문장이 성립되지 않는다. 이 차이는 (17)에서 제시한 정도 부사와의 호응과 밀접하게 관련된다.

지금까지 '더해감' 접속문의 의미 특성에 대해서 살펴보았다. '더해감' 접속문은 선행절의 사태가 더해지는 정도에 따라서 후행절의 사태가 더해지거나 덜해지는 의미 특성을 가지는데, 여기에서 더해지는 정도는 선행절의 서술어 어간의 특성에 따라서 의미가 다르게 해석된다. 서술어 어간이 동사일 때는 계속 내지 반복의 의미로 해석되지만 서술어 어간이 형용사일 때는 정도나 수준이 한층 심화됨의 의미로 해석된다. 이러한 특성은 '더해감' 접속문이 한정적 수사와 호응하지 않고 주로 정도 부사와 호응 관계를 이루는 것과 관련된다. 마지막으로 '더해감' 접속문이 의미적으로 일반성을 띠는 경향이 있는 사실을 지적해 둔다. 이는 서술어 어간이 계사일 때 두드러지게 나타나는데 이른바 총칭적으로 해석되는 의미 내용은 매우 자연스럽게 접속문을 이룰 수 있으나 구체적인 개체에 대한 의미 내용은 매우 부자연스럽거나 문장이 성립되지 않는 것으로 나타난다.

4. 중세국어 '더해감' 접속어미

중세국어에서 '더해감' 접속문은 '-디옷'과 '-ᄃ록', '-을ᄉ록'에 의해서 실현된다. 그런데 현대국어에서는 '-을수록'만 존재하고 있으나 중세국어에서는 한 두 예만 확인되는 것이 특징적이다. 중세국어에서는 주로 '-디옷'이 사용되기 때문에 중세국어 '더해감' 접속문의 특성을 파악하기 위해서는 '-디옷' 접속문의 특성을 파악하는 것이 중요하다. '-ᄃ록'은 주로 결과 접속문에 사용되다가 몇 예문에서 '더해감' 접속문으로 사용된다. 이에 이 글에서는 우선적으로 '-디옷'의 문법적 특성을 살피되 형태와 구문의 특성을 중심으로 검토하기로 한다. 이후 '-ᄃ록'과 '-을ᄉ록'의 문법적 특성에 대해서 살펴보기로 한다.

4.1. '-디옷'의 문법적 특성

4.1.1. 접속어미 '-디옷'의 형태 확인

중세국어에서 '더해감' 정도의 의미 관계에 사용된 '-디옷'은 공시적으로 더 이상 분석하기 어려운 통합체이다. '-건마론', '-거니와', '-어

도' 등과 같이 두 형태 이상이 통합하여 재구조화된 어미인 것이다. 그러
나 접속어미 '-디'나 '-어'에 보조사 '-옷'이 통합한 '-디옷', '-어옷'
등이 존재하고 있어 분석 가능한 '-디옷' 또한 주의해야 할 것이다.

그럼, 우선 부정의 '-디'에 강조 보조사 '-옷'이 통합한 경우로서 분석
가능한 '-디옷'의 경우부터 살펴보기로 하자.

(19) 가. 이제 호다가 닷디옷 아니호면 萬劫을 어긔리니 이제 호다가 힘뻐
　　　　닷ᄀ면 어려비 닷골 行이 漸漸 어렵디 아니호야 <牧牛子 44b>
　　　　(今若不修호면 萬劫을 差違호리니 今若强修호면 難修之行이 漸得
　　　　不難호야)
　　나. 네 漏를 다아ᅀᅡ 호리니 殘結이 업디옷 몯호면 네 오디 말라 호고
　　　　손ᅀᅩ 門 닫고 羅漢돌콰 모다 議論호더 <月釋25 : 5b>
　　다. 내 難을 救티옷 아니호면 이 業 젼ᄎ로 버서나디 몯호리라 <月釋
　　　　21 : 56b>

위 (19가, 나, 다)는 '-디 아니호-', '-디 몯호-' 구성에 강조의 보조사
'-옷'이 통합한 경우이다. 이 경우에는 '-옷'이 분석되는 통합 구성으로
'-옷'이 강조 보조사로서 문장 구성에 참여하고 있는 것이다. 이처럼
'-옷'이 보조사로서 기능할 때 주로 나타나는 조건문의 분포 환경과도
위의 예가 일치를 보인다.7)

---

7) 장요한(2010)에 따르면 중세국어에서 강조 보조사 '-옷/곳'은 주로 조건 접속문의 선행절의
　명사구에 통합하는 일이 많다. 아래는 그러한 몇 예를 보인 것이다.

　가. 너 大龍王아 疑心곳 잇거든 무룰 양ᄋ로 무르라 <月釋10 : 68a>
　나. 善友ㅣ 닐오디 소니 오래 이쇼미 몯ᄒ리니 主人곳 나를 어여삐 너기거시든 날 爲ᄒ야
　　　흔 鳴箏을 빙ᄀ라 주고 <月釋22 : 53a>
　다. 王곳 업스시면 누를 믿ᄌᄫ리잇고 <月釋7 : 54a>
　라. 아니옷 주시면 히므로 어루ᄒ리이다 ᄒ더니 <釋詳23 : 55b>
　마. 그 ᄠᅵ리 닐오디 고디옷 아니 듣거시든 흔번 가 보쇼셔 王이 즉재 가 보니 善友太子ㅣ
　　　둘 알오 두려 닐오디 <月釋22 : 59b>

앞의 (19)에서와 같이 보조사 '-옷'이 접속어미에 통합한 예가 아래에서도 확인되는데 아래는 접속어미 '-어'에 통합한 경우이다.

(20) 너희 후혀 사라옷 도라 니거든 내 싀어미룰 이대 셤기라 나는 乃終내
이받디 몯흐리로다 <三綱런던烈 19>(若幸生還 善事吾姑 吾不得終養矣)

(20)은 '너희가 행여 살아서 돌아다니거든 나의 시어머니를 잘 섬기어라. 나는 내종에 봉양하지 못할 것이다' 정도로 해석되는 예로서 '-옷'이 접속어미 '-어'에 붙어 선행 요소를 강조하는 것으로 파악된다.

그런데 보조사 '-옷'은 위 (19)와 (20)처럼 접속어미에 통합하는 것보다 주로 명사나 부사에 통합하여 나타나기 때문에 위의 예가 주목되는데, 이에 위 (19)와 (20)의 경우를 예외적으로 처리하여 분석하지 않는 입장이 있을 수 있다. 그러나 '-옷'이 통합하지 않아도 각 예문의 성립에 문제가 되지 않으며 '-옷'이 통합하여 새로운 의미 관계가 도출되지 않고, 보조사 '-옷'이 명사나 부사에 통합한 경우와 그 의미가 크게 다르지 않기 때문에 굳이 위 (19)와 (20)의 '-디옷'과 '-어옷'을 하나의 통합체로 볼 필요는 없을 것이다.

그러나 위 (19)와 (20)에서의 '-옷'과 달리 분석해서는 안 되는 '-디옷' 구성이 확인된다. 이 글에서 주목하는 형태로서 아래 예를 살펴보자.

(21) 가. 이 하늘들히 놉디옷 목수미 오라느니 四王天 목수미 人間앳 쉰
힌룰 흐르옴 혜여 五百 힌니 <月釋1 : 37b>
나. 金銀은 一百번 불이디옷 더욱 精흐야 變티 아니흐며 <楞嚴7 :
13a>(金銀은 百鍊愈精而不變)
다. 鑽은 비빌씨니 顔淵이 孔子룰 기류디 울워디옷 더 노프시고 비븨
디옷 더 구드시다 흐니라 <法華2 : 173a>
라. 쏘 소리룰 펴 고룰 구지저 뫼사리 짓디 말라 흐면 구짓는 소리

> 즛디옷 고리 더욱 들에ᄂ니 <圓覺下1-2 : 50a>(聲唯頻谷中轉鬧)

위 (21)의 '-디옷'은 현대국어의 '-을수록' 정도로 해석되는 경우로 앞서 (21)에서 검토한 '-디옷'과는 전혀 다른 의미로 해석된다. (21가)는 '하늘이 높을수록 목숨이 기니' 정도로 해석되고 (21나)는 '금은은 일백 번 불릴수록 더욱 깨끗하여 변하지 아니하며' 정도로 해석된다. (21다, 라)도 마찬가지로 '-을수록' 정도의 의미를 가진다. 이때 '-디옷'은 음성 형식상 (19)에서의 '-디'와 보조사 '-옷'이 통합한 구성체로 보이나 더 이상 분석할 수 없는 재구조화된 형태로서 '-디'나 '-옷'의 의미와는 달리 '더해감'의 의미로 사용되는 어미인 것이다.8) 위 (21)의 '더해감'의 의미를 '-디'나 '-옷'의 의미로서 설명할 수 없으며 (19)나 (20)의 경우와 달리 '-옷'을 생략하였을 경우에 문장 성립에 영향을 주고, '더해감'의 의미 관계에 나타난 '-디옷'의 경우에는 '-디'와 '-옷'이 다른 형태와 통합 관계나 계열 관계가 보이지 않기 때문에 '-디옷'을 분석하는 것은 어려움이 있다. 따라서 '더해감'의 '-디옷'은 단일한 어미 형태로 보는 것이 온당하다.

한편, 위 (21)에서와 같이 '-옷'이 통합하여 하나의 단위로 형성된 접속어미는 '-디옷' 외에 '-고옷'도 존재한다. 아래의 예를 살펴보자.

> (22) 가. 그 사ᄅ미 먹고 ᄠᅳ흐면 어딋던 다시 먹고옷 ᄒᆞ료 <月釋20 : 90a>
> 나. 부러 머리셔 오ᅀᆞ봇니 이제 어젭고옷 ᄒᆞᆫ 거시 이셔이다 王이 닐오디 求ᄒᆞ논 거스란 疑心ᄒᆞ디 말라 <月釋20 : 34b>

위 (22)에서 확인되는 '-고옷'은 김영배(2004)에서 언급한 바 있는데,

---

8) '더해감'의 의미 관계에 쓰인 '-디옷'이 '-디'와 보조사 '-옷'의 통합한 어미라는 사실은 이미 허웅(1975)를 비롯하여 리의도(1991), 박용찬(2006)에서 지적한 바 있다.

김영배(2004)에서 (22)에서의 '-고옷'을 소망(원망)의 '-고자' 정도로 처리
하여 하나의 접속어미로 기술하였다. 일종의 통합형 접속어미로 처리한
것이다. 한편, 박용찬(2006)에서는 이때 '-고옷'이 고대국어 석독구결 자
료에서 확인되는 '-ㅁㅁㄴ'의 후대형으로 지적하면서 접속어미 '-고'에
'지목'의 의미의 '-옷/곳'이 통합하여 맥락적으로 '원망'의 의미를 나타
내는 것으로 본 바 있다. 여기에서 중요한 사실은 '-고옷'에서 확인되는
'-고'가 나열이나 시간 관계의 접속어미로 해석되지 않을뿐더러 '-옷'을
생략했을 때 그 문장의 성립 또한 장담할 수가 없다는 것이다. 또한 이때
'-고'와 '-옷'이 다른 형태와 통합 관계나 계열 관계도 보이지 않는다.
이는 '-고옷'을 기원적으로 '-고'와 '-옷'이 통합한 것으로 재분석한다
고 해도 위 (22)에서의 '-고옷'은 이 두 형태가 굳어져 새로운 접속어미
의 기능을 가진 어미로 파악해야 함을 말해주는 것이다.

그런데 위 (22)와 관련하여 매우 흥미로운 구성이 확인된다. 다음 예를
보자.

(23) 너희둘흔 吉혼 사루미 두외옷 흐녀 凶혼 사루미 두외옷 흐녀 <內訓
1 : 23a>(汝等은 欲爲吉人乎아 欲爲凶人乎아)

위 (23)은 '너희들은 길한 사람이 되고자 하느냐 흉한 사람이 되고자
하느냐' 정도로 해석되는 경우로서 '-고자 흐-' 구성 내지 '-고옷 흐-'
구성이 쓰일 자리에 '-옷 흐-'가 사용된 경우로 판단된다. 그런데 (23)의
예가 위 (22)와 아주 유사한 모습으로 보이나 '-옷 흐-'로 나타나기 때문
에 여기에서 '-옷'을 어미로 처리해야 할지 아니면 '-고옷 흐-'에서 '-고'
가 생략된 것으로 처리해야 할지가 의문이다. 현상만 가지고는 위 (23)의
'-옷'은 어미로 보이나 확신할 수가 없다.[9]

지금까지 다룬 내용을 정리하자면, 형태상으로 보조사 '-옷'이 통합한 구성으로 보이는 '-디옷', '-어옷', '-고옷'이 확인되는데, 그 의미 관계와 '-옷'의 생략 여부에 따라서 공시적으로 '-옷'이 분석되는 경우와 그렇지 않은 경우로 구분할 수 있다. 특히 이 글에서 관심을 갖는 후자의 경우, 즉 '더해감'의 의미 관계에 사용되는 '-디옷'은 더 이상 분석할 수 없는 하나의 접속어미이다.10) 이와 함께 원망의 의미 관계에 사용되는 '-고옷'도 분석할 수 없는 접속어미로 판단된다. 그러나 부정의 '-디'와 계기의 '-어'에 '-옷'이 통합한 경우에서는 '-옷'이 분석되는 통합관계로 보인다. 이때는 '-옷'이 강조 보조사의 기능으로서 선행 요소를 강조하는 것으로 해석된다. 한편, '-고옷 ᄒᆞ-'와 관련된 것으로 보이는 '-옷 ᄒᆞ-' 구성이 확인되는데, 이때 '-옷'의 정체가 불분명하다. '-고옷 ᄒᆞ-'에서 '-고'가 생략된 구성인지 아니면 '-옷'이 접속어미로 사용된 것인지가 확실치 않다.

4.1.2. '-디옷' 접속문의 구문적 특성

이 절에서는 접속어미 '-디옷'의 구문적 특성을 살펴보기로 한다. 중세국어에서 '-디옷'이 나타난 경우가 유사한 용례를 제외하고 15개 정도가 확인되기 때문에 이를 통해서 '-디옷'의 구문적 특성을 다양한 관점에서 확인하기란 쉬운 일이 아니다. 주지하는 바와 같이 해당 용례가 적을뿐더러 부정적 자료를 확인할 수 없는 사실은 이를 더더욱 힘들게 한다. 이에 이 글은 주어진 자료 안에서 선행절의 어간 통합 및 선어말어미

---

9) 익명의 심사위원께서 'ᄃᆞ외옷 ᄒᆞ-'의 경우에 'ᄃᆞ외- + -고옷' 구성으로 보고, 그 과정을 'ᄃᆞ외오옷(ㄱ탈락) → ᄃᆞ외옷(동음탈락)'으로 이해할 수 있음을 지적한 바 있다.

10) 한편, 하귀녀(2005)에 따르면 보조사 '-옷'이 17세기에 몇 예문이 확인되기는 하나 16세기 후반부터는 그 쓰임이 많이 줄어든 것으로 파악되는데 접속어미 '-디옷'의 소실도 이 '-옷'의 소실과 관련된 것으로 추정된다.

제약, 문체법 및 호응 양상을 검토하면서 현대국어를 염두에 두며 그 구문적 특성을 기술하기로 하겠다. '-디옷'이 현대국어의 '-을수록'과 관련된다는 점에서 중세국어의 '-디옷'의 구문적 특성은 흥미로운 정보가 될 것이다.

다음 예를 살펴보자.

> (24) 가. 이 하늘들히 놉디옷 목수미 오라ᄂᆞ니 四王天 목수미 人間앳 쉰 히를 ᄒᆞᄅᆞ옴 혜여 五百 히니 그 우히 漸漸 하아 四禪天에 가면 몯 져근 목수미ᅀᅡ 一百 스믈 다ᄉᆞᆺ 大劫이오 <月釋1 : 37b>
> 나. 功 가ᄌᆞᆯ비샤ᄆᆞᆫ 八百萬億 河沙 佛 供養애 너무믄 디니논 行이 더 깁디옷 功 어두미 더 勝ᄒᆞᆯᄃᆞᆯ 불기시니라 쟝ᄎᆞ 너비 護持호ᄆᆞᆯ 펴샤디 <法華7 : 109b>(至此比功은 則勝供八百萬億河沙佛者ᄂᆞᆫ 明持行이 益深티옷 獲功이 益勝也ᄒᆞ시니라)

> (25) 가. ᄒᆞ마 둘 업수믈 아디옷 더욱 거즛 뻐듀미 顯ᄒᆞ야 妄이 브툰 고ᄃᆞᆯ 아디 몯홀씨 이런ᄃᆞ로 그 因을 다 니르샤믈 請ᄒᆞᅀᆞ오니라 <楞嚴4 : 56b>(旣悟無二ᄒᆞ디옷 益顯妄淪ᄒᆞ야 而不知妄之所由홀씨)
> 나. 金銀銅木올 뻐 지소ᄆᆞᆫ 妙行이 云爲롤 表ᄒᆞ시니 金銀은 一百번 불이디옷 더욱 精ᄒᆞ야 變티 아니ᄒᆞ며 銅온 구두디 能히 ᄀᆞᆮᄂᆞ니 義의 像이라 남ᄀᆞᆫ 能히 프레 올아 아래롤 둡ᄂᆞ니 <楞嚴7 : 13a>(金銀은 百鍊愈精而不變)
> 다. 鑽은 비븨씨니 顔淵이 孔子롤 기류디 울워디옷 더 노ᄑᆞ시고 비븨디옷 더 구드시다 ᄒᆞ니라 <法華2 : 173a>

위 (24)와 (25)는 '-디옷'이 각각 형용사와 동사의 어간에 직접 통합한 경우이다. '-디옷'이 계사에 통합하는 경우는 한 예도 확인되지 않는다.[11] 그런데 '-디옷'이 중세국어 시기에 계사와 통합한 예가 확인되지

---

11) 석주연(2006)에서 '더해감'의 기능을 가진 '-ᄃᆞ록'이 계사 뒤에 통합하는 예가 확인되지 는다고 지적한 바 있는데 '-디옷'의 계사 통합 제약과 같은 현상으로 파악된다.

않는 것이 단순히 자료적 제약으로만 보이지 않는다. 현대국어의 '-을수록'의 경우 '더해감'의 의미 관계에 사용되는 대표적 어미이나 '-디옷'과 달리 동사나 형용사, 계사 모두 통합한 예들을 곳곳에서 확인할 수 있기 때문이다. 또한 이러한 '-디옷'의 계사 통합 문제는 '-드록'도 마찬가지 이다. '더해감'으로 쓰이는 '-드록' 또한 동사나 형용사와 통합한 예는 확인되나 계사와 통합한 예는 확인되지 않는다.

한편, 위 (24)와 (25)에서 한 가지 더 확인할 수 있는 것은 '-디옷'과 서술어 사이에는 어떠한 선어말어미도 나타나지 않는다는 점이다. 여느 접속어미의 선어말어미 제약 현상을 고려하면 경어법 선어말어미 정도는 통합할 만도 한데 경어법 선어말어미는 물론 1인칭, 시제, 양태 등의 선어말어미와도 통합한 용례가 확인되지 않기 때문에 '-디옷'의 특징적 현상으로 지적해 두기로 한다. 추정컨대 경어법이나 인칭법 선어말어미의 경우는 '-디옷'이 나타나는 맥락적 특성과 관련된 것이 아닌가 한다. 다음 절에서 '-디옷'의 의미를 논의할 때 언급하겠지만 '-디옷'이 나타나는 문장의 맥락을 보면 주로 보편적 진리나 분명한 미래적 사건에 대해서 나타나는 것을 알 수 있다. 이러한 의미 맥락적 특성이 주로 화·청자가 주어지는 상황에서 나타나는 경어법이나 인칭법 선어말어미의 통합 제약과 관련된 것으로 판단된다.[12]

---

12) 장요한(2010)에 따르면 경어법이나 인칭법 선어말어미는 다른 선어말어미에 비하면 선행절의 서술어에 통합하는 경우가 자유롭다. 그러나 '-디옷' 접속문에는 한 경우도 확인되지 않는데, 이는 '-디옷'이 나타나는 접속문의 특성과 관련된 것으로 판단된다. '-디옷'이 통합한 서술어의 주체가 주로 사물이나 자연의 생물체인 경우가 많은데, 이때는 '-디옷' 접속문이 주로 보편적 진리로 해석된다. 즉, 사물이나 자연의 현상을 통해서 보편적 진리를 말하는 것이기에 경어법 선어말어미가 통합할 여지가 없는 것이다. 그런데 "道ㅣ 큰 바르리 곧ᄒᆞ야 더욱 드디옷 더욱 기프리라"<蒙山49a>처럼 'V-디옷' 구성의 주어가 사람일 때가 있는데 이때도 보편적 진리나 분명한 미래적 사건으로 해석된다. 그런데 이때 선행절 서술어의 주체가 사람이기는 하나 특정인이기보다는 불특정인인 경우가 많다. 이러한 문맥적 상황이 경어법이나 인칭법 선어말어미의 통합에 영향을 끼치는 것으로 해석된다.

다음으로 '-디옷'과 관련하여 확인되는 주지의 사실은 정도 부사 '더'나 '더욱'이 함께 나타나는 일이 많다는 것이다. 아래 예를 확인해 보자.

(26) 가. 眼耳等六根에 무슴 내면 무슨물 조차 種種變化호더 道이 놉디옷 더욱 盛ᄒᄂ니라 <禪家 18a>(故云道高魔盛也)

나. 咄者ᄂ 애ᄃᄂ 소리라 네 演若達多이 머리ᄅᆞᆯ 가져 머리ᄅᆞᆯ 얻더니 이제 衆生이 무슨물 가져 무슨물 어두미 ᄯᅩ 이 곧도다 일디옷 더욱 어긔며 돋디옷 더욱 머니 眞實로 미치 다 닐얼디로다 <禪家 6a>

다. ᄯᅩ 소리ᄅᆞᆯ 펴 고ᄅᆞᆯ 구지저 뫼ᅀᅡ리 짓디 말라 ᄒᆞ면 구짓ᄂ 소리 좃디옷 고리 더욱 들에ᄂ니 제 줌줌ᄒᆞ면 고리 괴외홈 곧디 몯ᄒᆞ니라 <圓覺下1-2 : 50a>(亦如揚聲訶谷中今勿作聲響訶聲唯頻谷中轉鬧不如自默谷則寂然)

라. 顔淵이 孔子ᄅᆞᆯ 기류디 울워디옷 더 노ᄑᆞ시고 비븨디옷 더 구드시다 ᄒᆞ니라 <法華2 : 173a>

(27) 가. 雜念이 어즈러비 ᄂ라닐 쁴 千萬 뎌와 사호디 마롤 디니라 더욱 사호디옷 더욱 시급ᄒᄂ니 <蒙山송광사 11b>

나. 道ㅣ 큰 바ᄅᆞ리 ᄀᆞᆮᄒᆞ야 더욱 드리옷 더욱 기프리라 <蒙山송광사 39a>(道ㅣ 如大海ᄒᆞ야 轉入ᄒᆞ디옷 轉深ᄒᆞ리라)

다. 몬져 福 어둠 무르샤ᄆ 後世로 디니논 行이 더 깁디옷 功 어두미 더 勝ᄒᆞᆫ돌 아라 서르 弘護ㅣ ᄃᆞ외에 ᄒᆞ실 ᄯᆞᄅᆞ미시니라 <法華 7 : 110b>(先問得福者ᄂ 使後世로 知其持行이 益深티옷 獲功이 益勝ᄒᆞ야)

위 (26)은 정도 부사 '더'나 '더욱'이 후행절에만 통합한 경우인데, 이처럼 '-디옷' 접속 구성에서 '더'나 '더욱'이 후행절에 통합하는 것이 보다 자연스럽게 느껴진다. 그런데 (27)처럼 '더'나 '더욱'이 선·후행절에 모두 통합하는 경우도 확인된다. 여기에서 선행절과 후행절 사태의 심화가 이 부사와 호응 관계를 이루는 것이다. 이때 선행절에 통합한 '더'나

'더욱'은 '-디옷'이 가지고 있는 사태의 계속 내지 정도의 심화를 더 강
화하여 나타내는 것으로 해석된다.

　다음 아래는 '더'가 선행절에만 통합한 경우로서 한 예가 확인된다.

> (28) 비록 糧食 업서도 足ᄒ리니 님그미 江 건나시며 바ᄅ래 ᄣᅴ우샤 ᄇ라
> 디 그 ᄀᆞ술 보디 몯ᄒ며 더 가디옷 다ᄃᆞᆯ 떠 모ᄅ거든 님금 보내ᅀᆞ
> 올 ᄊᆞᄅᆞᄆᆞᆫ ᄀᆞ쇄셔 도라오리니 님그미 일로브터 머르시리이다 <法華
> 7 : 158a>

　위 (28)은 '더'가 선행절에만 통합한 경우로 '더 갈수록 다다를 때를
모르거든' 정도로 해석된다. 그런데 여기에서 한 가지 주목을 끄는 것은
'더'나 '더욱'이 후행절에만 통합하는 경우는 선행절의 서술어가 형용사
인 경우가 많지만 (27)이나 (28)처럼 선행절에 통합하는 경우는 선행절의
서술어가 동사인 경우가 많다는 점이다. 하지만 이 빈도 차이만 가지고
두 구성의 특성을 말할 수는 없고 이와 관련하여 현대국어의 예도 검토
한다면 특정한 의미적 특성이 포착될 수 있을 것으로 보인다.

　다음으로 선·후행절의 주어 명사의 일치와 조사 통합을 함께 살펴보자.

> (29) 가. 이 하ᄂᆞᆯ돌히 높디옷 목수미 오라ᄂᆞ니 四王天 목수미 人間앳 쉰
> 　　　히룰 ᄒᆞᄅᆞ옴 혜여 五百 히니 <月釋1 : 37b>
> 　　나. 行이 더 깁디옷 功 어두미 더 勝ᄒᆞᆫ둘 볼기시니라 <法華7 :
> 　　　109b>(明持行이 益深티옷 獲功이 益勝也ᄒᆞ시니라)
> 　　다. 아논 ᄠᅳ디 오직 하디옷 我見이 오직 길시 아래 니ᄅᆞ시니라 <圓
> 　　　覺下3-1 : 66b>(解義ㅣ 唯多ᄒᆞ디옷 我見이 唯長故로 下애 云ᄒᆞ시
> 　　　니라)

　위 (29)처럼 '-디옷' 접속문은 선행절과 후행절이 동일 주어인 경우보
다는 비동일 주어인 경우가 많다. 종속 접속문의 경우에는 동일 주어인

경우가 많은데 이 사실과는 다른 양상이어서 지적해 둔다. 한편, 선행절이나 후행절의 주어 명사에 '-은/는'이 통합하는 일은 극히 드물다. 선·후행절 모두 주격 조사가 통합하여 나타나는 경우가 대부분이다. 그런데 "金銀은 一百번 불이디옷 더욱 精ᄒᆞ야 變티 아니ᄒᆞ며"<楞嚴7 : 13a>처럼 선·후행절이 동일 주어인 경우가 한 예가 확인되는데 이때 보조사 '-은'이 선행절의 주어에 통합한 사실을 확인할 수 있다.

마지막으로 문체법을 확인하기로 하자.

> (30) 가. 道이 놉디옷 더옥 盛ᄒᆞᄂᆞ니라 <禪家 18a>(故云道高魔盛也)
>   나. 道ㅣ 큰 바ᄅᆞ리 ᄀᆞᆮᄒᆞ야 더욱 드디옷 더욱 기프리라 <蒙山 49a>
>   (道ㅣ 如大海ᄒᆞ야 轉入ᄒᆞ디옷 轉深ᄒᆞ리라)
>   다. 顔淵이 孔子ᄅᆞᆯ 기류디 울워디옷 더 노프시고 비븨디옷 더 구드시
>   다 하니라 <法華2 : 173a>
>   라. 行이 더 깁디옷 功 어두미 더 勝ᄒᆞᆯ둘 볼기시니라 쟝츳 너비 護持
>   호ᄆᆞᆯ 펴샤디 <法華7 : 109b>(至此此功은 則勝供八百萬億河沙佛者
>   ᄂᆞᆫ 明持行이 益深티옷 獲功이 益勝也ᄒᆞ시니라)

위 (30)처럼 '-디옷' 접속 구성은 후행절이 종결형이 각각 '-ᄂᆞ니라', '-(으)리라', '-다', '-니라' 구성으로 평서법 종결어미가 통합한 경우만 확인된다. 현대국어나 다른 접속어미에 비추어 볼 때 평서법 종결어미만 확인되는 것은 '-디옷'의 접속 구성의 특성으로 볼 수 있다. 다음 절에서 확인하겠지만 '-디옷' 접속 구성이 주로 보편적 진리나 확실한 미래에 대해서 주로 쓰이는 것과 관련하여 이 평서법 종결어미의 제약을 설명할 수 있다.

4.1.3. 의미적 특성

'-디옷'의 의미적 특성은 앞서 2장에서 검토한 '더해감'의 특성과 함

께 고려하면 된다. 그런데 '-디옷'이 통합한 접속문이 주로 '보편적 사
실'이나 '분명한 미래적 사건'으로 해석되는 점을 지적하기로 한다. 이러
한 접속문의 특성은 '더해감'의 의미 특성에서 총칭적 사태로 해석되는
것과 관련되기 때문이다. 아래 예를 통해서 살펴보자.

(31) 가. 쪼 소리를 펴 고룰 구지저 뫼살이 짓디 말라 ᄒ면 구짓는 소리
　　　　 줏디옷 고리 더욱 들에ᄂ니 제 ᄌᆞᆷᄌᆞᆷᄒ면 고리 괴외홈 ᄀᆞ디 몯ᄒ
　　　　 니라　<圓覺下1-2:50a>(亦如揚聲訶叱谷中今勿作聲響訶聲唯頻谷中
　　　　 轉鬧)
　　 나. 魔ᄂᆞ 自心 外예 잇디 아니ᄒ니 眼耳等六根에 ᄆᆞᄉᆞᆷ 내면 ᄆᆞᄉᆞᄆᆞᆯ
　　　　 조차 種種變化호ᄃᆡ 道이 놉디옷 더옥 盛ᄒᄂ니라　<禪家 18a>(故
　　　　 云道高魔盛也)
　　 다. 이 하ᄂᆞᆯ돌히 놉디옷 목수미 오라ᄂ니 四王天 목수미 人間앳 쉰
　　　　 ᄒᆡᄅᆞᆯ ᄒᆞᄅᆞ옴 혜여 五百 ᄒᆡ니 그 우히 漸漸 하아 四禪天에 가면
　　　　 ᄆᆞᆺ 져근 목수미ᅀᅡ 一百 스믈 다ᄉᆞᆺ 大劫이오　<月釋1:37b>
　　 라. 이에 니르러 功 가ᄌᆞᆯ비샤ᄆᆞᆫ 八百萬億 河沙 佛 供養애 너무믄 디
　　　　 니논 行이 더 깁디옷 功 어두미 더 勝ᄒ돌 볼기시니라　<法華7:
　　　　 109b>(至此比功ᄋᆞᆫ 則勝供八百萬億河沙佛者ᄂ 明持行이 益深티옷
　　　　 獲功이 益勝也ᄒ시니라)
　　 마. 道ㅣ 큰 바ᄅᆞ리 ᄀᆞᆮᄒ야 더욱 드디옷 더욱 기프리라　<蒙山 49a>
　　　　 (道ㅣ 如大海ᄒ야 轉入ᄒ디옷 轉深ᄒ리라)

위 (31)에서 밑줄 친 부분은 일반적 사태로 해석되기보다는 보편적인
사실이나 분명한 미래적 사건으로 해석된다. 예컨대 (31가)의『원각경언
해』는 불교 대승의 참뜻을 표현하는 책으로서 해당 부분은 협주문에 나
와 있는 내용이다. 이 협주문의 내용은 자연의 이치를 통해서 본문의 내
용을 알기 쉽게 표현하고자 작성한 부분으로 (31가)는 '꾸짖는 소리가 잦
을수록 골짜기가 더욱 (시끄럽게) 떠드니' 정도로 해석된다. 이때의 내용
은 자연의 이치에 대한 보편적인 사실의 사건으로 해석되는데, 이러한 내

용을 제시함으로써 본문의 내용을 보다 쉽게 설명하고자 한 것이다. (31
나)는 '道가 높을수록 더욱 (魔가) 더욱 성하다'는 뜻으로 해석된다. 이때
'道高魔盛'는『百丈淸規』에 실려 있는 내용을 인용한 것으로 道의 수행과
관련한 종교적 보편적 사실로 이해된다. (31다)는 무색계사천(無色界四天)에
대해 설명으로 불교의 도에서는 보편적 진리이며 객관적 사실인 것이다.
(31라)는 '이에 이르러 공덕을 견주심이 8백만억 항하사와 같이 많은 부
처를 공양함을 넘어서는 것은 지니는 행이 더 깊을수록 공덕 얻음이 더
나은 것을 밝히신 것이다' 정도로 해석되는데 이때도 '-디옷' 구성은 당
위적 사건으로서 보편적 사실을 나타내는 것으로 해석된다. (31마)는 '道
가 큰 바다와 같아서 더욱 디딜수록 더욱 깊을 것이다'로 해석되는데, 이
때도 보편적 사실과 함께 분명한 미래적 사건으로 해석된다. 이처럼 '-디
옷' 접속문이 쓰인 예들을 검토해 보면 주로 불교 언해류에 나타나며 당
위적 사건으로 보편적인 사실이나 분명한 미래적 사건을 담고 있는 것을
알 수 있다.[13]

한편, '-디옷' 접속 구성이 선·후행절 모두 비사실적 사태로 해석되
는 경우가 많은데 이 점은 '조건-결과' 구성을 가진 접속문 중에서 조건
접속문과 아주 유사하며 실제 의미 내용에서도 선행절이 조건적 사태로
해석되는 것은 주지의 사실이다. 이와 관련해서 '-디옷' 접속문의 선행절

---

13) '-디옷' 접속문과 보편적인 사실이나 분명한 미래적 사건을 나타내는 것이 필연적인 관계
라고 보기는 어렵다. 현대국어 '-을수록'의 쓰임을 고려하면 중세국어 '-디옷'의 이 문맥
적 특징을 단정하기가 쉽지 않다. 그러나 '-디옷' 접속문이 중세국어에서만은 일반적인 사
건에 대한 진술 표현이 확인되지 않는 점은 간과할 수 없는 사실이다. '더해감'의 용법으
로 사용되는 '-드록'의 경우는 해당 예가 몇 안 되지만 "샹녜 스명실이 時享忌日祭홀 제 의
식 울오 孝誠이 늘도록 더욱 지극더라"<續三효 36a>처럼 일반적 진술 장면에서도 확인되
는 예가 존재한다. 이는 '-디옷'의 문맥적 특징으로 보편적 사실이나 분명한 미래적 사건
으로 말할 수 있는 방증이 된다고 본다. 한편, 근대국어에 오면서 세력을 확장한 '-ㄹ스록'
의 경우는 보편적 사실이나 분명한 미래적 사건이 아닌 일반적 사건 진술에도 자주 나타
나는 것이 확인된다.

에 가정적 조건 사태(현실적으로 진리치가 항상 거짓인 사건)가 나타나지 않는 점을 지적해 두기로 한다.[14] 앞서 제시한 예문에서와 같이 '-디옷' 접속문의 선행절은 주로 개연적 사태를 가지고 있음을 알 수 있다.

이와 함께 마지막으로 한정적 수량사가 나타난 경우를 살펴보기로 하자. 앞선 2장에서 언급했지만 '더해감' 접속문은 정도 부사와 관계를 이루는 것이 자연스러운 접속문으로서 한정 수사와는 어울리지 않는다고 지적한 바 있으나 아래 예는 한정 수사가 통합한 경우이기 때문에 주목을 끈다.

> (32) 金銀銅木올 뻐 지소문 妙行이 云爲룰 表ᄒ시니 金銀은 一百번 불이디
> 옷 더욱 精ᄒ야 變티 아니ᄒ며 銅온 구두디 能히 걷느니 義의 像이라
> 남근 能히 프레 올아 아래룰 둪느니 <楞嚴7 : 13a>(金銀은 百鍊愈精
> 而不變)

위 (32)는 '-디옷' 접속문에 한정 수사 '一百'이 나타난 예로서, 밑줄친 부분은 '금과 은은 백번 불릴수록 더욱 정해져서 변치 아니하며' 정도로 해석된다. '-을수록' 정도로 해석되는 '-디옷'에 한정 수사가 통합하는 것은 흥미로운 사실이다. '상태의 정도나 수준' 그리고 '동작의 계속이나 반복'과 관련된 '-디옷'에 한정적 수사가 나타나는 것은 어울리지 않기 때문이다. 그런데 (32)의 '백번'을 단순히 일백 회로 해석하기보다는 '금과 은은 많이 불리면 불릴수록'처럼 많은 정도의 수를 나타내는 것으로 해석할 수 있기 때문에 (32)의 경우를 예외적이고 특수한 예로 처리할 필요는 없다. 즉 (32)의 밑줄 친 부분은 '금과 은은 (불에) 많이 불릴

---

14) 장윤희(1991)에서 "해가 서쪽에 뜨면 내 마음이 변할 것이다."의 조건절이 현실적으로 진리치가 항상 거짓인 사건, 곧 현실적으로 불가능한 가정된 또는 가상된 세계 속에서만 있을 수 있는 사건으로 해석되기 때문에 이를 '가정적 조건문'으로 분류하였다.

수록 더욱 정련되어 변하지 아니하며'의 뜻으로 해석할 수 있다.

4.2. '-ᄃ록'과 '-을ᄉ록'의 문법적 특성

'-디옷'과 같이 '더해감'의 의미 관계에 사용되는 접속어미는 '-ᄃ록'과 '-ㄹᄉ록'이 더 존재한다. '-ᄃ록'과 같은 경우는 결과 접속문에 주로 사용되나 '더해감'의 의미 관계에 사용되는 경우도 확인된다. 아래 예를 살펴보자.

> (33) 가. 中下ᄂᆫ 만히 듣ᄃ록 어둑 信티 아니ᄒᄂ니 오직 집 여흰 히ᄃ리
> 기도다 <南明上 36b>(中下多聞多不信)
> 나. 믓방하 디투 글힌 즙을 머고디 만히 먹ᄃ록 됴ᄒ니라 <救簡2 :
> 106a>(濃煮雞蘇汁믓방하 즙 飮之以多爲妙)
> 다. 孝誠이 늙도록 더욱 지극더라 얼ᄌᆞᆭ 벼슬ᄒᆡ시고 紅門 셰니라
> <續三효 36a>(誠孝至老彌)
> 라. 더욱 細詳토록 더욱 됴ᄒ니라<飜朴16b>(越細詳越好)
> 마. 우횟 聖 ᄀᆮ호믈 ᄉᆞ랑ᄒ야 오라ᄃ록 더욱 굳도다 <永嘉上 32b>
> (思齊上聖ᄒ야 久而彌堅)

위 예에서 확인되는 '-ᄃ록/도록'은 모두 '-디옷'과 같이 '더해감' 정도의 의미로 사용된 경우이다. (33가)는 '中下는 많이 들을수록 더욱 믿지 아니하는데' 정도로 해석되고, (33나)는 '즙을 많이 먹을수록 좋아진다' 정도로 해석된다. (33다)는 '효성이 늙을수록 더욱 지극하더라' 정도로 해석된다. (33라, 마)도 모두 '-을수록' 정도로 해석되어 '-디옷'과 의미 관계 범주로 사용된 접속어미임을 알 수 있다. 또한 동사와 형용사에 모두 통합하는 사실도 확인할 수 있다. 그런데 '-디옷'이 불교 언해류에 주로 나타난 데에 비하여 '-ᄃ록/도록'은 위에 제시한 것처럼 다양한 문헌에서 확인된다는 점이 '-디옷'과의 차이라 할 수 있겠다.

한편, 위 (33)처럼 사용된 '-드록'은 '-디옷'에 비해 그 출현 빈도수가 높지는 않지만 '-디옷'보다 오래 지속된 사실이 확인된다(석주연 2006). 그러나 '-드록'도 근대국어를 거치면서 '-을수록' 정도의 기능은 사라지고 결과나 정도의 기능만 가지게 된다. 이러한 '-디옷'과 '-드록'의 역사적 변천 과정은 각 형태사와 관련된 것도 있지만 근대국어 이후로 현대국어에까지 그 기능을 유지한 '-ㄹ스록'과도 깊이 관련된 것으로 생각된다.15) 그런데 '-ㄹ스록'은 중세국어에서는 아래의 한 예만 확인된다.

> (34) 녀가논 비체논 ᄀᆞ슬히 將次 느즈니 사괴논 ᄠᅳ든 늘글스록 ᄯᅩ 親ᄒᆞ도
> 다 <杜詩21 : 15b>(行色秋將晚, 交情老更親)

(34)는 '흘러가는 빛에는 가을이 장차 늦으니 사귀는 마음은 늙을수록 또(더욱) 친하도다(익숙하도다)' 정도의 뜻으로 '-ㄹ스록'이 '-디옷'과 같은 의미 기능으로 쓰인 예이다. 그런데 '-ㄹ스록'은 문헌상으로 근대국어에 오면서 그 쓰임이 활발해지는데, 이 '더해감'의 의미 범주는 앞서 언급한 '-디옷'의 소멸, 그리고 '-드록'의 기능 축소('더해감'의 쓰임이 점차 제약됨)와 관련하여 중세국어의 '-디옷'과 '-드록'의 분포와 제약 현상과 '-ㄹ스록'의 쓰임 확대 및 분포 양상을 검토하여 '-디옷'과 '-드록', '-ㄹ스록'의 통시적 변천 과정을 살펴볼 필요가 있다.16)

---

15) '-디옷'은 16세기 중반 이후에 그 모습을 감추어 찾아볼 수 없다. 매우 짧은 시기에 사용된 어미인데 이처럼 후기 중세국어 시기에만 존재하다가 사라진 경우는 주로 '-오-'를 가지고 있는 어미들이다. '-디옷'이 사라지게 된 것도 이와 관련된 것으로 보인다. 그런데 흥미로운 사실은 '-ㄹ스록'이 16세기 이후, 즉 17세기부터 그 해당 예들이 점점 많아지는데 '-디옷'과는 달리 개인적 사건에 대한 진술 내용에도 사용된다는 것이다. '-디옷'의 쓰임이 다소 경직된 상태라면 '-ㄹ스록'은 자유로는 상태라고 볼 수 있다. '-ㄹ스록'은 점차 확장되어 '더해감'의 의미 범주의 자리를 꿰차게 된다. 문제는 '-드록'과의 관계인데 리의도(1990)에 따르면 19세기까지 '더해감'의 의미로 사용된 예가 확인된다. 이 '-드록'과 '-ㄹ스록'의 관계에서 '-ㄹ스록'은 '-드록'까지 흡수하는데, 이 변화 양상을 면밀하게 살펴볼 필요가 있다.

5. 정리

이 글에서는 접속문의 특성과 의미 관계에 대해서 검토하고 이어서 '더해감' 접속문의 성립에 대하여 논의하였다. 나아가 '더해감' 접속어미가 다양하게 실현되는 중세국어를 중심으로 '더해감' 접속어미의 형태와 의미 특성에 대해서 살펴보았다. 논의한 내용을 장별로 요약 정리하는 것으로 결론을 삼기로 한다.

2장에서는 접속문의 특성과 의미 관계에 따른 의미 범주 선정 문제에 대해서 검토하였다. 우선, 접속문의 특성을 아래와 같이 정리하였다.

* 접속문(conjoining)의 특성
  가. 접속문은 절을 연결 대상으로 한다.
  나. 접속문은 절과 절이 연결되는 구성이다.
  다. 접속문(conjoined clause)은 대등문과 종속문으로 구분 된다.
  라. 종속 접속문은 선행절은 후행절에 화제적 의존성을 갖는다.
  마. 접속문은 접속 구성의 특성에 따라서 통사·의미적 특성이 달리 나타나기도 한다.

이를 토대로 접속문의 의미 관계에 따라서 의미 범주를 선정할 때 아래와 같은 선정 조건을 제시하여 보다 체계적인 의미 범주 선정의 방향을 제안하였다.

* 선정 조건 1 : 접속문의 의미 범주는 선행절과 후행절이 변별된 의미 관계를 가지고 변별된 통사적 특성을 나타낼 때 선정할 할 수 있다.

---

16) 리의도(1990)에서 '-디옷'과 '-드록/도록', '-ㄹ수록'의 통시적 변화 양상을 살펴본 바 있다. 그러나 '-디옷'이나 '-드록'의 분포 양상과 '-ㄹ수록'의 분포 양상을 구체적으로 살피지 못하고 그 통시적 사용 양상만 검토되어 아쉬움이 있다.

＊ 선정 조건 2 : 접속문의 의미 범주는 고유한 접속어미를 가지고 있어야
한다.

위의 선정 조건이 의미 범주의 선정 문제에 완전한 대안은 아니지만
체계적이 의미 범주 선정을 위해서는 어느 정도 유효한 조건이라고 생각
한다. 이 외에도 여러 가지 고려해야 할 내용이 있겠지만 이는 추후 과제
로 남기며 더 발전된 논의를 기대한다.

3장에서는 '더해감' 접속문의 성립과 용어에 대한 문제를 정리하였다.
'더해감'은 선행절의 사태가 더해질수록 후행절의 사태가 더해지거나 덜
해지는 의미 관계를 가진 접속문이다. 그런데 이때 선행절과 후행절이
[조건－결과]의 의미 구조를 가지고 있기 때문에 조건 접속문으로 해석
되기도 한다. 그러나 '더해감' 접속문은 선행절 사태의 더해짐에 따라서
후행절 사태의 증감이 부여된다는 점에서 차이를 보이는 접속문이다. 즉,
'더해감' 접속문은 선행절과 후행절이 [조건－결과] 구성을 가지고 있어도
더해짐에 따른 증감의 의미가 도출되지 않으면 성립되지 않는다. '-(으)면'
과 '-을수록'의 쓰임을 통해서 이를 확인할 수 있다.

조건 접속문과 '더해감' 접속문의 의미 차이는 '도착하다'와 같은 동사
에서도 확인할 수 있다. 행위성의 의미보다는 완결성의 의미가 두드러진
'도착하다'의 경우는 '더해감'의 의미와 어울리지 않는다. 행위의 더해감
(반복)은 자연스럽지만 완결의 더해감(반복)은 부자연스럽기 때문이다. '도
착하다'의 주체가 복수일 때는 도착하는 행위의 증가로서 '-을수록'이
사용될 수는 있다. 다음으로 조건 접속문과 더해감 접속문은 문체법에서
도 차이를 보인다. 조건은 후행절의 문체법에 무관하게 모두 통합 가능하
지만 더해감 접속문은 '명령문'과 '청유문'에는 사용되지 않는다.

한편, '더해감'은 여러 연구자들에 의해서 '첨의', '비례', '강화' 등 다양하게 표현되었는데, 종속 접속문은 '조건-결과', '원인-결과', '양보-결과'에서처럼 선행절과 후행절이 두 의미 특성을 가지고 있다. 이때 후행절의 사건을 중심으로 명칭을 정한다면 접속문이 분별되지 않는 문제가 발생하므로 선행절을 바탕으로 명칭을 선정하는 것이 바람직해 보인다. 이를 고려하면 선행절의 사태가 더해짐에 따른 '-을수록' 접속문은 '더해감'의 명칭을 부여하는 것이 보다 합리적이라 생각한다.

'더해감'의 의미 특성을 보다 심도 있게 검토하면서 몇 가지 사실을 발견하였다. '더해감' 접속문은 선행절의 사태가 더해지는 정도에 따라서 후행절의 사태가 더해지거나 덜해지는 의미 특성을 가지는데, 여기에서 더해지는 정도는 선행절의 서술어 어간의 특성에 따라서 의미가 다르게 해석된다. 서술어 어간이 동사일 때는 계속 내지 반복의 의미로 해석되지만 서술어 어간이 형용사일 때는 정도나 수준이 한층 심화됨의 의미로 해석된다. 이러한 특성은 '더해감' 접속문이 한정적 수사와 호응하지 않고 주로 정도 부사와 호응 관계를 이루는 것과 관련된다. 마지막으로 '더해감' 접속문이 의미적으로 일반성을 띠는 경향이 있는 사실을 지적해 둔다. 이는 서술어 어간이 계사일 때 두드러지게 나타나는데 이른바 총칭적으로 해석되는 이 의미 내용은 매우 자연스럽게 접속문을 이룰 수 있으나 구체적인 개체에 대한 의미 내용은 매우 부자연스럽거나 문장이 성립되지 않는 것으로 나타난다.

4장에서는 현대국어에 비해 많은 '더해감' 접속어미가 사용되는 중세국어를 중심으로 접속어미 형태와 쓰임에 대해서 살펴보았다. 4.1에서 '-디옷'의 의미적 특성을 검토하였다. 첫째로, '-디옷' 접속 구성에서 해석되는 '더해감'의 의미가 구체적으로 '조건-결과' 관계에 선행절의 사태가 '계속' 내지 '반복'의 의미를 담고 있는 경우와 '조건-결과' 관계에

'정도나 수준이 한층 심화된' 의미를 담고 있는 경우로 분류될 수 있음을 지적하였다. 둘째로, '-(으)면' 접속문과 비교하여 '-디옷'의 의미 특성을 살펴보았는데, '-디옷'이 '조건-결과'의 사태 구조를 취하지만 단순히 조건이나 가정의 의미를 나타내지 않고 선행절 사태의 동작이 '계속' 내지 '반복'의 의미를 나타내거나 선행절 사태의 '정도나 수준이 한층 심화됨'의 의미를 나타내기 때문에 일회적이고 순간적인 의미의 동사와는 호응 관계를 이루지 않는 사실을 확인하였다. 또한 단순 가정의 'ᄒ다가'와 호응 관계를 이루지 않는 것도 확인하였다. 셋째로, '-디옷'의 의미 특성과 함께 중요하게 지적될 수 있는 것으로 '-디옷'이 쓰인 대부분의 접속문이 '보편적 사실' 내지 '분명한 미래적 사건'으로 해석된다는 점을 지적하였다. 마지막 넷째로는 '-디옷' 접속문의 선행절에 가정적 조건 사태(현실적으로 진리치가 항상 거짓인 사건)가 나타나지 않는 점과 주로 개연적 사태를 조건으로 삼는 사실을 지적하였다.

4.2에서는 '-디옷'과 같은 범주에 속하는 '-ᄃ록/도록'과 '-ㄹ스록'을 검토하여, '-디옷'과 함께 '-ᄃ록/도록', '-ㄹ스록'이 동일한 의미 관계에 나타난 점과 '-디옷'과 '-ᄃ록/도록'이 계사 뒤에는 통합하지 않은 점, 그리고 그 통시적 변천 과정에서 '-ㄹ스록'만 남고 '-디옷'과 '-ᄃ록/도록'은 더 이상 '더해감'의 의미 범주에 쓰이지 않은 점을 기술하였다.

본 논의에서는 '더해감' 접속문을 공시와 통시를 중심으로 검토하였으나 그 변천 과정은 면밀히 검토하지 못해 아쉬움이 있다. 중세국어와 현대국어를 견주어 보면 접속어미의 변화가 두드러지기 때문에 이를 검토하는 것도 흥미로운 주제가 아닐 수 없다. 앞으로 기회가 된다면 '더해감'의 의미범주에 대한 통시적 변천 양상을 보다 면밀히 관찰하여 역사적 변천 양상을 다루기로 한다.

‖ 참고문헌

고광주(1999), "대등 접속문에 대한 재검토", 한국어학 9, 49-80.

고영근(1987), 표준 중세국어 문법론, 탑출판사.

고영근(2005), 표준 중세국어 문법론, 개정판, 집문당.

권재일(1985), 국어의 복합문 구성 연구, 집문당.

김송원(1988), 15세기 중기 국어의 접속월 연구, 박사학위논문, 건국대학교.

김승곤(1986), "이음씨 '-게'와 '-도록'의 의미와 통어적 기능", 국어학신연구 : 약천 김민수 교수 화갑 기념 논문집, 탑출판사.

김영배(2004), 역주 월인석보 제20, 세종대왕기념사업회.

김해연[Kim, Hae-Yeon](1993), *Clause Combining in Discourse and Grammar : An Analysis of Some Korean Clausal Connectives in Discourse*, 태학사.

남기심·루코프(1996), "논리적 형식으로서의 '-니까'와 '-어서' 구문, 국어문법의 탐구 1, 태학사.

박용찬(2006), 15세기 국어 연결 어미와 보조사의 통합형 연구, 박사학위논문, 서울대학교.

박재연(2011), "한국어 연결어미 의미 기술의 메타언어 연구", 국어학 62, 167-197.

백낙천(1994), "접속어미 '-도록'과 '-을수록'에 대하여", 동국어문학 6, 317-328.

리의도(1990), 우리말 이음씨끝의 통시적 연구, 어문각.

리의도(1991), "비례법 이음씨끝의 역사", 한글 211, 79-98.

서태룡(1978), "내포와 접속", 국어학 8, 109-135.

석주연(2006), "'-도록'의 의미와 문법에 대한 통시적 고찰", 한국어의미학 19, 37-63.

안병희·이광호(2001), 中世國語文法論, 학연사.

윤평현(2005), 현대국어 접속어미 연구, 박이정.

이동혁(2008), "'X-으면 Y-을수록' 구문에 대하여", 국어학 51, 29-56.

이상태(1986), "'-을수록' 구문의 통사와 의미에 관하여", 국어학신연구 : 약천 김민수 교수 화갑 기념 논문집, 탑출판사.

이은경(2000), 국어의 연결 어미 연구, 태학사.

이현희(1994), 중세국어 구문연구, 신구문화사.

이익섭·채완(2006), 국어 문법론 강의, 학연사.

임홍빈·장소원(1995), 國語文法論 1, 한국방송대학교 출판부.

장경희(1995), 국어 접속어미의 의미 구조, 한글 227, 151-174.

장요한(2007), "'문장의 확장'에 대한 소고", 시학과 언어학 14, 191-220.

장요한(2010), 15세기 국어 접속문의 통사와 의미, 태학사.

장요한(2011), "중세국어 접속어미 '-디옷'의 문법에 대하여", 국어학 61, 389-415.

장윤희(1991), 중세국어의 조건 접속어미에 대한 연구, 석사학위논문, 서울대학교.

최건·박정희(2001), "'A을수록 B'구문과 '越A越B'구문의 대조", 중국조선어문 116, 10-13.

최재희(1991), 국어 접속문 구성 연구, 탑출판사.

최현배(1937), 우리말본, 정음사.

하귀녀(2005), 국어 보조사의 역사적 연구, 박사학위논문, 서울대학교.

허웅(1975), 우리 옛말본, 샘문화사.

Comrie, B.(1981), *Language Universals and Linguistic Typology*, Basil Blackwell.

Cristofaro, S.(2003), *Subordination*, Oxford University Press.

Kuno, S.(1973), The Structure of the Japanese Language, MIT Press.

Foley, W. A & R. D. Van Valin, Jr.(1984), *Functional Syntax and Universal Grammar*, Cambridge University Press.

Haiman, J. & S. A. Thompson(1984), "'Subordination' in Universal Grammar", In *Proceedings of the Tenth Annual Meeting of Berkeley Linguistic Society*.

Halliday, M. A. K.(1985), *An Introduction to Functional Grammar*, Edward Arnold.

Hengeveld, K.(1998), Adverbial Clauses in the Languages of Europe, In J. Van der Auwera ed., *Adverbial Constructions in the Languages of Europe*, Mouton de Gruyter.

한국어 연결어미 교육을 위한 문법 기술*

오경숙

1. 도입

언어 교육이 학습자의 의사소통 능력 향상을 목표로 이루어져야 한다는 인식이 널리 받아들여지면서, 문법이나 어휘를 이용하여 정확한(문법적인) 문장을 만들어 내는 것보다는 여러 가지 다양한 상황에서 적절하게 발화하도록 하는 것이 더 우선시되고 있다. 그리하여 교육 과정을 설계할 때 문법 항목 대신 의사소통 기능이나 과제를 중심으로 교수요목의 큰 줄기를 잡아나가려는 시도가 점차 늘어가고 있다.

이러한 최근의 흐름은 일견 언어 교육에서 더 이상 문법과 문법 교육이 중요하지 않게 되었음을 의미하는 것처럼 보인다. 문법은 오랜 기간 동안 언어 교육에서 가장 일차적이고 직접적인 교수 대상이었으나 20세기에 이르러 그 중심적인 지위를 내 놓게 되었고, 1980년대에 이르러서는 문법을 명시적으로 가르치는 것에 반대하는 입장까지 등장하였다 (Larsen-Freeman 2001, Brown 2001 : 13-53). Krashen(1981)을 대표로 문법 교육

---

* 이 글은 오경숙(2007, 2011)의 논의를 종합하고 보완하여 작성한 것이다.

을 반대하는 의견에 따르면 언어는 자연적인 노출에 의해 습득되어야 하는 것이지 공식적인 교수를 통해서 학습하는 것이 아니다. 형식적인 문법 교육은 문법 구조에 대한 기술적인 지식만 키워줄 수 있을 뿐 여러 언어 형식들을 정확하게 사용하는 능력을 길러주지는 못하는데, 이 둘은 두뇌에서 서로 다른 영역에 속하기 때문에 서로 영향을 주고받을 수 없다고 본다(Nassaji and Fotos 2004 : 127). 이러한 입장을 좇는 교수법에서는 정확한 형태 연습보다는 의미 중심적 의사소통을 위한 의미 중심 접근법(Focus on Meaning)을 추구하게 된다.

그러나 의미 중심 접근법은 학습자의 외국어 의사소통 능력을 향상시키지 못했고 오히려 외국어 교육에서 문법 교육이 꼭 필요하다는 사실을 역설적으로 입증하는 역할을 하였다. 즉, 의사소통 중심적 언어 수업에서 의미에만 초점을 두고 형식은 배제할 경우 학습자들이 목표 언어를 정확하게 구사하는 능력이 현저하게 떨어져 오히려 의사소통을 제대로 할 수가 없는 문제가 발생하였기 때문에 의미에 집중하면서 동시에 형식에도 주의를 기울이도록 하는 일종의 절충안인 의미 중심 형태 교수법(Focus on Form)이 등장하게 되었다.[1][2]

결국, 언어 교육에서 문법과 문법 교육이 중요성을 잃어가게 된 것이 아니라 문법을 바라보는 인식이 달라졌다고 보는 것이 더 타당하다. 즉, 문법은 과거에 언어 교육의 목표 그 자체였다면 이제는 더 본질적인 목표, 곧

---

1) Nassaji and Fotos(2004 : 127-129)에서는 외국어 교육에서 문법 교육이 반드시 필요하다는 것을 다음의 근거를 들어 주장하였다. 첫째, 제2 언어 습득에 관한 여러 연구에서 목표 형태들에 대한 의식적인 주의 집중이 외국어 학습에 있어서 중요한 역할을 한다는 사실이 밝혀졌다. 둘째, 학습자 문법의 발전 과정에서 문법 교수가 도움을 줄 수 있는 측면이 있다는 사실이 경험적으로 입증되고 있다. 셋째, 의미 중심 의사소통만을 중시하고 문법을 부차적으로 다루었을 때 학습자 언어에서 정확성이 떨어진다. 넷째, 문법 교수의 이점(정확성 향상, 습득 시간 단축 등)이 경험적으로 관찰된다.
2) 의미 중심 형태 교수법의 정의와 형태중심 접근법(Focus on Forms) 및 의미 중심 접근법과의 차이점에 대한 간명한 설명은 김영규(2010 : 235-238)을 참고하기 바란다.

의사소통 능력 향상을 위한 도구로서 가르쳐야 하는 것으로 달리 이해된다.

문법은 어휘, 발음, 문화와 함께 언어 교육의 4 가지 지식 영역 가운데 하나로, 이들을 위한 교육에는 무엇을, 어떻게 가르칠 것인가라는 두 가지 질문이 항상 뒤따른다. 무엇을 가르칠 것인가는 교육의 내용에 해당하고 어떻게 가르칠 것인가는 교육의 방법을 말한다. 문법에 대해서 말하자면 곧 문법 교육의 내용과 방법이 되는데, 이 두 가지 주제 가운데 이 글에서 다루고자 하는 문제는 문법 교육의 내용에 대한 것이다.

문법 교육의 내용은 어떤 문법 항목을, 어떤 순서로 가르칠 것인가에 대한 물음과 더불어, 하나의 문법 항목을 가르칠 때 무엇을 가르칠 것인가에 대한 물음과 관련된다. 이 글의 논의 주제인 문법 기술은 두 번째 물음과 직결된다.

여기서 말하는 문법 기술은 국어학에서의 문법 기술과는 차이가 있다. 이미혜(2005 : 18-22)에서 지적한 바와 같이 학문으로서의 문법 연구와 교육 현장에서의 문법 교육 사이에 '교육 문법'이 있는데, 우리가 말하는 문법 기술은 바로 이 교육 문법을 기술한다는 것이다. 교육 문법은 한국어 문법 교육 현장에서 활용될 것이기 때문에 그것에 대한 기술은 국어학적 지식뿐만 아니라 한국어 문법 교육과 관련한 제반 사항에 대한 깊은 이해가 동반되어야 한다. 구체적으로 말하자면, 한국어 교육을 위한 문법 항목을 기술하기 위해 한국어 문법 교육의 목표와 문법 기술의 대상(즉, 한국어 문법 항목), 그리고 문법 기술의 내용, 즉 교육 현장에서 요구되는 정보에 대해서 잘 알고 있어야 한다.

2.1절에서 자세히 살펴보겠지만, 한국어 교육을 위한 문법 항목에는 하나의 문법 형태소 외에도 여러 형태소가 결합된 구성이 다수 포함된다. 그런데 한국어 학습자들은 한국어에 대한 직관이 없고 형태소 하나하나의 의미를 조합하여 결합 형식의 의미를 추론할 능력이 없다. 또한 여러

형태소가 결합하여 이루어진 문법 항목의 의미가 반드시 그 구성 성분의
의미의 합인 것도 아니다. 그러나 교육 현장에서 가르치는 모든 문법 항
목들에 대해 외국인 학습자들이 쉽게 이해하고 사용할 수 있을 만큼 충
분한 기술이 다 이루어지지 않은 것이 사실이다. 국어학에서는 문법 형태
소를 기본 단위로 연구하는 것이 일반적이기 때문에 많은 문법 항목들이
연구의 사각지대에 놓여 있었고, 이미 많이 기술된 항목들도 기술의 목적
과 방법, 내용이 한국어 문법 교육 현장에서 요구되는 것과 잘 부합되지
않는 경우가 다수인 실정이다.

　한국어 문법 기술은 문법 교육의 내용학 가운데 매우 큰 비중을 차지하
지만 그 중요성과 시급성에 비하여 아직 가야할 길이 멀다. 이러한 문제
의식에서 출발하여 우리는 문법 항목 가운데 하나인 연결어미 '-다가',
특히 그 과거시제 결합형인 '-었다가'를 중심으로 교육 문법을 기술해 보
고자 한다. '-었다가'는 '-다가'에 과거시제 선어말어미 '-었-'이 결합한
형식으로 연결어미의 목록에 포함되기 어렵다. 그러나 한국어 교육에서는
두 절을 연결하기 위한 형식의 하나로서 문법 항목에 포함될 수 있다. 그
이유는 '-다가' 앞에 과거시제 '-었-'이 결합한 것으로 설명하였을 때 외
국인 학습자들이 적잖은 오류 문장을 생산하기 때문이다. 다시 말하자면,
'-으니까', '-었으니까'와는 다른 어려움이 '-다가', '-었다가'에 있다는
것이다. 국어학적 관점에서는 '-다가'와 분리하여 고찰할 필요가 없어 보
이는 형식이나 한국어교육에서는 그렇지 않다는 점에서, 오히려 한국어
교육에서의 문법 기술의 가지는 특수성이 더 잘 드러날 수 있다.

　이 글은 다음 순서로 진행된다. 2장에서 우리는 문법 교육의 내용과
관련된 두 문제를 문법 기술의 측면에서 살펴볼 것이다. 그리고 3장에서
는 앞 장에서의 논의를 토대로 하여 '-었다가' 교육을 위한 문법을 기술
해 보고자 한다. 4장에서는 이 글에서 논의된 내용을 요약하고 논의의

한계, 미처 다루지 못한 사항, 앞으로의 과제를 정리하고자 한다.

2. 문법 기술의 대상과 내용

이 장에서는 문법 항목을 본격적으로 기술하기에 앞서 문법 교육의 내용적 측면에서 중요하게 다루어 온 두 가지 문제에 대하여 살펴보고자 한다. 첫 번째는 어떤 문법 항목을, 어떤 순서로 가르칠 것인가에 대한 것이다. 특히 어떤 문법 항목을 가르칠 것인가는 바로 문법 기술의 대상이 무엇인가에 대한 것이므로 우리의 논의와 깊이 관련된다. 두 번째는 하나의 문법 항목을 가르칠 때에는 무엇을 가르쳐야 하는지에 대한 것이다. 이것을 문법 기술의 관점에서 해석하자면, 한국어 교육을 위한 문법을 기술할 때 어떤 내용이 포함되어야 하는지 살피고 교육 현장에서 요구되는 정보가 무엇인지 생각해 보는 작업이 된다.

2.1. 문법 기술의 대상

어떤 문법 항목을 기술할 것인가는 달리 말하면 외국인에게 한국어 문법을 가르칠 때 어떤 문법 항목을 가르칠 것인가의 문제이다. 문법 항목 선정은 한국어 교육을 위한 문법 항목을 어떻게 설정할 것인가에 직결되는 커다란 논제로서, 교육의 목표와 특징, 언어 교육 접근법, 학습자 등 많은 조건을 두루 고려해야 할 문제이다.

한국어 교육에서 교육 대상이 되는 문법 항목의 형식은 매우 다양하다. 여러 가지 어미나 조사뿐만 아니라 어미에 선어말어미가 결합된 형식들('-었더니', '-었다가', '-었더라면' 등), 어미와 조사의 결합형('-다가도' 등), 용언의 불규칙 활용('ㅂ 불규칙' 등), 보조 용언 구성 및 그 활용형('-고 싶다', '-어 주시겠어요?' 등), 그밖에 '-는 반면에', '-는 바람에', '-어서는 안 되다' 등과 같은 여러 가지 통사적 구성들이 모두 포함된다. 구체화되고 개별화된 이들 언어 형식들은 그 유형이 다양해서 국어학에서 연구 대상으로서 다루지 않는 것들도 많다.

　문법 항목에 이처럼 다양한 형식이 포함되는 까닭은 한국어 교육에서의 문법이 '외국인이 한국어 문장을 생성하는 데 사용할 수 있는 여러 가지 언어 형식과 그 용법'으로 정의되기 때문이다. 그리하여 한국어 교육에서의 '문법'은 한국어의 문법적 문장을 생성하는 데 사용할 수 있는 기본적인 언어 형식뿐 아니라, 다양한 발화 상황(즉, 화용적 맥락)에 맞는 문장을 생성하기 위한 언어 형식, 발화 의도를 충분히 표현하는 문장을 생성하기 위한 언어 형식을 모두 포괄하게 된다. 이는 국어학에서 문법을 국어의 문장을 구성하는 성분들의 기능, 성분 간의 결합 관계, 문장의 구조, 문장 간의 결합 관계 등을 설명할 수 있는 규칙이나 원리로 정의하는 것과 대조적이다.

　한편, 문법 항목 선정에는 주관적인 방법, 객관적인 방법, 절충적인 방법이 사용된다. 주관적인 방법은 각 교육 기관의 교육 과정 개발자들이나 교재 개발자들이 사용하던 방법으로, 주로 교육 경험에 의지하여 항목을 선정하는 것을 말한다. 객관적인 방법은 말뭉치를 이용한 빈도 조사 결과를 이용하거나 여러 교재들에 나온 문법 항목의 중복도를 고려하거나 여러 전문가의 의견을 수렴하여 선정하는 방법 등이다(국립국어원 2011 : 34-35). 항목의 수는 선정 기준을 어떻게 잡느냐에 따라 큰 차이가 난다. 예컨대, 국립국어원(2005), 「외국인을 위한 한국어 문법 2 용법편」에서는 총 1,400여 개의 문법 항목을 선정하였고 국립국어원(2011 : 33-42), 「국제 통용 한국어 교육 표준 모형 개발 2단계」에서는 1급부터 7급까지 총 628

개의 항목을 선정하였다.3)

선정한 항목을 어떤 순서로 가르칠 것인가는 문법 항목의 등급화와 관련된다. 문법 항목의 등급은 일반적으로 사용 빈도와 형태·통사론적 복잡도, 난이도, 활용도, 교수·학습의 용이성 등을 고려하여 구분한다. 현재까지 말뭉치를 이용한 사용 빈도에 대한 연구를 제외하면 나머지 기준에 대한 본격적인 연구는 거의 이루어지지 않았기 때문에4) 문법 항목의 선정과 마찬가지로 위계화도 전문가의 주관적 판단이 적잖이 반영된다고 하겠다. 참고로 그간에 시행된 한국어 능력 숙달도 평가의 등급에 따르면 문법의 위계가 총 6등급이었는데 2010-2011년에 개발된 국제 통용 한국어 교육 표준 모형에 따르면 총 7개 등급으로 조정되었다.5)

2.2. 문법 기술의 내용

어떤 문법 항목에 대하여 무엇을 기술해야 하는가 하는 질문은 곧 그 항목에 대하여 구체적으로 어떤 내용을 가르칠 것인가에 해당한다. 2.1절에서 한국어 교육에서의 문법 개념과 국어학에서의 문법 개념이 서로 다르다는 사실을 언급하였는데, 그러한 개념의 차이가 문법 기술의 대상뿐 아니라 목적의 차이로 이어진다. 국어학에서는 기본적으로 문법적인 한국어 문장의 구조와 생성 원리를 규명하고자 한다. 반면에 한국어 교육에

---

3) 국립국어원(2006)의 선정 기준은 필자가 아는 한 잘 찾아지지 않는다. 국립국어원(2011)은 국립국어원(2005)와 백봉자(2006)의 항목을 모두 검토하여 중복되는 항목과 이형태 등을 정리하여 600여 개로 최종 선정한 것이다.

4) 이러한 점에서 장채린·강현화(2013)의 연구는 매우 의미 있는 것이다. 이 연구에서는 교육용 문법 항목을 선정하기 위하여 종결어미를 중심으로 그 복잡도를 어떻게 산정할 것인지에 대하여 논의하였다. 복잡도를 산정하는 하위 기준으로 형태적, 통사적, 의미적, 담화화용적 복잡도 등을 나누고 각각의 세부 기준을 작성하였는데 문법 항목의 위계화를 위한 객관적인 논의의 발판을 마련한다는 점에서 큰 의의를 갖는다.

5) 등급별 문법 항목은 국립국어원(2011)의 문형 부록을 참고하기 바란다.

서는 '한국어에 대한 직관이 없는' 외국인으로 하여금 한국어 모어 화자와 비슷하게 한국어를 구사하도록 하기 위하여 가장 긴요한 한국어 형식들, 즉 문법 항목들의 용법을 안내하려는 것이 문법 기술의 주된 목적이다.

그렇다면 문법 항목의 용법을 기술할 때 그 항목과 관련된 어떤 정보가 기술되어야 하는가?[6] 문법 항목을 기술하는 데 있어서 가장 중요한 것은 그 문법을 어떻게 사용할 수 있는지 최대한 구체적이면서도 간명하게 제시하는 것이다. Larsen-Freeman(2001 : 252-255)에 따르면, 학습자가 어떤 문법 항목을 의사소통 상황에서 적절하고 정확하게 사용할 수 있기 위해서는 그 항목이 가진 세 가지 차원, 즉 형식(form), 의미(meaning), 사용(use) 차원의 제 정보를 모두 이해해야 한다. 형식 정보는 형태 통사적, 어휘적, 음소적 패턴을 말하는 것으로 구조적인 결합 관계에 대한 정보를 뜻한다. 의미 정보는 그 문법 항목이 가지는 어휘적, 문법적 의미를 말하고 사용 정보는 그 문법 항목을 사용할 수 있는 언어적, 사회적, 화용론적 맥락을 말한다.

모든 문법 항목은 형식 정보와 의미 정보를 가진다. 그런데 항목에 따라서는 명확한 사용 정보를 찾기 어려운 것도 있다. 2.1절에서 언급한 바와 같이 한국어 교육 문법에는 구조적인 기능을 갖는 언어 형식뿐 아니라 표현적인 기능을 갖는 언어 형식이 다수 포함되는데, 흔히 전자를 '기본 문형', 후자를 '표현 문형'이라고 부른다.[7] 기본 문형은 문장을 형성하는 데 필수적인 기능을 하는 언어 형식으로서 조사(격조사), 어미(일부 종

---

6) 출판되어 있는 한국어 교육·학습용 사전의 기술 항목 비교(백봉자 2006, 외국어로서의 한국어 문법 사전, 이희자·이종희 2010, 한국어 학습 전문가용 어미·조사 사전, 국립국어원 2006, 외국인을 위한 한국어 문법 2 용법편) 및 주요 외국어 교육용 문법서(영어, 일어)의 기술 항목 비교는 국립국어원(2012), 한국어교육 문법·표현 내용 개발 연구 1단계, 46-62 참조

7) 이미혜(2002), 민현식(2004), 석주연(2005) 등. 이미혜(2002)에서는 문법을 '문법 항목'과 '표현 항목', '단순 결합 항목'으로 분류했고 민현식(2004 : 80-83)에서는 '기본 문형(기본 구문)'과 '표현 문형(표현 구문)'으로 분류했다. 석주연(2005)에서도 민현식(2004)과 동일한 용어를 사용했다.

결어미와 선어말어미, 연결어미, 전성어미) 등이 이에 속한다. 한편, 표현 문형은 다양한 상황에서 다양한 의도를 표현하는 데 사용되는 언어 형식으로서 구체적인 표현 의미를 갖는 특수조사, 양태 표현 어미(결합형), 일부 연결어미(결합형) 보조 용언 구성(결합형, 활용형), 보문 구성(활용형), 기타 여러 가지 구 구성 등이 포함된다. 이중에서 기본 문형은 주로 형식과 의미 정보가 주를 이루고 경우에 따라서는 사용 정보가 명시화되지 않을 가능성이 높다. 특히 초중급 단계에서 제시되는 기본 문형의 경우가 그러하다. 이 글이 관심을 두고 있는 '-었다가'의 경우도 특별한 화용적 정보가 찾아지지 않으므로 3장에서는 형식 정보와 의미 정보를 중심으로 문법을 기술하게 될 것이다. 한편 표현 문형은 형식, 의미 정보뿐 아니라 이들이 사용되는 적절한 발화 상황이나 전달하고자 하는 화자의 의도 또는 인식 상태 등에 대한 사용 정보가 상세히 기술되어야 할 것이다.

문법 항목에 대하여 그 항목이 가진 형식, 의미, 사용의 세 차원적 정보를 기술한다고 할 때, 기술하여야 할 세부 내용은 어떠한 것이 있는지 생각할 필요가 있다. 세부 내용은 문법의 범주에 따라 차이가 있을 것인데, 이 글의 연구 대상인 연결어미를 중심으로 정리해 보기로 하겠다.

먼저 형식 정보는 결합 관계에 대한 것으로 음운론적, 형태론적, 통사론적인 정보가 있다. 음운론적 정보는 그 연결어미에 결합하는 어간의 음운론적 특성이 연결어미의 이형태 교체에 관여하는지 여부와 관련된다. 예를 들어, '-으니까', '-으면'과 같이 '으'를 포함하고 있는 연결어미의 경우에는 앞에 결합하는 어간이 모음으로 끝나는지, 자음으로 끝나는지에 따라 '으'가 실현되는지 여부가 결정된다. 또, '-어서'는 어간의 첫 음절의 모음이 'ㅏ, ㅗ'일 때는 '-아서', 나머지 모음일 때는 '-어서'가 되고 어간이 '하다'로 끝나는 경우에는 '-여서'가 된다. 이러한 사실들이 음운론적 정보로서 형식 정보에 기술되어야 하는 것이다. 또, 불규칙 용언이 결합할 때 생기는 형태 변화도 함께 기술한다. 경우에 따라 '-고', '-으려고'와 같이 구어에서 발음이 달라지는 경우(각각 '-구', '-을려구')를 기술할 필요가 있는 것도 있다.

형태론적 정보는 그 연결어미에 결합하는 어간의 품사와 관련된 것으로, 동사, 형용사, '명사+이다' 가운데 어떠한 것과 결합하는지에 대하여 기술한다. 예컨대, '-어서', '-으니까'는 결합 어간의 제약이 없지만 '-으려고', '-고자', '-으러'는 동사 어간만 결합할 수 있다. 한국어 모어 화자라면 직관적으로 알 수 있는 사실이나 외국인은 그러한 직관이 전혀 없기 때문에 모두 하나하나 일러주어야 한다. 또 '-으니까'와 '-으니', '-으면서'와 '-으며', '-다가'와 '-다' 등과 같이 경우에 따라 줄어든 형식을 사용하기도 하는 연결어미들도 있는데, 이런 정보도 함께 기술해 주어야 한다.

통사론적 정보는 주로 연결어미의 선행절과 후행절의 관계에 대한 사항을 말한다. 선행절과 후행절의 주어가 같은지 여부, 선행절 주어의 인칭 제약 여부(예컨대, '-더니'는 1인칭 주어를 잘 쓰지 않지만 '-었더니'는 1인칭 주어만 써야 한다는 것 등), 선행절과 후행절의 서술어가 품사가 같은지 여부, 선행절의 서술어에 '-었-', '-겠-' 등 선어말어미가 결합할 수 있는지 여부, 후행절의 서법에 제약이 있는지 여부(예컨대, '-어서'에서 후행절이 명령문, 청유문이면 안 된다는 사실) 등이다.

또 사용 빈도가 높은 후행절의 서술어가 있을 경우 명시해 주는 것도 필요하다. '-으러' 뒤에 보통 '오다'와 '가다'가 온다는 것이 대표적인 예이다. 이와 반대로 후행절에 오지 않는 서술어가 있다면 이를 밝혀 주어야 한다. 예를 들어 '-으니까'는 뒤에 '감사하다', '미안하다' 등이 오지 않는데, 이는 학습자들이 '-으니까'와 가장 혼동하는 '-어서'와의 가장 큰 차이점 중 하나이다. 선후행절에 빈번하게 함께 쓰는 부사어가 있다면 기술해 주는 것이 좋다. 예를 들어, '-던지'는 보통 선행절에 '어찌나', '얼마나' 등과 같이 쓰이는 것이라든지, '-느니'는 뒤에 '차라리'가 올 때가 많다고 하는 것 등이 대표적이다. 이렇듯 세부적인 사실 하나하나를 다 정리하여 가르쳐야 학습자들의 오류를 방지할 수 있다.

다음으로 의미 정보는 그 문법 항목이 담고 있는 의미적인 내용과 선후행절의 의미론적 제약 등이 해당된다. 예를 들어 '-으려고'는 '의도'를 나타내는 연결어미로서, 선행절에는 의도의 내용이, 후행절에는 그러한 의도를 가지고 한 행동이 나온다. '-는 바람에'는 구성 상 연결어미는 아니나 같은 기능을 하는 연결 형식인데, '갑작스러운 이유'를 나타낸다. 그런데 그 갑작스러운 이유로 인하여 대개 원하지 않은 부정적인 결과가 생겼음을 나타내기 때문에 후행절은 보통 부정적인 내용을 담는 것이어야 한다. 이러한 것도 중요한 의미 정보로서 기술되어야 한다.

어떤 연결어미는 선행절이 사실임을 전제하는 것이 있는데 이는 그 문법 항목을 제대로 사용하는 데 있어서 꼭 필요한 정보가 아닐 수 없다. 예를 들어 '-는데도'는 '매일 공부하는데도 성적이 오르지 않는다.'는 '매일 공부한다'가 참이어야만 성립하는 문장인 것이다. 이러한 정보가 중요한 또 다른 이유는 유사 문법 항목과의 차이를 잘 보여주기 때문이다. 외국인 학습자들은 '-는데도'와 '-어도'를 잘 구별하지 못하는데, 이 두 항목은 사실성을 전제하느냐, 전제하지 않느냐에서 결정적으로 차이를 보인다. 즉, '매일 공부해도 성적이 오르지 않는다.'는 '매일 공부한다'가 반드시 참이라는 것을 전제하지 않기 때문이다.

어간의 상적 정보를 기술해야 하는 경우도 있다. 예컨대, '-다 보면'은 '어떤 일을 꾸준히 계속해서 하면' 앞으로 어떤 결과를 얻을 수 있다는 의미를 갖는데, 이렇게만 의미를 전달하면 학습자들은 '한국 사람과 결혼하다 보면 한국어 실력이 크게 늘 거예요.'라는 문장도 만들어 낸다. 그

러므로 '-다 보면'의 앞에는 하나를 꾸준히 계속해서 할 수 있는 동작이
나 행동을 나타내는 동사가 나와야 한다는 정보를 주어야 하는 것이다.

사용 정보는 그 연결어미를 사용할 수 있는 맥락에 관한 것이다. 문어
체와 구어체의 구별, 공식적인 상황과 비공식적인 상황의 구별이 대표적
이다. 예를 들어 '-고자'는 문어체에서, 그리고 공식적인 상황에서 많이
사용한다. '-으니까'와 '-으므로'의 차이도 부분적으로는 사용 정보와 관
련된 것이다. 연결어미는 두 절을 연결하여 보다 큰 문장을 형성하는 데
일차적인 소임을 하는 형식이기 때문에 다른 문법 항목에 비해 상대적으
로 사용 정보가 많지 않다. 우리가 '-었다가'를 기술할 때 사용 정보를
정리하지 않는 것은 이러한 이유이다.

이상에서 문법 기술의 내용을 살펴보았다. 결합 정보는 기술도 간단하
고 이미 연구된 것도 많다. 그러나 의미 정보는 그 내용을 충분히 이해할
수 있을 만큼 기술하는 것이 쉽지 않고 상대적으로 연구도 많지 않다. 앞
으로 특히 의미 정보 연구가 보다 활발히 이루어져야 하는 까닭이 여기
에 있다.

3. '-었다가'의 문법 기술

이 장에서는 2장에서의 논의를 바탕으로 '-었다가'의 문법을 기술하도
록 한다. '-었다가'는 연결어미 '-다가'에 선어말어미 '-었-'이 결합한
형식이다. '-다가'와 '-었다가'는 순차적으로 발생하는 두 가지 상황을[8]
연결하기 위해 사용되는 형식들로서, '-다가'는 선행 상황이 종결되기 전

---

8) 이 글에서는 한동완(1996 : 7)을 좇아 사건, 과정, 상태 등을 모두 포함하는 개념으로 '상황
(situation)'이라는 용어를 사용하고자 한다.

에 다른 상황이 발생한 경우를 지시하는 반면 '-었다가'는 선행 상황이 종결된 이후에 다른 상황이 발생한 경우를 지시한다(성낙수 1976, 강기진 1987/2005, 송석중 1993, 한동완 1996, 이은경 2000, 이기갑 2004, 윤평현 2005, 황주원 2010 등).[9]

그런데 '-었다가'는 '-다가'에 '-었-'이 결합한 형식이라고 하기에는 제약성을 보인다. (1나', 라')는 외국인 한국어 학습자들이 만든 문장들로, '-다가'가 사용된 모든 환경에 '-었다가'가 나올 수 있는 것이 아님을 잘 보여준다. 또한 선행 상황이 종결된 후 다른 상황이 발생하였다고 해서 그러한 두 상황을 다 '-었다가'로 연결시킬 수 있는 것이 아니라는 사실도 알려준다.

(1) 가. 창문을 열다가 닫았어요.
　　가'. 창문을 열었다가 닫았어요.
　　나. 스키를 타다가 모자를 잃어버렸어요.
　　나'. *스키를 탔다가 모자를 잃어버렸어요.
　　　　(스키를 다 타고 나서 모자를 잃어버렸다는 의도로)
　　다. 서점에 가다가 친구를 만났어요.
　　다'. 서점에 갔다가 친구를 만났어요.
　　라. 집에 가다가 친구한테 전화를 걸었어요.
　　라'. *집에 갔다가 친구한테 전화를 걸었어요.
　　　　(집에 도착한 후 친구에게 전화를 했다는 의도로)

한국어 학습자들은 대개 '-다가'를 먼저 학습한 후 '-었다가'를 배우

---

9) '-다가'와 '-었다가'의 이러한 차이는 다음 도식으로 나타낼 수 있다(한동완 1996 : 122, 그림 15 참조).

게 되는데 학습자들이 '-다가'와 '-었다가'를 관련지으면서 오게 되는
(1)과 같은 혼란 외에도 '-었다가' 사용에서 많은 오류를 보인다. (2)는
학습자들이 '-었다가'를 사용하면서 만든 오류문들이다.

(2) 가. *제가 평소에 숙제를 안 했다가 성적이 나빴어요.
나. *저는 한국에 왔다가 고민한 날이 많았어요.
다. *집안일을 했다가 피곤했어요.
라. *며칠 전 우리 반 친구들한테 물어봤다가 대부분 한국어 배우고
한국에 유학하러 가고 싶다고 들었어요.
마. *커피를 뽑으러 갔다가 기계가 고장 중이었다.
바. *지하철을 탔다가 숙제를 했다.

(2가, 나)는 '-었다가'의 통사론적인 제약을 어겼고 (2다, 라)는 '-었더
니'와 혼동한 경우이다. (2마)는 '-었다가'의 통사론적인 제약을 어겼거
나 '-었더니'와 혼동한 경우이다. (2바)는 후행절의 의미론적 제약을 지
키지 못한 경우이다.

이와 같이 한국어 학습자들이 '-었다가'를 사용하는 데 큰 어려움을
보이는 데 반해, 그러한 현장에서의 어려움을 해소하기 위해 참고할 수
있는 세부적인 용법 기술은 필자가 아는 한 잘 찾아지지 않는다. 국어학
에서는 '-었다가'를 '-다가'에 대한 논의 아래에서 부수적으로 다루어
왔고, 한국어 교수·학습용 사전에서도 '-다가'만을 표제어로 등재하여
하나의 뜻풀이 아래에서 '-다가'와 '-었다가'의 용례를 함께 보여주는
경우가 많다. 그러한 이유로 '-었다가'의 세부 용법별 기술이 두드러지지
않은 것이 사실이다. 그러나 앞서 제시한 오류문을 통해서 보았듯이 한국
어 문법 교육 현장에서 '-었다가'를 교육할 때에는 선행 상황이 종결된
이후에 다른 상황이 발생한 경우를 나타낸다는 것 이외에도 여러 가지
통사론적, 의미론적 제약을 잘 안내하여야 한다. 이때, 선행 상황이 종결

된 이후에 다른 상황이 발생하였더라도 두 상황의 의미적 관계에 따라 '-었다가'의 하위 용법이 나뉘고, 그러한 하위 용법에 따라 제약이 달라지는 것이 관찰되므로, 교육 과정 설계 시 '-었다가'의 하위 용법을 세분화하고 용법별로 의미와 문법적 제약을 제시하는 것이 외국인 학습자의 오류 발생률을 낮출 수 있다.

논의의 순서는 다음과 같다. 먼저 3.1절에서는 현재까지 기술되어 있는 '-었다가'의 문법을 한국어 교육용 사전과 주요 교재를 통하여 정리해 보고, 3.2절에서는 용법별로 세부적인 기술을 시도하고자 한다.

3.1. 한국어 교육용 사전과 교재에서의 기술

이 절에서는 한국어 교육용 사전과 교재에서 '-었다가'에 대해 기술하고 있는 내용을 살펴보고자 한다.

3.1.1. 한국어 교육용 사전에서의 기술

주요 한국어 교육용 사전에서 '-었다가'의 하위 용법을 어떻게 분류하였는지 살펴보고 각각의 기술 내용을 검토해 보고자 한다. 우리가 분석하는 사전은 다음과 같다(출판 연도 순).

- 한국인 학습용 어미 조사 사전, 이희자·이종희, 한국문화사, 2001.
- 외국인을 위한 한국어 문법 2, 국립국어원, 커뮤니케이션북스, 2005.
- 외국어로서의 한국어 문법 사전, 백봉자, 도서출판 하우, 2006.
- 외국인을 위한 한국어 학습 사전, 서상규 외, 신원프라임, 2006.

상기 4종의 사전 가운데 '-었다가'를 별도의 표제어로 분리하여 기술한 것은 백봉자(2006)이 유일하다. 나머지 3종은 '-다가'만을 표제어로 등

재하여 하나의 뜻풀이 아래에 '-다가'와 '-었다가'의 용례를 함께 보여
주거나(이희자·이종희 2001, 국립국어원 2005), '-다가'의 용법을 나열한 후
관련 항목('-다가 못해', '-다가 보니까' 등)을 기술하는 자리에 '-었다가'의
의미와 용례를 간략히 제시하고 있다(서상규 외 2006).

이렇게 상이한 방식 가운데 한국어 교사와 학습자에게 가장 도움이 되
는 것은 백봉자(2006)에서와 같이 '-다가'와 '-었다가'를 분리하여 별도
로 상세히 기술하는 방식이다. 물론 '-다가'와 '-었다가'는 선후행절의
주어가 같다든지 사건의 전환을 나타낸다고 하는 통사·의미론적 특징을
공유한다. 그러나 이는 개별적인 여러 현상들을 보다 상위 차원으로 추상
화하여 설명하는 것을 지향하는 국어학적 연구 방법론이다.

외국인 한국어 학습자들은 '-었다가'가 '-다가'의 활용형으로서 가지
는 공통된 특성보다는 '-었다가'의 용법 자체에 주목하며, 오히려 '-다
가'와의 차이를 알고 싶어 한다. 또한 앞에서 여러 번 밝힌 바와 같이
'-다가'를 사용하는 데 있어서는 오류를 그다지 만들어내지 않는 데 반
해 '-었다가'를 사용할 때에는 비문법적인 문장을 만드는 경우가 많다는
점도 간과해서는 안 될 것이다. 이는 학습자들이 '-었다가'를 사용하기
위해 필요한 정보를 충분히 제공받지 못했음을 의미하기 때문이다. 마지
막으로, 한국어 교재에서 '-다가'와 '-었다가'를 별도의 문법 항목으로
다루고 있는 경우가 많다는 점도 참고가 될 것이다(<표 2> 참조).

'-었다가'의 의미 기술의 측면에서 보았을 때 한국어 교육용 사전 4편은
사전별로 제시하는 정보의 유형과 분량에서 차이를 보인다. 이를 의미 정보
와 결합 정보(형태·통사론적 정보)로 나누어 정리해 보면 다음과 같다.[10]

---

10) '-었다가'를 독립적으로 다루지 않고 '-다가'의 하위 용법으로 다룬 사전의 경우(즉, 백봉
자 2006을 제외한 나머지 사전 3종), '-었다가'의 용법으로서 명시하거나 용례를 제시한
경우만 골라서 정리하였다. 또한 해당 용법의 분명한 이해를 위하여 용례도 한두 개씩 수
록하였다. 결합 정보는 오른쪽의 의미 정보의 세부 사항 중에서 어떤 것과 관련 있는지 표

〈표 1〉 한국어 교육용 사전에서의 '-었다가'의 기술 내용

사전	기술 내용	
	의미 정보	결합 정보
이희자·이종희 (2001)	Ⅰ. 상황의 중단, 전환을 나타냄 　1. 어떠한 행위가 진행되어 가는 도중에 그 행위를 그치고 다른 행위로 옮겨감을 나타낸다. 　〈참고〉 '-었다가'의 꼴로 쓰이면 그 행위를 완료한 후 다른 행위로 옮겨감을 나타낸다. 　예 그는 선수였다가 이제는 감독 노릇을 한다. Ⅱ. 행위의 반복을 나타냄 　1. [주로 '-다가 -다가 하다'의 꼴로 쓰이어] 두 가지 사실이 번갈아 있음을 나타낸다. 　예 듣는 둥 마는 둥 눈을 감았다가 떴다가 했다. Ⅲ. 원인, 조건, 근거 등을 나타냄 　1. 이유나 원인을 나타낸다. 　예 나는 지난번에 구두를 신고 갔다가 발이 아파서 죽을 뻔했어. 　2. 조건을 나타낸다. 앞절의 행위를 계속하게 되면 뒷절의 결과가 생김을 나타낸다. 　예 잠들었다가는 깨어나지 못할지도 몰라. 　3. ['-았다가'의 꼴로 쓰이어] 뒷말의 근거를 나타낸다. 　예 그냥 갔다가 없으면 허탕치니까 전화해 보고 가세요.	〈전체〉 동사, 일부 형용사, '-았-'뒤에 쓰임. 〈Ⅱ-1〉관련 1. 주로 대립되는 동작을 나타내는 동사가 쓰인다. 2. '-다가'보다 '-다' 꼴로 더 자주 쓰인다. 〈Ⅲ-2〉관련 주로 보조사 '는'과 결합한 '-다가는', '-다간'의 꼴로 자주 쓰인다.
백봉자 (2006)	선행 동작이 완료된 이후에 동작이 전환됨을 나타낸다. 　1. 후행절의 동작이 부가되어, 선행 동작 이전의 상태로 원상회복시키거나 선행 동작을 취소시키는 경우 　예 학교에 갔다가 왔습니다./ 　　의자에 앉았다가 일어났습니다. 　2. 선행 동작이 후행절의 상황이나 이유가 되는 경우 　예 시내에 나갔다가 차가 밀려서 혼났어요./ 　　상한 음식을 먹었다가 배탈이 났어요.	〈1 관련〉 1. 선행절과 후행절의 동사는 의미상 서로 상반되거나 관계가 있는 동사이어야 한다. 2. 의미상의 제약 때문에 결합하는 동사가 많지 않다. 3. 선행절과 후행절의 주어는 동일해야 한다.

시하였다. 아울러 이 표에서 사용한 약물은 정리의 편의를 위한 것으로 각 사전에서 사용한 것과 다름을 밝힌다.

사전	기술 내용	
	의미 정보	결합 정보
서상규 외 (2006)	어떤 일을 끝낸 후에 다른 일을 하였음을 나타낸다. 예 외출을 했다가 한 시간쯤 전에 돌아왔어요./옷을 샀다가 작아서 바꿨습니다.	모음 'ㅏ, ㅑ, ㅗ'로 끝나는 동사의 어간 뒤에는 '-았다가'를 쓰고, 그 외의 모음으로 끝나는 동사의 어간 뒤에는 '-었다가'를 쓴다. '하다'에는 '-였다가'를 쓴다.

<표 1>을 보면 각 사전들이 수록한 정보의 공통점과 차이점이 잘 드러난다. 여기에서는 하위 용법의 분류와 기술에 초점을 두어 살펴보도록 하겠다.

가장 두드러지는 공통점은 '-었다가'가 나타내는 의미의 핵심을 '(어떤 상황 또는 행위, 상태, 동작, 일의11) 완료12)) 후 전환'으로 보았다는 사실이다. 그런데 그러한 의미에 대하여 백봉자(2006)에서 제시한 용례와 나머지 사전에서 제시한 용례가 조금 다르다. 백봉자(2006)에서는 '갔다가 왔다', '앉았다가 일어났다', '열었다가 닫았다' 등 서로 의미상 대립하는 동사가 '-었다가'를 매개로 바로 연결되는 용례를 제시한 반면, 다른 사전들에서는 (3)과 같이 좀 더 확장된 용례를 제시하고 있는 것이다.13)

(3) 가. 계속 분위기가 좋았다가 그 말 한 마디로 분위기가 썰렁해졌다.
　　　(국립국어원 2005 : 279)

---

11) '-었다가'의 선행절이 지시하는 것을 무엇으로 볼 것인지는 매우 중요한 문제이다. 국어학에서는 지시의미론적인 측면에서 명확히 규정되어야 할 문제이나 논자에 따라서 각기 다른 용어를 사용하고 있음이 관찰된다. 한편 한국어 교육에서는 이와 같은 용어들의 혼재와 난이함이 학습자들이 '-었다가'의 용법을 이해하는 데 방해가 될 수 있다는 점에서 문제가 된다. 이 글에서는 '상황'이라는 용어를 사용하기로 하고 이 문제를 일단 넘어가고자 한다.

12) 이희자·이종희(2001)과 국립국어원(2005)에서 '중단'으로 기술하였으나 '-었다가'에 대한 세부 기술에서 '완료'라고 한 바 있다.

13) 국립국어원(2005)와 서상규 외(2006)에서는 확장된 용례만을, 이희자·이종희(2001)에서는 두 용례를 다 수록하고 있다.

　　나. 그는 선수였다가 이제는 감독 노릇을 한다. (이희자·이종희 2001 :
　　　　269)
　　다. 그 사람은 총각이었다가 결혼해서 이제 아이 아빠가 되었다. (국
　　　　립국어원 2005 : 279)
　　라. 내일 아침에 학교에 갔다가 시내에 가려고 해요. (국립국어원
　　　　2005 : 279)

　백봉자(2006)에서의 용례와 (3)은 근본적으로는 같은 의미 기능을 보이
는 것이다. 그러나 외국인 학습자들에게는 다르게 다가갈 수 있다. '앉았
다가 일어나다' 등은 사용 빈도가 높은 것을 목록으로 제시하면 어휘처
럼 암기하여 사용할 수 있으나 (3)은 가능한 다양한 구문 구조를 제시하
여 체계적으로 연습하여야 사용이 가능하다. '-었다가'가 사용된 말뭉치
를 검토해 보면 '전환' 용법이 가장 빈도가 높은데 이 용법에서 '앉았다
가 일어나다' 류와 (3) 류의 용례가 비슷한 빈도로 출현한다. 그러므로
'-었다가'의 문법을 기술함에 있어서 '전환' 용법에 대하여 두 부류의 하
위 용법을 모두 기술하는 것이 타당하다.

　다음으로, 3개 사전에서 공통적으로 '-었다가'의 선행절이 후행절의
원인, 이유, 조건, 근거, 상황 등을 나타낸다고 기술하고 있다. 이들 용법
은 근본적으로는 '완료 후 전환'이라는 기본 의미를 전제하고 있으나 선
행절에서 완료된 상황의 결과가 후행절의 상황에 영향을 미치고 있음을
나타낸다는 점에서 우리가 앞서 살펴본 경우와는 차이를 가진다.[14] 여기

---

14) 다시 말하자면, 두 경우 모두 '-었다가'에 선행하는 사건이 일단 완결된 후 다른 사건이
　　발생함을 나타내나, 선행 사건의 수행 결과가 후행 사건에까지 지속되는지 여부는 차이를
　　보이는 것이다. 이와 관련하여 윤평현(2005 : 84)에서는 '완료 중단'과 '완료 지속'이라는
　　용어로 두 용법을 구별하였다. 즉,

　　(1) 아이들이 앉았다가 일어섰다.
　　(2) 나는 거짓말을 했다가 들통이 났다. (윤평현 2005 : 80, (20ㄱ))

　　(1)은 '아이들이 앉다'라는 사건이 완결된 후 그 사건과 무관한, 더 정확히는 상반되는 '아

서 '원인, 이유, 조건, 근거, 상황' 등은 선행절에서 완료된 상황의 결과
가 후행절의 상황에 영향을 미치는 방식이라고 할 수 있다.

(4) 가. 말대답을 했다가 어머님께 꾸중을 들었어요. (백봉자 2006 : 190)

나. 나는 지난번에 구두를 신고 갔다가 발이 아파서 죽을 뻔했어. (이
희자·이종희 2001 : 271)

다. 이대로 두었다가는 큰 낭패를 보게 될 거야. (이희자·이종희
2001 : 271, 국립국어원 2005 : 279)

라. 기계의 내용도 모르고 손을 댔다가 완전히 망가지면 안 돼요. (이
희자·이종희 2001 : 271)

마. 그냥 갔다가 없으면 허탕치니까 전화해 보고 가세요. (이희자·이
종희 2001 : 271)

바. 시내에 나갔다가 차가 밀려서 혼났어요. (백봉자 2006 : 190)

해당 사전에서 (4가)는 이유, (4나)는 이유나 원인의 용례로서 제시된
것이다. 두 예에서 뚜렷한 논리적인 차이를 찾을 수 없으므로 이유와 원
인은 같은 용법을 지시하는 것으로 볼 수 있다.

(4다)는 이희자·이종희(2001)에서는 조건의 용례로, 국립국어원(2005)에
서는 원인이나 근거로 제시된 것이다. (4다)에서 '-었다가'를 전후로 연
결된 두 사건이 어떠한 논리적인 관계를 맺는지, 즉 그것이 조건인지, 또
는 원인이나 근거인지 본 연구에서 천착하지는 않으나, 적어도 학습자의
입장에서는 (4가, 나)와 (4다)는 서로 다른 것으로 이해될 수 있을 듯하
다. 왜냐하면 첫째, (4가, 나)는 '-어서'로 바꾸어 표현할 수 있는 반면 (4
다)는 '-으면'으로 바꿀 수 있고, 둘째, (4가, 나)는 '-었다가는'으로 바꿀

이들이 일어서다'라는 사건이 수행됨을 나타낸다. 그러나 (2)는 '내가 거짓말을 하다'라는
사건이 완결된 후 그 사건의 결과가 어떠한 방식으로든 지속이 되어 들통이 나는 사건이
발생하게 됨을 나타낸다. (1)은 선행 사건이 완결된 후 '무효화되나'(이기갑 2004), (2)는 그
결과가 후행 사건에까지 유효한 것이다.

수 없지만 (4다)는 '-었다가는'이 오히려 더 자연스럽다. 셋째로, (4가, 나)는 후행절이 과거의 일을 나타내는 데 반해, (4다)는 앞으로 일어날 가능성이 있는 일에 대해 언급한다는 점이다. 이러한 점을 중시한다면, 그 의미 기능을 무엇으로 규정할 것인가에 대한 문제를 떠나서, 한국어 교육을 위한 문법에서는 (4가, 나)와 (4다)를 '-었다가'의 서로 다른 용법으로 구별하여 제시하는 것이 바람직하다.15)

(4라, 마)는 근거를 나타내는 용례로 제시된 것인데, 이들 문장을 자세히 살펴보면 근거라는 의미가 '-었다가'와 직접적으로 관련되는 것이 아니라는 사실을 발견할 수 있다. 즉, (4라)에서 '-으면 안 돼요'를 제외하면 '기계의 내용도 모르고 손을 댔다가 완전히 망가지다'가 되는데 이때의 '-었다가'는 후행절의 시제에 따라 이유나 원인을 나타낼 수도 있고 조건을 나타낼 수도 있는 것이다. (4마)에서도 '그냥 갔다가 없으면 허탕친다'만 떼어놓고 보면 '그냥 갔다가'는 근거라기보다는 오히려 (4바)와 비슷한 '상황' 정도의 의미를 나타낸다는 것을 알 수 있다. 요컨대, (4라, 마)에서 근거의 의미는 '-었다가'의 후행절에 다른 절이 결합되면서 형성된 맥락에 의해 일시적으로 도출되는 의미이지, '-었다가' 자체의 의미라고 보기는 어려운 것이다.

마지막으로 (4바)는 백봉자(2006)에서 '상황'을16) 나타내는 것으로 제시

---

15) 한국어 교육의 관점에서 우리가 (4가, 나)와 (4다)를 구별하는 근거를 보다 확실히 할 필요가 있어 보인다. "안전띠를 매지 않고 운전했다(가) 범칙금을 냈어요."와 "안전띠를 매지 않고 운전했다가(는) 범칙금을 낼 거예요."는 근본적으로 같은 논리적인 관계를 나타낸다. 그러나 이 글에서는 전자를 '원인', 후자를 '조건'으로 분류한다. 여기서 우리가 이 둘을 나누고자 하는 이유는 본문에서 제시한 세 가지에 따른 것 외에도 둘이 서로 다른 의사소통 기능을 갖는다는 점도 간과할 수 없다는 데 있다. 즉, (4가, 나)는 과거에 발생한 일을 서술하는 기능을 갖는 데 반해, (4다)는 앞으로 일어날 가능성이 있는 부정적인 일을 우려하거나 경고하는 기능을 갖는 것이다. 또한 여러 교재에서 '-(었)다가는'이라는 문법 항목을 별도로 설정하고 있음도 참고할 만하다.

16) 이는 이 글에서의 '상황'과는 다른 의미로 사용되었다. 각주 (8) 참조.

되었다. 이 용법은 앞서 나온 (4가-다)와는 달리 선행절에서 완결된 상황이 후행절 상황의 배경으로 작용한다. (4바)는 (4나)와 매우 유사한 구조이지만 (4나)는 구두를 신었기 때문에 발생한 결과에 초점을 두는 반면, (4바)는 시내에 나가서 그곳에서 벌어진 일을 기술하는 데 초점을 둔다는 점에서 차이를 가진다.

이 절에서의 논의를 요약하자면, 한국어 교육용 사전에서 '-었다가'에 대해 기술하고 있는 하위 용법은 모두 4가지라고 할 수 있으며 이는 선행절에서 완료된 상황의 결과가 후행절의 상황에 영향을 미치는지 여부에 따라 다음과 같이 정리된다.

> (5) 가. 선행절에서 완료된 상황의 결과가 후행절의 상황에 영향을 미치지
> 않는 경우 : 전환
> 나. 선행절에서 완료된 상황의 결과가 후행절의 상황에 영향을 미치는
> 경우 : 원인, 조건, 배경

한편, 각 용법에 대해 사전에서 기술하는 내용을 보면 학습자의 오류를 줄이기 위한 세밀한 정보가 충분하지 않은 것이 사실이다. 앞서 (1)과 (2)에서 제시한 것과 같은 오류를 줄이기 위해서는 더 정밀한 정보가 학습자에게 제시되어야 하는 것이다.

3.1.2. 한국어 교육용 교재에서의 기술

이 글에서 분석한 한국어 교육용 교재는 7종이다(출판 연도 순).

- 한국어 3, 서울대학교 어학연구소, 문진미디어, 1999.
- 말이 트이는 한국어 3, 이화여자대학교 언어교육원, 이화여자대학교 출판부, 2000.
- 한국어 초급 2, 경희대학교 국제교육원, 경희대학교 출판부, 2005.

- 서강한국어 4A, 서강대학교 국제문화교육원, 서강대학교 국제문화교육원 출판부, 2006.
- 연세 한국어 2, 연세대학교 한국어학당, 연세대학교 출판부, 2007.
- 외국인을 위한 한국어 2, 한국외대 한국어문화교육원, 한국외국어대학교 출판부, 2007.
- 외국인 유학생을 위한 한국어 초급 Ⅳ, 선문대학교 한국어교육원, 한국문화사, 2008.

먼저 이들 교재에서의 '-었다가'의 문법 항목 설정 현황은 <표 2>와 같으며 '-다가'의 경우도 참고적으로 제시하였다.

〈표 2〉 한국어 교재에서의 '-다가', '-었다가'의 문법 항목 설정 현황

교재명 (기관)	문법 항목 설정 여부와 수록 책	
	'-다가'	'-었다가'
한국어 (서울대)	2	3
말이 트이는 한국어 (이대)	Ⅲ	Ⅲ
한국어 (경희대)	초급 2	초급 2[17]
서강 한국어 (서강대)	3B	4A
연세 한국어 (연세대)	2	2
외국인을 위한 한국어 (외대)	2	3
외국인 유학생을 위한 한국어 (선문대)	초급 Ⅳ	초급 Ⅳ

<표 2>는 주요 한국어 교재에서 '-었다가'를 목표 문법 항목으로 설정하여 제시하고 있음을 보여준다. 각 교재에서의 기술 내용은 <표 3>과 같이 정리된다.[18]

---

17) 경희대 교재의 경우 교재 본문에는 '-다가'만 다루고 있으나 '-다가'에 대한 문법 상세 기술란에는 '-었-'과 결합하여 쓰일 수 있음을 밝히고 있다. 교재만 보아서는 '-었다가'를 별도의 목표 문법으로 다루는지 정확하게 알 수 없으나 여기에서는 문법 설명에서 '-었다가'를 소개하고 있음에 무게를 두었다.

18) 지면 상 개념 기술 부분만 수록하고 용례별 예문 1개씩만 수록함. 표에 사용된 약물은 필자의 것임.

〈표 3〉 한국어 교육용 교재에서의 '-었다가'의 기술 내용

교재	기술 내용	용법
서울대 (1999)	전환의 표현 예 지하철을 탔다가 잘못 타서 얼른 내렸어요.	전환
이화여대 (2000)	동작이 완료된 후에 그 행동과 대립되는 행동이 이어짐을 의미한다. 예 도서관에 갔다가 수진의 집에 갔다. 편지를 썼다가 찢어 버렸다.	전환
경희대 (2005)	You can use the past tense marker '-았/었' before '-다가'. It is used when a totally new and different movement is made after finishing the movement of the preceding clause. 예 백화점에 갔다가 급한 일이 생겨서 그냥 왔어요.	전환
서강대 (2006)	'-았/었/였다가' is used to talk about a past situation/state. 예 (1) A : 어제 영화 잘 봤어요? 　　　 B : 네, 잘 봤어요. 그런데 극장에 갔다가 고등학교 동창을 만 　　　　　 났어요. 　　 (2) 공기가 안 좋으니까 문을 잠깐 열었다가 닫을까요?	배경 전환
연세대 (2007)	It is used with an action verb to indicate completion of the action of the preceding verb before the action of the following verb which is opposite to the preceding action. 예 창문을 열었다가 닫았어요. 옷을 입었다가 더워서 벗었어요.	전환
한국외대 (2007)	예 (1) 가 : 학교에 안 갔어요? 　　　 나 : 학교에 갔다가 바로 돌아왔어요. 몸이 안 좋아서요. 　　 (2) 가 : 친구는 벌써 돌아갔어요? 　　　 나 : 네, 잠깐 왔다가 돌아갔어요. 　　 (3) 가 : 저 멋진 친구는 어디에서 만났어요? 　　　 나 : 음악회에 갔다가 만났어요.	전환 배경
선문대 (2008)	used when a contrasting action arises after the first action is completed. 1) {동}았다가 : when the stem of the verb ends in ㅏ or ㅗ 2) {동}었다가 : when the stem of the verb ends in ㅓ, ㅜ, ㅡ, ㅣ 3) {동}였다가 : when the stem of the verb ends in 하 예 가 : 왜 그 옷을 샀다가 바꿨어? 　　 나 : 너무 작아서 샀다가 바꿨어.	전환

교재에서 제시하고 있는 용법의 측면에서 보자면, 분석 대상 교재 전
부 '-었다가'의 '전환' 용법을 수록하고 있으며, 서강대를 제외하면 '앞

았다가 일어나다' 류의 용법과 확장된 용법을 모두 제시하고 있다. 또, 서강대(2006)와 한국외대(2007)에서는 '배경' 용법을 제시하고 있는데 서강대 교재는 '배경'을 위주로 하면서 추가로 '앉았다가 일어나다' 류의 정보를 제공하였고 한국외대 교재는 '전환'과 '배경' 용법을 모두 제시한 점이 다르다. '-었다가'의 사용례 가운데 '전환' 용법이 가장 빈도가 높으므로 한국어 교재에서 '전환' 용법을 우선적으로 다루고 있다는 점은 긍정적이나 '전환' 용법에만 지나치게 치중하여 '배경'이나 '원인', '조건' 등을 균형 있게 다루지 않은 점이 아쉽다.

한편, 기술 내용을 보면 기본적인 의미 기능을 위주로 제시하고 있음이 관찰되는데 사전에서의 경우와 마찬가지로 '-었다가'를 정확하게 사용하는 데 필요한 보다 자세한 정보를 충분하게 제공하지 않고 있다고 할 수 있다.

3.2. '-었다가'의 하위 용법별 기술

이 절에서는 '-었다가'의 하위 용법에 대해 차례로 기술해 보고자 한다. '-었다가'는 기본적으로 선행 상황이 완료된 이후에 다른 상황이 발생한 경우를 나타내나 앞의 상황이 완료된 후에 뒤의 상황에 영향을 미치는지 여부에 따라 모두 4가지의 하위 용법을 나타내는 것으로 분류할 수 있다. 이를 표로 정리하자면 다음과 같다.

〈표 4〉 '-었다가'의 기본 의미와 하위 용법

기본 의미	상황 1의 완료 후 상황 2 발생	
상황 1의 완료 후 결과	상황 2 발생 시 지속되지 않음	상황 2 발생에 영향 상황 2 발생 후에도 지속
하위 용법	전환	원인, 조건, 배경

이 장에서는 '-었다가'의 네 가지 하위 용법에 대해 자세히 고찰하되, 말뭉치 검색에서의 출현 빈도[19] 및 한국어 교재에서의 제시 빈도를 고려하여 '전환', '배경', '조건', '원인'의 순으로 살펴보도록 하겠다. 기본 문형인 '-었다가'의 특성을 고려하여 '형식 정보'과 '의미 정보'를 중심으로 각 용법을 기술해 보고자 한다.

3.2.1. '전환' 용법

'전환' 용법은 '-었다가'의 가장 일반적인 용법으로, 아래에서 형식 정보와 의미 정보를 차례로 살펴보도록 하겠다.

1) 형식 정보

먼저, '-었다가'가 '전환' 용법으로 사용될 때 갖는 형식 정보를 음운론적, 형태론적, 통사론적 측면에서 살펴보자.

음운론적 측면에서는 어간의 첫 번째 음절의 모음에 따라 선어말어미 '-었-'이 이형태를 갖는 사실이 기술될 수 있다. 이미 널리 알려진 바와 같이 어간의 첫 번째 음절의 모음이 'ㅏ, ㅗ'일 때는 '-았다가', 그 외의 모음일 때는 '-었다가', 어간이 '하-'로 끝날 때는 '-였다가'가 된다.

형태론적 측면에서는 '-었다가'에 결합하는 어간에 대한 정보가 기술되어야 한다. '-었다가'가 '전환'의 의미로 사용될 때에는 동사뿐만 아니라 형용사, '명사+계사' 구성도 어간으로 결합할 수 있는데 동사가 결합하는 경우가 많다.[20][21]

---

19) 21세기 세종계획 2009년 12월 보급판 문어 말뭉치 검색 자료 및 꼬꼬마를 통한 구어 말뭉치 검색 자료 기준. '전환>배경>조건>원인'의 빈도로 나타남.

20) 그러한 이유로 연세대(2007), 이화여대(2000) 등의 교재에서 동작 동사(action verb)와 함께 쓴다고 기술한 것으로 보인다.

21) 참고로, 꼬꼬마를 이용하여 말뭉치를 검색해 본 결과, '-다가'를 포함하는 용례 4,400개 가운데 '갔다가'가 457개로 출현 빈도 4위, '두었다가'가 161개(9위), '했다가'가 157개(10위),

(6) 가. 친구를 길에서 잠깐 만났다가 바로 헤어졌다.

　　나. 날씨가 흐렸다가 맑아졌다.

　　다. 할머니의 병세가 한때 위중한 상태였다가 고비를 넘겨 회복되셨다.

또 '-었다가'가 구어에서 종종 '-었다'로 사용되는 것도 형태론적 측면에서 제공해야 할 정보이다.

통사론적 측면에서는 먼저 '-었다가'에 의해 연결되는 두 절의 주어가 서로 같아야 하나[22] 서술어는 의미상 서로 대립하는 것이어야 한다는 점이 지적되어야 한다. (7가, 나)의 '가다'와 '돌아오다', '나가다'와 '들어오다'와 같이 대립어 관계에 있는 서술어가 나올 수도 있고, (7다)의 '쉬다'와 '시작하다', (7라)의 '(특목고에) 입학하다'와 '(다른 학교로) 전학하다'와 같이 서로 대립어 관계는 아니나 동시에 참일 수 없는 서술어가 나올 수도 있다.

(7) 가. 제비가 강남에 갔다가 돌아왔다.

　　나. 잠시 어디 나갔다가 들어온 사이에 부재중 전화가 3통이나 와 있었다.

　　다. 5분만 쉬었다가 다시 시작하도록 합시다.

　　라. 부모의 강요로 특목고에 입학했다가 적응을 못해 다른 학교로 전학한 학생들이 많다.

그리고 선행절의 서술어는 동사나 형용사, '명사+계사' 구성일 수 있

'나갔다가'가 151개(11위), '왔다가'가 150개(12위)로 나타났다. '-었다가'의 용례만으로 제한한 것이 아니어서 정확하지는 않고 하위 용법별로 구분한 것도 아니나 적어도 '-었다가'와 결합하는 어간의 주된 부류가 무엇인지는 잘 알 수 있다.

22) 주어가 동일하지 않아도 적격한 경우가 있다((8나) 등). 윤평현(2005 : 77)에서는 이를 두고 동일 주체 조건으로 설명하였고 한동완(1996 : 124)에서는 동일한 동작에 대해 주체가 전환되는 경우('어제는 명수가 청소했다가 오늘은 순이가 청소한다')도 있음을 언급하고 있다. 학습자들의 혼란이 우려되므로 이러한 사실을 앞세우지는 않되, 학생들이 그러한 문장을 만들어 냈을 때 보충적으로 설명하는 것이 바람직하다.

으나 후행절의 서술어는 반드시 동사여야 한다.[23] 이는 선행절과 후행절의 서술어가 같은 품사가 아니어도 된다는 사실을 의미하기도 한다. (8)의 경우가 이러한 사실을 잘 보여주는데 학습자들이 (9)와 같은 문장을 흔히 만들어 내는 것을 감안하면 현장 교육 시 강조되어야 할 사항이라고 할 수 있다.

(8) 가. 날씨가 쌀쌀했다가 비가 온 후 포근해졌다.
　　나. 날씨가 쌀쌀했다가 비가 온 후 온도가 올라갔다.

(9) 가. *친구가 나쁜 농담을 해서 기분이 좋았다가 나빴어요.
　　나. *지난달까지 영어 선생님이었다가 지금은 학생이에요.

또한 상황의 '전환'을 나타내는 구문의 유형이 어떠한 것이 있는지를 잘 보여줄 필요가 있다. 먼저, 가장 단순한 문장으로는 서로 상반되는 두 서술어가 '-었다가'를 사이에 두고 바로 이어지는 경우이고((6나), (7가, 나) 등), 그 다음으로는 '-었다가' 바로 뒤에 후행절의 다른 문장 성분이 나오는 경우((6가), (7다) 등), 그리고 두 절 사이에 부사어절이 개재하기도 하는 경우((6다), (7라), (8)) 등이 그것이다. 특히 부사어절이 개입하는 경우 '-어서'가 이끄는 절이 나오는 경우가 많은데 이러한 정보도 학습자들이 '-었다가'를 정확하면서도 유창하게 사용하는 데 도움을 줄 수 있다.

2) 의미 정보

의미 정보는 (1) 어떤 상황이 종료된 후 다른 상황으로 전환되고, (2) 두 상황은 서로 대립하며, (3) 후행 상황이 일어나면 선행 상황이 더 이

---

23) 이 사실은 윤평현(2005 : 81)에서 지적되었는데 후행절의 서술어가 반드시 동사여야 한다는 사실만 잘 전달되어도 학습자들의 오류가 상당히 줄 수 있는 만큼, 매우 중요하게 여겨야 할 조건이다.

상 유효하지 않는 것으로 정리될 수 있다. 전환 용법에서 후행 상황은 선행 상황이 발생하기 이전의 상태로 되돌리거나 선행 상황과는 전혀 다른, 선행 상황과 양립할 수 없는 상황으로 바꾸기도 하는 것으로 이해된다.

이상에서 논의한 '-었다가'의 '전환' 용법은 다음과 같이 정리된다.

〈표 5〉'-었다가'의 '전환' 용법

정보		내용
형식 정보	음운론적	▶ 어간의 첫 번째 모음이 'ㅏ, ㅗ'일 때 '-았다가', 나머지 모음일 때 '-었다가', 어간이 '하-'로 끝날 때 '-였다가'.
	형태론적	▶ 결합 어간 : 동사, 형용사, '명사+계사' 구성. ▶ 구어에서 '-었다'로 사용되기도 함.
	통사론적	▶ 선후행절의 주어가 같아야 함. ▶ 선후행절의 서술어는 의미상 서로 대립하여야 함. ▶ 선행절의 서술어는 동사, 형용사, '명사+계사' 구성이 모두 가능하나 후행절의 서술어는 동사만 나옴(즉, 선후행절 서술어의 품사가 서로 다를 수 있음.). ▶ 선후행절의 서술어가 '-었다가'를 중심으로 바로 이어질 수 있고, '-었다가' 뒤에 후행절의 문장 성분이 이어질 수 있으며, 다른 부사절이 개입할 수 있음.
의미 정보		▶ 상황 1 완료 후 상황 2로 전환됨. ▶ 상황 1과 상황 2는 서로 대립됨. ▶ 상황 2 발생 시 상황 1은 더 이상 유효하지 않음.

3.2.2. '배경' 용법

이 절에서는 '배경' 용법의 형식 정보와 의미 정보를 차례로 살펴보고자 한다.

1) 형식 정보

이 용법의 형식 정보 가운데 음운론적인 것은 '전환' 용법과 같다.

형태론적인 측면에서는 '-었다가'에 결합하는 어간이 동사로 한정되며 그것도 '가다', '오다' 및 이들이 포함된 합성동사가 대부분이라는 사실을 지적할 만하다. 또한 구어에서는 '-었다'가 종종 쓰인다.

> (10) 가. 제주도에 여행 갔다가 우연히 제주시 서문통 떡집에서 보리빵을
> 발견하였다.
> 나. 밤늦게 집에 왔다가 현관문이 열려 있고 방안이 어지러운 것을
> 보고 경찰에 신고했다.
> 다. 친구 생일 파티에 나갔다 첫눈에 반한 사람이 있었다.
> 라. 강연회에 참석했다 전 직장에서 같이 일하던 동료를 만났다.

다음으로 통사론적인 측면을 살펴보자. '배경' 용법은 '전환'과 마찬가지로 선후행절의 주어가 같아야 하나, 두 서술어가 서로 대립하지 않아야 하며 만일 대립하는 의미일 경우에는 더 이상 '배경'의 의미가 유지되지 못한다.

> (10) 가'. 제주도에 여행 갔다가 지갑을 잃어버려 서울로 돌아왔다.

또한 후행절의 서술어는 동사여야 하는데 주어의 의지에 의한 동작을 지시하지 않아야 한다. (2바)에서 제시한 학습자 오류문 '*지하철을 탔다가 숙제를 했다'가 적격하지 않은 까닭이 여기에 있다.

학습자들이 이 용법을 배울 때 자주 만드는 오류문은 다음과 같다.

> (11) 가. *저는 한국에 왔다가 고민한 날이 많았어요. (=(2나))
> 나. *약속 시간에 늦을까 봐 달려왔다가 아무도 없었다.
> 다. *커피를 뽑으러 갔다가 기계가 고장중이었다. (=(2마))

(11가)는 선후행절의 주어가 다르고 후행절의 서술어가 형용사이기 때문에 비문법적인 문장이 되었다. (11나, 다)는 학습자들이 '-었더니'와 혼동하면서 만든 문장으로, '-었다가'를 '-었더니'로 바꾸면 모두 문법적인

문장이 된다. 학습자들은 '-었다가'의 배경, 원인 용법과 '-었더니'를 많이 혼동한다.[24] 두 상황이 순차적으로 연결되고 앞의 상황이 뒤의 상황에 영향을 주기 때문인데, 적어도 '-었다가'의 통사적인 규칙을 잘 준수하면 두 문법을 혼동하는 데서 오는 오류를 크게 줄일 수 있다. (11나, 다)에서 후행절이 동사로 끝나게 하고 주어를 선행절과 일치시키면 문법적인 문장이 되기 때문이다.

> (11) 나′. 약속 시간에 늦을까 봐 달려왔다가 아무도 없어서 당황했다.
> 다′. 커피를 뽑으러 갔다가 기계가 고장난 것을 발견했다.

2) 의미 정보

'배경' 용법의 의미 정보를 살펴보도록 하자. 첫째, 어떤 상황이 완료된 후 다른 상황이 발생한 것이다. 둘째, 선행절의 상황은 완료된 후에도 그 결과가 지속되어 그러한 결과를 배경으로 다른 상황이 발생한 것이다. 이 용법에서 '-었다가'가 '가다'와 '오다' 등과 결합하는 빈도가 높은 것은 바로 이 때문인데, 같은 동사라도 쓰임에 따라 후행 상황의 배경이 될수도 있고 안 될 수도 있다는 사실이 관찰된다. 지하철을 타서 지하철 안에서 동생을 만나는 일이 발생한 경우인 (12가)와 달리, 학습자의 오류문인 (12나=1나′)는 스키를 타고 난 후 그 결과를 배경으로 모자를 잃어버린 일을 상정할 수 없으므로 비문법적이다.

> (12) 가. 지하철을 탔다가 동생을 만났어요.
> 나. *스키를 탔다가 모자를 잃어버렸어요.

---

24) 학습자들은 '-었더니'를 써야 할 환경에 '-었다가'를 쓰기도 하고 반대로 '-었다가'를 써야 할 환경에 '-었더니'를 쓰기도 한다. 예컨대, '*우리 학교의 야구팀이 전국 대회에 나갔더니 예선에서 떨어졌대.' 등.

셋째, 후행절은 주어의 의지에 의해 발생한 상황이 아니다. 그러므로 우연히 발생한 상황일 경우가 많다. 이는 앞서 형식 정보에서 후행절 서술어의 특징을 논의하면서 다룬 내용과 상통한다.

이상에서 논의한 '-었다가'의 '배경' 용법은 다음과 같이 정리된다.

〈표 6〉 '-었다가'의 '배경' 용법

정보		내용
형식 정보	음운론적	▶ 어간의 첫 번째 모음이 'ㅏ, ㅗ'일 때 '-았다가', 나머지 모음일 때 '-었다가', 어간이 '하-'로 끝날 때 '-였다가'.
	형태론적	▶ 결합 어간 : 동사('가다', '오다' 및 이들이 포함된 합성동사가 대부분임.). ▶ 구어에서 '-었다'로 사용되기도 함.
	통사론적	▶ 선후행절의 주어가 같아야 함. ▶ 선후행절의 서술어는 의미상 대립하지 않아야 함. ▶ 선행절과 후행절의 서술어는 모두 동사임. ▶ 후행절의 서술어는 주어의 의지에 의한 동작을 지시하지 않아야 함.
의미 정보		▶ 상황 1 완료 후 상황 2이 발생함. ▶ 상황 1 완료 후 그 결과가 지속되어 상황 2 발생의 배경이 됨. ▶ 상황 2는 주어의 의지에 의해 발생한 상황이 아님.

3.2.3. '조건' 용법

이 절에서는 '조건' 용법의 형식 정보와 의미 정보를 차례로 살펴보고자 한다.

1) 형식 정보

음운론적인 정보는 앞서와 동일하다.

형태론적으로는 '-었다가'가 '조건'의 용법으로 사용될 때는 동사와 결합하는 것이 대부분이나 간혹 형용사와도 결합할 수 있다는 점이 다른 용법과 구별되는 특징이다(13나).

(13) 가. 아무리 운동을 잘해도 공부를 소홀히 했다가는 졸업하기가 어렵다.
　　나. 이렇게 계속 추웠다가는 사람이 얼어 죽는 일도 생기겠다.

또한 '조건' 용법으로 사용될 때는 '-었다가'보다 '-었다가는'으로 더 많이 쓰이고 구어에서는 '-었다간'도 쓰인다.

통사론적 측면에서 이 용법 역시 선후행절 동일 주어 제약이 있다. 그리고 후행절 서술어에 형용사가 나올 수 있음도 특징이다(13가). 마지막으로 후행절 서술어는 현재 시제로 나오거나 추측의 양태를 나타내는 '-겠-', '-을 수 있다' 등이 결합하는 경우가 많다.

2) 의미 정보

이 용법의 의미 정보는 다음과 같다. 첫째, 어떤 상황이 완료된 후 다른 상황이 발생한 것이고 둘째, 선행 상황이 완료된 후에 그것으로 말미암아 후행 상황이 발생할 것으로 추측되며, 셋째, 후행 상황은 앞으로 발생할 가능성이 있는 상황이다. 넷째, 현재의 부정적인 상황이 계속되면 그 결과 역시 부정적인 상황이 발생할 것임을 나타낸다. '-다가(는)'의 경우 긍정적인 기대에 사용되는 경우도 생각해 볼 수 있으나 '-었다가(는)'은 부정적인 결과에 대해서만 사용된다(14나). '조건'을 나타내는 문법 항목에 '-으면'이 있는데 '-었다가'는 바로 이러한 부정적인 상황에 대해서만 사용할 수 있다는 점에서 '-으면'과 차이를 보인다.

(14) 가. 이렇게 계속 이기다가는 잘 하면 우승까지 바라볼 수 있겠어.
　　나. *이렇게 계속 이겼다가는 잘 하면 우승까지 바라볼 수 있겠어.

이상에서 논의한 '-었다가'의 '조건' 용법은 다음과 같이 정리된다.

〈표 7〉 '-었다가'의 '조건' 용법

정보		내용
형식 정보	음운론적	▶ 어간의 첫 번째 모음이 'ㅏ, ㅗ'일 때 '-았다가', 나머지 모음일 때 '-었다가', 어간이 '하-'로 끝날 때 '-였다가'.
	형태론적	▶ 결합 어간 : 동사, 형용사. ▶ 주로 '-었다가는'이 사용되며 구어에서는 종종 '-었다간'이 사용됨.
	통사론적	▶ 선후행절의 주어가 같아야 함. ▶ 선행절과 후행절의 서술어는 동사, 형용사가 나옴. ▶ 후행절의 서술어는 현재 시제로 나오거나 '-겠-', '-을 수 있다' 등 추측을 나타내는 형식들과 함께 나옴.
의미 정보		▶ 상황 1 완료 후 상황 2가 발생함. ▶ 상황 1 완료 후 그 결과로 말미암아 상황 2가 발생할 것으로 추측됨. ▶ 상황 1의 결과가 지속되는 한 상황 2가 발생할 가능성이 높음. ▶ 상황 1과 상황 2가 모두 부정적이거나 바람직하지 않음('-으면'과의 차이).

3.2.4. '원인' 용법

이 절에서는 '원인' 용법의 형식 정보와 의미 정보를 차례로 살펴보고자 한다.

1) 형식 정보

음운론적인 정보는 앞서와 동일하다.

형태론적으로 '-었다가'가 원인을 나타낼 때에는 동사만 어간으로 취할 수 있는데 '배경' 용법과는 달리 다양한 동사와 결합할 수 있다. 구어에서 '-었다'가 사용되기도 한다.

> (15) 가. 안전벨트를 매지 않고 운전했다가 범칙금으로 3만원을 냈다.
> 나. 작은 인터넷 사이트에서 싼 값으로 물건을 구입했다 돈만 떼이는 낭패를 봤다.

통사론적으로는 선후행절 주어가 동일해야 하고 후행절의 서술어가 동사만 나온다. 또한 후행절의 서술어는 과거 시제 '-었-'이 결합된 형태로 문장에 나타난다.

2) 의미 정보

'-었다가'가 원인을 나타낼 때는 첫째, 어떤 상황이 완료된 후 다른 상황이 발생한 것이고 둘째, 선행 상황이 완료된 후에 그것으로 말미암아 후행 상황이 발생한 것이며, 셋째, 후행 상황은 이미 발생한 것이어야 하고 넷째, 주어는 후행 상황이 발생할 것이라고 미리 예측하지 못한다. 바로 이 네 번째의 특징 때문에 '-었다가'의 원인 용법이 '-어서', '-으니까'와 구별된다고 할 수 있다.

한편, 국립국어원(2005)에서는 부정적인 상황이 원인이 되어 부정적인 결과를 불러일으킨 것으로 기술하고 있으나 반드시 부정적인 상황에만 쓸 수 있는 것은 아니다.

    (16) 친구를 따라 오디션을 봤다가 드라마의 주인공에 발탁되는 행운을
           거머쥐었다.

이상에서 논의한 '-었다가'의 '원인' 용법은 다음과 같이 정리된다.

〈표 8〉 '-었다가'의 '원인' 용법

정보		내용
형식 정보	음운론적	▸ 어간의 첫 번째 모음이 'ㅏ, ㅗ'일 때 '-았다가', 나머지 모음일 때 '-었다가', 어간이 '하-'로 끝날 때 '-였다가'.
	형태론적	▸ 결합 어간 : 동사. 결합할 수 있는 동사에 제약이 없음. ▸ 구어에서는 종종 '-었다'가 사용됨.
	통사론적	▸ 선후행절의 주어가 같아야 함. ▸ 선행절과 후행절의 서술어는 동사만 나옴. ▸ 후행절의 서술어는 과거 시제 '-었-'과 함께 나옴.

정보	내용
의미 정보	▶ 상황 1 완료 후 상황 2이 발생함. ▶ 상황 1 완료 후 그 결과로 말미암아 상황 2가 발생함. ▶ 상황 2는 이미 발생한 상황임. ▶ 주어는 상황 2가 발생할 것이라고 미리 예측하지 못함.

4. 정리

이상에서 우리는 한국어 교육을 위한 문법 기술의 목적과 방법, 내용에 대하여 논의하였다. 특히 문법 항목 가운데 연결어미 범주에 속하는 '-었다가'를 대상으로 한국어 교육을 위한 문법을 기술하였다. '-었다가'는 '-다가'의 활용형이나 상대적으로 많은 제약을 갖고 있기 때문에 한국어 문법 교육 현장에서 교수 및 학습에 어려움을 보이는 문법 항목이다. 그러나 '-었다가'에 대한 하위 용법별 상세 기술이 적극적으로 이루어지지 않았다는 점에서 이 글의 논의가 의미를 가질 수 있다.

'-었다가'는 기본적으로 선행 상황이 완료된 이후에 다른 상황이 발생한 경우를 나타내나 앞의 상황이 완료된 후에 뒤의 상황에 영향을 미치는지 여부에 따라 4가지의 하위 용법이 크게 전환과 배경, 조건, 원인으로 나뉠 수 있다. 이중에서 앞의 상황이 완료된 후 그 결과가 뒤의 상황이 발생하는 데 영향을 주는 배경, 조건, 원인 용법은 두 상황이 어떤 관계를 맺는지에 따라 다시 세분화된다. 이러한 네 가지 용법은 기본 의미를 공유하면서도 각각 서로 구별되는 형식적, 의미적 특징을 보인다. 이 글에서는 그러한 사실을 중시하여 각각의 용법이 갖는 특징을 자세하게 기술하고자 하였다.

경험적인 지식을 바탕으로 연구를 진행하다 보니 객관화하여야 할 많은 부분, 즉 문법 교육에서 '-다가'와 '-었다가'를 함께 다루는 것이 효과적인지 아니면 별도로 제시하는 것이 효과적인지 여부와 학습자의 오류 빈도 등을 지나쳤다. 또한 '-었다가' 사용에 직간접적으로 작용하는 유사 문법 항목들인 '-었더니'와 '-는데' 등의 관련성도 명쾌하게 짚지 못했다. 뿐만 아니라 '-었다가'의 용법을 기술하는 데 중점을 두다 보니, 이러한 기술 내용을 이용하여 어떻게 가르치는 것이 효과적인지에 대한 부분을 전혀 언급하지 못했다. 숙달도를 기준으로 하여 어느 시점에 '-었다가'를 도입하여야 하는지, '-었다가'의 네 가지 용법을 함께 제시하는 것은 학습자에게 큰 혼란을 줄 것인데 그렇다면 어떤 용법부터 제시하여야 하는지, 하나의 용법을 가르침에 있어서 어떤 방식으로 이 문법을 도입할 것인지, 이 많은 제약을 어떠한 순서와 방법으로 가르칠 것인지 등등 교육 방안과 관련하여 논의해야 할 사항은 무수히 많다.

이 연구는 한국어 교육을 위한 문법 기술의 체계와 방법 등 많은 부분에 있어서 좀 더 세밀한 검토가 뒷받침되어야 할 것이다. 특히 의미 정보 기술이 시급하다고 지적하였음에도 의미 기술 용어에 대해 치밀하게 논의하지 못하였다. 외국인 학습자가 보고 쉽게 이해하고 정확한 문장을 만드는 데 도움이 될 뿐만 아니라 현장의 교사 및 문법 연구자에게도 폭넓게 받아들여질 수 있는 객관적이고 합리적인 용어의 목록과 체계를 만드는 일이 필요하다. 이 문제를 잘 알고 있음에도 불구하고 집중적으로 다루지 못하였다. 결론의 앞에서 밝힌 여러 가지 문제들과 함께 문법 기술의 용어 정비 및 검증을 앞으로의 과제로 삼고자 한다.

‖ 참고문헌

강기진(1987/2005), 국어학논고 : 유고집 제1권 문법편, 역락.

김영규(2010), "FonF 연구의 최근 동향이 한국어 교육에 시사하는 점", 한국어 문법 교육의 새로운 방향 : 국제한국어교육학회 제20차 국제학술대회 자료집, 235-243.

민현식(2004), "한국어 표준교육과정 기술 방안", 한국어교육 15-1, 51-92.

석주연(2005), "한국어 교육에서의 문형 교육의 방향에 대한 일고찰", 한국어교육 16-1, 169-194.

성낙수(1976), "접속사 '다가'에 대하여", 연세어문학 7・8, 171-183.

송석중(1993), 한국어 문법의 새 조명, 지식산업사.

오경숙(2007), "한국어 교육을 위한 문법 항목 기술에 대하여", 시학과언어학 13, 143-165.

오경숙(2011), "한국어 교육을 위한 '-었다가'의 文法 記述", 語文研究 39-2, 393-419.

윤평현(2005), "국어의 전환관계 접속어미에 대한 연구", 한국언어문학 55, 73-102.

이기갑(2004), "'-다가'의 의미 확대", 어학연구 40-3, 543-572.

이미혜(2002), "한국어 문법 교육에서 '표현항목' 설정에 대한 연구", 한국어교육 13-2, 207-215.

이미혜(2005), 한국어 문법 항목 교육 연구, 박이정.

이은경(2000), 국어의 연결어미 연구, 太學社.

장채린・강현화(2013), "한국어 교육용 문법 항목 선정 및 복잡도 산정", 한국문법교육학회 제19차 전국학술대회 자료집, 107-125.

최재희(1991), 국어의 접속문 구성 연구, 탑출판사.

韓東完(1996), 國語의 時制 研究, 太學社.

황주원(2010), "{-다가}의 교수-학습 내용 구성 연구", 한국어 문법 교육의 새로운 방향 : 국제한국어교육학회 제20차 국제학술대회 자료집, 164-174.

Brown, H. D.(2001), *Teaching by Principles*, 2nd ed., Longman.

Krashen, S.(1981), *Second Language Aquisition and Second Language Learning*, Oxford : OUP.

Larsen-Freeman, D.(2001), Teaching grammar, In M. Celce-Murcia ed., *Teaching English as a Second of Foreign Language*, 3rd ed., Heinle & Heinle, 251-266.

Nassaji H. and S. Fotos(2004), Research on the teaching of grammar, In M. McGroarty ed.(2004), *Annual Review of Applied Linguistics*, Cambridge University Press, 126-145.

[한국어 교육용 사전]
국립국어원(2005), 외국인을 위한 한국어 문법 2, 커뮤니케이션북스.
백봉자(2006), 외국어로서의 한국어 문법 사전, 도서출판 하우.
서상규 외(2006), 외국인을 위한 한국어 학습 사전, 신원프라임.
이희자·이종희(2001), 한국인 학습용 어미 조사 사전, 한국문화사.
이희자·이종희(2010), 한국어 학습 전문가용 어미·조사 사전, 한국문화사.

[한국어 교육용 교재]
경희대학교 국제교육원(2005), 한국어 초급 2, 경희대학교 출판부.
서강대학교 국제문화교육원(2006), 서강한국어 4A, 서강대학교 국제문화교육원 출판부.
서울대학교 어학연구소(1999), 한국어 3, 문진미디어.
선문대학교 한국어교육원(2008), 외국인 유학생을 위한 초급 한국어 Ⅳ, 한국문화사.
연세대학교 한국어학당(2007), 연세 한국어 2, 연세대학교 출판부.
이화여자대학교 언어교육원(2000), 말이 트이는 한국어 3, 이화여자대학교 출판부.
한국외대 한국어문화교육원(2007), 외국인을 위한 한국어 2, 한국외국어대학교 출판부.

[연구 보고서]
국립국어원(2010), 국제 통용 한국어 교육 표준 모형 개발 1단계.
국립국어원(2011), 국제 통용 한국어 교육 표준 모형 개발 2단계.
국립국어원(2012), 한국어교육 문법·표현 내용 개발 연구 1단계.

찾아보기